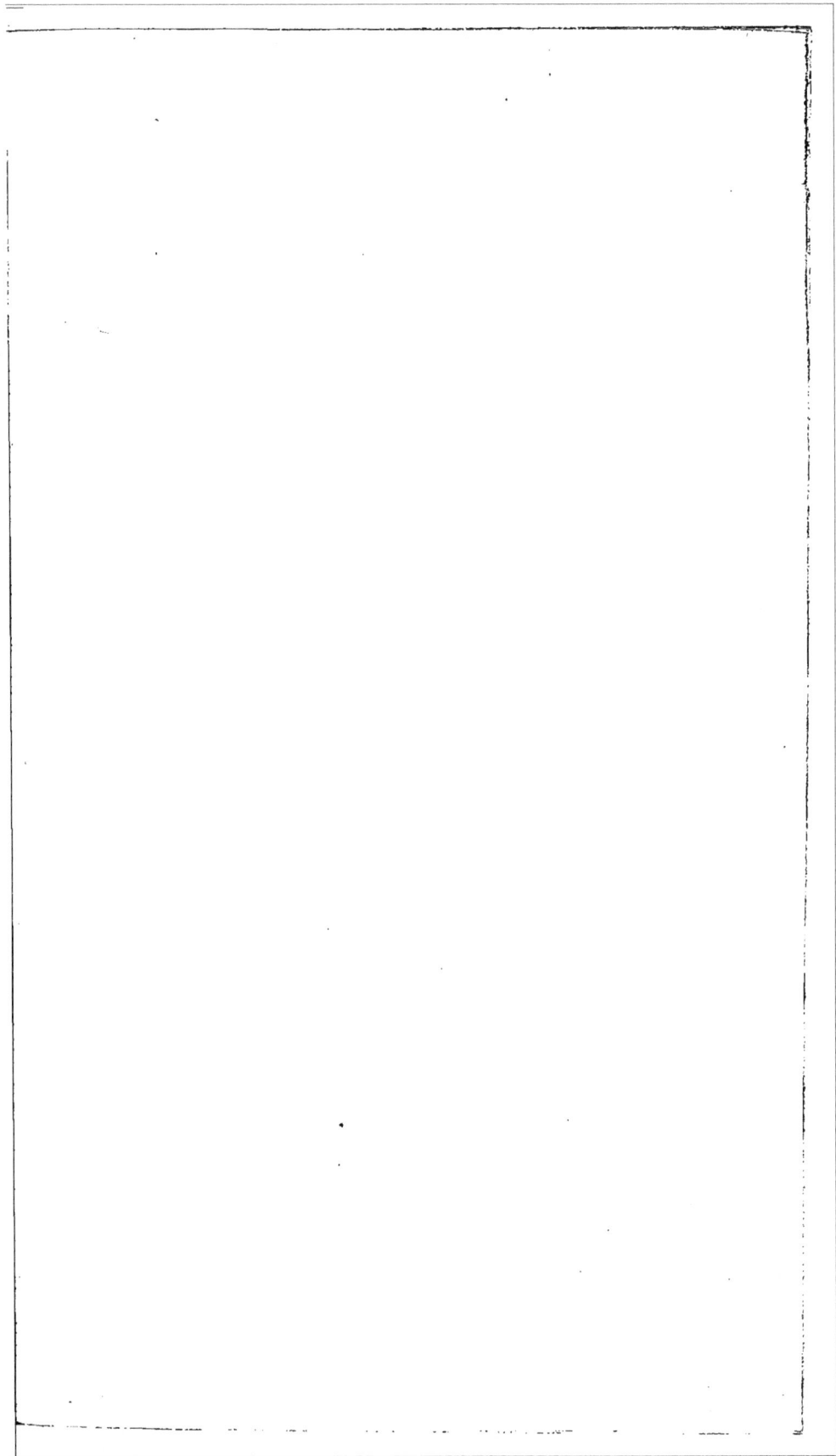

MÉMORIAL

DU

MINISTÈRE PUBLIC

II.

· EXPLICATION DES RENVOIS ET ABRÉVIATIONS

Pour les arrêts, l'ouvrage renvoie soit au *Journal du Ministère public*, soit au recueil fondé par Sirey et continué par Devilleneuve, soit aussi quelquefois au recueil de Dalloz, au *Journal du Palais* et au Bulletin criminel de la Cour de cassation.

Pour les circulaires et décisions du Ministère de la justice, il est renvoyé, en ce qui concerne celles antérieures au 26 octobre 1858, à l'*Analyse des circulaires, etc.,* de M. Gillet, et en ce qui concerne celles qui ont paru depuis cette date, au *Résumé chronologique des circulaires, etc.,* annexé au *Journal du Ministère public.*

Voici les abréviations employées pour ces renvois :

J.M.p.1.12. . . — *Journal du Ministère public,* tome 1, page 12.
S.-V.55.2.181 . — Recueil Sirey-Devilleneuve, tome 55, deuxième partie, page 181.
S.-V. chr. . . . — Même recueil, collection chronologique.
D.p-55.1.443. . — Recueil périodique de Dalloz, tome 55, première partie, page 443.
J.P.50.2.138. . — *Journal du Palais,* tome 50, deuxième partie, page 138.
J.P. chr.. . . . — Même recueil, édition chronologique.
Bull. n. 15. . . — Bulletin criminel de la Cour de cassation, numéro 15 (du volume de l'année pendant laquelle a été rendu l'arrêt).
Gillet, n. 2306 — *Analyse des circulaires, etc.,* de Gillet, numéro 2306.
Rés. chr., p. 73 — *Résumé chronologique des circulaires, etc.* (annexe du *Journal du Ministère public*), page 73.

Les chiffres qui suivent les mots auxquels il est renvoyé désignent les numéros. — Ainsi, V. *Compét. crim.,* 111, 124 et s., signifie : V. Compét. crim., numéros 111, 124 et s.

Les autres abréviations qui ont été employées dans l'ouvrage s'expliquent d'elles-mêmes.

L'attention du lecteur est appelée sur la *Table complémentaire de renvois* qui est à la fin du tome deuxième.

Ⓒ

Paris. — Imp de J. DUMAINE, rue Christine, 2.

MÉMORIAL

DU

MINISTÈRE PUBLIC

OU

RÉPERTOIRE ALPHABÉTIQUE ET ABRÉGÉ

De Jurisprudence, de Doctrine, de Législation, d'Instructions ministérielles

ET DE DOCUMENTS DIVERS

CONCERNANT LES ATTRIBUTIONS ADMINISTRATIVES ET JUDICIAIRES DU MINISTÈRE PUBLIC

DANS LEQUEL NOTAMMENT SONT ANALYSÉES TOUTES LES MATIÈRES QUE RENFERMENT
LES COLLECTIONS DU

JOURNAL DU MINISTÈRE PUBLIC

ET DU

Résumé chronologique des Circulaires du Ministère de la justice qui y est annexé,

ET SERVANT DE TABLE GÉNÉRALE DE CES DEUX COLLECTIONS ;

Par Gustave DUTRUC

Ancien Juge d'instruction, Auteur de divers ouvrages de droit civil et criminel, Rédacteur
en chef du *Journal du Ministère public* et de plusieurs autres recueils.

TOME SECOND

PARIS

IMPRIMERIE ET LIBRAIRIE GÉNÉRALE DE JURISPRUDENCE
COSSE, MARCHAL ET BILLARD, IMPRIMEURS-ÉDITEURS,
LIBRAIRES DE LA COUR DE CASSATION,
Place Dauphine, 27.

1871

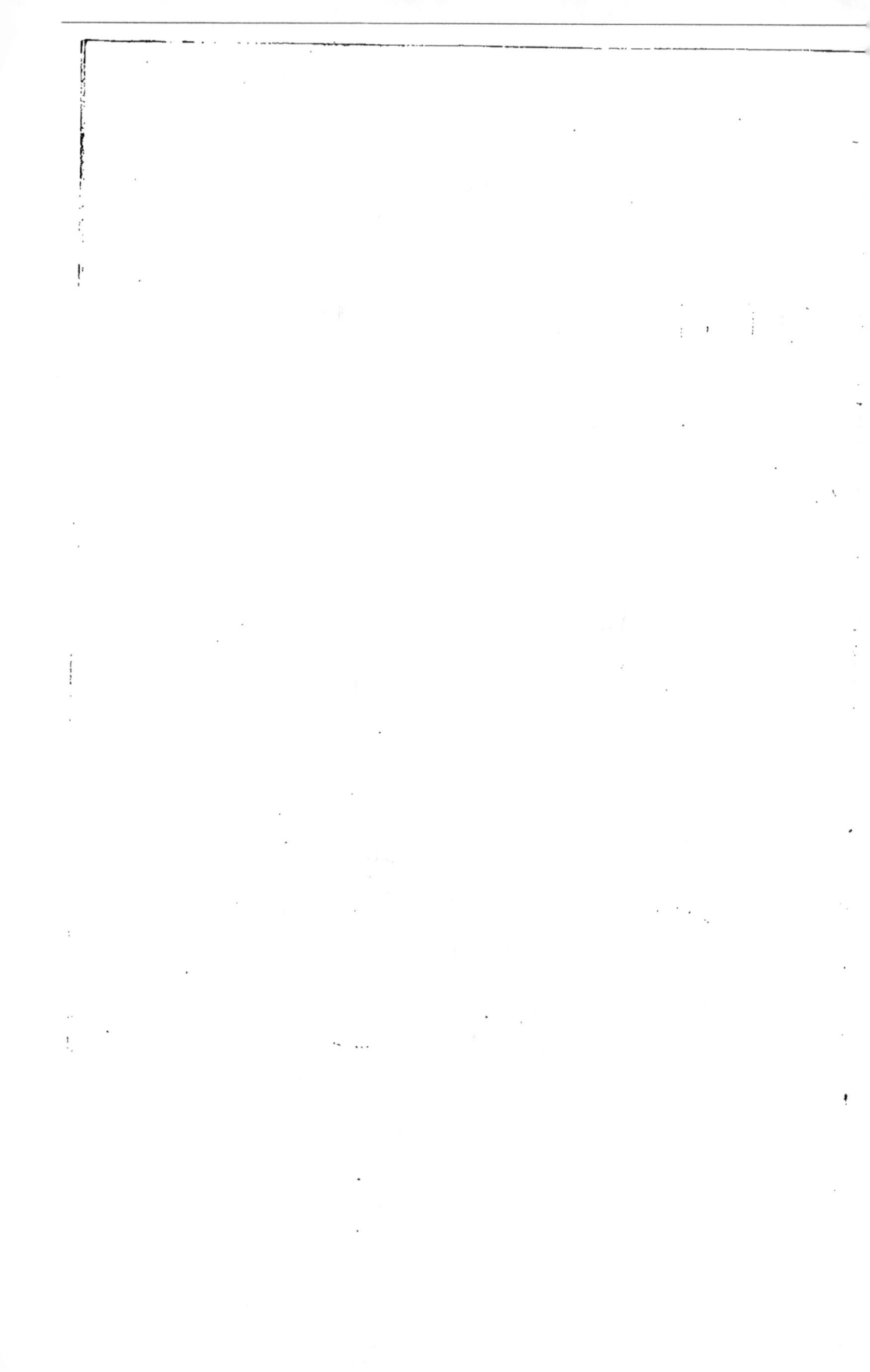

MÉMORIAL

MINISTÈRE PUBLIC

FABRIQUE D'ÉGLISE. — **1**. Lorsque le trésorier sortant n'a pas présenté son compte au conseil de fabrique dans les délais, ou n'en a pas payé le reliquat, et que le trésorier qui le remplace néglige de faire les démarches ou poursuites nécessaires pour arriver à l'apurement définitif de ce compte, le chef du parquet de première instance, soit d'office, soit sur l'avis qui lui est transmis par l'un des membres du bureau des marguilliers ou du conseil de fabrique, soit sur l'ordonnance rendue par l'évêque en cours de visite, actionne lui-même le comptable devant le tribunal civil pour le faire condamner à payer le reliquat, à régler les articles débattus ou à rendre son compte, le tout dans un délai fixé ; sinon, et ce délai passé, à payer, à titre provisoire, à la fabrique, une somme égale à la moitié de la recette ordinaire de l'année précédente, sauf poursuites ultérieures (Décr., 30 déc. 1809, art. 90).

2. Il faut observer que le ministère public ne peut demander ni le tribunal ordonner que le trésorier rende son compte devant le tribunal civil lui-même. Ce compte doit être débattu et réglé en la forme administrative devant le conseil de préfecture et, s'il y a lieu, devant la Cour des comptes : Cass., 9 juin 1823 (S.-V. chr.); Cons. d'Ét., 10 mai 1829 et 18 juin 1844; — Debacq, *Act. du min. publ. en mat. civ.*, p. 280.

— V. *Action directe ou d'office*, 20 et 26.

FAILLITE. — **1**. La Cour de cassation a jugé, par arrêt du 27 août 1858 (J.M.p.1.312), que, bien que le détournement des effets appartenant à une faillite, commis par le conjoint, par un ascendant ou par un descendant du failli, soit puni des peines du vol, il n'est aggravé par les circonstances que la loi rattache au vol comme circonstances aggravantes, et notamment par la double circonstance qu'il a eu lieu la nuit et dans une maison habitée, qu'autant qu'il présente le caractère d'une soustraction

36 *bis.*

frauduleuse; et que, s'il ne s'est pas manifesté par une telle soustraction, il constitue, malgré ces circonstances, un simple délit, et non un crime, en sorte qu'il ne peut être poursuivi devant la Cour d'assises.

2. Cette interprétation nous semble irréprochable. — En punissant des peines du vol le détournement des effets de la faillite commis par le conjoint, les descendants ou les ascendants du failli, l'art. 594, C. comm., n'entend point évidemment imprimer à ce fait le caractère légal du vol. Il n'emprunte à ce délit que la pénalité qui y est attachée, pour l'appliquer à une spoliation qui, en elle-même, peut constituer ou ne pas constituer un vol, selon qu'elle rentre ou non dans les conditions du vol, telles que les détermine la loi pénale, c'est-à-dire selon qu'elle s'est manifestée par une soustraction frauduleuse de la chose d'autrui, ou qu'elle ne consiste que dans un simple détournement. — Dans le premier cas, il est évident, comme le dit notre arrêt, et comme cela a déjà été proclamé soit par la jurisprudence (Crim. régl. de jug., 13 mai 1841, S.-V.42.1.472), soit par la doctrine (Renouard, *Tr. des faillites*, t. 2, p. 458; Bédarride, *cod.*, t. 2, n. 1274; Dalloz, *Rép.*, v° *Faillite et banqueroute*, n. 1504), que ce fait comporte toutes les aggravations dont le vol est susceptible, et qu'il peut prendre le caractère d'un vol qualifié justiciable de la Cour d'assises, s'il a été accompagné des circonstances que précisent les art. 381 et s., C. pén. Dans le second cas, au contraire, le fait, constituant non plus un vol, mais un délit *sui generis*, assimilé seulement au vol simple quant à la pénalité, ne peut recevoir aucune aggravation de circonstances auxquelles la loi n'attribue un caractère aggravant qu'autant qu'elles se rattachent au vol même.

3. Nous n'avons pas à rechercher ici quels sont les éléments nécessaires pour constituer le délit de stipulation d'avantages particuliers dans une faillite, prévu par l'art. 597, C. comm.; mais on peut consulter à cet égard deux dissertations insérées J.M.p.2.305 et 10.81.

4. Une demande en réhabilitation de failli doit-elle être jugée en audience solennelle ou en audience ordinaire ? Il existe sur ce point, dans la pratique des diverses Cours d'appel, une divergence fâcheuse sur laquelle nous avons pensé qu'il serait utile d'appeler l'attention des magistrats du ministère public, que la question intéresse particulièrement (C. comm., 610). Rappelons d'abord que, d'après une jurisprudence bien établie, une matière de nature à être portée à l'audience solennelle ne peut pas être jugée en audience ordinaire, et réciproquement ; il y a là une incompétence respective et absolue. — Ajoutons qu'il n'est pas moins constant en jurisprudence qu'on ne peut porter aux audiences solennelles d'autres causes que celles indiquées par l'art. 22 du décret du 30 mars 1808.

5. Il reste à examiner si les demandes en réhabilitation de faillis rentrent dans les prévisions de cet article. Le texte exclut en premier lieu de la juridiction des audiences ordinaires les *contestations* sur l'état civil des citoyens. Est-ce bien une contestation qu'une demande qui se présente sans aucune formalité de procédure et sans constitution d'avoué, qui est portée d'office à l'audience par le ministère public, sans assignation ni mise en cause pour qui que ce soit, même pour le demandeur (C. comm., 640), et qui ne rencontre aucun contradicteur avec qui l'instance puisse être judiciairement liée, puisque les créanciers opposants eux-mêmes ne pourraient jamais y être parties (*id.*, 608) ? Est-ce bien même une décision qui va intervenir ? N'est-ce pas plutôt la simple constatation judiciaire d'un fait, le paiement intégral des dettes du failli qui le rend digne de reconquérir le plein exercice de ses droits, et par conséquent un acte de juridiction purement volontaire ou gracieuse, qui, comme en matière d'adoption ou d'homologation, repousse toute anologie avec une *contestation* judiciaire ?

6. D'un autre côté, que réserve en premier lieu le décret réglementaire aux audiences solennelles ? Ce qu'on est convenu d'appeler la question d'état. Or, qu'est-ce qu'une question d'état ? c'est celle qui est relative à l'*état civil* du citoyen. Eh bien ! la faillite apporte-t-elle quelque modification à l'état civil du failli ? Il est certain que, par la faillite, le commerçant est frappé d'une incapacité temporaire qui suspend dans sa personne l'exercice de quelques-uns des droits qui lui appartiennent comme citoyen français. Mais, quant à l'exercice de ses droits civils proprement dits, plusieurs arrêts ont reconnu qu'il pouvait être témoin instrumentaire (Cass., 10 juin 1814, Dalloz, *Rép.*, v° *Faillite et Banqueroute*, n. 171), tuteur ou curateur (Bruxelles, 14 août 1833, D.P.34.2.143), et qu'il avait la capacité de s'obliger (Cass., 21 nov. 1827, S.-V. chr.). Quoi qu'il en soit, nous admettons pour un moment que la demande en réhabilitation d'un failli constitue une question d'état, et qu'à ce titre elle puisse être portée en audience solennelle, parce qu'il s'agit là de lui rendre l'exercice des droits qu'il a perdus. Mais alors, et par la même raison, sinon par une raison plus forte, il faudrait aussi voir une question d'état de la compétence des audiences solennelles dans toutes les contestations où l'existence de la faillite, et par conséquent l'état du failli sont remis en question; car, si la solennité des audiences est reconnue nécessaire pour rendre au failli les droits dont il a été privé par la faillite, elle ne l'est pas moins, sans doute, quand il s'agit de prononcer contre lui cette privation : la question d'état, en effet, est aussi bien engagée, et d'une manière même plus essentielle, dans ce dernier cas que dans l'autre. Et pourtant nul n'a songé jusqu'ici à soutenir que l'on doive porter à l'audience solennelle les appels sur la déclaration, le maintien ou la révocation des faillites.

7. De plus, et en supposant toujours qu'une demande en réhabilitation de failli soulève en soi une question d'état de la compétence des audiences solennelles, il ne faudrait pas oublier que l'art. 22 du décret de 1808 apporte deux exceptions à cette compétence, qui est elle-même exceptionnelle, l'une pour les affaires qui requièrent célérité, l'autre pour celles qui sont soumises par la loi à des *formes particulières qui ne comportent pas une instruction solennelle.* Or, il suffit de jeter les yeux sur les art. 605 à 614, C. comm., pour s'assurer que les demandes en réhabilitation de failli sont soumises à des formes de cette nature. A ce point de vue encore, les demandes de réhabilitation de failli paraîtraient donc devoir être jugées en audience ordinaire.

8. Les auteurs sont muets sur la question qui nous occupe. MM. Dalloz, les seuls qui l'aient posée, mais sans la résoudre (*Rép.*, vᵒ *Faillite*, n. 1553), se bornent à citer M. Garnier, *Jurisprudence de la Cour de Nancy,* qui indique la juridiction solennelle comme préférable, mais sans motiver autrement son opinion. A cet avis, on pourrait opposer l'autorité de M. Marcadé, qui, en critiquant, dans le *Journal du Palais*, un arrêt de la Cour suprême du 24 août 1852 (J.P.54.1.133), revendique pour les audiences ordinaires les affaires d'adoption et toutes les questions d'état, soumises, comme elles, soit à la célérité, soit à des formes particulières. En présence de la dissidence regrettable qui, ainsi que nous l'avons déjà rappelé, existe à ce sujet entre les diverses Cours, on ne peut que faire des vœux pour que l'autorité supérieure introduise l'uniformité dans cette matière.

— V. *Action publique.* n. 62; *Banqueroute; Casiers judiciaires,* 3, 73, 74; *Partie civile,* 7; *Prescription criminelle,* 17; et s., 32; *Questions préjudicielles; Réhabilitation,* 19.

FAUSSES NOUVELLES. — 1. Pour constituer la contravention de publication de fausse nouvelle, il est nécessaire qu'au fait de cette publication se joignent l'intention et la volonté de l'effectuer : Cass., 8 déc. 1854 (S.-V.54.1.831) ; 13 mars 1855 (S.-V.55.1.225) ; 25 juin 1858 (S.-V.58.1.637) ; Caen, 17 août 1868 (J.M.p.12.103). — Ainsi, cette contravention n'existe pas de la part de l'individu qui a transmis une fausse nouvelle à une autre personne par laquelle elle a été publiée, s'il ne la lui a adressée qu'en réponse à une lettre qu'il avait reçue d'elle, sans manifester l'intention ni la volonté qu'elle fût publiée, et sans prendre aucune part à la publication : Caen, 17 août 1868, précité.

2. Mais quand la volonté de publier la fausse nouvelle est constatée, le délit existe, alors même qu'en faisant ou en provoquant cette publication, le propagateur de la fausse nouvelle aurait été de bonne foi, ne se serait pas proposé de nuire à autrui, et n'aurait été que téméraire et imprudent : Paris, 12 mars 1869 (J.M.p.12.104). — L'exactitude de cette solution est démontrée par le rapprochement même des deux paragraphes de l'art. 15 du décret du 17 fév. 1852, dont l'un punit la publication ou reproduction pure et simple de fausses nouvelles, et dont l'autre réprime cette publication ou reproduction, lorsqu'elle est *faite de mauvaise foi.* — V. *infrà,* n. 10.

3. C'est un point constant en jurisprudence que, pour constituer le délit de publication de fausse nouvelle, il n'est pas nécessaire que la publication ait eu lieu par l'un des moyens énoncés dans l'art. 1er de la loi du 17 mai 1819, mais qu'il suffit que la nouvelle ait été publiée ou reproduite par quelque mode que ce soit, pourvu toutefois qu'il y ait eu l'intention de la publier et le fait d'une publication réellement effectuée : Cass., 8 déc. 1854, 13 mars 1855 et 25 juin 1858, cités au numéro précédent; Nancy, 24 janv. 1865 (J.M.p.8.12). — Conf., Vente, *Rev. crit. de jurisp.,* 1855, p. 149. — *Contrà,* trib. de Nancy, 26 mars 1853 (S.-V.55. 2.355); Cass., 29 sept. 1854 (S.-V.54.1.664); — Dalloz, *Répert.,* vo *Presse-outrage,* n. 983.

4. Décidé spécialement qu'il y a délit de publication de fausse nouvelle de la part de l'individu qui, voulant faire un voyage contre le gré de sa famille et donner le change sur la cause de sa disparition, a organisé un ensemble de circonstances propres à faire naître le bruit, qui s'est répandu en effet, qu'il avait été l'objet d'une attaque nocturne, et qu'il avait péri victime d'un crime ; — circonstances consistant en ce que, après avoir, dans la soirée de son départ, dit dans un café qu'un inconnu rencontré par lui venait de le menacer de l'attendre, parce qu'il avait de l'argent, il a, à peu de distance de là, abandonné sur la route son paletot, qu'il avait lui-même déchiré et percé de coups de couteau, ainsi qu'un couteau-poignard dont il avait laissé la lame ouverte, et en ce qu'il a, le lendemain, adressé à sa famille une dépêche télégraphique annonçant qu'il avait été attaqué par un voleur : Nancy, 24 janv. 1865, précité.

5. Cette décision mérite d'être remarquée. Elle fait, en effet, résulter la publication délictueuse de fausse nouvelle bien moins de propos tenus par le prévenu, que de faits par lui combinés dans le but de faire naître et circuler la fausse nouvelle. Il était difficile, en effet, de ne pas attribuer à cette combinaison, qui avait parfaitement produit l'effet qu'en attendait le prévenu, le même caractère qu'à une publication résultant de propos répandus par ce dernier dans le public. Ne suffisait-il pas, pour qu'il y eût publication dans le sens du décret du 17 févr. 1852, que la fausse nouvelle se fût produite et propagée par le fait du prévenu ?

6. Il y a délit de publication de fausse nouvelle de la part de celui qui, après avoir mensongèrement annoncé à diverses personnes qu'un vol d'une somme d'argent avait été commis à son préjudice, a fait la même déclaration à la gendarmerie, laquelle, avertie de ce prétendu vol par la rumeur publique, s'était rendue à son domicile pour se renseigner à cet égard... Peu importe que l'auteur de la fausse nouvelle n'ait eu pour but, en la répandant, que de dissimuler l'emploi secret qu'il avait fait de la somme prétendue volée : Amiens, 25 avr. 1863 (J.M.p.6.140).

7. Jugé dans le même sens que la déclaration mensongère faite aux magistrats et aux agents de la force publique d'un vol dont le déclarant prétend avoir été victime, et cela dans le but d'apitoyer ses créanciers et d'obtenir d'eux des délais, constitue le délit de fausses nouvelles, lorsqu'elle a été répétée et publiée par le déclarant de manière à répandre l'alarme dans le public : Colmar, 31 mars 1857 (S.-V.57.2.697).

8. Mais une semblable déclaration ne saurait tomber sous l'application de l'art. 15 du décret de 1852, lorsqu'elle n'a été faite qu'au commissaire de police et au juge d'instruction, cela ne suffisant point pour constituer la *publication* de fausse nouvelle : Bordeaux, 11 févr. 1863 (J.M.p.6.142).

9. Il résulte d'une circulaire du ministre de l'agriculture et du

commerce du 6 juin 1859 (J.M.p.2.274) que l'indication mensongère dans un journal, une affiche ou un prospectus, de l'approbation d'un remède par l'Académie de médecine tombe sous
l'application de l'art. 15 du décret du 17 févr. 1855, qui punit la
publication de nouvelles fausses ou de pièces fabriquées, falsifiées
ou mensongèrement attribuées à des tiers.

10. La publication faite de bonne foi d'une fausse nouvelle qui
n'est pas de nature à troubler la paix publique, constitue, non un
délit, mais une simple contravention : Caen, 17 août 1868 (J.M.
p.12.103). — V. aussi Caen, 29 août 1866 (*Id.*, 10.291) ; Cass., 17
et 18 janv. 1867 (S.-V.67.1.365) ; — Hélie et Chauveau, *Théor.
Cod. pén.*, t. 6, n. 2456 ; Blanche, *Étud. prat. sur le Cod. pén.*,
t. 1, n. 4 et s. — Jugé, par suite, que cette infraction ne comporte
pas l'application des règles de la complicité établies par les art.
59 et 60, C. pén. : Caen, 17 août 1868, précité. Il est vrai que,
d'après une jurisprudence constante, ces règles sont étrangères
aux contraventions. Mais, d'une part, un arrêt de la Cour de Toulouse du 24 juill. 1862 (S.-V.63.2.8) admet une exception à l'égard
des contraventions punies de peines correctionnelles, et, d'autre
part, M. Blanche, t. 2, n. 70, étend les règles de la complicité à
tous les faits qui tiennent à la fois de la contravention et du délit.
Cette dernière interprétation, qui semble rationnelle, a été généralement adoptée en matière de *chasse*. V. ce mot, n. 11.

11. Lorsqu'une fausse nouvelle, publiée dans un écrit, constitue en même temps le délit de diffamation envers un fonctionnaire, le défaut de plainte de la part de ce dernier ne met pas
obstacle à ce que le ministère public, dans la plénitude de ses
attributions, poursuive le délit de publication ou de reproduction
de fausse nouvelle contenu dans cet écrit : Cass., 30 janv. 1858
(J.M.p.1.283). En effet, bien que résultant du même écrit, le délit
de diffamation et celui de publication ou de reproduction de
fausse nouvelle sont essentiellement distincts. Ils peuvent donc
être poursuivis séparément, et si les formes spéciales exigées
pour la poursuite du premier n'ont pas été observées, le ministère
public ne perd point pour cela le droit d'exercer à l'égard du second l'action publique dans les conditions du droit commun.

12. La Cour de cassation a jugé, par arrêt du 30 janv. 1858
(J.M.p.1.283), qu'en matière de publication ou de reproduction
de fausse nouvelle, le lieu du délit est soit celui où l'écrit renfermant cette publication ou reproduction a été imprimé, soit celui
où il a été distribué, et qu'en conséquence la poursuite peut être

dirigée devant le tribunal correctionnel de ce dernier lieu. Cette solution suppose l'abrogation de l'art. 12 de la loi du 26 mai 1819 qui n'autorisait les poursuites que devant les juges du lieu de l'écrit, ou devant ceux du lieu de la résidence du prévenu. Mais voyez à cet égard le mot *Presse.*

15. Il était universellement admis, avant la loi du 11 mai 1868, sur la presse, que l'art. 463, C. pén., relatif aux circonstances atténuantes, était applicable au délit de publication ou reproduction de fausse nouvelle : V. Cass., 28 avr. 1854 (S.-V.54.1.275); Nîmes, 24 févr. 1858 (S.-V.58.2.126); Amiens, 25 avr. 1863 (J.M. p.6.140); Nancy, 24 janv. 1865 (*Id*.8.12); — Rousset, *Code annoté de la presse*, p. 132 et 205; Vente, *Rev. crit. de jurispr.*, t. 7, p. 351. — Aujourd'hui, ce point se trouve consacré par la loi elle-même, qui déclare l'art. 463 applicable à toutes les infractions commises par la voie de la presse (L. 11 mai 1868, précitée, art. 15).

FAUX. — 1. La règle d'après laquelle, en matière de faux, il doit être sursis à statuer sur l'action civile jusqu'à ce qu'il ait été prononcé définitivement sur l'action publique *exercée pendant ou avant la contestation,* n'est pas applicable au cas où, aucune poursuite criminelle n'ayant encore été commencée, il n'a été demandé de sursis ni par les parties ni par le ministère public, mais où il y a eu, de la part du ministère public, de simples réserves de poursuivre (Cass., 2 avr. 1828, S.-V.9.1.69, 19 nov. 1845, S.-V.46.1.504, 4 juin 1862, S.-V.62.1.715, et 9 févr. 1864, S.-V.64.1.107), ou, de la part des juges, une décision se bornant à ordonner l'envoi des pièces au ministère public pour y être donné telle suite qu'il appartiendrait : Cass., 5 mars 1867 (J.M.p.12.183).

2. Nous avons été appelé à examiner dans le *Journal du Ministère public* la question de savoir s'il y a crime de faux dans le fait de celui qui négocie à des tiers une lettre de change souscrite par lui et indiquant un tiré imaginaire, et nous avons cru devoir la résoudre négativement. Que l'on voie un faux dans l'apposition de la signature d'un tireur idéal faite sur une lettre de change par un individu qui se constitue l'accepteur ou l'endosseur de cet effet, cela se conçoit; car on rencontre alors la contrefaçon de signature qui, aux termes de l'art. 147, C. pén., caractérise le crime de faux, indépendamment de toute fabrication de convention ou d'obligation. V. en ce sens, Cass., 4 et 10 sept. 1807 (S.-V. chr.); 1er oct. 1825 (J.P.chr.); — Dalloz, *Rép.*, v° *Faux*, n. 114 et 291. — *Contrà*, Hélie et Chauveau, *Théor. Cod. pén*.,

t. 2, n. 534. Mais tout autre est la question, lorsqu'il s'agit d'une lettre de change qui ne porte aucune fausse signature, et dans laquelle le tireur a seulement indiqué un tiré imaginaire. Dans ce cas, la lettre de change ne porte aucune trace de faux matériel; renferme-t-elle du moins les éléments du faux intellectuel?

3. On peut dire qu'elle contient la supposition d'une convention intervenue entre le tireur et le tiré, et qu'elle rentre par là dans les prévisions du 3e alinéa de l'art. 147, C. pén. Mais ne faut-il pas reconnaître que lorsque cet article parle de *conventions*, il entend désigner des actes qui pourraient lier la partie à laquelle on les attribue, si la fausseté n'en était pas démontrée, et qu'il ne fait nullement allusion à des actes qui ne sont susceptibles d'engendrer aucune obligation? Or, quelle obligation peut résulter d'une convention constatée seulement par la signature du prétendu créancier, qui se donne un débiteur purement imaginaire; ou plutôt peut-on prêter un seul instant le nom de convention à un acte de cette nature?

4. D'un autre côté, on ne saurait apercevoir ici la possibilité d'un préjudice pour autrui, sans laquelle il ne peut y avoir crime de faux. Dira-t-on que le tiers porteur de la lettre de change, qui, devant croire à la sincérité des énonciations de ce titre, a compté que la somme dont il a fait les fonds au tireur lui serait remboursée par le tiré tel jour et en tel lieu, souffre un préjudice certain du moment où cette perspective, loin de se réaliser, se transforme pour lui en un recours plus ou moins illusoire contre le tireur? A cela, il faut répondre que le porteur, étant sans action contre le tiré jusqu'à l'acceptation de celui-ci, a nécessairement suivi la foi du tireur quand il lui a fait l'escompte de la lettre de change; qu'il a dû prévoir que ses droits pourraient se réduire à un recours contre ce dernier, et qu'il ne peut dès lors se plaindre de l'inefficacité de ce recours. — Compar. Hélie et Chauveau, *loc. cit.*

— V. *Actes de l'état civil*, 27; *Action publique*, 73, 81, 88; *Chose jugée*, 42; *Expertise*, 1; *Preuve des délits*, 28.

FAUX SERMENT. — **1.** Il est constant que l'art. 366, C. pén., qui punit le faux serment en matière civile, s'applique au serment supplétoire aussi bien qu'au serment décisoire : Cass., 20 janv. 1843 (S.-V.43.1.659); —Merlin, *Répert.*, v° *Serment,* § 2, n. 8 *bis;* Hélie et Chauveau, *Théor. Cod. pén.*, t. 4, n. 1653 et 1654.

2. Sur le point de savoir si la fausseté du serment peut, au criminel, être prouvée par témoins sans commencement de preuve par écrit, lorsque ce serment porte sur une obligation d'une valeur supérieure à 150 fr., V. *Preuve des délits.*

FAUX TÉMOIGNAGE. — 1. Une jurisprudence fortement établie reconnaît que le tribunal correctionnel à l'audience duquel est commis un faux témoignage ayant le caractère d'un simple délit (C. pén., 362), peut réprimer ce délit séance tenante, en vertu de l'art. 181, C. instr. crim.', et que la procédure spéciale prescrite pour l'instruction des faux témoignages par les art. 330 et 331, même Code, ne met point obstacle à cette répression immédiate : Bourges, 21 janv. 1864 (J.-M.p.7.17); Cass., 11 nov. 1864 (*Id.*7.265); Douai, 31 janv. 1865 (*Id.*8.173); Aix, 14 déc. 1865 (*Id.*9.145). — V. aussi Pellerin, *Comment. de la loi du* 13 *mai* 1863, p. 204.

2. Toutefois cette interprétation, qu'avait déjà énoncée la circulaire du ministre de la justice du 30 mai 1863 sur l'exécution de la loi du 20 du même mois, modificative de diverses dispositions du Code pénal (Rés. chr., p. 57), a rencontré des adversaires. Voici en quelques mots les objections qu'on y oppose : Si l'art. 181, C. instr. crim., qui permet aux juges de statuer, sans désemparer, sur les *délits d'audience,* s'appliquait aux faux témoignages, il faudrait l'étendre, non point seulement à ceux qui se produiraient devant un tribunal correctionnel, mais aussi à ceux qui auraient lieu soit devant un tribunal civil, soit devant une Cour d'appel jugeant en matière correctionnelle ou en matière civile, lorsque des témoins seraient entendus à l'audience. Or, quel embarras ces juridictions n'éprouveraient-elles pas pour juger immédiatement de tels délits, en l'absence de toute règle précise! Rien n'indique d'ailleurs que le législateur de 1863, en correctionnalisant le faux témoignage porté en matière correctionnelle ou civile, ait entendu le soumettre à un jugement immédiat, et l'on verrait plutôt la manifestation de la pensée contraire dans ce passage du rapport de la commission où il est dit que pour les témoignages en matière civile, « il est permis de penser que le juge correctionnel aura des connaissances et des habitudes d'investigation que le jury ne saurait posséder au même degré » (V. notre *Cod. pén. modif.,* p. 155, note). Au reste, par sa nature même, le faux témoignage, qu'il soit crime ou délit, résiste au jugement immédiat. D'une part, il ne peut être constaté qu'après la clôture des débats à l'occasion desquels il a été commis, puisque jusque-là la rétractation de la déposition suspecte est encore possible (V. *infrà*, nº 8). D'un autre côté, le faux témoignage peut avoir été provoqué par un tiers; le faux témoin peut avoir reçu de l'argent, une récompense quelconque ou des promesses, et il importe de rechercher préalablement ces circonstances, car, dans le premier cas, la répression devrait s'étendre au tiers coupable de subornation ou de complicité, et, dans le second, le faux témoignage, quoique porté en matière correctionnelle ou civile, conserverait le caractère de crime (C. pén., 364), ce qui rendrait inapplicable l'art. 181, C. instr. crim., mais donnerait lieu à l'application des art. 330 et 331 du même Code, qui prescrivent pour le faux témoignage constituant un crime une procédure toute spéciale. Enfin, dans les hypothèses mêmes où le faux témoignage conserve le caractère de délit, les règles tracées par ces derniers articles doivent, en l'absence de toute autre disposition, être observées autant que le comporte la nature de la juridiction à laquelle l'infraction est déférée. L'art. 330 exceptant le faux témoignage des crimes commis à l'audience dont l'art. 507 autorise la répression instantanée de la part de certaines juridictions, il est parfaitement rationnel d'admettre que la disposition de l'art. 181 doit elle-même souffrir exception à l'égard du faux témoignage.

5. Si quelques-unes de ces raisons sont assez graves pour nous faire accorder que les tribunaux ne devront user qu'avec une grande circonspection de la faculté de juger séance tenante, comme délits d'audience, les faux témoignages en matière correctionnelle ou civile, elles nous paraissent tout à fait insuffisantes pour leur faire refuser cette faculté d'une manière absolue. Nous n'admettons pas que le jugement immédiat du faux témoignage présente plus de difficulté pour les tribunaux civils et pour les Cours d'appel jugeant en matière civile ou en matière criminelle que pour les tribunaux correctionnels. Mais, comme devant les juridictions civiles le faux témoignage ne lèse ordinairement que des intérêts privés et n'offre pas le caractère d'un scandale public au même degré qu'en police correctionnelle, la nécessité d'en rendre la répression plus exemplaire par son instantanéité même, n'est point aussi impérieuse, et nous croyons qu'en général ces juridictions devront laisser aux tribunaux correctionnels le soin de punir un tel délit. Quant au faux témoignage en matière correctionnelle, nous estimons, au contraire, qu'il importe, en principe, dans le triple intérêt de la rapidité, de l'exemplarité et de l'économie de la répression, qu'il soit jugé instantanément comme délit d'audience. On conçoit sans peine que lorsque le faux témoignage prend le caractère d'un crime, la loi en soumette la poursuite à une instruction préalable, parce que le jury ne possède point les connaissances et la pratique qu'exige une appréciation immédiate d'une infraction de cette nature. Mais la même raison n'existe pas à l'égard du faux témoignage qui se produit devant la juridiction correctionnelle, et rien n'autorise à étendre à ce délit les dispositions des art. 330 et 331, C. instr. crim. Nous reconnaissons volontiers que, malgré la généralité de ses expressions, l'art. 184 de ce Code n'est pas applicable à certains délits dont la constatation doit avoir lieu suivant des formes particulières. Mais la loi ne prescrit aucun mode spécial de preuve à l'égard du faux témoignage en matière correctionnelle. Pourquoi donc échapperait-il à l'application de l'art. 184 ? Il n'était nullement nécessaire que le législateur de 1863 s'expliquât sur ce point. La solution découlait de la nature même des choses. Assurément, s'il apparaissait, d'après les éléments du débat à l'occasion duquel se produit le faux témoignage, que le faux témoin a été suborné, ou même qu'il a accepté de l'argent, une récompense quelconque ou des promesses, et qu'ainsi l'inculpation peut s'étendre à un tiers, ou prendre un caractère plus grave, les juges correctionnels devraient s'abstenir de le juger séance tenante, et il y aurait lieu de recourir à une instruction. Mais ces cas seront les plus rares, et en l'absence de tout indice qui en fasse présumer la réalisation, nous n'hésitons pas à penser que la mesure du jugement immédiat soit aussi légale que salutaire.

4. Nous n'avons pas besoin d'ajouter que cette mesure n'est en rien contraire au principe suivant lequel il n'y a faux témoignage punissable qu'au moment où la déposition acquise au procès ne peut plus être rétractée, car ce n'est qu'après le délibéré sur le fond du débat que sera rendue la décision sur le faux témoignage. V. *infrà*, n. 9.

5. Il résulte des motifs de l'arrêt de la Cour de cassation du 11 nov. 1864, mentionné ci-dessus, n. 1, que les art. 330 et 331, C. instr. crim., ne dérogent nullement, en ce qui concerne les faux témoignages, à la faculté que l'art. 507 du même Code confère à la Cour de cassation, aux Cours d'appel et aux Cours d'assises de réprimer instantanément les crimes et délits commis à leur audience; en sorte que la répression immédiate du faux témoignage peut avoir lieu devant toutes les juridictions, et non point seulement devant les tribunaux correctionnels. — Mais c'est là une faculté dont les juridictions civiles et les Cours d'assises useront rarement, par les raisons que nous avons indiquées *suprà*, n. 3, et que les juges correctionnels n'exerceront euxmêmes qu'autant qu'il ne s'élèvera pas de doute sur le caractère du faux témoignage. Si donc les dispositions des art. 330 et 331 n'excluent pas, en cette matière, l'application des art. 181 et 507, elles permettent du moins, chose fort importante, de faire précéder d'une instruction, dans les cas embarrassants, le jugement du faux témoignage.

6. Un arrêt de la Cour d'Aix, du 23 juin 1865 (J.M.p.9.182), a cru devoir appliquer ici la loi du 20 mai 1863, sur l'instruction des flagrants délits en matière correctionnelle, et c'est sur l'art. 1er de cette loi qu'il a fondé le droit des juges correctionnels de réprimer séance tenante, sur les réquisitions du ministère public, les faux témoignages commis à leur audience et présentant le caractère de simples délits. Mais c'est là une erreur évidente, car l'art. 7 de la loi du 20 mai 1863 déclare que cette loi ne régit point les matières dont la procédure est réglée par des lois spéciales, et les délits d'audience, celui de faux témoignage comme les autres, sont soumis à une procédure spéciale, soit par l'art. 181, C. instr. crim. précité, soit par les art. 505 et 507 du même Code. Pourquoi, en effet, aurait-on recours à la procédure organisée par la loi du 20 mai 1863, pour la répression de délits que des dispositions particulières du Code d'instruction criminelle permettent elles-mêmes de punir instantanément, en offrant l'avantage d'autoriser cette répression instantanée devant quelque juridiction que le délit se commette? — Remarquons du reste que c'était d'autant moins le cas, dans l'espèce de l'arrêt mentionné ci-dessus, d'appliquer la loi du 20 mai 1863, que c'était devant les juges du second degré que le délit avait été commis, et que cette loi n'autorise nullement le procureur général à traduire devant la Cour, pour y être jugé *de plano*, un individu arrêté en état de flagrant délit, mais réserve au chef du parquet de première instance seul le mode exceptionnel de traduction à l'audience établi par son art. 1er.

7. Les juges correctionnels ou civils devant lesquels s'est produit le faux témoignage, pourraient-ils, au lieu de le réprimer séance tenante, se borner à commencer à l'instant même l'information sur ce délit, et ajourner à une audience ultérieure leur décision tant sur le fond que sur l'incident? L'affirmative s'induit de deux arrêts de la Cour de cassation des 9 nov. 1868 et 21 fév. 1867 (J.M.p.11.185); mais nous ne croyons pas à l'exactitude de cette solution. V. *Délit d'audience*, n. 5 et s.

8. D'après un arrêt de la Cour de cassation du 20 nov. 1868 et un arrêt de la Cour de Paris du 28 mai 1869 (J.M.p.12.197 et 258), le délit de faux témoignage n'est légalement consommé qu'après la clôture des débats de l'affaire dans laquelle la déposition mensongère s'est produite, c'est-à-dire, devant les juges correctionnels, après que le ministère public a été entendu en ses réquisitions et le prévenu en sa défense ; de telle sorte que la répression de ce délit à l'audience où il a été commis est prématurée, si elle est prononcée avant ces réquisitions et cette défense, et malgré le renvoi des débats de l'affaire à une audience ultérieure.

9. Il n'y a entre ces décisions et l'opinion que nous avons exprimée ci-dessus, n. 4, qu'une seule différence, c'est que nous reculons jusqu'au jugement sur le fond l'extrême limite de la faculté de rétractation accordée au témoin, tandis qu'elles n'étendent cette limite que jusqu'à la clôture des débats. Nous croyons que la vérité est de notre côté. Même après la clôture des débats et jusqu'au jugement auquel ils donnent lieu, ou tout au moins jusqu'au délibéré qui précède ce jugement, la rétractation du témoin nous paraît admissible. Jusque-là en effet, il n'y a pas encore de préjudice causé, ni par conséquent de faux témoignage irrévocablement consommé. — A nos yeux, la mise de la cause en délibéré ne serait pas elle-même suffisante pour empêcher la rétractation ; ce n'est qu'au délibéré commencé que nous pouvons reconnaître cet effet, et nous ne faisons en cela qu'appliquer un principe que la jurisprudence et les auteurs ont proclamé dans d'autres cas qui, certes, ne sont pas dignes de plus de faveur. V. *Instruction criminelle*. Ce n'est donc bien qu'après la décision ou tout au moins après le délibéré sur le fond, que doit être rendu le jugement du faux témoignage réprimé comme délit d'audience.

10. Un jugement du tribunal correctionnel d'Apt, du 4 avr. 1867 (J.M.p.10.117), a décidé qu'en matière civile, même dans les enquêtes sommaires qui ont lieu à l'audience, mais lorsque la cause doit être jugée en premier ressort, et que, par suite, il doit être dressé procès-verbal des dépositions par le greffier, le faux témoignage est consommé dès le moment où la déposition mensongère qui le constitue a été signée par le témoin duquel elle émane, ou que ce dernier a déclaré ne pouvoir ou ne vouloir signer ; et qu'il ne saurait être effacé par la rétractation de cette déposition que le témoin a faite ultérieurement dans la contre-enquête, où il a été appelé aussi à déposer. Cette question, que nous croyons neuve, est fort délicate. Il est très-vrai qu'en matière civile les dépositions faites dans une enquête sommaire, lorsque le jugement doit être rendu en premier ressort, ont un caractère non moins définitif, après la signature des témoins ou leur déclaration de ne pouvoir ou ne vouloir signer, que les dépositions faites dans une enquête ordinaire; et l'on peut soutenir avec autant de force à l'égard des unes qu'à l'égard des autres, que la clôture du procès-verbal qui les constate équivaut, pour le témoin, à la clôture des débats, et ne laisse plus, dès lors, de place pour une rétractation; que le faux témoignage résultant de l'une de ces dépositions est, dès ce moment, irrévocablement consommé, et ne peut pas plus être effacé par une déposition modificative faite ultérieurement dans une contre-enquête où le témoin qui l'a commis se trouve accidentellement appelé à déposer de nouveau, qu'il ne pourrait l'être par celle que ce témoin viendrait à faire, en cas d'appel, devant le juge du second degré. V. sur ce dernier point, Cass., 3 juin 1846 (S.-V.46.1.652; — Hélie et Chauveau, *Théor. Cod. pén.*, t. 4, n. 1621; Trébutien, *Cours élém. de dr. crim.*, t. 1, p. 100; Dalloz, *Répert.*, v° *Témoignage faux*, n. 44.

11. Cependant nous croyons qu'en allant au fond des choses et en se rendant bien exactement compte de l'esprit de la loi, on est inévitablement amené à repousser cette interprétation. — Qu'est-ce qui constitue le faux témoignage? un double élément : d'une part, une déposition contraire à la vérité, et, d'autre part, l'existence ou la possibilité d'un préjudice pour autrui (V. notre *Cod. pén. modif.*, p. 152, à la note). Or, pour qu'une déposition mensongère puisse causer préjudice, il faut que le juge devant lequel elle est faite soit exposé à la prendre pour l'expression de la vérité et à la faire, par suite, entrer parmi les éléments de sa décision. Mais si, avant cette décision, le témoin rétracte sa fausse déclaration et empêche ainsi le juge de tomber dans l'erreur où il pouvait être induit, quel préjudice est encore à craindre? Si le faux témoignage commis en première instance n'est point effacé par la rétractation que le témoin fait plus tard en appel de sa déposition mensongère, c'est que cette déposition a pu servir de base à une décision que le témoin ignorait ne pas devoir être définitive; c'est que la persistance dans le mensonge jusqu'à cette décision manifeste hautement l'intention du témoin de nuire à la partie contre laquelle il a déposé; c'est que les débats sont véritablement clos par une telle décision; que ceux auxquels donne lieu l'appel sont complétement distincts des premiers, et que l'exercice soit de l'action civile, soit de l'action publique naissant du faux témoignage ne peut rester, pendant toutes les phases successives du procès, à la merci des tergiversations, calculées ou non, du témoin qui a menti à la justice. — Mais la situation est-elle la même lorsque le témoin qui a fait une fausse déclaration dans une enquête vient à la rétracter dans la contre-enquête? Le procès-verbal d'enquête clot incontestablement les débats pour le témoin dans les cas ordinaires, où celui-ci ne reparaît plus devant le juge avant la décision; mais lorsque ce témoin est exceptionnellement appelé à déposer dans la contre-enquête, ne faut-il pas reconnaître que les débats se rouvrent, pour lui, et qu'il peut utilement revenir sur sa précédente déposition, puisque le juge n'a pas encore statué, et qu'il est encore temps de détruire l'impression erronée que cette disposition a pu faire sur l'esprit de celui-ci ? A la vérité, le témoin pouvait ignorer, au moment où il a faussé son serment, qu'il aurait à déposer aussi dans la contre-enquête; il pouvait croire que son faux témoignage était irrévocablement consommé, et, dans ce cas, son intention de nuire était certaine; mais pourquoi, lorsqu'une circonstance imprévue lui permet de ne point donner effet à cette intention coupable, et de faire disparaître toute possibilité de préjudice à l'égard de celui contre lequel sa fausse déposition avait été dirigée, maintenir encore à son égard une incrimination qui n'a plus de base? Ne serait-ce pas attacher une importance exagérée et dénuée de raison à la clôture du procès-verbal d'enquête, que d'en faire une limite absolue au delà de laquelle nulle rétractation de l'erreur ou du mensonge ne pourrait jamais avoir lieu?

12. La Cour de cassation a décidé, par deux arrêts en date des 3 mars 1842 (Bull., n. 41) et 6 janv. 1859 (D.p.60.5.377), que le faux témoignage résultant de la déclaration mensongère faite dans une enquête en matière civile, est consommé dès le moment où le procès-verbal est clos; et la même opinion est exprimée par MM. Hélie et Chauveau, n. 1631, et Dalloz, n. 48. V. aussi M. Buchère, article inséré J.M.p.3.123. Mais cette doctrine parfaitement exacte suppose qu'après le procès-verbal d'enquête le témoin qui a fait la fausse déposition n'a pas eu à fournir de nouveau son témoignage. — Dans le cas assez rare où ce témoin figure aussi parmi ceux de la contre-enquête, il est permis de dire que les débats ne finissent pour lui qu'après le procès-verbal de la contre-enquête elle-même; et cela avec d'autant plus de raison que l'enquête et la contre-enquête, loin d'être indépendantes l'une de l'autre, forment pour le juge un ensemble indivisible d'éléments de preuve. Si les dépositions avaient lieu sans rédaction de procès-verbal, nul doute que le témoin, qui aurait d'abord menti à la justice, ne pût se rétracter à une audience ultérieure à laquelle l'affaire aurait été continuée : Cass., 22 juill. 1843 (S.-V.43.1.715); — Hélie et Chauveau, n. 1622; Dalloz, n. 37. Pourquoi la circonstance qu'une déposition a été recueillie par écrit dans une enquête mettrait-elle obstacle à ce que le témoin qui l'a faite mensongèrement la rétracte dans la contre-enquête, où son témoignage est réclamé de nouveau? La raison de décider n'est-elle pas la même dans les deux hypothèses? Ne peut-on pas dire avec une égale justesse dans l'une et dans l'autre que « lorsque la volonté qui a produit le faux témoignage en prévient les résultats en temps utile, les deux caractères essentiels du crime ou du délit, savoir, le fait d'avoir trompé la justice et la possibilité du dommage résultant de ce fait, ont également cessé d'exister » (Cass., 22 juill. 1843, précité)?

15. Si l'on admet que, dans le cas dont il s'agit, la rétractation efface le délit de faux témoignage, celui qui, par dons ou promesses, aura provoqué à faire la fausse déposition pourra-t-il néanmoins être poursuivi comme suborneur? On peut voir dans le sens de l'affirmative l'article déjà cité de M. Buchère, où ce magistrat invoque la règle que les complices d'une tentative de crime peuvent être poursuivis et condamnés, lorsque les effets en ont été arrêtés par une circonstance indépendante de leur volonté. — Mais cette opinion ne nous paraît pas admissible, parce que la rétractation ne laisse subsister ni crime, ni tentative de crime, et que là où il n'y a pas de fait punissable, il ne saurait y avoir de complicité tombant sous le coup de la loi. Dans tous les cas, le faux témoignage en matière civile ne constituant plus qu'un délit depuis la loi du 13 mai 1863, il ne saurait être question d'appliquer à la subornation en cette matière la règle qui vient d'être rappelée, puisque la tentative de délit n'est punissable que dans les cas déterminés par la loi, et que la loi ne prévoit point la tentative de délit de faux témoignage.

14. Quel est le véritable caractère de la subornation? Le jugement du tribunal correctionnel d'Apt, du 4 avril 1867, mentionné ci-dessus, n. 10, décide fort exactement que la subornation n'est, à la vérité, qu'un mode de complicité du faux témoignage (ce qu'admettent généralement la jurisprudence et les auteurs : V. notamment Cass., 16 nov. 1821, S.-V.6.1.517; 14 sept. 1826,

S.-V.8.1.429; 8 juill. 1830, S.-V.9.1.554; 11 oct. 1839, D.p.40.
1.378; 22 juill. 1843, S.-V.43.1.715; 26 avr. 1851, D.p.51.5,132;
— Merlin, *Répert.*, v° *Subornation*, n. 7; Bourguignon, *Jurispr.
des Cod. crim.*, t. 3, p. 340; Legraverend, *Législ. crim.*, t. 1,
p. 121; Hélie et Chauveau, t. 4, n. 1643; Dalloz, n. 54; Buchère,
article précité, p. 120),—mais que c'est là une complicité spéciale
qui n'a pas besoin d'être accomplie par l'un des moyens énoncés
en l'art. 60, C. pén., et qui résulte de tout acte quelconque présentant le caractère de la subornation. Telle est aussi l'interprétation qui a prévalu dans les arrêts et dans la doctrine. V. Cass.,
9 nov. 1815 (S.-V.5.1.110); 15 sept. 1836 (Dalloz, n. 66); 16 janv.
1845 (S.-V.46.1.800); 5 fév. 1846 (S.-V.46.1.590; 24 août 1854
(D.p.54.5.737); 19 juin 1857 (S.-V.57.1.865); — Hélie, *loc. cit.*;
Dalloz, n. 66; Buchère, *ut suprà*.

15. Sur le mode de preuve du faux témoignage, V. *Preuve des
délits*.

— V. *Cour d'assises*, 19; *Témoin*, 6.

FILOUTERIE. — **1.** C'est un principe certain que la filouterie, n'étant qu'une variété du vol, suppose, comme le vol lui-
même, la soustraction frauduleuse de la chose d'autrui. V. la
Table générale de MM. Devilleneuve et Gilbert, v° *Vol*, n. 9 et 10,
et le *Répert.* de MM. Dalloz, *eod. v°*, n. 662. *Adde* Douai, 4 déc.
1864 (J.M.p.9.12). Et c'est également un point de jurisprudence
constant, que la soustraction frauduleuse doit s'entendre d'une
appréhension manuelle. V. *Vol*. Par application de ces principes,
il a été décidé que le fait de se faire servir et de prendre un repas
dans une auberge, sans avoir le moyen ni l'intention de le payer,
ne constitue pas le délit de filouterie : Cass., 28 nov. 1839 (D.p.
40.1.387); 20 fév. 1846 (S.-V.46.1.576) et 5 nov. 1847 (S.-V.48.
1.153); Bourges, 5 mars 1840 (S.-V.41.2.149); Limoges, 27 mai
1842 (S.-V.42.2.472); Bordeaux, 25 nov. 1841 (S.-V.42.2.156) et
18 mars 1847 (S.-V.48.2.190); Riom, 14 mai 1862 (D.p.63.2.14);
Paris, 6 août 1864 (aff. Gœrens); Douai, 4 déc. 1864, précité. V.
aussi Dalloz, *loc. cit.*, n. 667. — V. toutefois, en sens contraire,
Grenoble, 28 nov. 1833 (S.-V.34.2.96); Bourges, 12 nov. 1840
(S.-V.41.2.356), et Metz, 9 nov. 1859 (D.p.63.2.43).

2. Jugé encore que, le délit de filouterie supposant, comme le
vol, une appréhension de la chose d'autrui contre le gré du détenteur, et ne pouvant résulter d'une remise volontaire, même
obtenue par fraude, le fait volontaire de changer une pièce de

monnaie de cuivre comme pièce d'or, ou de donner une semblable pièce en paiement, aussi comme pièce d'or, ne constitue pas une filouterie : C. de cass. belg., 22 sept. 1865 (J.M.p.10. 72); Bordeaux, 11 avr. 1866 (*Id.*10.106). — ...Et qu'on ne peut voir non plus une tentative de ce délit dans le fait de chercher à échanger, comme pièce d'or, contre de la monnaie, une pièce en cuivre doré : Liége, 16 janv. 1867 (J.M.p.10.76).

— V. *Escroquerie, Larcin, Vol.*

FLAGRANT DÉLIT. — **1.** Lorsque le juge d'instruction, requis par le ministère public, qui a fait saisir un inculpé dans le cas de flagrant délit (C. instr. crim. 40), de procéder à une information contre cet inculpé et de décerner contre lui un mandat de dépôt, rend une ordonnance portant refus de décerner ce mandat et prescrivant la mise en liberté de l'inculpé, l'opposition formée à cette ordonnance par le ministère public n'a pas d'effet suspensif, et, dès lors, ne fait pas obstacle à ce que la mise en liberté soit immédiatement opérée : le juge d'instruction une fois saisi de la cause, le ministère public cesse d'avoir qualité pour faire maintenir l'inculpé en état d'arrestation : Metz, 2 fév. 1859 (J.M.p.2.169). — Cette décision nous semble parfaitement fondée.

2. En effet, le mandat d'amener que l'art. 40, C. instr. crim., autorise le ministère public à décerner, en cas de flagrant délit, contre l'inculpé, n'a que le caractère d'une arrestation provisoire. Son objet est uniquement de mettre l'inculpé à la disposition du juge d'instruction, qui, aux termes de l'art. 93, doit l'interroger dans les 24 heures. Cet interrogatoire subi, le mandat d'amener, qui n'a plus de cause, cesse immédiatement. Sans doute, le juge d'instruction peut le convertir en mandat de dépôt ou d'arrêt dans le cas où l'inculpé ne s'est pas justifié dans son interrogatoire; mais si le juge d'instruction ne recourt pas à cette mesure, l'inculpé recouvre aussitôt sa liberté, à laquelle il n'a été porté qu'une atteinte momentanée, et cela sans que le juge d'instruction ait aucune décision à rendre. Que si ce magistrat requis par le ministère public de convertir le mandat d'amener en mandat de dépôt, rend une ordonnance portant refus de décerner ce dernier mandat, l'opposition formée par le ministère public à cette ordonnance ne saurait évidemment faire obstacle à la mise en liberté de l'inculpé, parce que cette mise en liberté existe indépendamment de l'ordonnance frappée d'opposition, et par le seul effet de l'expiration du délai de vingt-quatre heures à partir de l'arrestation de l'inculpé. A quel titre celui-ci serait-il maintenu en état d'arrestation ? Puisque l'objet du mandat d'amener est épuisé, la détention de l'inculpé, en l'absence de tout mandat de dépôt ou d'arrêt, serait manifestement illégale. C'est ce que reconnaît expressément M. Massabiau, t. 2, n. 1767, qui regrette toutefois (et nous nous associons à ce regret) que l'on ne puisse pas, dans notre hypothèse, prolonger la suspension provisoire de la liberté de l'inculpé. La même doctrine s'induit aussi d'une circulaire du ministre de la justice du 23 flor. an vi, et de l'opinion émise par MM. Bourguignon, t. 1, p. 149; Carnot, sur l'art. 94, C. instr. crim.; Mangin, *Instr. écr.*, n. 167; Duverger, *Man. du juge d'instr.*, t. 3, p. 66; Rodière, *Élém. de proc. crim.*, p. 66 et 67; Trébutien, *Cours élém. du dr. crim.*, t. 2, p. 221, note 16; Morin, *Dict.*, vº *Instr. crim.*, n. 17; Dalloz, *Répert.*, eod. vº, n. 541. Rappr. également Cass. 4 avr. 1840 (S.-V.40.1.318). — Mais voy. en sens contraire, Legraverend, *Législ. crim.*, t. 1, p. 398; — Lyon, 27 mars 1839 (D.p.39.2.244).

3. L'arrêt de la Cour de Metz, mentionné plus haut, se fonde, entre autres motifs, sur ce que l'opposition du ministère public à l'ordonnance du juge d'instruction n'a pas d'effet suspensif, et M. Massabiau invoque aussi cet argument. Nous croyons nous-même que ce recours ne suspend point l'exécution de l'ordonnance du magistrat instructeur. V. *Juge d'instruction*. Mais cette règle ne peut recevoir ici son application, puisque, encore une fois, ce n'est pas en vertu de l'ordonnance du juge d'instruction, mais de plein droit, que l'inculpé contre lequel a été décerné un mandat d'amener est laissé en liberté après son interrogatoire.

4. L'art. 16, C. instr. crim., donne, comme on sait, aux gardes champêtres et forestiers la mission d'arrêter et de conduire devant le juge de paix ou devant le maire tout individu qu'ils surprennent en flagrant délit, lorsque ce délit emporte la peine d'emprisonnement ou une peine plus grave. D'un autre côté, les maires et adjoints sont investis, dans le même cas de flagrant délit, des droits qui appartiennent au ministère public (même Code, 32 et s. et 50). — Mais il a été jugé à bon droit que l'arrestation d'un individu et la perquisition sur sa personne opérées l'une par des gardes champêtres et l'autre par un adjoint, sans qu'aucun délit, flagrant ou non, ait été constaté à sa charge, et sur le seul soupçon qu'il se disposait à en commettre un, sont illégales et ne peuvent servir de base à une condamnation : Bourges, 12 mars

1869 (J.M.p.12.99). — Peu importerait, d'ailleurs, que l'individu arrêté et fouillé n'ait opposé aucune résistance, alors surtout qu'il a refusé de signer le procès-verbal dressé à cette occasion, et qu'il s'est évadé des mains des agents chargés de le conduire devant le magistrat du parquet : même arrêt. — Compar. *Abus d'autorité*, n. 4 et 5; *Attentat à la liberté*, n. 4; *Chasse*, n. 98, 99.

5. L'application de la loi du 20 mai 1863, relative à l'instruction des flagrants délits devant les tribunaux correctionnels, a soulevé certaines difficultés qu'il importe de signaler et d'examiner.

6. Le rapport de la commission du Corps législatif sur cette loi exprime ouvertement la volonté qu'a eue le législateur de laisser au ministère public l'option entre le renvoi immédiat devant le tribunal correctionnel et le renvoi devant le juge d'instruction, des individus arrêtés en état de flagrant délit pour faits passibles de peines correctionnelles. V. notre *Code de la détention préventive*, 4ᵉ part., n. 1.

7. Mais que faut-il entendre par flagrant délit en cette matière ? Il résulte du rapport et de la discussion au Corps législatif que la loi du 20 mai 1863 s'applique plus particulièrement aux deux premiers cas prévus par l'art. 41, C. instr. crim., c'est-à-dire au cas où le délit se commet actuellement, et à celui où il vient de se commettre, et qu'elle suppose, en un mot, un délit tel qu'il ne peut y avoir de doute sur la culpabilité du prévenu. V. au surplus, Picot, *Loi sur les flagrants délits*, p. 10; Derome, *Considérations sur la loi relative à l'instruction des flagrants délits*, p. 17; F. Hélie, *Instr. crim.*, n. 2820; notre *Code de la détention préventive, ut suprà*, n. 2.

8. Mais ce serait aller trop loin que de décider, d'une manière absolue, comme l'a fait un jugement du tribunal correctionnel de Saint-Claude du 3 août 1863 (J.M.p.4.169), que le flagrant délit, dans le sens de la loi précitée, est uniquement celui prévu par les deux premiers paragraphes de l'art. 41. — Et il a été jugé au contraire avec raison que le flagrant délit peut consister ici même dans celui prévu par la dernière disposition de cet article, pourvu qu'il ne se soit pas écoulé entre la perpétration du délit et sa découverte un intervalle de temps suffisant pour permettre de douter de l'origine des objets dont le prévenu a été trouvé nanti : Trib. corr. de Bagnères, 31 juill. 1864 (J.M.p.8.6), et observations de M. Lespinasse à la suite; *Code de la détent. prévent., loc. cit.*

9. Décidé qu'on ne peut considérer comme étant en état de flagrant délit de mendicité, au point de vue de la loi précitée, l'individu qui n'a été arrêté que deux jours après le dernier acte de mendicité commis par lui, alors même qu'il aurait été poursuivi par la clameur publique : Trib. corr. de Saint-Claude, 3 août 1863, précité.

10. Comme la mendicité, le vagabondage et la rupture de ban constituent le plus souvent des flagrants délits susceptibles d'une décision instantanée : Angers, 23 juin 1863 (J.M.p.6.245); Rennes, 25 juin 1863 (*Ibid.*). — Sur les caractères que doit présenter en pareil cas le *vagabondage*, V. ce mot.

11. Un arrêt de la Cour d'Alger, du 30 janv. 1864 (J.M.p.7. 281), a jugé que la loi du 20 mai 1863 s'applique au délit d'outrages envers un magistrat dans un écrit signifié, par exemple, dans un acte de récusation déposé au greffe et notifié au juge d'instruction; et qu'il importe peu que l'instance en récusation soit déjà pendante devant le tribunal civil, et que les faits servant de base à la poursuite du ministère public soient précisément les mêmes que ceux articulés dans l'acte de récusation, parce que l'exercice de l'action publique pendant la poursuite de l'action civile a pour effet de suspendre le jugement de celle-ci.

12. Nous ne saurions approuver une telle décision. L'art. 7 de la loi du 20 mai 1863 dispose que cette loi n'est pas applicable aux délits de presse, ni aux matières dont la procédure est réglée par des lois spéciales. Or, l'outrage envers un magistrat, dans un écrit signifié, ne rentre-t-il pas dans ces exceptions ? L'affirmative nous paraît certaine. C'est là, en effet, un outrage public, sinon dans le sens de l'art. 1er de la loi du 17 mai 1819, qui suppose une distribution ou exposition de l'écrit injurieux dans des lieux ou réunions publics, par des placards ou affiches (V. Cass., 21 sept. 1838, S.-V.38.1.900, et 25 nov. 1859, S.-V.60.1.181), du moins dans le sens de l'art. 6 de la loi du 25 mars 1822, qui dispose en vue d'une publicité quelconque (V. Cass., 30 nov. 1844, D.-P.45.4.415, et 5 juin 1845, S.-V.45.1.780). Donc, en admettant que les *délits de presse* dont parle l'art. 7 de la loi du 20 mai 1863 ne doivent s'entendre que des infractions aux lois sur la presse proprement dite, et non des délits commis à l'aide d'un des moyens de publicité prévus par les lois de 1819 et de 1822, ce que le but de cette disposition nous porte effectivement à croire (V. notre *Code de la détent. prévent.*, 4e part., n. 28), l'outrage envers un magistrat dans un écrit signifié est, dans tous les cas, réprimé par une *loi spéciale*. A la vérité, cette loi, qui est celle du

25 mars 1822, ne règle pas, à proprement parler, la procédure relative à une semblable répression. Toutefois, en appelant les juges à apprécier les questions fort délicates de caractère de l'écrit, d'intention et de publicité, elle nous semble exclure l'application de la procédure sommaire qu'organise l'art. 1er de la loi du 20 mai 1863. Mais, en outre, d'après une interprétation consacrée par une jurisprudence constante, la disposition de l'art. 6 de la loi du 25 mars 1822 doit être combinée avec celle de l'art. 5 de la loi du 26 mai 1819, aux termes de laquelle la poursuite des délits de diffamation ou d'injure ne peut avoir lieu que sur la plainte de la partie lésée (V. *Outrage*); et cette dernière disposition, toute de procédure, apporte un obstacle de plus à l'exercice du droit exceptionnel que la loi du 20 mai 1863 confère au ministère public.

13. Quant à la circonstance que l'écrit signifié qui contient l'outrage est un acte de récusation ayant donné lieu à une instance pendante devant la juridiction civile, nous croyons bien qu'elle ne saurait avoir pour effet de paralyser l'action publique, qui, même dans ce cas, doit, comme le juge l'arrêt précité de la Cour d'Alger, s'exercer librement, conformément au principe posé par l'art. 3, C.instr. crim., auquel ne dérogent point les règles particulières à la procédure de récusation. Mais ces règles peuvent, du moins, être considérées comme exclusives du caractère de flagrant délit que l'outrage devrait avoir pour tomber sous l'application de l'art. 1er de la loi du 20 mai 1863. On a vu, en effet, ci-dessus, n. 7, que cette loi se réfère spécialement au cas où le flagrant délit est tel qu'il ne peut y avoir de doute sur la culpabilité du prévenu. Or, dans notre hypothèse, la question de culpabilité ne saurait, au contraire, être facilement résolue, tant que la demande en récusation n'aura pas été jugée par le tribunal civil.

14. En principe, le flagrant délit d'adultère rentre, comme tout autre, dans les prévisions de la loi du 20 mai 1863. Cependant l'application de cette loi à un tel délit trouve un obstacle considérable, soit dans le caractère en quelque sorte privé de l'infraction, soit dans les conditions particulières de sa poursuite : Derome, p. 19; Morin, *Journal du dr. crim.*, 1863, p. 229, note 10; notre *Code de la détent. prévent.*, 4e part., n. 4 et 29.

15. Le prévenu arrêté en état de flagrant délit peut être traduit immédiatement à l'audience par une simple citation verbale : Bordeaux, 8 juill. 1868 (J.M.p.12.95). — Mais la citation verbale ne peut avoir d'effet que lorsque le prévenu consent à y obtempérer; et si, au contraire, le prévenu n'obéissait pas à une semblable citation, le tribunal correctionnel, ne se trouvant pas saisi en son absence, ne pourrait le condamner par défaut. V. en ce sens Derome, p. 58 et 59; *Code de la détention préventive*, n. 26.

16. Lorsque le tribunal reconnaît que le fait qui lui est déféré n'a pas le caractère de flagrant délit, peut-il se déclarer irrégulièrement saisi ? M. Derome, p. 53 et s., distingue entre le cas où le prévenu a été traduit sur le champ à l'audience sans citation, et celui où il a été, en exécution de l'art. 2 de la loi du 20 mai 1863, cité pour l'audience du lendemain. Dans la première hypothèse, le tribunal, dont la compétence n'a été mise en mouvement par aucun acte, ne pourrait statuer, à moins que le prévenu n'y consentît. Dans la seconde, au contraire, le tribunal, valablement saisi par la citation, ne pourrait s'abstenir de prononcer, et devrait seulement accorder à l'inculpé, s'il le demandait, le délai de trois jours francs que le droit commun prescrit entre la citation et la comparution. Si le prévenu faisait défaut, le tribunal ne pourrait statuer qu'après l'expiration de ce même délai. Dans tous les cas, le mandat de dépôt qu'aurait délivré le magistrat du parquet serait nul, puisque ce n'est qu'en vue du flagrant délit que la loi l'autorise à le décerner, et la nullité devrait en être prononcée par le tribunal, même d'office.

17. D'après les jugements du tribunal de Saint-Claude et du tribunal de Bagnères déjà mentionnés ci-dessus, n. 8, le tribunal doit, dans tous les cas indistinctement, se dessaisir de la poursuite, et renvoyer le ministère public à se pourvoir ainsi qu'il avisera. C'est aussi notre opinion. — Sans doute, si l'inculpé consent à être jugé à l'audience où il a été traduit, le tribunal peut valablement statuer (V. *Tribunal correctionnel*), sauf à annuler le mandat de dépôt qui se trouve encore dépourvu de tout caractère légal. Mais si l'inculpé n'accepte pas ce jugement immédiat, soit qu'il fasse défaut, soit qu'il comparaisse pour protester contre les réquisitions irrégulières du ministère public, nous ne saurions admettre que le tribunal puisse se considérer comme saisi et prononcer sur le fond de la poursuite. V. à cet égard notre *Code de la détent. prévent.*, 4e part., n. 11.

18. Le ministère public ne pourrait d'ailleurs, comme le pense à tort M. Derome, p. 54, note 1, trouver un moyen de rendre tout régulier en faisant citer le prévenu, non point uniquement *pour tel jour déterminé*, mais pour ce jour là *et les jours suivants*. Cette pratique serait mauvaise sous un double rapport. D'un côté, elle ne mettrait pas le prévenu à même de connaître le jour où il devrait être jugé. Compar. Berriat-Saint-Prix, *Procéd. des tribunaux crim.*, 2ᵉ part., t. 1, n. 446. Et, d'un autre côté, elle ne permettrait pas au prévenu, qui ne comparaîtrait qu'après le délai de trois jours, d'assister à l'audition des témoins qui auraient été requis pour venir déposer devant le tribunal à une audience plus rapprochée.

19. Au reste, il est bien entendu que ce qui précède s'applique exclusivement au cas où il paraît parfaitement démontré au tribunal que le fait n'a pas le caractère de flagrant délit. S'il avait seulement des doutes à cet égard, il devrait, au lieu de se dessaisir immédiatement, renvoyer la cause à l'une des plus prochaines audiences pour plus ample information, selon le vœu de l'art. 5 de la loi du 20 mai 1863 : Angers, 23 juin 1863, et Rennes, 25 juin 1863, cités *suprà*, n. 10.

20. Un arrêt de la Cour de Douai, du 13 déc. 1865 (J.M.p.9. 261), a décidé que, dans le cas où le tribunal correctionnel saisi d'une poursuite en vertu de l'art. 1ᵉʳ de la loi du 20 mai 1863, ordonne le renvoi de la cause pour plus ample information, par application de l'art. 5 précité, il ne peut déférer cette information au juge d'instruction, en le chargeant de statuer par ordonnance tant à l'égard des prévenus déjà poursuivis que de tous autres qui lui paraîtraient devoir être inculpés. Cet arrêt, en repoussant ici l'intervention du magistrat instructeur, sans dire expressément à qui il appartient alors de procéder à la plus ample information, semble se rattacher au système enseigné par M. Derome, p. 57, d'après lequel c'est le tribunal lui-même qui devrait s'acquitter de ce soin.

21. Suivant M. Morin, *loc. cit.*, p. 228, note 8, *in fine*, une telle mission devrait échoir au ministère public, parce que la loi du 20 mai 1863 n'investit les juges instructeurs d'aucune attribution.

22. Pour nous, nous pensons que la plus ample information peut être faite, soit par le ministère public, si elle doit consister en simples demandes de renseignements, soit par le juge d'instruction, si une information proprement dite ou des constatations sont nécessaires. Ici, selon nous, le législateur a entendu déroger à la règle d'après laquelle le tribunal correctionnel saisi directement par le ministère public ne peut ni ordonner une information préalable par le juge d'instruction, ni charger ce magistrat d'une information supplémentaire (V. *Tribunal correctionnel*). Pour le développement de cette doctrine, qui offre le

38

précieux avantage de permettre que, à la suite de l'information, le tribunal se trouve régulièrement saisi, soit que le fait ait le caractère de flagrant délit, soit qu'il ne le présente pas, V. notre *Code de la détent. prévent.*, 4e part., n. 20. V. aussi Picot, n. 21; F. Hélie, t. 6, n. 2923.

25. La chambre d'un tribunal qui, saisie d'une poursuite correctionnelle en vertu de la loi du 20 mai 1863 sur l'instruction des flagrants délits, a renvoyé l'affaire à une audience ultérieure pour plus ample information, est seule compétente pour rendre le jugement définitif : l'affaire ne peut, après le supplément d'instruction, être portée devant une autre chambre, et le jugement que rendrait celle-ci serait frappé de nullité : Rouen, 30 janvier 1868 (J.M.p.12.68).

—V. *Adultère*, 47 et s.; *Casiers judiciaires*, 71, 72; *Chasse*, 96, 97; *Commissaire de police*, 3; *Juge d'instruction*, 5, 6; *Mendicité*, 1 et s.; *Surveillance de la haute police*, 8, *Tribunal correctionnel*, 5; *Vagabondage*, 4 et 5.

FONCTIONNAIRES ADMINISTRATIFS. — Une circulaire du ministre de la justice du 3 mars 1858 (J.M.p.1.182) règle les rapports officiels entre les magistrats de l'ordre judiciaire et ceux de l'ordre administratif. Elle invite les procureurs généraux, soit à se concerter avec les préfets de leur ressort pour la poursuite des crimes ou des délits qui présentent un caractère politique, soit à porter directement à leur connaissance tout ce qui peut intéresser la sécurité du département dont la direction et la surveillance leur sont confiées. Elle reconnaît aux chefs des parquets de première instance le droit de demander aux commissaires de police des rapports périodiques sur la situation morale et politique de leur circonscription. V. *Etats et envois périodiques*, n. 19. Enfin, tout en reconnaissant qu'il est utile que les juges de paix ne soient pas trop souvent détournés de leurs fonctions par des délégations reçues directement de l'autorité administrative, cette circulaire admet cependant que, dans des circonstances graves et en vue d'un intérêt public important, les préfets peuvent se mettre directement en correspondance avec eux, et obtenir par cette voie des renseignements que les juges de paix sont le mieux à même, dans le canton, de leur fournir d'une manière sûre et éclairée. — Mais cette dernière partie de la circulaire précitée se trouve abrogée par une autre circulaire récente, portant la date du 20 février 1870 (Rés. chr., p. 132). — V. d'ailleurs, *Juge de paix*.

FONCTIONS PUBLIQUES (USURPATION DE).

— **1.** La Cour de cassation a jugé, par arrêt du 7 mai 1858 (J. M.p.1.189), qu'il y a délit d'usurpation de fonctions publiques de la part du particulier (et spécialement de la part de l'agent d'affaires) qui, moyennant salaire, rédige habituellement pour des tiers, dans un local qu'il qualifie *étude*, des actes sous seing privé auxquels il applique les formes généralement usitées par les actes notariés, telles que le protocole notarial et l'apposition d'un cachet, et qui conserve ces actes en dépôt à titre de minutes, le tout de façon à faire croire aux gens illettrés que ces mêmes actes ont autant de valeur que ceux passés par-devant notaire ;... et qu'il en est surtout ainsi lorsqu'une partie des actes rédigés par ce particulier sont de ceux qui rentrent spécialement dans les attributions des notaires, comme les partages et liquidations, les inventaires, les donations, etc.

2. Cette solution est d'une exactitude incontestable. Mais si le fait, par un particulier, de rédiger pour des tiers des actes rentrant dans les attributions des notaires, ne s'était produit qu'accidentellement et dans un cas isolé, on ne saurait y voir une usurpation des fonctions notariales, mais il devrait bien plutôt être considéré comme un simple acte d'exercice de la liberté des citoyens (Av. Cons. d'Ét., 1er avr. 1808); et non-seulement le ministère public ne devrait pas le poursuivre, mais même les notaires ne pourraient en faire le fondement d'une action en dommages-intérêts. Compar. Cass., 31 mai 1831 (S.-V.31.1.241);—Dall., *Rép.*, v° *Notaire*, n. 235.

3. Toutefois, le fait, par un particulier, de procéder, pour des tiers, à des actes qui ne peuvent être accomplis que par les notaires, constituerait une usurpation des fonctions notariales, indépendamment même de toute habitude, si le particulier n'avait pas ignoré que les notaires seuls avaient le droit de se livrer à de tels actes. Ici, en effet, l'atteinte portée au notariat se manifeste encore avec évidence, et celui qui l'a commise ne peut pas, comme dans l'hypothèse indiquée au numéro précédent, prétexter qu'il s'est borné à user d'un droit qu'aucune loi ne lui refuse. Nous ne pouvons donc qu'approuver un arrêt de la Cour de Bourges du 19 janv. 1843 (S.-V.44.2.103), qui a jugé que le fait, de la part de clercs d'un notaire, de procéder en l'absence de ce notaire, et en son lieu et place, à une vente publique de mobilier dont il était chargé, présente le caractère du délit d'immixtion dans des fonctions publiques. — V. aussi Rouen, 11 déc. 1840 (Dall., *Répert.*, v° *Fonctionn. publ.*, n. 119).

FORÊTS. — 1. Suivant un arrêt de la Cour de cassation du 24 déc. 1858 (J.M.p.2.85), de ce que l'action publique, en matière forestière, appartient tant à l'administration des forêts qu'au ministère public, et peut être exercée soit simultanément, soit séparément par ces deux autorités (V. *Action publ.*, n. 5 et 7), il s'ensuit que, dès l'instant où cette action a été mise en mouvement par une citation ou conservée par un appel à la requête de l'une, elle peut être suivie par l'autre; et qu'en conséquence, le pourvoi en cassation formé par le ministère public, au nom de l'administration forestière, contre un arrêt confirmatif d'un jugement dont cette administration avait seule interjeté appel, est recevable;... alors surtout que l'administration forestière l'adopte et se l'approprie dans son mémoire.

2. Cette solution nous paraît contestable. De ce que le ministère public et l'administration forestière exercent concurremment l'action publique relativement aux délits forestiers, il ne s'ensuit point que les droits de ces deux autorités se confondent à cet égard; elles conservent, au contraire, des rôles distincts et indépendants. Ainsi, d'une part, l'acquiescement donné par l'administration forestière à un jugement ou arrêt qui a statué sur un délit forestier ne fait point perdre au ministère public le droit d'attaquer ce jugement ou cet arrêt par la voie de l'appel, ou par celle du recours en cassation (C. for., 184), et il en est de même de son désistement du recours qu'elle a formé elle-même (V. ci-après, n. 4); et, d'autre part, l'administration forestière n'est pas recevable à interjeter appel d'un jugement ou à se pourvoir en cassation contre un arrêt intervenu sur les poursuites du ministère public seul (Cass., 7 fév. 1806, S.-V.2.1.213; — Merlin, *Rép.*, v° *Appel*, sect. 2, § 4; Bourguignon, sur l'art. 202, C. instr. crim.; Mangin, *Act. publ.*, n° 51; Le Sellyer, *Dr. crim.*, n. 412; Dalloz, *Rép.*, v^is *Appel en mat. crim.*, n. 175, et *Forêts*, n. 568; Meaume, *Comment. Cod. for.*, t. 2, p. 831; F. Hélie, *Instr. crim.*, t. 6, n. 2998). « Il n'y a donc pas, ainsi que le dit très-bien M. Hélie, *loc. cit.*, indivisibilité entre le ministère public et l'administration, comme entre deux membres du ministère public, il est donc impossible d'identifier les deux intérêts et les deux parties poursuivantes. » Dès lors, on ne comprendrait pas qu'un arrêt rendu sur l'appel de l'administration forestière seule pût être l'objet d'un pourvoi en cassation valable de la part du ministère public. Peu importe que le ministère public ait déclaré former ce pourvoi dans l'intérêt et au nom de l'administration; il n'a pas qualité pour représenter celle-ci. Peu importe encore que l'administration ait ultérieurement adopté le pourvoi du ministère public; elle n'a pu par là donner force à un acte nul dans son principe; à moins qu'on ne suppose qu'elle se soit approprié ce pourvoi en le réitérant dans le délai prescrit par la loi : mais alors ce sera le pourvoi de l'administration et non celui du ministère public qui aura saisi la Cour de cassation.

3. Mais nous devons faire remarquer qu'il en serait autrement si le ministère public avait été partie à l'arrêt contre lequel le pourvoi aurait été dirigé. Le pourvoi, dans ce cas, étant recevable de sa part, il pourrait, en déclarant le former au nom de l'administration forestière, donner à celle-ci le droit de se l'approprier et d'en recueillir le bénéfice si elle se présentait pour le soutenir. La Cour de cassation a consacré cette doctrine, relativement à l'appel, par un arrêt du 27 janv. 1837 (S.-V.38.1.922).

4. Le désistement que l'administration des forêts vient à donner de son pourvoi en cassation contre un arrêt rendu au profit d'un prévenu de délit forestier, laisse tout son effet au pourvoi formé également par le ministère public : Cass., 23 janv. 1813 (S.-V. chr.); 13 août 1857 (J.M.p.1.87). Sans doute, il est permis à cette administration, comme à toute partie lésée, de renoncer à l'initiative de la poursuite, mais cette renonciation n'a d'autre effet que d'enlever un utile auxiliaire au ministère public, qui conserve toute son indépendance d'action. C'est ainsi qu'il faut entendre l'art. 183, C. for., qui reconnaît aux agents de l'administration forestière le droit de se désister, avec l'autorisation du directeur général, de leur appel et de leur pourvoi en cassation. Du reste, cette interprétation trouve, selon nous, un appui irrésistible dans la disposition de l'art. 184, même Code, suivant laquelle le ministère public conserve la faculté de se pourvoir contre les jugements et arrêts par appel ou par recours en cassation, *même lorsque l'administration ou ses agents y auraient acquiescé*. Cette disposition ne prouve-t-elle pas victorieusement que l'action en répression des délits forestiers ne peut être paralysée entre les mains du ministère public par les concessions de l'administration forestière, et serait-il rationnel de faire à cet égard une distinction entre l'acquiescement et le désistement ? — V. encore, comme argument en faveur de la solution ici mentionnée, un arrêt de cassation du 10 nov. 1847 (S.-V.48.1.62).

5. L'administration forestière, dans les poursuites dirigées par elle, ne se borne pas à exercer l'action publique concurremment avec le ministère public; elle remplit en même temps le rôle de partie civile. — En conséquence, l'opposition à un jugement par défaut signifié à la requête de cette administration, doit, à peine de nullité, être notifiée dans le délai prescrit par l'art. 187, C. instr. crim., non-seulement au ministère public, mais aussi à l'administration elle-même, en sa qualité de partie civile : Nîmes, 14 juin 1860 (J.M.p.4.22). — Sur le principe incontestable qui sert de base à cette décision, et qui a été sanctionné par l'art. 158 du décret du 18 juin 1811 contenant le tarif des frais en matière criminelle, V. Dalloz, *Répert.*, v^is *Forêts*, n. 416, et *Instr. crim.*, n. 3; F. Hélie, t. 1, n. 503.

6. Antérieurement au décret du 29 avril 1852, qui a placé la police de la pêche fluviale dans les attributions de l'administration des ponts et chaussées, il avait été jugé que l'administration des forêts avait qualité pour exercer l'action publique en répression des délits de chasse commis sur les fleuves et rivières navigables ou flottables dont la pêche et la chasse étaient affermées au profit de l'État ;... et cela dans le cas même où ces délits auraient consisté seulement, soit à chasser avec ou sans le consentement du fermier de la pêche, mais sans que le chasseur eût obtenu l'agrément des agents forestiers, exigé par le cahier des charges, soit à chasser sans permis de chasse, soit à chasser pendant la nuit : Cass., 20 mars 1858 (J.M.p.1.162). — Cet arrêt, très-exact au fond, faisait dériver le droit de l'administration forestière de poursuivre la répression des délits de chasse commis sur les fleuves et rivières navigables ou flottables, de la similitude des droits accordés à cette administration en matière de pêche et en matière de forêts. Mais on pouvait objecter que l'analogie était insuffisante pour créer, même en faveur d'une administration, un droit aussi grave et d'une nature aussi exceptionnelle que celui de concourir à l'exercice de l'action publique, et que c'était dans le texte même de la loi que ce droit devait trouver sa base. Or, il semblait permis de soutenir que les art. 65 et 67 de la loi du 15 avril 1829 le consacraient positivement, en disposant que la poursuite en répression des *délits portant préjudice* aux fermiers de la pêche, aux *propriétaires riverains*, etc., doit être exercée au nom et à la diligence des *parties intéressées*; car, d'un côté, les dispositions de ces articles sont conçues en termes assez généraux pour s'appliquer, non point seulement aux délits de pêche, mais à tous les délits qui lèsent les droits des parties qu'elles désignent, et sont, sous ce rapport, assimilables aux délits de pêche; et, de l'autre, on ne saurait contester ni que le fait de chasser, sans permission, sur un cours d'eau navigable ou flottable, fait que la jurisprudence a déclaré délictueux (V. Dalloz, *Répert.*, vº *Chasse*, n. 191), soit préjudiciable à l'État, comme nuisant à la police de la pêche, ni que l'État, représenté ici par l'administration forestière jusqu'au décret de 1862, et, depuis, par l'administration des ponts et chaussées, soit au nombre des parties intéressées auxquelles l'art. 67 accorde le droit de poursuites (*Id.*, vº *Pêche fluviale*, n. 209). — Mais la question est aujourd'hui sans intérêt pratique, en présence de la renonciation qu'a faite l'administration des ponts et chaussées au droit d'intenter des poursuites en matière de pêche (V. Circ. min. trav. publics, 28 juill. 1863).

7. Une circulaire du directeur général des forêts, en date du 25 fév. 1858 (J.M.p.2.27), autorise les conservateurs des forêts à laisser sans suite les procès-verbaux constatant des délits ou contraventions qui ne leur paraîtraient pas d'une gravité suffisante pour exiger le recours à la justice. Les officiers du ministère public doivent sans doute se pénétrer eux-mêmes des recommandations que contient cette circulaire, sans qu'elles puissent cependant les lier. Rien ne saurait s'opposer à ce que telle contravention ou tel délit auxquels les agents forestiers ne reconnaissent pas assez de gravité pour les déférer aux tribunaux, soient, au contraire, poursuivis par le ministère public, s'il en apprécie autrement la portée. L'action du ministère public, qui survit au désistement des poursuites de la part de ces agents (V. *suprà*, n. 4), subsiste, à plus forte raison, malgré leur abstention. S'il est bon que les magistrats du parquet secondent les vues fort sages de la circulaire rappelée ci-dessus, il importe aussi qu'ils veillent, armés de l'action qui leur est propre, à ce que la tolérance ne dégénère pas en une source fâcheuse d'impunité.

8. L'enlèvement, dans une forêt, d'arbres provenant des bois de lignes faits par les agents forestiers à l'occasion d'un cantonnement, ne constitue pas le délit de vol de bois dans une vente, que réprime l'art. 388, § 2, C. pén., mais simplement, lorsque l'arbre a plus de deux décimètres de tour, le délit spécial prévu et puni par l'art. 192, C. for. En conséquence, l'administration forestière a qualité pour en poursuivre la répression : Metz, 23 mai 1858 (J.M.p.2.303). — L'exactitude de cette solution est manifeste. Le mot *vente* dont se sert l'art. 388, C. pén., désigne, comme le disent MM. Hélie et Chauveau, *Théor. C. pén.*, t. 5, n. 1839, une coupe de bois en exploitation. Les bois laissés dans ces coupes se trouvant nécessairement confiés à la foi publique, la loi les considère comme des récoltes, et en punit la soustraction de la même manière que celle des autres productions utiles de la terre. La Cour de cassation a consacré elle-même cette interprétation dans un arrêt du 28 fév. 1812 (S.-V.4.140), portant que par les mots *Vol de bois dans les ventes*, l'art. 388, C. pén., entend les vols de bois exposés à la foi publique et destinés à être vendus dans la forêt où ils ont été coupés.

9. C'est un principe constant que l'art. 199, C. for., qui déclare passibles d'amende et de dommages-intérêts, s'il y a lieu, les *propriétaires* d'animaux trouvés de jour en délit dans les bois, atteint les personnes auxquelles les propriétaires ont transmis, avec le droit de garde des bestiaux, l'obligation de les nourrir et de les loger. V. Cass., 10 sept. 1835 (S.-V.57.2.593, note) et 14 fév. 1862 (S.-V.62.1.999); Grenoble, 20 juin 1833 (J. P. chr.); Montpellier, 6 déc. 1841 (J. P., 1844); Orléans, 22 avr. 1850 (J. P.50.1.341); trib. corr. de Saint-Amand, 17 janv. 1865 (J.M.p.8. 35); — Meaume, *Comm. Cod. for.*, t. 2, n. 1387; Dalloz, *Rép.*, v° *Forêts*, n. 733. Mais ces diverses autorités (à part le jugement du tribunal de Saint-Amand) n'appliquent le principe dont il s'agit qu'au cas où les bestiaux ont été donnés en cheptel à un fermier. ou ont fait l'objet du contrat, improprement appelé cheptel, que prévoit l'art. 1831, C. civ., sans s'expliquer sur l'hypothèse d'un cheptel consenti à un colon partiaire, et deux arrêts de la Cour de Pau des 25 janv. et 13 juin 1856 (S.-V.57.2.593), statuant, au contraire, dans cette dernière hypothèse, refusent d'y étendre le même principe. Cependant rien ne semble autoriser, à ce point de vue, une distinction entre le bail à ferme et le bail à colonage. Dans l'un comme dans l'autre, le bailleur, tout en conservant la propriété des bestiaux donnés à cheptel, en transmet la garde et la possession au preneur, ce qui suffit pour faire peser sur ce dernier la responsabilité établie par l'art. 199, C. for. La particularité que le bail à colonage tient du contrat de société en même temps que du louage ne modifie nullement, quant à la propriété et à la possession du cheptel, les rapports du bailleur et du preneur. C'est ce qu'a parfaitement démontré M. Gilbert dans les observations dont il a accompagné, *ut suprà*, les arrêts précités de la Cour de Pau. Et le jugement déjà rappelé du tribunal correctionnel de Saint-Amand a décidé en ce sens que l'art. 199, C. for., est applicable au colon partiaire à qui des bestiaux ont été donnés à cheptel, alors même que le bail lui a été consenti, non par le propriétaire même des bestiaux, mais par le fermier de ce dernier, auquel ils avaient été également remis à cheptel.

10. Dans ce cas, le fermier, qui échappe évidemment à la responsabilité pénale, serait-il du moins civilement responsable, en vertu de l'art. 206, C. for., qui édicte cette responsabilité contre les *maîtres et commettants*, à raison des délits commis par leurs *subordonnés?* La négative a été consacrée par le même jugement du tribunal de Saint-Amand, et elle nous semble incontestable. Si, dans le bail à colonage, le maître a un droit d'impulsion sur le colon, ce dernier ne jouit pas moins d'une certaine liberté d'action, et ce n'est pas moins à lui qu'appartient l'initiative des faits qui touchent à l'exploitation. V. en ce sens, Méplain, *du Bail à portion de fruits*, n. 182 et suiv. Le colon n'est donc pas dans un état de véritable subordination vis-à-vis de son bailleur. — Il a été aussi jugé et les auteurs enseignent que le fermier ne peut être considéré comme le préposé du propriétaire de l'immeuble, parce que le louage des choses n'établit par lui-même aucune subordination du preneur vis-à-vis du bailleur : Cass., 12 juin 1855 (S.-V.55.1.710); — Sourdat, *Responsabilité*, t. 2, n. 895, et Dalloz, *Rép.*, vº *Respons.*, n. 616. — V. toutefois, Cons. d'Ét., 16 juill. 1817 (S.-V.5.2.306).

11. Celui qui, comme propriétaire ou à tout autre titre, a la possession et l'usage des bestiaux, est pénalement responsable du délit puni par l'art. 199, C. for., encore bien qu'au moment de ce délit les bestiaux ne fussent pas sous sa garde : Trib. corr. de Saint-Amand, 17 janv. 1865 (J.M.p.8.35), et arrêts cités par Dalloz, vº *Forêts*, n. 722; — Meaume, t. 2, p. 935; Curasson, *Cod. for.*, t. 2, p. 422 et 440; Coin-Delisle et Fréderich, *Comment. Cod. for.*, t. 2, p. 217. — *Contrà*, Garnier, Dubourgneuf et Chanoine, *Comment. Cod. for.*, sur l'art. 199.

12. Des dommages-intérêts ne doivent être alloués à raison d'un tel délit, qu'autant qu'il apparaît qu'il doit en résulter un tort pour le produit futur du bois dans lequel il a été commis. — Et spécialement, il n'y a pas lieu d'en accorder, bien que le délit ait été commis dans un taillis d'un an, si le procès-verbal ne constate pas qu'il y ait eu abroutissement de jeunes pousses. Mais il y a toujours obligation de prononcer la restitution, qui est la réparation du tort actuel, et cela, encore bien qu'elle n'ait pas été demandée : Même jugement du trib. corr. de Saint-Amand. — V. notre observ. 4 à la suite.

13. La prescription de trois ou six mois, établie par l'art. 185,

C. for., à l'égard des délits et contraventions en matière forestière, commence à courir, non du jour où l'infraction a été commise, mais seulement du jour où elle a été constatée par un procès-verbal clos et signé : Cass., 31 août 1850 (S.-V.51.1.383) ; 28 août 1851 (S.-V.52.1.384); Nîmes, 3 juill. 1862 et 4 juin 1863 (J. M.p.6.173)) ; — Mangin, *Act. publ.*, t. 2, n. 332 ; Berriat Saint-Prix, *Procéd. des trib. crim.*, 2ᵉ part., n. 387 ; Meaume, t. 2, n. 1315 ; F. Hélie, t. 2, n. 1070 ; Dalloz, vᵒ *Prescript.*, n. 190. — Mais le jour de la clôture du procès-verbal est-il compris dans le délai de la prescription ? L'affirmative a été admise par un arrêt de la Cour de Grenoble du 13 janv. 1859 (J.M.p.2.248), et elle nous paraît parfaitement fondée. Les raisons de décider sont ici les mêmes qu'à l'égard de la question plus générale de savoir si le jour du délit compte dans l'espace de temps requis pour prescrire. V. *Prescription criminelle.*

14. On ne saurait considérer comme équivalant à la constatation par un procès-verbal la mention du délit faite par le garde sur son registre particulier : un délit forestier n'est réputé légalement connu, à l'effet de faire courir la prescription, que par le procès-verbal même qui le constate, bien que les agents de l'administration forestière en aient eu connaissance antérieurement à cette constatation : Cass., 23 juin 1827 (J.P. chr.) ; Nîmes, 4 juin 1868 (J.M.p.6.173) ;—F. Hélie, *loc. cit.*

15. A défaut de procès-verbal, ou lorsqu'il n'en a été dressé qu'à une époque rapprochée des poursuites, le délai de la prescription est déterminé par le droit commun, c'est-à-dire, suivant la nature de l'infraction, par les art. 637, 638 et 640, C. instr. crim. : Cass., 5 juin 1830 (S.-V.31.1.52); 24 mai 1850 (S.-V.50. 1.760); 28 août 1851 (S.-V.52.1.384); 17 mars 1866 (J.M.p.10. 47); Orléans, 11 fév. 1850 (D.P.50.2.189); Limoges, 2 fév. 1854 (D.P. 55.5.234); Nîmes, 4 juin 1863 (J.M.p.6.173); — Curasson, t. 2. p. 443 ; Mangin, *Act. publ.*, n. 333 ; Le Sellyer, *Dr. crim.*, n. 2565; Baudrillart, *Cod. for.*, sur l'art. 185 ; Meaume, n. 1316 ; Berriat Saint-Prix, 2ᵉ part., t. 1, n. 387 ; Dalloz, *Rép.*, vⁱˢ *Forêt*, n. 487, et *Prescr. crim.*, n. 188. — Mais quelles sont les infractions qui ont le caractère de délits, et quelles sont celles qui constituent de simples contraventions ? Il faut consulter sur ce point la peine applicable, et dès lors considérer comme délits les infractions passibles d'une amende supérieure à 15 fr. ou d'un emprisonnement de plus de cinq jours, et comme contraventions celles qui sont punissables de peines d'un degré inférieur : Cass., 16 avr. 1835

(S.-V.35.1.847); 25 janv. 1838 (S.-V.38.1.921); 15 déc. 1849 (S.-V.50.1.574); Orléans, 11 fév. 1850, précité ; Colmar, 5 juill. 1860 (J.M.p.4.12);—Dalloz, v° *Forêts*, n. 474.— Compar. *Pêche fluviale*.

16. Les délits commis par les gardes champêtres dans les bois des communes sont soumis à la prescription de trois ans établie par l'art. 638, C. instr. crim., et non à la prescription de trois mois ou de six mois établie par l'art. 185, C. for. ; pour ces délits, les gardes champêtres doivent être assimilés aux gardes des bois des communes, assimilés eux-mêmes aux gardes des bois de l'État par l'art. 99, C. for., et être soumis conséquemment à la disposition de l'art. 186 du même Code : Pau, 24 nov. 1862 (J.M.p.6.228); — Curasson, t. 2, p. 447 ; Meaume, t. 2, p. 879 ; Dalloz, n. 488.

17. La règle résultant des art. 637, 638 et 640, C. instr. crim., d'après laquelle le laps de temps suffisant pour prescrire contre les actions intentées devant la justice répressive suffit également pour prescrire contre ces mêmes actions, lorsque la partie poursuivante, après les avoir intentées dans le délai légal, néglige d'y donner suite, s'applique-t-elle même aux infractions réprimées par des lois spéciales, telles que les infractions forestières? — La question est controversée ; nous l'examinerons au mot *Prescription criminelle*.

18. Une jurisprudence constante admet que la prescription d'un délit de chasse commis dans un bois soumis au régime forestier est interrompue par la citation en police correctionnelle donnée au délinquant à la requête de l'administration des forêts, qui ne lui connaissait d'autre titre que celui de propriétaire, encore bien qu'à raison de sa qualité de magistrat ou d'officier de police judiciaire, révélée à l'audience seulement, ce délinquant dût jouir du double privilége de ne pouvoir être poursuivi que devant la première chambre de la Cour d'appel et à la requête du procureur général seul : Cass., 3 avr. 1862 (J.M.p.5.193); 14 avr. 1864 (*Id*.7.113); 27 fév. 1865 (ch. réun.) (*Id*.8.66); Colmar, 13 juill. 1865 (*Id*.8.230).

19. Toutefois, cette solution n'est pas à l'abri de toute critique. C'est un principe certain que les actes de poursuite n'interrompent la prescription qu'autant qu'ils émanent de fonctionnaires compétents. Et il a été fort bien jugé, par application de ce principe, que la prescription de l'action publique relativement à un délit de chasse commis sur une propriété particulière, ne peut être interrompue par une citation donnée au prévenu par l'administration des forêts, celle-ci n'ayant pas qualité pour poursuivre un tel délit. V. *Chasse*, n. 164. — Or, il n'est pas douteux que l'administration forestière est également incompétente pour poursuivre un délit forestier, lorsque l'auteur de ce délit est un magistrat ou un officier de police judiciaire, auquel la loi accorde le privilége de n'être traduit que devant la première chambre de la Cour d'appel et à la requête seulement du procureur général, pour les délits par lui commis dans l'exercice de ses fonctions. Pourquoi donc le principe que nous avons rappelé plus haut ne recevrait-il pas encore ici son application? Qu'importe qu'en général l'administration des forêts soit compétente pour faire réprimer les délits forestiers, si, par exception, la loi lui retire cette compétence dans l'hypothèse que nous examinons? On objecte que la qualité du prévenu pouvant, dans beaucoup de cas, n'être connue qu'après la citation et pendant les débats, il se pourrait, dans le système que nous indiquons, que la prescription fût acquise forcément, quoique l'administration forestière eût fait tout ce qui était possible pour arriver à la répression. Mais ne peut-on pas répondre que les actes de poursuite émanés de l'administration forestière ne sont nullement à considérer ici, du moment où cette administration est incompétente pour y procéder; que l'ignorance où seraient, soit l'administration forestière, soit le procureur général, de la qualité du prévenu, ne saurait avoir pour effet de maintenir à la première une compétence que la loi n'attribue qu'au second; que c'est à l'administration forestière et au procureur général à s'assurer de la qualité du délinquant, et que le délai de trois mois fixé par la loi pour l'exercice de l'action en répression des délits forestiers, est bien suffisant pour la vérification de cette qualité?

20. Quoi qu'il en soit, dans le système de la jurisprudence, il faut admettre que la prescription est interrompue, au cas dont il s'agit, alors même que l'administration n'aurait pas donné suite à l'instance introduite par la citation signifiée à sa requête au délinquant, parce que cet abandon d'instance ne constitue pas un désistement dans le sens de l'art. 2247, C. civ. : Cass., 27 fév. 1865, et Colmar, 13 juill. 1865, précités.

21. Dans cette même hypothèse, la prescription interrompue reprend son cours à partir du jour où le tribunal correctionnel, saisi à tort par l'administration forestière, s'est déclaré incompétent : Metz, 23 août 1864 (J.M.p.7.175).

— V. *Action publique*, 5, 7, 62 et 108; *Appel correctionnel*, 30, 40, 103, 150, 157; *Chasse*, 132 et s., 164; *Compétence criminelle*,

23 et s., 35, 91, 123, 128; *Contrainte par corps*, 8; *Nuit*, 2; *Peine*, 8; *Prescription criminelle*; 71, 77; *Questions préjudicielles*, 14.

FOURNISSEURS DES ARMÉES. — 1. La dénonciation du Gouvernement, à laquelle l'art. 433, C. pén., subordonne les poursuites contre les fournisseurs des armées, à raison des fraudes par eux commises dans l'exécution de leurs marchés, doit nécessairement émaner du ministre. — Et, par exemple, il ne suffirait pas, pour autoriser des poursuites contre un fournisseur de l'armée de mer, d'une dénonciation que porterait le préfet maritime, sans y avoir été expressément provoqué par le ministre de la marine : Cass., 13 juill. 1860 (J.M.p.3.271); Bordeaux, 9 nov. 1860 (*Id*.4.103).—V. aussi Bourguignon, *Jurispr. des Cod. crim.*, t. 3, sur l'art. 433, C. pén. ; Legraverend, *Législ. crim.*, t. 1, p. 494; Mangin, *Action publique*, t. 1, p. 148; Le Sellyer, *Dr. crim.*, t. 3, n. 825; Boitard, *Leçons de Cod. pén.*, n. 564; Berriat Saint-Prix, *Proc. des trib. crim.*, t. 1, n. 302; Morin; *Rép.*, v° *Fournisseurs*, n. 5; Dalloz, *Rép.*, v° *Mise en jug. des fonct.*, p. 85; F. Hélie, *Instr. crim.*, t. 2, n. 805.

2. Il est du reste bien certain que les poursuites contre les fournisseurs des armées, à raison des fraudes par eux commises dans l'exécution de leurs marchés, ne sont pas soumises, comme celles des délits commis par les agents du Gouvernement dans l'exercice de leurs fonctions, à une autorisation préalable du Conseil d'État : Cass., 28 août 1846 (S.-V.46.1.716), et 13 juill. 1860 précité (dans ses motifs) ; — F. Hélie, n. 803.
— V. *Action publique*, 61.

FRAIS.

§ 1er. *Frais en matière criminelle.*

1. *Transport des magistrats.*—L'indemnité de transport allouée, en matière criminelle, au magistrat qui se transporte à plus de 5 kilomètres de sa résidence, doit-elle être allouée lorsque le transport a eu lieu dans une commune dont le chef-lieu est distant de 5 kilomètres ou moins de la résidence du magistrat? Cette question a été fréquemment résolue par la chancellerie dans le sens de la négative; mais l'opinion contraire nous semble plus exacte. L'art. 88 du décret du 18 juin 1811 dispose d'une manière absolue que les juges et les officiers du ministère public recevront une indemnité, s'ils se transportent à *plus de 5 kilomètres de leur résidence*, et l'instruction générale de 1826, qui en est le

commentaire officiel, dit, p. 89, art. 77, § 2, : « l'indemnité
accordée par l'art. 88 est due dans tous les cas où les magistrats
et les greffiers se transportent dans un lieu situé à plus de 5
kilomètres de la ville où siége le tribunal, *quoique ce lieu dépende
du territoire communal de la villle.* » On ne prend donc pas en
considération, pour accorder une indemnité de déplacement aux
magistrats, la distance de chef-lieu à chef-lieu ; et comment
admettre qu'un magistrat ait droit à une indemnité, lorsqu'il se
transporte, dans sa commune, à plus de 5 kilomètres, et qu'il
perde tout droit à cette indemnité s'il sort de cette commune ? **V.**
au surplus l'art. 1345 du *Journ. du Minist. publ.*, t. 13, p. 124 et s.

2. Lorsque le premier président et le procureur général se
transportent à plus de 5 kilomètres de leur résidence pour
informer, d'ordre de la Cour, sur des crimes ou des délits, ils ont
droit à l'indemnité fixée par l'art. 88 précité du décret du 18 juin
1811 : Décis. min. just. 13 août 1832 (Gillet, n. 2342).

3. Les juges de paix, agissant comme officiers de police judiciaire, n'ont droit à des frais de voyage que dans le cas où ils se
transportent en vertu d'une délégation expresse du juge d'instruction : Circ. 25 nov. 1820 (Gillet, n. 1423).

4. Les mémoires fournis par les magistrats et les greffiers
pour obtenir l'indemnité de transport attribuée par l'art. 88,
n° 89, du décret du 18 juin 1811, doivent être accompagnés d'un
extrait détaillé du procès-verbal dressé à la suite de chaque
transport pour constater son objet et les opérations faites : Circ.
24 nov. et 6 déc. 1851 (Gillet, n. 3369 et 3372).

5. Dans aucun cas, les commissaires de police ne peuvent
prétendre à l'allocation fixée par l'art. 88 du décret du 18 juin
1811 pour les juges et officiers du ministère public qui se transportent hors de leur résidence. Toutefois, lorsqu'ils se sont
transportés, en vertu de commission rogatoire du juge d'instruction, à plus de 5 kilomètres de leur résidence, et que
l'information dont ils ont été chargés a été pour eux l'occasion
de frais qu'il leur serait onéreux de supporter, ces frais peuvent
leur être remboursés sur les fonds du ministère de la justice, à
titre de dépenses extraordinaires, et en se conformant aux prescriptions de l'art. 136 du décret. Ils doivent, dans ce cas, présenter un mémoire détaillé de leurs dépenses et l'appuyer, autant
que possible, de pièces justificatives : Circ. 12 mai 1855 (Gillet,
n. 3577).

6. *Médecins et experts.* — Les magistrats taxateurs ne doivent faire payer les médecins et experts, sur simples taxes, qu'autant qu'ils *ne sont pas habituellement employés*, et, dans ce cas, ils doivent en faire mention dans leur mandat, afin d'éviter un refus de paiement de la part du receveur de l'enregistrement (Décr. 18 juin 1811, art. 134, n° 2) : Circ. 5 juin 1860 (Rés. chr., p. 18).

7. Les receveurs de l'enregistrement dans les cantons ruraux sont autorisés, par dérogation à l'art. 154 du décret du 18 juin 1811, à payer à titre de virement les mémoires des médecins ou experts employés dans les procédures criminelles, pour le compte de leurs collègues du chef-lieu de l'arrondissement : Circ. direct. de la comptabil. générale des finances, 26 déc. 1860 (Rés. chr., p. 30).

8. Les médecins et experts appelés devant les Cours et tribunaux pour donner des explications sur les travaux qui leur sont confiés, ne peuvent être assimilés à de simples témoins et taxés comme tels; il y a lieu de les taxer conformément aux dispositions du décret du 18 juin 1811 qui leur sont spécialement applicables : Circ. 7 déc. 1861 (Rés. chr., p. 41).

9. *Pêche fluviale.* — Le décret du 29 avril 1862, qui a confié la surveillance, la police et l'exploitation de la pêche fluviale à l'administration des ponts-et-chaussées, n'a rien changé aux règles et aux principes précédemment adoptés en ce qui concerne les attributions ordinaires de la police judiciaire et des officiers du ministère public pour la constatation et la poursuite des infractions en matière de pêche. Les frais continuent à être acquittés, soit sur simple taxe, soit sur un mémoire séparé, selon leur nature, pour le compte du ministère chargé du service. La chancellerie rejetterait donc toute taxe et tout article de dépense qui figureraient de ce chef dans les états de frais urgents soumis à sa régularisation par les receveurs de l'enregistrement, ou dans les mémoires ordonnancés par les magistrats, dont la responsabilité serait engagée, s'ils ne se conformaient pas à l'instruction du 30 sept. 1826 et à l'art. 158 du décret du 18 juin 1811 : Circ. 6 mars 1863 (Rés. chr., p. 52).

10. *Postes.* — En ce qui concerne les frais de poursuites intentées à l'occasion de transports frauduleux de dépêches, les magistrats doivent requérir directement le paiement des taxes ou mémoires des parties prenantes sur la caisse des receveurs des postes et non sur celles des receveurs de l'enregistrement. Les greffiers doivent aussi adresser les extraits des jugements rendus en cette matière, avec le détail des frais, non pas aux receveurs de l'enregistrement, mais aux receveurs des postes, afin d'assurer leur intervention dans l'avance et le recouvrement des dépenses faites pour le compte de leur administration : Circ. 19 mars 1856 (Gillet, n. 3636).

11. L'art. 18 de la loi du 5 mai 1855, mettant à la charge des condamnés, d'après un tarif qu'il détermine, les ports de lettres et paquets nécessités par les poursuites dont ils sont l'objet, est applicable aux affaires suivies à la diligence des diverses administrations financières, à l'exception de l'administration des forêts : Circ. 7 fév. 1856 (Gillet, n. 3632).

12. Cette disposition est-elle applicable aux affaires entre parties civiles ? L'affirmative est soutenue dans une dissertation insérée J.M.p.12.302.

13. Lorsque les frais de poste n'ont pas été compris dans l'état de liquidation joint aux pièces de la procédure ou n'ont pas été liquidés par le jugement, on doit, par application de l'art. 163 du décret du 18 juin 1811, en faire l'objet d'un exécutoire supplémentaire : Circ. 7 fév. 1856 (Gillet, n. 3632).

14. *Arrestation et translation des prévenus et condamnés.* — Les préposés de l'enregistrement doivent se concerter avec les officiers du parquet à l'effet de provoquer la liquidation des frais de capture dus au Trésor, et d'obtenir la délivrance d'exécutoires supplémentaires au moyen desquels les receveurs procéderont au recouvrement : Circ. 27 juin 1835 et 1er avril 1854 (Gillet, nos 2471 et 3510).

15. Le chef du parquet de première instance taxe les frais occasionnés par la translation en voiture des inculpés qui, non arrêtés en vertu d'un mandat délivré par le juge d'instruction, sont amenés devant lui des brigades externes de l'arrondissement. Dans cette hypothèse, le voiturier est payé sur simple taxe, à moins qu'il ne soit habituellement employé, ou qu'il n'y ait dans le département un préposé aux convois qui centralise en ses mains toutes les réquisitions de fournitures, auxquels cas les frais devraient être ultérieurement payés comme le sont les frais non urgents. Le prix de transport est réglé selon l'usage, lorsqu'il n'a pas été arrêté à l'avance par le magistrat qui a requis la translation de l'inculpé. Dans les autres hypothèses, le magistrat du parquet ne taxe pas luimême les frais de translation ; il ne doit intervenir que pour réquérir le paiement des frais non urgents, et spécialement de l'indemnité due aux gendarmes d'escorte dans le cas de conduite *extraordinaire* de prévenus ou accusés. Cette indemnité est réglée par les art. 314 et suiv. du décret du 18 février 1863, si les gendarmes sortent de leur département, et par les art. 322 et suiv. du même décret, s'ils n'en sortent pas. Lorsque les réquisitions émanent des magistrats de l'ordre judiciaire, l'indemnité est payée directement aux ayants droit par les receveurs de l'enregistrement, sur des mémoires revêtus du réquisitoire du magistrat du parquet et de l'exécutoire du président du tribunal.

16. Lorsque des condamnés arrêtés par la gendarmerie sont conduits devant les chefs des parquets de première instance, ces magistrats ne doivent pas donner eux-mêmes les ordres nécessaires pour leur translation, mais les mettre officiellement à la disposition de l'autorité administrative, afin qu'elle puisse user des moyens de transport qui lui paraîtront les moins onéreux. Toutefois, cette prescription ne s'applique pas aux individus condamnés, mais dont l'identité n'est pas constatée légalement, et doit être reconnue suivant les formes tracées par les art. 518 et s., C. instr. crim. La translation de ceux-ci continue à être à la charge du département de la justice : Circ. 1er juin 1864 (Rés. chr., p. 66).

17. Il résulte des art. 314 et 317 du décret du 18 févr. 1863, modificatif en ce point de l'art. 12 du décret du 18 juin 1811, que les gendarmes chargés de la translation de prévenus et accusés, ne peuvent obtenir le remboursement que des avances par eux faites pour leur locomotion, pour celle des prévenus ou accusés, pour la nourriture de ces derniers et autres frais extraordinaires les concernant. Ces avances doivent, comme par le passé, faire l'objet de mémoires détaillés. Quant à leurs dépenses personnelles de nourriture, de séjour et de coucher, les gendarmes y font face au moyen d'une indemnité fixée à 6 fr. pour les sous-officiers, à 5 fr. pour les brigadiers et à 4 fr. pour les gendarmes. Cette indemnité ne leur est accordée que pour l'aller seulement; celle qui leur est due pour le retour et qui est déterminée par des règlements spéciaux sur les frais de route des militaires, leur est payée sur les fonds du ministère de la guerre, à titre d'avance et à charge de remboursement par le ministère de la justice. Les magistrats doivent régler avec le plus grand soin les frais en question, afin qu'aucune allocation contraire aux dispositions qui viennent d'être rappelées ne soit irrégulièrement payée sur les fonds des frais de justice, notamment en ce qui regarde le retour des gendarmes, dont le paiement direct, sur exécutoires des magistrats, constituerait un double emploi avec le remboursement qui serait fait par le ministère de la justice au ministère de la guerre : Circ. 20 avr. 1863 (Rés. chr., p. 53).

18. Toutefois, lorsque les translations de prévenus sont effectuées par les voies de fer, dans la circonscription du département, les indemnités d'escorte des gendarmes leur sont payées directement, tant pour l'aller que pour le retour, sur les fonds du ministère de la justice. Elles sont réglées conformément aux art. 132, 322 et 324 du décret de 1863, à raison de 1 fr. 25 pour les maréchaux des logis, et 1 fr. pour les brigadiers et gendarmes. Ces indemnités leur sont allouées pour le retour comme pour l'aller, lors même qu'une seule journée aurait suffi pour l'escorte des prévenus et la rentrée des gendarmes à leur résidence : Circ. 18 avr. 1867 (Rés. chr., p. 100).

19. Mais quand la translation des prévenus par chemin de fer a lieu hors du département, les prescriptions de la circulaire du 20 avr. 1863 (ci-dessus, n° 18) restent applicables : Circ. 18 avr. 1867 précitée.

20. Les frais de déplacement d'un condamné qui est extrait d'un bagne ou d'une maison centrale et conduit devant un tribunal, soit pour y déposer comme témoin, soit pour y subir un nouveau jugement, fait partie des frais d'instruction : Décis. min. just., 17 juin 1829 (Gillet, n. 2153). — Toute extraction autre que celle indiquée par l'art. 71, § 6, du décret de 1811 ne donne lieu à aucun salaire au profit de l'huissier : Circ. 16 août 1842, § 18 (*Id.*, n. 2801).

21. Tous individus condamnés *définitivement* sont transférés aux frais de l'administration, sans distinguer ceux arrêtés préventivement d'avec ceux qui étaient restés libres, ou ceux arrêtés dans l'arrondissement où ils doivent subir leur peine, d'avec ceux arrêtés en dehors de ce territoire. — Mais quant aux condamnés conduits devant la Cour d'appel, ou aux condamnés *par défaut* transférés pour purger leur contumace, les frais de leur translation restent à la charge du budget du département de la justice : Circ. 1er juin et 18 nov. 1864 (Rés. chr., p. 66 et 71).

21 *bis.* Lorsque plusieurs individus doivent être transférés le même jour, les uns, à la demande de l'autorité judiciaire, les autres, à celle de l'autorité administrative, le commandant de la gendarmerie peut, pour obvier à un double emploi dans les comptes de l'entrepreneur général de transports, indiquer sur chaque réquisition que *tant* de gendarmes ont été employés pour la translation simultanée, non-seulement de *prévenus* ou *accusés*, mais aussi de *mendiants, vagabonds*, etc. Il est facile alors d'apprécier la part de frais afférente à chaque administration. — Il faut informer le ministre si l'on comprend régulièrement dans les états de liquidation des frais et dépens la dépense de locomotion des prévenus et accusés, ainsi que celle des condamnés transférés devant la Cour pour soutenir leur appel : Circ. 6 oct. 1858 (Gillet, n. 3792).

22. *Conduite à la frontière des extradés et étrangers expulsés.* — Les frais de conduite à la frontière des étrangers livrés par la France en vertu d'un décret d'extradition, sont acquittés sur les fonds du ministère de la justice. — Les frais de conduite à la frontière des étrangers expulsés du territoire restent au contraire à la charge du budget de l'intérieur : Circ. 18 nov. 1864 (Rés. chr., p. 71).

23. Dans la première quinzaine de chaque mois, les chefs des parquets de première instance, qui ont dû réunir tous les doubles des états et mémoires des frais taxés et mandatés pendant le mois précédent par les magistrats de leur arrondissement, en dressent un bordereau qu'ils transmettent directement avec toutes les pièces à l'appui au garde des sceaux : Circ. 8 déc. 1838 (Gillet, V. n. 2613). *États et envois périodiques.* — Un modèle de ce bordereau existe dans tous les parquets, et au mois de décembre de chaque année, on reçoit de la chancellerie des cadres imprimés en quantité suffisante.

24. Comment les pièces qui doivent être transmises à l'appui du bordereau se centralisent-elles au parquet ? Le dernier jour de chaque mois, les receveurs de l'enregistrement réunissent en un seul état, dressé en double expédition, tous les *frais urgents* qu'ils ont acquittés. Ils en envoient une expédition au directeur de l'enregistrement de leur département avec les taxes à l'appui, et une autre au parquet. — Quant aux frais *non urgents,* les parties prenantes dressent *deux* expéditions de leur état ou mémoire, toutes deux sur papier libre, si la somme réclamée n'excède pas 10 fr., et dans le cas contraire, l'une sur timbre, l'autre sur papier libre. Ces deux expéditions sont remises au ministère public, qui, après avoir procédé à la vérification des mémoires, en requiert taxe. La taxe faite par le magistrat compétent (président du tribunal ou juge de paix, suivant qu'il s'agit de frais de police correctionnelle ou de simple police), l'officier du ministère public rend à la partie prenante le mémoire sur timbre, et garde celui sur papier libre. Ce sont les état et mémoires dont il vient d'être parlé qui sont joints au bordereau mensuel transmis à la chancellerie (Ord. 28 nov. 1838, art. 4). V.

Lebon, *Notions pratiques concernant l'administration des parquets*, p. 162.

25. *Vérification des mémoires*. — Pour éviter les erreurs et les abus qui peuvent se produire en ce qui concerne l'allocation des frais de justice criminelle, les magistrats du parquet doivent se livrer avec le plus grand soin à l'examen prescrit par les art. 57 et 83 du décret du 18 juin 1811 et à la vérification des mémoires exigée par l'art. 3 de l'ordonn. du 28 nov. 1838 : Circ. 19 juill. 1856 (Gillet, n. 3665).

26. Relativement aux erreurs qui se rencontrent dans les mémoires, et particulièrement dans ceux des médecins et des huissiers, V. les observations de M. Lebon, J.M. p.8.24 et s., 50 et s.

27. Il arrive quelquefois que les receveurs de l'enregistrement, s'apercevant d'une erreur dans la taxe, refusent le paiement d'un mémoire. C'est un droit qu'ils ne peuvent pas s'arroger ; aucune disposition législative ne les autorise à se substituer au juge taxateur et à réformer sa taxe : Lebon, *loc. cit.*, p. 166; Vuarnier, *De la manutention des employés de l'enregistrement*, t. 2, p. 593, n. 5342.

28. *Timbre et enregistrement*. — En matière criminelle, aucun des actes, jusqu'à l'arrêt définitif, ne doit être timbré ni enregistré, lorsqu'il n'y a point de partie civile, et, s'il y a partie civile, les actes spéciaux faits à la requête de cette partie, ainsi que les jugements qui prononcent des condamnations civiles, sont seuls assujettis à la double formalité. — En matière correctionnelle, tous les actes qui précèdent l'ordonnance de renvoi ou la citation sont, lorsqu'il n'y a pas de partie civile, affranchis de la formalité, et les actes qui suivent y sont soumis. — En matière de simple police, tous les actes de procédure doivent être timbrés et enregistrés. — L'exemption, en matière de crimes et de délits, comprend notamment les procès-verbaux des magistrats du parquet, des juges d'instruction, des juges de paix, etc., et des autres personnes chargées par le ministère public d'apprécier, dans une affaire déterminée, la nature du crime ou du délit, etc. : Circ. 24 sept. 1823 (Gillet, n. 1708) et 14 janv. 1863 (Rés. chr., p. 50).

29. Mais les exploits signifiés à la requête du ministère public dans les instances suivies devant les tribunaux correctionnels doivent, à moins qu'il n'y ait partie civile en cause, être visés pour timbre et enregistrés en débet; la dispense de timbre et l'enregistrement gratis autorisés par les art. 16 de la loi du

13 frim. an vii et 70, § 3, n. 9, de la loi du 22 frimaire suivant, s'appliquent seulement aux exploits signifiés par les huissiers et les gendarmes dans les procédures en matière criminelle et dans celles qui sont faites pour l'examen préalable de toutes les affaires par le juge d'instruction ou par la chambre des mises en accusation, afin de caractériser l'infraction commise et de régler la compétence : Mêmes circulaires.

50. La double formalité du timbre et de l'enregistrement doit être observée à l'égard des actes pour lesquels elle est exigée par des lois spéciales. C'est donc à tort qu'on néglige souvent de faire timbrer et enregistrer les procès-verbaux dressés par les gardes champêtres et forestiers et par les gendarmes, qui, d'après l'art. 12 de la loi du 13 brumaire, l'art. 74 de la loi du 25 mars 1817 et l'art. 170, C. for., doivent être visés pour timbre et enregistrés en débet. — Mais il importe de remarquer qu'on ne doit classer parmi les procès-verbaux soumis au timbre et à l'enregistrement que ceux qui constatent un fait donnant lieu à une poursuite, et non ces actes nombreux et divers des agents de police judiciaire qui ne peuvent être considérés que comme des pièces d'ordre et de renseignements (V. Décr. 1er mars 1854, art. 491) : mêmes circulaires.

51. Les déclarations d'appel doivent être visées pour timbre et enregistrées en débet, lorsqu'il n'y a pas de partie civile poursuivante, et même lorsqu'il y a partie civile, si l'appelant est emprisonné : Instr. adm. de l'enregistr. 4 mars 1861, n. 2189 ; Circ. min. just. 12 avr. 1861 (Rés. chr., p. 32).

52. *Huissiers (droits des)*. — La jurisprudence qui, en matière civile, permet aux huissiers de prendre une indemnité de transport complète pour chaque acte remis dans une même course dans différentes communes, ne s'applique point aux transports effectués en matière criminelle. Tout huissier qui refuserait de reconnaître cette règle, ne devrait plus être employé pour les actes faits à la requête du ministère public : Décis. min. just. 16 juill. 1859 (Rés. chr., p. 10).

53. L'huissier de service a-t-il droit à une rémunération pour l'appel des causes dont le juge de paix est saisi sur billet d'avertissement ? Il est évident que le décret du 14 juin 1813, dont l'art. 24 alloue à l'huissier un droit de 15 centimes pour l'appel de chaque cause devant le juge de paix, ne peut recevoir ici son application, puisqu'il est de beaucoup antérieur à la création des billets d'avertissement. Le droit réclamé serait d'ailleurs la ré-

munération d'un travail fictif. Il n'y a pas, en effet, dans ce genre
de procès, de note ou placet dont l'huissier soit chargé de donner
lecture. Les parties se présentent spontanément à la barre et reçoivent les conseils ou la sentence du juge sans solennité ni formalités d'aucune sorte. Ne peut-on pas argumenter, d'ailleurs,
de ce qui se passe relativement au service des audiences correctionnelles? Là, l'huissier appelle réellement les parties, introduit
les témoins, et cependant il ne reçoit pas de salaire. La gratuité
prescrite, en ce cas, par l'intérêt du Trésor, n'est pas moins opportune quand il s'agit des affaires expédiées sur billets d'invitation. V. au surplus, Dissertation de M. Lespinasse, J.M.p.7.152.

34. *Avoués (droits des).* — Les droits et honoraires des avoués,
dans le cas où leur ministère, qui est facultatif, est employé devant les tribunaux de répression par les prévenus, ne sont pas
compris dans la liquidation des dépens; ils restent à la charge
des prévenus, même en cas d'acquittement. Ce point est formellement résolu tout à la fois par l'art. 3, n. 1, du décret du 18 juin
1811 et par une jurisprudence constante. V. les arrêts cités à la
Table générale de MM. Devilleneuve et Gilbert, v° *Frais en mat.
crim.*, n°s 80 et 81; *adde*, Angers, 10 avril 1843 (S.-V.44.2.4);
Circ. min. de la just. 10 avr. 1813.

35. Mais en est-il de même lorsque, devant les tribunaux de
répression, les avoués se présentent pour réclamer des dommages-
intérêts, et concluent à fins civiles? En pareille circonstance, leur
ministère, que la loi autorise d'ailleurs (art. 93 et 94, L. 27 vent.
an VIII; 112 et 113, décr. 6 juill. 1810), est, dans bien des cas,
en quelque sorte forcé; la Cour d'Orléans l'a même déclaré obligatoire (Arrêt du 5 mai 1829, S.-V.9.2.255. — *Contrà*, Bigard,
Revue prat. de dr., t. 3, p. 360). S'il en était ainsi, il n'est
pas douteux que leur temps et leurs soins ne dussent être
rétribués comme ils le seraient si la question s'était débattue devant la juridiction civile. Mais que leur ministère soit jugé facultatif ou obligatoire, il n'en est pas moins aujourd'hui de jurisprudence que les frais légitimement faits par la partie civile sont supportés par la partie qui succombe, à moins qu'il ne s'agisse de
l'État ou des administrations publiques, assimilées, sous ce rapport, au ministère public, qui agit dans l'intérêt de la société. V.
Orléans, 5 mai 1829, précité; Limoges, 10 janvier 1835 (S.-V.35.
2.101); Cass., 26 mai 1836 (Bull. crim., n. 162), 12 mars 1852
(S.-V.52.1.861), 15 avr. 1853 (S.-V.53.1.448); Nîmes, 21 avril
1853 (S.-V.53.2.268); Aix, 19 juin 1857 (S.-V.57.2.765); Cass.,

23 janv. 1858 (S.-V.58.1.254) et 27 juin 1861 (S.-V.61.1.914) ;
Bourges, 13 mai 1864 (S.-V.64.2.184) ; Cass., 9 juin 1864 (S.-V.
65.1.200), 10 janv. 1868 (S.-V.68.1.375), 3 avr. et 23 mai 1868
(S.-V.68.1.370 et 69.1.142) ; — Trébutien, *Cours de droit crim.*,
t. 2, p. 488 ; — Circ. 10 avr. 1813, précitée. — *Contrà*, Agen,
10 avr. 1843 (S.-V.44.2.4).

56. Quel tarif faut-il alors appliquer ? Le décret de 1807 et
celui de 1811, qui règlent les frais, le premier en matière civile,
le second en matière criminelle, sont muets sur ce point. La jurisprudence a comblé la lacune ; elle a considéré que les affaires
correctionnelles ont la plus grande analogie avec les affaires sommaires, que comme celles-ci elles se jugent sur simple citation,
avec célérité, sur conclusions écrites, quelquefois même verbales, et elle en a conclu que les *frais civils* des affaires correctionnelles doivent être taxés conformément au décret du 16 fév.
1807, au titre qui régit les matières sommaires. V. les arrêts
d'Orléans, 5 mai 1829, Cass., 12 mars 1852, 15 avril 1853 et 27
juin 1861, Aix, 19 juin 1857, Bourges, 13 mai 1864, déjà mentionnés, ainsi que la Circul. également susrappelée du 10 avril
1813. — Compar. de plus les art. 34 et 36, L. 5 juill. 1844, concernant la matière spéciale des brevets d'invention.

57. Or, en matière sommaire, aux droits multiples s'adaptant
aux diverses phases de la procédure la loi a substitué un droit
unique, le droit d'obtention de jugement, pour rémunérer le travail de l'avoué ; seulement elle a permis de proportionner l'émolument à la valeur de ce travail, en autorisant l'allocation d'un
quart en sus du droit entier, lorsque les parties sont au nombre
de trois au moins, et lorsqu'elles ont « des intérêts contraires »
(Décr. 16 fév. 1867, art. 67, § 10). De ces termes est née la question de savoir s'il suffit, pour justifier cette allocation du quart en
sus, de la contrariété d'intérêts existant naturellement entre les
divers défendeurs et le poursuivant, ou s'il faut que les intérêts
respectifs des défendeurs soient contraires entre eux. Un arrêt de
la Cour de Metz, du 7 avril 1869 (J.M.p.12.176), a consacré avec
raison cette dernière interprétation. Ce n'est qu'à une étude spéciale et nouvelle des intérêts de chaque partie que doit corres-
pondre un émolument nouveau ; de simples divergences sur des
points accessoires, des copies de conclusions identiques, si ce
sur ces points accessoires, ne peuvent constituer l'accroisse-
le travail que le tarif exige.

Condamnation aux frais. — La condamnation aux frais

dont est passible le prévenu reconnu coupable du fait incriminé, doit comprendre même les frais d'une première poursuite qui a abouti à une déclaration d'incompétence et au renvoi devant les juges par lesquels a été prononcée la condamnation; elle ne saurait être restreinte aux seuls frais faits depuis ce renvoi : Liége, 20 juin 1866 (J.M.p.10.44). — Si, en effet, le condamné ne doit, en principe, être passible que des frais résultant d'actes judiciaires qui ont servi à sa condamnation, il est souvent impossible de distinguer, parmi les divers actes de la procédure, ceux qui ont eu cette utilité. Comment, par exemple, établir une ligne de démarcation entre la procédure devant un tribunal incompétent et celle suivie devant la juridiction compétente, alors que les actes de la première peuvent avoir fait faire un grand pas à l'information, tandis que ceux de la seconde auront été peut-être stériles?

59. Il a été encore jugé dans le même sens : 1° que celui qui, poursuivi à raison d'un fait qualifié délit, n'est reconnu coupable que d'une simple contravention, n'en est pas moins passible de tous les frais de l'instance, et que la condamnation ne doit pas être restreinte à ceux seulement de ces frais qui se rattachent à la contravention : Cass., 25 avril 1833 (S.-V.33.1.588); — 2° que celui qui, poursuivi tout à la fois pour un crime et pour un délit connexes, est acquitté à raison du crime, mais condamné pour le délit, n'en doit pas moins supporter la totalité des frais, alors que l'instruction a porté sur les deux incriminations : Cass., 3 fév. 1855 (S.-V.55.1.316). Et les auteurs approuvent ces solutions. V. Hélie et Chauveau, *Théor. C. pén.*, t. 1, p. 245 (4ᵉ édit.); Berriat-Saint-Prix, *Procéd. des trib. crim.*, 2ᵉ part., t. 2, n. 959; Morin, *Répert.*, vᵒ *Frais*, n. 19; Dalloz, *Répert.*, vᵒ *Frais et dépens*, n. 1034. — V. aussi Trébutien, *Cours de dr. crim.*, t. 1, p. 271.

40. Les juges de répression n'ayant de compétence que comme juges du délit qui leur est soumis, et se trouvant sans attributions, ce délit une fois écarté, il s'ensuit qu'ils ne peuvent prononcer une condamnation aux frais contre le prévenu acquitté, sans empiéter sur le domaine de la juridiction civile (V. Dalloz, *Rép.*, vᵒ *Frais et dépens*, n. 975), et la jurisprudence décide, en effet, d'une manière absolue, que le jugement qui acquitte un prévenu ne peut le condamner aux frais, sous quelque prétexte que ce soit (Arrêts cités, *eod.*, n. 976). — Il semble donc que c'est à tort qu'il a été jugé : 1° que le prévenu relaxé des poursuites doit néanmoins en supporter les frais, lorsqu'elles ont été motivées par son fait et sa négligence : Caen, 8 mai 1845 (D.p.45.4.74;

289); — 2° que le prévenu acquitté à raison de sa bonne foi n'en peut pas moins être condamné aux frais de la poursuite, si les faits qui ont servi de base à cette poursuite ont le caractère d'une faute ou d'une imprudence : Pau, 9 janv. 1858 (J.M.p.2.88).

41. Est-ce avec plus de raison qu'il a été décidé que l'accusé absous par suite de la prescription acquise à son profit n'en doit pas moins être condamné aux frais de la procédure ; et qu'il en est ainsi spécialement lorsque, après avoir été condamné par contumace, un accusé se représente et est déclaré absous comme ayant prescrit sa peine : Cass., 22 avril 1830 (S.-V.9.1.499), 21 août 1845 (S.-V.45.1.721), 17 déc. 1846 (D.p.47.4.281), 9 fév. 1854 (S.-V.54.1.277); C. d'ass. de la Moselle, 4 déc. 1867 (J.M. p.11.159) ? Cette doctrine nous semble également contestable, au moins dans certaines limites. Si la prescription était acquise à l'accusé à l'origine des poursuites, nous ne concevrions pas qu'il pût être condamné aux frais d'une procédure qui n'a pas eu de raison d'être. Si, au contraire, la prescription ne s'est accomplie à son profit que pendant l'intervalle de temps compris entre les poursuites originaires et la condamnation définitive, comme dans le cas, par exemple, où le condamné par contumace a prescrit sa peine avant sa représentation ou son arrestation, nous croyons que les frais de la procédure antérieure à l'accomplissement de la prescription doivent être mis à sa charge, mais qu'il n'en doit pas être de même de ceux de la procédure postérieure. V. d'ailleurs en sens contraire aux arrêts ci-dessus, Cass., 24 févr. 1832 (S.-V.32.1.437); C. d'ass. de la Haute-Vienne, 24 janv. 1839 (Dalloz, v° *Prescript. crim.*, n. 179); — Dalloz, *loc. cit.*, n. 29, et v° *Frais et dépens*, n. 1192.

42. *Solidarité.* — C'est un principe bien certain que les accusés ou prévenus condamnés pour des crimes ou délits différents ne sont point solidairement passibles des frais, encore qu'ils aient été l'objet d'une poursuite simultanée et d'un même jugement. V. Cass., 1er niv. an xiii (S.-V.2.1.45), 3 fév. 1814 (S.-V.4. 530), 30 janv. et 2 avr. 1846 (S.-V.46.1.271 et 720), 25 fév. 1853 (Bull., n. 68) et 4 nov. 1854 (S.-V.54.1.809); Merlin, *Répert.*, v° *Frais des proc. crim.*, et *Quest.*, v° *Solidarité*, § 10, n. 2; Carnot, *Comm. C. pén.*, art. 55, n. 8; Hélie et Chauveau, *Théor. C. pén.*, t. 1, p. 250 (4° édit.). — V. toutefois en sens contraire, Metz, 7 déc. 1854 (S.-V.55.2.113), arrêt qui a été critiqué avec raison par M. le conseiller Grand (*Ibid.*).— Mais ce principe cesse d'être applicable lorsque les crimes ou délits pour lesquels la condamnation a été prononcée se rattachent à une cause commune et sont connexes. V. Cass., 3 fév. 1855 (S.-V.55.1.316), ainsi que l'annotation précitée de M. Grand. La chambre criminelle a même jugé, par arrêt du 5 janv. 1866 (J.M.p.11.162), que la solidarité a lieu dans ce cas, bien que la connexité n'ait pas été déclarée par le juge, si d'ailleurs elle est essentielle et virtuelle. Il serait cependant préférable, pour prévenir les difficultés d'interprétation, que le juge se prononçât à cet égard.

43. *Partie civile.* — Il est constant que la disposition de l'art. 157 du décret du 18 juin 1811, d'après laquelle la partie civile, qu'elle succombe ou non, est passible des frais de la procédure criminelle, sauf son recours contre le prévenu condamné, n'a point été abrogée, relativement aux affaires correctionnelles, par l'art. 368, C. instr. crim., qui n'exempte la partie civile de la condamnation aux frais que *dans les affaires soumises au jury.* V. Dalmas, *Des frais de justice,* suppl., p. 354; Berriat-Saint-Prix, *Procéd. des trib. crim.,* 1re part., n. 416; Dalloz, *Rép.,* vo *Frais et dépens,* n. 989. Et comme cette disposition s'applique évidemment aux frais d'appel tout aussi bien qu'à ceux de première instance, il s'ensuit que si la décision des premiers juges est frappée d'appel soit par le prévenu, soit par le ministère public, et que la partie civile ne soit pas intimée par le prévenu et ne juge pas à propos d'attaquer elle-même cette décision, le ministère public est fondé à la mettre en cause devant la Cour pour la faire condamner aux frais de l'instance d'appel : Cass., 14 août 1829 (S.-V.9.1.356), 7 déc. 1837 (D.P.38.1.427); Toulouse, 10 mars 1834 (D.P.34.2.200); Metz, 2 mars 1865 (J.M.p.8.64); Bourges, 28 janv. 1869 (*Id.*12.66). — V. aussi Paris, 24 juin 1837 (S.-V.37. 2.391); Cass., 1er juill. 1853 (S.-V.54.1.144). — La circonstance que la partie civile aurait transigé sur ses intérêts civils avec le prévenu, ne saurait d'ailleurs modifier cette solution, attendu qu'une telle transaction ne met nullement obstacle à l'exercice de l'action du ministère public : Cass., 5 fév. 1813 (S.-V.4.1.274); Metz, 2 mars 1865, précité; — Berriat-Saint-Prix, 2e part., t. 2, n. 960; Dalloz, n. 991.

44. *Administrations publiques.*—L'art. 158 du décret du 18 juin 1811, qui assimile les administrations publiques aux parties civiles, relativement aux procès suivis soit à leur requête, soit d'office et dans leur intérêt, ne s'applique qu'au cas où les poursuites intentées dans l'intérêt de ces administrations, en vertu d'une loi spéciale, peuvent *amener une recette à leur profit;* les frais de justice doivent alors être supportés par elles. Mais ils demeurent à la charge du Trésor quand les administrations publiques n'ont qu'un *intérêt moral* à la répression d'un délit commun. Si, au cours de poursuites intentées par le ministère public pour un délit commun, une administration publique intervient spontanément pour faire prononcer à son profit les amendes édictées par une loi spéciale, elle ne doit supporter que les frais nécessités par son intervention, et rien de plus : Circ. 19 juill. 1852 (Gillet, n. 3421).

45. *Cassation.* — Le Trésor supporte les frais auxquels donne lieu la cassation des jugements rendus en matière de simple police, lorsque ces jugements sont annulés sur le pourvoi du ministère public. En conséquence, ces frais ne doivent pas être recouvrés sur la partie qui ne s'est pas pourvue : Circ. 28 juin 1859 (Rés. chr., p. 9).

46. *Opposition à la taxe.* — Le décret du 18 juin 1811, qui organise le mode suivant lequel doivent être réparées les erreurs commises au préjudice du Trésor dans la liquidation des [frais en matière criminelle, garde le silence sur la voie que doivent suivre le prévenu ou la partie civile pour faire réformer une taxe qui les lèse. Cependant un recours ne saurait leur être dénié, et c'est avec raison, ce semble, que la jurisprudence, obligée de combler la lacune que présente le décret de 1811, applique ici par analogie les règles relatives à la taxe des frais en matière civile.—La Cour de Paris, par un arrêt du 2 déc. 1854 (inédit), et la Cour de Bourges, par un arrêt du 6 février 1868 (J.M.p.12. 123), ont décidé que la partie contre laquelle a été délivré l'exécutoire peut y former opposition, et que cette opposition doit être soumise à la chambre du conseil, par argument de l'art. 6 du deuxième décret du 16 fév. 1807. Conf., Berriat-Saint-Prix, *Proc. des trib. crim.*, 2ᵉ part., t. 2, n. 1252. — Un autre arrêt de la Cour de Paris du 19 déc. 1835 (Dalloz, *Répert.*, vᵒ *Frais et dépens*, n. 996) a jugé toutefois que cette opposition doit être portée *par assignation* devant le tribunal civil.

§ 2. — *Frais en matières diverses.*

47. *Mariage des indigents.* — La loi du 10 déc. 1850 sur le mariage des indigents n'a apporté aucune dérogation aux règles préexistantes en matière d'avances de frais sur les fonds du ministère de la justice. Un greffier de tribunal ne peut en conséquence réclamer du ministère le paiement des expéditions de jugements rectificatifs d'actes de l'état civil requises, en vertu de cette loi, par le ministère public. S'il s'agit d'une expédition dont l'indigent avait besoin pour son mariage, elle doit être payée par lui au prix de 30 cent., dans le cas où il n'y aurait pas eu lieu à légalisation, et de 50 cent., si cette formalité a été nécessaire, conformément à l'art. 5 de la loi de 1850. S'il s'agit d'une expédition délivrée à l'occasion de poursuites en rectification, dans le cas prévu par l'art. 3 de cette même loi, elle tombe, comme toutes celles relatives aux poursuites de même nature, sous l'application des art. 117 à 122 du décret du 18 juin 1811 et 111 de l'instruction du 30 sept. 1826. Or, d'après la combinaison de ces articles, les greffiers ne peuvent, en aucun cas, recevoir sur les fonds du ministère de la justice le coût des actes qu'ils délivrent en cette matière : Lett. min. just. 24 mai 1861 (Rés. chr., p. 35).

48. *Interdiction.* — Les frais de déplacement des magistrats en matière d'interdiction d'office sont supportés comme frais de justice criminelle : Décis. min. just. 9 oct. 1821 (Gillet, n. 1498).

49. *Infirmités des magistrats.* — Les frais occasionnés par les informations faites pour constater l'état des magistrats qui, par suite d'infirmités graves et permanentes, doivent être admis à la retraite, rentrent dans la classe des frais prévus par les art. 121 et 122 du décret du 18 juin 1811 (poursuites d'office en matière civile) : Décis. min. just. 5 mars 1825 (Gillet, n. 1822).

50. *Poursuites disciplinaires contre les magistrats.* — Les frais auxquels donnent lieu les poursuites disciplinaires dirigées contre un magistrat, conformément à la loi du 20 avril 1810, sont aussi acquittés sur les fonds généraux des frais de justice : Décis. min. just. 17 juin 1823 (Gillet, n. 1680).

§ 3. — *Frais en matière civile.*

51. *États de frais.* — *Exécutoires de dépens.* — Une circulaire du ministre de la justice du 15 sept. 1859 (Rés. chr., p. 11) indique diverses solutions de la régie de l'enregistrement relatives aux états de frais et exécutoires de dépens en matière civile. En voici la substance : — 1° les exécutoires de dépens, qui doivent être rédigés en minute, rentrent dans l'application des art. 20 et 49 de la loi du 22 frim. an vii, et par conséquent les greffiers sont tenus de les inscrire à leur date sur le répertoire et de les présenter à l'enregistrement dans le délai de vingt jours. — 2° lorsque les états des dépens adjugés sont remis par les avoués aux greffiers avant l'enregistrement des jugements ou arrêts, le montant de la liquidation de ces dépens doit être compris dans le dispositif; dans ce cas, l'enregistrement des états n'est pas obligatoire. Mais si les états de frais, en matière ordinaire, sont déposés au greffe après l'enregistrement des jugements ou arrêts et avant la délivrance des expéditions, ils sont sujets à l'inscription au répertoire à la date de la taxe, et, dans les vingt jours, à l'enregistrement. Lorsqu'en matière ordinaire, un jugement ou arrêt est présenté à l'enregistrement avant la liquidation des dépens, le receveur ne doit pas exiger de déclaration estimative, ni évaluer approximativement les frais pour la perception du droit de condamnation ou de liquidation. Ce droit est perçu soit sur l'état de frais taxé avant la délivrance de l'expédition, soit sur la minute de l'exécutoire rédigé après cette délivrance. — 3º les mémoires des frais dus aux avoués ou autres officiers ministériels par les parties pour lesquelles ils ont occupé ou instrumenté, ne deviennent pas, même après la taxe du juge, des titres exécutoires; les officiers ministériels ne peuvent s'en servir que pour requérir contre leurs clients un jugement de condamnation (Décr. 16 févr. 1807, art. 9). Il s'ensuit que ces mémoires ne sont pas soumis au droit proportionnel, mais doivent être enregistrés au droit fixe de un franc avant d'être transcrits en tête des assignations. — Dans le cas où le jugement d'adjudication (C. proc. civ., 701) ne contient que la mention du montant de la taxe, il n'y a pas lieu d'exiger qu'un état de frais soit soumis à la formalité de l'enregistrement. Mais si le montant de la taxe est énoncé soit dans le cahier des charges, soit dans d'autres actes préliminaires rédigés par les avoués, l'état de frais qui a servi à cette énonciation doit être enregistré (Cass., 7 nov. 1853, S.-V.53.1. 762). Dans ce cas, le droit n'est que de un franc. — Les dispositions qui précèdent ont été approuvées le 29 juill. 1859 par le ministre de la justice.

52. Les officiers du ministère public doivent veiller à ce que les minutes des jugements et arrêts enregistrés avant le dépôt des états de frais au greffe, ne contiennent pas de blanc pour l'énonciation ultérieure du montant des dépens : Circ. 15 sept. 1859, précitée.

— V. *Absence*, 48; *Action publique*, 98; *Adultère*, 21; *Aliénés*, 7; *Avoués*, 19; *Banqueroute*, 10; *Brevet d'invention*, 12; *Chasse*, 72, 156, 157; *Chose jugée*, 54, 55; *Correspondance*, 17, 20, 21; *Dénonciation calomnieuse*, 18; *Expert*, 4; *Interdiction*, 10; *Juge de paix*, 8; *Jugement par défaut*, 26; *Pêche fluviale*, 1 et 8; *Poste aux lettres*, 10; *Puissance paternelle*, 2 et 3; *Succession en déshérence*, 3; *Témoin ; Tribunal de police*, 7.

GAGE (DÉTOURNEMENT OU DESTRUCTION DE).

— On a vu au mot *Abus de confiance*, n. 3, que la loi du 13 mai 1863, modificative du Code pénal, a ajouté le nantissement aux contrats dont la violation constitue le délit d'abus de confiance, aux termes de l'art. 408 de ce Code. Mais la loi nouvelle ne s'est pas bornée à atteindre le détournement des objets donnés à titre de gage, *par celui à qui ils ont été remis;* elle a réprimé aussi, dans l'art. 400 (§ 5), le fait, par le débiteur, emprunteur ou tiers donneur de gage de détruire ou détourner ou de tenter de détruire ou détourner les objets *par lui donnés en gage.* Ce fait se trouve assimilé au vol et puni des peines de l'art. 401.

GARDE CHAMPÊTRE.

— **1.** Il a été jugé que les gardes champêtres n'ayant pas la qualité d'officiers de police judiciaire, lorsqu'ils constatent des contraventions étrangères à la police rurale, la résistance avec violence et voies de fait commise, dans ce cas, envers eux par une personne armée, ne tombe point sous l'application des art. 209 et 212, C. pén.; mais que les gardes champêtres ayant alors la qualité d'agents de la force publique, les violences exercées à leur égard sont réprimées par les art. 228 et 230 du même Code : Caen, 1er mars 1860 (J.M.p.4.209).

2. Cette solution ne nous paraît point exacte. Il est bien vrai que les gardes champêtres n'ont pas la qualité d'officiers de police judiciaire, mais uniquement celle d'agents de la force publique, lorsqu'ils constatent des contraventions étrangères à la police rurale. V. *Compétence criminelle*, n. 18. Mais suit-il de là que la rébellion avec armes commise, dans ce cas, envers eux, ne tombe pas sous l'application des art. 209 et suiv., C. pén. ? Nous ne saurions le croire. D'un côté, l'art. 209 désigne nommément les *gardes champêtres*, sans distinguer entre le cas où ils agissent comme officiers de police judiciaire, et celui où ils ne procèdent que comme agents de la force publique; et, d'un autre côté, il désigne également la *force publique* d'une manière générale, ce qui doit s'entendre de ses divers agents. Il résulte clairement des termes de cet article qu'il suffit, pour qu'il soit applicable aux gardes champêtres, comme aux autres agents qui y sont énumérés, que ces gardes agissent pour l'exécution des lois, des ordres ou ordonnances de l'autorité publique. Or, les gardes champêtres n'agissent-ils pas dans cet objet, lorsque, exerçant la surveillance à eux confiée par l'autorité municipale, ils recherchent des contraventions, même en dehors de leurs attributions particulières ?

Remarquez, d'ailleurs, que les articles 228 et 230, C. pén., que l'arrêt mentionné ci-dessus déclare seuls applicables en pareil cas, répriment les simples violences, et non la rébellion avec armes.

—V. *Abus d'autorité*, 8 ; *Chasse*, 100; *Compétence criminelle*, 9 et s.; *Dénonciation*, 3; *Injures*, 3 ; *Officier de police judiciaire*, 8; *Outrage*, 7, 13, 31 ; *Pêche fluviale*, 2 et s.; *Procès-verbal*, 4 ; *Témoin*, 21.

GARDE D'ARTILLERIE OU DU GÉNIE. — Les gardes d'artillerie doivent, comme ceux du génie, prêter serment devant le tribunal de première instance de leur résidence. La prestation de serment est constatée gratuitement en marge de la commission par le greffier, et les frais de l'enregistrement au greffe et à la mairie ne doivent pas dépasser 4 fr. 15 cent. — En cas de changement de résidence, il n'y a pas lieu à un nouveau serment, mais seulement à un nouvel enregistrement de la prestation de serment primitive au greffe du tribunal et à la mairie de la nouvelle résidence : Circ. 23 janv. 1855 (Gillet, n. 3555).

GARDE DES SCEAUX. — V. *Ministre de la justice.*

GARDE FORESTIER. — V. *Chasse*, 100 ; *Compétence criminelle*, 9 et s.; *Commissaire de police*, 4 ; *Mise en jugement*, 38 ; *Outrage*, 8 ; *Procès-verbal*, 10.

GARDE NATIONALE. —V. *Compétence criminelle*, 62, 63.

GARDE NATIONALE MOBILE. — **1.** L'autorité militaire n'a pas à intervenir dans la poursuite des délits de droit commun que commettent les gardes nationaux mobiles. — Les délits et les fautes définis par la loi du 13 juin 1851, tels que la vente, le détournement ou la destruction volontaire des armes, munitions, effets d'habillement et d'équipement confiés aux gardes nationaux mobiles et les manquements réitérés, sans cause légitime, aux exercices et réunions, peuvent seuls être l'objet de poursuites exercées au nom de l'autorité militaire. — Les plaintes ou procès-verbaux sont adressés au général de division qui, en sa qualité de commandant supérieur de la garde nationale mobile de la division, est le chef de l'action publique et a seul le droit de saisir le tribunal de police correctionnelle. — Il transmet ces plaintes ou procès-verbaux au chef du parquet de première instance qui, en vertu du droit qui lui est conféré par la loi, statue définitivement sur la suite à leur donner (Rapport du ministre de la guerre, du 28 mars 1868, approuvé par le chef de l'État).

2. Lorsqu'un garde national mobile a commis une des fautes ou un des délits prévus par les art. 9 et 10 de la loi du 1er fév. 1868, la plainte ou le procès-verbal établi par qui de droit est adressé par la voie hiérarchique, avec toutes les pièces de nature à éclairer les juges, au général de division, qui saisit, s'il y a lieu, le tribunal de police correctionnelle. — Dans le cas où cet officier général ne croirait pas devoir donner suite à la plainte, il en rend compte au ministre de la guerre en motivant sa décision (*Id.*).

— V. *Compétence criminelle*, 64.

GARDE PARTICULIER. — V. *Chasse*, 57, 101 et s., 127; *Compétence criminelle*, 9 et s.

GARDIEN DE BATTERIE. — Les gardiens de batterie chargés par la loi du 21 mai 1858 de constater par procès-verbaux les contraventions aux lois sur les servitudes militaires et le domaine militaire de l'État, doivent être assermentés. Leurs attributions étant analogues à celles des gardes d'artillerie, les ministres de la guerre, de la justice et des finances, ont décidé que les prescriptions relatives à l'assermentation de ces gardes leur sont applicables. En conséquence, il faut, pour leur prestation de serment, se conformer exactement à la circulaire du 23 janv. 1855 : Circ., 13 nov. 1858 (Rés. chr., p. 1).

— V. *Garde d'artillerie*.

GENDARMERIE. — **1.** Les gendarmes rédacteurs de procès-verbaux doivent se conformer scrupuleusement, en ce qui concerne la nature des renseignements qui peuvent être introduits dans ces actes, aux dispositions de l'art. 448 du décret du 1er mars 1854. Ils doivent s'interdire toute espèce d'appréciation personnelle sur le caractère et les conséquences des faits constatés, et ne doivent se préoccuper que d'éclairer la justice sans chercher à influencer sa décision : Circ. min. de la guerre 15 sept. 1862 (Rés. chr., p. 49).

2. L'art. 497 du décret du 1er mars 1854 prescrit aux commandants de gendarmerie de l'arrondissement d'adresser, les 1er et 15 de chaque mois, au parquet de première instance, un état sommaire des contraventions de simple police, avec l'indication du fonctionnaire auquel la remise du procès-verbal a été faite. V. le modèle de cet état, J.M.p.7.307.

3. En règle générale, l'autorité judiciaire, soit pour l'exécution des mandats, soit pour les demandes de renseignements, doit s'adresser au commandant de la gendarmerie de l'arrondissement; toutefois, lorsqu'il y a *urgence bien constatée*, elle peut, pour ces deux objets, s'adresser directement au commandant de brigade, qui doit rendre compte à ses supérieurs des missions qui lui ont été données : Circ. min. de la guerre, 26 nov. 1855; circ. min. just. 20 déc. suivant (Gillet, n. 3623).

4. Les magistrats doivent se concerter, lors de son passage, avec l'inspecteur général de gendarmerie sur ce qui peut intéresser l'administration de la justice dans le service de cette arme : Lett. min. just. 30 juin 1857 (Gillet, n. 3720).

5. Il résulte d'une circulaire du ministre de la guerre, du 6 nov. 1855 (J.M.p.7.307) qu'un officier ministériel ne peut pénétrer dans une caserne de gendarmerie (par exemple, pour la notification d'un exploit, pour une saisie), sans demander un permis au commandant, qui ne défère à la demande qu'après avoir pris les renseignements nécessaires afin de s'assurer qu'elle n'est pas un prétexte pour troubler un établissement militaire ou reconnaître ses dispositions intérieures.

— V. *Chasse*, n. 69, 96; *Compétence criminelle*, 30; *Correspondance*, 7; *États et envois périodiques*, 19; *Frais*, 17, 18; *Grâce*, 30; *Outrage*, 4 et s., 33, 35; *Préséance*; *Témoin*, 21.

GRACE.

SOMMAIRE ALPHABÉTIQUE.

40

§ 1er. — *Caractères de la grâce.*

1. Sans nous étendre sur la nature et l'utilité du droit de grâce, dont on trouvera d'ailleurs une judicieuse appréciation dans le traité du *Droit de grâce en France comparé avec les législations étrangères*, de M. Legoux, nous dirons avec cet auteur que la grâce est l'acte par lequel le chef de l'État fait à un condamné la remise soit totale, soit partielle, de la peine qu'il a encourue, ou commue cette peine en une autre d'un degré inférieur, sans toutefois que cette remise, à la différence de l'*amnistie* (V. ce mot), fasse disparaître ni la condamnation ni ses conséquences légales.

2. Le chef de l'État peut-il, par exercice du droit de grâce, suspendre l'exécution d'un jugement ordonnant, en vertu de l'art. 66, C. pén., qu'un prévenu âgé de moins de seize ans, acquitté comme ayant agi sans discernement, soit détenu dans une maison de correction? On doit, croyons-nous, admettre la négative, par le motif qu'une semblable détention ne constitue pas une véritable peine, mais bien plutôt une mesure purement administrative. V. en effet, Hélie et Chauveau, *Théor. Cod. pén.*, t. 1, n. 238; Dalloz, *Répert.*, v° *Peine*, n. 443 et 445; Legoux, p. 95; Circ. 6 août 1842 (Gillet, n. 2779). Seulement on peut se demander s'il n'appartient pas à l'administration supérieure d'abréger la durée de la détention imposée par les tribunaux au mineur acquitté comme ayant agi sans discernement, lorsque les circonstances rendent cette détention inutile. V. à cet égard l'art. 587 du *Journ. du Minist. publ.*, t. 6, p. 107. V. aussi *Emprisonnement*, n. 29.

3. D'après plusieurs décisions de la chancellerie, les mesures de discipline prises contre les officiers ministériels et les officiers publics (tels que les notaires) ne peuvent donner lieu à l'application du droit de grâce. V. notamment décis. min. just. 12 avr. 1839 et 10 août 1843 (Gillet, n. 2628 et 2848). — Toutefois, un doute peut être émis sur l'exactitude d'une telle doctrine, car, bien qu'elles ne soient pas prononcées par la juridiction ordinaire, ces peines ne sont pas moins l'objet de véritables décisions qui affectent l'honneur de ceux contre lesquels elles sont rendues. V. en effet Legoux, p. 119 et s.

4. Il résulte aussi de diverses décisions ministérielles que les accusés contumax ne peuvent être graciés : Décis. min. just., 27 janv. 1818, 28 oct. 1828 et 30 mai 1837 (Gillet, n. 1195, 2111 et 2553). — Conf. Legraverend, *Législ. crim.*, t. 2, p. 758; Dalloz, *Répert.,* v° *Grâce et commut.*, n. 14.

5. La grâce peut être soit *pleine et entière*, c'est-à-dire embrassant l'intégralité du châtiment, soit *partielle*, c'est-à-dire ne s'appliquant qu'à une partie de la peine, ou, s'il en a été prononcé plusieurs, ne faisant remise que de l'une ou partie seulement de l'une d'elles ou même de partie de chacune d'elles, soit *commutative*, c'est-à-dire substituant à la peine prononcée une autre peine d'un degré inférieur, soit enfin *conditionnelle*, c'est-à-dire subordonnée à l'accomplissement préalable d'une condition quelconque par le condamné.

6. La condition imposée au condamné par les lettres de grâce peut consister dans l'obligation de désintéresser la partie civile, de payer les frais, etc. Si elle n'est pas remplie, la grâce est comme non avenue. Cependant les magistrats du parquet doivent attendre les ordres de la chancellerie avant de faire exécuter la condamnation : Legoux, p. 79. — Au surplus, la grâce est rarement conditionnelle.

7. Les grâces se divisent en *grâces ordinaires* ou *particulières* et *grâces générales* ou *collectives*. Les grâces particulières sont celles que le chef de l'État accorde, en tout temps, à tel ou tel condamné isolément. On entend par grâces générales celles qui sont accordées sur les propositions soumises à l'agrément du souverain, à l'occasion de sa fête ou de quelque autre anniversaire, en faveur des individus se trouvant dans les conditions exigées par les règlements et qui se sont fait remarquer par leur bonne conduite dans la maison où ils sont incarcérés. Le service des grâces à la chancellerie est également divisé en grâces particulières et grâces générales. Il doit en être de même dans les parquets : Legoux, *loc. cit.*, p. 27.

§ 2. — *Instruction du recours en grâce.*

8. — 1° *Grâces ordinaires ou particulières.* — Les magistrats, particulièrement ceux du ministère public, doivent s'abstenir rigoureusement d'apostiller les recours en grâce. Les chefs de parquets de première instance ne doivent faire connaître leur opinion sur l'opportunité de la grâce qu'au garde des sceaux par l'intermédiaire du procureur général : Lett. minist., 24 sept. 1827, 28 juill. 1829 et 10 mars 1841 (Gillet, n. 2029, 2158 et 2720); — Legoux, p. 29. — Les jurés, au contraire, peuvent, non-seulement apostiller le recours en grâce formé par le condamné, mais dresser eux-mêmes spontanément et collectivement cet acte dans son intérêt.

9. Rappelons aussi que dans le rapport qu'ils adressent au garde des sceaux après chaque session, les présidents des Cours d'assises doivent donner leur avis sur l'accueil dont peuvent être susceptibles, dans un avenir plus ou moins éloigné, les recours en grâce des condamnés. Il importe que cet avis soit toujours motivé, et donné, non, d'une manière générale, pour tous les condamnés de la session, mais pour chaque condamné individuellement. Lorsqu'il s'agit d'une proposition de commutation immédiate, une lettre séparée peut être adressée au ministre : Circ. 15 sept. 1817, 31 déc. 1850, § 10, et 26 janv. 1857, § 10 (Gillet, n. 1167, 3311 et 3693).

10. D'un autre côté, dans le cas de condamnation à la peine capitale, le procureur général est tenu, lors même que le condamné n'a formé aucun recours, d'adresser immédiatement au garde des sceaux, avec les pièces de l'affaire, un rapport sur l'opportunité ou l'inopportunité d'une mesure de clémence : Circ. 27 sept. 1830 (Gillet, n. 2222).

11. La supplique contenant le recours en grâce subit un premier examen à la chancellerie, dans le *bureau* des grâces. Si elle ne paraît pas sérieuse, elle est classée, et il n'y est pas donné suite. Dans le cas contraire, elle est communiquée au procureur général dans le ressort duquel la condamnation a été prononcée, pour qu'il fournisse des renseignements sur les points suivants : 1° nom, prénom, date et lieu de naissance, état civil, domicile et profession du condamné; 2° conduite antérieure du condamné; 3° situation de la famille du condamné (*position sociale, considération, etc.*); 4° causes, nature et date de la condamnation, articles de la loi pénale appliquée; 5° juridiction qui a statué; 6° si l'arrêt ou le jugement est devenu définitif; 7° en cas de condam-

nation à une peine corporelle, si le condamné subit sa peine, depuis quel jour et dans quelle maison ; s'il a été soumis à la détention préventive, et pendant combien de temps ; 8° conduite
qu'il a tenue depuis son arrestation ; 9° s'il a acquitté l'amende
et les frais du procès ou s'il est indigent ; 10° s'il a payé les dommages-intérêts alloués à la partie civile ; 11° s'il paraît digne de
quelque indulgence, et, en cas d'affirmative, dans quelle mesure
il pourrait être signalé à la clémence du souverain.

12. L'instruction du recours en grâce est faite par le parquet
de la Cour ou du tribunal qui a prononcé la condamnation. En
conséquence, lorsqu'elle doit avoir lieu dans un parquet de première instance, le procureur général transmet au chef de ce parquet la communication qu'il a reçue de la chancellerie. — Quand
c'est d'un tribunal de police qu'émane la condamnation, l'instruction du recours est faite par le chef de parquet de l'arrondissement dans lequel se trouve ce tribunal ; sauf à Paris cependant,
où l'instruction est confiée au commissaire de police remplissant
les fonctions du ministère public près le tribunal de simple police : Legoux, p. 33 et 34.

13. Dans le cas où le condamné invoque son état de maladie
à l'appui de sa demande en remise de la peine corporelle qui a
été prononcée contre lui, le chef du parquet commet un médecin
pour le visiter, et le rapport de ce médecin est joint au dossier.
Toutefois, si la vie du condamné était en danger, il faudrait en
donner avis au garde des sceaux, sans attendre l'envoi du rapport : Legoux, p. 43 et 45.

14. A l'égard des condamnés détenus dans les colonies ou
dans les bagnes, la chancellerie reçoit directement du ministre
de la marine et des colonies les renseignements relatifs à leur
conduite ; le ministère public n'a donc pas à se préoccuper de ce
point : Legoux, p. 46.

15. Il n'est pas donné suite à la demande en grâce d'un individu condamné à l'emprisonnement, si celui-ci ne s'est pas constitué préalablement en prison, et surtout s'il a pris la fuite après
sa condamnation : Décis. min. just. 31 oct. 1825 et 27 août 1836
(Gillet, n. 1887 et 2529).

16. Lorsque le condamné a déjà subi, au moment où la grâce
intervient, la condamnation à une peine corporelle qui avait été
prononcée contre lui, l'instruction n'en doit pas moins être poursuivie en ce qui touche l'amende : Lett. min. just. 7 juin 1858
(Gillet, n. 3772).

17. Les magistrats du parquet doivent apporter la plus grande promptitude dans l'examen préparatoire des demandes en grâce relatives à des amendes, et dans la réunion des renseignements qu'ils ont fournir à la chancellerie sur les demandes de cette nature : Circ. 3 mars 1855 (Gillet, n. 3562).

18. L'exécution de la condamnation n'est pas suspendue par le seul fait de l'existence d'un recours en grâce. Ainsi, l'allégation, même justifiée, du condamné qu'il a fait appel à la clémence du souverain n'autorise pas à surseoir à cette exécution. Mais le sursis doit avoir lieu, au contraire, dès que les magistrats ont été informés du recours en grâce par la chancellerie; alors l'exécution de la peine est suspendue jusqu'à la décision à intervenir sur le recours : Circ. 2 mai 1854 et 3 mars 1855 (Gillet, n. 3516 et 3562); Lett. minist. 21 mai 1859 (Rés. chr., p. 8); — Legoux, p. 37 et s.

19. Afin que cette règle soit pratiquée aussi bien en ce qui concerne la condamnation à l'amende qu'en ce qui touche les peines corporelles, les magistrats des parquets de première instance doivent régulièrement et sans aucun retard donner avis au directeur de l'enregistrement de toute instruction ordonnée au sujet d'un recours en grâce s'appliquant en tout ou en partie à des amendes. Cet avis est aussitôt transmis par le directeur au receveur chargé du recouvrement, lequel lui fait connaître si l'amende est ou non payée, et dans ce dernier cas, sursoit aux poursuites. Cette réponse est communiquée en substance par le directeur au chef du parquet de première instance, qui adresse au procureur général la dépêche même du directeur, pour être envoyée à la chancellerie avec les autres pièces et le rapport : Circ. 3 mars 1855 précitée, et 17 mai 1858 (Gillet, n. 3769, et J.M.p.2.55).

20. Remarquons, en outre, que le recours en grâce est toujours suspensif, indépendamment de toute communication de la chancellerie, à l'égard des condamnations à la peine capitale. Le sursis est d'ailleurs de droit pour ces condamnations, alors même que le condamné n'aurait pas fait appel à la clémence du souverain : Circ. 27 sept. 1830 et 2 mai 1854 (Gillet, n. 2222 et 3516). V. *suprà*, n. 10.

21. L'exécution des condamnations prononcées au profit de la partie civile n'est en aucun cas suspendue par le recours en grâce. La partie civile peut donc, malgré ce recours, agir soit sur les biens, soit contre la personne du condamné : Legoux, p. 40.

22. La décision rendue sur le recours en grâce est notifiée par le ministre de la justice au procureur général, qui en donne avis au condamné, soit directement, soit par l'intermédiaire de son substitut, suivant que l'instruction a eu lieu au parquet de la Cour ou dans un parquet de première instance. — Si le recours s'appliquait à une peine pécuniaire, avis de la décision doit aussi être donné au directeur de l'enregistrement et des domaines. — Enfin, la décision doit encore être portée, dans tous les cas, à la connaissance de la partie civile, qui, si elle n'a pas été payée et si la grâce est accordée, pourra recommander le condamné : Circ. 28 mai 1819 (Gillet, n. 1302).

23. Dans le cas où la décision est favorable, l'officier du parquet doit prescrire au greffier de la mentionner en marge du jugement ou arrêt de condamnation (Décis. min. just. 25 août 1818 et 5 mars 1823, Gillet, n. 1244 et 1649 ; Circ. 24 août 1831, *Id.*, n. 2281), et prendre les mesures nécessaires pour que pareille mention soit inscrite sur le bulletin n° 1 classé au casier judiciaire du chef-lieu de l'arrondissement dans lequel se trouve le lieu de naissance du condamné : Lebon, *Notions pratiques concernant l'administr. des parquets*, p. 101. — La décision gracieuse doit aussi être mentionnée en marge des registres d'écrou : Décis. 25 août 1818 précitée.

24. Si le recours en grâce est rejeté, le condamné déjà incarcéré en est prévenu par l'intermédiaire du directeur de la prison. Dans le cas où il n'a pas encore commencé à subir la peine d'emprisonnement prononcée contre lui, le ministère public le fait immédiatement incarcérer : Legoux, p. 48.

25. Dans le cas de commutation de peine nécessitant l'extraction du condamné de l'établissement dans lequel il avait commencé à subir son châtiment et sa translation dans une autre maison, c'est à l'autorité administrative à prendre les mesures nécessaires pour assurer l'exécution de la décision gracieuse : Même auteur, *ibid*.

26. Lorsque la grâce est pleine et entière, le condamné est mis sur-le-champ en liberté, à moins que les lettres de grâce ne prescrivent un délai ; c'est alors exactement à l'expiration de ce délai que doit avoir lieu la mise en liberté : *Id.*

27. Dans tous les cas, le procureur général donne avis au garde des sceaux de l'exécution qu'a reçue la décision intervenue sur le recours en grâce. Lorsque c'est un parquet de première instance qui a dû pourvoir à cette exécution, le chef de ce parquet informe lui-même le procureur général de la suite donnée à la décision.

28. Il n'est délivré d'expédition des lettres de grâce à l'effet de procéder à leur entérinement, que lorsqu'elles portent remise de la peine de mort ou commutation de cette peine en une autre. Dans ce cas, le garde des sceaux transmet l'expédition au procureur général, et l'entérinement a lieu en audience solennelle de la Cour, à laquelle sont appelés tous les membres présents. Pendant les vacances, aux membres de la chambre des vacations doivent se réunir, sous la présidence du plus ancien président, tous les membres présents de la Cour et notamment ceux qui composent les chambres correctionnelle et de mise en accusation : Lett. minist. 12 sept. 1814 (Gillet, n. 935). Toutefois, l'usage s'est assez généralement introduit d'entériner les lettres de grâce en audience ordinaire de la chambre où siége le premier président, et pendant les vacances, à l'audience de la chambre des vacations : Legoux, p. 51.

29. Il est procédé à l'entérinement des lettres de grâce par la Cour d'appel, même lorsqu'elles s'appliquent à une condamnation prononcée contre un militaire par un conseil de guerre : Décis. min. just. 18 sept. 1840 (Gillet, n. 2695).

30. L'entérinement a lieu en présence du condamné, ainsi que du commandant de la gendarmerie du chef-lieu de la Cour d'appel, qui est convoqué, non par voie de réquisition, mais par une simple invitation du procureur général : Circ. 25 juill. 1817 et 26 fév. 1855 (Gillet, n. 1154 et 3560). En cas d'empêchement absolu, cet officier peut se faire remplacer par le commandant de la gendarmerie de l'arrondissement : Circ. 26 fév. 1855, précitée. — Si, par suite de maladie ou pour toute autre cause, le condamné gracié ne peut être conduit à l'audience, l'entérinement a lieu hors de sa présence : Lett. minist. 22 déc. 1815 et 25 janv. 1819 (Gillet, n. 1004 et 1276). — Le chef de l'État peut, du reste, dans tous les cas, dispenser le condamné gracié d'assister à l'entérinement. V. Lett. minist. 27 fév. 1821 (Gillet, n. 1443); — Legoux, p. 52.

31. La formalité de l'entérinement est mentionnée en marge ou à la suite de l'expédition des lettres de grâce. — Le procureur général donne avis de l'accomplissement de cette formalité au garde des sceaux, et si le gracié est détenu dans un autre ressort, il en transmet une expédition à son collègue de ce ressort : Legoux, p. 51 et 52.

52. — 2° *Grâces générales ou collectives.* — En ce qui concerne les grâces générales, des notices envoyées par la chancellerie et destinées à chacun des condamnés qui devront être recommandés à la clémence du souverain, sont remplies par le procureur général, qui les renvoie au garde des sceaux dans le courant du mois de mars. Quand la condamnation a été prononcée par un tribunal de première instance, le chef du parquet de ce tribunal transmet au procureur général les renseignements nécessaires, qui doivent faire connaître : 1° la date et le lieu de naissance du condamné ; 2° s'il est marié et s'il a des enfants; 3° ses antécédents, sa conduite habituelle et ses moyens d'existence; 4° les faits qui ont motivé sa condamnation; 5° l'opinion personnelle du magistrat du parquet sur l'opportunité ou l'inopportunité de la grâce. — Dans ce cas même, la notice est rédigée par le procureur général, qui y exprime son propre avis sur la mesure à prendre : Legoux, p. 57 et s.

53. Lorsque des condamnés, détenus dans un ressort, ont été jugés dans un autre ou par une juridiction autre que la juridiction ordinaire, les notices qui les concernent sont, suivant les cas, adressées par le garde des sceaux au procureur général, au commandant de la division militaire ou au préfet maritime du lieu de la condamnation, avec invitation de compléter les renseignements et de renvoyer les notices à la chancellerie : Circ. 1er janv. 1839 (Gillet, n. 2618).

54. Le procureur général inscrit dans les notices relatives aux condamnés détenus dans les bagnes, les maisons centrales et les prisons et recommandés à la clémence du chef de l'État, les causes des condamnations, avec son avis sur la mesure proposée en leur faveur : Circ. 4 fév. 1847 (Gillet, n. 3048).

55. Les notices, une fois complétées, sont renvoyées à la chancellerie, et il est statué sur les propositions de grâce comme sur les recours en grâce. — Les décisions gracieuses sont mentionnées en marge des minutes des jugements et arrêts de condamnation aussitôt que les parquets en sont informés. V. Legoux, p. 59.

§ 3. — *Effets de la grâce.*

56. La grâce ne fait disparaître ni la culpabilité du gracié ni la condamnation qui constate cette culpabilité; elle a seulement pour effet d'empêcher l'exécution de la condamnation. Aussi le gracié qui vient à commettre un nouveau crime ou un nouveau délit, demeure-t-il passible des peines de la récidive. C'est là, on le sait, un point constant.

57. Les lettres de grâce qui ne réintègrent pas expressément le gracié dans la jouissance de ses droits civils, ne délient pas celui à qui elles sont accordées des incapacités qu'il a encourues par l'effet de sa condamnation : Cass., 6 juill. 1827 (S.-V.8.1. 633) ; — Demolombe, t. 1, n. 235.

58. La grâce n'emporte dans aucun cas la remise des frais auxquels le gracié a été condamné (Circ. 18 déc. 1818, Gillet, n. 1266 ; Nancy, 21 nov. 1845, D.p.46.4.16), non plus que de la contrainte par corps prononcée pour assurer le paiement de ces frais : Même arrêt de Nancy.

59. Il paraîtrait cependant résulter de quelques décisions ministérielles (V. Décis. min. just. 27 juill. 1821 et 16 fév. 1825, Gillet, n. 1481 et 1816) que les frais de poursuite peuvent être remis par une disposition spéciale des lettres de grâce. Mais c'est là une doctrine erronée, qui n'a d'ailleurs jamais reçu d'application. V. M. Legoux, p. 68 et 69.

40. La grâce ne peut porter préjudice aux intérêts des tiers et particulièrement à ceux de la partie civile. Très-souvent même il arrive que le garde des sceaux refuse de donner suite au recours en grâce tant que la partie civile n'a pas été désintéressée, ou n'a pas pris du moins un arrangement avec le condamné. Pour prévenir ce résultat, les membres du parquet peuvent user de leur influence sur l'esprit des suppliants pour les déterminer à se libérer préalablement à l'effet de rendre leur position plus favorable. V. Legoux, p. 74 et s.

41. Il a été jugé que la grâce ne prive point la femme du droit de demander la séparation de corps en vertu des art. 232, 261 et 306, C. civ., à raison de la condamnation à une peine infamante prononcée contre son mari : Paris, 19 août 1847 (D.p.47.436 et 437).

42. La grâce emporte la remise des amendes prononcées en même temps qu'une peine corporelle, bien que la décision du souverain ne s'explique pas à cet égard. Av. Cons. d'Ét. 3 janv. 1807.

45. L'amende perdant son caractère pénal par le décès du condamné, ne peut plus, sur la demande de ses héritiers, être remise par voie de grâce ; elle devient une dette de sa succession envers l'État : Décis. min. just. 18 avr. 1851 et 12 déc. 1856 (Gillet, n. 3333 et 3685) ; — Legoux, p. 99.

44. La grâce n'a pas un effet rétroactif, et ne donne pas dès lors à celui qui l'a obtenue le droit de se faire restituer l'amende qu'il aurait payée antérieurement (Av. Cons. d'Ét. 3 janv. 1807, 8 janv. 1823 et 31 janv. 1839) : Décis. min. just. 14 juill. 1845,

1er fév. 1849, 13 nov. 1850, 7 mars et 17 avr. 1851 (Gillet, n. 2964, 3173, 3293, 3321, 3329).

45. C'est aussi un principe bien constant en France (il en est autrement en Belgique) que la grâce est irrévocable, et que le bénéfice n'en peut être retiré au condamné, quelle que soit sa conduite ultérieure : Legoux, p. 82 et s.

46. La mise sous la surveillance de la haute police ne peut être l'objet d'une décision gracieuse que lorsqu'elle a été prononcée comme peine principale : Décis. min. just. 3 sept. 1817, 26 janv. 1825, 19 nov. 1828, 13 déc. 1831, 12 juill. 1845, 18 nov. 1848, 27 janv. 1854 (Gillet, n. 1164, 1808, 2114, 2300, 2963, 3159, 3502). —Conf. Legraverend, *Législ. crim.*, t. 2, p. 752 ; Legoux, p. 114.

47. Dans le cas de commutation de peine, les peines accessoires de celle qui a été substituée à la condamnation, frappent-elles le gracié ? Il semble logique de distinguer entre les peines accessoires purement facultatives (V. notamment C. pén., 100, 108, 138, 144, 221) et celles qui s'ajoutent nécessairement à la peine principale, comme la surveillance (C. pén., 47 et 48), et de décider que ces dernières seules sont imposées au gracié. V. en ce sens, Legoux, p. 115.

48. Si les lettres de grâce présentaient quelque doute relativement à la durée de la peine qu'elles laisseraient peser sur le condamné, le ministère public devrait rechercher avec soin quelle a été la volonté du chef de l'État, et, dans le cas où la difficulté serait trop sérieuse, en référer au garde des sceaux : Legoux, p. 88.

49. Quand une peine a été commuée, la prescription se règle sur la nature de la peine substituée à celle qui avait été prononcée par le jugement ou arrêt de condamnation. Ainsi, lorsqu'une peine afflictive ou infamante a été commuée en un emprisonnement correctionnel, la prescription est de cinq ans : Décis. min. just. 27 fév. 1827 (Gillet, n. 1986). — Conf. Legoux, p. 94.

— V. *Chasse*, 56 ; *Surveillant de la haute police*, 2.

GREFFIER. — **1.** Pour être greffier, il faut avoir vingt-cinq ans accomplis (L. 25 vent. an IX, art. 1), et il n'est jamais accordé de dispense d'âge : Décis. min. just. 19 mars 1821 (Gillet, n. 1448).

2. Les greffiers et commis greffiers des Cours et tribunaux sont tenus de résider dans la ville où siége la Cour ou le tribunal dont ils dépendent. Les greffiers des justices de paix doivent résider au chef-lieu du canton : Circ. 8 mars 1843, § 1er (Gillet, n. 2826).

3. Les greffiers des Cours, des tribunaux et des justices de paix sont soumis, quant aux congés, aux mêmes règles que les *magistrats* (V. ce mot) : Circ. 8 mars 1843, § 3 (Gillet, n° 2826).

4. Une circulaire du ministre de la justice, du 2 juill. 1864 (Rés. chr., p. 67), renferme, au sujet des difficultés qu'a soulevées l'interprétation de quelques-unes des dispositions du décret du 24 mai 1854, relatif aux émoluments des greffiers des tribunaux de 1re instance et des Cours d'appel, des instructions détaillées qu'il serait trop long de reproduire ici, et qui portent notamment sur le droit relatif aux actes, déclarations ou certificats faits ou transcrits au greffe, et qui ne donnent pas lieu à un émolument particulier ; — sur le droit d'état ; — sur le droit d'inscription au répertoire ; — sur le droit de bulletin de remise de cause. —V. aussi une autre circulaire du 8 août 1867 (Rés. chr., p. 101).

5. Les prestations de serment des agents des administrations générales (et spécialement des gardes-pêche) ne donnent lieu à aucune allocation en faveur des greffiers. Ces officiers publics ont seulement à percevoir au profit de l'Etat un droit de timbre et d'enregistrement pour la transcription, sur le registre à ce destiné, du procès-verbal de prestation de serment ; ce droit est déterminé, en ce qui concerne le timbre, par une décision du ministre des finances du 17 fév. 1831, et en ce qui concerne l'enregistrement, par l'art. 68, § 3, n. 3, de la loi du 22 frim. an VII. — Les greffiers ne peuvent réclamer le prix du timbre du registre dont il s'agit ; ce registre ne doit pas être sur papier timbré (L. 16 brum. an VII, art. 16) : Circ. 7 juill. 1864 (Rés. chr., p. 70).

6. Il est arrivé maintes fois que les greffiers, lorsqu'il leur était dû, soit par le ministère de la justice, soit par d'autres administrations, des sommes supérieures à 10 fr. pour la délivrance des extraits d'arrêts ou de jugements, scindaient leur créance et produisaient autant de mémoires partiels, pour éviter la formalité du timbre. Il importe d'empêcher cette pratique abusive, contre laquelle aucune règle positive ne peut malheureusement être invoquée : Circ. 20 sept. 1861 (Rés. chr., p. 39).

7. Les officiers du parquet doivent veiller à ce que les greffiers des tribunaux de 1re instance ne négligent point de tenir le registre prescrit par les art. 163 et 549, C. proc. civ., et destiné à recevoir la mention des oppositions ou appels formés par les avoués, et à ce qu'ils ne se contentent pas, comme l'ont fait plusieurs, de délivrer les certificats de non-opposition ni appel (164 et 548, même Code) sur de simples attestations : Circ. 10 avril 1861 (Rés. chr., p. 32).

8. Il est interdit aux greffiers et à leurs commis d'exiger ni de recevoir d'autres droits de greffe que ceux déterminés par les lois, ordonnances ou décrets, ni aucun droit de prompte expédition, à peine de 100 fr. d'amende et de destitution. — Et, s'ils contreviennent à cette défense, les tribunaux doivent en informer immédiatement les procureurs généraux; il en doit être fait pareillement rapport au ministre de la justice, et les contrevenants peuvent être, selon la gravité des circonstances, destitués de leur emploi, traduits devant la police correctionnelle pour être condamnés à l'amende, ou poursuivis extraordinairement en vertu de l'art. 174, C. pén., sans préjudice, dans tous les cas, de la restitution des sommes indûment perçues, et des dommages-intérêts, s'il y a lieu (L. 21 vent. an VII, art. 23; Ord. 9 oct. 1825, art. 5; Décr. 24 mai 1854, art. 12).

9. Les greffiers ne doivent avoir d'autres occupations que celles du greffe même; la correspondance et les autres travaux des parquets doivent rester complétement étrangers à leurs fonctions : Lett. minist. 27 vent. an V (Gillet, n. 191).

10. Les greffiers des tribunaux de commerce sont obligés, aussi bien que les greffiers des tribunaux civils, de tenir un registre destiné à recevoir mention des actes d'opposition ou d'appel. Cette mention ne pouvant, devant ces tribunaux, être faite par les avoués, comme le prescrivent les art. 163 et 548, C. proc. civ., doit émaner de ces parties elles-mêmes ou de leurs fondés de pouvoir : Cass., 13 janv. 1859 (J.M.p.2.44).

11. On sait que la loi du 2 mai 1861, qui attribue aux juges de paix ne siégeant pas au chef-lieu du ressort d'un tribunal de 1re instance, le pouvoir de légaliser les signatures des notaires et celles des officiers de l'état civil de leurs cantons respectifs, concurremment avec les présidents des tribunaux civils, prescrit à cet effet le dépôt des signatures des notaires et des officiers de l'état civil au greffe de la justice de paix où la légalisation peut être donnée. Les signature et paraphe de chaque notaire doivent être sur une feuille de papier timbré de 50 cent. (précédemment de 35 cent.), comme pour les dépôts effectués aux greffes des tribunaux de 1re instance en exécution de l'art. 49 de loi du 25 vent. an XI. Mais les signatures et paraphes des officiers de l'état civil peuvent être sur papier non timbré (art. 80 de la loi du 15 mai 1818). — Chaque feuille contenant les signature et paraphe d'un notaire ou d'un officier de l'état civil doit être déposée au greffe de la justice de paix respective du notaire ou de l'officier de l'état civil, et donner également lieu à un acte de dépôt séparé, lequel est exempt de tout droit d'enregistrement et de greffe.—Ces actes de dépôt doivent être portés sur un registre spécial ouvert au greffe de chaque justice de paix, registre sur papier non timbré, coté par le juge. — Le greffier ne peut réclamer aucune rétribution pour l'acte de dépôt (art. 11 décr. 16 fév. 1807). Il a droit à une rétribution de 25 cent. par chaque légalisation ; mais cette rétribution ne peut être exigée si l'acte, la copie ou l'extrait est dispensé du timbre. Les magistrats du parquet doivent tenir la main à l'exécution de ces prescriptions : Circ. 9 sept. 1861 (Rés. chr., p. 38).

12. Les greffiers ne peuvent être soumis à des poursuites disciplinaires ; ils sont, quant à la discipline, placés uniquement sous la surveillance du président de la Cour ou du tribunal, qui peut, soit les avertir ou les réprimander, soit les dénoncer, s'il y a lieu, au ministre de la justice (L. 20 avr. 1810, art. 62) : Décis. min. just. 7 août 1858 (Gillet, n. 3787).

13. C'est au président seul, et non au tribunal entier, qu'il appartient d'avertir ou de réprimander le greffier : Décis. min. just. 2 mars 1824 (Gillet, n. 1739). — Ce principe s'applique d'ailleurs aux greffiers des justices de paix comme au greffier du tribunal de 1re instance. Ce tribunal excéderait donc ses pouvoirs s'il prononçait une peine disciplinaire contre un greffier de justice de paix (par exemple, pour contravention à l'art. 28, C. proc. civ.): Décis. min. just. 3 avr. 1846 (Gillet, n. 3004).

14. Les greffiers des tribunaux sont membres de ces tribunaux dans le sens de l'art. 479, C. instr. crim., et ne peuvent, dès lors, être traduits, pour délits commis hors de leurs fonctions, que devant la chambre civile de la Cour d'appel : Montpellier, 21 nov. 1842 (S.-V.43.2.140).

14 bis. Néanmoins, les greffiers ne peuvent être considérés comme magistrats, et n'appartiennent, quoique faisant partie intégrante de tout tribunal, ni à l'ordre de la magistrature qui requiert, ni à l'ordre de la magistrature qui statue ; d'où il suit qu'ils ne peuvent jamais être admis à voter dans les assemblées générales des Cours ou tribunaux. Voy. J.M.p.7.223, 224.

15. D'après une décision du ministre de la justice du 30 déc. 1819 (Gillet, n. 1341), les commis greffiers assermentés étant institués avec l'agrément du tribunal, ne pourraient être révoqués par le greffier seul, et M. Massabiau, *Man. du minist. publ.*, t. 3, n. 3804, partage cette opinion ; mais une autre décision ministérielle du 22 mars 1833 (*Id.*, n. 2730) a adopté la solution contraire, en se fondant sur ce que les greffiers sont responsables des actes des commis greffiers. V. aussi en ce sens, Orléans, 4 janv. 1823 (S.-V.7.2.149); Trib. civ. de Rouen, 3 juill. 1839 (S.-V.40. 2.342); Agen, 13 déc. 1848 (S.-V.50.2.653); — Carré, *Organis. et compét.*, quest. 145; Bioche, *Dict. de proc.*, v^is *Discipline*, n. 165, et *Greffier*, n. 104; Dalloz, *Répert.*, v° *Greffe*, n. 201. — Toutefois, comme le font remarquer MM. Dalloz, il convient que le greffier n'emploie, autant que possible, la mesure de la révocation qu'avec l'agrément du tribunal, qui conserve le droit de ne pas agréer le nouveau commis que présenterait le greffier.

16. Il est un cas où la révocation du commis greffier émane d'une autorité autre que celle du greffier en chef; l'art. 26 du décret du 18 août 1810 le prévoit en ces termes : « Le président du tribunal et le procureur impérial pourront, s'il y a lieu, avertir ou réprimander les commis assermentés. — Après une seconde réprimande, le tribunal pourra, sur la réquisition du ministère public, et après avoir entendu le commis greffier inculpé, ou lui dûment appelé, ordonner qu'il cessera ses fonctions sur-le-champ; et le greffier sera tenu de le faire remplacer dans le délai qui aura été fixé par le tribunal. » — L'art. 58 du décret du 6 juill. 1810 consacre le même droit en faveur de la Cour d'appel, à l'égard des commis assermentés de son greffe, après une seule réprimande du premier président ou du procureur général.

17. Lorsque la révocation du commis greffier par le greffier seul a été approuvée par délibération du tribunal ou de la Cour, comme rentrant dans ses droits, le commis greffier révoqué ne peut se pourvoir par opposition ou appel contre cette délibération, sauf son recours devant l'autorité compétente : Rouen, 5 fév. 1840 (S.-V.40.2.342).

18. Les greffiers des justices de paix peuvent-ils avoir un commis greffier? La question est controversée. Une circulaire du 11 oct. 1825 (Gillet, n. 1876) proclame la négative, et reconnaît seulement aux greffiers des justices de paix la faculté de se faire suppléer en cas d'empêchement momentané. Conf. Massabiau, *Man. du minist. publ.*, t. 3, p. 434, 3e édit. Mais l'opinion contraire, qu'avait admise une circulaire antérieure, en date du 26 pluv. an xii (Gillet, n. 455), et qui s'appuie soit sur la prescription générale de l'art. 2, tit. 9, de la loi du 16 août 1790, soit sur la disposition spéciale de la loi du 28 flor. an x, a été consacrée par un arrêt de la Cour de cassation du 8 déc. 1846 (S.-V.48. 1.159), et est enseignée par divers auteurs. V. Carré, *Compét.*,

n. 143; Bioche, *Dict. de proc.*, v° *Greffier*, n° 101; Augier, *Encyclop. des jug. de paix*, v° *Commis greffier*, n. 4; Dalloz, *Répert.*, v° *Greffier*, n. 190. — C'est celle qui doit prévaloir, selon nous. Toutefois, en présence de la divergence des avis, il convient que la chancellerie soit consultée, par l'intermédiaire du procureur général, lorsqu'il paraît nécessaire d'adjoindre un commis greffier à un greffier de justice de paix.

— V. *Actes de l'état civil*, 20, 32; *Administration judiciaire*, 7; *Appel correctionnel*, 50 et s., 177; *Assistance judiciaire*, 5, 21; *Casiers judiciaires*, 3, 5, 14, 46 et s., 67, 73; *Chasse*, 112, 115; *Emprisonnement*, 7; *États et envois périodiques*, 9, 22; *Frais*, 4, 51; *Instruction criminelle*, 69, 74 et s., 81; *Marques de fabrique*, 2; *Office*, 2, 5, 14, 17; *Ordre*, 2; *Poste aux lettres*, 9; *Réhabilitation*, 9; *Serment*, 1 et 6; *Titres de valeurs industrielles*, 1; *Usure*, 17; *Vagabondage*, 7.

HAUTE COUR DE JUSTICE. — **1.** La Haute Cour de justice, dont on trouve l'origine dans les juridictions instituées par la loi du 10 mai 1791, par l'art. 265 de la Constitution du 5 fruct. an III, l'art. 73 de la Constitution du 22 frim. an VIII, le sénatus-consulte du 28 flor. an XII, l'art. 33 de la Charte de 1814, l'acte additionnel du 22 avr. 1815 et l'art. 28 de la Charte de 1830, a été établie sur les bases qu'on lui connaît aujourd'hui, d'abord par les art. 91 et suiv. de la Constitution du 4 nov. 1848, puis par l'art. 54 de la Constitution du 14 janv. 1852 et le sénatus-consulte du 10 juillet de la même année.

2. Elle est appelée à connaître : 1° des crimes, attentats ou complots contre le souverain et contre la sûreté intérieure ou extérieure de l'État (art. 54 de la Constitution du 14 janv. 1852 précité); — 2° des crimes et des délits commis par des princes de la famille du chef de l'État, par des ministres, par des grands officiers de la Couronne, par des grands-croix de la Légion d'honneur, par des ambassadeurs, par des sénateurs, par des conseillers d'État (art. 1er du sénatus-consulte du 4 juin 1858). — Toutefois, les personnes qui viennent d'être dénommées, si elles sont poursuivies pour les faits relatifs au service militaire, demeurent justiciables des juridictions militaires, conformément aux Codes de justice militaire pour les armées de terre et de mer.

3. Les sénatus-consultes des 10 juill. 1852 et 4 juin 1858 déterminent soit l'organisation de la Haute Cour de justice, soit la manière suivant laquelle sont poursuivies, instruites et jugées les affaires rentrant dans sa compétence.

4. Il importe de remarquer que la Haute Cour n'exerce sa juridiction qu'autant qu'elle a été saisie par un décret du chef de l'État (Constit. 14 janv. 1852, art. 54 ; Sénatus-cons. 10 juill. 1852, art. 5 et 10; Sénatus-cons. 4 juin 1858, art. 2). A défaut de ce décret, c'est la juridiction commune qui juge les crimes et délits qui auraient pu être déférés à la Haute Cour. Compar. Cass., 8 déc. 1820 (J.P.chr.). — V. aussi F. Hélie, *Instr. crim.*, t. 5, n. 2402 et 2403.

— V. *Action publique*, 5 ; *Compétence criminelle*, 3, 120 et 187.

HOMICIDE INVOLONTAIRE. — 1. Il a été jugé que le fait, par des individus à la charge desquels se trouvait une personne malade, d'avoir déposé celle-ci sur la voie publique, à la porte d'un hospice, pendant une soirée très-froide, sans rien faire pour s'assurer de son admission dans l'hospice, et d'avoir par cet abandon accéléré les progrès du mal, auquel cette personne a succombé dans la nuit même, constitue le délit d'homicide involontaire : Trib. corr. de Nantes, 19 fév. 1867 (J.M.p.10.95).

2. On a critiqué cette décision par les raisons que voici : « On ne saurait voir, a-t-on dit, le délit d'homicide par imprudence, qui présuppose toujours que la mort *a été produite* par le fait involontaire du prévenu, dans cette circonstance qu'un homme, déjà frappé à mort par le mal, a été délaissé sans soins. C'est une faute grave contre tous les sentiments les plus respectables de l'humanité, il faudra flétrir la sécheresse de cœur de celui qui abandonnera ainsi son semblable ; mais le jurisconsulte peut-il, avec l'art. 319, C. pén., dire qu'il y a homicide par imprudence, par cette seule raison que la négligence n'a fait qu'accélérer la mort ? Notre article exige comme *cause* de la mort l'imprudence, et non l'omission d'un devoir d'humanité, qui n'a pas *amené* cette mort, mais qui n'a fait qu'en hâter l'heure » (*Monit. des trib.*, 1867, p. 214).

3. Nous ne saurions nous associer à cette appréciation. — Le refus de soins à un malade, l'abandon surtout de celui-ci sur la voie publique pendant une soirée froide, de la part des personnes à la charge desquelles il se trouvait, constituent une négligence et une imprudence manifestes, quelle que fût la gravité du mal, parce qu'il est impossible d'assurer que des secours n'eussent pas prévenu les conséquences funestes de ce mal, et que la mort de la personne ainsi abandonnée n'a pas été le résultat du défaut de soins et de l'action du froid. Comment soutenir que le malade était déjà *frappé à mort* par le mal au moment de son abandon, lorsque rien ne constate d'ailleurs que son état fût alors désespéré ? — La Cour de cassation a elle-même envisagé les choses d'une façon bien différente, lorsqu'elle a vu un homicide involontaire dans le fait, par un aubergiste chez lequel a été reçue une personne atteinte d'un mal alarmant, d'avoir, aux demandes de secours que faisait pour elle la pitié des étrangers, opposé un refus qui a été suivi de la mort de cette personne : arrêt du 7 janv. 1859 (S.-V.59.1.274; D.p.59.1.46).

— V. *Chose jugée, Compétence criminelle.*

HOSPICE. — L'arrêté du 7 mess. an IX, qui, bien que disposant particulièrement en vue des contestations relatives à l'affectation des biens nationaux aux hospices, a été étendu à tous les litiges intéressant ceux-ci (V. Dalloz; *Répert.*, v° *Hospices*, n. 412; Ortolan et Ledeau, *Minist. publ.*, t. 2, p. 404), charge, par son art. 14, les officiers du ministère public de faire auprès des tribunaux toutes les réquisitions nécessaires pour que les actions qui y sont portées soient jugées sommairement et sans frais, et leur recommande de se conformer particulièrement aux dispositions de l'arrêté du 10 therm. an X, concernant la poursuite et la direction des actions judiciaires qui intéressent l'État.

HUIS CLOS. — **1.** La mesure de huis clos peut, comme mesure d'ordre, être requise par le ministère public; mais cette réquisition ne suffit pas pour que la mesure doive être exécutée. Il faut en matière criminelle, aux termes de l'art. 81 de la constitution du 4 nov. 1848, conforme en cela aux chartes de 1814 et de 1830, et maintenu par l'art. 56 de la constitution du 14 janv. 1852, et en matière civile, aux termes de l'art. 87, C. proc., qu'un jugement ait préalablement déclaré que la publicité serait dangereuse pour l'ordre et les mœurs. Cette nécessité va en quelque sorte de soi-même; le huis clos étant une exception à un principe fondamental de notre législation, celui de la publicité des débats et des jugements, les juges ne sauraient prescrire une mesure aussi exorbitante sans la justifier. V. en ce sens, Lett. minist. 19 juill. et 5 sept. 1814 (Gillet, n. 927 et 934); Cass., 28 avr. 1837 (S.-V.37.1.300), 16 mai 1839 (D.p.39.1.401); Colmar, 12 janv. 1858 (J.M.p.1.223).

2. Ce n'est pas à dire sans doute que les juges soient tenus de reproduire dans leur décision les termes mêmes de la disposition précitée, et qu'ils ne puissent la motiver à l'aide d'expressions équivalentes (V. en effet, Cass., 28 avr. 1837, précité; *Id.*, 3 juin 1852, D.p.52.5.460, et 30 juill. 1852, S.-V.53.1.63), et le vœu de la loi serait suffisamment rempli, si, le ministère public ayant fondé sa réquisition sur le danger que la publicité pourrait présenter, le jugement constatait cette réquisition et s'y référait (Colmar, 12 janv. 1858, précité). Mais bien évidemment une réquisition et un jugement dénués l'une et l'autre de motifs ne sauraient, quelle que fût leur corrélation, justifier la mesure de huis clos qu'ils auraient pour objet : Même arrêt.

5. D'après l'art. 87, C. proc. civ., le tribunal qui a ordonné le huis clos dans une affaire, est tenu de rendre compte de sa délibération au procureur général, et, si la cause est pendante dans une Cour d'appel, au ministre de la justice.

4. La mesure du huis clos peut être ordonnée par les tribunaux de police et les tribunaux correctionnels comme par la Cour d'assises (Cass., 9 juill. 1825, S.-V.8.1.150), par les tribunaux de commerce et les juges de paix comme par les tribunaux civils : Carré et Chauveau, *Lois de la proc. civ.*, n. 425; Locré, *Espr. du C. de comm.*, t. 7, p. 87.

5. Il est constant que le huis clos ne peut être ordonné que pour les débats, et non pour le jugement : Colmar, 12 janv. 1858 (J.M.p.1.223), et autres nombreux arrêts mentionnés dans le *Rép.* de Dalloz, vᵒ *Jugem.*, n. 816 et s.—Dès lors, le jugement se composant à la fois des motifs et du dispositif, il y a lieu de l'annuler lorsque ses motifs ont été lus à huis clos, et que son dispositif seul a été prononcé publiquement : Colmar, 12 janvier 1858, précité.

— V. *Chambre d'accusation*, 16.

HUISSIER. — **1.** Les registres des huissiers pour la transcription des protêts ne sont pas toujours tenus d'une manière régulière. Il en est qui contiennent un nombre excessif de lignes par page, d'autres où les écritures sont presque illisibles, d'autres enfin où les actes sont transcrits incomplètement. L'incorrection et l'illisibilité sont atteintes par l'art. 20 de la loi de finances du 2 juill. 1862 et punies d'une amende de 25 fr.—Quant au nombre excessif de lignes et de syllabes, il tombe sous l'application du règlement d'administration publique fait en exécution de la loi du 2 juill. 1862 et en date du 30 du même mois, qui détermine ce nombre pour les copies d'exploits. V. aussi Décr. 8 déc. 1862, art. 5. — Les huissiers doivent être avertis par le ministère public des conséquences qu'entraînerait pour eux l'oubli des règles ci-dessus : Circ. 19 fév. 1867 (Rés. chr., p. 98). V. aussi, Circ. 18 mars 1824 et 15 avr. 1840 (Gillet, n. 1743 et 2671).

2. Les règles concernant les poursuites disciplinaires qui peuvent être dirigées contre les huissiers sont établies par le décret du 30 mars 1808 (art. 102 à 104) et par le décret du 14 juin 1813 (art. 70 et s.).

3. Les tribunaux civils ont seuls compétence, à l'exclusion des juges de paix, pour prononcer des peines disciplinaires (par exemple, des amendes) contre les huissiers à raison d'infractions commises devant la justice de paix ou devant le tribunal de police : Cass., 18 janv. 1841 (S.-V.41.1.318); 16 janv.1844 (S.-V.44.1.354).

4. L'officier du parquet qui poursuit disciplinairement un huissier ne peut se borner à requérir d'une manière générale l'application des art. 102 et 103 du décret du 30 mars 1808, sans indiquer la nature et la durée de la peine : Décis. min. just. 27 juin 1856 (Gillet, n. 3661).

5. Le ministère public n'a pas qualité pour provoquer d'office contre un huissier la condamnation à l'amende pour excédant de nombre de lignes dans les copies de pièces signifiées. Ce n'est qu'à la requête de la régie de l'enregistrement, selon le mode établi pour les infractions aux lois sur le timbre, que peut être poursuivie cette contravention. Le ministère public n'est autorisé à requérir directement que la condamnation à l'amende pour illisibilité des copies : Douai, 26 mars 1835 (S.-V.35.2.430); Cass., 15 fév. 1841 (S.-V.41.1.420); — Nicias Gaillard, *des Copies de pièces*, p. 46 et s.

6. Il peut du reste poursuivre par voie d'action le fait de la part d'un huissier d'avoir signifié une copie illisible; son droit ne se borne pas à poursuivre ce fait par voie de réquisition, lorsque la copie illisible vient à être produite ou notifiée dans le cours d'une instance : Cass., 17 déc. 1828 (S.-V.9.1.202).

7. Les délibérations de la chambre syndicale qui prononcent des peines disciplinaires ne sont pas soumises par le décret du 30 mars 1808 à l'appréciation du ministre de la justice, qui, dès lors, ne peut aggraver les peines prononcées : Décis. min. just. 24 avr. 1852 (Gillet, n. 2403).

8. D'après un arrêt de la Cour de cassation du 28 mai 1869

(J.M.p.13.166) le droit conféré aux procureurs généraux par l'art. 33 du décret du 24 janv. 1813 d'ordonner, dans les affaires criminelles, le transport des huissiers hors de leur arrondissement pour y procéder à des actes de leur ministère, n'est pas soumis à la condition du mandement exprès exigé par l'art. 84 du décret du 18 juin 1811. — Dans nos observations sur cet arrêt nous avons combattu une telle doctrine comme entièrement contraire à l'interprétation rationnelle de l'art. 1er de la loi du 5 pluv. an XIII, de l'art. 84 du décret du 18 juin 1811 et de l'art. 33 du décret du 24 janv. 1813 combinés.

— V. *Actes judiciaires*, 2 ; *Assistance judiciaire*, 14, 28 ; *Attentat à la liberté*, 8 ; *Exploit* ; *Frais*, 26, 32, 33 ; *Gendarmerie*, 5 ; *Ministère public*, 43 ; *Office*, 2, 4, 5, 16, 21.

HYPOTHÈQUE. — Le mandat d'arrêt et l'ordonnance de prise de corps emportent au profit du Trésor, sur les immeubles du prévenu, une hypothèque dont il appartient au ministère public de requérir l'inscription, lorsque cette mesure lui paraît indispensable (L. 5 sept. 1807, art. 4; C. civ., 2098 et 2148) : Desplagnes, *Notes pratiques sur l'administr. des parquets*, p. 34.— Compar. aussi Circ. 9 août 1808 (Gillet, n. 623); — Mangin, *Instr. écr.*, t. 1, p. 253 et s. ; Duverger, *Man. des juges d'instr.*, t. 3, n. 428; Dalloz, *Répert.*, vº *Instr. crim.*, n. 625 et s.

— V. *Aliénés*, 18.

HYPOTHÈQUE LÉGALE. — **1**. En transformant en une obligation rigoureuse la simple faculté qu'avait auparavant le ministère public de faire inscrire l'hypothèque légale des incapables, l'art. 692, C. pr., modifié par la loi du 21 mai 1858, ne s'est nullement expliqué sur la sanction de ce grave devoir. Cependant cette sanction doit exister, car, sans elle, l'obligation perdrait son véritable caractère et dégénérerait encore en une recommandation purement facultative, impuissante à prévenir les inconvénients auxquels les auteurs de la loi nouvelle se sont proposé de remédier. Mais quelles sont la nature et l'étendue de la sanction dont il s'agit ? Il semble permis de soutenir qu'elle doit consister dans une responsabilité pécuniaire, et non point seulement dans le blâme que le chef du parquet de première instance peut encourir de la part de ses supérieurs hiérarchiques à raison de sa négligence. La crainte d'un tel blâme peut sans doute stimuler la vigilance de ce magistrat, mais elle n'engendre pas chez lui un intérêt assez direct pour que les parties que concerne la formalité dont il est chargé, y trouvent une garantie suffisante du fidèle accomplissement de sa mission. Le seul moyen d'assurer l'efficacité de la nouvelle prescription de la loi, c'est d'accorder à ces parties un recours qui les prémunisse contre les effets de la négligence ou de la complaisance du magistrat du parquet, et l'on est d'ailleurs fortifié dans la pensée que le législateur a eu en vue cette garantie matérielle, lorsqu'on lit dans l'exposé des motifs de la loi du 21 mai 1858, que les intérêts qu'on a voulu sauvegarder « sont couverts d'une protection bien autrement salutaire et plus appropriée au cas spécial qu'ils ne l'avaient été jusqu'alors », et dans le rapport de la commission, que la désignation des biens sur lesquels le magistrat du parquet doit requérir inscription, sera faite, « sous sa responsabilité », par le conservateur.

2. D'après cela, le défaut de réquisition d'inscription par le chef du parquet dans le cas de l'art. 692, C. pr., ou la nullité de l'inscription résultant des omissions ou des erreurs que renfermerait sa réquisition, le rendraient passible de dommages-intérêts. Il est du reste évident que c'est au profit des incapables qu'il représente qu'existerait cette responsabilité, et que la mesure de la réparation devrait être déterminée par le chiffre des sommes pour lesquelles ceux-ci auraient été colloqués sur le prix des immeubles soumis à leur hypothèque, si une inscription eût été régulièrement prise pour eux. Telle est l'opinion de MM. Ollivier et Mourlon, *Comment. de la loi du* 21 *mai* 1858, 2e part., n. 163 et suiv., qui font remarquer avec raison que, l'indemnité payée, le magistrat se trouverait subrogé contre le saisi aux droits des créanciers qu'il aurait désintéressés (C. civ., 1251, 3°).

3. Relativement à l'hypothèque légale des femmes mariées, l'obligation pour le ministère public de requérir inscription est absolue et engage directement sa responsabilité. Nous ne pouvons admettre, comme M. de Parieu a semblé le faire dans la discussion de la loi de 1858, et comme le font très-positivement MM. Grosse et Rameau, dans leur *Commentaire* de cette loi, t. 1, n. 59, que le ministère public est dispensé de requérir l'inscription de l'hypothèque de la femme toutes les fois qu'à ses yeux et d'après les renseignements pris par lui, cette hypothèque n'existe pas utilement *de fait*. Comment concilier cette interprétation avec les termes si impératifs de l'art. 692 ? D'ailleurs, elle aurait pour conséquence ou d'investir l'officier du parquet d'une appréciation arbitraire et conséquemment dangereuse, ou de l'exposer à des réclamations et à des procès dans lesquels la dignité de son ministère se trouverait jusqu'à un certain point compromise, et qui rendraient dans tous les cas sa responsabilité beaucoup plus délicate, tous résultats également inacceptables. V. dans le sens de notre opinion, Circ. min. just. 2 mai 1859 (J.M.p.2.140); — Ollivier et Mourlon, *loc. cit.*

4. En ce qui concerne l'hypothèque légale des mineurs et interdits, MM. Grosse et Rameau, n. 60, reconnaissent que l'art. 692 doit être rigoureusement appliqué, et, chose bizarre, MM. Ollivier et Mourlon, n. 155, font, au contraire, fléchir ici la rigueur de cet article. Suivant ces derniers auteurs, le ministère public, chargé seulement de suppléer le subrogé tuteur, quand celui-ci néglige d'agir (Arg., art. 2138, C. civ.), n'est tenu que subsidiairement de prendre inscription, de telle sorte que le mineur ou l'interdit dont l'hypothèque n'aura pas été inscrite ne pourra recourir contre le magistrat du parquet, qu'après avoir constaté, par des poursuites restées inutiles, l'insolvabilité de son subrogé tuteur. Cette fois-ci, l'erreur est, selon nous, du côté de MM. Ollivier et Mourlon. Ce qu'ils disent relativement au subrogé tuteur, on pourrait le dire à l'égard du tuteur et du mari : car ce n'est aussi qu'à défaut par ceux-ci de requérir l'inscription, que l'art. 2138, C. civ., confie ce soin à l'officier du ministère public. Cependant ils ne subordonnent point l'obligation et la responsabilité de ce magistrat à la négligence et à l'insolvabilité du tuteur ou du mari : pourquoi faire, en ce qui concerne le subrogé tuteur, une distinction que nul texte n'autorise ? Comment admettre surtout cette distinction en présence des expressions absolues dont se sont servis les rédacteurs de l'art. 692, et des explications dont cet article a été l'objet lors de la discussion de la loi ? Du reste, faire ici de l'obligation du ministère public une obligation purement subsidiaire, ce serait encore rendre sa responsabilité plus périlleuse, car il pourrait facilement arriver qu'il négligeât de prendre inscription précisément parce qu'il n'en serait chargé qu'en second ordre, et que, le subrogé tuteur se trouvant insolvable ou d'une solvabilité insuffisante, les conséquences du défaut d'inscription vinssent l'atteindre dans une trompeuse quiétude. Non, le ministère public ne peut se reposer sur le subrogé tuteur, pas plus que sur le tuteur ou le mari, du soin de requérir inscription. Il est, dans tous les cas, directement tenu de faire cette réquisition, à peine de dommages-intérêts, et son inaction ne saurait être justifiée qu'autant que l'hypothèque à la conservation de laquelle il est chargé de veiller se trouverait déjà inscrite ; et en-

core, dans ce cas, si la péremption était imminente, devrait-il opérer le renouvellement de l'inscription (Circ. du 2 mai 1859, *loc. cit.*).

5. Mais il ne suffit pas, évidemment, pour que le ministère public échappe à toute responsabilité, qu'il requière d'un façon quelconque l'inscription de l'hypothèque légale des incapables. Cette réquisition est soumise à des conditions qu'il est très-essentiel de préciser, puisque leur inobservation, pouvant entraîner la nullité de l'inscription, exposerait le magistrat du parquet à une action indemnitaire. La réquisition ne peut être sérieuse et utile qu'à la condition de mettre le conservateur à même d'opérer une inscription qui fasse connaître exactement le créancier à hypothèque légale, le débiteur, la nature des droits à conserver et le montant de leur valeur, s'il est déterminé, enfin les biens soumis à l'hypothèque. — Quant à la désignation des biens, nous reconnaissons que le ministère public n'a pas besoin de la faire dans sa réquisition, parce que le conservateur trouvera à cet égard les éléments les plus complets dans la transcription de la saisie. Mais n'est-il pas tenu de fournir au conservateur toutes les autres indications? et pour cela n'est-il pas nécessaire qu'il lui présente deux bordereaux semblables à ceux dont l'art. 2153, C. civ., trace les formes pour l'inscription des hypothèques légales? L'affirmative est certaine, selon nous. En chargeant le ministère public de faire inscrire les hypothèques légales existant, du chef du saisi, sur les immeubles dont se poursuit l'expropriation, le nouvel art. 692, C. pr., ne fait qu'ériger en obligation, dans un cas particulier, la recommandation que l'art. 2138, C. civ., fait d'une manière générale aux chefs des parquets des tribunaux dans l'arrondissement desquels sont domiciliés les maris et tuteurs, ou de ceux de la situation des biens. Il est dès lors naturel de penser qu'il a entendu se référer, pour la forme de la réquisition d'inscription, aux règles posées par le Code civil relativement au mode de l'inscription des hypothèques légales, c'est-à-dire aux prescriptions de l'art. 2153. — V. Conf. Circulaire précitée du 2 mai 1859.

6. Suivant MM. Ollivier et Mourlon, n. 171, lorsque la saisie est pratiquée par un créancier de l'un des précédents propriétaires contre un tiers acquéreur qui n'a ni délaissé ni purgé, c'est celui-ci qui est le *saisi*, et c'est seulement des hypothèques grevant de son chef les biens saisis, que le ministère public est tenu de requérir inscription. La circulaire du 2 mai 1859 dit, au contraire, avec raison, *loc. cit.*, que, dans ce cas, une double inscription doit être requise, parce que, d'un côté, le précédent propriétaire, personnellement tenu de la dette, contre lequel sont dirigés les actes d'exécution, est, dans le langage du droit, le véritable saisi, et que, d'autre part, le tiers acquéreur peut aussi être considéré comme tel, puisque c'est lui qui subit l'expropriation.

7. Nous terminerons par quelques observations de détail qui nous paraissent avoir aussi leur intérêt. — Le ministère public est mis en demeure de faire inscrire les hypothèques des incapables par la notification qui lui est faite de la sommation que prescrit l'art. 692. Il est donc de la plus haute importance que l'existence de cette notification soit établie d'une manière irrécusable. La circulaire du 2 mai 1859 y a pourvu en exigeant que l'original de l'exploit de notification soit revêtu d'un accusé de réception de la copie, signé du chef de parquet ou de son substitut. D'un autre côté, comme c'est la notification dont il s'agit qui doit fournir à l'officier du ministère public les éléments de l'inscription, il importe qu'elle présente de la manière la plus complète et la plus exacte les mentions nécessaires, et les erreurs qu'elle renfermerait ne pourraient engager la responsabilité de ce magistrat, à moins cependant qu'il ne lui eût été possible de les reconnaître en consultant le cahier des charges déposé au greffe. Le ministère public ne doit jamais négliger cette source de vérification, qui mettra le plus souvent sa responsabilité à couvert.

8. La jurisprudence et les auteurs s'accordent à reconnaître que le ministère public est partie principale et non pas seulement partie jointe dans l'instance en restriction de l'hypothèque légale de la femme mariée, et que, dès lors, il a qualité pour interjeter appel du jugement qui statue sur la demande en restriction (Cod. civ., 2144 et 2145). —V. Cass., 3 déc. 1844 (S.-V.45.1.14); Grenoble, 7 août 1849 (S.-V.50.2.398); Alger, 12 fév. 1868 (J.M.p.12. 159).—Schenk, *Min. publ.*, t. 1, p. 332; Carré, *Organis. et compét.*, t. 1, n. 245; Troplong, *Priv. et hyp.*, t. 2, n. 644; Pont, *Id.*, n. 565; Massabiau, *Man. du min. publ.*, t. 1, n. 902; Zachariæ et Massé et Vergé, t. 5, p. 206, note 18; Aubry et Rau, d'après Zachariæ, t. 2, p. 839; Debacq, *De l'action du Min. public en mat. civ.*, p. 286 et s.; Périer, *Du Min. publ. à l'aud. civ.*, n. 61. — Cette doctrine semble incontestable en présence des termes si formels de l'art. 2145, C. civ. V. cependant en sens contraire, Grenoble, 18 janv. 1833 (S.-V.33.2.457); Rouen, 16 août 1843 (S.-V.44.2.76).

IMPRIMERIE ET LIBRAIRIE. — Il résulte de l'art. 21 de la loi du 21 oct. 1814 et de l'art. 7 de l'ordonn. du 24 du même mois, que les contraventions en matière d'imprimerie et de librairie sont poursuivies d'office par le ministère public devant les tribunaux correctionnels, et il a été jugé que cette poursuite n'est nullement subordonnée à une dénonciation préalable du directeur général de la librairie ou de tout autre fonctionnaire chargé des mêmes attributions : Cass., 2 nov. 1820; 24 mai 1821; 31 juill. 1823; 29 mars 1827 (S.-V. chr.) et 17 mai 1828 (Bull., p. 374). — Conf., F. Hélie, *Instr. crim.*, t. 2, n. 744.

— V. *Action publique*, 62.

INCENDIE. — **1**. La Cour de Limoges a décidé, par arrêt du 16 fév. 1861 (J.M.p.4.109), que, dans une accusation d'incendie d'une maison habitée, la circonstance d'habitation est constitutive du crime au cas où la maison appartenait à l'accusé, et seulement aggravante, au cas où la maison appartenait à autrui, et qu'il en est ainsi, dans le premier cas, alors même que, la maison étant assurée, l'incendie a causé un préjudice à autrui, parce que cette circonstance n'est point elle-même un élément constitutif du fait principal, mais doit faire l'objet d'un chef distinct d'accusation; — que, par suite, est irrégulière et nulle l'ordonnance de prévention qui comprend dans une seule et même qualification le fait, par le prévenu, d'avoir mis le feu à une maison habitée lui appartenant, et celui d'avoir, en mettant le feu à cette maison, communiqué l'incendie à une maison contiguë appartenant à autrui et également habitée, sans relever d'ailleurs la circonstance que, par l'incendie de la maison appartenant au prévenu, qui était assurée, un préjudice a été causé à autrui.

2. Il y a, selon nous, dans ces solutions, une inexactitude qu'il importe d'autant plus de faire ressortir que les questions qu'elles tranchent sont d'une extrême importance au point de vue, soit de la mise en prévention, soit des questions à poser au jury. — L'art. 434, C. pén., ne punit l'incendie qu'autant qu'il met en danger la vie des hommes, ou qu'il leur cause un préjudice quelconque. De là il résulte bien qu'en l'absence de préjudice, ou dans le doute sur le point de savoir s'il en a été causé un, la circonstance que la maison incendiée et appartenant à l'auteur de l'incendie était habitée ou servait à l'habitation, est essentiellement constitutive du crime, et non point seulement aggravante, et que, par suite, elle doit être réunie au fait principal, tant dans l'ordonnance de prévention et l'arrêt de renvoi, que dans la question à poser au jury sur ce fait. La jurisprudence est bien con-

stante à cet égard. V. Cass., 24 avr. 1845, 14 janv. et 3 juin 1847,
3 fév. 1848, 13 sept. 1850, 28 mai et 23 sept. 1852, 3 déc. 1852
et 12 août 1858 (D.p.45.4.127; S.-V.47.1.392; 48.1.592 et 668;
D.p.50.5.119; 52.5.173; S.-V.53.1.451; D.p.58.5.114).

3. Mais lorsque le feu a été mis avec les deux circonstances
que la maison était habitée, et qu'elle appartenait à autrui, cette
dernière circonstance suffit pour constituer le crime, et la première, qui a seulement pour effet d'en élever la pénalité, n'a plus
que le caractère d'une circonstance aggravante, qui doit être dé-
tachée du fait principal pour la qualification de la prévention, et
sur laquelle le jury doit être interrogé séparément. Une jurisprudence unanime s'est aussi établie en ce sens. V. Cass., 18 août
1842, 9 mai 1844, 11 avr. 1845, 3 juin et 17 sept. 1847, 13 janv.
et 2 juin 1848, 7 juill., 16 et 23 août 1849, 7 mars et 6 juin 1850
et 13 janv. 1859 (D.p.43.4.135; 44.4.120; 45.4.127; S.-V.48.1.
668; D.p.47.4.142; 48.5.88; 49.5.93 et 94; 50.5.120; 59.5.221).

4. Ces principes sont admis par l'arrêt de la Cour de Limoges
mentionné plus haut, n. 1; mais nous croyons qu'il en fait une
application erronée. Cet arrêt, qui statue en vue de l'hypothèse où
la maison incendiée, appartenant au prévenu et habitée, était
assurée, en sorte que l'incendie avait eu pour effet de causer un
préjudice à autrui, voit dans cette circonstance, non pas un élément constitutif du crime, mais un fait distinct devant nécessairement former un chef particulier de prévention, tandis qu'il
considère la circonstance d'habitation comme essentiellement
constitutive, et comme devant, par suite, être réunie au fait principal. Or, cette appréciation nous semble manquer de justesse.
On doit, à notre sens, appliquer, par identité de raison, à la circonstance de préjudice pour autrui, ce que l'on décide à l'égard
de la circonstance de propriété d'autrui. La première de ces circonstances, suffisant, comme la seconde, pour rendre l'incendie
punissable, constitue en réalité le crime, auquel la circonstance
d'habitation ne fait qu'apporter une aggravation de pénalité.—La
Cour suprême s'est du reste prononcée en ce sens par arrêt du 27
août 1847 (D.p.47.4.142), dans le cas précisément d'assurance
d'une maison incendiée par celui à qui elle appartenait, et une opinion conforme est exprimée par M. F. Hélie, *Instr. crim.*, t. 8,
n. 3689.

5. On peut, il est vrai, invoquer en sens contraire un arrêt de
la Cour de Nancy du 2 juin 1855 (S.-V.55.2.558), suivant lequel la
circonstance d'habitation ne saurait être ajoutée comme aggra-

vante au fait d'incendie d'une maison appartenant à l'incendiaire, mais assurée, parce que, une fois admise par le jury, au lieu d'aggraver le fait principal, dont elle est légalement exclusive, elle l'anéantirait complétement. Mais cette décision n'est nullement juridique à nos yeux. Sans doute, la circonstance d'habitation absorbe celle de préjudice quant à la pénalité ; mais nous ne voyons point que ce soit une raison pour qu'elle doive être considérée comme constitutive du crime plutôt que la circonstance de préjudice, qu'en réalité elle n'exclut pas, et il nous semble plus logique, en principe, d'en faire seulement une circonstance aggravante de l'incendie, auquel le fait de l'assurance donne par lui seul le caractère de crime. N'est-ce pas là, d'ailleurs, comme nous l'avons rappelé plus haut, le rôle que joue cette circonstance dans l'hypothèse analogue d'incendie d'une maison appartenant à autrui ?

6. Toutefois, nous reconnaissons que, si la circonstance d'habitation n'est pas ici nécessairement constitutive du crime, il n'y aurait du moins aucune irrégularité à la considérer comme telle, et à la joindre par suite au fait principal, sauf à faire de la circonstance d'assurance la matière d'un chef de prévention subsidiaire. Cette marche, que l'arrêt précité de la Cour de Nancy a seulement le tort de présenter comme l'unique voie légale, a reçu la consécration de la jurisprudence de la Cour suprême (V. Cass., 13 sept. 1850 et 29 sept. 1854, D.p.50.5.120, et 54.5.429), et est approuvée par M. F. Hélie, *loc. cit.* — Ajoutons qu'il n'est, dans tous les cas, point nécessaire d'énoncer que l'accusé, en mettant le feu à une maison lui appartenant, mais assurée, *a causé un préjudice à autrui ;* la circonstance d'assurance implique suffisamment celle de préjudice : Cass., 23 avr. 1829 (S.-V.9.1.277) ; — F. Hélie, *ut suprà.*

7. De tout ce qui précède il résulte que dans l'hypothèse pour laquelle a statué l'arrêt de la Cour de Limoges analysé ci-dessus, l'ordonnance de prévention devait réunir, sous un même chef, le fait principal d'incendie d'une maison appartenant au prévenu, et la circonstance que cette maison était assurée, en relevant séparément la circonstance aggravante d'habitation, ou bien joindre la circonstance d'habitation au fait principal, en exprimant comme qualification subsidiaire la circonstance d'assurance ; et qu'elle a été à tort déclarée irrégulière par la Cour de Limoges à raison, soit de ce qu'elle aurait considéré comme aggravante, et non comme constitutive, la circonstance d'habitation, dans le cas où la maison incendiée appartient au prévenu, mais est assurée, soit de ce qu'elle n'aurait pas exprimé l'existence du préjudice causé à autrui par l'incendie d'une maison assurée.

8. Le même arrêt de la Cour de Limoges a jugé encore qu'on doit considérer comme maison habitée ou servant à l'habitation, dans le sens du 1er § de l'art. 434, C. pén., une maison habitée par l'auteur seul de l'incendie ou servant d'habitation à lui seul. On peut contester toutefois que ce soit bien là la circonstance d'habitation qu'a eue en vue l'art. 434, C. pén. Cet article, en appliquant la peine capitale au fait d'avoir mis le feu à un édifice habité ou servant à l'habitation, n'a-t-il pas eu pour but de protéger la vie d'autrui, plutôt que de punir l'incendiaire du danger auquel il s'est exposé lui-même ? L'affirmative ne nous semble guère douteuse, et elle a été, du reste, admise par un arrêt de la Cour de Bourges du 31 déc. 1853 (S.-V.55.2.760). — De là il suit que, dans l'espèce de l'arrêt précité, les seuls chefs de prévention à relever, en dehors de la complicité, étaient, en premier lieu, celui d'avoir, par l'incendie d'une maison appartenant aux prévenus, mais assurée, causé un préjudice à autrui (art. 454, C. pén., § 4), et, en second lieu, celui d'avoir communiqué cet incendie à une maison appartenant à autrui (même article, §§ 7 et 3 combinés).

9. Au cas d'incendie d'un bâtiment d'autrui non habité, mais assuré, commis à la suite d'instructions données par le propriétaire de ce bâtiment, et conséquemment de complicité avec lui, est-ce dans le § 3 de l'art. 434, C. pén., punissant de la peine des travaux forcés à perpétuité le crime d'incendie des édifices d'autrui non habités, ou dans le § 4 du même article, punissant des travaux forcés à temps seulement le fait d'avoir, en mettant le feu à des édifices qui appartiennent à l'auteur de ce fait, causé volontairement un préjudice à autrui, que doit être puisée l'incrimination tant contre l'auteur principal que contre le complice ? L'incrimination doit être déterminée d'après le caractère que le fait présente à l'égard de l'auteur principal ; et la nature particulière qu'il peut avoir à l'égard du complice ne saurait exercer aucune influence sur sa qualification. Le complice, en effet, est uniquement puni à raison de sa participation à un fait criminel commis par un tiers ; son sort doit donc être subordonné à celui de cet agent principal, et non le dominer. De même que les causes aggravantes ne peuvent remonter du complice à l'auteur principal (V. sur ce point constant les autorités citées par Dalloz, *Répert.*, v° *Com-*

plice, n. 25), de même, et par une juste réciprocité, les causes atténuantes qui tiennent à la position particulière du complice ne peuvent profiter à l'auteur principal : comment, d'ailleurs, ce dernier serait-il admis à invoquer ces causes d'atténuation, lorsque le complice lui-même ne peut bénéficier de celles qui existent en faveur de l'auteur principal (V. *Complicité*, n. 10) ?

10. Ainsi, dans l'hypothèse posée ci-dessus, le fait consistant, de la part de l'auteur principal, dans l'incendie d'un bâtiment d'autrui non habité, c'est le § 3 de l'art. 334, C. pén., par lequel ce crime est prévu, qui doit fournir le titre de l'incrimination. La circonstance que le bâtiment appartenait à celui qui s'est rendu complice de l'incendie par instructions données, et qu'il était assuré, ne saurait être prise en aucune considération par rapport à l'auteur principal, dont elle ne modifie en rien la culpabilité. Ce n'est là, à son égard, qu'une circonstance surérogatoire qui s'absorbe dans ce fait dominant, qu'il a volontairement mis le feu au bâtiment d'autrui non habité. Que le complice, lui, puisse invoquer la circonstance dont il s'agit comme une cause d'atténuation en sa faveur, c'est-à-dire comme lui rendant applicable la disposition du § 4 de l'art. 434, C. pén., moins rigoureuse que celle du § 3, cela semble juste ; car la complicité ne peut entraîner contre lui une peine plus forte que ne l'eût fait la consommation directe du crime. Mais, encore une fois, cette condition particulière du complice ne saurait réfléchir sur la situation de l'auteur principal. Compar. analog. Cass., 25 mars 1845 (S.-V.45.1.290).

INFANTICIDE. — 1. C'est un point de jurisprudence bien établi que le meurtre d'un enfant n'a le caractère de l'infanticide, qu'autant que la vie de l'enfant n'est pas entourée des garanties communes et que le crime peut effacer jusqu'aux traces de sa naissance, c'est-à-dire qu'autant que l'homicide volontaire de l'enfant a eu lieu dans un temps très-rapproché de celui où il est né. V. Liége, 20 juin 1822 (S.-V.7.2.89); Cass., 31 déc. 1835 (S.-V.36.1.25) et 14 avr. 1837 (S.-V.37.1.358); Angers, 22 juill. 1847 (D.p.47.4.297); Montpellier, 14 fév. 1860 (J.M.p.3.57); Bourges, 26 avr. 1865 (*Id*.9.206). — Mais quel intervalle doit s'écouler entre la naissance de l'enfant et l'homicide commis sur lui, pour que ce crime perde le caractère d'infanticide et ne constitue plus qu'un simple meurtre ? Sur ce point, le silence de la loi a donné lieu aux interprétations les plus diverses.

2. Tout le monde paraît bien reconnaître qu'il ne peut plus y avoir infanticide lorsque l'enfant a été inscrit sur les registres de l'état civil, parce que, dès ce moment, la protection de la loi l'environne, etson existence se trouve constatée d'une manière certaine. V. notamment les arrêts de Liége, Angers, Montpellier et Bourges précités, ainsi que Hélie et Chauveau, *Théor. C. pén.*, t. 3, n. 1073; Dalloz, *Répert.*, vᵒ *Crimes et délits contre les personnes*, n. 88 et 89. — Mais si l'enfant n'a pas encore été inscrit sur les registres de l'état civil, à quel moment cessera-t-il d'être considéré comme un enfant nouveau-né, dans le sens de l'art. 300, C. pén. ? Là est la difficulté.

5. Quelques médecins-légistes, cherchant une solution dans les faits naturels, ont assigné à la période pendant laquelle l'enfant doit être réputé nouveau-né, au point de vue de la qualification de l'homicide volontairement commis sur lui, une durée de quatre à huit jours (Ollivier d'Angers, *Ann. d'hygiène et de médec. lég.*, t. 16, 2ᵉ part., et Marc, *Dict. de médec.*, vᵒ *Infanticide*). Des criminalistes enseignent, l'un (Rauter, *Dr. crim.*, t. 2, n. 448), que cette durée n'est que de vingt-quatre heures; un autre (Crémieux, *Journ. de dr. crim.*, t. 9, p. 12), qu'elle doit être portée à cinq jours; d'autres encore (Hélie et Chauveau et Dalloz, *ut suprà*), que l'enfant ne peut plus être regardé comme nouveau-né après l'expiration du délai de trois jours prescrit par l'art. 55, C. civ., pour son inscription sur les registres de l'état civil. D'un autre côté, les arrêts mentionnés plus haut de la Cour de cassation semblent adopter pour limite le moment où la naissance de l'enfant est devenue *notoire*. On lit, en effet, dans celui du 24 déc. 1835, que les dispositions de l'art. 300, C. pén., « ne peuvent être étendues au meurtre d'un enfant qui a déjà atteint l'âge de 31 jours, et dont, par conséquent, la naissance, si elle n'a été légalement constatée, n'a pu, du moins le plus souvent, *rester entièrement inconnue* », et dans celui du 14 avr. 1837, « que ce serait étendre au delà de ses termes, comme de son esprit, la disposition de l'art. 300, que de l'appliquer aux enfants dont la naissance *est devenue notoire*, lorsque l'accouchement n'a pas été clandestin, et a eu lieu, comme dans l'espèce, au domicile de personnes connues qui leur ont donné leurs soins et ont contribué à leur nourriture pendant un espace de huit jours ».—Enfin, dans son *Traité de médecine légale*, t. 1, p. 523 (2ᵉ édit.), M. Devergie exprime l'opinion qu'aucune limite ne peut être posée *à priori* en cette matière, et que la difficulté doit être résolue d'après les circonstances particulières qui peuvent se présenter. V. aussi Lucas-

Championnière, *Journ. de médec. et de chirurg.*, t. 8, p. 65 ; Chaudé et Briant, *Man. de médec. lég.*, p. 196. C'est, selon nous, cette dernière conclusion qu'il faut adopter, en la combinant avec la doctrine de la Cour de cassation qui, ainsi que nous venons de le montrer, considère la notoriété de la naissance de l'enfant comme exclusive de l'idée d'infanticide.

4. Dès lors, nous n'irions pas jusqu'à décider, comme l'a fait l'arrêt susrappelé de la Cour de Bourges, que l'homicide volontaire d'un enfant âgé d'un jour et demi et déjà inscrit sur les registres de l'état civil n'a pas le caractère d'un infanticide, mais d'un simple meurtre, ou, s'il y a eu préméditation, d'un assassinat.

— V. *Chose jugée*, 33 et s.; *Instruction criminelle*, 52.

INJURES. — **1**. On s'accorde unanimement à reconnaître en jurisprudence et en doctrine que les agents de police doivent être considérés comme des *agents de l'autorité publique* lorsqu'ils exercent la surveillance qui leur a été confiée par l'autorité municipale, et qu'en pareil cas les injures qui leur sont adressées sont punissables des peines édictées par l'art. 19 de la loi du 17 mai 1819; mais qu'ils doivent être considérés comme *agents de la force publique* quand ils agissent en exécution de l'art. 77 du décret du 18 juin 1811 sur l'administration de la justice criminelle, et qu'alors les outrages dirigés contre eux tombent sous l'application de l'art. 224, C. pén. V. Cass., 28 août 1829 (D.r.29.1.350); 16 juin 1832 (S.-V.32.1.855); 9 mars 1833 (S.-V.33.1.608); 27 mai 1837 (S.-V.37.1.627); 17 déc. 1841 (S.-V.42.1.133) et 5 avr. 1860 (J.M.p.3.163); Pau, 31 juillet 1857 (S.-V.58.2.113); Nancy, 15 mai 1860 (J.M.p.4.96); — Mangin, *Procès-verbaux*, n. 76; Parant, *Lois de la presse*, p. 92; de Grattier, *Commentaire des lois de la presse*, t. 1, p. 207; Chassan, *Délits de la parole et de la presse*, t. 1, p. 441; Laferrière, *Droit admin.*, t. 1, p. 452; Dalloz, *Rép.*, v[is] *Fonctionnaire public*, n. 59, et *Presse-outrage*, n. 904-7°.

2. Du reste, la qualité d'agent de l'autorité publique dont sont revêtus les agents de police, est indépendante de toute prestation de serment de leur part, et l'omission du serment, en le supposant nécessaire, n'empêchant pas que le respect ne soit dû à la fonction, n'a point pour effet de soustraire à l'application de l'art. 19 de la loi du 17 mai 1819 les injures adressées à ces agents à l'occasion de l'exercice de la police municipale. V. en ce sens, Cass., 9 mars 1833, précité; 26 juin 1851 (S.-V.51.1.549); 5 janv.

1856 (S.-V.56.1.471) et 5 avr. 1860, aussi précité; Nancy, 15 mai 1860, également susrappelé.

3. Les gardes champêtres ne peuvent être considérés comme fonctionnaires publics, mais comme simples agents de l'autorité, lorsqu'ils agissent à l'occasion de délits commis hors du territoire pour lequel'ils sont assermentés, ou en dehors des fonctions qui leur sont conférées par la loi des 28 sept.-6 oct. 1791, pour la conservation des propriétés rurales et forestières. — Dès lors, les injures qui leur sont, en pareil cas, adressées publiquement tombent, non sous l'application de l'art. 6 de la loi du 25 mars 1822, mais sous celle de l'art. 224, C. pén., si elles sont proférées contre eux dans l'exercice même de leurs fonctions, et sous celle de l'art. 19 de la loi du 17 mai 1819, si elles le sont seulement à l'occasion de cet exercice : Trib. corr. de Rouen, 7 mars 1866 (J.M.p.9.208). — Cette interprétation rentre dans une jurisprudence constante. — V. *Outrage*.

4. Il faut remarquer, au surplus, que les injures envers les dépositaires de l'autorité publique, à l'occasion de l'exercice de leurs fonctions, tombent sous l'application de l'art. 19, § 1er, de la loi du 17 mai 1819, et ont dès lors le caractère de délits de la compétence des tribunaux correctionnels, alors même qu'elles ne renferment pas l'imputation d'un vice déterminé, et qu'elles ne sont pas publiques, l'art. 20 de la loi précitée, qui réduit aux peines de simple police la répression des injures dépourvues de l'une ou l'autre de ces conditions, ne s'appliquant qu'aux injures envers les particuliers : Cass., 5 avr. 1860, mentionné ci-dessus; Caen, 29 août 1861 (J.M.p.5.208); — Chassan, t. 1, p. 382, note 4; de Grattier, t. 1, p. 139; Dalloz, v° *Presse-outrage*, n. 939.—*Contrà*, Cass., 4 août 1832 (S.-V.33.1.872); — Parant, p. 96; Hélie et Chauveau, t. 6, n. 250.6.

5. D'après les art. 1 et 14 de la loi du 17 mai 1819, qui s'est approprié à cet égard les expressions de l'art. 307, C. pén., aujourd'hui abrogé, l'injure verbale ne revêt le caractère aggravant de la publicité que lorsqu'elle a été commise dans des lieux ou réunions publics, et il est généralement reconnu que des lieux peuvent être publics par une affectation accidentelle aussi bien que par leur nature ou par leur destination. Mais c'est un point controversé que celui de savoir si la publicité de l'injure existe, alors même qu'il n'y aurait eu dans le lieu public où elle a été proférée, ni passants ni assistants, ou s'il faut, au contraire, qu'un certain

42

nombre de personnes se soient trouvées dans ce lieu, et quel nombre.

6. D'un côté, il a été jugé, sous l'empire de l'art. 307, C. pén., précité, que le délit est déterminé par la nature seule du lieu où l'imputation a été proférée, indépendamment de la présence d'un plus ou moins grand nombre de personnes (Cass., 2 juill. 1812, S.-V.4.1.143; 26 mars 1813, S.-V.4.1.311), et, par application de la loi du 17 mai 1819 : 1º que les propos tenus dans un lieu public constituent la diffamation ou l'injure prévue par cette loi, sans égard au nombre de personnes que ce lieu contient ou peut contenir (Angers, 4 janv. 1824, S.-V.7.2.285); — 2º que des injures proférées sur un chemin public ont le caractère d'injures publiques, bien que personne ne se trouvât sur ce chemin, si elles ont été entendues alentour (Bordeaux, 30 déc. 1847, D.P.47.4. 387). — D'autre part, il a été décidé, par application encore des dispositions de la loi de 1819 : 1º que l'étude d'un notaire ne doit être considérée comme un lieu public que lorsque le public y est appelé, par exemple, en cas d'adjudication; mais qu'il en est autrement lorsqu'il n'y a dans l'étude que le *notaire, son clerc, celui qui vient entretenir le notaire et une tierce personne* (Bourges, 22 juill. 1836, Dall., *loc. cit.*, n. 862); 2º que les boutiques ou magasins, même dans les heures où ils sont accessibles aux acheteurs, ne perdent pas leur qualité de lieux privés, sauf dans certains cas exceptionnels, tels que celui d'une vente à l'encan, d'une exposition annoncée au public, et que la présence de *quelques acheteurs seulement* ne suffit pas pour que les injures qui y ont été proférées doivent être considérées comme publiques (Caen, 8 janv. 1849, D.P.51.2.117).

7. Les auteurs ne sont pas moins divergents sur la question. Ainsi, tandis que MM. Parant, p. 70, et de Gratier, t. 1, p. 121 et 122, font dépendre la publicité des injures de la circonstance qu'elles ont été proférées dans un lieu public en présence d'un nombre quelconque de personnes, fût-ce d'une seule, et que MM. Dalloz, *ut suprà*, n. 535, 862 et suiv., pensent qu'il est dans tous les cas nécessaire que les injures aient été proférées en présence de plusieurs auditeurs, pour constituer la circonstance de la publicité, M. Chassan, t. 1, p. 48, texte, n. 83, et note 2, exprime, avec plus de raison, selon nous, une opinion conforme à la solution consacrée par l'arrêt de la Cour de Bordeaux du 30 déc. 1847, cité plus haut.

8. Il est généralement admis que la disposition de l'art. 5 de la loi du 26 mai 1819 qui subordonne à la plainte de la partie lésée la poursuite pour diffamation ou injures contre les particuliers, est générale et absolue, et s'applique, dès lors, même aux injures non publiques. V. en ce sens, Cass., 17 fév. 1832 (D.p.32. 1.225) et 22 avr. 1864 (J.M.p.7.228); — Mangin, *Act. publ.*, n. 152; de Grattier, t. 1, p. 348, n. 15; Chassan, t. 2, n. 1135; Grellet-Dumazeau, *Diffamation*, t. 2, p. 162 et s.; Dalloz, vᵒ *Presse-outrage*, n. 1067. — On invoque à l'appui de cette opinion le passage suivant du discours prononcé par le garde des sceaux en présentant la loi du 26 mai 1819, passage où sont exprimés des motifs qui s'appliquent à l'injure considérée d'une manière générale, et tendent à démontrer que le législateur n'a pas entendu distinguer, relativement à la nécessité d'une plainte préalable, entre les injures publiques ou renfermant l'imputation d'un vice déterminé, et les injures verbales ou simples. — « Le ministère public, disait le garde des sceaux, ne peut être autorisé à poursuivre la réparation de l'injure faite à un fonctionnaire, à un particulier, qu'autant que l'un ou l'autre porte plainte. Nul, sans son consentement, ne doit être engagé dans des débats où la justice même et le triomphe ne sont pas exempts d'inconvénients; et si le maintien de la paix publique semble demander qu'aucun délit ne reste impuni, cette même paix gagne aussi à ce qu'on laisse se guérir d'elles-mêmes des blessures qui s'enveniment dès qu'on les touche » (*Moniteur*, séance du 22 mars 1819). — V. toutefois, en sens contraire, un autre arrêt de la chambre criminelle du 19 sept. 1856 (S.-V.56.1.925).

9. Il a été jugé, par une exacte application de l'art. 77 du décret du 18 juin 1811, que lorsque des injures sont adressées à des agents de police dans l'exercice de leurs fonctions d'agents de la force publique, ils ont le droit d'arrêter le délinquant et de le conduire soit devant le commissaire de police, soit au parquet, et même, si l'heure est avancée, de le déposer dans la chambre de sûreté de la ville, sauf à en référer immédiatement à leur chef : Bourges, 25 mai 1860 (J.M.p.3.163).

— V. *Compét. crim.*, 108; *Diffamation; Outrage; Presse*, 12.

INSTRUCTION CRIMINELLE.

SOMMAIRE ALPHABÉTIQUE.

Action civile, 48.
— publique, 48.
Appel, 53.
Attentat aux mœurs, 30.
Avertissement, 18, 19.
Avoué, 62.
Cédule, 24, 25.
Charges nouvelles, 22.
Chasse, 29.
Circonstances du délit, 28.
Citation directe, 18 et s.
Communication de pièces, 57 et s.
Comparution volontaire, 46.
Compétence, 3 et s.
Conclusions, 32, 33.
— additionnelles, 73.
— reconventionnelles, 70.
Connexité, 50 et s.
Copie de pièces, 57 et s.
Cour d'assises, 16, 52, 58, 65.
Date de la citation, 26.
— du délit, 27.
Défense, 28, 29, 37 et s., 50, 53, 65, 66.
Délai, 30, 41, 42.
Dessaisissement, 20.
Détenu, 4.
Disjonction de procédures, 54.
Domicile inconnu, 8 et s., 34 et s.
Énonciation des faits, 28, 30.
Erreur de noms, 38 et s.
Exception, 63.
Expulsion de l'audience, 69.
Faits nouveaux, 30, 31.
Greffier, 69, 74 et s., 80.
Infanticide, 52.
Instruction préalable, 2 et s.
Interrogatoire, 65, 66.
Jonction des procédures, 50 et s.
Juge d'instruction, 22.

Jugement par défaut, 26, 39, 44.
Lieu de l'habitation, 3.
— du crime, 5 et s.
Litispendance, 20.
Mandat d'amener, 8 et s.
— d'arrêt, 13.
Mandataire, 64.
Mémoire ampliatif, 73.
Mineur, 71, 72.
Ministère public, 44, 73, 78, 80.
Mise en cause, 71, 72.
Mise en délibéré, 78, 79.
Notes d'audience, 69, 74 et s., 80.
Notes ou extraits, 60.
Notification, 8 et s., 34 et s.
— extrajudiciaire, 42, 43.
Nuit, 29.
Nullité de la citation, 44.
Option, 21.
Partie civile, 48, 77.
Peine, 33.
Pièces à conviction, 17 *bis*.
Prescription, 27.
Procédure d'audience, 50 et s.
Procès-verbaux, 67 et s.
Qualification des faits, 28.
Qualités de jugement, 75, 76.
Réassignation, 42, 79.
Reconvention, 70.
Remise de cause, 42.
Renseignements, 44 et s.
Saisie, 17 *bis*.
Serment, 74 et s.
Témoins, 63, 67, 74 et s.
Tribunal correctionnel, 20 et s., 47 et s., 59, 60, 62 et s.
Tribunal de police, 18 et s., 46, 61, 65, 80.
Tuteur, 71, 72.

1. Le cadre restreint de cet ouvrage ne nous permet d'exposer ici que quelques-unes des règles les plus pratiques de la vaste matière de la procédure criminelle. Nous dirons d'abord quelques mots de l'instruction préalable; nous nous occuperons ensuite des poursuites sur citation directe, ainsi que de la procédure de la comparution volontaire, et nous terminerons par un aperçu de la procédure d'audience, spécialement devant les tribunaux correctionnels.

§ 1er. — Instruction préalable.

2. Nous ne rechercherons pas si l'instruction préalable a toute l'utilité qu'on lui a supposée jusqu'ici, ni dans quelle mesure ses rigueurs pourraient être atténuées. Cette étude, qui préoccupe justement les esprits élevés et qui fait particulièrement l'objet des travaux d'une commission récemment chargée de préparer la révision du Code d'instruction criminelle, ne saurait trouver place dans un livre purement pratique, comme celui-ci. Nous nous bornerons à renvoyer, sur ce point, le lecteur à une dissertation de M. Abbadie insérée dans notre *Journal du Ministère public*, t. 10, p. 188 et s. — V. aussi *Détention préventive.*

3. L'art. 23, C. instr. crim., qui attribue compétence, pour la poursuite des crimes et délits, au ministère public du lieu où le prévenu *pourra être trouvé*, a entendu désigner par ces derniers mots le lieu de l'habitation momentanée du prévenu au moment où il est mis sous la main de la justice, et non pas indistinctement tout lieu où le prévenu se trouve alors, même contre sa volonté, et où il aurait été transporté, par exemple, pour y subir une détention préventive ou une peine corporelle quelconque : Cass., 29 mai 1847 (S.-V.47.1.864) et 18 janv. 1851 (S.-V.51.1. 558) ; Aix, 11 mars 1868 (J.M.p.11.137) ; — F. Hélie, *Instr. crim.*, t. 4, n. 1683 ; Trébutien, *Cours de dr. crim.*, t. 2, p. 200 ; Berriat-Saint-Prix, *Procéd. des trib. crim.*, 2e part., t. 1, n. 203. — « On comprend à merveille, disait fort justement Treilhard dans l'exposé des motifs du livre 1er du Code d'instruction criminelle, que l'arrestation d'un inculpé dans un lieu où il s'est rendu volontairement, détermine la compétence des magistrats de ce même lieu, parce que là peuvent exister des indices ou des preuves de sa culpabilité, et qu'il n'est pas fondé à se plaindre d'être poursuivi et jugé dans l'endroit même qu'il a choisi pour refuge. Mais quelle considération justifierait la compétence des magistrats d'un lieu où cet inculpé a été transporté contre sa volonté, pour y subir soit une détention préventive, soit une peine corporelle quelconque ? Est-ce là que l'on peut trouver des éléments de conviction relativement à des crimes ou délits qui ont été commis ou qui ont laissé des traces dans d'autres lieux peut-être très-éloignés ? Ne serait-ce pas rendre à plaisir la procédure plus longue, plus difficile et plus coûteuse, en même temps que soustraire sans motifs l'inculpé à ses juges naturels, que d'attribuer le droit de requérir et d'accomplir une information à son égard, au procureur impérial et au juge d'instruction de l'arrondissement où il se trouve détenu en vertu d'un ordre soit de l'autorité judiciaire, soit de l'autorité administrative? » — V. cependant en sens contraire, Cass., 7 nov. 1834 (S.-V.35.1.239), 24 sept. 1835 (non imprimé) et 15 avr. 1842 (Dalloz, *Répert.*, v° *Compét. crim.*, n. 82).

4. Jugé spécialement, par application du principe ci-dessus énoncé, que lorsque, pendant la détention d'un prévenu, se révèlent des délits qu'il est inculpé d'avoir commis dans un arrondissement autre que celui où il est détenu, le ministère public près le tribunal de ce dernier arrondissement est incompétent pour requérir, et le juge d'instruction à ce même tribunal pour opérer une information contre lui à raison de ces délits; et cela encore bien que ce soit par suite d'une translation ordonnée par l'autorité administrative que le prévenu se trouve détenu dans l'arrondissement dont il s'agit : Aix, 11 mars 1868, précité.

5. Un arrêt de la Cour de Pau du 5 août 1859 (J.M.p.2.261) a décidé qu'au cas de violences ayant occasionné la mort, le lieu du crime est, non point celui où a succombé la victime, mais celui où ont été exercées les violences; et que, par suite, le juge d'instruction du premier lieu est incompétent pour informer sur ce crime. Cette solution est, selon nous, incontestable.

6. Dans l'hypothèse de violences ayant occasionné la mort, le lieu du crime ne peut être que celui où les violences ont été exercées, puisque la mort qui est le résultat de ces violences ne constitue pas elle-même un fait criminel et n'a que le caractère d'une circonstance aggravante. Si la mort eût été instantanée, nul doute que le lieu du crime ne fût celui où les violences auraient été exercées. Or, comment la circonstance que la mort ne serait arrivée qu'après un certain intervalle de temps et à une certaine distance, pourrait-elle avoir pour effet de transporter le crime dans un autre lieu? Il faudrait donc décider que si la personne sur laquelle les violences ont été exercées avait été conduite, par l'un des moyens de locomotion si rapide que nous possédons aujourd'hui, jusque par-delà les frontières, et n'était morte qu'après être parvenue en pays étranger, c'est dans ce pays que serait le lieu du crime !... Cela ne peut être admis, et nous ignorons où le tribunal de Bagnères, dont l'arrêt mentionné au numéro précédent a réformé la décision, a vu que des criminalistes renommés et la jurisprudence de la Cour de cassation regardent comme le lieu du crime, soit celui où est tombée la victime d'un homicide, soit celui où l'autopsie a été faite... Quelques auteurs ont bien enseigné que, dans le cas où un individu, placé sur le territoire d'une commune, a frappé d'un coup de fusil une personne qui se trouvait sur le territoire d'une autre commune dépendant d'une autre juridiction que la première, le lieu du crime est celui où la victime a été *frappée*. Mais, d'un côté, cette doctrine est repoussée par les meilleurs esprits (V. notamment F. Hélie, t. 4, n. 1674), et, d'un autre côté, elle ne touche point à notre question, puisque c'est le lieu où la victime a été *frappée,* et non celui où elle a *succombé* qu'elle considère comme le lieu du crime.

7. On ne voit pas nettement dans les motifs de l'arrêt précité de la Cour de Pau si, pour réformer la décision des premiers juges, cet arrêt se fonde simplement sur ce que le lieu où la victime avait expiré n'était pas le lieu du crime, ou s'il se détermine plutôt d'après la supposition erronée que le lieu du crime était avant tout celui du domicile de l'inculpé. En tout cas, cette supposition a certainement pesé dans la décision de la Cour de Pau. Nous la relevons pour rappeler qu'entre la compétence du lieu du délit, celle du lieu du domicile de l'inculpé et celle du lieu de l'arrestation de celui-ci, la première doit toujours être préférée, comme présentant les conditions les plus certaines d'une bonne justice. V. F. Hélie, *loc. cit.*, n. 1669.

8. Il résulte de divers arrêts, dont la doctrine a été embrassée par plusieurs jurisconsultes, que les dispositions de l'art. 105, C. instr. crim., relatives à l'exécution du mandat d'amener décerné contre un inculpé qui ne peut être trouvé, doivent être complétées par celles des art. 68 et 69, § 8, C. proc. civ., concernant la notification des exploits à des personnes absentes de leur domicile ou n'ayant ni domicile ni résidence connus en France. V. Grenoble, 26 mai 1823 (S.-V.7.2.220); Paris, 15 oct. 1838 (D.p.38. 2.229), 3 déc. 1858 (mentionné par Berriat-Saint-Prix, *Étud. prat. sur l'instr. crim. préjudic.*, n. 51), 6 janv. et 3 fév. 1860 (J.M.p. 3.171); — Carnot, *Instr. crim.*, t. 1, p. 427; Duverger, *Man. des jug. d'instr.*, t. 2, n. 416; F. Hélie, t. 4, n. 1979.

9. Ainsi, il a été jugé qu'au cas où le prévenu contre lequel a été décerné un mandat d'amener ne peut être trouvé, et où le lieu de sa résidence n'est pas connu, le porteur du mandat doit afficher une copie de l'exploit à la principale porte de l'auditoire du tribunal appelé à connaître de la poursuite, et remettre une seconde copie à l'officier du ministère public, en faisant viser l'original par ce magistrat, sans pouvoir se borner à remplir les formalités exigées par l'art. 105, C. instr. crim. : Paris, 6 janv. et 3 fév. 1860, précités.

10. Mais l'opinion contraire, que professent MM. Mangin, *Instr. écr.*, t. 1, n. 162 et 163, et Dalloz, *Répert.*, v° *Instr. crim.*, n. 680, nous semble plus exacte. L'art. 105, C. instr. crim., qui trace les formes à observer dans les cas où le prévenu contre lequel a été décerné un mandat d'amener ne peut être trouvé, se suffit parfaitement à lui-même, et n'a nul besoin d'être complété par des dispositions empruntées au Code de procédure civile, qui non-seulement n'ont pas été édictées pour le cas qu'il régit, mais ne pourraient être appliquées à ce cas sans faire perdre au mandat d'amener son caractère et son utilité. En effet, le législateur n'a pu vouloir que le prévenu fût informé d'avance du mandat d'amener qui serait lancé contre lui, comme cela pourrait arriver si une copie de la notification du mandat était laissée à un voisin, par application de l'art. 68, C. pr., car cet avertissement serait le plus souvent, comme l'observe Mangin, une invitation à se soustraire par la fuite aux recherches de la justice. Si l'art. 97, C. instr. crim., prescrit la notification du mandat au prévenu, c'est dans le cas où ce dernier se trouve déjà sous la main de l'agent de la force publique : la notification alors n'est plus un avertissement dangereux, mais un moyen nécessaire de mettre le prévenu à même de s'assurer de l'existence d'un mandat régulier. Lorsque le prévenu n'est pas trouvé, l'agent chargé d'exécuter le mandat d'amener n'a qu'un devoir à remplir, c'est de faire constater qu'il a usé de toutes les diligences convenables pour parvenir à cette exécution, et c'est dans un tel but que l'art. 105 exige que le mandat d'amener soit exhibé au maire, à l'adjoint ou au commissaire de police de la commune de la résidence du prévenu, et que celui de ces fonctionnaires auquel s'adressera le porteur du mandat appose son visa sur l'original de l'acte de notification qu'a dû préparer ce dernier. Ainsi, tout est réglé par cet article pour le cas où le prévenu ne peut être trouvé : comment y aurait-il lieu, dès lors, de recourir à l'art. 68, C. proc. civ. ?

11. Il est vrai que l'art. 105, C. instr. crim., ne prévoit pas l'hypothèse où le lieu de la résidence du prévenu n'est pas connu.

Mais y a-t-il là une raison suffisante pour appliquer le § 8 de l'art. 69, C. pr.? Sans doute, il serait naturel d'appliquer ce paragraphe, si, comme l'exprime la Cour de Paris dans son arrêt du 3 fév. 1860 mentionné ci-dessus, la notification était destinée « à porter à la connaissance de l'inculpé, d'une manière publique et certaine, les poursuites dirigées contre lui. » Mais nous avons rappelé déjà que tel ne pouvait être le but que s'est proposé la loi, en prescrivant la notification du mandat d'amener. Nous pensons, en conséquence, que, dans le cas dont il s'agit, il suffit que le porteur du mandat remplisse dans le lieu où siége le tribunal appelé à connaître de la poursuite, les formalités exigées par l'art. 105, C. instr. crim.

12. La Cour de cassation a jugé, par arrêt du 31 janv. 1834 (S.-V.34.2.490), que l'omission des formes prescrites pour l'exécution du mandat d'amener, et spécialement de la notification de ce mandat exigée par l'art. 97, C. instr. crim., n'entraîne pas la nullité de l'arrestation. V. aussi Carnot, t. 1 p. 267; Bourguignon, t. 1, p. 226; Boitard, p. 164. — *Contrà*, F. Hélie, n. 1980.

13. Et la même Cour a décidé aussi que le défaut de notification à l'inculpé, avant la clôture de l'information, du mandat d'arrêt décerné contre lui, n'est pas une cause de nullité de la procédure : Cass., 15 mars 1867 (J.M.p.10.266).

14. Il est de jurisprudence constante, au petit comme au grand criminel, que, s'il n'appartient pas au ministère public, en dehors des cas de flagrant délit et de ceux qui leur sont assimilés, de faire aucun acte d'instruction, il a le droit et le devoir, lorsqu'il est averti de l'existence d'un élément de conviction pouvant être utile à la justice, de recueillir des explications et renseignements à ce sujet, et de les constater par des rapports et procès-verbaux qui ne sauraient être considérés comme des actes d'instruction. — V. Cass., 30 sept. 1826 (S.-V.8.1.433); 27 août 1840 (S.-V.40.1.974); 26 août et 2 sept. 1847 (S.-V.48.1.93 et 459); 29 avr. 1853 (D.p.53.5.144); 4 août 1854 et 9 mars 1855 (S.-V.55.1.545); 19 avr. 1855 (S.-V.55.1.546); 29 juin 1855 (S.-V.55.1.547); 5 mars 1857 (S.-V.57.1.552); 12 sept. 1861 (J.M.p. 4.282); 23 mai 1863 (*Id.*6.167) et 8 juill. 1865 (*Id.*11.242); — De Molènes, *Fonct. d'off. de police judic.*, p. 70 ; Duverger, p. 79; F. Hélie, t. 3, n. 1160, et t. 7, n. 3318; Trébutien, t. 2, p. 195 et s. ; Nouguier, *Cour d'assises*, t. 2, n. 828 et 829. — Du reste, M. F. Hélie, n. 3318, et M. Nouguier, n. 830, recommandent avec raison au ministère public de se tenir ici en garde contre des entraînements qui pourraient aisément le conduire à un excès de pouvoir.

15. Jugé, spécialement, qu'un chef de parquet de première instance ou son substitut peut, sans usurper les attributions du juge d'instruction, recueillir par écrit les déclarations qui lui ont été faites par un inculpé et les transmettre au magistrat instructeur, pour qu'il en soit informé : Cass., 8 juill. 1865, précité.

16. ... Que, même après le renvoi de l'accusé devant la Cour d'assises, le ministère public peut, sans empiéter sur les attributions du président, prendre tous les renseignements utiles et appeler toutes personnes dont le témoignage est de nature à éclairer la justice ; — Et que, particulièrement, il ne résulte pas de nullité de ce que, sur sa demande, des déclarations ont été recueillies soit par des juges de paix, soit par la gendarmerie : Cass., 23 mai 1863 et 29 juin 1865, aussi précités.

17. Il importe de remarquer que l'arrêt de la chambre criminelle du 8 juill. 1865 considère les renseignements et déclarations recueillis par le ministère public comme ne pouvant être distraits des pièces à communiquer au jury, ce qui nous semble parfaitement exact, tandis que les arrêts précités des 12 sept. 1861 et 23 mai 1863 ont, à tort, tiré un argument *à fortiori* de la circonstance que, dans les espèces où ils étaient intervenus, les actes dont il s'agit n'avaient pas été remis aux jurés.

17 *bis*. Les précautions exigées par la loi pour la saisie des pièces à conviction ne sont pas prescrites à peine de nullité : si leur omission donne à l'accusé le droit de contester la valeur judiciaire des objets saisis, elle n'empêche pas qu'ils ne puissent être maintenus aux débats, sauf au jury à n'avoir à ce genre de preuve que tel égard que de raison : Cass., 29 janv. 1847 (D.P.47. 4.133); 16 juin 1854 (aff. Morou); 8 juill. 1865 (J.M.p.11.242).— V. aussi Massabiau, *Man. du minist. publ.*, t. 2, n. 1582.

§ 2. — *Citation directe.*

18. D'après une jurisprudence constante et l'opinion des auteurs, la disposition de l'art. 147, C. instr. crim., portant que les parties peuvent comparaître devant le tribunal de police sur un simple avertissement, n'enlève pas au ministère public le droit de faire citer les contrevenants sans avertissement préalable, et les frais de cette citation ne sauraient être retranchés, comme frustratoires, des dépens auxquels sont condamnés ces derniers. —V.

Cass., 27 août 1825 (S.-V.8.1.186); 24 janv. et 14 août 1852 (D. p.52.5.204) ; 1er juill. 1864 (J.M.p.8.47) ;—F. Hélie, t. 6, n. 2574; Berriat-Saint-Prix, *Procéd. des trib. crim.*, 1re part., n. 121. — Cette interprétation est d'autant plus fondée, qu'en cas de non-comparution, le prévenu appelé devant le tribunal de police par un simple avertissement, ne peut être condamné par défaut. V. *Jugement par défaut.*

19. Néanmoins, la voie de l'avertissement doit être préférée à celle de la citation directe toutes les fois que celle-ci n'est pas jugée indispensable : Circ. min. just. 26 déc. 1845 (Gillet, n. 2991); — F. Hélie, *loc. cit.*

20. Un arrêt de la Cour de Grenoble du 27 fév. 1863 (J.M.p. 6.275) a fort bien jugé qu'au cas où le tribunal correctionnel a été saisi par la plainte de la partie civile de la connaissance d'un fait envisagé par celle-ci comme délit, il n'appartient pas au ministère public de dessaisir ce tribunal en citant le prévenu devant le juge de simple police à raison du même fait considéré comme contravention ; que l'exception de litispendance est, en pareil cas, opposée à bon droit par le plaignant devant le juge de simple police, et que s'il est néanmoins passé outre au jugement, le tribunal correctionnel doit, de son côté, sans examiner s'il y a ou non chose jugée, retenir la cause et y statuer, sauf aux parties à se pourvoir en règlement de juges. — De quelque manière que l'action publique ait été mise en mouvement, les juges ne peuvent être affranchis, par le désistement du ministère public, de l'obligation de prononcer sur cette action (V. *Action publique*, n. 29). Or, le dessaisissement qu'un désistement exprès ne saurait produire, pourrait bien moins encore résulter, comme le décide l'arrêt ci-dessus de la Cour de Grenoble, de l'exercice de poursuites nouvelles à raison du même fait portées devant une autre juridiction.

21. Il est incontestable que le ministère public ne peut, après une ordonnance de renvoi en police correctionnelle rendue par le juge d'instruction sur ses réquisitions, et qui n'est point attaquée, citer directement le prévenu, pour le même fait, même sous une prévention différente. — Ce n'est là qu'une application très-rationnelle de la maxime : *Electâ unâ viâ, non datur regressus ad alteram*. V. Cass., 18 juin 1812 (S.-V.4.1.126) et 7 juin 1821 (S.-V.6.1.452); Nancy, 4 déc. 1847 (S.-V.48.2.599); Caen, 8 sept. 1849 (D.p.50.2.40); Aix, 16 mai 1863 (J.M.p.6.291); — Bourguignon, t. 1, p. 270; Carnot, t. 1, p. 526; Legraverend, t. 2, p.

386; Barris, note 89; Rauter, t. 2, p. 351; Duverger, t. 1, n. 121; Dalloz, vº *Instr. crim.*, n. 588; F. Hélie. t. 5, n. 2047; Berriat-Saint-Prix, 2ᵉ part., t. 1, n. 413, *in fine*, et n. 441.

22. Même après une ordonnance de non-lieu, le juge d'instruction reste investi de l'information relativement aux charges nouvelles qui peuvent survenir (V. *Juge d'instruction*); en sorte que ni le ministère public ni la partie civile ne peuvent saisir le tribunal correctionnel, par citation directe, de la connaissance de ces nouvelles charges, et qu'il appartient seulement au ministère public de requérir une nouvelle instruction : Cass., 12 déc. 1850 (D.r.51.5.11 ; Bull., n. 419); Trib. corr. de la Seine, 20 juin 1862 (J.M.p.5.147); — F. Hélie, t. 5, n. 2084.

23. La Cour de Liége a jugé cependant, par arrêt du 10 août 1833 (Dalloz, vº *Instr. crim.*, n. 1177), que dans le cas où, de plusieurs coprévenus, les uns ont été renvoyés en police correctionnelle et les autres mis hors de cause par une ordonnance de non-lieu, s'il s'élève à l'audience de nouveaux indices de culpabilité contre ceux-ci, ils peuvent être cités directement devant le tribunal correctionnel pour être jugés simultanément avec les premiers, sans qu'il soit nécessaire de procéder vis-à-vis d'eux à une nouvelle instruction. Mais MM. Dalloz, *ut suprà*, observent fort justement qu'une semblable solution ne saurait être admise. « L'ordonnance de non-lieu, disent-ils, forme un droit acquis pour l'inculpé, qui ne peut lui être enlevé que conformément à la loi. »

24. La citation à comparaître à bref délai devant le tribunal de police, donnée par le ministère public au prévenu en vertu d'une cédule, de conformité à l'art. 146, C. instr. crim., n'est pas nulle, bien qu'elle ne soit pas accompagnée de la notification de cette cédule : Cass., 2 juill. 1859 (J.M.p.2.258).

25. La Cour de cassation a même décidé qu'il n'est pas exigé, à peine de nullité, que la cédule délivrée par le juge de paix, dans le cas que prévoit l'art. 146, C. instr. crim., soit donnée par écrit (Crim. rej., 26 déc. 1817, Dalloz, vº *Instr. crim.*, n. 867). Mais nous croyons, au contraire, avec M. F. Hélie, t. 6, n. 2576, que la cédule doit être écrite et signée par le juge, sans aller néanmoins jusqu'à considérer sa notification au prévenu comme indispensable : il suffit que le ministère public ou la partie civile qui l'a obtenue puisse justifier de son existence. L'arrêt mentionné au numéro précédent établit par des motifs péremptoires que le défaut de notification ne cause aucun grief au prévenu.

26. La fausseté de la date de la citation en matière correctionnelle, de même que l'absence de date, n'entraîne point la nullité
de cette citation, mais seulement celle du jugement qui serait
rendu par défaut contre le prévenu : Cass., 30 janv. 1846 (Bull.,
n. 31); Nîmes, 27 juin 1867 (J.M.p.10.242); — F. Hélie, t. 6, n.
2827.

27. Il n'est pas exigé, à peine de nullité, que la citation donnée au prévenu relate le jour où le délit a été commis : Cass., 21
janv. 1836 (Bull., n. 23). L'erreur commise dans la citation, relativement à la date du fait poursuivi, ne suffit donc point pour
autoriser les juges à renvoyer le prévenu de la poursuite; il est
de leur devoir de vérifier si le délit n'a pas été commis à une date
autre que celle indiquée à tort dans la citation : Cass., 11 et 18
mars 1837 (D.p.37.1.494 et 498); 30 juill. 1852 (S.-V.52.1.687) et
28 mai 1868 (J.M.p.12.42); Gand, 18 janv. 1864 (J.M.p.7.94); —
F. Hélie, t. 6, n. 2822; Berriat-Saint-Prix, 2e part., t. 1, n. 445;
Dalloz, v^{is} *Instr. crim.*, n. 993], et *Exploit*, n. 731. — Toutefois,
ces solutions sont subordonnées à la condition essentielle que
l'omission de la date du délit ou l'erreur dans l'énonciation de
cette date n'ait pas nui à la défense du prévenu, en le privant,
par exemple, d'une exception de prescription. V. Dalloz, v° *Exploit., loc. cit.*, et F. Hélie, *ut suprà*.

28. L'art. 183, C. instr. crim., dont la disposition n'est pas
même prescrite à peine de nullité, exigeant simplement que la
citation renferme l'énonciation des faits, la jurisprudence a conclu
de cette vague prescription que la citation n'a besoin, pour remplir le vœu de la loi, ni de qualifier les faits (Cass., 3 mai 1834,
D.p.34.1.356), ni de préciser toutes les circonstances, même celles
qui sont constitutives du délit (Cass., 25 nov. 1831, D.p.31.1.
384; 21 janv. 1836, D.p.36.1.190; 4 oct. 1850, D.p.50.5.228, et
28 mai 1868, J.M.p.12.42; Colmar, 20 janv. 1857, *Id.*1.252).
Mais cette doctrine ne doit être admise qu'avec une grande réserve, et il faut bien se garder d'en généraliser l'application. En
effet, au-dessus de la disposition de l'art. 183, C. instr. crim.,
domine cette règle inviolable, que toute personne citée en justice
doit être mise à même, par l'acte en vertu duquel elle est appelée
devant le juge, de connaître les points sur lesquels elle aura à
répondre, afin de pouvoir préparer sa défense (V. Dalloz, v° *Défense*, n. 92, et F. Hélie, n. 2824). Or, n'est-il pas certain que,
dans une foule de cas, le prévenu serait dans l'impossibilité de
préparer sa défense, au moins d'une manière complète, si la ci-

tation ne lui faisait pas connaître les circonstances constitutives du délit qui lui est imputé? Cette impossibilité est-elle douteuse lorsqu'il s'agit de circonstances qui aggravent la pénalité? On objectera peut-être que si les juges reconnaissent que le prévenu n'a pu préparer sa défense sur certaines circonstances révélées aux débats, ils remettront la cause (V. Dalloz, v° *Exploit.*, n.727). Mais nous n'admettons pas ce remède, dont les juges pourraient ne pas user, au grand détriment du prévenu, et nous croyons qu'en pareil cas la citation doit être annulée, non en vertu de l'art. 183, C. instr. crim., mais comme violant le droit de la défense.

29. L'arrêt précité de la Cour de Colmar du 20 janv. 1857 a décidé spécialement qu'en matière de chasse, les juges ne sauraient écarter la circonstance de nuit, sur le motif que cette circonstance n'a pas été relevée dans la citation donnée au prévenu. — Comment admettre cependant que le prévenu de délit de chasse puisse se défendre à l'audience relativement à l'aggravation de peines que l'on entend faire peser sur lui à raison de ce que le fait de chasse aurait eu lieu la nuit, si la citation n'a pas appelé son attention sur cette circonstance? Comment le vouloir surtout, lorsque la loi ne précise pas la limite qui sépare le jour de la nuit, et qu'il y a controverse sur ce point (V. *Chasse*, n. 91 et s.)?

30. D'après un arrêt de la Cour de cassation du 22 fév. 1865 (J.M.p.8.212), la citation donnée à un individu à comparaître devant le tribunal correctionnel « comme prévenu d'avoir attenté aux mœurs en excitant, favorisant et facilitant habituellement la débauche et la corruption de jeunes gens au-dessous de 21 ans, et notamment des nommés N... et N... », contient une énonciation suffisante des faits servant de base aux poursuites, alors surtout qu'elle intervient à la suite d'une ordonnance de renvoi, et que, dès lors, le prévenu a eu connaissance de ces faits par l'instruction... Et cela encore bien que ce dernier prétendrait que sa défense a été entravée par la production à l'audience de faits nouveaux étrangers aux poursuites, s'il lui a été accordé, après l'audition des témoins appelés à la requête du ministère public, un certain délai pour faire citer ceux qui pourraient lui être favorables.

31. Lorsque le tribunal correctionnel a été saisi par la citation de la partie civile, le ministère public a-t-il le droit de requérir contre le prévenu à raison d'un fait qui n'est pas mentionné dans la citation, et qui n'a été révélé que par les débats de l'audience? Spécialement, au cas de citation par la partie civile pour injures et coups volontaires, le ministère public peut-il requérir contre le prévenu à raison d'un vol à l'occasion duquel, d'après les dépositions des témoins, ces injures auraient été proférées et ces coups portés ? La négative n'est pas douteuse. Si la citation (de même que l'ordonnance ou l'arrêt de renvoi) n'enchaîne pas les juges correctionnels quant à la qualification des faits incriminés (V. *Compétence criminelle*, n. 124 et s.), il en est autrement quant à l'individualité de ces faits. V. *ibid.*, n. 130.

52. Il résulte de quelques décisions, dont la doctrine est adoptée par divers auteurs, qu'il n'est pas nécessaire, pour la validité de la citation donnée à un prévenu devant le tribunal correctionnel, que cette citation contienne l'indication précise de l'objet de la demande, et spécialement qu'elle renferme des conclusions de la partie civile à fin de dommages-intérêts. V. Cass., 19 déc. 1834 (S.-V.35.1.374); Trib. corr. de Toulon, 14 nov. 1863, et Aix, 17 déc. 1863 (J.M.p.7.43) ;— F. Hélie, n. 2822; Trébutien, t. 2, p. 483; Dalloz, v° *Instr. crim.*, n. 726. — Mais V. toutefois Berriat-Saint-Prix, t. 1, n. 470.

53. L'arrêt précité de la Cour d'Aix du 17 déc. 1863 juge en outre qu'une telle citation n'est point nulle, bien qu'il y soit conclu à l'application des peines édictées par la loi. Faisons remarquer ici que, loin que l'indication de la loi pénale applicable ait été considérée comme une cause de nullité de la citation en police correctionnelle, il a été soutenu que cette indication devait y être faite à peine de nullité, mais que la Cour de cassation a décidé avec raison le contraire. V. l'arrêt de la Cour de cassation du 19 déc. 1834 et les auteurs mentionnés au numéro précédent.

54. La jurisprudence et la doctrine sont d'accord pour admettre que les règles posées par les art. 68, 69 et 70, C. proc. civ., relativement à la notification des exploits, sont applicables en matière correctionnelle ; — et qu'ainsi, la citation donnée par le ministère public ou par la partie civile à un prévenu n'ayant ni domicile ni résidence connus en France, doit lui être notifiée en conformité de l'art. 69, § 8, de ce Code. V. les nombreuses décisions mentionnées dans le *Répert.* de Dalloz, v° *Exploit*, n. 748 et s., dans la *Table génér.* de Devilleneuve et Gilbert, v° *Trib. correct.*, n. 196 et s., et dans le *Traité d'instr. crim.* de F. Hélie, t. 6, n. 2829 et 2830. *Junge* Colmar, 29 janv. 1861 (J.M.p.5.49); Metz, 1er sept. 1863 (*Id.*7.12).

55. Mais il importe de remarquer que les formes tracées par l'art. 69, § 8, C. proc., ne doivent être suivies qu'autant que le domicile et la résidence de la personne citée sont bien véritablement inconnus ; autrement, c'est en conformité de l'art. 68 que la signification devrait être faite. V. comme exemples, Cass., 21 mai 1835 (S.-V.35.1.782), 11 août et 1er déc. 1842 (S.-V.43. 1.354). V. aussi Dalloz, *loc. cit.*, n. 754.

36. L'arrêt de la Cour de Metz du 1er sept. 1863, mentionné ci-dessus, n. 34, décide que le prévenu doit être réputé n'avoir ni domicile ni résidence connus en France, lorsque, étranger, il n'a fait en France qu'un très-court séjour, pendant lequel il a commis le délit qui lui est imputé, et après lequel il est retourné dans son pays.

37. Il est constant que les formes de la citation donnée au prévenu (notamment celles relatives à la désignation de celui-ci), formes que, dans le silence du Code d'instruction criminelle, on est obligé d'emprunter au Code de procédure civile, ne sont pas d'une observation indispensable, et que leur omission ne saurait être une cause de nullité, lorsqu'elle n'empêche pas que le prévenu n'ait été mis suffisamment en demeure de se défendre, et cela est surtout incontestable quand ce dernier a comparu sur la citation irrégulière qui lui a été signifiée. La jurisprudence s'est fréquemment prononcée dans le sens de cette doctrine, qu'admettent aussi tous les auteurs. V. particulièrement Cass., 16 juill. 1846 (D.p.46.4.280) et 24 déc. 1846 (S.-V.47.1.105) ; Gand, 9 mars 1859 (J.M.p.3.275) ; Metz, 1er sept. 1863 (*Id.*7.12) ; — Carnot, sur l'art. 182, *Observ. addit.*, n. 2 ; Bourguignon, sur l'art. 183 ; Legraverend, t. 2, p. 388 ; Berriat-Saint-Prix, 2e part., t. 1, n. 450 et 450 *bis* ; Trébutien, t. 2, p. 482 et 483 ; Dalloz, v° *Exploit*, n. 745 ; F. Hélie, n. 2832.

38. Décidé, spécialement, que les erreurs ou omissions que renferme une citation en police correctionnelle, relativement aux nom ou prénoms du prévenu, ne sont pas une cause de nullité, si les énonciations qu'elle contient sont suffisantes pour que le prévenu n'ait pu méconnaître que c'était bien à lui qu'elle était adressée : Gand, 9 mars 1859, précité.

39... Qu'une citation en police correctionnelle et le jugement de condamnation par défaut auquel elle a donné lieu ne sont point nuls, bien que dans les exploits par lesquels ils ont été signifiés le prévenu ait été désigné par un prénom autre que le sien, s'il était connu sous ce prénom, et s'il ne peut y avoir aucun doute sur son identité : Metz, 1er sept. 1863, aussi précité.

40. Mais il n'est pas non plus douteux que la citation serait nulle si, à défaut d'énonciations suffisantes, elle n'avait pas mis le prévenu à même de préparer sa défense, ou tout au moins de savoir exactement que c'est à lui qu'elle est adressée. Ainsi, par exemple, il a été jugé, à bon droit, qu'une citation correctionnelle est nulle, lorsqu'elle ne désigne le prévenu que par son nom patronymique, sans énonciation de prénom ni de domicile, et qu'il existe dans la même localité d'autres individus du même nom. V. Liége, 25 juill. 1834 (Dall., v° *Exploit*, n. 744). — V. aussi Cass., 16. prair. an VII (S.-V.1.1.207) et 29 août 1822 (Dall., *ut supr.*).

41. La citation en police correctionnelle signifiée moins de trois jours avant l'audience, n'est pas nulle ; mais le prévenu qui refuse de comparaître sur cette citation ne peut être condamné par défaut : Cass., 25 févr. et 2 avr. 1819 (Bull., n. 28 et 40) ; 15 févr. 1821 (Bull., n. 21) ; 2 oct. 1840 (Bull., n. 295) ; Trib. corr de Rouen, 19 avr. 1866 (J.M.p.9.200) ; — F. Hélie, n. 2835 ; Trébutien, t. 2, p. 484 ; Berriat-Saint-Prix, 2° part., t. 1, n. 447 ; Dalloz, v° *Exploit*, n. 734 ; notre *Code de la détention préventive*, p. 188, n. 11.

42. La Cour de Metz a jugé, par arrêt du 18 mars 1860 (J.M. p.3.248), qu'au cas où, sur la demande du prévenu, le tribunal correctionnel a prononcé une remise de la cause à une audience ultérieure, sans fixation du jour, il n'est pas besoin d'une nouvelle assignation pour que l'affaire revienne utilement devant le tribunal, et qu'il suffit que le jour de la nouvelle audience soit notifié au prévenu extrajudiciairement, mais d'une manière certaine.

43. Si le principe posé par cet arrêt est d'une incontestable justesse, on ne saurait en dire autant de l'application qu'il en a faite, en ce sens qu'il est difficile de considérer comme ayant eu lieu *d'une manière certaine*, la notification extrajudiciaire qu'il déclare suffisante. Une notification dont il n'est pas dressé acte ou procès-verbal, dont il n'existe, par conséquent, ni original, ni copie, offre-t-elle à la justice des garanties légales de certitude ? Un simple avis oral, qu'un garde, par exemple, annonce avoir donné, peut-il même être appelé notification ? Il semble permis d'avoir à ce sujet des doutes très-sérieux, sans être trop exigeant sur les formes de la procédure correctionnelle.

44. La nullité, pour vices de forme, de la citation de la partie civile en police correctionnelle ne touchant point l'ordre public. ne saurait être prononcée sur la simple réquisition du ministère public et malgré le silence du prévenu : Aix, 17 déc. 1863 (J.M.p.

43

7.43). — Jugé aussi que cette nullité ne peut être prononcée, ni sur la demande d'un coprévenu que la citation ne concerne pas (Cass., 24 mai 1851, Bull., n. 182), ni d'office par le tribunal : Cass., 16 juill. 1846 (Bull., n. 182 et 183).—Conf., F. Hélie, n. 2833.

45. Terminons ce paragraphe en renvoyant, pour tout ce qui regarde les citations directes données, à la requête des parties civiles, soit en simple police, soit en police correctionnelle, à un intéressant travail de M. Vial publié dans notre *Journal du Ministère public*, t. 6, p. 74 et s., 99 et s., 127 et s., 154 et s., 197 et s.

§ 3. — *Comparution volontaire à l'audience.*

46. En matière de simple police, la comparution volontaire des parties à l'audience sur simple avertissement est proclamée par la loi elle-même (C. instr. crim., 147) comme un moyen de saisir le juge.

47. Bien que la même disposition n'ait pas été reproduite à l'égard des tribunaux correctionnels, la jurisprudence, s'inspirant de l'esprit de la loi, qui est ici la plus grande simplification possible des formes, a reconnu à la comparution volontaire des parties en matière correctionnelle le même effet qu'en matière de simple police. V. Cass., 18 avr. 1822 (S.-V.7.1.57); 25 janv. 1828 (S.-V.9.1.19); 10 juin 1843 (D.p.43.1.428); 14 oct. 1855 (Bull., n. 344); Bordeaux, 14 janv. 1869 (J.M.p.12.262); — Conf., Bourguignon, sur l'art. 182, n. 3; Le Sellyer, t. 1, p. 388; F. Hélie, t. 6, n. 2818. — *Contrà*, Legraverend, t. 2, p. 385, note 1ʳᵉ.

48. Par application de ce principe, l'arrêt précité de la Cour de Bordeaux du 14 janv. 1869 a jugé que, dans le cas où le prévenu cité devant le tribunal correctionnel par la partie civile, tout en déclarant se réserver d'opposer à celle-ci une fin de non-recevoir, tirée notamment d'une transaction intervenue entre eux au sujet du délit, laisse s'ouvrir le débat sur le fond (ce qui équivaut à une comparution volontaire), le ministère public a le droit de prendre des réquisitions contre lui, nonobstant l'extinction de l'action civile résultant de la fin de non-recevoir dont il s'agit. — Mais cette interprétation est, selon nous, contestable. Si la partie civile avait opposé, au seuil même du débat, la fin de non-recevoir qui devait entraîner l'extinction de son action, et fait accueillir cette fin de non-recevoir par le tribunal, l'action publique n'aurait pas été mise en mouvement par elle, et le ministère public n'aurait pu faire de réquisitions à l'audience contre le prévenu (V. *Action publique*, n. 11); à moins que ce dernier n'eût accepté le débat vis-à-vis de lui, ce qui eût été parfaitement le cas de la comparution volontaire saisissant les juges correctionnels des chefs de prévention révélés par l'instruction de l'audience.— Mais les choses ne s'étaient point passées ainsi. La partie civile avait laissé le débat s'engager au fond; il n'en fallait pas davantage pour que le tribunal se trouvât saisi de l'action publique par sa citation même, et indépendamment de tout consentement du prévenu. Ce n'était donc pas en vertu du principe énoncé plus haut que le ministère public avait le droit de faire des réquisitions contre le prévenu, mais en vertu de cette autre règle que, quand l'action publique a été une fois mise en mouvement par la citation de la partie civile, l'exercice que veut en faire le ministère public n'en peut plus être arrêté par le fait de celle-ci. V. *Action publique*, n. 10.

49. Une controverse s'est élevée sur le point de savoir s'il est légal et avantageux de généraliser la procédure de la comparution volontaire devant les tribunaux correctionnels. V. dissertations de MM. Robinet de Cléry et Révy insérées dans notre *Journal du Ministère public*, t. 10, p. 165, 217 et 267. Pour nous, nous nous bornerons à dire que cette procédure, très-légale dans son principe, très-avantageuse au point de vue de l'économie des frais, et en parfaite harmonie d'ailleurs avec les nouvelles tendances de notre législation criminelle, mais pleine de périls toutefois dans certaines circonstances, doit être appliquée avec la plus grande circonspection et la plus sage réserve.

§ 4. — *Procédure d'audience.*

50. Les dispositions de l'art 307, C. instr. crim., qui autorisent la jonction des procédures distinctes dirigées contre différents accusés, ne sont point limitatives; cette jonction peut être ordonnée toutes les fois qu'elle paraît utile à la manifestation de la vérité, si d'ailleurs elle n'est en opposition ni avec les lois touchant la compétence et l'ordre des juridictions, ni avec les droits essentiels de l'accusation ou de la défense : Cass., 24 déc. 1836 (Bull., n. 397); 28 déc. 1838 (Bull., n. 391); 18 sept. 1856 (Bull., n. 314); 30 mars 1861 (J.M.p.4.165); — F. Hélie, t. 7, n. 3385; Trébutien, t. 2, p. 411; Nouguier, t. 2, n. 911 et s. — Toutefois, la faculté de joindre des procédures instruites séparément ne saurait être étendue à des accusations qui n'auraient entre elles aucun lien de connexité. V. Cass., 11 mars 1853 (Bull., n. 88), ainsi que les auteurs mentionnés ci-dessus. V. aussi un autre arrêt de la Cour de cassation du 20 déc. 1845 (S.-V.46.1.265), qui, contrairement à ceux des 18 sept. 1856 et 30 mars 1861, précités, déclare illégale la jonction de l'accusation principale et de l'accusation de faux témoignage dirigée contre l'un des témoins de l'affaire.

51. Il résulte de ce qui précède que la disposition de l'art. 307, C. instr. crim., doit être combinée avec celle des art. 226 et 227 du même Code, qui prescrivent la jonction des procédures relatives à des délits connexes dont les pièces se trouvent en même temps produites devant les juges.

52. Nous avons, au mot *Compétence criminelle*, n. 160, rappelé, en en précisant la limite, le principe d'après lequel la disposition de l'art. 227, qui indique les cas de connexité, est simplement énonciative. Il a été jugé spécialement, par application de ce principe, qu'une Cour d'assises a pu joindre comme connexes deux accusations distinctes d'infanticide dirigées contre deux sœurs, bien que les deux crimes n'aient été commis, ni dans le même temps, ni dans le même lieu, ni par suite d'une complicité quelconque, et que le jury, en acquittant l'une des deux accusées, ait exclu tout dessein concerté entre elles : Cass., 19 sept. 1861 (J.M.p.4.286).

53. Nous avons aussi rappelé, *ibid.*, n. 163, cette autre règle que la jonction des procédures connexes n'est point obligatoire, mais purement facultative pour les juges. — La Cour de Grenoble a dès lors très-juridiquement décidé, par arrêt du 23 janv. 1863 (J.M.p.7.8), qu'au cas où deux jugements correctionnels statuant sur deux délits de nature semblable imputés au même individu, ont été frappés d'appel, l'un tout à la fois par le ministère public et par le prévenu, et l'autre par le prévenu seulement, la Cour ne peut, malgré la connexité des délits, prononcer sur ces appels par un seul et même arrêt, les choses n'étant plus entières. — Il est certain, en effet, que la jonction de procédures, même connexes, deviendrait une cause de nullité, si elle constituait une violation d'un des droits qui intéressent essentiellement la défense. Or, ce serait bien violer un droit de cette nature, que de statuer par un seul et même arrêt sur deux appels de jugements correctionnels dont l'un a été formé par le ministère public et par le prévenu, et dont l'autre n'a été émis que par le prévenu seul, et d'appliquer la même peine, qui peut être plus sévère que celle prononcée par les premiers juges, à deux délits pour l'un desquels l'aggravation de pénalité n'est plus permise en présence de l'acquiescement du ministère public. — Il semble toutefois que la jonction n'entraînerait pas de nullité, en pareil cas, si la Cour, tout en prononçant sur les deux affaires par le même arrêt, consacrait à chacune d'elles une disposition distincte. On peut invoquer en ce sens un arrêt de la Cour de cassation du 8 mai 1828 (S.-V.9.1.94), intervenu dans une hypothèse analogue.

54. Jugé encore à bon droit, en vertu de la même règle, que la connexité des procédures ne fait pas obstacle à ce que le tribunal correctionnel saisi de la poursuite d'un délit imputé à plusieurs prévenus disjoigne la cause de l'un d'eux de celle des autres, alors que la procédure, en état à l'égard du premier, exige encore certains délais à l'égard des seconds : Cass., 19 déc. 1868 (J.M.p.12.241).

55. Il est admis que des procédures non connexes peuvent être jointes lorsqu'elles sont dirigées contre le même individu (Arg. C. instr. crim., 365). V. Cass., 24 sept. 1825 (S.-V.8.1. 198); 7 fév. 1828 (S.-V.9.1.29); 27 sept. 1832 (D.p.33.1.344); 18 mars 1841 (D.p.41.1.394). — Mais la jonction, en pareil cas, est bien moins obligatoire encore que dans celui où les procédures sont connexes. C'est ce que la Chambre criminelle a déjà décidé à plusieurs reprises. V. arrêts des 31 oct. 1819, 11 oct. 1855 (D.p.55.1.446) et 4 sept. 1858 (J.M.p.2.100). V. aussi Cass., 22 mars 1837 (D.p.39.1.398). — Dalloz, v⁫ˢ *Compét. crim.*, n. 199 et s., et *Instr. crim.*, n. 1102 et s., 1350 et s.; F. Hélie, t. 7, n. 3385, *in fine*.

56. De là, la Cour de cassation a inféré, notamment, que, lorsqu'un prévenu est traduit devant la juridiction correctionnelle sous l'inculpation de plusieurs faits, elle peut retenir la connaissance de ceux de ces faits qui constituent de simples délits, et se déclarer incompétente relativement aux autres à raison de ce qu'ils ont le caractère de crimes : Cass., 4 sept. 1858 (J.M.p.2.100). — V. aussi *Compétence criminelle*, n. 135 et s.

57. L'art. 305, C. instr. crim., reconnaît à l'accusé, d'une part, la faculté de prendre ou de faire prendre, à ses frais, copie de telles pièces du procès qu'il jugera utiles à sa défense, et d'autre part, le droit de recevoir gratuitement copie des procès-verbaux constatant le crime et des déclarations écrites des témoins.

58. Il résulte de la combinaison des art. 303 et 305 que cette remise gratuite de copies de pièces doit être faite aussitôt après l'interrogatoire, et, dans tous les cas, avant l'ouverture des débats devant la Cour d'assises. — Cependant, si les débats s'ou-vraient sans qu'elle eût été effectuée, il n'y aurait pas pour cela nullité de la procédure. Ce retard n'aurait d'autre effet que d'autoriser l'accusé à demander le renvoi de l'affaire à un autre jour ou à une autre session : Cass., 13 janv. et 27 nov. 1827 (S.-V.8.1.503 et 583); 23 sept. 1852 (Bull., n. 324); 27 janv. 1853 (Bull., n. 33); 29 juin 1865 (J.M.p.11.242); — F. Hélie, t. 7, n. 3343 ; Nouguier, *Cour d'assises*, t. 1er, n. 342.

59. En matière correctionnelle, le prévenu ou son conseil a-t-il, comme l'accusé ou son défenseur, en matière crimi-nelle, le droit de prendre communication des pièces de la pro-cédure, sans déplacement et sans retarder l'instruction? Cette question divise soit la jurisprudence, soit les auteurs. Ainsi, tan-dis que la Cour de Grenoble a jugé, par arrêt du 17 mai 1826 (S.-V.8.2.235), et que MM. Trébutien, t. 2, p. 489, et Dalloz, vo *Instr. crim.*, n. 947, enseignent que ni le prévenu, ni son conseil n'ont le droit de prendre communication au greffe des pièces de la procédure, parce que cette communication entraînerait les mêmes inconvénients que la délivrance d'expéditions ou de copies interdite par l'art. 56 du décret du 18 juin 1811, la Cour de cas-sation a posé le principe contraire, le 24 mai 1835 (S.-V.35.1.802), en se fondant sur ces motifs, « que la communication des pièces sur lesquelles peut s'appuyer la prévention est nécessaire au pré-venu pour que sa défense soit libre et complète, et par conséquent est de droit naturel, et qu'il ne peut dépendre du ministère public de refuser ou d'accorder à son gré au prévenu la connaissance des pièces sur lesquelles peut s'appuyer la prévention; que loin que l'art. 56 du décret du 18 juin 1811 interdise la communication des piè-ces aux individus placés en état de prévention ou d'accusation, ou bien subordonne cette communication à l'agrément du ministère public, les art. 302 et 305, C. instr. crim., font de cette commu-nication un droit de tout accusé; qu'il ne peut pas être dans l'in-tention du législateur de refuser aux prévenus traduits devant le tribunal correctionnel un moyen de défense aussi nécessaire. » Et la même doctrine a été consacrée par un arrêt de la Cour de Metz du 23 mai 1866 (J.M.p.9.173) et est professée par MM. F. Hélie, t. 6, n. 2842 ; Berriat-Saint-Prix, 1re part., n. 137, et 2e part., t. 1, n. 493. Nous n'hésitons pas nous-même à l'embrasser. L'art. 56 du décret du 18 juin 1811, en réglementant le droit des prévenus, en matière correctionnelle et de simple police, d'obtenir la *déli-vrance d'expéditions ou copies* des pièces de la procédure, ne nous paraît nullement avoir dérogé au principe établi par l'art. 302, C. instr. crim., en faveur des accusés, et d'après lequel ces derniers ou leurs conseils peuvent *prendre communication* de toutes les pièces, sans déplacement et sans retarder l'instruction ; principe inhérent au droit de la défense et qui, par cela même, comme beaucoup d'autres règles posées seulement à l'égard des accusés, s'applique manifestement aux prévenus. Une semblable dérogation, si elle eût été possible, aurait dû au moins être expresse, et, loin qu'il en soit ainsi, l'art. 56 du décret de 1811 se concilie parfaitement avec l'art. 302, C. instr. crim., puisqu'il se borne à soumettre à l'autorisation du procureur général, sous la surveillance duquel est placé le greffe, la délivrance de copies ou expéditions que le prévenu voudrait se faire faire par le greffier.

60. Le prévenu a également le droit de prendre des notes ou extraits et même des copies de ces pièces : l'art. 56 du décret du 18 juin 1811, qui interdit la délivrance de toute expédition ou copie des pièces de la procédure aux parties, sans une autorisation expresse du procureur général, ne s'applique qu'aux expéditions ou copies officielles émanées du greffe, et non aux notes, extraits ou copies de pièces pris par le prévenu ou son conseil, lors de la communication qui lui est faite du dossier : Metz, 23 mai 1866, précité.

61. En simple police, le prévenu peut, dans tous les cas, se faire représenter par un fondé de procuration spéciale (C. instr. crim., 152).

62. En police correctionnelle, dans les affaires relatives à des délits qui n'emportent pas la peine d'emprisonnement, le prévenu a la faculté de se faire représenter par un avoué ; mais dans celles concernant des délits qui emportent cette peine, il est tenu de comparaître en personne (C. instr. crim., 185).

63. Toutefois, on admet généralement que la comparution en personne du prévenu n'est pas nécessaire pour rendre contradictoire le débat relatif à une exception préliminaire au jugement sur le fond, telle qu'une exception d'incompétence, alors même qu'au fond le prévenu pourrait encourir la peine de l'emprisonnement. Il ne cesse d'en être ainsi que lorsque l'exception est inséparable du fond de la prévention, comme celle, par exemple, qui a pour objet de faire décider si la preuve testimoniale est admissible dans une poursuite exercée à raison de la violation d'une convention. V. Cass., 7 mess. an VIII (S.-V.1.1.332) ; 12 juin 1829 (S.-V.9.1. 310) et 29 août 1840 (S.-V.40.1.979) ; Rouen, 31 janv. 1851 (S.-

V.51.2.513); Bourges, 23 mai 1861 (J.M.p.4.141); — F. Hélie,
t. 6, n. 2856; Berriat-Saint-Prix, t. 2, n. 592 et 593; Dalloz, v°
Instr. crim., n. 935.

64. On décide même, d'une manière générale, que la comparution en personne du prévenu devant les juges correctionnels
dans les affaires relatives à des délits emportant la peine d'emprisonnement, n'étant pas prescrite à peine de nullité, le prévenu
n'est pas recevable à se faire un grief de ce qu'il n'a pas assisté,
soit aux débats, soit au jugement : Cass., 13 nov. 1818 (Dalloz,
v° *Avoué*, n. 140); 11 août 1827 (S.-V.8.1.665) et 18 juill. 1828
(S.-V.9.1.136).

65. Devant le tribunal de simple police, le prévenu est entendu
dans sa défense, mais il n'est pas interrogé (V. F. Hélie, t. 6.
n. 2629 et 2904). Il en est autrement devant le tribunal correctionnel. Là, l'interrogatoire est prescrit par une disposition formelle (C. instr. crim., 190). En Cour d'assises, l'interrogatoire de
l'accusé n'est pas exigé par la loi; mais la pratique générale a
suppléé à ce silence, et l'interrogatoire de l'accusé est habituellement le premier acte du débat.

66. La jurisprudence et les auteurs admettent que l'omission
de l'interrogatoire du prévenu devant le tribunal correctionnel
n'emporte pas nullité, lorsqu'il n'en est résulté pour le prévenu aucun préjudice, en ce que, par exemple, présent à l'audience et assisté de son défenseur, il a été entendu dans le développement de ses moyens de défense. V. Cass., 9 juill. 1836 (S.-
V. 37.1.450); 23 juin et 26 août 1842 (D.P.42.1.314; Dalloz, v°
Instr. crim., n.958); 20 janv. 1848 (Bull., n° 8); 18 juin 1851
(Bull., n° 203); 19 mai 1860 (J.M.p.3.227); — Carnot, sur l'art.
190, obs. 7; F. Hélie, t. 6, n° 2905; Berriat Saint-Prix, t. 2, n.
619; Trébutien, t. 2, p. 491; Dalloz, *loc. cit.* —V. aussi Mangin,
Act. publ., t. 2, p. 97; Le Sellyer, t. 5, p. 487.—Mais le défaut
d'interrogatoire serait, au contraire, une cause de nullité, s'il
avait porté atteinte à la défense du prévenu, comme cela arriverait dans le cas où celui-ci n'aurait pas été assisté d'un défenseur
devant le tribunal correctionnel. C'est ce que décident implicitement la plupart des arrêts qui viennent d'être mentionnés, et ce
qu'enseignent d'une manière expresse MM. F. Hélie, n. 2906, et
Berriat-Saint-Prix, n. 621 et 622.

67. Il a été jugé que l'article 153, C. instr. crim., qui prescrit
la lecture des procès-verbaux à l'audience, ne s'applique point
seulement aux procès-verbaux de constat, mais à tous les procès-

verbaux sans distinction, même à ceux contenant les déclarations
de personnes qui ne peuvent être entendues comme témoins à
l'audience à raison de leur degré de parenté ou d'alliance avec le
prévenu ; et que ce dernier ne saurait donc être fondé à s'opposer
à ce qu'il soit donné lecture d'un tel procès-verbal par le ministère public, sauf aux juges à n'y avoir que tel égard que de raison : Amiens, 20 nov. 1863 (J.M.p.7.3). — Nous croyons cette
décision parfaitement juridique sous tous les rapports. — En
ordonnant la lecture des procès-verbaux, s'il y en a, l'art. 153,
C. instr. crim., a eu sans doute plus particulièrement en vue les
procès-verbaux de constat. Mais comme ces procès-verbaux ne
sont pas les seuls dans lesquels les juges aient la faculté de puiser
leur conviction, comme il est, au contraire, de jurisprudence
constante que les magistrats peuvent fonder leur décision sur tous
les documents soumis au débat de l'audience, il faut bien admettre, ainsi que le juge ici la Cour d'Amiens, que l'art. 153 s'applique à tous les procès-verbaux sans distinction. On ne doit pas
même en excepter ceux qui contiendraient les déclarations émanées de personnes que leur degré de parenté ou d'alliance avec
le prévenu ne permet pas d'entendre comme témoins à l'audience ;
car il y a ici même raison de décider qu'à l'égard des dépositions
faites devant le juge d'instruction par des personnes qui pourraient
être reprochées comme témoins à l'audience, dépositions sur lesquelles nous croyons avoir démontré ailleurs que les juges peuvent
asseoir leur conviction (V. *Preuve des délits*).

68. Lorsque la lecture des procès-verbaux n'a pas eu lieu au
commencement de l'affaire, elle peut encore être autorisée au
cours du débat, si elle est reconnue nécessaire pour parvenir à la
manifestation de la vérité : même arrêt d'Amiens, 20 nov. 1863.—
Il est certain que l'interversion de l'ordre tracé par les art. 153
et 190, C. instr. crim., n'est pas une cause de nullité, quand
d'ailleurs il n'y a pas eu violation du droit de la défense. V. Dalloz, vᵒ *Instr. crim.*, n. 952.

69. L'art. 12 de la loi du 9 sept. 1835 déclare expressément
applicables au jugement de tous les crimes et délits devant toutes
les juridictions, et par conséquent des délits déférés aux tribunaux correctionnels, les art. 9 et 10 de la même loi, aux termes
desquels lorsque la Cour d'assises a fait retirer de l'audience et
reconduire en prison un accusé qui, par des clameurs ou par tout
autre moyen propre à causer du tumulte, mettait obstacle au libre
cours de la justice, il doit être donné lecture à cet accusé du pro-

cès-verbal des débats par le greffier, après chaque audience. Faut-il conclure de là que, dans le cas où les débats d'une affaire correctionnelle durent plusieurs jours, il doit en être dressé un procès-verbal spécial et quotidien, par dérogation aux règles ordinaires de la procédure en cette matière? L'affirmative a été consacrée par un arrêt de la Cour d'Aix du 21 nov. 1866 (J.M.p. 11.246); mais la négative est enseignée par MM. F. Hélie, t. 6, n. 2927, et Berriat-Saint-Prix, 2e part., t. 2 n. 853, d'après lesquels le procès-verbal des débats est remplacé ici par les notes d'audience ou par les énonciations du jugement lui-même. Cette dernière interprétation nous semble préférable. Sans doute, rien ne s'oppose à ce qu'un procès-verbal spécial soit dressé, et lu au prévenu (V. F. Hélie, *ibid.*); mais il doit suffire de la lecture, soit des énonciations du jugement, pourvu qu'elles soient convenablement développées (V. Berriat-Saint-Prix, *loc. cit.*), soit des notes d'audience tenues par le greffier, et qui constituent un véritable procès-verbal des débats, ainsi que la Cour d'Aix l'a jugé elle-même par un précédent arrêt du 12 juill. 1865 (*infrà*, n. 74).

70. Du principe bien certain que le tribunal correctionnel ne peut être saisi de la connaissance d'un délit que par une citation, une ordonnance ou un arrêt de renvoi (C. instr. crim., 182), il résulte nécessairement que la reconvention n'est pas admise devant cette juridiction, *Sic*, Cass., 5 juin 1835 (S.-V.35.1.860); Agen, 27 nov. 1867 (J.M.p.11.83). Le premier de ces arrêts a jugé que le tribunal de police saisi d'une action en injures non publiques ne peut se déclarer incompétent, sous le prétexte que le prévenu impute au poursuivant des diffamations publiques et en demande la répression. Le second a décidé en sens analogue que l'individu poursuivi devant le tribunal correctionnel pour délit d'injures publiques, à la requête d'un autre particulier, n'est pas recevable à prendre contre celui-ci, à l'audience, des conclusions reconventionelles tendant à le faire condamner pour un délit de même nature. *Adde* conf., Dalloz, v° *Compét. crim.*, n. 62, 243 et 277.

71. Le tribunal correctionnel, saisi, par la citation directe du plaignant, d'un délit imputé à un mineur, peut-il statuer sur la demande en dommages-intérêts formée par la même citation contre le prévenu, sans qu'il soit nécessaire d'appeler en cause le tuteur de ce dernier? C'est là un point controversé. La Cour d'assises du Haut-Rhin, par arrêt du 15 mars 1831 (S.-V.33.2.182), et celle de la Moselle, par arrêt du 1er août 1829 (S.-V.9.2.312), ont jugé que devant la juridiction criminelle comme devant les tribunaux civils, la demande en dommages-intérêts formée contre un mineur n'est pas recevable si le tuteur de ce dernier n'est pas mis en cause; et plusieurs auteurs professent la même doctrine, en se fondant sur ce que, si le mineur s'oblige par son délit sans la participation de son tuteur, il ne s'ensuit point que, pour faire sanctionner cette obligation par les tribunaux, on puisse agir contre le mineur seul, celui-ci ayant droit à la même protection, pour ses intérêts, devant la juridiction criminelle que devant la juridiction civile. V. Hélie et Chauveau, *Théor. Cod. pén.*, t. 1, n. 243; Dalloz, v° *Instr. crim.*, n. 516, et Vial, J.M.p.6.80.

72. Mais l'interprétation contraire a été consacrée par de plus nombreuses décisions, émanées les unes de tribunaux de première instance ou de Cours d'appel, les autres de la Cour de cassation (Bruxelles, 6 nov. 1822; Grenoble, 4 mars 1835, S.-V.35.2.308; Cass., 15 janv. 1846, S.-V.46.1.489, et 29 mars 1849, Bull., n. 67; trib. corr. de Rouen, 19 avr. 1866, (J.M.p.9.200), et elle est professée par MM. Magnin, *des Minorités*, t. 2, p. 191, et Berriat Saint-Prix, *Trib. de simple police*, n. 303. Nous la croyons seule fondée. D'un côté, en effet, il impliquerait contradiction que le mineur, qui peut valablement s'obliger, sans l'intervention de son tuteur, pour la réparation des délits commis par lui (C. civ., 1310), ne pût pas, sans cette même intervention, être condamné par les tribunaux aux dommages-intérêts que lui réclame la partie lésée; et, d'autre part, on concevrait encore moins que lorsque le législateur a posé la règle que le plaignant peut se porter partie civile en tout état de cause, sans y introduire aucune exception, cette règle fût inapplicable toutes les fois que le prévenu, poursuivi à la requête du ministère public, serait mineur ou appartiendrait à quelque autre catégorie d'incapables. Le plaignant conserverait sans doute la faculté d'agir par la voie civile; mais pour le priver du choix que la loi lui donne entre cette voie, plus longue et plus dispendieuse, et la voie criminelle, il faudrait pouvoir s'appuyer sur un texte formel, et ce texte n'existe pas.

73. Du principe, posé en matière civile, par l'art. 87 du décret du 30 mars 1808, que les parties ne peuvent obtenir la parole après l'audition du ministère public, mais ont seulement la faculté de remettre au président de simples notes, on a induit avec raison que les parties n'ont point le droit, une fois le ministère public entendu, de signifier des conclusions additionnelles, ni même de produire un mémoire ampliatif. V. *Défense*, n. 11. —

Il résulte aussi d'un arrêt de la Cour de Colmar du 19 févr. 1866 (J.M.p.9.117), qu'en matière correctionnelle, la partie civile ne peut déposer de nouvelles conclusions après que le ministère public a été entendu et la cause mise en délibéré. — Nous ne pouvons qu'approuver cette solution, qui, bien que se rattachant à une poursuite correctionnelle, est fondée à bon droit sur l'art. 87 précité du décret de 1808, puisque, entre la partie civile et le prévenu, le débat, ainsi que le dit fort bien cet arrêt, conserve tout le caractère d'un litige civil.

74. Les notes d'audience tenues par le greffier, en matière correctionnelle, conformément à l'art. 189, C. instr. crim., font incontestablement foi de leur contenu. — Antérieurement à la modification apportée à l'art. 189 par la loi du 13 juin 1856, on décidait que ces notes étaient suffisamment authentiquées par la signature du greffier, sans qu'il fût nécessaire qu'elles fussent également signées par le président du tribunal (Cass., 30 avr. 1842, S.-V.42.1.564; — Berriat-Saint-Prix, t. 2, n. 810; Trébutien, t. 2, p. 490). Depuis cette modification, on ne saurait douter que les notes du greffier seraient sans valeur, si elles n'étaient signées que de celui-ci et non du président (Conf., F. Hélie, t. 6, n. 2889. — Mais l'authenticité de ces notes s'étend-elle même à la mention relative à la prestation de serment des témoins ? L'affirmative nous semble également certaine. Il est vrai que l'art. 189 modifié ne prescrit au greffier de tenir note que des déclarations des témoins et des réponses du prévenu, sans parler de la mention concernant la prestation du serment ; mais on ne saurait croire qu'il ait entendu se montrer plus restrictif que l'art. 155 auquel il se réfère et qui, lui, dispose expressément que le greffier doit tenir note de la prestation de serment des témoins. La loi de 1856, en ajoutant à l'art. 189 une nouvelle prescription, a eu sans doute particulièrement en vue la constatation des déclarations des témoins et des réponses du prévenu, mais sans exclure celle de la prestation de serment des témoins, dont l'art. 155 charge également le greffier. La jurisprudence s'est d'ailleurs prononcée en ce sens. V. Aix, 12 juill. 1865 (J.M.p.9.7) et 21 nov. 1866 (*Id.*, 11.246).

75. L'arrêt de la Cour d'Aix du 12 juill. 1865 décide qu'en matière correctionnelle, les notes tenues par le greffier constituent le véritable procès-verbal de l'audience, et que la foi qui leur est due ne saurait être infirmée par les mentions contenues dans les qualités du jugement ; — Qu'ainsi, spécialement, la constatation,

dans les notes du greffier, qu'un témoin a été entendu sans prestation de serment, doit prévaloir sur l'énonciation contraire des
qualités du jugement.

76. Mais si les notes du greffier, au lieu de contenir des mentions contredites par celles des qualités, étaient muettes à l'égard
soit d'une déclaration de témoin que le jugement relaterait, soit
de l'observation ou de l'inobservation de la prestation de serment
que constaterait aussi le jugement, il faudrait décider que les
énonciations du jugement suppléeraient au silence des notes (*Sic*
Cass., 5 mai 1820, S.-V. 6.1.229, et 1er juin 1838, S.-V. 38.1.
1007). Le législateur, en effet, n'a nulle part manifesté la volonté
que les notes du greffier fissent seules foi des faits énumérés dans
les art. 155 et 189. Aussi, est-il de jurisprudence et de doctrine
que leur omission n'emporte point nullité. V. Cass., 1er juin 1838,
précité, et 26 déc. 1857 (S.-V. 58.1.836). « Il en résulte seulement, dit M. F. Hélie, *loc. cit.*, que les formes et les éléments du
premier débat ne sont point constatés, et qu'il y a lieu d'y suppléer, soit à l'aide des énonciations du jugement, soit par une
nouvelle audition des témoins. » V. conf., Dalloz, *Répert.*, vo *Témoins*, n. 391. M. Berriat-Saint-Prix, *ut suprà*, s'exprime dans le
même sens, tout en faisant remarquer avec raison que les notes
du greffier ne sauraient être omises sans un grave inconvénient,
à raison des frais considérables qu'une nouvelle audition de témoins peut entraîner. M. Trébutien, *loc. cit.*, note 15, éprouve
même de la peine à comprendre qu'une telle omission ne soit pas
une cause de nullité. Cela peut être en effet regrettable ; mais un
surcroît de frais ne saurait à lui seul motiver une nullité que ne
prononce point la loi.

77. Il a été fort bien jugé que le greffier du tribunal correctionnel doit tenir note de la déposition du plaignant qui a été entendu comme témoin, alors même que celui-ci se serait porté
partie civile immédiatement après avoir déposé : Trib. corr. d'Au-
denarde, 24 juin 1865 (J.M.p.10.232). — La déposition du
plaignant, en effet, n'est point nulle, bien que ce dernier se soit
ultérieurement constitué partie civile (V. *Témoin*) ; elle est acquise
aux débats, et rien ne saurait affranchir le greffier de l'obligation d'en
tenir note. La prescription de l'art. 189, C. instr. crim., modifié
en Belgique par une loi du 1er mai 1849, et en France par la loi
du 13 juin 1856, est absolue et ne comporte aucune distinction.

78. Un arrêt de la Cour de cassation du 3 mars 1864 (J.M.
p. 7.187) a jugé qu'en matière répressive, l'état de la poursuite

ne peut plus être modifié après la mise de la cause en délibéré, et que, spécialement, sont tardives les réquisitions prises par le ministère public devant le tribunal de police pour faire entendre un nouveau témoin, au moment où le juge va vider le délibéré précédemment ordonné par lui et rendre son jugement. — Mais la jurisprudence et la doctrine sont contraires à cette décision, et ne regardent les conclusions du ministère public devant les tribunaux de répression comme tardives, que lorsqu'elles se produisent au moment où le délibéré est déjà commencé. V. *Ministère public,* n. 59.

79. Quand le tribunal correctionnel a mis la cause en délibéré sans indication du jour où le jugement serait prononcé, ce jugement ne peut être valablement rendu en l'absence du prévenu et sans qu'il ait été averti par une réassignation : Cass., 22 août 1862 ; Amiens, 13 déc. 1862 (J.M.p.6.42). — Rapprochez ce qui a été dit *suprà*, n. 42.

80. En principe, il est certain que le jugement correctionnel ou de simple police qui ne constate pas que le ministère public a résumé l'affaire et donné ses conclusions, est nul. V. Dalloz, v^{is} *Instr. crim.*, n. 884, et *Minist. publ.*, n. 270. — Mais la Cour suprême a décidé avec raison, par arrêt du 10 juill. 1863 (J.M.p. 6.259), qu'il peut être suppléé à cet égard au silence du jugement par les constatations des notes tenues par le greffier.

81. Sur la procédure et sur l'instruction à l'audience, V. encore *Cour d'assises, Preuve des délits, Tribunal correctionnel, Tribunal de police.*

INTERDICTION ET CONSEIL JUDICIAIRE (Nomination de). — **1.** L'interdiction d'un individu en état de fureur doit être provoquée d'office par le ministère public, lorsqu'elle ne l'est ni par l'époux ni par les parents de cet individu. Le ministère public peut aussi provoquer l'interdiction d'une personne qui est seulement en état d'imbécillité ou de démence, quand cette personne n'a ni conjoint, ni parents connus (C. civ., 491).

2. Dans ce dernier cas, c'est au ministère public demandeur à fournir la preuve que l'individu qu'il veut faire interdire n'a ni conjoint ni parents connus : Debacq, *Act. du min. publ. en mat. civ.*, p. 291. — Si cet individu déclare avoir des parents, et surtout s'il désigne le lieu de sa naissance et celui où existe sa famille, on ne peut accueillir l'action dirigée contre lui, sous le prétexte qu'il ne donne pas *l'indication précise* des noms et demeures de ses parents : le ministère public doit démontrer la fausseté de sa déclaration : Cass., 7 août 1826 (S.-V.8.1.407).

3. L'interdiction pour cause de fureur peut être provoquée par l'officier du ministère public près le tribunal du lieu où réside le défendeur ; il n'est pas nécessaire que la demande soit portée devant le tribunal du domicile de celui-ci : Cass., 24 déc. 1838 (S.-V. 39.1.49) ; — Carré et Chauveau, *Lois de la procéd.*, quest. 3013.

4. Lorsque l'action en interdiction a été intentée par l'une des personnes auxquelles la loi en donne le droit, et qu'elle a été rejetée, le ministère public demeure recevable à former une nouvelle demande en interdiction, basée sur les mêmes faits. On ne saurait lui opposer l'exception de chose jugée, puisqu'il n'était pas partie dans la première instance : Debacq, p. 298.

5. La Cour de Rouen a jugé, par arrêt du 25 juill. 1861 (J.M.p. 5.34), que l'action en interdiction est d'ordre public, et peut, dès lors, être exercée contre les étrangers eux-mêmes.

6. Cette décision nous semble contestable dans ses termes absolus. Il ne faut pas perdre de vue deux principes essentiels et bien certains : le premier, que le statut personnel comprend toutes les dispositions législatives qui déterminent l'état et la capacité des personnes, et conséquemment celles qui sont relatives à l'interdiction (V. Demolombe, t. 1, n. 77 ; Dalloz, *Répert.*, vᵒ *Lois*, n. 406 ; Aubry et Rau, d'après Zachariæ, t. 1, § 31, p. 73 ; Massé, *Dr. commerc.*, 2ᵉ édit., t. 1, n. 544) ; le second, que les étrangers résidant en France restent soumis à leur statut personnel (Merlin, *Rép.*, vᵒ *Loi*, § 6, n. 6 ; Proudhon et Valette, *État des pers.*, t. 1, p. 80 et s.; Duranton, t. 1, p. 93 ; Demolombe, *loc. cit.*, n. 98 ; Demangeat, *Condit. des étrang.*, n. 82 ; Dalloz, *loc. cit.*, n. 385 ; Aubry et Rau, *loc. cit.*, p. 79, texte et note 22 ; Massé et Vergé sur Zachariæ, t. 1, § 29, n. 37 ; Massé, *Dr. comm.*, n. 540;— Paris, 20 fév. 1858 ; Cass., 16 janv. 1861 (S.-V.61.1.305), texte et note; Trib. de la Seine, 28 fév. 1862, *Gaz. des trib.* du 1ᵉʳ mars). De là il suit nécessairement qu'un étranger, même résidant en France, ne peut, du moins en règle générale, être frappé d'interdiction qu'en vertu de la loi de son pays, et non en vertu de la loi française. C'est ce que reconnaissent d'ailleurs implicitement les auteurs qui enseignent que les jugements des tribunaux étrangers prononçant l'interdiction d'un sujet de leur pays, produisent leur effet en France sans avoir besoin d'être préalablement déclarés exécutoires par les tribunaux français. *Sic*, Merlin, vⁱˢ *Majorité*, § 5, et *Question d'état*; Demolombe, *ut suprà*, n. 103 ; Fœlix, *Dr.*

internat. priv., n. 65 et 333 ; Demangeat, *ut suprà*, p. 374 ; Aubry et Rau, p. 85 et 86. — *Contrà*, Paris, 18 sept. 1833 (D.p.34.2.26).

7. L'arrêt de la Cour de Rouen mentionné ci-dessus considère, au contraire, l'étranger résidant en France comme soumis d'une manière absolue à la loi française, en ce qui concerne la mesure de l'interdiction, et il fonde cette doctrine sur la disposition de l'art. 3, C. civ., aux termes de laquelle « les lois de police et de sûreté obligent tous ceux qui habitent le territoire ». Nous n'hésitons pas à reconnaître, avec l'arrêt, que les expressions *lois de police et de sûreté* ne doivent pas être prises ici dans un sens restrictif, et qu'elles s'appliquent à toutes les lois qui ont pour objet l'ordre général et la sécurité publique (Conf., Demolombe, p. 70 ; Demangeat, p. 311 et s.; Aubry et Rau, p. 71, texte et note 5). Mais les dispositions législatives concernant l'interdiction sont-elles de ce nombre? Il faut distinguer là les causes diverses qui motivent cette mesure. S'agit-il de faire interdire un furieux ? L'ordre public, en ce cas, est manifestement intéressé, et la loi, pour le sauvegarder, charge le ministère public lui-même de provoquer l'interdiction (C. civ., 491). Impossible de contester, en semblable hypothèse, que l'art .3, C. civ., soit applicable, et que l'action en interdiction puisse atteindre l'étranger résidant en France (V. en ce sens, Aubry et Rau, p. 72).

8. Mais il n'en saurait être de même dans les autres cas. Cette action n'intéresse plus alors que l'intérêt particulier, soit de l'individu qu'il s'agit d'interdire, soit de ses parents ou de son époux; l'ordre général ou la sécurité publique ne sont plus en jeu, et le statut personnel doit, dès lors, être exclusivement appliqué. — Vainement l'arrêt de la Cour de Rouen objecte-t-il que, d'après l'art. 491, le ministère public peut requérir l'interdiction, même pour simple imbécillité ou démence, contre un individu n'ayant ni conjoint ni parents connus. La mission confiée au ministère public n'a point ici pour cause l'intérêt public, comme dans l'hypothèse où l'interdiction est poursuivie contre un furieux. La loi n'a en vue que l'intérêt particulier de l'individu atteint d'imbécillité ou de démence, sur qui ne peut veiller sa famille. Aussi, dans ce cas, n'impose-t-elle pas au ministère public l'obligation d'agir, mais lui en donne-t-elle simplement la faculté. — Concluons donc que l'étranger résidant en France qui se trouve atteint de démence ou d'imbécillité, ne peut être poursuivi en interdiction, en vertu de la loi française, ni par ses parents ou son conjoint, ni, à défaut de ceux-ci, par le ministère public.

9. Le ministère public n'est pas partie principale, mais seulement partie jointe au jugement qui prononce la mainlevée de l'interdiction. En conséquence, le défaut d'appel de ce jugement de la part du ministère public n'empêche pas que le tuteur de l'interdit ne puisse en appeler lui-même avec l'autorisation du conseil de famille : Cass., 14 juin 1842 (S.-V.42.1.742).

10. Le coût des expéditions et des extraits des jugements ayant pour objet des interdictions d'office, ne peut être payé sur les fonds affectés aux frais de justice criminelle : Circ. 25 nov. 1820 (Gillet, n. 1423). — Mais il en est autrement des frais de déplacement des magistrats : Décis. min. just. 9 oct. 1821 (Gillet, n. 1498). — *Contrà*, Décis. 6 janv. 1816 (*Id.*, n. 1008).

11. Le prodigue qui n'est pas dans un état de faiblesse d'esprit de nature à justifier la mesure de l'interdiction, peut être l'objet d'une autre mesure moins grave, la défense de plaider, de transiger, d'emprunter, de recevoir un capital mobilier et d'en donner décharge, d'aliéner ni de grever ses biens d'hypothèques, sans l'assistance d'un conseil qui lui est nommé par le tribunal et qui prend le nom de conseil judiciaire (C. civ., 499 et 513).

12. La nomination d'un conseil judiciaire peut-elle être provoquée par le ministère public ? On argumente, pour l'affirmative de l'art. 514, C. civ., qui ouvre ce droit à toutes les personnes ayant celui de provoquer l'interdiction, et l'on s'appuie, en outre, sur ce que les auteurs du Code n'ont pas tenu compte de la proposition qu'avait faite le Tribunat d'exclure le ministère public du nombre des personnes qui pourraient poursuivre la nomination d'un conseil judiciaire. V. Delvincourt, t. 1 p. 321; Marcadé, sur l'art. 414, C. civ.; Taulier, *Théor. Cod. civ.*, t. 2, p. 132; Aubry et Rau, d'après Zachariæ, t. 1, p. 505; Massé et Vergé sur Zachariæ, t. 1, p. 487; Demante, *Cours analyt. Cod. civ.*, t. 2, n. 286 *bis*; Demolombe, t. 8, n. 703.

13. Mais on répond avec raison, selon nous, que la nomination d'un conseil judiciaire au prodigue n'étant point une mesure d'ordre public, comme l'interdiction (même lorsque celle-ci n'est prononcée qu'à raison de l'état habituel de démence et d'imbécillité), mais n'ayant d'autre but que la conservation de la fortune du prodigue et ne reposant dès lors que sur un pur motif d'intérêt privé, ne saurait faire l'objet d'une action d'office du ministère public. V. notamment Besançon, 25 août 1810 (S.-V. chr.); — Merlin, *Répert.*, vᵒ *Interdiction*; Toullier, t. 2, n. 1372; Duranton,

t. 2, n. 803; Bioche, *Dictionn. de proc.*, v° *Conseil judic.*, n. 4; Chardon, *Puiss. tutél.*, n. 262; Debacq, p. 300 et 301.

— V. *Aliénés*, 8, 11.

IVRESSE. 1. A défaut de dispositions légales directement répressives de l'ivresse, le décret du 29 déc. 1851 sur les débits de boissons doit fournir à l'administration le moyen de remédier à la plupart des abus. Il importe que les débitants de boissons soient formellement et expressément avertis que, s'ils favorisent l'ivresse en poussant à la consommation des boissons, ou s'ils servent à boire à des individus déjà ivres, l'autorité fera fermer leurs établissements, en vertu des dispositions de l'art. 2 du décret précité.—Quant aux individus dont l'ivresse se manifesterait au dehors par des actes de nature à troubler l'ordre ou à inquiéter les citoyens dans leur sûreté personnelle, l'autorité locale peut légalement leur interdire la libre circulation et le stationnement sur la voie publique, et même les faire arrêter et déposer en lieu sûr, tant qu'ils peuvent compromettre, par leurs excès et leurs sévices, la sécurité des habitants : Circ. min. intér. 14 oct. 1861 (Rés. chr., p. 39).

2. On consultera, au surplus, avec fruit, sur l'urgence et le mode le plus efficace de la répression de l'ivresse, un intéressant opuscule de M. de Neyremand intitulé *de la Nécessité de réprimer l'ivresse*, qui a été publié récemment.

3. D'après un jugement du tribunal correctionnel du 8 avril 1865 (J.M.p.8.151), le fait d'avoir causé une maladie à autrui par suite d'un état d'ivresse qu'on lui a procuré en l'excitant imprudemment à boire d'une manière immodérée des liqueurs spiritueuses, tombe sous l'application de l'art. 320, C. pén., parce que cet article embrasse dans sa disposition les accidents internes aussi bien que les lésions extérieures.

4. Cette solution, éminemment morale, ne laisse pas d'être assez délicate en droit.—On peut dire, en effet, que si les lésions internes constituent des blessures dans le sens de l'art. 320, C. pén., comme l'a jugé un arrêt de la Cour de Paris du 20 août 1841 (S.-V. 41.2.635), et comme l'enseignent MM. Hélie et Chauveau, *Th. Cod. pén.*, t. 4, p. 120 (4° édit.), et Dalloz, *Rép.*, v° *Crimes et délits contre les personnes*, n. 214, le fait d'avoir causé involontairement à une personne des lésions de cette nature par l'ivresse qu'on lui a procurée, ne saurait être atteint par la disposition de cet article, qu'autant qu'un semblable fait accompli volontairement tomberait lui-même sous le coup de la loi pénale, le législateur n'ayant pu vouloir édicter contre celui qui n'est coupable que d'imprudence, une répression à laquelle échapperait celui qui a agi avec l'intention de nuire ; mais que nulle disposition de la loi ne frappe d'une peine le fait volontaire dont il s'agit ; que si l'art. 317, C. pén., punit celui qui a occasionné à autrui une maladie ou incapacité de travail personnel en lui administrant volontairement, de quelque manière que ce soit, des substances qui, sans être de nature à donner la mort, sont nuisibles à la santé, il a entendu désigner par là des substances nuisibles par leur nature intrinsèque (Hélie et Chauveau., *loc. cit.*, p. 75), et ne s'applique point aux boissons, dont la loi ne punit pas l'emploi abusif, mais seulement la falsification (ancien art. 318, C. pén. ; L. 5 mai 1855) ; qu'ainsi, la maladie produite par l'ivresse n'étant pas un fait punissable, alors même que l'ivresse a été procurée avec l'intention de causer cette maladie, doit bien moins encore être atteinte par la loi pénale quand l'ivresse n'a été procurée que par une simple imprudence.

5. Mais cette argumentation n'est pas sans réplique. On peut répondre que l'art. 317, C. pén., ne spécifiant pas les substances nuisibles à la santé dont il s'occupe, rien ne s'oppose à ce que l'on considère comme telles des boissons qui, sans être nécessairement pernicieuses, le deviennent inévitablement lorsqu'elles sont absorbées en quantité trop considérable ; que, sans doute, il faut que la substance soit de nature à entraîner une maladie d'une certaine gravité ; mais que l'ivresse produite par les boissons peut conduire à ce résultat quand elle est poussée aux limites extrêmes, et que celui qui, dans un dessein coupable, procure à autrui une semblable ivresse, ne saurait moins être atteint par l'art. 317 que celui qui cause à quelqu'un une maladie ou une incapacité de travail, en lui administrant toute autre substance nuisible à la santé par sa nature même ; que, dès lors, si ce fait, au lieu d'être accompli avec l'intention de nuire, n'est que le résultat d'une imprudence, il tombe sous l'application de l'art. 320. On peut ajouter que, d'ailleurs, cet article est conçu dans les termes les plus généraux, et embrasse conséquemment toutes les espèces de blessures involontaires, sans distinction ni quant aux caractères de ces blessures, ni quant aux moyens par lesquels elles ont été produites.

INTERVENTION. **1.** Le droit des personnes civilement responsables d'intervenir dans une poursuite correctionnelle, et de prendre le fait et cause des prévenus, a été contesté par quelques auteurs (Vente, *Rev. crit. de jurispr.*, année 1852, p. 676, et Dalloz, *Répert.* v° *Intervention*, n. 167), suivant lesquels il suffit que la personne civilement responsable du fait qui a donné lieu à des poursuites correctionnelles ne puisse pas se substituer au prévenu dans ces poursuites, et appeler les réquisitions du ministère public sur elle-même, pour que son intervention n'ait pas de base légale. —V. aussi Cass., 16 déc. 1808 (Dalloz, *eod.*, n. 168).—Mais cette opinion a été justement repoussée. En général, toutes les fois qu'un individu peut être lésé par le résultat d'un procès existant entre d'autres personnes, il a le droit d'intervenir dans l'instance pour empêcher, s'il est possible, ce résultat, et cette règle équitable ne saurait être moins vraie en matière criminelle qu'en matière civile. Or, est-il besoin de dire que le jugement des poursuites correctionnelles auxquelles a donné lieu un fait dont une personne se trouve civilement responsable, est de nature à léser cette personne ? Il n'importe que l'action civile ne soit pas encore engagée contre elle. L'imminence de cette action, qui peut se produire, soit dans le cours de la poursuite, soit plus tard, suffit incontestablement pour lui donner intérêt et conséquemment droit à intervenir dans l'instance correctionnelle à l'effet de combattre la prévention quant aux suites qu'elle peut avoir pour elle. Conf., Cass., 13 nov. 1835 (D.P.36.1.60); 10 mai 1845 (D.P.45. 4.325); 7 janv. 1853 (D.P.53.1.66); Amiens, 25 avr. 1856 (D.P. 57.2.91); — Carnot, *Instr. crim.*, t. 1, p. 429, n. 12 et 13; Mangin, *Act. publ.*, t. 1, n. 217; Morin, *Rép.*, v° *Quest. préjud.*, n. 22; F. Hélie, *Instr. crim.*, t. 6, n. 2649.

2. Mais ce droit d'intervention peut-il encore être revendiqué par la personne civilement responsable du fait poursuivi, lorsque ce n'est pas à raison de sa responsabilité civile, mais pour la satisfaction d'un intérêt purement moral, qu'elle entend se mêler aux débats ? Et, par exemple, sera-t-il permis à une administration publique d'intervenir dans la poursuite dirigée contre l'un de ses préposés, dans le seul but de réclamer en faveur de celui-ci le bénéfice de la garantie constitutionnelle ? Evidemment non. Que cette garantie soit accordée ou déniée au prévenu, il n'en résultera pour elle ni profit ni dommage : à quel titre prétendrait-elle donc figurer dans l'instance ? C'est ici qu'il est vrai de dire que l'intervention n'a pas de base légale, et les tribunaux ne peuvent hésiter à la repousser. V. en ce sens, Cass., 16 avr. 1858 (J.M.p.1.269), et Metz, 29 avr. 1863 (J. 7.194).

3. L'arrêt précité de la Cour de cassation, du 16 avril 1858, décide en conséquence que le jugement qui rejette en pareil cas le déclinatoire de l'administration intervenante, statue définitivement à son égard, et que ni le ministère public, ni le prévenu n'ont besoin de la faire citer pour les audiences ultérieures de la même instance.

4. Sur l'intervention du plaignant en instance d'appel correctionnel, V. *Appel correctionnel*, n. 205.

5. Sur l'intervention du ministère public en matière civile, V. *Action directe ou d'office*, n. 15 et 19.

—V. *Action civile*, 18; *Action directe ou d'office*, 15, 19, 22; *Appel correct.*, 205, *Tribunal de police*, 12.

JOUR FÉRIÉ. — 1. Il résulte de l'art. 2 de la loi du 17 therm. an VI, qui n'a pas été abrogé par les lois postérieures (Cass., 8 mars 1832, S.-V.32.1.356), que l'administration de la justice est suspendue les jours fériés, sauf les cas de nécessité et l'expédition des affaires criminelles. — En matière criminelle donc, il est permis de procéder aux divers actes d'instruction, de jugement et d'exécution les jours fériés aussi bien que tous les autres jours. V. notamment Décis. min. just. 6 juill. 1812 (Gillet, n. 787); Cass., 12 juill. 1832 (S.-V.33.1.225); 11 mai 1849 (S.-V. 49.1.542); 6 déc. 1850 (S.-V.51.1.451).

2. Les jours fériés sont, indépendamment du dimanche (L. 26 mess. an IX, art. 57), ceux consacrés aux fêtes de l'Ascension, de l'Assomption, de la Toussaint et de Noël (Arrêté 29 germ. an X), ainsi que le 1er janvier (Circ. minist. just. 4 niv. an XIII, Gillet, n. 484; Avis Cons. d'Ét. 20 mars 1810).

3. C'est un usage abusif de considérer le Mardi-Gras comme un jour férié : Lett. min. just. 1er avr. 1858 (Gillet, n. 3765).

4. Les tribunaux ne peuvent non plus se dispenser de tenir les audiences les jours de foires : Décis. min. just. 28 déc. 1857 (Gillet, n. 3688).

5. Lorsque le 2 novembre est un dimanche, et que, le lendemain, à raison de la commémoration religieuse des morts, il ne peut y avoir de messe du Saint-Esprit, la rentrée des Cours et tribunaux doit être fixée au 4 novembre : Circ. 28 juill. 1856 (Gillet, n. 3669).

—V. *Appel correctionnel*, n. 57 et 58; *Juge d'instruction*, n. 36.

JUGE DE PAIX. — 1. Lorsqu'une place de juge de paix ou de suppléant de juge de paix devient vacante, les chefs des tribunaux ne doivent pas attendre pour faire leurs présentations qu'on les ait mis en demeure de les envoyer (Circ. 4 nov. 1855). Leur devoir est de les adresser *d'office* et le plus promptement possible au premier président et au procureur général, par l'intermédiaire desquels elles doivent parvenir à la chancellerie. Il faut présenter trois candidats (Circ. 6 fruct. an xii); cependant, lorsqu'une localité ne fournit pas en quantité suffisante des hommes sur l'aptitude ou la moralité desquels il soit permis de compter, les chefs de service sont autorisés à restreindre leurs présentations suivant les possibilités locales. « S'il en était autrement, leur responsabilité se trouverait engagée en dehors des seules conditions qui impliquent la garantie, celles d'un choix libre et réfléchi » (Lettr. proc. gén. de Bourges, 25 nov. 1860).

2. Les présentations doivent être faites par notices *individuelles* et *séparées*, afin que chaque bulletin puisse être classé au dossier du candidat (Circ. 15 mai 1850 et 22 févr. 1853, Gillet, n. 3265 et 3457). Ces notices peuvent être rédigées sous forme d'un tableau à colonnes dont nous avons donné le modèle J.M.p.7.248. On doit joindre à chaque bulletin l'acte de naissance, sur *papier libre,* du candidat qu'il concerne.

3. En principe, le président du tribunal et le chef du parquet devraient rédiger de doubles bulletins, l'un pour le premier président et l'autre pour le procureur général; mais, lorsqu'ils sont d'accord sur le choix et le rang des candidats, ils peuvent éviter de faire ce double travail; dans ce cas, il est nécessaire que les bulletins transmis au procureur général portent, avec la signature de l'officier du parquet de première instance, celle du président, et que, de son côté, le magistrat du parquet signe ceux que le président adresse au premier président.

4. Les juges de paix et leurs suppléants ne peuvent être nommés avant l'âge de trente ans accomplis; et, comme il ne saurait dépendre du ministre de modifier une condition imposée par la loi, aucune présentation ne peut être faite soit pour une justice de paix, soit pour une suppléance, qu'autant que le candidat a atteint l'âge réglementaire (L. 16-24 août 1790, t. 3, art. 3). On ne doit aussi présenter que des candidats n'ayant aucun lien de parenté ou d'alliance avec les titulaires en exercice : Décis. minist. just. 2 sept. 1837 (Gillet, n. 2565). Dans tous les cas, les notices doivent indiquer si les candidats sont parents ou alliés de ces titulaires ou du greffier, et à quel degré. Décis. minist. just. 20 oct. 1813 et 16 fév. 1815 (Gillet, n. 894 et 956).

5. Les chefs du tribunal de première instance doivent entourer de la plus grande discrétion les présentations qu'ils adressent aux chefs de la Cour, et conserver en toute circonstance, à cette

partie si délicate de leur administration, le caractère confidentiel qui lui est propre (Circ. 3 juill. 1861).

6. Pour prévenir les abus ou négligences que les juges de paix
peuvent commettre dans leur service, les chefs de parquets de
première instance doivent contrôler ce service au moyen d'une
tournée périodique dans chaque canton. Ils adressent ensuite au
procureur général un rapport détaillé sur l'état dans lequel ils
ont trouvé le service et la tenue des tribunaux de paix et de leurs
greffes dans l'arrondissement, en lui indiquant les modifications
qu'ils ont prescrites ou qui leur paraissent désirables : Circ. 24
mai 1854 (Gillet, n. 3520).

7. Quelques instructions de la chancellerie avaient proclamé
le droit des préfets de demander aux juges de paix des renseignements de police (V. notamment Décis. min. just. 23 août 1836 ,
Gillet, n. 2528 ; Circ. 3 mars 1858, J.M.p.1.184). Une circulaire du
garde des sceaux du 20 fév. 1870 (Rés. chr., p. 132) a, au contraire, déclaré irrégulières les réquisitions et délégations adressées
directement aux juges de paix, soit par l'autorité administrative,
soit par l'autorité militaire. — La même circulaire n'admet pas
non plus que les éléments d'information fournis par les juges de
paix pour les rapports trimestriels adressés à la chancellerie par
les procureurs généraux sur l'état général du ressort, deviennent
un moyen de police politique.

8. On a agité la question de savoir quelle indemnité est due au
juge de paix, en matière civile, lorsqu'il se transporte sur les
lieux contentieux, en vertu d'une délégation du tribunal de première instance ou de la Cour d'appel. La Cour de Pau a jugé,
par arrêt du 25 août 1868 (J.M.p.11.257), qu'en pareil cas le juge
de paix devait évaluer lui-même ses frais de déplacement, *comme
aurait pu le faire un juge ou un conseiller*. Il nous paraît impossible
d'adhérer à cette doctrine. V. à cet égard la dissertation qui ac-
compagne l'arrêt précité.

9. Les actes au bas desquels est apposée la légalisation de
signatures confiée aux juges de paix par la loi du 2 mai 1861,
étant souvent destinés à être produits à l'étranger ou dans les
colonies, la chancellerie a dû réclamer les types des signatures
de tous les juges de paix et de tous leurs suppléants pour pouvoir, à son tour, les légaliser, comme cela est exigé en pareil
cas. Chaque signature est placée sur une feuille conforme à un
modèle fourni par la chancellerie et jointe au procès-verbal de
la prestation de serment de chaque magistrat , pour être envoyée

hiérarchiquement avec ce procès-verbal. Il importe essentiellement que les signatures soient lisibles : Circ. 21 mai 1861 (Rés.
chr., p. 34). — V. aussi Circ. 30 juill. 1850 (Gillet, n. 3278). —
Rapproch. *Greffier*, n. 11.

10. Tous les mois, dans les cinq premiers jours, les juges de
paix envoient au parquet de première instance un procès-verbal
de vérification des minutes existant au greffe, et le chef du parquet doit à son tour transmettre au procureur général, réunis en
un seul procès-verbal, tous ceux par lui reçus.—Voy. J.M.p.7.278
et s., les modèles de ces procès-verbaux.

11. Dans les premiers jours de chaque trimestre, c'est-à-dire
au commencement des mois de janvier, avril, juillet et octobre,
les juges de paix envoient, en outre, au parquet de première
instance : 1° un procès-verbal de vérification du registre sur lequel
leurs greffiers doivent inscrire les sommes qu'ils reçoivent pour
les actes de leur ministère (Ordonn. 17 juill. 1825, art. 3) ; —
2° un état des jugements de police qui, rendus dans le trimestre
précédent, ont prononcé la peine d'emprisonnement (C. instr.
crim., 178). — V. les modèles J.M.p.7.300 et s.

12. Tous les ans, au mois de décembre, la chancellerie envoie,
par l'intermédiaire du procureur général, au chef du parquet de
première instance, qui le transmet aux juges de paix, un état que
ces magistrats doivent remplir pour faire connaître quels ont été
leurs travaux de l'année. Il est divisé en deux parties. La première est destinée aux travaux en matière civile. La seconde concerne les travaux des juges de paix en matière de simple police
et en matière criminelle. Voy., relativement à cet état, les explications données J.M.p.9.305.

13. Sur les soins que les juges de paix doivent apporter à la
formation des listes préparatoires du jury, V. les notions qui ont
été exposées J.M.p.9.247. — Les juges de paix doivent communiquer ces listes au chef du parquet de première instance, pour
qu'il fasse vérifier si le casier judiciaire ne constate, dans la personne des citoyens portés sur ces listes, aucune incapacité légale :
Circ. 26 août 1853, § 1er (Gillet, n. 3479).

14. Dans quelle proportion le traitement des juges de paix
doit-il être alloué aux suppléants qui remplacent par intérim le
titulaire? La raison de douter est tirée de ce que l'art. 150 du
règlement de 1838, qui limite l'allocation à la moitié, est fait spécialement pour les suppléants de juges de paix ; tandis que la loi
du 25 mai 1854, qui accorde la totalité du traitement, concerne

la magistrature en général, et pourrait n'avoir point dérogé à la règle particulière précédemment tracée. Mais le texte de la loi et les motifs qui l'ont inspirée répondent à cet argument. L'art. 2 de la loi de 1854 porte, en effet, qu'il s'applique à *toutes les vacances de l'ordre judiciaire*, et l'art. 4 abroge toute disposition antérieure contraire à celle de l'art. 2. L'exposé des motifs explique qu'on a voulu ramener à l'uniformité les divers modes de répartition des traitements adoptés jusqu'alors, et faire profiter de la rétribution tout entière le magistrat qui supporte *tout* le poids du service. Cette dernière considération est surtout d'une opportunité parfaite en ce qui touche les suppléants des juges de paix, dont le concours gratuit est si fréquemment et si utilement employé. — Conf., Addenet, *Codes annotés des circulaires*, p. 305.

15. Il est bon de rappeler ici que l'intérim auquel est attachée l'allocation de traitement n'est pas le simple remplacement pour cause d'absence ou de maladie, mais la vacance du siége ou la suppression du traitement encourue par le titulaire.

— V. *Aliénés*, 1 ; *Avoué*, 17 ; *Fonctionnaires administratifs* ; *Juge d'instruction*, 8 et s.; *Jury*, 2 ; *Magistrat*, 8 et s., 19, 27 ; *Manufacture*, 1 ; *Notaire*, 43 ; *Outrage*, 12, 23, 24 ; *Pharmacien*, 2 ; *Préséance*, 13 ; *Questions préjudicielles*, 19, 20 ; *Succession*, 1 ; *Succession d'étranger* ; *Succession vacante*, 1 ; *Témoin*, 3 ; *Tribunal de simple police*.

JUGE D'INSTRUCTION.

SOMMAIRE ALPHABÉTIQUE.

1. L'art. 58, C. instr. crim., porte que, dans les villes où il n'y a qu'un juge d'instruction, s'il est absent, malade ou autrement empêché, le tribunal de première instance désignera l'un des juges de ce tribunal pour le remplacer. — Des discussions se sont élevées, bien à tort, selon nous, sur ces mots : *autrement empêché*. La généralité de la disposition de l'art. 58, C. instr. crim., est pour nous si évidente, qu'il nous semble superflu d'insister pour démontrer que cette disposition embrasse tous les cas, sans distinction, où le juge d'instruction est dans l'impossibilité d'accomplir un acte quelconque de ses fonctions. Nous ne voyons pas quelle exception cette règle serait susceptible de recevoir; aucun des auteurs qui ont commenté l'art. 58 ne paraît avoir supposé qu'elle puisse en comporter. — Si donc deux crimes se commettent le même jour dans des lieux différents, le juge titulaire qui se transporte pour l'instruction de l'un doit être remplacé, conformément à l'art. 58, pour l'instruction de l'autre, à laquelle un des membres du parquet ne peut procéder seul.

2. Aux termes d'un décret du 1er mars 1852, les fonctions de juge d'instruction peuvent être confiées aux juges suppléants près les tribunaux de première instance.

3. D'après l'art. 56, C. instr. crim., dans les tribunaux où le service l'exige', un juge suppléant peut, par décret, être temporairement chargé de l'instruction, concurremment avec le juge d'instruction titulaire. Mais la nature tout exceptionnelle de cette institution commande qu'elle soit renfermée dans un cercle aussi restreint que possible; il n'en doit être fait usage que dans les cas de nécessité absolue. Lorsqu'il y a lieu de provoquer la nomination d'un juge d'instruction temporaire, le procureur général n'a pas seulement à constater le nombre relativement élevé des affaires que le titulaire est chargé de mettre en état; mais il doit s'expliquer sur la nature et la gravité habituelle de ces affaires et sur les développements plus ou moins importants dont elles sont susceptibles. Un chiffre d'affaires considérable ne rend pas indispensable l'intervention d'un juge d'instruction temporaire, lorsqu'il ne s'agit, dans la plupart des cas, que d'infractions qui, comme les vagabondages et presque tous les faits destinés à la police correctionnelle, exigent rarement l'audition de témoins, et ne réclament du juge qu'une portion très-limitée de son temps. Le procureur général doit prendre aussi en considération le plus ou moins de capacité et d'activité du magistrat titulaire, et constater enfin l'existence actuelle d'un arriéré. — Du reste, le magistrat désigné pour un tel service ne peut être considéré comme le substitut du juge titulaire : l'un et l'autre peuvent être directement requis par le ministère public : Circ. 23 juill. 1856 (Gillet, n. 3667).

4. Dans les tribunaux composés de plusieurs chambres, le juge d'instruction doit, autant que possible, être attaché à la chambre qui ne juge pas les affaires correctionnelles : Décis. 12 mai 1842 (Gillet, n. 2787).

5. La garantie politique dont jouit un inculpé n'empêche point sans doute le juge d'instruction de constater le crime ou le délit; mais elle s'oppose à l'accomplissement de tous actes de procédure qui auraient pour effet de mettre l'inculpé en état de prévention, sauf toutefois le cas de flagrant délit, qui est formellement excepté soit par les diverses constitutions, soit par l'art. 121, C. pén.

6. Quant à la garantie administrative, elle met obstacle à toute poursuite d'une façon absolue; car, à la différence de la garantie politique, qui s'applique à tous les actes du fonctionnaire qu'elle protége, mais qui doit s'effacer en cas de flagrant délit, parce qu'une poursuite immédiate est alors exigée comme une condition d'ordre, de sécurité et de justice, — la garantie administrative ne couvre que les actes relatifs aux fonctions, et, d'un côté, les crimes ou délits flagrants qui se rapportent à ces actes n'ont pas une telle importance qu'ils demandent une information instantanée, et, de l'autre, la circonstance du flagrant délit ne modifie ni le caractère des actes, ni l'intérêt de l'administration à les apprécier préalablement à toute poursuite. V. F. Hélie, *Instr. crim.*, t. 2, n. 935, et t. 4, n. 1660 et 1661.

7. Enfin, la garantie judiciaire établie par les art. 479 et 483,

C. instr. crim., et par l'art. 10 de la loi du 20 avr. 1810, est exclusive de toute instruction préalable, ces articles disposant que *le procureur général fera citer le prévenu devant la Cour*. Toutefois, il résulte de la disposition de l'art. 481, C. instr. crim., qu'il en est autrement à l'égard des crimes et délits commis par les membres des Cours d'appel hors de l'exercice de leurs fonctions : Cass., 2 mai 1818 (J.P. chr.) ; — F. Hélie, n. 1663.

8. Les juges d'instruction sont investis d'un droit de délégation qui a sa source dans les art. 83 et 84, C. instr. crim., d'après lesquels ils peuvent commettre pour l'audition de témoins se trouvant dans l'impossibilité de comparaître ou résidant hors de l'arrondissement dans lequel se fait l'instruction, le juge de paix de l'habitation de ces témoins. On s'accorde à reconnaître que ces articles ne sont point limitatifs en ce qui concerne les causes pour lesquelles de semblables commissions rogatoires peuvent être adressées aux juges de paix, alors surtout qu'elles n'ont pour objet que de simples constatations, sans appréciation personnelle de la part du juge. V. Bourguignon, *Jurispr. des Cod. crim.*, t. 1, p. 195 ; Legraverend, *Législ. crim.*, t. 1, p. 296 ; F. Hélie, t. 4, n. 1902 ; Duverger, *Man. des Jug. d'instr.*, t. 2, n. 380 ; Dalloz, *Rép.*, v° *Instr. crim.*, n. 574 ; Massabiau, *Man. du Min. publ.*, t. 2, n. 1852 ; Trébutien, *Cours élém. de dr. crim.*, t. 2, p. 215 ; Berriat Saint-Prix, *Instruction préjudiciaire*, n. 42 ; — Cass., 6 mars 1841 (D.P. 41.1.395). V. aussi *infrà*, n. 12 et s. — Mais V. toutefois Cass., 27 août 1818 (S.-V.5.1.530) ; — Mangin, *Instr. écr.*, n. 25.

9. Seulement il y a controverse sur le point de savoir si les juges d'instruction peuvent exercer leur droit de délégation en faveur d'officiers autres que les juges de paix. La négative a été consacrée en thèse absolue par l'arrêt précité de la Cour de cassation du 27 août 1818, et elle est formellement enseignée par MM. F. Hélie, n. 1912, et Dalloz, n° 583. Quelques auteurs admettent que les juges d'instruction ont la faculté de déléguer des officiers de police judiciaire autres que les juges de paix, et, par exemple, les commissaires de police, pour les opérations qui, comme les perquisitions notamment, n'ont pas essentiellement le caractère d'actes du juge (*Sic*, Duverger, n. 382 ; Teulet et Sulpicy, *Codes annotés*, sur l'art. 90, n. 3 ; Berriat-Saint-Prix, *loc. cit.*), et la pratique s'est établie dans ce sens, bien que toutefois les délégations ne soient adressées qu'exceptionnellement aux commissaires de police (V. Berriat-Saint-Prix, et *infrà*, n. 15).— Mais tous les jurisconsultes reconnaissent que les actes d'information exigeant le ministère du juge ne peuvent, hors le cas de flagrant délit, où l'urgence justifie l'exception (C. instr. crim., 52 et 59), être confiés par les magistrats instructeurs qu'aux juges de paix seuls (V. Carnot, *Instr. crim.*, art. 49, observ. add., n. 2 ; Bourguignon, t. 1, p. 195; Legraverend, t. 1, p. 146; F. Hélie, n. 1905; Dalloz, n. 583; Duverger, n. 380; Teulet et Sulpicy, *loc. cit.*; Vente, *Rev. de législ.*, t. 7, p. 225); et l'un des plus autorisés de ces criminalistes (M. Duverger) ajoute avec raison que si un commissaire de police, un officier de gendarmerie, un maire peut être délégué pour entendre des témoins, ce n'est qu'à titre de simples renseignements. Cette dernière observation est encore conforme à la pratique, qui a trouvé un avantage parfois précieux à charger d'un commencement d'information destiné à faciliter au juge instructeur la direction de la procédure, des officiers locaux que la nature de leurs fonctions met mieux à même que qui que ce soit de recueillir les premiers indices sur lesquels cette procédure sera édifiée.

10. Cependant la Cour de cassation a jugé, d'une manière absolue, par arrêt du 14 juin 1866 (J.M.p.11.13), que la disposition de l'art. 84, C. instr. crim., qui autorise le juge d'instruction à commettre le juge de paix pour recevoir les dépositions des témoins, n'étant pas prescrite à peine de nullité, et n'étant pas d'ailleurs limitative ni restrictive, le juge d'instruction peut, au lieu de commettre un juge de paix, déléguer à cet effet un commissaire de police. Sans doute, la délégation faite, pour une audition de témoins, à un officier de police autre qu'un juge de paix, n'entraînerait pas la nullité de la procédure, à défaut de texte qui prononce cette nullité; mais est-ce à dire qu'une telle délégation ne soit pas contraire au vœu du législateur, et qu'elle ne constitue pas une violation de la loi trouvant sa sanction dans la responsabilité personnelle du juge d'instruction? On a bien pu considérer les dispositions de l'art. 84, ainsi que celles de l'art. 83, comme purement énonciatives, en ce qui concerne les cas dans lesquels le juge de paix peut être délégué pour entendre des témoins, parce que la raison de décider est la même à l'égard des hypothèses non prévues par ces articles. Mais combien la situation est différente dans notre question! Il ne s'agit plus seulement, en effet, d'étendre la compétence de l'officier désigné par la loi à des actes de la même nature que ceux qui y ont été expressément soumis; il s'agit d'attribuer cette compétence à des officiers d'un ordre inférieur et qui manquent du caractère de juge, dans lequel l'intérêt public et l'intérêt particulier trouvent une garantie qu'on ne saurait évidemment leur enlever sans méconnaître ouvertement la volonté de la loi !— Nous croyons donc que la solution admise sur ce point par l'arrêt précité de la Cour suprême doit être repoussée.

11. Un autre arrêt de la Cour de cassation, du 16 juill. 1868 (J.M. p. 12. 149), a décidé qu'il n'est pas interdit au juge d'instruction de déléguer un juge de paix de son arrondissement à l'effet d'interroger le prévenu et de le confronter avec des témoins. — Cette décision confirme une pratique généralement suivie, et conseillée par plusieurs auteurs (Dalloz, v° *Instr. crim.*, n. 577 ; Morin, *Répert.*, v° *Délégation*, n. 3 ; Vente, *loc. cit.*, p. 219 ; Duverger, t. 2, n. 367), mais contraire à l'opinion de quelques autres (Mangin, t. 1, p. 46 ; F. Hélie, t. 4, n. 1909). Une telle solution, qui trouve appui dans l'art. 103, C. instr. crim., dont la disposition, quoique prévoyant un cas particulier, doit être considérée comme renfermant un principe général, une telle solution, disons-nous, est, à nos yeux, d'une exactitude incontestable. Toutefois, elle doit être appliquée avec réserve, et si nous n'allons pas jusqu'à restreindre, comme M. F. Hélie, *loc. cit.*, le droit de délégation du juge d'instruction à l'interrogatoire d'un inculpé malade ou contre lequel ne s'élèvent que des indices trop faibles pour motiver sa translation, nous pensons que ce droit ne doit être exercé que dans les cas où le juge d'instruction ne peut, sans de graves inconvénients, procéder personnellement à l'interrogatoire.

12. La plupart des auteurs admettent, avec pleine raison, selon nous, que le pouvoir de décerner le mandat de comparution peut être délégué par le juge instructeur. *Sic*, Carnot, *Instr. crim.*, t. 2, p. 392 ; Delamorte-Felines, *Man. du juge d'instr.*, p. 295 ; Duverger, *ibid.*, t. 2, n. 372 ; Vente, *Rev. de législ.*, t. 7, p. 219 ; Dalloz, *Répert.*, v° *Instr. crim.*, n. 578 ; Berriat-Saint-Prix, *Etud. prat. sur l'instr. crim. préjudiciaire*, p. 27, n. 43. — Cette interprétation se justifie, non-seulement par le texte de l'art. 283, C. instr. crim., mais par l'avantage que l'interrogatoire sur place d'un inculpé domicilié hors du canton dans lequel réside le juge d'instruction, présente dans beaucoup de cas, soit au point de vue de la célérité de l'information, soit à celui de l'opportunité d'une constatation de l'état des lieux en présence de l'inculpé ou d'une confrontation entre ce dernier et les témoins, soit enfin sous le rapport de l'intérêt sérieux que peut avoir l'inculpé à éviter un long et coûteux déplacement. — V. toutefois en sens contraire, Douai, 24 juill. 1835 (S.-V.35.2.488) ; — F. Hélie, t. 4, n. 196.

13. Le juge d'instruction peut-il déléguer à un officier de police judiciaire, et notamment à un commissaire de police, son droit de faire des perquisitions dans le domicile d'un citoyen ? — L'affirmative est si bien consacrée en pratique, qu'il serait superflu de discuter longuement les objections qu'elle a rencontrées de la part de quelques auteurs. — Ces objections se résument ainsi : Tandis que les art. 83 et 84, C. instr. crim., donnent au juge d'instruction le droit de déléguer un juge de paix pour entendre des témoins, les art. 87 et 88, qui établissent son droit de faire des visites domiciliaires, ne reproduisent pas cette faculté de délégation ; et, de plus, l'art. 89, qui étend au juge d'instruction certaines dispositions relatives aux opérations du ministère public dans les cas de flagrant délit, omet celle de l'art. 52, qui autorise le ministère public à charger un officier de police judiciaire de partie des actes de sa compétence. Enfin, lorsque la visite doit être faite hors de l'arrondissement du magistrat instructeur, l'art. 90 veut que le juge d'instruction du lieu soit personnellement requis de procéder à l'opération. Ne résulte-t-il pas de ces divers textes que, pour les visites domiciliaires, le juge d'instruction est investi d'une compétence personnelle et exclusive, et ne peut se substituer un officier de police judiciaire ? D'ailleurs, la faculté de déléguer, en matière criminelle, n'est qu'une exception, et l'exercice n'en est permis qu'autant qu'il n'est pas incompatible avec le caractère de l'opération qu'il a pour objet. Or, la loi a voulu avec raison que, dans l'accomplissement d'une mesure aussi grave qu'une perquisition domiciliaire, l'intervention personnelle du juge d'instruction fût une garantie des intérêts que cette mesure peut froisser, et la présence d'un officier de police judiciaire, tel qu'un commissaire de police, par exemple, n'aurait point à un degré suffisant ce caractère de protection. V. en ce sens, Carnot, *Instr. crim.*, t. 1, p. 376 ; Mangin, *Act. publ.*, t. 1, p. 145 ; Hélie, t. 4, n. 1803 ; Trébutien, t. 2, p. 215.

14. Mais à cela on répond que si aucun texte du Code d'instruction criminelle n'autorise expressément le juge d'instruction à déléguer un officier de police judiciaire pour une visite domiciliaire, le silence de la loi, sur ce point, ne saurait avoir la force d'une prohibition, et que nulle disposition n'interdisant non plus d'une manière explicite au magistrat instructeur l'exercice d'une telle faculté, on ne saurait la lui dénier, sous prétexte d'inconvénients que domine l'intérêt de l'administration de la justice. Il serait sans doute désirable que l'autorité du juge d'instruction offrît dans tous les cas aux citoyens qui subissent une visite domiciliaire, la garantie que peuvent réclamer leurs intérêts; mais il est des circonstances où ce magistrat ne pourrait opérer lui-même la visite, sans compromettre soit l'instruction à laquelle elle se rattache, parce que cette instruction réclame sa présence au même instant sur un autre point de l'arrondissement, soit d'autres procédures relatives à des inculpations plus graves que celle qui donne lieu à la visite, parce qu'elles exigent tout son temps et tous ses soins. V. Cass., 6 mars 1841 (D.p.41.1.395) et 16 janv. 1869 (J.M.p.13.13); Bruxelles, 25 fév. 1864 (J.M.p.7. 59); — Bourguignon, t. 1, p. 195; Legraverend, t. 1, p. 297; Duverger, t. 2, n. 382; Massabiau, t. 2, n. 1618; Dalloz, v° *Instr. crim.*, n. 575; Berriat Saint-Prix, *Instr. crim. préjudiciaire*, n. 42.

15. Cette dernière opinion a d'autant plus facilement prévalu que, dans le système contraire, on est obligé d'admettre que l'irrégularité de la délégation serait sans influence sur la validité de la procédure. *Sic*, Carnot, Hélie et Trébutien, *loc. cit.* — Elle a d'ailleurs été adoptée par la chancellerie. V. notamment, Circ. du Ministre de la just. des 19 avr. 1811, 16 août 1842 et 12 mai 1855 (Gillet, n. 692, 2801 et 3577). — Toutefois, elle ne doit être suivie que dans une sage mesure, et nous n'hésitons pas à reconnaître que le droit de délégation n'étant qu'exceptionnel à l'égard des opérations qui ne consistent point dans une simple constatation matérielle, mais exigent, comme les perquisitions domiciliaires, une appréciation plus ou moins délicate, le juge d'instruction n'y doit recourir que dans les cas d'absolue nécessité. — Il faut, du reste, noter que la circulaire précitée du 12 mai 1855 recommande aux juges d'instruction de n'adresser de délégations aux commissaires de police que dans des circonstances tout à fait exceptionnelles, et de commettre de préférence les juges de paix.

16. Avant la loi du 14 juill. 1865, sur la mise en liberté provisoire, il avait été décidé que, dans le cas d'inculpation d'un crime, le juge d'instruction n'avait pas l'option entre le mandat de comparution et le mandat d'amener, mais que c'était nécessairement le dernier mandat qu'il était tenu de décerner contre l'inculpé. *Sic*, Caen, 11 fév. 1837 (D.p.37.1.349); Metz, 1er août 1857 (J.M.p.1.171). V. aussi Cass., 24 avr. 1847 (S.-V.47.1.639). — Mais cette doctrine absolue était repoussée par la chancellerie (Circ. 10 fév. 1819, Gillet, n. 1278), ainsi que par divers auteurs

(Legraverend, *Législ. crim.*, t. 1, p. 326; Mangin, *Instr. écr.*, n. 142; Boitard, *Leç. de Cod. d'instr. crim.*, n. 109; Duverger, n. 405; Massabiau, t. 2, n. 1759; Dalloz, *loc. cit.*, n. 608), d'après lesquels le juge d'instruction n'avait l'obligation de décerner un mandat d'amener, qu'autant que l'inculpation de crime reposait sur de graves indices. — Et la Cour de cassation était allée même jusqu'à juger, par arrêt du 8 nov. 1834 (S.-V.35.1.233), que l'appréciation des circonstances qui sont de nature à motiver l'emploi d'un mandat d'amener, est abandonnée aux lumières du juge d'instruction, et qu'ainsi ce magistrat peut se borner, nonobstant les réquisitions contraires du ministère public, à décerner un mandat de comparution, au lieu d'un mandat d'amener, contre une personne inculpée d'un fait qu'il reconnaît constituer un crime. — Le doute a été tranché par la modification que la loi de 1865 a introduite dans l'art. 91, C. instr. crim., qui porte aujourd'hui qu'en matière criminelle (comme en matière correctionnelle) le juge d'instruction peut ne décerner qu'un mandat de comparution, sauf à convertir ce mandat, après l'interrogatoire, en tel autre mandat qu'il appartiendra. V. aussi notre *Code de la détention préventive*, 2ᵉ part., n. 3 et s.

17. Après l'interrogatoire de l'inculpé, le juge d'instruction n'est pas tenu de décerner contre celui-ci un mandat de dépôt ou d'arrêt; l'opportunité de cette mesure est abandonnée à son appréciation : Cass., 4 août 1820 (S.-V.6.1.293); 1ᵉʳ août 1822 (S.-V.7.1.120); 7 avr. 1837 (S.-V.37.1.384); Paris, 13 mars 1835 (S.-V.35.2.346); Angers, 25 fév. 1853 (S.-V.54.2.256); Metz, 1ᵉʳ août 1857 (J.M.p.1.171); — Bourguignon, *Jurisp. des Cod. crim.*, t. 1, p. 218; Carnot, *Instr. crim.*, t. 1, p. 308; Legraverend, t. 1, p. 398; Massabiau, t. 2, n. 1766; F. Hélie, t. 4, n. 1964; Dalloz, vᵒ *Instr. crim.*, n. 634, 641, 1158; Duverger, n. 433. — Toutefois, aux termes de l'art. 94, C. instr. crim., modifié par la loi de 1865, un mandat de dépôt ou d'arrêt ne peut être décerné contre l'inculpé, après son interrogatoire, que si le fait emporte la peine de l'emprisonnement ou une autre peine plus grave.

18. Du reste, le ministère public serait recevable à frapper d'opposition l'ordonnance du juge d'instruction portant refus de délivrer le mandat de dépôt ou d'arrêt qu'il aurait requis en pareil cas : Cass., 23 déc. 1831 (S.-V.32.1.385); 17 avr. 1837 (S.-V.37.1.384); Angers, 25 fév. 1853 et 27 janv. 1854 (S.-V.54. 2.255 et 256); Metz, 1ᵉʳ août 1857 (J.M.p.1.171); — F. Hélie, t. 4,

n. 1624, 1626; Dalloz, n. 636; Buchère, J.M.p.4.76. — Ce n'est
là qu'une application d'un principe général rappelé *infrà*, n. 30.
V. toutefois, Paris, 13 mars 1835 (S.-V.35.2.346); Nîmes, 22 juin
1839 (S.-V.39.2.403); — Duverger, n. 81.

19. La Cour de Rouen a jugé, par arrêt du 23 janv. 1850
(S.-V.51.1.370), que lorsque le ministère public a saisi le tribunal
correctionnel, par voie de citation directe, d'une poursuite contre
un délinquant, il ne peut, bien qu'il ait déclaré se désister, et
que le tribunal lui ait donné acte de ce désistement, saisir le juge
d'instruction des faits qui avaient donné lieu à la citation, et que
l'ordonnance de renvoi prononcée sur une semblable procédure
est irrégulière et nulle. V. conf., Dalloz, v° *Instr. crim.*, n. 130, 7°.

20. La jonction des procédures connexes est pour le juge d'instruction comme pour les tribunaux une faculté qui a son principe dans l'intérêt véritable de la justice, et que la loi a du reste
expressément sanctionnée (C. instr. crim., 226, 227, 307, 526).
V. *Compét. crim.*, n. 159 et s.; *Instr. crim.*, n. 50 et s. Cette faculté a pour effet de modifier la compétence *ratione loci*, car
elle permet au juge de connaître, accessoirement à des crimes ou
délits commis dans son ressort, ou dont l'auteur est domicilié ou
a été arrêté dans ce ressort, d'autres crimes ou délits commis dans
une autre juridiction par des individus domiciliés ou trouvés dans
un lieu différent. Mais par cela même que l'attribution qu'entraîne cette faculté constitue une exception aux règles ordinaires
de la compétence, elle ne saurait survivre aux circonstances qui
la justifient. Du moment donc où la poursuite primitive est reconnue mal fondée, le juge d'instruction ou le tribunal cesse d'être
compétent pour connaître des autres poursuites, que leur connexité avec la première l'avait seule autorisé à distraire de la
juridiction à laquelle elles appartiennent naturellement. C'est ce
qui a été décidé par un arrêt de la Cour de cassation du 26 nov.
1812 (Dalloz, *Rép.*, v° *Faux*, n. 458) et par un arrêt de la Cour
de Paris du 4 mai 1858 (J. M. p. 1.160). V. aussi dans le même
sens, F. Hélie, t. 5, n. 2380, et les décisions par lui citées.

21. L'arrêt précité de la Cour de Paris a décidé spécialement
que si le juge d'instruction, compétemment saisi d'une information relative à un crime ou délit commis dans son ressort par
deux individus dont l'un est domicilié dans un autre territoire, a
le droit d'étendre cette information à un second crime ou délit
commis par celui-ci sur ce dernier territoire, il ne peut, après
avoir décidé qu'il n'y a lieu de suivre contre les deux inculpés

relativement au premier crime ou délit, retenir l'information concernant la seconde infraction, et ordonner la transmission au ministère public des pièces qui y sont relatives; mais qu'il doit renvoyer la procédure au juge d'instruction soit du lieu du crime ou délit, soit du lieu du domicile ou de l'arrestation de l'inculpé.

22. Le juge d'instruction, requis par le ministère public d'informer sur certains faits, ne peut, hors le cas de flagrant délit, informer, sans une nouvelle réquisition du magistrat du parquet, sur d'autres faits distincts qui lui ont été révélés par l'instruction, fussent-ils même connexes : Liége, 15 janv. 1857 (J.M.p.1.56); Pau, 2 et 8 mars 1867 (*Id.* 11.280). On ne saurait, selon nous, élever de doute sur l'exactitude de cette solution, bien qu'une décision contraire ait été rendue par la Cour de Douai le 21 nov. 1859 (J.M.p.3.93).

23. La question avait déjà été agitée dans notre ancienne jurisprudence, et, sous un régime même où tout juge était investi de plein droit des fonctions du ministère public, elle avait été résolue dans le sens que la Cour de Liége a consacré. « Il arrive assez souvent, disait Jousse, t. 3, p. 82, que la partie publique ou civile ayant rendu plainte pour raison d'un crime contre un accusé, le juge vient à découvrir, dans le cours de l'instruction, par la déposition de quelques témoins, que cet accusé a encore commis d'autres crimes que ceux portés par la plainte. Alors, le juge doit informer de ces autres crimes, et, *à cet effet, en donner avis au procureur du roi ou fiscal, lequel doit rendre plainte et demander qu'il en soit informé par addition*, ce que le juge doit permettre, et ensuite procéder sans délai à cette nouvelle information. » — Le parlement de Paris avait sanctionné cette doctrine par arrêt du 22 déc. 1731. — Sous l'empire de la législation nouvelle, les criminalistes n'ont pas hésité à l'admettre également (V. Mangin, *Instr. écr.*, t. 1, p. 23; F. Hélie, t. 4, n. 1622); et les dispositions soit du Code d'instruction criminelle, soit même de la loi du 17 juillet 1856, qui, en agrandissant les pouvoirs du juge d'instruction comme juge, n'a nullement élargi ses attributions comme dépositaire de l'action publique, ne permettent pas, en effet, d'en adopter une autre. En dehors des cas particuliers que la loi a pris soin de déterminer (V. C. instr. crim., art. 59 et 63), le juge d'instruction ne peut mettre l'action publique en mouvement; le pouvoir attribué à cet égard à la chambre d'accusation (même Code, art. 235) ne lui a point été dévolu, et la mesure dans laquelle il lui appartient de participer à l'exercice de

cette action, est rigoureusement limitée par les réquisitions du
ministère public, dont il ne saurait contrarier ou paralyser l'initiative. Or, en étendant l'information à des faits distincts de ceux
compris dans le réquisitoire, fussent-ils même connexes à ces
derniers, le juge d'instruction n'usurperait-il pas évidemment la
direction de l'action publique ?

24. Mais il importe de distinguer les faits nouveaux de ceux
qui ne sont que des circonstances aggravantes des faits incriminés par le ministère public, car sur toutes ces circonstances le
juge d'instruction a incontestablement le droit d'informer comme
sur les faits auxquels elles se rattachent (F. Hélie., *loc. cit.*). —
Disons aussi, en ce qui concerne les faits nouveaux, que, si le
juge d'instruction ne peut, sans une réquisition du ministère public, en faire l'objet d'une information, il a, non point seulement
la faculté, mais même le devoir de recueillir tous les renseignements qui y sont relatifs. Il ne fait en cela, comme le remarquent
les auteurs (Mangin et F. Hélie, *ut suprà*), qu'obéir à la disposition de l'art. 29, C. instr. crim., aux termes de laquelle tout fonctionnaire ou officier public, qui acquiert dans l'exercice de ses
fonctions la connaissance d'un crime ou d'un délit, doit en donner avis au chef du parquet de première instance et lui transmettre
tous les renseignements et procès-verbaux qui s'y réfèrent.

25. Le juge d'instruction qui rejette une exception d'incompétence élevée devant lui par l'inculpé, ne peut prononcer sur le
fond de la poursuite par la même ordonnance ; il doit surseoir à
y statuer jusqu'à ce que la question de compétence ait été définitivement jugée : Agen, 2 mai 1868 (J.M.p.11.157). Cette solution est d'une exactitude incontestable. Il est manifeste que le
juge d'instruction ne peut, en renvoyant l'inculpé devant le tribunal correctionnel par l'ordonnance même qui rejette l'exception
d'incompétence que cet inculpé avait élevée, paralyser ou du
moins rendre illusoire le droit que lui accordent les art. 135 et
539, C. instr. crim., de former opposition à ce chef de l'ordonnance. Le juge d'instruction doit donc statuer d'abord et uniquement sur le déclinatoire ; et ce n'est qu'après l'expiration des délais fixés par l'art. 135, sans opposition de la part de l'inculpé,
ou, si une opposition vient à être formée dans ces délais, après
confirmation de son ordonnance par la chambre d'accusation,
qu'il pourra prononcer sur le fond de la poursuite. — Cette
marche, bien entendu, n'est imposée au juge d'instruction qu'autant qu'il ne doit pas rendre une ordonnance de non-lieu : car,

dans le cas d'une semblable ordonnance, il n'a pas besoin de s'arrêter à l'exception d'incompétence, qui n'a plus d'objet; et l'inculpé est sans intérêt à former opposition à une décision qui le met hors de poursuites.

26. Que si, contrairement aux principes qui viennent d'être rappelés, le juge d'instruction avait, par la même ordonnance qui a rejeté le déclinatoire de l'inculpé, renvoyé celui-ci devant le tribunal correctionnel, la chambre d'accusation devrait, sur l'opposition de l'inculpé, prononcer la nullité de ce dernier chef de l'ordonnance, avant de procéder à l'examen des questions soulevées par le déclinatoire. C'est là un point bien constant. V. les décisions citées par Dalloz, *Répert.*, v° *Compét. crim.*, n. 159 et suiv. *Junge* Agen, 2 mai 1868, mentionné au numéro précédent ; — Bourguignon, t. 1, p. 491 ; Legraverend, t. 1, p. 463 ; Massabiau, t. 2, n. 1204 ; Duverger, t. 3, n. 521.

27. Au cas où, sur le renvoi d'un prévenu devant le tribunal correctionnel par une ordonnance du juge d'instruction, le tribunal a rendu un jugement d'incompétence donnant lieu à règlement de juges, il ne saurait appartenir au tribunal, en chambre du conseil, de désigner, par application de l'art. 58, C. instr. crim., un autre juge d'instruction pour procéder à l'information contre ce même prévenu, sous le prétexte que le premier magistrat instructeur aurait épuisé sa compétence en participant au jugement dont il s'agit. — Et le procureur général est recevable et fondé à attaquer par la voie de l'opposition les ordonnances rendues, sur les réquisitions de l'officier du parquet de première instance, par le juge d'instruction ainsi délégué. — Mais il n'est pas recevable, au contraire, à se pourvoir par cette voie contre la délibération du tribunal, laquelle ne constitue qu'un acte d'administration intérieure, et non un acte d'instruction : Metz, 25 août 1863 (J.M. p.7.293). — V. toutefois, sur ce dernier point, Poitiers, 10 juill. 1832 (S.-V.32.2.47) ; Cass., 12 juill. 1836 (S.-V.36.1.584).

28. Il résulte d'un arrêt de la Cour de Caen, du 19 mars 1866 (J.M.p.10.210), que si le réquisitoire définitif du ministère public n'a pas besoin d'être motivé, il en est autrement de l'ordonnance du juge d'instruction rendue à la suite de ce réquisitoire ; qu'en conséquence, est nulle l'ordonnance du juge d'instruction qui se borne à adopter par référence les motifs du réquisitoire définitif, lorsque ces motifs sont inintelligibles par suite de la suppression de plusieurs mots surchargés, rendue nécessaire par le défaut d'approbation de la surchargé; et que la chambre d'accusation qui prononce cette nullité peut statuer elle-même immédiatement sur l'inculpation, sans qu'il soit besoin de recourir à une information nouvelle, si la procédure lui paraît complète et régulière. — Cette solution ne fait qu'appliquer aux ordonnances du juge d'instruction un principe qui régit toutes les décisions judiciaires. V. conf. Cass., 30 mai 1828 (Dalloz, *Répert.*, v° *Instr. crim.*, n. 834); Paris, 29 mars 1859 (t. 2, p. 205); — Duverger, t. 3, p. 29.

29. La Cour de cassation a jugé, par arrêt du 9 févr. 1866 (J.M.p.10.210), que la communication à l'inculpé détenu et la signification à l'inculpé non détenu de l'ordonnance du juge d'instruction statuant sur une question de compétence, prescrites par l'art. 135, C. instr. crim., sont substantielles aux droits de la défense; et que, par suite, leur omission entraîne la nullité de l'arrêt de la chambre des mises en accusation confirmant, sur l'opposition du prévenu, l'ordonnance dont il s'agit. — Cette décision donne à la disposition de l'art. 135, C. instr. crim., dont elle fait application, l'interprétation la plus conforme au vœu de la raison et de la justice. On ne saurait admettre que lorsque la communication et la signification dont il s'agit étaient réclamées par les criminalistes, *dans l'intérêt de la défense du prévenu*, à l'égard de toutes les ordonnances autres que celles de non-lieu, les auteurs de la loi du 17 juill. 1856 n'en aient fait l'objet d'une prescription dans l'art. 135, relativement aux ordonnances rendues en matière de liberté provisoire ou de compétence, que pour fixer le point de départ de l'opposition dont ces ordonnances sont susceptibles de la part du prévenu. Rien dans les travaux d'élaboration de cette loi n'autorise une telle supposition.

50. C'est une règle générale que les ordonnances du juge d'instruction peuvent être déférées à la chambre d'accusation par le ministère public près le tribunal de première instance et près la Cour d'appel. V. Cass., 23 déc. 1831 (S.-V.32.1.385); 14 sept. 1832 (S.-V.33.1.249); 19 fév. 1836 (Dall., v° *App. en mat. crim.*, n. 18); 16 janv. 1862 (J.M.p.5.127); Grenoble, 22 déc. 1832 (D.p.33.2.94); Toulouse, 1ᵉʳ mars 1862 (J.M.p. *loc. cit.*); — Mangin, *Instr. écr.*, t. 1, n. 18; F. Hélie, t. 4, n. 1626, et t. 5, n. 2103; Duverger, t. 1, p. 40; Dalloz, *loc. cit.*, n. 17; Trébutien, t. 2, p. 230.

51. Ce principe ne saurait être sérieusement contesté en présence de la modification apportée par la loi du 17 juill. 1856, à la rédaction de l'art. 135, C. instr. crim. Vainement objecterait-on que la place qu'occupe l'art. 135 et l'ensemble de ses dispositions doivent faire reconnaître qu'aujourd'hui, comme avant la loi de 1856, le législateur n'y confère le droit d'opposition au ministère public qu'en ce qui concerne la prévention même, et non en ce qui concerne les incidents de l'instruction (Sic, Dalloz, Rec. pér., 1862.1.45, notes 2 et 3). M. Buchère a fort bien démontré, dans une dissertation publiée J.M.p.4.76 et s., qu'une semblable interprétation est inadmissible, et que l'art. 135 est applicable à toutes les ordonnances du juge instructeur indistinctement. — Mais il faut remarquer que c'est inutilement et à tort que la chambre criminelle fait découler en outre le droit d'opposition du ministère public du double principe que les juges d'instruction sont placés sous la surveillance des procureurs généraux, et qu'ils exercent leurs fonctions sous l'autorité des Cours d'appel (V. l'arrêt précité du 16 janv. 1862) : — inutilement, car la disposition si large de l'art. 135, C. instr. crim., suffit amplement pour justifier ce droit d'opposition ; — à tort, car un tel droit est étranger soit à la mission de surveillance dont la loi investit les procureurs généraux à l'égard des juges d'instruction, soit à l'autorité qu'elle confère aux Cours d'appel sur ces derniers magistrats.

52. Décidé spécialement que le droit d'opposition appartient au ministère public à l'égard de l'ordonnance par laquelle le juge d'instruction déclare n'y avoir lieu de condamner à l'amende un témoin qui a refusé de déposer : Cass., 14 sept. 1832, 19 fév. 1836 et 16 janv. 1862, mentionnés ci-dessus, n. 30; — F. Hélie, t. 4, n. 1626; Trébutien, t. 2, p. 230. — Cette solution a été, de la part de Mangin, *Instr. écr.*, n. 108, et Dalloz, v° *Témoin*, n. 310, l'objet de critiques qui pouvaient avoir quelque valeur avant la loi du 17 juill. 1856, mais auxquelles cette loi a enlevé toute portée.

53. L'art. 135, C. instr. crim., modifié par la loi du 17 juill. 1856, reconnaît aussi à la partie civile et au prévenu le droit de former opposition aux ordonnances du juge d'instruction, notamment dans le cas prévu par l'art. 539 du même Code, c'est-à-dire dans celui où le prévenu, le ministère public ou la partie civile a élevé devant le tribunal correctionnel ou devant le juge d'instruction une exception d'incompétence, ou proposé un déclinatoire, soit que l'exception ait été admise ou rejetée. Il résulte bien clairement de là que le prévenu (ou la partie civile) ne peut former opposition à une ordonnance du juge d'instruction pour cause d'incompétence, si ce moyen n'a été soulevé devant ce juge, ainsi que l'ont décidé la Cour de cassation par arrêt du 3 juill. 1862 (J.M.p.5.310), et la Cour de Bourges par arrêt du 1ᵉʳ avr. 1863 (*Id*.6.91).

54. Jugé spécialement que l'inculpé qui a excipé devant le juge d'instruction de sa qualité de maire ou d'officier de police judiciaire pour n'être pas renvoyé en police correctionnelle, est recevable à former opposition à l'ordonnance rejetant cette exception qui soulevait une question d'incompétence : Colmar, 13 fév. 1863 (J.M.p.6.89).

55. L'exception prise, contre une ordonnance du juge d'instruction, de ce que, la chambre d'accusation ayant antérieurement statué par décision souveraine sur la qualification du fait incriminé, il n'appartiendrait pas au juge d'instruction de donner à ce fait une qualification différente, après acquittement sur le renvoi prononcé par la chambre d'accusation, ne constitue pas une exception d'incompétence dans le sens de l'art. 539, C. instr. crim., et ne peut dès lors servir de base à une opposition de la part du prévenu à l'ordonnance dont il s'agit : Bourges, 1ᵉʳ avr. 1863 (J.M.p.6.91).

56. C'est un principe à peu près certain aujourd'hui, en jurisprudence comme en doctrine, que l'interdiction prononcée par l'art. 1037, C. proc. civ., de faire des actes de procédure les jours fériés, n'est pas applicable en matière criminelle. V. *Jour férié*, n. 1. — En vertu de ce principe, il a été jugé, par arrêt de la Cour de cassation du 31 déc. 1858 (S.-V.59.1.279), et par arrêt de la Cour de Bourges du 26 avr. 1866 (J.M.p.9.301) que l'opposition de la partie civile à une ordonnance du juge d'instruction est non recevable, si elle n'a été formée que le surlendemain du jour de la signification de cette ordonnance, alors même que le lendemain était un jour férié. — Conf., F. Hélie, t. 5, n. 2110, et Dalloz, vᵒ *Instr. crim.*, n. 851. — V. toutefois en sens contraire, Poitiers, 29 déc. 1851 (D.p.53.5.267).

57. Les ordonnances du juge d'instruction sont susceptibles d'opposition de la part de l'inculpé pour cause d'incompétence, quel que soit le moyen d'incompétence dont il excipe, et non point seulement à raison de l'incompétence *ratione loci* : Cass., 28 sept. 1854 (S.-V.54.1.669); Grenoble, 6 déc. 1854 (S.-V.55. 2.35); Colmar, 13 fév. 1863 (J.M.p.6.89); — Mangin, *Instr. écr.*,

t. 2, n. 49 ; F. Hélie, t. 5, n. 2389 ; Dalloz, v° *Instr. crim.*, n. 850. — *Contrà*, Cass., 7 nov. 1816 (S.-V.5.1.244).

58. Le silence gardé par la loi relativement à la forme de l'opposition de la partie civile aux ordonnances rendues autrefois par les chambres du conseil, aujourd'hui par les juges d'instruction, a donné lieu sur ce point à une diversité d'opinions regrettable. Dans un premier système, cette opposition peut être faite indifféremment par déclaration au greffe, ou par exploit signifié soit au prévenu, soit au ministère public seulement (Cass., 17 août 1839, S.-V.39.1.978; Paris, 29 mars 1859 (J.M.p.2.205); — Dalloz, v^is *Appel criminel*, n. 45 et s., et *Instr. crim.*, n. 853 et 854).—D'un autre côté, il a été décidé en sens contraire qu'il y a nécessité absolue de signifier l'opposition, tant au ministère public qu'à l'inculpé, puisque c'est avec eux qu'il doit être statué (Lyon, 30 avr. 1830, S.-V.9.2.436). Cette décision semblerait exclure le mode d'opposition consistant dans une déclaration au greffe, et dans tous les cas, elle juge formellement qu'une signification au greffier serait insuffisante. — Suivant Carnot, t. 1, p. 452, l'opposition peut être déclarée au greffe, mais elle doit en outre être notifiée au prévenu.—M. Trébutien, t. 2, p. 309, se fondant sur ce que l'opposition est ici un véritable appel, estime que la déclaration au greffe prescrite par les art. 203 et 373, C. instr. crim., est la seule forme à observer.—Enfin, MM. Mangin, *Instr. écr.*, t. 2, n. 55 et suiv., et F. Hélie, t. 5, n. 2116, regardent l'opposition par déclaration au greffe comme valable, indépendamment de toute notification, soit au ministère public, soit au prévenu, parce que l'art. 203, C. instr. crim., qui prescrit cette déclaration pour les appels correctionnels, n'exige pas en outre une signification, et que l'opposition déclarée au greffe est légalement notifiée à toutes les parties intéressées. Mais ces auteurs enseignent que quand, au lieu de suivre cette voie, la partie civile veut y suppléer par des actes équipollents, elle doit la porter directement à la connaissance des parties. Or, la signification au greffier ne remplit point cet objet; la signification faite au ministère public ne révèle l'opposition qu'à l'une des parties, et il en est de même de la signification qui ne s'adresse qu'au prévenu seul. Au contraire, l'opposition, signifiée tout à la fois au ministère public et au prévenu, avertit tous les intéressés et les met en demeure d'agir dans l'instance qu'elle introduit, selon leurs devoirs, leurs droits ou leurs intérêts; alors seulement on peut dire que la partie civile a suppléé à la déclaration qu'elle devait faire au greffe. — Cette interprétation, à laquelle se rangent M. Morin, *Rép.*, v° *Chambre du cons.*, n. 33, et, dans une certaine mesure, M. Rodière, *Élém. de proc. crim.*, p. 117, a été consacrée par un arrêt de la Cour de cassation du 8 févr. 1855 (S.-V.55.1.303), et elle nous paraît aussi la plus exacte.

39. Décider particulièrement, comme le font les arrêts mentionnés au numéro précédent, qu'il suffit d'une signification au ministère public, c'est priver le prévenu de son droit de défense. L'arrêt précité de la Cour de cassation du 17 août 1839 dit, à la vérité, que le prévenu peut s'assurer au parquet, de l'existence et de la régularité de l'opposition ; mais les parquets ne sont pas des dépôts publics comme les greffes, et la loi, avec beaucoup de raison, n'a pas attaché aux notifications qui y sont faites la même présomption de publicité qu'aux déclarations inscrites sur les registres du greffier. Evidemment ce n'est ni à la jurisprudence ni à la doctrine qu'il peut appartenir de créer cette présomption. MM. Dalloz, v° *App. crim.*, n. 49, paraissent bien le comprendre, lorsqu'ils invitent le ministère public à veiller à ce que l'opposition soit signifiée par la partie civile au prévenu, et même à requérir cette partie de faire cette signification. V. aussi en ce sens, Ortolan et Ledeau, *Minist. publ.*, t. 2, p. 96. Mais quel moyen coërcitif le ministère public peut-il employer pour assurer la signification dont il s'agit ? Ne vaut-il pas mieux soumettre directement la partie civile à notifier son opposition au prévenu comme au ministère public, lorsqu'elle ne la forme pas par déclaration au greffe ? Sans doute, la loi ne l'exige pas ; mais elle ne prescrit non plus aucun autre mode. Est-ce à dire qu'il n'y en a aucun d'obligatoire, et que la partie civile peut former son opposition de telle manière qu'elle l'entend ? Evidemment non, et quand la lettre de la loi ne peut être consultée, il faut interroger son esprit. Or, il est incontestablement dans l'esprit de la loi que le prévenu soit averti d'une opposition qui le touche de si près.

40. Ce que nous venons de dire de l'opposition de la partie civile nous paraît applicable, par identité de raison, à l'opposition du ministère public. Cependant M. Morin pense que celle-ci n'a pas besoin d'être notifiée au prévenu, soit parce que cette notification n'est pas prescrite par la loi, soit parce qu'elle n'entre pas dans les frais de justice autorisés par le décret du 18 juin 1811. — V. *contrà*, Grenoble, 20 juin 1826 (S.-V.8.2.245) ; Cass., 18 juill. 1833 (S.-V. 33.1.595) ; — Carnot, Ortolan et Ledeau, *loc. cit.*, et F. Hélie, n. 2115.

41. Quant à l'opposition du prévenu, dans les cas où la loi l'autorise, elle peut également être faite entre les mains du greffier : F. Hélie, n. 2117.

42. L'ordonnance de non-lieu rendue par le juge d'instruction acquiert, lorsqu'elle n'est pas attaquée dans les délais légaux, l'autorité de la chose jugée, jusqu'à survenance de charges nouvelles à apprécier par le juge d'instruction déjà saisi : Cass., 18 avr. 1812 (S.-V.4.1.80); 19 mars 1813 (S.-V.4.1.307); 5 août 1813 (S.-V.4.1.412); 18 sept. 1834 (D.P.34.1.426); 21 déc. 1850 (S.-V.51.1.705); 2 fév. et 2 sept. 1854 (S.-V.54.1.280); 30 juin 1864 (J. M. p. 7.285); Colmar, 10 nov. 1863 (*Id.* 7.97); —Carnot, sur l'art. 182, C. instr. crim.; Bourguignon, *Ibid.* ; Mangin, *Act. publ.*, t. 2, n. 387 et 411; F. Hélie, t. 2, n. 1019.—Jugé, en conséquence, que le plaignant est non recevable à citer directement l'inculpé devant le tribunal correctionnel à raison des faits sur lesquels a statué une autre ordonnance : Colmar, 10 nov. 1863, précité. — V. toutefois Legraverend, t. 1. p. 390 et s.

43. Décidé aussi qu'au cas où, après une ordonnance de nonlieu rendue par le juge d'instruction, il survient des charges nouvelles, la partie civile ne peut saisir le tribunal correctionnel, par citation directe, de la connaissance de ces nouvelles charges, mais qu'il appartient seulement au ministère public de requérir une nouvelle instruction : Cass., 12 déc. 1850 (D.P.51.5.11); Trib. corr. de la Seine, 20 juin 1862 (J.M.p.5.147).

44..... Que, de même, l'appréciation des nouvelles charges n'appartenant qu'au juge d'instruction qui a rendu l'ordonnance de non-lieu, la juridiction correctionnelle saisie par une citation de la partie civile de la prévention à raison de laquelle est intervenue cette ordonnance, est incompétente pour en connaître, et conséquemment pour relaxer le prévenu de la poursuite : Cass., 30 juin 1864, également précité.

45. C'est, en effet, un principe incontestable que le juge d'instruction, une fois investi d'une information, n'en peut plus être dessaisi par une citation directe du prévenu ou du ministère public devant le tribunal correctionnel. V. les nombreuses autorités en ce sens mentionnées dans le *Répert.* de Dalloz, v° *Instr. crim.*, n. 788 et 789. Or, même après une ordonnance de non-lieu, le juge d'instruction reste investi de l'information relativement aux charges nouvelles qui peuvent survenir; tellement que la chambre d'accusation ne peut connaître de ces nouvelles charges qu'autant qu'elle aurait statué sur les charges anciennes (V. plusieurs arrêts de la Cour de cassation rapportés ou cités par Dalloz, *loc. cit.*, n. 1174), et cela alors même que l'ordonnance de non-lieu rendue en faveur d'un prévenu contiendrait le renvoi en police correctionnelle d'un coprévenu du même délit, et que l'ordonnance aurait été, en ce qui concerne ce dernier, déférée à la chambre d'accusation (Cass., 14 mai 1829, S.-V.9.1.292). La connaissance des charges nouvelles ne peut donc, sous aucun prétexte, être enlevée au juge d'instruction, et l'on ne saurait surtout comprendre que cette connaissance pût être dévolue, par l'effet d'une citation directe de la partie civile ou du ministère public, au tribunal correctionnel, qui n'a nullement caractère pour reviser ou compléter l'œuvre du juge d'instruction.

46. Ajoutons qu'en pareil cas, le tribunal correctionnel, saisi à tort par la partie civile, ne peut renvoyer lui-même la cause à l'instruction : Trib. corr. de la Seine, 20 juin 1862 précité. Dans aucune hypothèse, sauf celle où il s'agit d'un fait de nature à mériter une peine afflictive ou infamante, il n'appartient au tribunal correctionnel de prescrire l'information d'une affaire par le juge d'instruction. Il ne pourrait même charger ce magistrat de procéder à une information supplémentaire. V. *Tribunal correctionnel.*

47. Le juge d'instruction, dessaisi par l'ordonnance de non-lieu, a besoin d'être saisi de nouveau par un réquisitoire du ministère public, quand il convient de reprendre l'information. V. toutefois Duverger, t. 3, n. 535. Ce réquisitoire doit évidemment énoncer les nouvelles charges sur lesquelles il provoque la réouverture de l'instruction; mais une telle énonciation suffit pour mettre le juge instructeur en mesure d'informer de nouveau, et il n'est nullement nécessaire que ce magistrat rende préalablement une ordonnance contenant la rétractation du non-lieu et la constatation de la survenance de charges nouvelles : Cass., 28 janv. 1870 (J.M.p.13.77). Ce n'est que dans l'ordonnance de renvoi ou de transmission qui pourrait intervenir à la suite de la nouvelle information, que cette double disposition devra trouver place (arg. C. instr. crim., 248). V. en ce sens, Cass., 5 janv. 1854 (S.-V.54.1.343); — F. Hélie, t. 5, n. 2085.

48. Quant au point de savoir si le juge d'instruction peut d'office et sans réquisition du ministère pulic, rechercher des charges nouvelles, nous n'hésitons pas à la résoudre négativement, toujours par la raison que l'ordonnance de non-lieu a dessaisi le juge d'instruction; d'où il suit qu'un nouveau réquisitoire du ministère public peut seul l'autoriser soit à rouvrir, à raison de la survenance signalée de nouvelles charges, l'instruction qu'il avait close, soit à informer dans le but de rechercher des charges nouvelles non encore découvertes. — V. aussi Morin, *Journ. du dr. crim.*, art. 8988.

49. L'inculpé du crime d'attentat à la pudeur en faveur duquel le juge d'instruction a rendu une ordonnance de non-lieu, peut être ultérieurement poursuivi, à raison des mêmes faits, pour excitation de mineurs à la débauche, par suite de la survenance de charges nouvelles : à ce cas est inapplicable la maxime *Non bis in idem* : Grenoble, 3 mars 1864 (J.M.p.7.129).

50. Sur le caractère des charges nouvelles autorisant une seconde poursuite à raison des faits qui ont été l'objet d'une ordonnance de non-lieu, V. encore *Chambre d'accusation*, n. 42 et s.

51. La jurisprudence et les auteurs décident que le juge d'instruction peut concourir au jugement d'une affaire correctionnelle qu'il a instruite. V. Cass., 3 oct. 1812 (S.-V.chr.); 22 nov. 1816 (*Id.*); 23 mars 1860 (J.M.p.3.282); —Legraverend, t. 1, p. 172; Duverger, t. 1, p. 83; F. Hélie, t. 4, n. 1579.

52. L'exactitude de cette doctrine semblerait, au premier abord, contestable. On pourrait dire, en effet, que l'art. 55, C. instr. crim., en se bornant à déclarer que le juge d'instruction conservera séance au jugement *des affaires civiles*, a entendu lui refuser le droit de participer au jugement des affaires correctionnelles, et que la disposition de l'art. 257 du même Code suivant laquelle le juge d'instruction qui a instruit une affaire criminelle ne peut en connaître comme membre de la Cour d'assises, est applicable, par identité de raison, en matière correctionnelle. Mais cette argumentation se réfute aisément. S'il fallait prendre à la lettre l'art. 55, on devrait décider que le juge d'instruction ne peut point siéger à la chambre correctionnelle, même dans les affaires qu'il n'a pas instruites. Or, on ne saurait évidemment, en l'absence d'un texte précis, admettre que le législateur ait voulu prononcer cette exclusion absolue contre un magistrat que la nature même de ses fonctions rend plus particulièrement apte à participer au jugement des affaires correctionnelles. Quant à l'art. 257, qui appartient au chapitre de la Formation des Cours d'assises, on ne saurait, sous le prétexte d'une similitude de motifs, le transporter dans le chapitre des Tribunaux correctionnels, alors surtout qu'il édicte une incompatibilité, car il est de la nature des dispositions prohibitives de ne pouvoir être étendues d'un cas à un autre. D'ailleurs, l'inconvénient du concours du juge d'instruction au jugement des affaires qu'il a instruites est moins grave en matière correctionnelle qu'en matière criminelle, parce que, les faits s'y présentant d'ordinaire avec un caractère plus certain, et les preuves y étant généralement plus palpables, il est moins à craindre que le magistrat instructeur ne se forme une opinion nuisible à la manifestation ultérieure de la vérité. Enfin, les art. 12, 13 et 36 du décret du 18 août 1810, dont les dispositions montrent le juge d'instruction attaché à une chambre du tribunal, sans spécifier le caractère civil ou correctionnel de cette chambre, prouvent surabondamment que ce magistat peut siéger indifféremment et sans exception à la chambre correctionnelle comme aux chambres civiles.

— V. *Abus d'autorité*, 10 et 11; *Action civile*, 19; *Commission rogatoire*; *Cour d'assises*, 13 et s.; *Instruction criminelle*, 22; *Juge suppléant*, 4; *Officier de police judiciaire*, 4 et s.; *Préfet*; *Signalement*, 2; *Témoin*, 1, 2, 9; *Tribunal correctionnel*, 9 et s.

JUGEMENT (EN MAT. CIV. ET CORR.). — 1.

Il a été décidé et il est admis par quelques auteurs que les juges, en matière civile, peuvent, soit d'office, soit sur la demande des parties, rouvrir, avant leur délibération, la discussion terminée et entendre de nouveau les conclusions et observations des parties, pourvu que le ministère public, dans les causes sujettes à communication, ait la parole après les dernières conclusions et plaidoiries: Bruxelles, 28 juin 1831 (D.P.33.2.21); Cass., 13 nov. 1834 (S.-V.35.1.113); Lyon, 1er juill. 1840 (S.-V.41.2.34);—Bioche, *Dict. de proc.*, vº *Jugement*, n. 129; Chauveau sur Carré, *Lois de la proc.*, suppl., quest. 485. Mais une telle doctrine, en tant qu'appliquée aux causes dans lesquelles le ministère public a été entendu, est-elle compatible avec le principe établi par l'ancienne jurisprudence et maintenu par l'art. 87 du décret du 30 mars 1808, qu'après l'audition du ministère public les parties ne peuvent plus prendre la parole, et ont seulement la faculté de remettre au président de simples notes? C'est là, selon nous, un point douteux. V. *Défense*, n. 8 et s.

2. D'après un arrêt de la Cour de Caen du 14 avr. 1866 (J.M. p.9.280), la mention, dans les qualités d'un jugement ou arrêt, que les pièces ont été communiquées au ministère public, emporte la preuve de l'accomplissement de cette formalité, alors d'ailleurs que la partie qui le conteste n'a pas soutenu l'opposition par elle formée à ces qualités. Cela ne semble pas douteux. — La plupart des auteurs estiment que la communication des pièces au ministère public doit être constatée par un visa que le magistrat qui a reçu cette communication appose sur le dossier. V. Boucher d'Argis, *Dict. de la taxe*, p. 79; N. Carré, *Taxe en matière civile*, n. 63, p. 63; Fons, *Tarifs en mat. civ.*, p. 208, n. 10; Calmètes, *Résumé de la jurisprudence de la Cour de Bastia sur la liquidation des dépens en matière civile*, p. 11. Mais, selon M. Chauveau, *Comment. du tarif*, t. 1ᵉʳ, p. 310, note, « cette mesure d'ordre ne peut *légalement* être exigée, et d'ailleurs elle est inutile : ou la cause est communicable par le vœu de la loi, et alors il n'y a pas matière à douter; ou le tribunal a ordonné la communication, et, dans ce cas, les notes d'audiences prouvent que la communication a dû avoir lieu. Les tribunaux doivent bien se garder de suppléer aux règlements judiciaires par des règlements particuliers, qui souvent sont considérés comme des mesures arbitraires ».

3. La mention des conclusions du ministère public dans le jugement n'est nécessaire que dans les causes où l'officier du parquet doit absolument être entendu: Cass., 23 juin 1833 (S.-V.33.1. 667); Chambéry, 19 janv. 1869 (J.M.p.12.158).

4. Le pouvoir des Cours et tribunaux d'interpréter leurs décisions est incontestable. Il découle de la nature même des choses : car il est manifeste que, dans le cas où une décision est obscure ou ambiguë, les parties doivent avoir le droit d'en faire préciser le sens, et qu'elles ne peuvent s'adresser dans cet objet qu'aux juges de qui émane la décision. Si un tel pouvoir n'a pas été explicitement consacré par la loi, qui l'a considéré sans doute comme allant de soi-même, il s'induit toutefois nécessairement de la disposition de l'art. 472, C. proc., aux termes de laquelle, lorsqu'un jugement frappé d'appel est confirmé, l'exécution appartient au tribunal qui l'a rendu, et lorsqu'il est infirmé, à la Cour d'appel qui a prononcé: l'exécution doit en effet s'entendre ici, suivant la remarque de M. Chauveau sur Carré, t. 4, quest. 1698 *bis* (4ᵉ édit.), non de l'exécution forcée, mais de cette exécution qui appartient aux juges et non à la partie, et qui est destinée à compléter, à expliquer, à *interpréter* le jugement.

5. Mais quelle est l'étendue de ce pouvoir d'interprétation ? Jusqu'ici la jurisprudence s'était bornée à décider que les juges ne peuvent rien ajouter ni retrancher à leur jugement sous prétexte de l'interpréter. V. les décisions mentionnées dans le *Répert.* de Dalloz, v^{is} *Chose jugée*, n. 342 et s., et *Jugement*, n. 332 et s., et dans la *Table générale* de Devilleneuve et Gilbert, v° *Jugement*, n. 362 et s. *Junge*, Cass., 12 nov. 1858 (S.-V.59.1.276) et 7 mars 1859 (S.-V.59.1.684).{Un arrêt de la Cour de cassation, du 8 nov. 1862 (J.M.p.5.305), précisant mieux le caractère de l'interprétation des jugements, subordonne la recevabilité de l'action tendant à cette interprétation à l'existence entre les parties en cause de difficultés sérieuses et réelles d'exécution sur le sens et la portée de la décision rendue. Et il résulte particulièrement de cet arrêt qu'une partie ne saurait être admise à demander l'interprétation des motifs d'un jugement, lorsque nulle difficulté d'exécution ne s'élève à l'égard du dispositif, dans lequel réside le jugement tout entier.

6. C'est en effet un principe certain que le dispositif seul constitue le jugement, non les motifs, qui ne sont que l'indication des raisons pour lesquelles le juge statue dans tel sens plutôt que dans tel autre. Et l'on décide en conséquence : 1° que la chose jugée résulte uniquement du dispositif, et jamais des motifs du jugement. V. les arrêts cités par Dalloz, v° *Chose jugée*, n. 21 et s., et Devilleneuve et Gilbert, *eod.* v°, n. 96 et s. *Adde* Cass., 12 août 1851 (S.-V.51.2.650) et 3 déc. 1856, S.-V.56.1.297; — Marcadé, t. 5, sur l'art. 1351, n. 2 ; Dalloz, *ut suprà* ; Aubry et Rau, d'après Zachariæ, t. 6, § 769, p. 480 ; Larombière, *Obligations*, t. 5, sur l'art. 1351, n. 18 ; — 2° Que les motifs d'un jugement ne peuvent être attaqués, ni par la voie de l'appel (V. les décisions indiquées dans le *Répert.* de Dalloz, v° *Appel civil*, n. 139 et s., et dans la *Tabl. génér.* de Devilleneuve et Gilbert, *cod.* v°, n. 14 et s. *Junge*, Cass., 10 nov. 1856, S.-V.57.1.296; Nancy, 15 juin 1857, S.-V.58.2.86; — Talandier, *de l'Appel*, n. 56 ; de Fréminville, *de l'Organis. et de la compét. des Cours d'app.*, t. 2, n. 635 ; Chauveau sur Carré, t. 4, quest. 1581 *sexies*, et Supplément, p. 472 (4° édit.); Bioche, v° *Appel*, n. 23; Dalloz, *ut suprà*); — ni par celle du recours en cassation (V. Dalloz, v° *Cassation*, n. 68 et s.; Devilleneuve et Gilbert, *eod.* v°, n. 222 et s. *Junge* Cass., 22 déc. 1854, S.-V.54.1. 811, et 15 juin 1855, S.-V.55.1.764). — Ainsi, une imputation diffamatoire, consignée, dans les motifs d'un jugement contre la partie qui gagne son procès et à qui, dès lors, le dispositif ne fait aucun grief, ne saurait donner ouverture ni à appel ni à cassation : Paris, 21 déc. 1840 (S.-V.41.2.176); Cass., 29 janv. 1824 (S.-V.7.1.384); — Dalloz, v° *Cassation*, n. 69, et Bioche, *eod. v°*, n. 224.—V. toutefois Toulouse, 26 juin 1844 (*Journ. des Avoués*, t. 72, p. 696). — A plus forte raison, lorsqu'il est seulement douteux si les motifs d'un jugement peuvent porter préjudice à la considération ou aux intérêts de la partie en faveur de laquelle statue le dispositif, cette partie ne saurait-elle être admise à demander l'interprétation de ces motifs.

7. Ce qui précède s'applique aux jugements correctionnels tout aussi bien qu'aux jugements rendus en matière civile, car les raisons de décider sont les mêmes pour les uns et pour les autres. Plusieurs des autorités citées plus haut se prononcent d'ailleurs à l'égard des jugements correctionnels. Toutefois, une objection particulière se présente relativement à ces derniers jugements. — S'il est vrai, peut-on dire, qu'on ne saurait attaquer les motifs d'un jugement, ce n'est qu'autant que ces motifs sont indépendants du dispositif, non lorsqu'ils en font partie intégrante, comme cela arrive particulièrement en matière correctionnelle. Le relaxe prononcé par les juges peut être un acquittement ou une absolution, et ce sont les motifs qui en déterminent le caractère. Or, ses effets peuvent être bien différents, suivant la signification qui lui est attribuée. Au point de vue moral d'abord, car l'absolution peut être infamante, lorsque, par exemple, elle n'est fondée que sur la prescription du délit. Au point de vue des intérêts matériels ensuite, car il est de principe que le jugement correctionnel qui renvoie le prévenu de la poursuite est sans autorité au civil, lorsque, tout en admettant que le prévenu a commis les faits incriminés, il proclame sa non-culpabilité ou déclare ces faits non prévus par la loi ou prescrits (V. Dalloz, v° *Chose jugée*, n. 556 et s., ainsi que les autorités par eux citées et auxquelles il faut ajouter Bonnier, *des Preuves*, t. 2, n. 915 et 916). Comment donc, s'il y a doute sur le véritable caractère du relaxe, refuser au prévenu le droit de demander aux juges l'interprétation des motifs de leur décision ? — A ce moyen on doit répondre que la décision des juges correctionnels est complète par cela seul qu'elle renvoie le prévenu des poursuites, la loi ne les obligeant nullement à s'expliquer sur le caractère du relaxe qu'ils prononcent (V. les art. 191 et 212, C. instr crim.). Cette décision se suffit à elle-même au point de vue de l'exécution, et il n'en faut pas davantage, d'après les principes rappelés plus haut, pour que l'interprétation de ses motifs ne puisse être demandée.

46

Sans doute, le prévenu renvoyé des poursuites peut avoir un intérêt soit moral, soit matériel à faire déclarer que ce relaxe est fondé sur la non-existence des faits qui lui étaient imputés; mais cet intérêt, étranger à toute question d'exécution, ne saurait suffire pour motiver une interprétation qui, ainsi qu'on l'a dit fort justement dans cette affaire, ne serait autre chose qu'une consultation donnée par les juges, lesquels n'ont point mission pour cela.

8. Mais les juges ne peuvent surtout, ainsi que l'a décidé l'arrêt de cassation du 8 nov. 1862 mentionné ci-dessus, n. 5, faire cette interprétation, lorsqu'elle aurait pour but d'engager une lutte avec la doctrine consacrée, au sujet des mêmes poursuites, par la Cour suprême. Il est en effet évident qu'une semblable lutte est interdite aux juridictions inférieures, et par le respect dû au principe de la hiérarchie judiciaire et par la nature des attributions de la Cour régulatrice. Aussi a-t-il été décidé qu'il y a lieu d'annuler, soit le jugement qui, tout en se conformant dans son dispositif à la jurisprudence de la Cour de cassation, critique cette jurisprudence dans ses motifs (Cass., 2 avr. 1851, S.-V.51.1.232), soit l'arrêt qui, après un renvoi prononcé par les chambres réunies de la Cour suprême, ne se conforme à la décision de cette Cour qu'en déclarant qu'il statuerait autrement, si l'exécution de l'arrêt des chambres réunies n'était forcée (Cass., 7 juill. 1847, S.-V. 47.1.630). — Inutile d'ajouter que la circonstance que l'arrêt de la Cour de cassation aurait été rendu seulement dans l'intérêt de la loi, comme dans l'espèce de la décision précitée du 8 nov. 1862, ne saurait nullement modifier la solution, parce qu'elle n'ôte rien de sa puissance à la double considération que nous venons d'indiquer.

9. Décidé qu'en matière criminelle, comme en matière civile, il appartient aux juges de statuer sur les difficultés et les incidents que fait naître l'exécution de leurs jugements; et qu'au nombre de ces incidents se trouve la nécessité de constater dans certains cas l'identité des condamnés; — Qu'ainsi spécialement, lorsqu'un individu a été condamné par un tribunal correctionnel sous un nom qui n'est pas le sien, ce tribunal est compétent pour constater, sur la demande du ministère public, l'identité de l'individu auquel s'applique réellement la condamnation avec celui qui a été désigné dans le jugement : Gand, 11 mars 1862 (J.M.p.5. 170); Nîmes, 23 août 1866 (*Id*.13.131). — Jugé aussi que c'est au tribunal correctionnel ou à la Cour qui a condamné un pré-

venu sous un nom qui n'est pas le sien, qu'il appartient de connaître de la demande en rectification de ce jugement formée
d'office par le ministère public dans le but d'établir l'identité du
condamné, et qu'il y a lieu d'appliquer à ce cas le principe posé
par l'art. 518, C. instr. crim : Trib corr. de Metz, 26 mai 1868,
et Alger, 27 mai 1870 (*Ibid.*). — Décidé encore qu'au cas où il
est démontré qu'un individu a été condamné à une peine (celle
de l'emprisonnement, par exemple), sous le nom d'une autre personne, usurpé par lui pour tromper la justice, les juges qui ont
prononcé la condamnation peuvent, sur la demande de cette personne, ordonner la rectification de l'erreur que contient leur
premier jugement, et prescrire qu'il sera procédé à cette rectification à la diligence du ministère public, notamment au moyen
d'un émargement sur les registres du greffe et d'écrou : Trib. de
Montélimar, 24 janv. 1860 (J.M.p.3.64).

10. Ces décisions proclament, en se fondant sur des principes
différents, le droit, aujourd'hui bien certain, pour les juges correctionnels, d'ordonner, notamment sur la demande du ministère
public, la rectification de l'erreur contenue dans un jugement ou
arrêt par lequel ils ont condamné un prévenu sous un nom autre
que le sien, et de constater l'identité du condamné avec l'individu qui a commis le délit à raison duquel a été prononcée la
condamnation (V. *Nom*, n. 8 et s). La Cour de Nîmes, ni le tribunal de Montélimar, ni celui de Metz ne s'expliquent sur la
source d'où dérive, dans ce cas, l'action directe du ministère
public; mais la Cour d'Alger invoque à cet égard, par analogie,
la jurisprudence qui s'est établie en matière de rectification d'actes
de l'état civil. V. *Actes de l'état civil*, n. 56. — V. aussi analog.,
Metz, 5 juin 1826 (J.P.chr.).

11. Quant à la compétence des juges correctionnels qui ont
prononcé la condamnation, la Cour de Nîmes la fait résulter de
la règle générale d'après laquelle il appartient aux juges de connaître des difficultés et des incidents que fait naître l'exécution
de leurs jugements (V. *Compétence criminelle*, n. 178 *bis*, et *Nom*,
n. 10) ; — tandis que le tribunal de Montélimar, la Cour de
Gand, le tribunal de Metz et la Cour d'Alger donnent pour base à
cette compétence le principe posé, pour des cas analogues, par
l'art. 518, C. instr. crim., dont nous avons, au contraire, soutenu *loc. cit.* qu'on ne peut étendre l'application à une hypothèse
complétement différente de celles qu'il prévoit.

12. La disposition de l'art. 190, C. instr. crim., d'après la-

quelle, en matière correctionnelle, le jugement doit être prononcé
de suite ou au plus tard à l'audience qui suivra celle où l'instruction aura été terminée, n'est pas prescrite à peine de nullité :
Cass., 3 avr. 1841 (D.p.42.1.264) et 8 nov. 1850 (Bull. crim.,
n. 370); Paris, 20 août 1869 (J.M.p.13.118); — F. Hélie, *Instr.
crim.*, t. 6, n. 2950; Berriat Saint-Prix, *Procéd. des trib. crim.*,
1re part., n. 390, et 2e part., t. 2, n. 923; Dalloz, *Répert.*, v° *Jugement*, n. 774. Ces auteurs estiment avec raison que tout ce
qu'on doit inférer de la disposition de l'art. 190 précité, c'est
qu'il convient que le jugement soit prononcé le plus tôt possible.
— V. toutefois Carnot, *Instr. crim.*, t. 2, p. 59, ainsi que quelques arrêts cités par Dalloz, *ut suprà*.
— V. *Appel correctionnel, Nom.*

JUGEMENT ET ARRÊT PAR DÉFAUT

(EN MAT. CORR.).

SOMMAIRE ALPHABÉTIQUE.

1. Le jugement correctionnel qui, après l'expiration du délai
qu'une précédente décision avait-imparti au prévenu pour faire
juger une question préjudicielle de propriété, et à l'audience à laquelle cette décision avait continué la cause, statue sur le fond de

la poursuite, sans que le prévenu ait comparu ni se soit fait représenter, doit être réputé par défaut, et est conséquemment susceptible d'opposition : Cass., 25 janv. 1868 (J.M.p.12.298). — Cette solution, conforme à l'opinion de M. Berriat-Saint-Prix, *Procéd. des trib. crim.*, 1ʳᵉ part., n. 360 et 441, n'est qu'une conséquence de ce principe incontestable, que la comparution du prévenu ne suffit pas pour lier la cause contradictoirement avec lui sur le fond de la poursuite, s'il s'est borné à proposer des moyens préjudiciels, et ne s'est pas défendu au fond. V. à cet égard, Cass., 7 déc. 1822 (S.-V.7.1.169) et 13 mars 1835 (S.-V.35.1.474) ; Paris, 18 nov. 1836 (S.-V.36.2.538).

2. Le jugement rendu par le tribunal correctionnel contre un prévenu est réputé rendu par défaut, même lorsque ce dernier est présent à la prononciation, s'il s'abstient de présenter sa défense et de prendre aucunes conclusions, et encore bien qu'il ait été interrogé à l'audience, pourvu d'ailleurs que ses réponses n'aient pas constitué un examen du fond : Cass., 8 sept. 1824 (S.-V.7.1. 532) ; 29 mai 1830 (S.-V.9.1.528) ; — F. Hélie, *Instr. crim.*, t. 6, n. 2955, 2956 et 2959 ; Berriat Saint-Prix, 2ᵉ part., t. 2, n. 993. — A plus forte raison doit-il en être ainsi lorsque l'interrogatoire du prévenu, sans examen du fond, a été suivi d'une remise de cause à la suite de laquelle le prévenu ne s'est pas représenté. *Sic*, Cass., 23 fév. 1837 (S.-V.37.1.557) et 15 mars 1845 (Bull. crim., n. 98) ; Lyon, 2 déc. 1868 (J.M.p.12.201) ; — F. Hélie, n. 2955 ; Berriat Saint-Prix, *ut supra*. — Il a été décidé même que le jugement est par défaut lorsqu'il est rendu en l'absence du prévenu à une audience à laquelle, après un commencement d'instruction contradictoire, la cause avait été renvoyée pour achever cette instruction : Cass., 14 mai 1835 (S.-V.37.1.40) ; — Berriat-Saint-Prix, *loc. cit.* Mais cela nous semble aller bien loin.

3. C'est une question controversée, surtout depuis la loi du 9 sept. 1835, dont nous allons rappeler les dispositions, que celle de savoir si le prévenu amené à l'audience en état de détention a la faculté de faire défaut en refusant de répondre et de se défendre. Antérieurement à cette loi, la Cour de Paris a successivement consacré, par arrêts des 15 juin 1827 (S.-V.8.2.378) et 1ᵉʳ août 1833 (S.-V.33.2.450), l'affirmative et la négative, et la Cour de cassation a admis la première opinion par arrêt du 12 déc. 1834 (S.-V.35.1.33). V. aussi dans le même sens, Dalloz, *Rép.*, vᵒ *Jug. par déf.*, n. 558. — Sous l'empire de la loi de 1835, qui, par ses art. 8 et 9, dispose que si, au jour fixé pour la comparution, le prévenu en état de détention refuse de comparaître, malgré même la sommation qui lui aura été signifiée pour l'y contraindre, il sera amené par la force à l'audience, où, après lecture du procès-verbal constatant sa résistance, les débats suivront leur cours contradictoirement, la chambre criminelle a jugé, par un premier arrêt en date du 14 oct. 1853 (S.-V.54.1.157), que le refus, par un prévenu détenu, de répondre à l'interrogatoire du président, peut être assimilé au refus de comparaître dont parlent les dispositions précitées, et autorise le tribunal à statuer par un jugement contradictoire ; et M. Berriat-Saint-Prix, t. 2, n. 856, exprime une opinion conforme. — Mais, par un second arrêt, du 13 août 1859 (S.-V.59.1.961), la Cour suprême a décidé en sens contraire qu'il n'y a pas comparution rendant le jugement contradictoire, de la part du prévenu en état de détention qui, amené à l'audience, déclare vouloir faire défaut, refuse de répondre à tout interrogatoire et ne présente aucune défense, ce cas ne devant pas être confondu avec celui que prévoient les art. 8 et 9 de la loi du 9 sept. 1835, lesquels supposent une résistance systématique ou matérielle opposée à la marche de la justice, et exigent des sommations et constatations spéciales. Telle est aussi la doctrine qu'enseignent MM. F. Hélie, t. 6, n. 2957, 2958, et Morin, *Rép. du dr. crim.*, v° *Comparution*, n. 8, et nous n'hésitons pas à la considérer comme seule exacte.

4. Mais le prévenu en état de détention n'a la faculté de faire défaut qu'autant qu'il ne s'est en aucune manière défendu au fond. Sans doute, le jugement ne peut être réputé contradictoire à son égard, s'il s'est borné soit à répondre aux questions du président sur ses nom, prénoms, âge, profession, demeure et lieu de naissance, soit à décliner la compétence du tribunal ou à proposer des moyens préjudiciels, sans discuter le fond de l'affaire. *Sic*, Cass., 7 déc. 1822 (S.-V.7.1.169); 8 sept. 1824 (S.-V.7.1.532); 13 mars 1835 (S.-V.35.1.474); Paris, 18 nov. 1836 (S.-V.36.2.538); 23 fév. 1837 (S.-V.37.1.557); — Berriat-Saint-Prix, *loc. cit.*, n. 993; Trébutien, *Cours élém. de dr. crim.*, t. 2, p. 498; F. Hélie, n. 2955. Mais la défense du prévenu doit être réputée contradictoire sur le fond, malgré sa déclaration de ne vouloir prendre des conclusions que sur des questions préjudicielles, si, en réalité, elle a porté sur l'ensemble de l'affaire (Cass., 22 sept. 1832, D.P.32.1.52), comme si, lors de son interrogatoire à l'audience, il s'en est référé à un mémoire sur le fond précédemment publié par lui et signifié au ministère public, ou encore s'il a répliqué aux conclusions du ministère public sur le fond (Cass., 23 mai 1830, S.-V.9.1. 528).

4 *bis*. Dans l'affaire jugée par un arrêt de la Cour de Grenoble du 23 nov. 1860 (J.M.p.4.63), il s'était produit quelque chose d'analogue. Le prévenu prétendait devant la Cour d'appel ne vouloir accepter le débat que sur un moyen préjudiciel, sauf à être jugé par défaut sur le fond; mais son appel avait été dirigé tant contre le jugement de première instance rendu sur le fond que contre celui qui avait statué sur la question préjudicielle; il avait pris des conclusions générales, et répondu dans son interrogatoire aux questions qui lui étaient adressées sur le fait même que lui imputait la prévention; enfin, la cause se trouvait, ainsi que le constate la Cour de Grenoble, instruite sur tous les chefs. Il n'en fallait pas davantage, à notre sens, pour que le jugement fût contradictoire à son égard. Et l'arrêt précité a décidé en effet que le prévenu en état de détention ne peut, sur l'appel interjeté par lui du jugement qui l'a condamné, faire défaut au fond, quoique présent à l'audience, et n'accepter le débat que sur une question préjudicielle, alors qu'il est assisté d'un défenseur qui a reçu communication de toutes les pièces de la procédure, et que la cause se trouve instruite sur tous les chefs; mais qu'il doit, ou soutenir contradictoirement son appel, ou s'en désister.

5. Lorsque le prévenu ne comparaît pas à l'audience pour laquelle il avait été cité, le tribunal peut, après avoir donné défaut contre lui, prononcer une ou plusieurs remises de causes successives pour en adjuger le profit : Paris, 20 août 1869 (J.M.p.13. 118).

6. Les jugements par défaut que prononcent les tribunaux correctionnels doivent, si les parties condamnées ne consentent pas à les exécuter sur simple avertissement, être signifiés par huissier. Cette signification, qui fait courir contre les condamnés les délais d'opposition et d'appel (C. instr. crim., 187 et 203), a lieu à la requête du chef du parquet de première instance, lorsque le jugement porte peine d'emprisonnement, d'amende ou de confiscation, et sans qu'il y ait à distinguer si le tribunal a été saisi par le ministère public ou la partie civile. Elle doit être, en outre, faite assez promptement pour que, le jugement étant devenu définitif au respect du condamné, faute d'opposition ou d'appel de sa part, le bulletin n° 1 puisse être transmis au procureur général dans le délai de deux mois à compter du jour de la prononciation du jugement (art. 205, C. instr. crim.). S'il en était autrement, on empêcherait ce magistrat de pouvoir, s'il le juge convenable, exercer son droit d'appel.

7. Lorsque le jugement a été signifié, si l'officier du parquet de première instance a pris une expédition au greffe, il doit, après avoir accompli tous les actes de son ministère, envoyer cette expédition (art. 62 du décret du 18 juin 1811) au receveur de l'enregistrement du chef-lieu d'arrondissement, qui a mission ou de recouvrer lui-même les condamnations pécuniaires, ou de transmettre les pièces dont il s'agit à celui de ses collègues chargé du recouvrement. Si, au contraire, l'officier du ministère public n'a pas demandé d'expédition, la signification doit être faite par l'huissier sur la minute du jugement (art. 70 du décret du 18 juin 1811 ; Circulaire du 16 août 1843), et, après les délais d'opposition et d'appel, le greffier transmet au receveur de l'enregistrement un simple extrait visé du chef du parquet de première instance, comme doivent l'être tous les extraits de jugements (art. 57 du tarif). Le décret de 1811 ne dit pas quand le ministère public doit ou ne doit pas demander au greffe une expédition des jugements signifiés ; mais l'usage, sanctionné par les circulaires, est de ne pas lever les jugements qui doivent être signifiés par les huissiers résidant dans les villes où siége le tribunal. Ces officiers ministériels doivent prendre au greffe et sans déplacement, copie de la minute. V. de Dalmas, *Frais de just. crim.*, suppl., p. 14.

8. Il était de jurisprudence, avant la loi du 27 juin 1866, que la signification au prévenu d'un jugement par défaut rendu contre lui ne pouvait être régulièrement faite qu'à sa dernière habitation dans les formes prescrites par l'art. 68, C. proc. civ., lorsque cette dernière habitation était constatée par les actes de la procédure, tels que l'exploit de signification d'un précédent jugement par défaut et l'opposition formée à ce jugement par le prévenu, et non au parquet, conformément à l'art. 69, § 8, du même Code, applicable seulement dans le cas où le prévenu n'a pas de domicile connu. V. Rennes, 4 janv. 1865 (J.M.p.8.106); Cass., 26 avr. 1866 (*Id.* 9.149). Cette jurisprudence entraînait, en raison de la brièveté du délai imparti au prévenu pour former opposition au jugement par défaut, des inconvénients que M. Paringault avait parfaitement signalés dans une étude sur la *Réforme de la législation des défauts en matière correctionnelle et de police*, et qu'a fait heureusement disparaître la modification apportée à l'art. 187, C. instr. crim., par la loi précitée de 1866.

9. Lorsque l'inculpé à l'égard duquel est rendue une ordonnance de non-lieu, a été précédemment l'objet d'une condamnation par défaut à l'emprisonnement non exécutée, faut-il le mettre en liberté, malgré le danger de le voir se soustraire à l'exécution de sa peine ? L'élargissement de l'inculpé nous paraît inévitable. Mais au moment même où il est mis en liberté en vertu de l'ordonnance de non-lieu, il peut être arrêté de nouveau à l'effet d'assurer l'exécution du jugement par défaut antérieurement rendu contre lui (V. *infrà*, n. 16). Et cette arrestation, qui ne lui permet plus d'alléguer son ignorance du jugement, lui ferme la voie de l'opposition ; le jugement devient définitif, et la condamnation doit recevoir son effet.

10. A la vérité, le condamné peut prévenir ce résultat en formant opposition au jugement par défaut, avant que son arrestation soit consommée. V. ci-après, n. 17. Mais que se passe-t-il alors ? Le jugement est comme non avenu, aux termes de l'art. 187, C. instr. crim. Or, n'est-ce pas à dire que les choses sont remises dans le même état que s'il n'était pas intervenu de jugement par défaut, et que, dès lors, les mêmes mandats qui, dans cette hypothèse, auraient pu être décernés contre l'inculpé pour s'assurer de sa personne, peuvent l'être également contre le condamné après son opposition ? N'est-ce pas assez, en effet, que l'opposition fasse tomber la condamnation prononcée par défaut, et serait-il juste et rationnel qu'elle assurât de plus à l'opposant le droit de se soustraire à la justice ? Il semble donc que, dans le cas même où le condamné déclare, avant une nouvelle arrestation, former opposition au jugement par défaut, il doit pouvoir être encore privé de sa liberté jusqu'au jugement de cette opposition, et que son incarcération, interdite comme moyen d'assurer l'exécution d'un jugement désormais anéanti, doit être permise à titre de détention préventive.

11. Il est bien entendu que nous raisonnons ici dans l'hypothèse d'un jugement par défaut rendu sur citation directe. Nous n'entendons point, certes, reconnaître au ministère public le droit de décerner lui-même aucun mandat contre le condamné par défaut qui forme opposition au jugement. Mais nous pensons qu'après cette opposition, qui fait évanouir la procédure antérieure, le ministère public peut, ainsi qu'il en aurait eu la faculté dès le principe, requérir du juge d'instruction la délivrance d'un mandat d'amener ou d'un mandat d'arrêt, selon l'exigence des cas. Si, en exécution de ce mandat, le condamné par défaut est arrêté, le juge d'instruction se bornera à procéder à son interrogatoire (Circ. 23 sept. 1812, Gillet, n. 805), et le tribunal correctionnel devant lequel il sera renvoyé devra statuer sur son opposition, dont il sera en même temps saisi par le ministère public. Par là, l'exécution du jugement se trouvera garantie; et nous ne voyons rien d'illégal dans cette façon de procéder.

12. Quant au moyen qui consisterait à requérir un mandat d'arrêt contre tout inculpé en fuite, nous ne le conseillerions point, à cause des conséquences rigoureuses et des frais qu'entraîne ce mode d'arrestation si peu usité dans la pratique. Ne peut-il pas arriver d'ailleurs que l'inculpé ne prenne la fuite qu'après la citation qui lui aura été directement signifiée à la requête du parquet? Dans ce cas, qui n'est point rare, peut-il y avoir, pour s'assurer de la personne du prévenu, d'autre moyen que celui que nous venons d'indiquer? V. toutefois J.M.p.12.213, les observations d'un des correspondants de notre journal.

13. Dans le cas où le jugement par défaut est intervenu à la suite d'une ordonnance de renvoi, il n'y aura généralement pas de difficulté. L'inculpé, que le juge d'instruction a dû, pour peu qu'il lui parût indigne de confiance, retenir sous la main de justice au moyen d'un mandat de dépôt, reste sous le coup de ce mandat, non-seulement jusqu'au jugement par défaut (lequel se produira du reste assez rarement en pareil cas, bien que nous le reconnaissions compatible avec le mandat de dépôt), mais même après ce jugement, lorsqu'il y forme opposition, et que les choses sont ainsi remises dans l'état où elles se trouvaient avant la décision.

14. On a agité encore la question de savoir si, après signification à domicile d'un jugement par défaut, il y a lieu de délivrer un bulletin n° 1 du casier judiciaire. Ce jugement, a-t-on dit, peut tomber par l'effet d'une opposition; et cependant, si on ne délivre pas le bulletin, on ignorera pendant cinq ans les antécédents du prévenu, et, en cas d'arrestation dans un autre tribunal, qu'il a une peine à subir. Ce point, est plus délicat. Deux circulaires ministérielles des 30 déc. 1850 (J.M.p.1.99) et 1er juill. 1856 (*Id.* 239) prescrivent la constatation au casier judiciaire des condamnations par défaut, afin que, dans le cas où à côté du bulletin d'une semblable condamnation viendrait se placer celui d'une condamnation contradictoire contre le même individu, il en soit immédiatement donné avis au ministère public près le tribunal qui aura prononcé la première condamnation, pour qu'il soit mis à même de la faire exécuter. Il semblerait que la nouvelle rédaction de l'art. 187 ne doit pas troubler l'économie de ces dispositions. A la vérité, une autre circulaire du 6 nov. 1850 (J.M.p.1. 67) restreint aux règlements et arrêts définitifs la nécessité du classement au casier judiciaire. Mais ne pourrait-on pas dire que cette restriction, qui ne s'applique pas aux arrêts par contumace, dont les circulaires précitées des 30 déc. 1850 et 1ᵉʳ juillet 1856 exigent aussi l'inscription au casier, en vue de faire purger leur contumace par les accusés, c'est-à-dire avant que ces arrêts soient devenus définitifs, ne doit pas atteindre davantage les jugements par défaut, assimilés aujourd'hui aux arrêts par contumace ? V. toutefois en sens contraire, Circ. 8 déc. 1868 (J.M.p.10.81). — V. aussi *Casiers judiciaires*, n. 11 et s. — Compar. *suprà* n. 6.

15. En pratique, l'individu condamné par défaut qui ne se constitue pas sur invitation après signification du jugement à domicile, est arrêté pour que la décision de justice reçoive une sanction. Mais on s'est demandé si le § 3 de l'art. 187, C. instr. crim., modifié par la loi du 27 juin 1866, n'apportait pas un double obstacle à ce mode d'exécution. D'un côté, a-t-on dit, on arrêterait le condamné en vertu d'un jugement non définitif, puisque l'opposition au jugement par défaut peut avoir lieu pendant cinq ans. D'un autre côté, si après l'arrestation et l'incarcération, le prévenu formait opposition au jugement par défaut, il faudrait le mettre en liberté en attendant le jugement sur l'opposition, l'appel de ce jugement, etc., d'où résulteraient de doubles frais d'arrestation, joints à la difficulté de reprendre un homme prévenu.

16. Ces objections ne sont point sérieuses, selon nous. Et d'abord, la règle qu'un jugement par défaut ne peut être exécuté tant qu'il n'est pas devenu définitif, nous semble être ici complétement désintéressée. Si, après signification à domicile d'un jugement correctionnel par défaut condamnant le prévenu à l'emprisonnement, le ministère public cherche à faire capturer ce dernier, ce n'est point pour consommer irrévocablement, malgré lui, l'exécution de la condamnation, mais uniquement pour assurer cette exécution dans le cas où il ne croirait pas devoir former opposition au jugement, et pour le mettre en demeure de se prononcer à cet égard. Le nouvel art. 187 n'accorde au condamné, dans notre hypothèse, le droit d'opposition jusqu'après l'expiration des délais de la prescription de la peine, qu'autant qu'il ne résulte pas d'*actes d'exécution du jugement* qu'il en a eu connaissance. La loi permet donc ici, comme en matière civile (C. proc.,

159), d'entreprendre l'exécution du jugement avant qu'il soit devenu définitif, et comme sa disposition n'a rien de restrictif, comme elle ne distingue pas entre les divers modes d'exécution, il s'ensuit que rien n'interdit en pareil cas l'arrestation du condamné. Serait-il admissible, d'ailleurs, que celui-ci pût, malgré sa présence à son domicile et par le seul effet d'une abstention calculée, se soustraire, jusqu'après l'expiration des délais de la prescription, à l'exécution de la peine prononcée contre lui? Serait-il admissible que le ministère public fût tenu de laisser libre pendant cinq ans un condamné qui prétendrait n'avoir pas connaissance du jugement rendu contre lui? Que si l'on objecte que cette connaissance pourra résulter d'actes d'exécution autres que l'écrou du condamné, par exemple, de poursuites dirigées contre lui en paiement des frais de la procédure, c'est que l'on prétendra établir entre les divers genres d'actes d'exécution une distinction qui, ainsi que nous l'avons fait remarquer déjà, n'a pas été faite par la loi, et qu'il n'est pas permis de suppléer.

17. Au reste, le condamné n'a nullement à craindre qu'une atteinte prématurée et conséquemment injuste soit portée à sa liberté. Il dépend en effet de lui d'empêcher l'arrestation dont il est menacé en formant opposition au jugement par défaut à l'instant même où les agents de la force publique se présentent pour s'assurer de sa personne. Devant cette opposition, toute exécution devient impossible, et l'arrestation ne peut avoir lieu, sous la condition, bien entendu, que la formalité sera immédiatement régularisée de la façon prescrite par l'art. 187.

18. Le prévenu qui forme opposition à un arrêt par défaut n'est pas tenu de comparaître en personne, mais peut se faire représenter, lorsque cet arrêt ne le condamne qu'à une amende : Alger, 24 oct. 1868 (J.M.p.12.173), ou que l'opposition ne présente à juger que des intérêts civils : Cass., 16 oct. 1847 (S.-V. 47.1.784). En effet, l'art. 208, C. instr. crim., portant que l'opposition à un arrêt par défaut est comme non avenue, si l'opposant *ne comparaît pas* à la première audience, ne fait que reproduire à cet égard la disposition de l'art. 178 du même Code, concernant l'opposition aux jugements par défaut des tribunaux correctionnels, et il ne paraît pas douteux que ni l'une ni l'autre de ces dispositions n'a entendu déroger à celle de l'art. 185, d'après laquelle le prévenu peut se faire représenter par un avoué dans les affaires relatives à des délits qui n'emportent pas la peine d'emprisonnement. V. aussi F. Hélie, t. 6, n. 2974, et Berriat-

Saint-Prix, 2e part., t. 2, n. 989 et 1199. Les juges d'appel, comme ceux de première instance, conservent d'ailleurs, en vertu de la disposition finale de l'art. 185 précité, la faculté d'ordonner la comparution en personne de l'opposant, dans le cas même où il s'agit d'un délit qui n'emporte pas la peine d'emprisonnement, si cette comparution leur paraît absolument nécessaire.

19. Il a été décidé que l'opposition formée par le prévenu au jugement correctionnel qui l'a condamné par défaut, est valable en ce qui concerne les intérêts civils, quoique notifiée seulement à la partie civile, et non au ministère public, alors que le prévenu déclare, sur l'appel du jugement qui l'a débouté de son opposition, acquiescer au jugement par défaut relativement aux condamnations prononcées sur l'action publique : Cass., 18 juin 1863 (J.M.p.6.165). — Cette solution ne nous semble point admissible. Il est incontestable que lorsque la juridiction correctionnelle, saisie de l'action publique, y a une fois statué, le droit de la partie civile d'interjeter appel de la décision ne saurait être paralysé par l'extinction dont l'action publique viendrait à être frappée par quelque cause que ce soit. Il serait injuste en effet qu'une décision qui fait grief à la partie civile devînt irrévocable et échappât à l'épreuve du second degré de juridiction par une circonstance indépendante de la volonté de cette partie. Ainsi, il a été jugé et enseigné avec raison que l'acquiescement du ministère public à la décision du tribunal correctionnel, la prescription de l'action publique accomplie ou le décès du prévenu arrivé postérieurement à cette décision, n'enlèvent point à la partie civile le droit d'en interjeter appel ou de l'attaquer par le recours en cassation. V. *Appel correctionnel,* n. 27 et 28. *Junge* Cass., 24 août 1854 (S.-V.54.1.668 ; — Mangin, *Act. publ.,* t. 2, n. 282 et 364; Berriat-Saint-Prix, *Procéd. des trib. crim.,* 2e part., t. 2, n. 1112; Morin, *Rép. du dr. crim.,* vo *Appel,* n. 43 ; Dalloz, *Rép.,* vis *Appel crim.,* n. 171, et *Instr. crim.,* n. 221. C'est en ce sens qu'il est vrai de dire que l'action civile et l'action publique sont respectivement indépendantes.

20. Mais ce principe n'est point absolu, et il doit être concilié avec la disposition de l'art. 3, C. instr. crim., aux termes de laquelle l'action civile, lorsqu'elle est portée devant la juridiction répressive, se poursuit *en même temps et devant les mêmes juges que l'action publique.* Il résulte, on le sait, de cette disposition que la juridiction répressive ne peut être saisie de l'action civile qu'accessoirement à l'action publique; de telle sorte que si cette juridiction, en statuant sur l'action publique, a omis à tort ou s'est mal à propos abstenue de statuer sur l'action civile, elle ne peut plus être saisie ultérieurement de celle-ci (V. *Action civile*, n. 5). Lors donc que l'action publique cesse d'être en jeu, sans que d'ailleurs il soit déjà intervenu un jugement qu'une décision de la juridiction du second degré puisse seule faire tomber, l'action civile ne saurait plus être déférée aux tribunaux de répression. — C'est ainsi qu'il a été fort bien décidé que lorsque le prévenu condamné par défaut vient à décéder, après l'opposition par lui formée au jugement, le tribunal correctionnel est incompétent pour statuer au fond sur cette opposition, même en ce qui concerne simplement les intérêts civils, attendu que, aux termes de l'art. 187, C. instr. crim., l'opposition suffit pour enlever tout effet à la condamnation par défaut, et que rien n'autorise dès lors la partie civile à soumettre le litige à la juridiction correctionnelle dessaisie de l'action publique : Trib. corr. de Tarbes, 24 avr. 1863 (J.-M.p.6.83). — De même, il ne saurait dépendre du prévenu condamné par défaut de déférer l'action civile à la juridiction correctionnelle isolément de l'action publique, en notifiant son opposition à la partie civile seule. Rien ne justifie encore, en pareil cas, une dérogation au principe posé par l'art. 3, C. instr. crim., ainsi que l'enseigne très-bien M. F. Hélie, t. 6, n. 2972.

21. Mais l'action publique pouvant, au contraire, toujours s'exercer indépendamment de l'action civile, il est évident que l'opposition du prévenu condamné par défaut est valable relativement à l'action publique, quoique notifiée seulement au ministère public et non à la partie civile, alors que le prévenu déclare acquiescer au jugement quant à l'action civile. C'est ce qu'a jugé un arrêt de la Cour de cassation du 11 août 1853 (S.-V.53.1.800), dont la doctrine est approuvée par MM. F. Hélie, *loc. cit.*, et Berriat-Saint-Prix, n. 1007.

22. La Cour de cassation a décidé que la disposition de l'art. 187, C. instr. crim., modifié par la loi du 27 juin 1866, d'après laquelle, lorsqu'un jugement correctionnel par défaut n'a pas été signifié à personne, ou qu'il ne résulte pas d'actes d'exécution de ce jugement que le prévenu en a eu connaissance, l'opposition est recevable jusqu'à l'expiration des délais de la prescription de la peine, ne s'applique pas aux jugements par défaut qui ne portent point de condamnation, et notamment à celui qui déclare l'incompétence du tribunal saisi : Cass., 25 janv. 1867 (J.M.p.10.

258). — Jugé aussi, avant la loi précitée du 27 juin 1866, que le prévenu condamné peut seul former opposition au jugement correctionnel par défaut rendu à son égard, et que le prévenu acquitté n'y est point recevable, malgré l'intérêt qu'il pourrait avoir à se justifier dans un débat contradictoire, pour le cas d'appel du jugement par défaut de la part du ministère public ou de la partie civile : Caen, 28 févr. 1866 (*Ibid.*). L'exactitude de ces solutions nous semble contestable.

23. Il est certain que l'art. 187, C. instr. crim., depuis la modification qu'y a introduite la loi du 27 juin 1866, comme avant cette modification, a eu particulièrement en vue, en réglementant le droit d'opposition aux jugements correctionnels rendus par défaut, le cas où ces jugements prononcent des condamnations contre les prévenus. L'ancien et le nouveau texte ne laissent pas de doute à cet égard, et c'est aussi à ce seul point de vue que se sont placés la plupart des jurisconsultes qui les ont commentés. Mais ces textes sont-ils limitatifs et excluent-ils de leurs dispositions tous les cas autres que celui qu'ils prévoient expressément? S'ils devaient être interprétés ainsi, il faudrait dire que le droit d'opposition n'appartient pas à la partie civile qui a été démise par défaut de sa demande. Mais le contraire a été jugé par de nombreux arrêts, qui se fondent sur ce que ce droit appartient à toute partie en l'absence de laquelle un jugement a été rendu, sans qu'il soit nécessaire qu'il lui ait été accordé d'une manière formelle, et qui des termes purement démonstratifs de l'art. 187 rapprochent ceux plus généraux de l'art. 208, relatif aux arrêts par défaut. V. Cass., 26 mars 1824 (S.-V.7.1.423); Paris, 29 nov. 1837 et 22 avr. 1853 (S.-V.38.2.153; D.P.53.5.280). Telle est aussi l'opinion de Carnot, *Instr. crim.*, sur l'art. 187; de Bourguignon, *Jurispr. des Cod. crim.*, t. 1, p. 285, et de Dalloz, *Répert.*, v° *Jugement par défaut*, n. 466 et 467. — Or, ce que l'on décide à l'égard de la partie civile démise de sa demande, quelle raison y a-t-il de ne pas le décider à l'égard, soit du prévenu acquitté, mais qui peut avoir toutefois intérêt à faire rétracter le jugement par défaut dont il a été l'objet, à raison, par exemple, de ce que ce jugement a laissé les frais à sa charge, — soit de toute partie, dans le cas où le jugement résout à son préjudice une question de compétence? Nous avouons qu'ici une distinction nous paraît difficile à justifier.

24. La Cour de Dijon a très-bien jugé, par arrêt du 12 janv. 1870 (J.M.p.13.172), que l'opposition à un jugement correctionnel par défaut n'est pas recevable de la part du condamné qui s'est présenté au greffe pour y prendre connaissance de ce jugement et qui y a ensuite acquiescé en provoquant au parquet son incarcération. — L'acquiescement donné par le prévenu au jugement par défaut qui le condamne est certainement sans valeur, en ce sens qu'il n'élève pas de fin de non-recevoir contre son appel de ce jugement, du moins quant à la peine prononcée (V. v^is *Acquiescement*, n. 9, et *Appel correctionnel*, n. 21). Mais il ne s'ensuit pas qu'on ne puisse voir dans l'acquiescement la preuve de la connaissance que le condamné a eue du jugement par défaut, preuve suffisante, aux termes de l'art. 187, C. instr. crim., pour rendre l'opposition non recevable.

25. La déchéance de l'opposition formée par le prévenu à un jugement correctionnel par défaut plus de cinq jours après la signification de ce jugement à domicile, et de l'appel interjeté par lui du même jugement plus de dix jours après cette signification, est encourue, encore bien que le prévenu eût disparu de son domicile à l'époque de la signification, s'il l'avait néanmoins conservé, et ne s'en était absenté que pour se soustraire à l'exécution d'un mandat de justice et de condamnations précédemment prononcées contre lui : Cass., 21 avr. 1864 (J.M.p.7.202).

26. Le prévenu acquitté sur l'opposition par lui formée à un jugement correctionnel par défaut, ne doit supporter que les frais d'expédition et de signification de ce jugement, et non ceux de levée, qui comprennent les frais d'enregistrement : Bordeaux, 30 août 1865 (J.M.p.9.121).

27. La partie civile qu'a déboutée de sa plainte un jugement par défaut-congé du tribunal correctionnel, statuant contradictoirement entre le ministère public et le prévenu, a le droit de former opposition à ce jugement devant le même tribunal : Trib. corr. de Marseille, 18 déc. 1863 (J.M.p.7.243) et 16 mai 1865 (*Id.*9.123). — Mais cette opposition, pour être valable, doit être signifiée tant au ministère public qu'au prévenu, par les raisons exprimées ci-dessus, n. 20.

V. *Appel correct.*, n. 55, 61 et s., 105, 144, 161, 202 ; *Assistance judiciaire*, n. 28 ; *Instruct. crim.*, n. 26, 39, 41 ; *Prescript. crim.*, 38, 39, 81 et s.

JUGE SUPPLÉANT. — 1. Avant la loi du 11 avril 1838, on reconnaissait généralement aux juges suppléants le droit d'assister, avec voix délibérative, aux assemblées intérieures des compagnies judiciaires (Cass., 9 nov. 1831, 18 fév. et 19 déc. 1833 et 12 fév. 1858). — Toutefois, le dernier arrêt décidait que les juges suppléants, sauf absence d'un titulaire, ne pouvaient prendre part, avec voix délibérative, aux décisions à rendre sur des poursuites disciplinaires, déclarant qu'ils avaient voix délibérative seulement dans les délibérations qui ne rentraient, *sous aucun rapport, dans la classe de jugements proprement dits, de décisions ou actes de juridiction quelconques pouvant affecter la personne, l'état ou les biens.* — Même restreinte à ce point, cette doctrine était contraire à l'esprit de l'institution des juges suppléants. En effet, l'art. 12 de la loi du 27 vent. an VIII est ainsi conçu : « Les suppléants n'auront point de fonctions habituelles ; ils seront uniquement nommés pour remplacer momentanément, selon l'ordre de leur nomination, soit les juges, soit les commissaires du Gouvernement. » Et l'art. 41 de la loi du 20 avril 1810 s'exprime ainsi : « Les suppléants pourront assister à toutes les audiences ; ils auront voix consultative, et, en cas de partage, le plus ancien dans l'ordre de réception aura voix délibérative. » D'où cette conséquence que, sauf empêchement d'un titulaire, en cas de partage, les juges suppléants n'ont jamais voix délibérative. On comprend effectivement que, n'ayant pas de fonctions habituelles, et créés uniquement pour remplacer momentanément les magistrats titulaires, les suppléants n'aient pas les mêmes droits dans la compagnie, soit quand il s'agit de ses intérêts particuliers, soit, à plus forte raison, dans les matières d'administration générale et d'intérêt public.

2. Quoi qu'il en soit, la loi du 11 avril 1838, par son art. 11, a tranché toute controverse. « Dans tous les cas, dit cet article, où les tribunaux de première instance statuent en assemblée générale, l'assemblée devra être composée, au moins, de la majorité des juges en titre. — Les juges suppléants n'auront voix délibérative que lorsqu'ils remplaceront un juge. — Dans tous les autres cas, ils auront voix consultative. » — Cette disposition ne pourrait laisser prise à aucune discussion, lors même qu'elle n'aurait pas été fortifiée encore par le paragraphe IV de la circulaire ministérielle du 1er juin 1838 (Gillet, n. 2595), et par une délibération du tribunal de Rambouillet, en date du 23 déc. 1853, qu'a sanctionnée implicitement en ce point un arrêt de la Cour de cassation du 27 mars 1854 (S.-V.54.1.533).

5. Une délibération du tribunal à laquelle un juge suppléant prend part, bien qu'aucun juge titulaire ne soit empêché, con-

47

tient une violation de l'art. 11 de la loi du 11 avr. 1838 : Lett. min. just. 31 janv. 1852 (Gillet, n. 3384).

4. Le juge suppléant appelé, aux termes de l'art. 9 de la loi du 11 avr. 1838, à remplacer un juge en titre suspendu de ses fonctions pour plus d'un mois, concourt aux jugements comme aurait pu le faire ce dernier, lors même que, par ses autres membres, le siége compterait un nombre suffisant de juges titulaires : Circ. 1ᵉʳ juin 1838 (Gillet, n. 2595) ; Cass., 9 juill. 1855 (S.-V.56.1.73). — S'il s'agit d'un juge d'instruction suspendu, l'instruction ne passe point de plein droit au suppléant ; il faut une délégation spéciale du tribunal à celui de ses membres qu'il juge le plus propre à ce genre de service : Circ. 1ᵉʳ juin 1838, précitée.

5. Un juge suppléant ne peut invoquer comme un motif légitime de son refus de faire le service auquel il est appelé, ses occupations habituelles en qualité d'avocat, de notaire ou d'avoué, à moins qu'il ne sagisse d'une affaire dont il a connu à l'un de ces titres : Même circulaire.

6. Dans le cas de refus de service de la part d'un juge suppléant, après une invitation formelle restée sans effet, le président du tribunal dresse procès-verbal constatant la mise en demeure, le refus et les excuses alléguées ; il en est donné communication au chef du parquet de première instance et avis au juge suppléant, qui peut faire parvenir ses explications au garde des sceaux soit directement, soit par l'intermédiaire des chefs de la Cour chargés de transmettre le tout, avec leurs observations : *Id.*

7. Les juges suppléants sont assujettis aux mêmes obligations que les juges titulaires ; en conséquence, ils ne peuvent, sans manquer à leurs devoirs, s'abstenir d'assister à l'audience de rentrée, ou se borner à y assister avec le barreau en qualité d'avocats : Circ. 21 nov. 1857 (Gillet, n. 3743).

8. Un juge suppléant près un tribunal de première instance ne peut obtenir le titre de juge honoraire : Décis. min. just. 29 mars 1825 (Gillet, n. 1832).

— V. *Appel correct.*, 52 et s.; *Assistance judiciaire*, 3 ; *Juge d'instruction*, 2 et 3 ; *Magistrat*, 16, 42, 43, 66 ; *Ministère public*, n. 25 et s.

JUGEMENT INTERLOCUTOIRE (EN MATIÈRE CORR.).

— Il a été très-bien décidé que le jugement correctionnel qui, après contestation, ordonne l'audition de témoins produits par le prévenu dans le but d'établir sa bonne foi, est interlocutoire et non simplement préparatoire ; et qu'en conséquence, ce jugement peut être frappé d'appel avant le jugement définitif : Pau, 9 janv. 1858 (J.M.p.2.88).— S'il est certain, en effet, malgré la généralité des termes de l'art. 199, C. instr. crim.; qu'en matière correctionnelle comme en matière civile, les jugements purement préparatoires ou d'instruction ne peuvent être frappés d'appel que conjointement avec le jugement définitif (V. *Appel correctionnel*, n. 1 et 2), il est non moins incontestable que cette règle ne s'applique point aux jugements interlocutoires, c'est-à-dire à ceux qui préjugent le fond (Dalloz, *Rép.*, v° *Appel en mat. crim.*, n. 134 et suiv.); et l'on doit évidemment ranger dans cette dernière catégorie les jugements qui, comme celui dont il s'agissait dans l'espèce de l'arrêt de la Cour de Pau mentionné ci-dessus, ordonnent une preuve de laquelle dépend le sort de la prévention. V. anal. Cass., 10 août 1850 (D.p.50.5.54). — Mais il a été décidé avec raison que le jugement correctionnel qui, avant de faire droit sur la prévention à laquelle le prévenu oppose une exception de propriété immobilière, autorise celui-ci à faire la preuve de son allégation, sauf à procéder ultérieurement de conformité à l'art. 182, C. for., est un jugement simplement préparatoire et d'instruction, qui ne peut être attaqué qu'avec le jugement définitif : Cass., 6 mars 1857 (D.p.57.1.179).

— V. *Appel corr.*, 4, 28, 79, 134.

JURY. — **1.** L'institution du jury paraissant destinée à subir des modifications dans un avenir prochain, nous ne croyons point devoir nous occuper des règles qui la concernent. Nous nous bornerons à rappeler les prescriptions de la chancellerie qui présentent le plus d'intérêt pour le ministère public en cette matière, et à renvoyer à un article de M. Jacques inséré J.M.p.6.48 et relatif à la formation des listes du jury, ainsi qu'au concours des officiers du parquet à cette opération.

2. Il résulte des art. 11 et 13 de la loi du 4 juin 1853, sur le jury, que le chef du parquet de première instance ne fait point partie de la commission appelée à dresser la liste annuelle d'arrondissement, mais seulement de la commission chargée d'arrêter la liste spéciale de jurés suppléants. Toutefois, le concours du ministère public ne doit pas se borner à cette assistance restreinte. Les juges de paix sont tenus de communiquer au chef du parquet de première instance les listes provisoires pour qu'il fasse vérifier si le casier judiciaire ne constate, dans la personne des citoyens portés sur les listes, aucune incapacité légale ; et s'il connaît en outre des causes morales d'inaptitude, il doit en avertir le président de la commission d'arrondissement. Tout citoyen peut être désigné, pourvu qu'il soit probe, éclairé, ferme, digne enfin et capable tout à la fois de porter un jugement sur les faits quelquefois compliqués qui peuvent être soumis à son appréciation. Mais les listes ne doivent jamais comprendre des individus qui n'offriraient pas ces garanties. Il faut aussi écarter des listes les citoyens qui ont déjà siégé comme jurés pendant l'année courante et l'année précédente, les gens infirmes ou maladifs et ceux qui devront accomplir leur soixante-dixième année dans le cours de l'année suivante : Circ. 26 août 1853 (Gillet, n. 3479).

3. Le chef du parquet de première instance doit promptement donner avis au préfet de tous jugements et arrêts devenus définitifs qui frappent d'interdiction ,pourvoient d'un conseil judiciaire ou privent de l'exercice de tout ou partie des droits civils ou politiques, des individus susceptibles d'être appelés aux fonctions de jurés, afin qu'ils soient rayés de la liste et qu'on évite la nullité prononcée par l'art. 381, C. instr. crim. (aujourd'hui par l'art. 1er du titre 1er de la loi du 4 juin 1853) : Circ. 18 oct. 1825 (Gillet, n. 1879).

4. Pour faciliter au préfet l'accomplissement de l'obligation qui lui est imposée d'instruire immédiatement le président de la Cour ou du tribunal des décès ou des incapacités légales qui frapperaient les membres inscrits sur la liste annuelle, les officiers du parquet de première instance et les juges de paix doivent informer ce fonctionnaire des causes d'incapacité qui viendraient à leur connaissance, et en donner avis en même temps au procureur général : Circ. 26 août 1853 (Gillet, n. 3479).

5. Chaque année, les chefs des parquets de première instance doivent, sous la surveillance spéciale du procureur général, ouvrir des conférences avec les juges de paix au sujet de l'amélioration à apporter aux listes du jury, tant sous le rapport moral, que sous le rapport matériel. Dans la première quinzaine de janvier, un rapport sur le degré de coopération donné par les juges de paix à la confection de ces listes doit être adressé au garde des sceaux, pour chacun des départements du ressort : Circ. 27 août 1857 (Gillet, n. 3730).

6. Dans le rapport annuel qu'ils sont tenus d'adresser au procureur général sur la formation des listes du jury (Circ. 6 sept.

1856, Gillet, n. 3673) les chefs de parquets de première instance doivent faire connaître si la disposition de l'art. 11 de la loi du 4 juin 1853, qui permet d'élever ou d'abaisser dans la proportion du quart, le contingent de jurés fixé pour chaque canton, a été appliqué; et, dans leur rapport d'ensemble, les procureurs généraux doivent consacrer, pour chaque département, un paragraphe spécial au résultat des propositions faites pour l'application de cette même disposition et aux observations que ce résultat peut leur suggérer : Circ. 29 sept. 1862 (Rés. chr., p. 49).

7. Dans les huit jours de la clôture de chaque session, le procureur général envoie au ministre de la justice un état de tous les jurés qui n'ont pas comparu. Cet état fait connaître les causes de la non-comparution ou les excuses présentées et les décisions de la Cour d'assises sur la validité de ces excuses : Circ. 30 janv. 1826 et 11 déc. 1827 (Gillet, n. 1913 et 2049).

8. La liste des jurés qui n'ont pas comparu à la session de la Cour d'assises doit toujours être jointe aux comptes trimestriels des travaux des Cours d'assises, et non adressée séparément à la chancellerie : Circ. 6 mai 1850 (Gillet, n. 3263).

9. C'est sur le ministère public que repose le soin de faire remplacer, séance tenante, les jurés qui, depuis la formation de la liste de service, ont perdu la capacité de concourir au jugement : Circ. 11 déc. 1827 (Gillet, n. 2049).

10. La même circulaire fait une obligation aux officiers du ministère public d'écarter par la récusation péremptoire les hommes incapables de discerner la vérité, de mœurs blâmables, ou susceptibles de prévention pour ou contre l'accusé. — V. aussi Ortolan et Ledeau, *Minist. publ.*, t. 2, p. 196.

11. Une autre circulaire du 26 août 1853 (Gillet, n. 3479) recommande aussi au ministère public de récuser : 1° ceux des jurés qui, imbus de faux systèmes ou trop faibles de caractère, seraient disposés soit à nier, soit à laisser sans sanction le droit social ; 2° ceux qui, à raison de liens d'affection ou de parenté, pourraient se laisser entraîner à être favorables à certains accusés au delà des limites de la justice. Mais les membres du parquet doivent s'abstenir rigoureusement de toute récusation de pure complaisance.

— V. *Contumace*, 5, 6 ; *Cour d'assises* ; *Juge de paix*, 13.

LÉGION D'HONNEUR. — 1.
A la fin de chaque année judiciaire, le procureur général, de concert avec le premier

président, dresse, pour la transmettre au garde des sceaux, une liste de trois candidats qui paraissent avoir le plus mérité par leurs sentiments, leur conduite, leurs services et leurs lumières, d'être proposés au choix du chef de l'Etat pour une nomination dans l'ordre de la Légion d'honneur : Décis. min. just. 2 août 1838 (Gillet, n. 2606).

2. Pour qu'il puisse être satisfait aux prescriptions des décrets des 2 nov. 1854, 26 fév. 1858, 24 oct. 1859 et 3 mars 1868 déterminant le mode d'exécution de l'action disciplinaire à l'égard des légionnaires et médaillés, les magistrats des parquets de première instance doivent adresser au garde des sceaux, le cas échéant, une expédition de tout acte ou décision emportant suspension des droits de citoyen français, spécialement des jugements déclaratifs de faillite, d'interdiction légale, des arrêts de mise en accusation ou de contumace. —Lorsqu'un légionnaire ou un médaillé a été frappé d'une peine d'emprisonnement, l'expédition ou l'extrait du jugement doit être accompagné des pièces de la procédure et de tous les renseignements propres à éclairer la religion du conseil de l'ordre : Circ. 17 janv. 1853 (précitée), 31 déc. 1859, 28 fév. 1860, 27 avril 1861, 9 déc. 1863, 20 avr. 1864 et 7 avr. 1868 (Rés. chr., p. 15, 16, 33, 64, 66 et 105). — A l'extrait des jugements déclaratifs de faillite doit être joint un rapport détaillé sur le caractère de l'affaire et sur ses principaux incidents : Circ. 28 fév. 1860.

3. Des instructions sur les formalités à observer pour la délivrance des certificats de vie aux membres de l'ordre de la Légion d'honneur et aux décorés de la médaille militaire, ont été adressés aux parquets, avec recommandation d'en remettre un exemplaire à chaque notaire de l'arrondissement. V. Circ. 30 juin 1861 (Rés. chr., p. 37).

4. Les magistrats des parquets de première instance doivent adresser au ministre de la justice les extraits de tous jugements ou arrêts de condamnation rendus contre des membres de la Légion d'honneur; il en faut un pour le grand chancelier, et, si le légionnaire est militaire ou marin, un autre pour le ministre de la guerre ou de la marine. Un envoi semblable est exigé à l'égard des militaires décorés de la médaille. — L'extrait doit mentionner la date de la nomination, le numéro d'ordre du brevet, les nom et prénoms du condamné, son grade dans l'armée et le numéro de son régiment, s'il est militaire, le lieu de sa naissance et celui de son domicile actuel. Il doit, en outre, contenir la mention certifiée de la date à laquelle le jugement ou l'arrêt est devenu définitif : Circ. 6 déc. 1840, § 13, et 17 janv. 1853 (Gillet, n. 2703 et 3451).

5. Le procureur général est tenu de donner immédiatement avis à la chancellerie du décès de chaque magistrat légionnaire, par une dépêche distincte et séparée de celle qu'il est d'usage d'adresser au ministre de la justice pour chaque décès de magistrat : Circ. 13 sept. 1853 (Gillet, n. 3481).

6. Les maires doivent envoyer un extrait des actes de décès des membres de la Légion d'honneur au chef du parquet de première instance, qui est lui-même tenu de les transmettre sans délai au grand chancelier de cet ordre. L'extrait doit être sur papier libre : Circ. 10 juill. 1817 (Gillet, n. 1150).

7. Afin de pouvoir contrôler les envois qui leur sont faits de ces extraits d'actes de décès, les officiers du parquet doivent demander aux maires l'état de tous les légionnaires qui sont domiciliés ou qui habitent dans leur commune : Circ. 21 juill. 1820 (Gillet, n. 1396).

8. Les héritiers d'un ancien militaire jouissant tout à la fois d'une pension de retraite et d'un traitement de la Légion d'honneur, ne sont plus tenus, pour toucher les allocations acquises au jour du décès de leur auteur, de produire une double expédition des mêmes pièces justificatives. Il suffit qu'ils justifient de leurs droits auprès du trésorier général, et qu'il soit suppléé à cette justification auprès de la Légion d'honneur par la production d'un certificat du trésorier général, qui en tiendra lieu. Les procureurs généraux ont été invités à adresser des instructions en ce sens aux juges de paix et aux notaires appelés par la loi à établir les pièces de l'hérédité. V. Circ. 12 mai 1869 (Rés. chr., p. 123).

— V. *Amnistie*, 8.

LEGS AUX ÉTABLISSEMENTS PUBLICS. — Aux termes d'un décret du 30 juill. 1863, tout notaire dépositaire d'un testament contenant un ou plusieurs legs au profit des communes, des pauvres, des établissements publics ou d'utilité publique, des associations religieuses ou des titulaires énumérés dans l'art. 2 de l'ordonn. du 2 avr. 1817, doit transmettre au préfet du département, sans délai, après l'ouverture du testament, un état sommaire de l'ensemble des dispositions de cette nature insérées au testament, indépendamment de l'avis qu'il est tenu de donner aux légataires en exécution de l'art. 5 de l'ordonnance précitée. — Une circulaire du ministre de la justice du 12 sept. 1863 (Rés. chr., p. 63) explique que cet état sommaire, déstiné à faire connaître au préfet si c'est à lui-même ou au Gouvernement qu'il appartient d'autoriser l'acceptation du legs, doit être adressé à chacun des préfets des départements dans lesquels sont situés les établissements légataires. — Les magistrats des parquets de première instance sont chargés de surveiller l'exécution de cette instruction.

LOTERIES. — Le § 2 de l'art. 4 de la loi du 21 mai 1836 soumet à la pénalité de l'art. 411, C. pén., ceux qui colportent ou distribuent les billets de loteries non autorisées, ainsi que ceux qui, par des avis, annonces, affiches, ou par tout autre moyen de publication, font connaître l'existence de ces loteries ou facilitent l'émission des billets. Le grand nombre de loteries étrangères qui, grâce à la publicité de la presse départementale, sont parvenues à opérer en France le placement de leurs billets, a paru indiquer, de la part des chefs de parquets, un relâchement de l'active surveillance qui leur a été prescrite par la circulaire du 27 juill. 1836 (Gillet, n. 2525). Cependant cette circulaire n'a rien perdu de sa vigueur, et elle doit continuer à être strictement exécutée. La surveillance des parquets doit aussi porter sur les annonces de ventes d'immeubles, qui ne seraient que des loteries déguisées. D'un autre côté, il y a lieu d'assimiler aux annonces de loteries proprement dites les annonces d'opérations à primes offertes au public pour faire naître l'espérance d'un gain qui serait acquis *par la voie du sort :* Circ. 11 août 1863 (Rés. chr., p. 60).

LIBERTÉ PROVISOIRE. — 1. L'espace nous manque ici pour exposer l'ensemble des règles de cette délicate matière, qui a été, comme on le sait, à diverses reprises, l'objet de la sollicitude du législateur, et qui, sous notre régime nouveau, devra la réclamer encore. Nous ne ferons que rappeler, en les accompagnant des remarques qu'elles comportent, les décisions, peu nombreuses d'ailleurs, qui sont intervenues sur les questions relatives à la mise en liberté provisoire depuis la loi du 14 juillet 1865, modificative du Code d'instruction criminelle en ce point, renvoyant le lecteur, pour de plus amples développements, à notre *Code de la détention préventive*, qui renferme un commentaire de cette loi. — V. aussi l'*Etude sur la loi du 14 juillet* 1865, de

M. Marion, insérée J.M.p., t. 8, p. 241 et s., 299 et s., et t. 9, p. 55 et s., 84 et s.

2. On sait qu'aux termes des §§ 2 et 3 de l'art. 113, C. instr. crim., modifié par la loi du 14 juill. 1865, la mise en liberté provisoire est de droit, cinq jours après l'interrogatoire, en faveur des inculpés de délits punis d'un emprisonnement dont le maximum est inférieur à deux ans, lorsque ces inculpés sont domiciliés, et n'ont pas déjà été condamnés pour crime à un emprisonnement de plus d'une année. On trouvera dans notre *Code de la détention préventive* précité, p. 141 et s., un *Tableau par ordre alphabétique* des délits dont il s'agit, ainsi qu'une *Récapitulation des dispositions pénales qui leur sont applicables.* Nous n'avons pas besoin de démontrer l'utilité de ces nomenclatures.

3. Nous avons recueilli dans notre *Journal du Ministère public* quelques arrêts en matière de liberté provisoire qui, étant antérieurs à la loi du 14 juillet 1865, ne sauraient avoir aujourd'hui qu'un intérêt historique. Nous nous bornerons à les mentionner sans commentaire, sauf au lecteur à se reporter, s'il le juge à propos, aux observations dont nous les avons accompagnés en les rapportant.

4. Ainsi, un arrêt de la Cour d'Aix du 3 mars 1865 (J.M.p.8. 209) avait décidé, conformément d'ailleurs à une jurisprudence constante, que le juge d'instruction était investi, lorsque le fait incriminé n'emportait qu'une peine correctionnelle, d'un pouvoir discrétionnaire pour donner ou refuser à l'inculpé sa mise en liberté provisoire.

5. Il avait été jugé aussi (mais c'était un point controversé) que lorsqu'un mandat de dépôt avait été décerné contre le prévenu qui formait une demande de mise en liberté provisoire sous caution, c'était uniquement dans les énonciations de l'ordonnance décernant ce mandat que le juge d'instruction devait chercher le titre de la prévention, à l'effet de décider s'il y avait lieu, ou non, d'accorder cette mise en liberté ;—de telle sorte que si le mandat de dépôt n'inculpait le prévenu que de délits emportant simplement des peines correctionnelles, la mise en liberté provisoire pouvait être accordée à ce dernier, encore bien que le ministère public lui imputât, en outre, un fait emportant une peine infamante : Metz, 22 janv. 1861 (J.M.p.4.85). — Compar. le nouvel art. 113, C. instr. crim., § 1er.

6. ... Que l'ordonnance du juge d'instruction ou l'arrêt de la chambre d'accusation qui avait accordé à un prévenu, détenu en vertu d'un mandat de dépôt, sa mise en liberté provisoire sous caution, ne faisait pas obstacle à ce que le juge d'instruction décernât ultérieurement un mandat d'arrêt contre ce prévenu, si le caractère que les faits avaient pris depuis la mise en liberté et la révélation de faits nouveaux rendaient cette mesure opportune : Metz, 12 avril 1862 (J.M.p.5.239). Et cette solution était conforme à l'opinion des auteurs.

7. Il avait été décidé, d'un autre côté, que le juge d'instruction, après le renvoi par lui prononcé de l'affaire devant le tribunal correctionnel, cessait d'être compétent pour statuer sur la demande de mise en liberté provisoire formée par le prévenu : Rennes, 7 avr. 1860 (J.M.p.3.105). — Mais cet arrêt ne résolvait pas la question de savoir à quelle autorité il appartenait de connaître de cette demande. D'après l'opinion la plus générale, c'était le juge saisi du fond de l'affaire qui avait compétence à cet égard. — V. le nouvel art. 116, C. instr. crim., § 1er, et notre *Cod. de la détent. prévent.*, 2e part., n. 65.

8. Depuis la loi du 14 juill. 1865, il a été jugé que l'accusé qui se trouve sous le coup d'un arrêt de renvoi et d'une ordonnance de prise de corps passés en force de chose jugée, ne peut plus obtenir de la chambre d'accusation sa mise en liberté provisoire : Cass., 19 juin et 16 juill. 1868 (J.M.p.12.141). — La combinaison des nouveaux art. 116 et 126, C. instr. crim., conduit nécessairement à cette solution. V. dans le même sens, notre *Code de la détent. prévent.*, 2e part., n. 65 et 99.

9. Mais ce que les arrêts ci-dessus décident dans le cas où l'arrêt de renvoi et l'ordonnance de prise de corps sont passés en force de chose jugée, faut-il l'admettre également lorsque l'accusé se pourvoit, au contraire, en cassation, dans le délai légal, contre l'arrêt de renvoi ? L'accusé ne peut-il pas alors obtenir de la chambre d'accusation sa mise en liberté provisoire, à l'effet de rendre son pourvoi recevable, conformément à l'art. 421, C. instr. crim. ? Cette dernière interprétation a été consacrée par un arrêt de la chambre d'accusation de la Cour d'Alger du 4 avr. 1868 et un arrêt de la chambre criminelle de la Cour de cassation du 23 août suivant (J.M.p.11.133).

10. Ces arrêts, selon nous, commettent une grave erreur. Ils supposent, en effet, le premier implicitement, le second d'une manière explicite, que l'art. 421, C. instr. crim., est applicable à l'accusé qui se pourvoit en cassation contre l'arrêt prononçant son renvoi devant la Cour d'assises; mais le texte formel de cet article proteste contre une semblable supposition. C'est uniquement aux *condamnés* à une peine emportant privation de la liberté qu'il impose l'obligation de se mettre en état ou de faire ordonner leur mise en liberté provisoire, pour rendre recevable leur pourvoi en cassation. Quant aux *accusés* renvoyés devant la Cour d'assises, ils sont bien également tenus de se constituer prisonniers pour être admissibles à se pourvoir en cassation contre l'arrêt de renvoi ; mais cette condition découle uniquement des art. 465 et s., C. instr. crim., qui, à la différence de l'art. 421, exigent la représentation de l'accusé d'une manière absolue, et sans admettre comme équivalent la mise en liberté provisoire. V. Cass., 23 avr. 1846, Bull., n. 100 ; — F. Hélie, t. 5, n. 2311 (1). Donc, dans la période comprise entre l'arrêt de renvoi et l'arrêt de la Cour d'assises, l'accusé n'est nullement recevable à demander, même au cas de pourvoi en cassation, sa mise en liberté provisoire. La compétence de la chambre d'accusation pour statuer sur une telle demande, cesse avec l'arrêt de renvoi ; nul obstacle ne peut être apporté à l'exécution de l'ordonnance de prise de corps (C. instr. crim., 126 ; V. aussi notre *Code de la détention préventive*, 2e part., n. 65 et 99). C'est seulement après l'arrêt de condamnation et en vue du pourvoi en cassation formé contre cet arrêt, que la mise en état peut être suppléée par l'élargissement provisoire ; mais alors ce n'est plus à la chambre d'accusation, c'est à la Cour d'assises qui a rendu l'arrêt de condamnation, qu'il appartient d'accorder cet élargissement.

11. Sans invoquer la disposition de l'art. 421, un arrêt de la Cour d'Aix du 19 mai 1869 (J.M.p.12.142) reconnaît, de son côté, à la chambre d'accusation le pouvoir d'accorder à l'accusé, en cas de pourvoi en cassation de sa part contre l'arrêt de renvoi, une mise en liberté provisoire qui devra cesser dès que l'ordonnance de prise de corps sera devenue définitive, et il fonde cette décision sur ce que l'art. 120, C. instr. crim., ne saurait être applicable au cas où la validité de l'ordonnance de prise de corps se trouve mise en question par le pourvoi de l'accusé ; en d'autres termes, la Cour d'Aix invoque l'effet suspensif de ce pourvoi.

---

(1) Deux arrêts de la Cour de cassation des 10 sept. 1830 et 23 mai 1846 (J.P.33. 795 ; S.V.46.1.861) font résulter cette condition d'autres dispositions et notamment de celles des art. 295 et 296, C. instr. crim. M. F. Hélie, *loc. cit.*, n'a pas de peine à démontrer l'inexactitude de cette théorie, qui, dans tous les cas, exclut elle-même l'applicabilité de l'art. 421.

12. Mais, sur ce terrain nouveau, nous croyons devoir maintenir encore notre opinion. L'effet suspensif du pourvoi en cassation dirigé contre l'arrêt de renvoi se produit bien en ce qui concerne l'ouverture des débats devant la Cour d'assises ; mais, aux termes de l'art. 301, C. instr. crim., *l'instruction est continuée*, nonobstant le pourvoi, et elle est continuée avec sa conséquence nécessaire à cette phase de la procédure, la détention préventive. Le pourvoi en cassation formé contre l'arrêt de renvoi ne suspend pas plus l'exécution de l'ordonnance de prise de corps, que l'opposition à l'ordonnance du juge d'instruction ne suspend l'exécution du mandat qui a été décerné contre le prévenu (C. instr. crim., 135), mais avec cette différence que si l'inculpé détenu en vertu d'un mandat peut obtenir sa mise en liberté provisoire, cette faveur est refusée d'une manière absolue à l'accusé décrété de prise de corps. Comment d'ailleurs le pourvoi formé contre l'arrêt de renvoi aurait-il pour effet de mettre obstacle à l'arrestation de l'accusé, lorsque précisément ce pourvoi n'est recevable, ainsi que nous l'avons rappelé plus haut, qu'à la condition de la représentation de la personne de celui-ci ? La mise en liberté provisoire ne pouvant être ici motivée, comme dans le cas de l'art. 421, par l'intérêt du demandeur en cassation à rendre son pourvoi recevable sans se mettre en état, où en serait la justification ? On invoque vainement les travaux préparatoires de la loi du 14 juill. 1865. Rien, absolument rien n'y indique que l'arrêt de renvoi doive être passé en force de chose jugée pour que le bénéfice de la liberté provisoire soit retiré à l'accusé. Le législateur a voulu que l'accusé cessât d'être libre dès le moment où la perspective devenue prochaine d'un débat périlleux peut lui conseiller la fuite. Or, le pourvoi en cassation formé contre l'arrêt de renvoi ne suffit pas évidemment pour garantir l'intérêt social contre cette fâcheuse éventualité.

13. Il convient de remarquer que l'obligation de la mise en état ne s'applique point aux prévenus que la chambre d'accusation a renvoyés en police correctionnelle, et auxquels la procédure prescrite par les art. 465 et s., C. instr. crim., est complétement étrangère (Cass., 18 mars 1813, S.-V.4.1.306 ; — F. Hélie, *ut suprà*). A ceux-là, l'art. 116 permet de porter leur demande en liberté provisoire devant le tribunal correctionnel auquel l'affaire a été renvoyée.

14. D'après un arrêt de la Cour d'assises de Saône-et-Loire du 25 juin 1867 (J.M.p.12.73), la Cour d'assises peut, en renvoyant une affaire à une autre session, ordonner la mise en liberté provisoire sous caution de l'accusé, notamment à l'effet de permettre à celui-ci de fournir d'une manière utile à la justice des renseignements jugés nécessaires. Cette interprétation, fondée sur l'intention présumée du législateur, nous semble complétement inadmissible. Le texte des art. 116 et 126, C. instr. crim., modifiés par la loi du 14 juill. 1865, et les explications dont ces articles ont été l'objet dans l'exposé des motifs et dans le rapport de la loi, démontrent, selon nous, invinciblement qu'à partir de l'arrêt de renvoi devant la Cour d'assises, qui élève un préjugé grave contre l'inculpé, celui-ci ne peut plus être admis à jouir du bénéfice d'une mise en liberté dont il serait trop à craindre qu'il n'abusât pour se soustraire à son jugement par la fuite. — V. notre *Code de la détention préventive*, 2ᵉ part., n. 65, 99 et 100.

15. On a toutefois essayé de justifier la solution consacrée par l'arrêt ci-dessus, en soutenant, d'une part, que l'énumération faite par l'art. 116 des juridictions ayant le pouvoir d'accorder la mise en liberté provisoire, peut être considérée *comme purement énonciative*, et, d'autre part, que l'expression *accusé* contenue dans la disposition de l'art. 121 relative à l'élection de domicile préalable à la mise en liberté, indique que l'élargissement provisoire peut être accordé même à l'inculpé renvoyé devant la Cour d'assises (Rec. Sirey, 1868, 2ᵉ part., p. 145, note 2). — Ces deux arguments tombent devant la disposition si formelle de l'art. 126, qui, en assignant pour terme à la mise en liberté provisoire le renvoi de l'inculpé devant la Cour d'assises, ne permet pas de douter que l'énumération de l'art. 116 est essentiellement limitative, et que l'insertion du mot *accusé* dans l'art. 121 n'a été que l'effet d'une erreur. V. conf. sur ce dernier point, M. Paringault, *Réf. de la législ. sur la mise en lib. prov.*, p. 29, et notre *Cod. de la dét. prév.*, 2ᵉ part., n. 87.

16. Nous ne saurions non plus souscrire à la doctrine d'un arrêt de la Cour de Caen du 24 sept. 1859 (J.M.p.3.107) duquel il résulte que la Cour saisie de l'appel d'un jugement qui, en prononçant contre une femme mariée la séparation de corps pour cause d'adultère, a appliqué la peine de l'emprisonnement à cette femme déjà détenue préventivement sous l'inculpation du même délit d'adultère, est compétente pour connaître de la demande de mise en liberté provisoire formée par celle-ci en appel. — La femme qui, condamnée à l'emprisonnement par le jugement prononçant la séparation de corps contre elle pour cause d'adultère, pendant qu'elle était déjà préventivement détenue sous l'inculpation du même délit, demande sa mise en liberté provisoire, ne peut saisir de sa réclamation le tribunal civil qui l'a condamnée, car ce n'est pas en vertu de la condamnation prononcée par ce tribunal qu'elle se trouve détenue, mais en vertu du mandat d'arrêt ou de dépôt décerné antérieurement par le juge d'instruction. La femme ne peut soumettre sa demande de mise en liberté qu'au juge d'instruction lui-même, conformément à l'art. 113, C. instr. crim., et il ne cesse point d'en être ainsi, parce que la femme aurait interjeté appel du jugement de séparation de corps. La Cour d'appel n'est pas plus investie que le tribunal de première instance du droit de statuer sur une demande tendant à faire lever le mandat d'arrêt ou de dépôt décerné par le juge d'instruction. C'est toujours à ce magistrat qu'il appartient de statuer sur une telle demande, sauf l'opposition du prévenu devant la chambre d'accusation (C. instr. crim., 119).

17. Un arrêt de la Cour de Rennes du 26 mars 1868 (J.M.p. 12.227) a très-bien jugé que le condamné qui, pour rendre son pourvoi en cassation admissible, conformément à l'art. 421, C. instr. crim., veut obtenir sa mise en liberté provisoire, doit, lorsque la condamnation prononcée d'abord par le tribunal correctionnel a été, sur son appel, confirmée par la Cour, avec adoption des motifs des premiers juges, porter sa demande devant la Cour, et non devant le tribunal correctionnel. — L'arrêt qui, sur l'appel du prévenu, confirme, avec et même sans adoption des motifs des premiers juges, la condamnation prononcée par ceux-ci, se substitue au jugement et devient le véritable titre de cette condamnation ; aussi, dans ce cas, la durée de la peine compte-t-elle seulement du jour de l'arrêt (C. pén., 23). C'est donc la Cour qui, dans ce cas, doit être considérée comme *ayant prononcé la peine*, et qui, par suite, est compétente, aux termes du § 2 de l'art. 116, C. instr. crim., pour statuer sur la demande de mise en liberté provisoire que forme le condamné, dans le but de rendre admissible son pourvoi en cassation. Ne serait-il pas d'ailleurs singulier que la Cour, à qui, d'après le § 1er de l'art. 116, il appartient d'apprécier la demande en liberté provisoire formée pendant l'instance d'appel, n'eût pas le droit de statuer sur celle qui intervient après qu'elle a confirmé et qu'elle s'est ainsi approprié le jugement frappé d'appel ?

18. Avant la loi du 14 juill. 1865, et par arrêt du 1er fév. 1861 (J.M.p.4.119), la Cour de cassation avait décidé que la juridiction qui avait ordonné la mise en liberté provisoire d'un prévenu était seule compétente pour statuer sur tout incident relatif au cautionnement par elle imposé à ce dernier. Le même principe est encore applicable aujourd'hui. V. l'art. 124, C. instr. crim., § 4, et notre *Cod. de la dét. prév.*, p. 115.

19. D'après un arrêt de la Cour de Grenoble du 17 août 1860 (J.M.p.4.37) et un arrêt de la Cour de cassation du 1er fév. 1861 (*Id.* 4.119), le condamné dont la peine était prescrite n'avait pas droit à la restitution du cautionnement moyennant lequel il avait obtenu sa mise en liberté provisoire, et par lui versé aux mains du receveur d'enregistrement; il ne pouvait obtenir cette restitution que lorsqu'il avait subi sa peine. Il en doit être encore ainsi, sous la législation nouvelle, pour la partie du cautionnement attribuée à l'Etat par suite du défaut de représentation de l'inculpé à quelque acte de procédure ou pour l'exécution du jugement (C. instr. crim., 122, § 1). V. sur ce point notre *Cod. de la dét. prév.*, p. 111, note 4.

20. La Cour suprême a jugé qu'il y a non-comparution, dans le sens de l'art. 125, C. instr. crim., modifié par la loi du 14 juill. 1865, de la part du prévenu mis en liberté provisoire sous caution, qui, assigné devant le tribunal correctionnel pour y être jugé, ne se présente que pour demander une remise, et, sur le rejet de cette demande, se retire en déclarant faire défaut; et qu'en conséquence, le tribunal correctionnel peut décerner un mandat de dépôt contre ce prévenu : Cass., 1er fév. 1867 (J.M.p. 10.29). — C'est là, selon nous, une solution parfaitement juridique. La loi du 14 juill. 1865 n'a pu élargir le pouvoir du juge d'accorder aux prévenus leur mise en liberté provisoire, sans faire à ceux-ci une obligation plus rigoureuse de leur représentation à toute réquisition de la justice. Elle exige d'eux à cet égard un engagement solennel qui doit être tenu sérieusement (V. notre *Code de la détention préventive*, 2e part., n. 43). Or, est-ce remplir un tel engagement que de répondre uniquement à l'assignation du ministère public par une demande de remise de cause suivie, en cas de rejet, de la déclaration qu'on entend faire défaut? Peut-il être permis au prévenu provisoirement élargi de mettre une condition à une comparution exigée de lui d'une façon absolue? La loi, elle, a bien pu, dans l'intérêt de l'administration de la justice, subordonner son élargissement à une obligation restrictive du droit de faire défaut. Quant à lui, au contraire, il ne saurait, sous le prétexte d'user d'un tel droit, rendre cette obligation illusoire en ne la remplissant qu'à demi.

—V. du reste sur les caractères de la représentation de l'inculpé, notre ouvrage précité, 2ᵉ part., n. 92.

— V. *Cassation (pourvoi en)*, 21, 22, 39 et s.; *Compétence criminelle*, 173; *Contributions indirectes*, 1 et s.; *Détention préventive; Douanes*, 2 et s.

MAGISTRAT.

§ 1ᵉʳ. — *Présentations.* — *Nomination.* — *Serment.*

1. Aucune dispense d'âge ne peut être accordée pour les diverses places de l'ordre judiciaire : Circ. 16 août 1848 (Gillet, n. 3136).

2. Avant de présenter des candidats aux fonctions de la magistrature, le procureur général doit procéder sur chacun d'eux à une véritable information de bonnes vie et mœurs, et ne les proposer qu'après avoir acquis la certitude qu'ils sont dignes de la confiance du Gouvernement par leur capacité, leur réputation sans tache et leur attachement à la constitution. Les magistrats de l'ordre judiciaire sont responsables des renseignements qu'ils fournissent à cet égard : Circ. 12 janv. 1828 (Gillet, n. 2054) et 29 oct. 1830 (*Id.*, n. 2228).

3. Les chefs des Cours doivent toujours présenter trois candidats au moins pour chaque nomination dans la magistrature, sauf à prendre des sujets hors du ressort, s'il ne s'y trouve pas un nombre suffisant de personnes ayant les qualités requises : Lett. min. 31 janv. 1824 (Gillet, 1732).

4. Il résulte également de la circulaire précitée du 29 oct. 1830 que les présentations distinctes et séparées pour chaque place, que le procureur général doit transmettre aussitôt qu'il a connaissance des vacances et sans attendre qu'elles soient réclamées par le ministre, doivent contenir, autant que possible, l'indication de trois candidats et faire connaître d'une manière précise les garanties de capacité et de dévouement à la constitution que présentent ces candidats, leur position sociale et généralement tous les renseignements propres à éclairer le ministre de la justice sur le meilleur choix à faire.

5. D'après une autre circulaire du 19 mars 1824 (Gillet, n. 1744), dans les indications de candidats pour les différentes places de l'ordre judiciaire, il faut fournir des notions précises sur la fortune de chaque candidat.

6. Les conditions prescrites par les art. 63 et s. de la loi du 20 avr. 1810 et par l'art. 27 de la loi du 22 vent. an XII, pour les fonctions de la magistrature, doivent indispensablement être remplies par les candidats. Il faut indiquer l'âge précis de ces derniers, le laps de temps pendant lequel ils auront activement suivi le barreau, et enfin les liens de parenté existant entre eux et des membres de la compagnie dans laquelle on propose de les faire entrer. Les avoués dont la demande d'une place dans la magistrature serait justifiée par une capacité réelle, par une probité et un désintéressement bien établis, ne peuvent faire partie des candidats qu'autant qu'ils ont dix années d'exercice, s'ils n'ont pas suivi le barreau pendant deux ans en qualité d'avocat. Il faut de plus exiger la preuve qu'ils ont été remplacés dans

48

leurs fonctions d'avoué, et qu'ils n'ont plus aucun intérêt dans la gestion de leur étude : Circ. 29 oct. 1830 (Gillet, n. 2228).

7. Il faut indiquer de préférence, pour les places vacantes, les magistrats qui, d'après l'ordre hiérarchique, basé sur l'importance des fonctions et des tribunaux, ont donné des gages de capacité dans les rangs immédiatement inférieurs de la magistrature. Toutefois cette règle ne doit pas être rigoureusement appliquée aux membres du barreau et aux magistrats qui, par leur haute capacité, une considération personnelle bien acquise, ou par d'éminents services, mériteraient d'être appelés aux emplois supérieurs : Même circulaire.

8. Les conditions exigées pour les fonctions de la magistrature par le chapitre VIII de la loi du 20 avr. 1810, sont applicables aux candidats aux fonctions de juge de paix : Circ. 29 oct. 1830 (Gillet, n. 2228). — Lorsque d'anciens notaires ou d'anciens avoués sont présentés pour ces fonctions dans le canton même où ils ont exercé leur ministère, il faut s'assurer qu'ils n'ont plus aucun intérêt dans l'exploitation de l'office qu'ils ont abandonné, et qu'un laps de temps assez long s'est écoulé pour que leurs rapports avec leurs anciens clients soient interrompus : Circ. 29 oct. 1830 (Gillet, n. 2229).

9. Avant de présenter un candidat pour les fonctions de suppléant de juge de paix, il faut s'assurer de son acceptation en cas de nomination, et rechercher avec soin les candidats dans une autre classe de citoyens, avant de songer aux notaires, aux avoués et aux autres officiers ministériels : Circ. 12 déc. 1826 (Gillet, n. 1970).

10. Les chefs de Cour doivent adresser d'office, sans attendre que la chancellerie les demande, et dans les dix jours qui suivront l'ouverture d'une vacance, leurs listes de candidats pour le remplacement des magistrats démissionnaires, décédés ou ayant changé de résidence. — Quant aux vacances produites par l'application du décret du 1er mars 1852, les présentations doivent parvenir au ministre avant le jour où les magistrats à remplacer atteignent la limite d'âge.—Une impulsion très-rapide doit aussi être imprimée à la correspondance concernant la nomination des juges de paix et de leurs suppléants, pour en hâter autant que possible la solution : Circ. 4 nov. 1859 (Rés. chr., p. 13).

11. Il existe, dans les bureaux de la chancellerie, deux sortes de dossiers : des dossiers de *vacances*, dans lesquels sont classés les rapports embrassant l'ensemble d'un mouvement dans un même ressort et les considérations d'ordre général qui le déterminent, et des dossiers *individuels*, consacrés à chaque magistrat, et contenant exclusivement les notes et les renseignements qui lui sont applicables. Il importe en conséquence que chaque rapport général sur l'ensemble d'un mouvement, soit accompagné de notices, par feuilles distinctes et séparées, sur chaque candidat, afin que, la nomination faite, chacune de ces notices puisse être retirée du dossier de la vacance pour constituer le dossisr individuel : Circ. 22 fév. 1853 (Gillet, n. 3457).

12. Le premier président et le procureur général doivent, chaque année au mois de janvier, adresser au garde des sceaux sur chaque magistrat une notice dont le modèle est fourni par la chancellerie. La dernière partie de la quatrième page, intitulée *Observations générales*, peut contenir, lorsque le procureur général le juge convenable, un tableau d'ensemble destiné à suppléer à ce qu'il y a nécessairement d'imparfait dans les formules laconiques et uniformes de la notice. — Dans le cas de présentations, il faut, au lieu de procéder par tableaux ou rapports collectifs, faire autant de notices distinctes que l'on propose de candidats. — Au parquet de chaque Cour, il doit y avoir, comme à la chancellerie, un dossier individuel pour chaque magistrat. Ces dossiers, comprenant entre autres documents la minute des notices transmises à la chancellerie, sont destinés à faciliter les recherches, à maintenir la tradition, à rendre plus homogènes et plus faciles les administrations successives, et à donner plus de garantie aux subordonnés, plus de promptitude et de sûreté aux appréciations : Circ. 15 mai 1850 (Gillet, n. 3265) et 22 fév. 1853, ci-dessus.

13. Les renseignements fournis par les magistrats dans les notices qui les concernent doivent être soigneusement contrôlés par le procureur général, qui peut se concerter dans cet objet avec l'autorité départementale, surtout pour ce qui regarde la magistrature cantonale. Le concours du directeur de l'administration de l'enregistrement peut aussi être très-utile. Lorsque les faits sont bien connus du procureur général, il doit les énoncer sans ménagement. Il a d'ailleurs la faculté d'adresser directement au ministre des renseignements tout à fait confidentiels : Circ. 18 mai 1850 (Gillet, n. 3266).

14. Pour le bien du service et pour encourager les magistrats du ministère public, il convient que les chefs de parquets de première instance d'arrondissement soient exclusivement choisis parmi les substituts des chefs-lieux qui, par leur capacité reconnue, auront mérité de l'avancement, et qu'à égalité de mérite, les plus anciens soient présentés au choix du Gouvernement : l'avancement des substituts d'arrondissement est d'être appelé aux parquets de Cours d'assises : Lett. min. just. 3 fév. 1825 (Gillet, n. 1811).

15. Dans les présentations concernant des officiers du ministère public, il faut faire connaître si ces magistrats ont de l'aptitude pour le service de l'audience, ou s'ils conviennent spécialement aux travaux intérieurs du parquet : Circ. 23 janv. 1849 (Gillet, n. 3171).

16. Les présentations pour les fonctions de juge spécial pour les ordres peuvent comprendre les juges suppléants aussi bien que les juges titulaires : Circ. 22 juin 1858 (Gillet, n. 3774).

17. Quand une vacance dans le sein d'une Cour ou d'un tribunal de première instance paraît devoir donner lieu à un mouvement dans les rangs inférieurs de la magistrature du ressort, le procureur général doit adresser au garde des sceaux, avec la présentation de candidats pour remplir cette vacance, des propositions éventuelles pour un travail d'ensemble : Circ. 7 juill. 1841 (Gillet, n. 2737).

18. Dans le cas où la révocation d'un magistrat paraît indispensable, le procureur général doit envoyer, en même temps que le rapport tendant à cette fin, la présentation des candidats jugés dignes de remplacer le magistrat à révoquer : Décis. min. just. 17 mai 1834 (Gillet, n. 2429).

19. Les chefs des tribunaux du première instance doivent, au cas de vacance dans les justices de paix, désigner immédiatement des candidats et faire parvenir leurs listes de présentation au ministre par l'intermédiaire du procureur général et du premier président, qui prennent eux-mêmes part à ces présentations : Circ. 7 juill. 1841 (Gillet, n. 2737).

20. Pour éviter, dans les décrets de nomination de magistrats, des inexactitudes fâcheuses et prévenir les rectifications qu'elles soulèvent, il est prescrit aux procureurs généraux de joindre aux notices individuelles l'acte de naissance sur papier libre de tous les candidats présentés par eux : Circ. 11 janv. 1868 (Rés. chr., p. 102).

21. Le procureur général doit adresser à la chancellerie autant de procès-verbaux distincts qu'il y a de prestations de serment de magistrats, afin qu'ils soient joints aux dossiers de ceux-ci : Lett. min. just. 21 janv. 1856 (Gillet, n. 3629).

22. C'est la prestation de serment, et non l'installation, lorsqu'elle a lieu à une époque distincte, qui fixe le rang des magistrats : Décis. min. just. 17 fév. 1837 (Gillet, n. 2542) et 13 mars
1837 (*Id.*, n. 2545). — V. *infrà*, n. 65. — Compar. aussi *Tribu-
bunal de commerce*, n. 3 et 3 *bis*.

§ 2. — *Obligations diverses.*

23. La magistrature doit se faire remarquer par la dignité de
son attitude et de ses mœurs. La fréquentation des cafés ou des
cercles, les relations familières avec des hommes sans éducation,
la légèreté des propos, un goût prononcé pour les distractions
frivoles, des habitudes de laisser-aller dans l'habillement, en un
mot l'oubli des bienséances que les représentants de l'autorité
publique doivent garder même dans les actes de la vie privée,
seraient de nature à porter atteinte à la considération et au respect dus aux magistrats : Circ. 17 août 1859 (Rés. chr., p. 11).

24. Il importe à la bonne administration de la justice et au
maintien de la discipline que les dispositions concernant la résidence des membres de l'ordre judiciaire soient exactement observées. D'après l'esprit comme d'après la lettre de la loi et des
règlements, la résidence doit être fixe et permanente. Un magistrat se place dans une situation irrégulière en ayant deux domiciles, l'un dans la circonscription où il est légalement tenu d'habi-
ter, l'autre à la campagne, et souvent à une grande distance du
lieu où il exerce ses fonctions et où, malgré cela, il passe tout le
temps dont le service lui permet de disposer : Circ. 26 août 1859
(Rés. chr., p. 11).

25. Les magistrats ne doivent pas employer le temps des audiences à d'autres travaux. Ainsi, un juge ne peut s'abstenir
de siéger à l'audience pour s'occuper d'un ordre. Il doit, pour
effectuer un transport civil, fixer un jour où il n'y a pas d'audience : Lett. min. just. 23 juin 1858 (Gillet, n. 3777).

26. Dans certains tribunaux, des présidents et vice-présidents
ont cru pouvoir faire mettre à leur toque, comme marque distinc-
tive de leurs fonctions, les premiers trois galons d'argent, les
seconds deux, alors qu'aux termes de l'art. 4 de l'arrêté des consuls du 2 niv. an XI, les présidents n'ont droit qu'à deux galons
et les vice-présidents à un seul. Il convient que la règle soit strictement appliquée, afin de ne pas laisser naître entre des membres
d'une même compagnie des susceptibilités fâcheuses, qui pour-

raient avoir ensuite de graves inconvénients : Circ. 30 janv. 1860
(Rés. ch., p. 15).

§ 3. — *Vacances et congés.*

27. Les membres des chambres d'accusation et ceux des
chambres correctionnelles des Cours et tribunaux n'ont pas de
vacances. Il en est de même des membres du parquet, l'action
du ministère public devant être incessante. Mais le ministre
accorde des congés aux officiers du parquet, après s'être assuré
que le service n'en souffrira pas. — Les juges de paix n'ont pas
non plus de vacances : Circ. 8 mars 1843 (Gillet, n. 2826).

28. Ne pas tenir d'audience pendant plusieurs jours à l'occasion des fêtes de Noël, pendant les derniers jours du carnaval, le
mercredi des Cendres et les jours de foire, c'est prendre des vacances irrégulières. Le repos du jour de Noël est seul légal (arrêté
29 germ. an x) : Circ. 11 juin 1856 (Gillet, n. 3658).

29. Il ne doit être accordé de congé à un magistrat que pour
cause nécessaire et qu'autant que l'absence de ce magistrat ne
fera pas manquer le service : Circ. 24 nov. 1822, 8 mars 1843 et
8 mars 1852 (Gillet, n. 1614, 2826 et 3390).

30. Les magistrats, et surtout ceux du parquet, ne peuvent
obtenir de congé au moment de la rentrée des tribunaux. Des
motifs graves, exceptionnels et soumis à l'appréciation du garde
des sceaux, peuvent seuls justifier leur absence à cette époque de
l'année : Décis. min. just. 28 nov. 1857 (Gillet, n. 3745).

31. Les chefs de compagnie ne doivent pas accorder des congés de courte durée pendant les jours d'audience, hors de circonstances imprévues et exceptionnelles : Lett. min. just. 24 avr.
1857 (Gillet, n. 3707) et 18 mai 1858 (*Id.*, n. 3771).

32. L'absence de trois jours sans congé permise à certains
magistrats par le décret du 6 juill. 1810 (art. 24 et s.), n'est tolérée
que lorsqu'elle n'empêche pas ces magistrats de vaquer à leurs
devoirs : Circ. 8 mars 1843 (Gillet, n. 2826) et 22 mai 1860
(Rés. chr., p. 18). — La permission ne s'applique pas aux jours
d'audience : Lett. min. just. 24 avr. 1857 (Gillet, n. 3707); Circ.
22 mai 1860, précitée.

33. Lorsqu'un magistrat a devancé ou excédé la durée légale
de son congé, le procureur général doit provoquer d'office des
explications et les envoyer au garde des sceaux, avec son avis,
en ayant soin de préciser les jours de départ et de retour de ce
magistrat : Lett. min. just. 14 nov. 1856 (Gillet, n. 3680).

34. Dans la délivrance des congés, on doit avoir égard au service dont le magistrat est chargé *pendant l'année*, et non au service qu'il a fait l'*année précédente*. Ainsi, dans le courant de chaque année judiciaire (c'est-à-dire du 1er novembre au 31 octobre), tous les magistrats peuvent jouir, à titre de *vacances* ou de *congé*, et sans subir de retenue, du repos qu'autorisent les règlements. Si un magistrat change de service en passant dans le sein d'une autre compagnie, sa position, relativement aux congés, est déterminée par celle du magistrat qu'il a remplacé : Circ. 16 oct. 1854 (Gillet, n. 3545).

35. Une nécessité absolue peut seule faire accorder des congés à la fin des vacances : Lett. min. just. 26 oct. 1852 (Gillet, n. 3339).

36. Un magistrat ne peut, même lorsqu'il est malade, s'absenter sans autorisation : Circ. 8 mars 1843 (Gillet, n. 2826).

37. En cas de demande de congé pour maladie, la cause de la maladie doit être dûment constatée dans la forme suivante : lorsque le médecin a certifié la maladie, le président du tribunal, s'il s'agit d'un juge (ou du greffier), ou le chef du parquet, s'il s'agit d'un membre du ministère public, d'un juge de paix ou d'un greffier de justice de paix), atteste, sous sa responsabilité, la sincérité du certificat, que le premier président ou le procureur général, suivant la compétence hiérarchique, transmet au ministre avec son avis. Pour les membres de la Cour, pour les présidents et les chefs de parquets des tribunaux, il suffit que le premier président ou le procureur général affirme la sincérité du certificat du médecin : Circ. 28 déc. 1853 (Gillet, n. 3496).

38. Les magistrats du ministère public ne peuvent s'absenter, même pendant les vacations, sans un congé, et sans qu'il soit constaté que leur absence ne nuira point à l'expédition des affaires : Décis. min. just. 8 nov. 1839 (Gillet, n. 2649). — V. toutefois Circ. 8 août 1829 (*Id.*, n. 2161).

39. Le procureur général qui obtient un congé ne doit en user qu'après avoir acquis la certitude que le premier avocat général demeurera à la tête du parquet pendant la durée de l'absence : Décis. min. just. 8 sept. 1828 (Gillet, n. 2101).

40. Il ne doit jamais être accordé de congé aux substituts d'un siége dont le chef du parquet serait absent : Lett. min. just. 10 juin 1829 (Gillet, n. 2152).

41. Avant la fin de l'année, chaque chef de parquet doit faire connaître au procureur général les mesures prises par lui à l'effet d'assurer le service durant les vacations, en indiquant les noms des officiers qui s'absenteront ou qui seront chargés du service de telle époque à telle autre, et les lieux où ceux qui doivent s'absenter passeront leurs vacances ; Circ. min. just. 8 août 1829 (Gillet, n. 2161).

42. Les juges suppléants, même durant les vacations, ne peuvent s'absenter sans congé, sous peine d'encourir l'application de l'art. 10 de la loi du 11 avr. 1838, d'après lequel le refus de service de la part de ces magistrats peut, après procès-verbal constatant leur mise en demeure sans résultat, les faire réputer démissionnaires : Décis. min. just. 12 oct. 1839 (Gillet, n. 2645). — V. aussi Décis. 30 déc. 1840 (*Id.*, n. 2706) et 31 oct. 1857 (*Id.*, n. 3740). — Un juge suppléant ne peut s'absenter sans congé, même lorsqu'il ne quitte pas l'arrondissement : Lett. min. just. 24 avr. 1857 (*Id.*, n. 3707).

43. Un juge suppléant ne peut, sans manquer à ses devoirs, s'abstenir d'assister à l'audience de rentrée, ou se borner à y assister avec le barreau en qualité d'avocat : Circ. 21 nov. 1857 (Gillet, n. 3743).

44. Toutes les fois que l'absence d'un magistrat n'est pas régulièrement justifiée, il y a lieu de surseoir au paiement du traitement jusqu'à ce qu'il ait été statué sur sa position : Décis. min. just. 11 oct. 1828 (Gillet, n. 2107).

45. Les magistrats qui ont des vacances légales ne peuvent obtenir aucun congé de faveur sans subir une retenue sur leur traitement (L. 9 juin 1853, art. 3-3°) : Circ. 28 déc. 1853 (Gillet, n. 3496).

46. La retenue de la moitié du traitement pendant les congés accordés à des magistrats en dehors des conditions spéciales prévues par l'art. 16 du décret du 9 nov. 1853, ne doit pas être confondue avec celle qui peut être infligée, à titre de punition, au magistrat absent sans congé ou qui a dépassé la durée du congé régulier qui lui avait été accordé. La retenue simple est une mesure purement fiscale qui a sa justification dans la nécessité de faire face aux lourdes charges résultant du nouveau système des retraites : Circ. 24 août 1855 (Gillet, n. 3603).

47. Les absences de trois jours au plus permises sans congé à certains magistrats ne peuvent entraîner une retenue de traitement. La loi du 9 juin 1853 et le décret du 9 novembre suivant n'ont pas abrogé à cet égard l'art. 25 du décret du 6 juill. 1810 : Décis. min. just. 23 mars 1855 (Gillet, n. 3565).

48. Les présidents des tribunaux de première instance ne peuvent délivrer de congés sans en donner immédiatement avis au premier président : Lett. min. just. 19 juill. 1854 (Gillet, n. 3526).

49. Les demandes de congé parviennent au ministre par l'intermédiaire du premier président ou du procureur général, selon que la demande est formée par un membre de la magistrature assise ou par un membre du ministère public : Circ. 8 mars 1843 (Gillet, n. 2826). — Il en est de même des demandes en prorogation de congé, qui ne peuvent être adressées directement au garde des sceaux : Circ. 4 juill. 1848 (*Id.*, n. 3124).

50. Il est ouvert au greffe un registre pour inscrire tous les congés des magistrats, quels que soient leur durée et l'autorité de laquelle ils émanent ; cette inscription doit avoir lieu par les soins du magistrat qui a obtenu le congé ou de celui qui l'a délivré : Circ. 24 nov. 1822 et 8 mars 1843 (Gillet, n. 1614 et 2826).

51. Aux relevés de pointes que le procureur général doit adresser au garde des sceaux, il faut joindre un état des congés qui peuvent avoir été inscrits, pendant le mois, sur le registre tenu à cet effet aux greffes de la Cour et des tribunaux. L'envoi de cet état ne dispense pas, du reste, les chefs des compagnies de donner avis au ministre de tout congé qu'ils délivrent : Circ. 10 juill. 1855 (Gillet, n. 3592). V. aussi Lett. min. just. 19 févr. 1816 (*Id.*, n. 1027). — Les états de congés doivent être du même format que les relevés de pointes : Circ. 15 déc. 1855 (*Id.*, n. 3622).

52. Sur les congés des magistrats, consult. encore les art. 9 et 10 de la loi du 28 flor. an x, 17 du décret du 30 mars 1808, 24 et s. du décret du 6 juill. 1810, 30 et s. du décret du 18 août 1810, ainsi que l'ordonn. du 6 nov. 1822.

§ 4. — *Discipline.*

53. Les magistrats qui ne signent pas dans les vingt-quatre heures les minutes des jugements ou arrêts par eux rendus, peuvent être poursuivis disciplinairement : Décis. 24 sept. 1831 (Gillet, n. 2289).

54. Au cas de poursuites disciplinaires contre un magistrat, les conclusions écrites que l'art. 55 de la loi du 20 avr. 1810 oblige le ministère public à donner, doivent être mentionnées dans le procès-verbal de la délibération de la Cour. — Cette délibération n'est pas un arrêt, puisqu'elle ne peut s'exécuter qu'après l'approbation du ministre ; on doit lui donner le nom de *décision :* Lett. min. just. 16 janv. 1843 (Gillet, n. 2910).

55. L'avertissement que les présidents des Cours d'appel et des tribunaux de première instance peuvent donner d'office, ou sur la réquisition du ministère public, à tout juge qui aura compromis la dignité de son caractère (L. 20 avr. 1810, art. 49), peut être infligé à raison des actes de la vie publique du juge aussi bien qu'à raison des actes de sa vie privée : la loi ne distingue point à cet égard. Malgré la décision de la Cour ou du tribunal qui déclare n'y avoir lieu de donner un avertissement à un magistrat, le garde des sceaux peut lui-même adresser des observations à ce magistrat sur sa conduite, et l'inviter à se mieux pénétrer de ses devoirs à l'avenir : Lett. min. just. 14 juill. 1821 (Gillet, n. 1475).

56. L'avertissement n'est pas une peine disciplinaire à l'égard des magistrats ; c'est une mesure préalable à toute peine, un acte secret et paternel du magistrat supérieur. Il s'applique aux écarts légers, mais blâmables. Si ces faits se renouvellent, il y a lieu à l'application des peines de discipline. Pour les fautes graves, les peines disciplinaires ne doivent pas être précédées de l'avertissement : Circ. 12 déc. 1821 (Gillet, n. 1518).

57. Consultez au surplus sur la discipline des Cours et tribunaux, le décret du 30 mars 1808, la loi du 20 avr. 1810 et le décret du 1er mars 1852.

§ 5. — *Retraite.*

58. L'instruction à laquelle le procureur général qui provoque l'admission d'un magistrat à la retraite, procède à l'effet d'établir l'état physique ou moral de ce magistrat, doit être accompagnée d'un rapport spécial dans lequel il formule son opinion, tant sur les causes de la détermination prise par le réclamant, que sur les certificats délivrés soit par les médecins qui lui auront donné leurs soins, soit par le médecin qui aura été désigné par le procureur général pour l'examiner. Un rapport subséquent doit contenir les propositions auxquelles pourra donner lieu le remplacement du magistrat : Circ. 23 déc. 1853 (Gillet, n. 3495).

59. L'art. 30 du décret du 9 nov. 1853, qui prévoit le cas d'invalidité morale ou physique, s'applique seulement au magistrat qui prend l'initiative de son admission à la retraite. Lorsqu'il s'agit d'une invalidité physique, le médecin délégué par l'administration pour la constater doit prêter serment soit devant le premier président de la Cour ou le président du tribunal, soit devant le procureur général ou le chef du parquet de première instance, suivant qu'il s'agit d'un membre de la magistrature assise ou d'un officier du parquet : Circ. 28 déc. 1853 (Gillet, n. 3496).

60. Dans le cas de l'art. 35 du décret du 9 nov. 1853, où le droit à la pension de retraite peut s'ouvrir prématurément, les infirmités sont certifiées de la même manière que dans le cas de mise à la retraite pour cause d'invalidité physique : *Id.*

61. Le procureur général est autorisé à recevoir et à enregistrer les demandes en liquidation de pension qui lui seraient adressées directement, et à délivrer aux parties le bulletin d'inscription prescrit par l'art. 42 du décret du 9 nov. 1853 : *Id.*

62. Lorsqu'il existe des différences soit dans l'orthographe des noms, soit dans l'ordre ou le nombre des prénoms, soit dans l'indication des dates et des lieux de naissance des magistrats dont l'admission à la retraite est demandée, elles doivent être expliquées dans un acte de notoriété fait devant le juge de paix du canton où réside le réclamant. Toutes les justifications doivent être établies sur papier timbré et revêtues de la légalisation des signatures : Circ. 23 déc. 1853, précitée.

§ 6. — *Honorariat.*

63. Les magistrats honoraires se divisent en deux classes : les uns conservent leur titre, leur rang et leurs prérogatives honorifiques, avec le droit d'être portés sur le tableau et d'assister aux cérémonies publiques, sans néanmoins pouvoir exercer leurs fonctions (Décr. 2 oct. 1807); les autres, après délivrance des *lettres à ce nécessaires,* peuvent, de plus, assister avec voix délibérative aux assemblées des chambres et aux audiences solennelles. Pour pouvoir être compris dans cette seconde catégorie, il faut être membre de Cour d'appel et compter trente ans de service. L'honorariat conféré sans lettre spéciale ne donne d'autres droits que ceux indiqués dans le décret de 1807, et dans ce cas l'impétrant n'est pas tenu de prêter serment. L'exécution du décret de nomination se réduit à la lecture et à l'enregistrement de cet acte en audience publique, même en l'absence de l'impétrant : Lett. min. just. 17 sept. 1850 (Gillet, n. 3284).

64. Le conseiller nommé honoraire ne recevant pas un caractère nouveau, n'est pas assujetti à un nouveau serment. Sa présence n'est pas nécessaire à l'audience publique où le ministère public requiert la lecture de l'ordonnance qui le nomme : Lett. min. just. 7 août 1826 (Gillet, n. 1945).

65. Les magistrats honoraires ont le droit de porter le costume, soit de palais, soit de ville, qui distingue leurs anciennes fonctions ; mais ils ne prennent rang qu'après le dernier titulaire de leur ordre : Lett. min. just. 15 juill. 1851 (Gillet, n. 3352).

66. Un juge suppléant d'un tribunal de première instance ne peut obtenir le titre de juge honoraire : Décis. min. just. 29 mars 1825 (Gillet, n. 1832).

— V. *Envois non périodiques*, 3-8º et s.; *Juge de paix; Jour férié; Ministère public; Légion d'honneur; Organisation judiciaire; Outrage*, 1, 10, 11, 16 et s.; *Registre de pointe; Serment*, 1 et s.

MANUFACTURES. — **1**. Aux termes d'une circulaire du ministre de la justice du 1er mars 1845 (Gillet, n. 2945), les art. 10 et 11 de la loi du 22 mars 1841, sur le travail des enfants dans les manufactures, qui autorise l'établissement d'inspecteurs chargés de constater les infractions, ne déroge pas par là au droit commun. Les officiers de police judiciaire n'en conservent pas moins le droit de faire eux-mêmes cette constatation. Les procès-verbaux dressés doivent être envoyés sans délai au parquet, qui, suivant les circonstances, les transmet au commissaire de police pour servir de base à une poursuite en simple police, ou fait citer les contrevenants devant le tribunal correctionnel. Dans le premier cas, le chef du parquet de première instance donne les instructions propres à assurer à la poursuite une sage direction : aussitôt que le jugement est rendu, le juge de paix lui en donne connaissance par écrit. Le procureur général rend compte au garde des sceaux de tous les jugements intervenus.

2. Le principe posé dans cette circulaire, que les officiers de police judiciaire partagent avec les inspecteurs institués par la loi de 1841 le droit de rechercher les infractions à cette loi, a été confirmé par la jurisprudence. V. Cass., 16 nov. 1860 (S.-V.61. 1.105) et 15 mars 1862 (J.M.p.6.11). — Le premier de ces arrêts reconnaît en conséquence aux officiers de police judiciaire, et spécialement aux commissaires de police, le droit d'entrer à toute heure dans les manufactures, usines et ateliers, pour y exercer leur surveillance. Le second décide que les contraventions en cette matière peuvent être prouvées, non point seulement à l'aide de procès-verbaux émanés des inspecteurs que désignent les art. 10 et 11 de la loi du 22 mars 1841, ou des magistrats dénommés dans ces articles, mais aussi par témoins.

MARIAGE.

§ 1er. — *Domicile pour le mariage.*

1. Dans un article inséré J.M.p.9.125 et s., M. Dubrac a examiné la question de savoir quel est le domicile par rapport au mariage; si, comme le veulent les uns, on a, en cette matière, deux domiciles, le domicile réel (art. 102 et s., C. civ.) et le domicile spécial, s'établissant par six mois d'habitation continue dans la même commune (art. 74, même Code), de façon à pouvoir se marier indistinctement à l'un ou à l'autre de ces deux domiciles; — si, comme d'autres le prétendent, on ne peut opter entre le domicile spécial et le domicile réel qu'autant que l'on a résidé six mois dans le lieu de ce dernier domicile; — ou enfin si la règle posée par l'art. 74 est absolue, et si l'on ne peut se marier que dans le lieu où l'on réside depuis six mois. — C'est à cette dernière opinion que M. Dubrac se range, à la suite de MM. Malleville, t. 1, p. 181; Delvincourt, t. 1, p. 65; Duranton, t. 2, n. 220, 224; Marcadé, t. 1, sur l'art. 74, n. 1. — Pour l'in-

dication des autorités qui appuient les autres systèmes, V. Demolombe, *Mariage*, t. 1er, n. 196.

2. Un mineur ne peut se marier que devant l'officier de l'état
civil du domicile de son père ou tuteur, ou de son futur conjoint,
et non au lieu du domicile d'un parent, quelque prolongée qu'ait
été sa résidence dans ce lieu : Lett. min. 10 déc. 1819 (Gillet,
n. 1340); — Rieff, *Actes de l'état civil*, p. 572, n. 222. — V. Toutefois Demolombe, n. 204.

§ 2. — *Prohibitions de mariage. — Dispenses.*

3. On sait qu'aux termes de l'art. 164, C. civ., il est loisible
au Gouvernement de lever, pour des causes graves, les prohibi-
tions portées par l'art. 162 aux mariages entre beaux-frères et
belles-sœurs ou alliés au même degré, et par l'art. 163 entre
l'oncle et la nièce, la tante et le neveu; et que, d'après l'art. 145
du même Code, il peut aussi, pour des causes semblables, autoriser le mariage avant dix-huit ans révolus pour l'homme et quinze
ans révolus pour la femme.

4. Il est généralement admis que la prohibition de l'art. 163
ne s'applique ni aux oncles et tantes, neveux et nièces par alliance,
ni aux parents naturels. — V. notamment Décis. min. just. 30 janv.
1836, 12 sept. et 21 déc. 1844 (Gillet, n. 2502, 2922 et 2932).

5. Des dispenses ne sont pas non plus nécessaires pour le mariage d'un veuf ou d'une veuve avec une personne simplement
alliée de son premier conjoint : Décis. 14 mars 1817, 23 mars
1849 et 8 juill. 1851 (Gillet, n. 1124, 3182 et 3350).

6. Mais le mariage est prohibé entre une veuve et le fils de son
mari, issu d'une première union : Décis. min. just. 4 juill. 1836
(Gillet, n. 2520), de même qu'entre un veuf et la fille de sa femme,
encore bien qu'il n'y ait pas d'enfants nés de la seconde union :
Décis. 19 juill. 1843 (*Id.*, n. 2840).

7. Pareillement, la prohibition de mariage existe entre un veuf
et la sœur de sa femme, de même qu'entre une veuve et le frère
de son mari, quoique l'époux décédé n'ait pas laissé d'enfants :
Décis. proc. gén. Bourges (J.M.p.7.108).

8. Il résulte d'une décision du Conseil d'État du 7 mai 1808
(Locré, *Législ. civ.*, t. 4, p. 620) que des dispenses sont nécessaires pour le mariage entre un grand-oncle et sa petite-nièce ou
entre une grand'tante et son petit-neveu. Cette solution est adoptée
par le plus grand nombre des jurisconsultes, mais repoussée par
quelques autres, notamment par Demolombe, n. 105.

9. L'adultère est un obstacle péremptoire à la concession des dispenses d'alliance : Décis. 9 fév. 1855 (Gillet, n. 3557).

10. Les dispenses sont délivrées sur le rapport du ministre de la justice. — Le chef du parquet de première instance de l'arrondissement dans lequel les impétrants se proposent de célébrer le mariage, lorsqu'il s'agit de dispenses dans les degrés prohibés, ou de l'arrondissement dans lequel l'impétrant a son domicile, lorsqu'il s'agit de dispense d'âge, joint son avis à la demande, qui a dû lui être remise pour être adressée, par l'intermédiaire du procureur général (Décis. 22 fév. 1833, Gillet, n. 2366), au garde des sceaux (Arr. 20 prair. an XI, art. 1 et 29). — Cet avis, d'après le texte de l'art. 2 de l'arrêté de l'an XI, devrait être mis *au pied* de la demande; mais, la chancellerie exigeant un avis motivé (V. notamment Décis. minist. 5 juill. 1817 et 6 mai 1845, Gillet, n. 1148, 2953), l'usage s'est établi de le donner sous forme de rapport ou de lettre.

11. A la demande doivent être encore jointes diverses pièces qu'énumèrent la circulaire précitée du 28 avr. 1832, ainsi qu'une autre circulaire du 16 juill. 1839 (Gillet, n. 2637), et qui se trouvent rappelées, J.M.p.7.105 et 106, dans un modèle d'inventaire du dossier à envoyer à la chancellerie. — La demande et les actes de l'état civil qui l'accompagnent doivent être sur papier au timbre de 1'fr. 50 cent., et toutes les autres pièces sur papier au timbre de 50 cent.

12. Si les parties sont dans l'impossibilité de se procurer les actes de décès de leurs aïeux, il leur suffit de produire une déclaration sous serment, dressée conformément à l'avis du Conseil d'État du 27 therm. an XIII : Décis. 16 nov. 1849 (Gillet, n. 3235).

13. Les étrangers qui se marient en France sont soumis à la nécessité d'obtenir des dispenses dans les cas déterminés par la loi, quand même celle de leur pays ne leur imposerait pas cette obligation; et il n'y a pas, à cet égard, de distinction à établir entre l'hypothèse d'un mariage contracté entre étrangers et celle d'un mariage contracté entre un époux étranger et un époux français : Circ. 10 mai 1824 (Gillet, n. 1579). — V. toutefois, en ce qui concerne la première de ces deux hypothèses, Demolombe, *Mariage*, t. 1, n. 160. — C'est, du reste, auprès du gouvernement de son pays, et non auprès du gouvernement français, que l'étranger doit se pourvoir pour obtenir les dispenses : Décis. 11 sept. 1843 et 4 juill. 1844 (Gillet, n. 2856 et 2909).

14. Ceux qui sollicitent des dispenses à l'effet de contracter mariage n'ont pas besoin de représenter les dispenses ecclésiastiques pour obtenir celles du Gouvernement : Décis. 14 oct. 1830 (Gillet, n. 2225). — *Contrà*, Circ. 18 août 1823 (*Id.*, n. 1694).

15. La demande en dispense de parenté formée par un militaire ne peut être accueillie qu'autant qu'elle est accompagnée de l'autorisation donnée à ce militaire par ses chefs de contracter mariage : Décis. 16 fév. 1849 (Gillet, n. 3175).

16. La chancellerie a plusieurs fois décidé que les demandes de dispense d'alliance ne pouvaient être transmises au garde des sceaux qu'après l'expiration de l'année à partir du décès du premier conjoint, soit qu'il s'agît du mari ou de la femme : Décis. 25 mars et 19 août 1840 et 27 mai 1848 (Gillet, n. 2667, 2689 et 3114); Circ. 22 oct. 1848 (*Id.*, n. 3151).

17. Mais la jurisprudence a varié à cet égard, et, d'après d'autres décisions, dont l'une est plus récente que celles mentionnées au numéro précédent, le ministère public, au contraire, n'a pas le droit d'ajourner l'envoi de la demande jusqu'à l'expiration de l'année de veuvage de l'impétrant. C'est au Gouvernement seul qu'il appartient d'apprécier l'opportunité de l'ajournement de la concession des dispenses, et les dossiers doivent toujours être adressés à la chancellerie aussitôt qu'ils sont en état de recevoir une solution : Décis. 28 fév. 1843, 22 oct. 1845 et 22 janv. 1856 (Gillet, n. 2824, 2975 et 3630). Le parquet doit d'ailleurs faire connaître, dans son avis motivé, s'il y a lieu d'ajourner la décision jusqu'à l'expiration de l'année, ou si des circonstances impérieuses exigent la concession immédiate des dispenses : Circ. 28 fév. 1843 (précitée) et Décis. 10 déc. 1845 (Gillet, n. 2985).

18. Les considérations qui sont de nature à déterminer soit l'ajournement ou le rejet, soit l'admission des demandes de dispense d'âge, de parenté ou d'alliance, se trouvent exposées dans diverses décisions ou circulaires des 10 mai 1824, 28 avr. 1832, 28 sept. 1833 et 22 oct. 1848 (Gillet, n. 1759, 2323, 2393 et 3151), auxquelles nous renvoyons le lecteur.

19. Les droits auxquels donnent lieu les dispenses pour mariage (180 fr. pour les dispenses d'âge, 302 fr. pour celles de parenté ou d'alliance) peuvent être remis en tout ou en partie, mais à ceux-là seulement qui sont dans l'impossibilité *absolue* de satisfaire au paiement intégral. L'avis motivé de l'officier du parquet doit s'expliquer sur la convenance qu'il y aurait à exiger ce paiement intégral, ou sur la nécessité de réduire les droits à une somme qu'il convient de préciser : Circ. 16 août 1817, 28 avr. 1832,

16 juill. 1839, 22 oct. 1848 et 29 mars 1851 (Gillet, n. 1160, 2323, 2637, 3151 et 3324).

20. Les certificats d'indigence produits à l'appui d'une demande en dispense d'âge, de parenté ou d'alliance ne doivent pas être imprimés, et le juge de paix, dans son approuvé, est tenu de faire mention de la connaissance *personnelle* qu'il a de la position des parties : Décis. 27 mai 1852 et 26 avr. 1856 (Gillet, n. 3414 et 3646).

21. Le principe, établi par la loi du 10 déc. 1850, de la gratuité des pièces que les indigents doivent produire pour contracter mariage, s'étend à la concession des dispenses d'âge, de parenté ou d'alliance, et le bénéfice du visa pour timbre et de l'enregistrement gratuit doit par conséquent être appliqué aux pièces de la procédure destinée à préparer cette concession : Décis. 8 avr. 1856 (Gillet, n. 3640).

22. Les demandes de dispense ne peuvent être présentées que par l'intermédiaire des référendaires près de la commission du sceau, dont la liste a été envoyée aux parquets. Les parties doivent indiquer, sur leur demande, le nom du référendaire dont elles auront fait choix, sinon l'indication en sera faite par la chancellerie : Circ. 12 mai 1820 et 10 mai 1824 (Gillet, n. 1376 et 1759).

23. Les lettres patentes portant dispense d'âge ou de parenté doivent, sur les réquisitions du ministère public et en vertu d'une ordonnance du président du tribunal, être enregistrées sur un registre *ad hoc* tenu au greffe; une expédition, sur laquelle il est fait mention de cet enregistrement, doit être annexée à l'acte de célébration du mariage, et l'original, portant la même mention, est remis aux impétrants : Circ. 11 mars 1822, 10 mai 1824 et 28 avr. 1832 (Gillet, n. 1531, 1759 et 2323).

24. Le registre tenu au greffe pour la transcription des lettres patentes portant dispenses d'âge, de parenté ou d'alliance, doit être timbré, de même que l'expédition de cette transcription délivrée par le greffier. Mais la requête du magistrat du parquet à fin de transcription et l'ordonnance du président qui prescrit cette transcription doivent être visés pour timbre en débet : Décis. min. fin. 25 mars 1829 (Gillet, n. 2133).

25. Le Gouvernement ne peut accorder de dispenses à la veuve pour contracter une nouvelle union avant l'expiration du délai de dix mois à partir de la dissolution du premier mariage : Lett. minist. 30 juin 1813 (Gillet, n. 871).

49

§ 3. — *Formalités préalables à la célébration du mariage.*

26. Deux publications doivent nécessairement précéder le mariage ; elles ne peuvent être confondues en une seule : Lett. min. just. 5 déc. 1822 (Gillet, n. 1619) ; — Rieff, p. 452, n. 165.

27. Les publications prescrites par l'art. 168, C. civ., ne sont pas exigées pour le futur âgé de 25 ans et la future âgée de 21 ans : Lett. min. just. 26 mai 1820 (Gillet, n. 1379).

28. L'art. 169 du même Code reconnaît au Gouvernement ou aux officiers par lui préposés à cet effet, la faculté de dispenser, pour des causes graves, de la seconde publication. — D'après l'art. 3 de l'arrêté du 20 prair. an xi, c'est le chef du parquet de première instance de l'arrondissement où doit être célébré le mariage, qui est délégué pour accorder, dans ce cas, les dispenses au nom du Gouvernement, sauf à rendre compte au garde des sceaux des causes graves qui les auront motivées. — La minute des dispenses est déposée par l'impétrant à la mairie, où il en est dressé une expédition qui est annexée à l'acte de célébration du mariage. V. Desplagnes, *Notes prat. sur l'administr. des parq.*, p. 95.

29. D'après deux décisions du ministre de la justice des 10 août 1818 et 20 août 1839 (Gillet, n. 1240 et 2640), lorsque les futurs sont nés et que les ascendants sont décédés dans la commune où se célèbre le mariage, l'officier de l'état civil peut éviter aux contractants la dépense que leur occasionnerait la production de leur acte de naissance et de l'acte de décès de leurs ascendants, en constatant dans l'acte de mariage qu'il a vérifié sur les minutes les actes de naissance et de décès dont la justification est exigée par la loi. — Mais une opinion contraire est professée, selon nous avec raison, par M. Rieff, p. 479, n. 184. N'est-il pas à craindre que la mention de la vérification dont il s'agit ne devienne une mention de pur style ?

30. Les indigents qui, pour pouvoir contracter mariage, sont obligés d'obtenir la rectification d'actes ou de registres de l'état civil, s'adressent à cet effet, en vertu des art. 2 et 3 de la loi du 10 déc. 1850, au chef du parquet de première instance. Après avoir vérifié la régularité des certificats produits (V. même loi, art. 6), ce magistrat présente au tribunal une requête dont nous avons donné le modèle, J.M.p.7.250. — Lorsque le jugement est rendu, le greffier en délivre un extrait aux parties et en remet au parquet une expédition destinée à être transmise à l'officier de l'état civil pour servir à la transcription du jugement sur les registres.

31. Si le Code civil a autorisé les actes de notoriété pour remplacer, dans des cas urgents, les actes qui ne peuvent être représentés par ceux qui veulent se marier, il n'a pas exclu la voie de l'enquête pour constater les naissances et les décès qu'il s'agit de prouver. Cette dernière voie est même plus convenable, puisque les témoins déposent devant le tribunal et sous la foi du serment, tandis que ceux entendus dans des actes de notoriété attestent souvent par complaisance des faits dont ils ne sont pas certains. — Ainsi, l'acte de notoriété qu'exige l'art. 155 peut être remplacé par une poursuite en rectification des registres de l'état civil qui amènerait la preuve du décès de l'ascendant : Lett. min. 4 juill. 1818 (Gillet, n. 1226).

32. D'un autre côté, il vaut mieux pour les parties se pourvoir d'un jugement tenant lieu d'acte de naissance que d'un acte de notoriété; car ce dernier ne peut servir que pour mariage seulement, tandis qu'un jugement peut servir dans toutes les circonstances de la vie. On objectera, il est vrai, qu'aux termes de l'art. 7 de la loi du 18 déc. 1850, les expéditions des jugements tenant lieu de l'acte de naissance doivent, dans le cas qui nous occupe, mentionner expressément qu'elles sont destinées à servir à la célébration d'un mariage entre indigents; mais cette objection peut être écartée à l'avance en mentionnant dans la requête que l'on procède aussi bien en vertu de la loi de 1817 qu'en vertu de celle de 1850.

33. Lorsqu'un des futurs conjoints veut suppléer à un acte de l'état civil par un acte de notoriété, c'est aussi au chef du parquet qu'il s'adresse pour obtenir l'homologation de cet acte (L. 10 déc. 1850, art. 2 et 3 précités). Voy. J.M.p.7.252, le modèle de la requête à présenter dans ce cas au tribunal. — Une expédition ou un simple extrait du jugement qui intervient sur cette requête est délivré par le greffier à la partie, qui le remet à l'officier de l'état civil chargé de procéder à la célébration du mariage.

34. Dans le cas de rectification ou d'inscription des actes de l'état civil, d'homologation d'actes de notoriété, et généralement dans tous les actes judiciaires ou procédures nécessaires au mariage des indigents, le ministère public est tenu de prendre en mains leurs intérêts, sans qu'il puisse y avoir lieu à l'intervention des avoués : Circ. 29 mars 1851 (Gillet, n. 3324).

35. Le certificat de célébration du mariage civil à remettre au

ministre du culte pour la célébration du mariage religieux, doit
être sur papier timbré : Circ. 26 juill. 1848 et Lett. minist. just.
26 oct. 1848 (Gillet, n. 3127 et 3153). — *Contrà*, Décis. min. fin.
28 sept. 1833 (*Id.*, n. 2394).

§ 4. — *Action du ministère public en nullité ou en validité de*
mariage. — Opposition.

36. Aux termes de l'art. 190, C. civ., le ministère public, dans
tous les cas auxquels s'applique l'art. 184 (c'est-à-dire en cas de
contravention aux art. 144, 147, 161, 162 et 163), et sous les modifications portées en l'art. 185, *peut et doit* demander la nullité
du mariage, du vivant des deux époux, et les faire condamner à
se séparer. — D'un autre côté, l'art. 191 porte que tout mariage
qui n'a pas été contracté publiquement, et qui n'a point été célébré devant l'officier public compétent, *peut* être attaqué par le
ministère public.

37. En présence de la différence des expressions employées
dans ces deux articles, une controverse s'est élevée sur le point de
savoir si l'action en nullité ouverte au ministère public est dans
tous les cas purement facultative, ou bien si elle n'est obligatoire que dans les hypothèses auxquelles renvoie l'art. 190, et demeure facultative dans celle prévue par l'art. 191. — La première
opinion, qui peut invoquer en sa faveur l'autorité de Portalis
(Locré, *Législ. civ.*, t. 4, p. 514 et 515), nous semble seule conforme à la lettre comme à l'esprit de la loi. Le mot *doit* de l'art.
190 n'impose pas au ministère public l'obligation d'agir en tous
cas ; il détermine seulement le temps pendant lequel le magistrat du parquet doit exercer le pouvoir que la loi lui attribue ;
ce temps est la durée de la coexistence des deux époux. V. en ce
sens, Demolombe, *Mariage*, t. 1, n. 311 ; Aubry et Rau d'après
Zachariæ, t. 4, p. 55 ; Debacq, *Act. du minist. publ. en mat. civ.*,
p. 312 et s.— Pour la seconde opinion, V. Toullier, t. 1, n. 628,
635 et 647 ; Ortolan et Ledeau, *Minist. publ.*, t. 1, p. 168 ; Alle-
mand, *Mariage*, n. 538, 539 ; Demante, *Analys. Cod. civ.*, t. 1,
n. 272 ; Ducaurroy, Bonnier et Roustain, *Comment. Cod. civ.*,
t. 1, n. 327, 334. V. aussi Vazeille, *Id.*, t. 1, n. 249 ; Dalloz,
Répert., v° *Mariage*, n. 518.

38. L'art. 139, C. civ., d'après lequel l'époux absent dont le
conjoint a contracté une nouvelle union, est seul recevable à attaquer le mariage par lui-même ou son fondé de pouvoirs, n'est
point exclusif de l'action du ministère public : il a seulement pour

but d'empêcher des tiers, mus uniquement par un intérêt pécuniaire, d'attaquer imprudemment le nouveau mariage, sans que
l'existence du conjoint absent soit démontrée. Comment le législateur aurait-il entendu refuser au ministère public l'action en nullité d'un mariage que le retour du premier conjoint prouverait
être entaché de bigamie ? V. conf., Debacq, p. 324. — V. aussi,
entre autres auteurs, Duranton, t. 1, n. 527; Valette sur Proudhon,
Etat des pers., t. 1, p. 302, n. 2; Demante, n. 124; Ducaurroy,
Bonnier et Roustain, n.333; Massé et Vergé sur Zachariæ, t. 1,
p. 161, note 7; Demolombe, n. 264. — *Contrà*, Merlin, *Répert.*, v°
Absence, art. 139; Toullier, t. 1, n. 485; Vazeille, t. 1, n. 225.

39. Le droit du ministère public de demander la nullité du
mariage dans certains cas déterminés, n'implique pas celui de
former opposition au mariage dans les mêmes cas. Il n'est pas
permis de conclure de l'un à l'autre : ce sont deux droits parfaitement distincts et qui, s'ils sont parfois réunis dans les mêmes
mains, se trouvent séparés dans d'autres hypothèses. — Au surplus, le ministère public peut, par une autre voie, obtenir le même
résultat. Il lui suffit de défendre à l'officier de l'état civil de procéder au mariage; cette défense ne sera certainement pas enfreinte. *Sic*, Paris, 26 avr. 1833 (S.-V.33.2.286); — Merlin, v°
Oppos. à mar., addit. à la 4e édit. sur l'art. 174, quest. 3; Toullier, t. 1, n. 591; Ortolan et Ledeau, t. 1, p. 161 et s.; Debacq,
p. 335 et s. — *Contrà*, Delvincourt, t. 1; p. 120; Proudhon, *Etat
des pers.*, t. 1, p. 237; Duranton, t. 2, n. 202 et 345; Demolombe,
t. 3, n. 151. — Cass., 2 déc. 1851 (S.-V.52.1.54) et 21 mai 1856
(S.-V.57.1.111); Toulouse, 9 et 10 juin 1852 (D.p.52.2.169).

40. Il résulte de l'arrêt précité de la Cour de cassation du
2 déc. 1851 et d'un arrêt de la Cour de Paris du 11 juill. 1857
(J.M.p.1.17) que le ministère public est recevable à attaquer
par la voie de l'appel ou du pourvoi en cassation, un jugement
qui, en dehors de son initiative, a rejeté la demande en nullité
d'un mariage contracté en violation des prescriptions auxquelles
s'appliquent les art. 190 et 191, C. civ. — Vainement lui contes-
terait-on ce droit, sous le prétexte qu'en première instance, s'étant
borné à conclure, il n'a été que partie jointe. Le ministère public peut
être partie principale aussi bien en défendant qu'en demandant, et
il doit être réputé défendeur dans toutes les causes engagées par des
particuliers, où la loi lui donne la mission de prendre directement
en mains l'intérêt soit de l'une de ces parties, soit de la société tout
entière.—V. sur ce point, les mots *Partie jointe*, *Partie principale*.

41. On a beaucoup disserté sur le point de savoir si le ministère public est également recevable à interjeter appel d'un jugement qui prononce la nullité d'un mariage, et à soutenir la validité de ce mariage devant la Cour. On fonde l'affirmative sur cette considération, notamment, que, refuser au ministère public le droit d'agir pour demander la validité du mariage, c'est le réduire à l'impossibilité de déjouer les collusions frauduleuses qui tendraient à opérer le divorce par consentement mutuel, et qui, par là, porteraient à l'ordre social une si profonde atteinte. V. Bruxelles, 1er août 1808 (S.-V. chr.); Pau, 28 janv. 1809 (*Id.*); Paris, 13 août 1851 (S.-V.51.2.465); — Merlin, *Rép.*, v° *Mariage*, t. 10, p. 700 et suiv., n. 3; Toullier, t. 1, n. 648; Carré, *Lois de l'organisation et de la compétence*, n. 113, p. 241; Delvincourt, t. 1, p. 72, note 4; Duranton, t. 2, n. 344; Vazeille, *Mariage*, t. 1, n. 255; Valette sur Proudhon, t. 1, p. 444; Demolombe, n. 312.

42. Mais, en faveur de la doctrine contraire, on objecte avec raison que les art. 184 et 191, C. civ., ne sauraient être invoqués ici, parce que le droit qu'ils confèrent au ministère public de demander la nullité du mariage, n'implique point en lui-même le droit réciproque d'en demander la validité, ce dernier droit n'appartenant pas, en effet, à tous ceux auxquels la loi attribue le premier (V. les art. 184, 187, 191, C. civ.); qu'on ne saurait davantage s'appuyer sur l'art. 46 de la loi du 20 avril 1810, dont le 1er paragraphe n'autorise le ministère public à agir d'office, en matière civile, que *dans les cas spécifiés par la loi*, et dont le 2e paragraphe, en ajoutant que le ministère public *poursuit d'office l'exécution* des lois, des arrêts et des jugements dans les dispositions qui intéressent l'ordre public, n'a point entendu généraliser par là un droit qu'il venait de limiter et enlever ainsi toute portée à sa première disposition (V. au surplus à cet égard, *Action directe ou d'office*, n. 5 et s.); qu'enfin, à l'égard des collusions qui tendraient à opérer une sorte de divorce par consentement mutuel, la société ne doit pas craindre, quelque grande que soit la garantie qu'offre le ministère public, de s'en rapporter à l'usage que les tribunaux feront du pouvoir discrétionnaire qui leur est accordé pour annuler ou valider les mariages. V. Cass., 1er août 1820, 5 mars 1821 (S.-V.chr.); Toulouse, 11 mars 1822 (*Id.*); — Aubry et Rau sur Zachariæ, t. 3, p. 240; Ortolan et Ledeau, t. 1, p. 164-166; Dalloz, *Rép.*, v° *Mariage*, n. 521; Debacq, p. 322 et s.

43. On doit décider aussi, suivant nous, que le ministère public n'est pas recevable à agir d'office, soit en première instance, soit en appel, pour faire annuler un mariage en dehors des cas limitativement énoncés dans les art. 190 et 191, C. civ. V. conf., Bruxelles, 14 mars 1865 (J.M.p.8.103). — Mais V. en sens contraire, Limoges, 17 janv. 1846 (S.-V.46.2.97); Toulouse, 9 juin 1852 (D.p.52.2.169); Cass., 21 mai 1856 (S.-V.57.1.111); Bruxelles, 19 juin 1861 (J.M.p.5.231).

§ 5. — *Action du ministère public au cas de preuve du mariage acquise par le résultat d'une procédure criminelle.*

44. Lorsque la preuve d'une célébration légale du mariage se trouve acquise par le résultat d'une procédure criminelle, et que les époux ou l'un d'eux sont décédés sans avoir découvert la fraude, l'action criminelle peut être intentée par tous ceux qui ont intérêt à faire déclarer le mariage valable, ainsi que par le ministère public (C. civ., 198 et 199).

45. Si l'officier public (ou tout autre auteur du crime ou du délit) est décédé lors de la découverte de la fraude, l'action est dirigée au civil contre ses héritiers, par le ministère public, en présence des parties intéressées, et sur leur dénonciation (*Id.*200). — Les parties intéressées ne peuvent agir elles-mêmes, parce qu'il y a lieu de craindre une collusion entre elles et les héritiers de celui à qui est imputée la fraude.

46. Par cette même raison, il semble qu'au cas de décès de l'auteur présumé du délit on doit assimiler toute autre hypothèse où celui-ci, bien que vivant, se trouverait à l'abri de l'action criminelle, telle que celle de démence, etc. : Debacq, p. 343.

47. Dans ces différents cas, le ministère public n'est pas, comme dans les autres circonstances où il remplit le rôle de partie principale, libre d'agir ou de ne pas agir; son action est forcée, parce qu'il n'est plus le délégué indépendant de la société tout entière, mais le représentant spécialement désigné par la loi de simples particuliers : Même auteur, p. 345.

48. L'art. 198 dispose que, quand la preuve du mariage est acquise par le résultat d'une procédure criminelle, l'inscription sur les registres de l'état civil du jugement auquel cette procédure a donné lieu, assure au mariage tous ses effets civils. Est-ce au ministère public à faire les diligences nécessaires pour parvenir à cette inscription, ou aux parties intéressées ? — M. Debacq, p. 347, estime avec raison qu'aucune collusion n'étant plus alors à craindre, et l'inscription étant faite dans un intérêt purement privé, c'est aux parties intéressées seules qu'il appartient d'y pourvoir, d'autant plus que le ministère public ne peut agir d'office, en matière civile, que dans les cas déterminés par la loi (V. *Action directe ou d'office*, n. 5 et s.), et qu'ici la loi est muette à son égard.

MARIN. — 1. Il importe de faire surveiller étroitement dans les ports militaires les fripiers et revendeurs qui excitent les marins à vendre leurs effets d'équipement, et, le cas échéant, de requérir contre eux une sévère application de l'art. 329, C. just. milit. : Circ. 27 oct. 1859 (Rés. chr., p. 13).

2. Une circulaire du 29 janv. 1859 (Rés. chr., p. 2) a donné communication aux parquets d'un arrêté pris de concert par les ministres de la justice, de l'intérieur, de la guerre et de la marine, le 2 du même mois, dans le but de régler les mesures relatives à l'exécution des jugements rendus par les tribunaux ordinaires contre des marins, des militaires de la marine ou des assimilés. — Un décret du 5 déc. 1859 a apporté à cet arrêté des modifications signalées par une autre circulaire du 27 mars 1860 (Rés. chr., p. 16).— Compar. Circ. 8 août 1846 (Gillet, n. 3023).

— V. *Exécution des jugements et arrêts*, 4 et s. — V. aussi *Compétence criminelle*, 56 et s., 99 et s., 179; *Envois non périodiques*, 2; *Récidive*, 1.

MARQUES DE FABRIQUE. — 1. Par une circulaire du 20 sept. 1856 (Gillet, n. 2790), accompagnée de l'envoi d'une instruction du 6 du même mois arrêtée entre le ministre de la justice et celui du commerce, pour l'exécution de la loi du 23 juin 1857 et du décret du 26 juill. 1858, sur les marques de fabrique et de commerce, il a été recommandé aux procureurs généraux de veiller à ce que les diverses formalités prescrites pour le dépôt des marques soient régulièrement remplies.

2. Une autre circulaire du 30 mai 1859 (Rés. chr., p. 8) a annoncé aux parquets la transmission d'un modèle de répertoire et d'une instruction du 1er mars précédent, arrêtés par les ministres du commerce et de la justice, pour être communiqués aux présidents des tribunaux de commerce et des tribunaux civils jugeant commercialement, afin de mieux assurer de la part des greffiers l'exécution de la loi du 23 juin 1857 et du décret du 26 juill. 1858, précités, en ce qui concerne le dépôt au greffe des marques de fabrique et de commerce et la tenue du répertoire sur lequel elles doivent être portées. — Nous avons donné, *loc. cit.*, le résumé de l'instruction et nous y renvoyons le lecteur.

MÉDECIN. — 1. Les chefs de parquet doivent, de concert avec les préfets, tenir la main à l'exacte observation de l'art. 24 de la loi du 19 vent. an XI qui impose aux docteurs en médecine et officiers de santé reçus suivant les formes établies par cette loi l'obligation de présenter, dans le délai de deux mois après la fixation de leur domicile, les diplômes qu'ils ont obtenus au greffe du tribunal de première instance et au bureau de la sous-préfecture de l'arrondissement dans lequel ils veulent s'établir : Circ. 2 mai 1861 (Rés. chr., p. 33).

2. Il a été jugé que le Gouvernement a toujours le droit de retirer l'autorisation qu'il a accordée à un médecin gradué dans une université étrangère d'exercer la médecine en France, ce droit, qui découle de l'art. 4 de la loi du 19 vent. an XI, n'ayant reçu aucune atteinte de l'art. 5 du décret du 22 août 1854 qui soumet les gradués des universités étrangères à l'obligation d'acquitter les frais d'inscription, d'examen, de certificat d'aptitude et de diplôme qu'auraient payés les nationaux ; et qu'en conséquence le médecin gradué dans une université étrangère à qui le Gouvernement a accordé l'autorisation dont il s'agit, ne peut, après le retrait de cette autorisation, continuer à exercer sa profession en France, sans se rendre coupable d'exercice illégal de la médecine : Angers, 23 nov. 1868 (J.M.p.12.69). — C'est là une question délicate en présence de l'art. 5 du décret du 22 août 1854 qui impose aux gradués des universités étrangères l'obligation d'acquitter intégralement les frais d'inscription, d'examen, de certificat d'aptitude et de diplôme qu'auraient payés les nationaux, s'ils veulent jouir du bénéfice de la décision qui déclarerait leurs grades *équivalents* aux grades français correspondants. Il semble en effet qu'après cette décision leurs droits soient égaux à ceux des gradués de l'université française. — Toutefois, si l'on recherche le but de ce décret, on doit reconnaître, avec l'arrêt ci-dessus, que le législateur, préoccupé uniquement d'augmenter les ressources des établissements d'enseignement supérieur, n'a point entendu modifier la législation antérieure.

3. En est-il ainsi même lorsque le médecin gradué dans une université étrangère est Français ? Ce point, sur lequel la Cour d'Angers ne s'est pas expliquée, nous paraît devoir être résolu négativement. L'art. 4 de la loi du 19 vent. an XI ne parle, il est vrai, que de l'autorisation accordée par le Gouvernement à un médecin ou chirurgien étranger et gradué dans les universités étrangères, d'exercer la médecine ou la chirurgie sur le territoire français. Mais suit-il de là que le Français qui s'est fait graduer comme médecin ou comme chirurgien en pays étranger, puisse de plein droit et sans avoir besoin de l'autorisation du Gouvernement, exercer sa profession en France ? La négative résulte de l'art. 1er de la loi du 19 ventôse, qui porte que *nul* ne peut embrasser la profession de médecin, de chirurgien ou d'officier de santé, *sans être examiné et reçu comme il est prescrit par cette loi*. Une semblable disposition ne permet pas de considérer les grades obtenus dans les universités étrangères comme équivalant de droit à ceux obtenus dans l'université de France. L'autorisation du Gouvernement peut seule consacrer cette égalité, aussi bien lorsque le gradué est Français que lorsqu'il est étranger ; et il va de soi que l'autorisation qu'il accorde à cet égard, le Gouvernement peut la retirer quand il le juge à propos.

4. Les médecins appelés à donner leur témoignage ou à procéder à une expertise devant la justice criminelle ne doivent pas être cités, mais invités sans frais par un simple *avertissement* du ministère public, au bas duquel ils sont taxés : Circ. 30 déc. 1812 (Gillet, n. 828).

5. Les préfets ont été invités par une circulaire du ministre de l'intérieur du 9 août 1861 (Rés. chr., p. 37) à surveiller sévèrement et à déférer au besoin à la justice les pratiques abusives par lesquelles des empiriques qui n'ont fait aucune étude spéciale de l'art de guérir les animaux, entravent le développement de la médecine vétérinaire.

— V. *Aliénés*, 3, 4 et 8; *Diffamation*, 12 ; *Expertise*, 1 et s., 8 ; *Frais*, 6 ; *Outrage*; *Recrutement militaire*, 8, 9; *Suppression d'enfant*; *Témoin*, 24.

MENDICITÉ. — 1. Le délit de mendicité habituelle peut être flagrant, et conséquemment être déféré sur-le-champ par le ministère public au tribunal correctionnel, en vertu de l'art. 1er de la loi du 20 mai 1863 : Rennes, 25 juin 1863 (J.M.p.6.245).

2. D'après un jugement du tribunal correctionnel de Saint-Claude du 3 août 1863 (J.M.p.6.169), ne peut être réputé en état de flagrant délit de mendicité, au point de vue de la loi du 20 mai 1863, l'individu qui n'a été arrêté que deux jours après le dernier

acte de mendicité constaté contre lui, alors même qu'il aurait été
poursuivi par la clameur publique. — Mais il a été jugé, d'autre
part, que la preuve du flagrant délit de mendicité résulte suffisamment de la dénonciation d'un acte de mendicité faite par un
témoin trois heures après l'accomplissement de cet acte : Caen,
14 avr. 1869 (J.M.p.13.151).

3. La constatation du flagrant délit de mendicité prévu et puni
par l'art. 274, C. pén., n'a pas besoin d'émaner d'un officier de
police judiciaire; aucune forme particulière n'est prescrite pour
cette constatation, qui peut être faite à l'aide de toutes preuves,
soit orales, soit écrites, conformément au droit commun : Limoges, 11 juill. 1861 (J.M.p.4.279); Caen, 14 avr. 1869 (*Id.*13.
151). — On ne peut, selon nous, contester l'exactitude de cette
doctrine. Bien que la mendicité ne soit punissable qu'autant que
celui à qui elle est imputée a été surpris en flagrant délit, et
qu'elle se distingue des autres infractions par ce caractère particulier, elle n'échappe point pour cela au droit commun en ce qui
concerne la preuve de son existence. Sa répression est sans doute
subordonnée à la condition du flagrant délit; mais la preuve de
ce flagrant délit n'est soumise, elle, à aucune condition spéciale;
et, dans le silence de la loi, le flagrant délit, qui est ici constitutif du délit même, doit pouvoir être établi par tous les moyens
ordinaires, c'est-à-dire par des témoignages oraux aussi bien
que par des procès-verbaux ou des rapports.

4. C'est bien à tort qu'on voudrait appliquer à ce cas les dispositions des art. 32, 41, 42 et 49, C. instr. crim., qui tracent les
règles à suivre par le ministère public et par ses auxiliaires, pour
la constatation des flagrants délits. Ces dispositions, qu'on le remarque bien, n'établissent pas un principe général, sous l'empire
duquel doivent venir se ranger toutes les hypothèses où il y a
flagrant délit; elles ont, au contraire, un caractère essentiellement exceptionnel. Édictées uniquement en vue du cas où le fait
est de nature à entraîner une peine afflictive ou infamante, c'est-
à-dire constitue un crime, elles investissent le ministère public et
ses auxiliaires de pouvoirs exorbitants dont elles ont dû préciser
avec soin les conditions. Mais lorsque le flagrant délit n'a point
cette gravité, lorsqu'il n'y a lieu de le poursuivre que comme
constitutif d'un délit correctionnel, sa constatation ne saurait
plus évidemment être régie que par le droit commun. Transporter
ici les règles spéciales des chapitres 4 et 5 du livre Ier du Code

d'instruction criminelle au lieu d'appliquer les principes généraux du chapitre 2 du livre IIe, ce serait bouleverser toute l'économie de la loi et méconnaître ouvertement son esprit. — Telle est, du reste, l'interprétation que la jurisprudence a consacrée et que les auteurs enseignent dans une hypothèse différente, il est vrai, de celle que nous examinons, mais où le flagrant délit devient aussi une condition de la culpabilité, celle d'une poursuite de complicité d'adultère (C. pén., 338). V. *Adultère*, n. 52. *Junge* Cass., 22 sept. 1837 (S.-V.38.1.331) et 27 avr. 1849 (Bull., n. 94); Paris, 13 mars 1826 (S.-V.8.2.208) et 8 juin 1837 (S.-V. 37.2.293); Orléans, 15 juill. 1837 (S.-V.37.2.374); Bourges, 27 août 1840 (Dalloz, *Répert.*, v° *Adult.*, n. 112); Poitiers, 24 mars 1842 (S.-V.42.2.341); Hélie et Chauveau, *Théor. Cod· pén.*, t. 4, p. 352 (4e édit.); Dalloz, *loc. cit.*, n. 110. — Et cette interprétation n'étant point ici fondée sur la nature particulière du délit d'adultère, mais uniquement sur le caractère restrictif des dispositions des art. 32, 41 et 49, C. instr. crim., l'identité de raison commande une solution conforme à l'égard du flagrant délit de mendicité.

5. Les juges correctionnels, en condamnant un individu pour avoir mendié dans un lieu où il existe un dépôt de mendicité, ne peuvent ordonner qu'à l'expiration de sa peine il sera conduit à ce dépôt; c'est là une mesure de police qui est exclusivement à la discrétion de l'autorité administrative : Paris, 7 déc. 1861 et 3 nov. 1866 (J.M.p.10.31); — Dalloz, *Répert.*, v^{is} *Vagabondage-Mendicité*, n. 111 et s.; Hélie et Chauveau, *Théor. Cod. pén.*, t. 3, n. 987.

6. La Cour suprême a jugé, en vertu du même principe, par arrêts des 1er juin et 21 sept. 1833 (S.-V.33.1.578; D.P.33.1.382), que les tribunaux ne peuvent ordonner qu'à l'expiration de sa peine l'individu condamné pour mendicité, au lieu d'être envoyé au dépôt, sera remis aux personnes qui le réclameraient. Il n'appartient pas plus aux juges d'affranchir le condamné de l'envoi au dépôt que de l'y soumettre : l'appréciation de l'opportunité de cette mesure est exclusivement du ressort de l'administration. — La Cour de cassation a pourtant, dans les deux arrêts susrappelés, déclaré légale la disposition par laquelle le tribunal correctionnel avait ordonné l'envoi du prévenu au dépôt de mendicité à l'expiration de sa peine; mais cette décision, qui est en contradiction flagrante avec le principe posé par la Cour de cassation elle-même, ne saurait être suivie.

MILITAIRE. — **1.** Les actes établis conformément aux dispositions de la loi du 16 fruct. an II, et notamment les procurations dressées suivant les art. 2 et 3 de cette loi, que produisent les militaires ou assimilés faisant partie de corps d'armée hors du territoire français, sont dispensés de la formalité d'un visa donné par agents diplomatiques. Les notaires ne sauraient donc les repousser comme irréguliers à défaut de ce visa : Circ. 26 juill. 1859 (Rés. chr., p. 10).

2. Une circulaire du ministre de la justice du 10 août 1858 (J.M.p.1.298), relative à la mise à exécution du Code de justice militaire, détermine la portée de diverses dispositions de ce Code susceptibles de donner lieu à des divergences d'interprétation. Son étendue ne nous permettant pas de l'analyser ici, nous devons nous borner à y renvoyer le lecteur.

3. Il a été très-bien jugé que le militaire en congé qui, étant seul et sans armes, résiste avec violence et voies de fait à un garde champêtre agissant comme agent de l'autorité publique pour l'exécution des lois, se rend coupable du délit de rébellion prévu par l'art. 225, C. just. milit., et est justiciable pour ce fait du conseil de guerre : Douai, 9 août 1858 (J.M.p.1.307). — En effet, l'art. 57 déclare justiciables du conseil de guerre, pour les crimes et délits prévus par le titre 2 du livre 4 de ce Code, les militaires de tout grade qui sont en congé; or, parmi les dispositions de ce titre 2 figure l'art. 225, qui punit de deux mois à six mois d'emprisonnement tout militaire coupable de rébellion sans armes envers la force armée et les agents de l'autorité. C'est donc au conseil de guerre qu'il appartient de connaître de la résistance opposée avec violence et voies de fait par un militaire sans armes envers un garde champêtre agissant pour l'exécution des lois, car une telle résistance a tous les caractères de la rébellion, telle que la définit l'art. 209, C. pén., auquel le Code de justice militaire n'a nullement entendu déroger sur ce point. Voy. le rapport de M. Langlais au Corps législatif sur le projet du Code de justice militaire, liv. 4, tit. 2, chap. 3, *in fine*, et le *Comment.* de M. Victor Foucher, p. 156 et suiv.

4. Quant au militaire en congé qui commet, en réunion d'individus non militaires, le délit de rébellion envers les agents de l'autorité, et qui, à raison d'un tel délit, doit être poursuivi devant le tribunal correctionnel, par application de l'art. 76, C. just. milit., d'autres arrêts ont décidé non moins exactement qu'il est passible, non des peines prononcées par l'art. 225 de ce Code, mais de celles de l'art. 211, C. pén. et peut, dès lors, être admis à jouir du bénéfice des circonstances atténuantes : Douai, 16 mars 1858, et Cass., 15 mai 1858 (J.M.p.1.144 et 305). On peut, il est vrai, élever contre cette décision les objections suivantes : Si, d'après les art. 57 et 76, C. just. milit., combinés, le militaire en congé poursuivi conjointement avec des individus non militaires, est justiciable des tribunaux ordinaires comme ses complices, ces tribunaux doivent néanmoins lui faire application des peines prononcées par le Code militaire (art. 196), à moins que le crime ou délit dont il s'est rendu coupable ne soit pas prévu par ce Code (art. 267). Or, le délit de rébellion est prévu par l'art. 225, C. just. milit. Peu importe que cet article s'occupe uniquement du délit de rébellion commis par un ou par plusieurs militaires, et ne dispose point en vue du cas où ce délit aurait été commis par un militaire de complicité avec des individus non militaires, du moment que l'art. 196 exige, d'une manière générale et sans distinction, que les peines prononcées par le Code militaire soient appliquées au militaire poursuivi conjointement avec des individus non militaires pour un fait réprimé par ce Code.

5. Mais on doit répondre, selon nous, que, si la disposition de l'art. 196, C. just. milit, doit être rigoureusement observée dans le plus grand nombre des cas, parce que le concours d'individus militaires à la perpétration du crime ou du délit imputé à un militaire ne modifie point le caractère de ce crime ou de ce délit, il en doit être autrement dans l'hypothèse où la gravité du fait s'accroît en raison du nombre des personnes qui y ont coopéré. Le fait prend alors un caractère différent, selon qu'il a été accompli par le militaire seul, ou que ce dernier a eu des individus non militaires pour complices ; et si le Code militaire ne le punit point dans cette dernière circonstance, l'application de l'art. 196 devient impossible, et il faut, au contraire, se conformer à l'art. 267, qui veut que les peines portées par les lois pénales ordinaires soient appliquées à tous les crimes et délits non prévus par le Code militaire. Or, la rébellion est, selon les circonstances, un crime ou un délit que le Code militaire, de même que le Code pénal, punit d'autant plus sévèrement qu'il a été commis par un plus grand nombre de personnes ; et comme l'art. 225, C. just. milit., la réprime exclusivement dans le cas où elle est le fait d'un ou de plusieurs militaires, on doit conclure, avec les arrêts mentionnés ci-dessus, que c'est des peines prononcées par l'art. 211, C. pén., qu'est passible le militaire qui s'est rendu coupable de rébellion en réunion d'individus non militaires.

6. Tout militaire ou assimilé·condamné à mort par un tribunal ordinaire doit être mis à la disposition de l'autorité militaire pour être exécuté militairement : Circ. min. guerre, 28 juill. 1857 ; Circ. min. just. 10 août 1858 (J.M.p.1.292).

7. Les militaires incorporés, en route, en congé ou en permission, condamnés à un emprisonnement même de la plus faible durée, doivent être également remis à l'autorité militaire pour subir leur peine dans les pénitenciers militaires : Instr. min. guerre, 2 août 1853 (Gillet, n. 3486) ; Circ. min. just. 10 août 1858, précitée. — On doit, du reste, au point de vue de l'exécution des peines, considérer comme incorporés les jeunes soldats qui ont reçu leur ordre de route, bien qu'ils ne soient encore justiciables des conseils de guerre que dans les cas déterminés par l'art. 58, C. just. milit : Sol. min. guerre mentionnée dans la circulaire ci-dessus du 10 août 1858.

8. Aucun militaire ayant servi sous les drapeaux ne doit, en cas de condamnation, être détenu dans une prison civile, à moins que cette condamnation ne soit afflictive et infamante, et n'ait entraîné la dégradation : Instr. min. guerre, 2 août 1853 et 25 juill. 1855 (Gillet, n. 3486 et 3597) ; Circ. min. just. 31 oct. 1853(*Id.*, n. 3486).

9. Quant aux jeunes soldats non encore incorporés, ils doivent, au contraire, subir dans les prisons civiles l'emprisonnement auquel ils viennent à être condamnés, sauf à être remis, à l'expiration de leur peine, à l'autorité militaire, qui déterminera leur destination : Instr. min. guerre 2 août 1853 et 25 juill. 1855, précitées ; Circ. min. just. 31 oct. 1853 et 10 août 1858, aussi précitées.

— V. *Commandants supérieurs de l'armée; Compétence criminelle*, 3, 28 et s., 177 ; *Envois non périodiques*, 2 ; *Exécution des jugements et arrêts*, 4 et s.; *Mariage*, 15; *Nationalité*, 2; *Recrutement militaire*; *Réhabilitation*, 8 ; *Récidive*, 1 et s. ; *Service militaire.*

MINES. — 1. Les contraventions aux lois et règlements sur les mines sont constatées comme les contraventions en matière de voirie et de police, et poursuivies de la même manière que les délits forestiers (L. 21 avr. 1810, art. 93 et 95).

2. Les procès-verbaux constatant ces contraventions doivent être adressés au parquet de première instance pour qu'il traduise les contrevenants devant le tribunal correctionnel (art. 95 précité). — Le ministère public ne doit pas négliger de former appel des jugements qui n'auraient pas fait une juste application des principes de la matière : Circ. 24 juill. 1834 (Gillet, n. 2438).

5. La Cour de Metz a jugé, par arrêt du 21 déc. 1859 (J.M.p. 5.102), que les contraventions en matière de mines se prescrivent par trois mois, à partir du jour où elles ont été constatées, lorsque les prévenus ont été désignés dans les procès-verbaux. Cette décision, conforme à la jurisprudence belge (V. Dalloz, *Rép.*, v° *Mines*, n° 444), nous semble parfaitement exacte.—La Cour de cassation a jugé cependant, par un arrêt du 15 fév. 1843, émané de la chambre des requêtes (S.-V.43.1.365), que les infractions à la loi du 21 avr. 1810, sur les mines, sont des *délits* et non des *contraventions*, bien que cette dernière qualification leur soit donnée dans les art. 93 et s. de ladite loi; et que, par suite, l'action civile dérivant d'une telle infraction est prescriptible par trois ans, et non par un an. La chambre des requêtes donne pour motifs de cette décision « que tout fait qui entraîne une amende de plus de 15 fr. est un délit; que les matières spéciales sont régies par la loi générale quand elles ne contiennent point de dispositions qui y dérogent; que la loi du 21 avr. 1810, sur les mines, en punissant d'une amende de 100 fr. au moins les infractions à ce qu'elle prescrit, a, dès lors, placé ces infractions dans la classe des délits ». Mais il est évident qu'une telle décision est inapplicable au cas où les infractions ont été constatées par des procès-verbaux, puisque, pour ce cas précisément, la législation forestière, à laquelle se réfère, par son art. 95, la loi de 1810, sur les mines, déroge au droit commun en prescrivant que les poursuites soient intentées au plus tard dans les trois mois ou dans les six mois à partir du jour où les infractions auront été constatées. La doctrine de la Cour de cassation ne peut donc s'appliquer qu'à l'hypothèse où il n'aurait pas été dressé de procès-verbaux, ou à celle de procès-verbaux dressés à une époque rapprochée des poursuites. Dans ces hypothèses, en effet, la jurisprudence décide que le délai de la prescription des infractions forestières est de trois ans ou d'une année, suivant que ces infractions sont punies d'une amende de simple police ou d'une amende correctionnelle (V. *Forêts*, 15), et il en doit être de même à l'égard des infractions en matière de mines.

4. D'après un arrêt de la Cour de cassation de Belgique du 18 nov. 1864 (J.M.p.8.29), dans les contestations relatives à l'exploitation des mines, l'audition du ministère public n'est exigée que lors de la discussion du rapport des experts, et il n'est pas nécessaire, notamment, que le ministère public donne ses conclusions sur la demande tendant à obtenir l'expertise ; c'est là encore une solution irréprochable, selon nous. L'opinion émise par Regnaud de Saint-Jean-d'Angely au Conseil d'Etat, dans la séance du 11 juill. 1809, et dont on se prévaut dans le système contraire, que le ministère public est *toujours* partie dans les contestations relatives aux exploitations de mines, ne saurait être admise comme l'expression fidèle de la pensée du législateur, car cette opinion, restée sans écho dans la discussion au cours de laquelle elle s'est produite, n'est pas moins opposée au texte qu'à l'esprit de l'art. 89 de la loi du 21 avril 1810.

5. Il semble évident que cet art. 89, en prescrivant que le magistrat du parquet *soit toujours entendu et donne ses conclusions sur le rapport des experts*, n'a pas voulu exiger, par la première partie de cette disposition, l'audition du ministère public dans toute contestation en matière de mines ou même simplement dans toute contestation pouvant s'élever au sujet de l'expertise en cette matière, et l'ordonner ensuite spécialement, par la seconde partie, dans les débats sur le rapport des experts, mais que les deux parties de la disposition se réfèrent exclusivement à l'appréciation de ce rapport. Entendues ainsi, elles présentent sans doute une inutile redondance ; mais ce léger vice de rédaction, dont on trouve plus d'un autre exemple dans nos lois, se conçoit mieux que la superfétation qu'impliquerait l'interprétation contraire, Comment comprendre en effet qu'immédiatement après avoir prescrit l'audition du ministère public d'une manière générale, le législateur eût songé à l'ordonner encore particulièrement pour l'une des phases de la procédure d'expertise ? Si, après s'être borné à renvoyer, pour les règles à suivre dans cette procédure, aux dispositions des art. 303 à 323, C. proc. civ., qui n'exigent nullement l'intervention du ministère public, l'art. 89 de la loi du 21 avril 1810 a soin d'ordonner l'audition de l'officier du parquet lors de l'examen du rapport des experts, c'est que cette partie des débats, à la différence de celles qui la précèdent, est de nature à révéler des faits pouvant intéresser l'ordre public, c'est-à-dire des contraventions aux lois et règlements sur les mines. MM. Delebecque, *Législ. des mines*, t. 2, n. 1263, et Dalloz, *Rép.*, v° *Mines*, n. 601, à l'attention desquels ce motif a échappé, critiquent donc à tort la disposition de l'art. 89, en prétendant que les contestations que fait naître l'exploitation des mines n'ont pas plus d'importance dans le cas où un point de fait a dû être con-

staté par un rapport d'experts que dans toutes les autres hypothèses, et que, dès lors, cette disposition aurait dû être générale.

6. Signalons, en terminant, un arrêt de la Cour de cassation
du 14 mai 1829 (S.-V.9.1.292), qui décide que la communication
au ministère public, nécessaire toutes les fois qu'il y a lieu de
statuer sur une expertise opérée au sujet d'une exploitation de
mines, n'est point exigée dans toute autre contestation à laquelle
une semblable exploitation peut donner lieu, et notamment au
cas de demande en dommages-intérêts formée par un particulier
contre un autre particulier pour dommages causés par une exploitation de mines, et que les parties entendent soumettre à des arbitres amiables compositeurs; que, conséquemment, le compromis
intervenu sur une difficulté de cette nature est valable (art. 1004,
C. proc. civ.).

MINEUR. — 1. On s'est demandé si un avocat admis au
stage, mais non inscrit au tableau de l'ordre, peut être désigné
par le ministère public pour concourir à l'avis qui, d'après
l'art. 467, C. civ., doit précéder la transaction que le tuteur veut
faire au nom du mineur, ou, en d'autres termes, si l'avocat stagiaire peut être rangé au nombre des *jurisconsultes* dont parle cet
article. Dans une dissertation insérée J.M.p.6.68, M. Dommanget
a soutenu la négative. « Le jurisconsulte, a-t-il dit, en s'appuyant
sur diverses autorités, est l'homme qui réunit à la science du
droit l'habitude de la méditation, l'âge et l'expérience, indispensables pour résoudre les difficultés que présente l'application des
lois et diriger les parties dans la conduite de leurs affaires. » C'est
là, suivant lui, le sens que l'art. 467, qui s'est proposé de donner
des garanties de sagesse aux transactions concernant les intérêts
des mineurs, a nécessairement attaché à la qualification de jurisconsulte. Or, cette qualification, ainsi entendue, ne saurait con-
venir à l'avocat stagiaire. Il est bon d'ailleurs de rapprocher de
l'art. 467, C. civ., l'art. 495, C. proc., qui veut que la requête
civile soit accompagnée d'une consultation de *trois avocats
exerçant depuis dix ans* au moins près un des tribunaux du ressort
de la Cour d'appel dans lequel le jugement a été rendu. Si cette
dernière disposition n'est pas nécessairement applicable au cas
prévu par l'art. 467, C. civ., elle doit être du moins un guide à
suivre par raison d'analogie. Conf., Demolombe, *Minorité*, t. 1,
n. 744.

2. M. Dommanget ajoute que si, en l'absence d'un texte plus

explicite, le choix d'un avocat stagiaire que ferait le ministère
public n'était pas une cause de nullité absolue, il constituerait du
moins une irrégularité capable d'empêcher ou de suspendre, dans
certains cas, l'homologation du tribunal.

3. Répondant ensuite à l'objection tirée de l'impossibilité où
serait le ministère public, dans quelques tribunaux, de trouver
trois avocats inscrits au tableau de l'ordre, M. Dommanget émet
l'avis que, sans recourir à l'expédient proposé par M. Demolombe et consistant à désigner des juristes non pourvus de
grade, il serait très-légal de choisir les jurisconsultes parmi les
avocats exerçant près la Cour d'appel. Il y a, à ses yeux, deux
raisons pour qu'on soit autorisé à procéder de cette manière : la
première est que l'art. 467, C. civ., n'oblige pas le ministère
public à désigner trois jurisconsultes pris dans le barreau même
du tribunal qui est saisi de la demande en homologation; la seconde est que l'art. 495, C. proc., auquel il est permis de recourir
pour y puiser une incontestable analogie, ouvre une latitude dont
le magistrat du parquet peut user toutes les fois que les circonstances l'y portent.

4. D'après une circulaire du ministre de la justice du 6 avr.
1842 (Gillet, n. 2779), relative à l'application de l'art. 66, C. pén.,
qui prescrit que le prévenu de moins de seize ans, acquitté comme
ayant agi sans discernement, soit, suivant les circonstances, remis
à ses parents ou conduit dans une maison de correction pour y
être élevé et détenu pendant tel nombre d'années que le jugement
déterminera, et sans pouvoir toutefois excéder l'époque où il aura
accompli sa vingtième année, on ne doit recourir à la seconde de
ces mesures que quand il y a lieu de penser que l'enfant trouvera
dans la maison de correction des soins et des enseignements que
ne lui offrirait pas la maison paternelle. Le seul moyen d'éclairer
les tribunaux à cet égard, c'est de faire procéder, dans toutes les
affaires, à une information préalable, et de ne pas employer la
voie de la citation directe. Il convient même de recueillir extrajudiciairement tous les renseignements qui peuvent éclairer sur
les habitudes de l'enfant et sur celles de sa famille; ces renseignements doivent être consignés dans une notice qui restera
annexée à la procédure (le modèle en est joint à la circulaire). Il
faut de plus se procurer, avant le jugement, l'acte de naissance
de l'enfant poursuivi, et, dans les rares circonstances où cette
production est impossible, y suppléer par tous les moyens propres à constater l'âge du prévenu.

5. La même circulaire ajoute que les tribunaux, au lieu de fixer la détention jusqu'à un certain âge, doivent déterminer le nombre d'années qu'elle durera, en évitant avec soin de dépasser l'époque présumée où les enfants auront atteint leur vingtième année, ce dernier mode étant plus conforme au texte de l'art. 66 et présentant l'avantage de faire connaître d'une manière précise l'époque de la libération.

6. Une détention de trop courte durée, porte une autre circulaire en date du 22 nov. 1847 (Gillet, n. 3079), va contre le but du législateur. Pour que la détention soit avantageuse, il faut que sa durée soit graduée, non d'après le plus ou le moins de gravité des faits reprochés aux jeunes prévenus, mais d'après le temps nécessaire à leur éducation. En général, il conviendrait de fixer à vingt ans l'âge où les jeunes détenus seraient rendus à la liberté, sauf à user de la faculté de les mettre en apprentissage au dehors ou de les remettre provisoirement à leurs parents. V. *Emprisonnement*, n. 26 et s.

7. Une troisième circulaire, du 26 mai 1855 (Gillet, n. 3583), a invité les parquets à ne diriger que dans des circonstances graves des poursuites contre des enfants âgés de moins de seize ans contre lesquels la question de discernement ne leur paraîtrait pas devoir être résolue affirmativement, et surtout à s'abstenir à l'égard des enfants qui ne sont pas encore arrivés à l'âge de sept à huit ans et auxquels, sauf des cas absolument exceptionnels, la responsabilité légale de leurs actes ne peut être imputée.

8. La disposition de l'art. 3 de la loi du 5 août 1850, portant que les jeunes détenus acquittés en vertu de l'art. 66, C. pén., comme ayant agi sans discernement, mais non remis à leurs parents, doivent être conduits dans une colonie pénitentiaire, est une disposition purement administrative, qui n'a point eu pour effet de modifier le principe de répression édicté par l'art 66, C. pén., précité. — En conséquence, il n'appartient pas aux juges correctionnels qui acquittent un mineur de seize ans comme ayant agi sans dicernement, d'ordonner qu'il soit conduit, non dans une maison de correction, mais dans une colonie pénitentiaire : à l'administration seule appartient l'application de la disposition susénoncée de la loi de 1850 : Paris, 26 janv. 1865 (J.M.p.8. 32).

9. L'art. 66, C. pén., susénoncé, d'après lequel l'inculpé âgé de moins de zeize ans doit être acquitté et, suivant les circonstances, remis à ses parents ou conduit dans une maison de correction pour y être détenu pendant un temps ne pouvant excéder l'époque où il aura accompli sa vingtième année, est-il applicable en matière de contravention de police ? La négative a été défendue par M. Berriat-Saint-Prix dans un article inséré J.M.p.5.104. — Mais nous avons (*Id.* 5.81 et 106) embrassé l'opinion contraire par des raisons dont voici la substance : — A ne consulter que les termes de l'art. 66, les contraventions de simple police ne paraissent pas entrer dans ses prévisions. Et l'on pourrait même dire, en se plaçant à ce point de vue, qu'il n'est pas non plus applicable aux délits, car non-seulement il suppose un inculpé préventivement détenu, mais il emploie le mot *accusé* destiné à désigner l'individu auquel on impute un crime. Cependant une pratique constante, d'accord avec la jurisprudence de la Cour de cassation, avec la doctrine des auteurs et avec les instructions de la chancellerie, fait bénéficier de la disposition de l'art. 66 le mineur de seize ans prévenu d'un délit. V. Cass., 8 oct. 1813 (S.-V.4.1.445) et 17 avr. 1824 (S.-V.7.1.438) ; — Merlin, *Rép.*, v⁰ *Excuse*, n. 4 ; Bourguignon, *Jurisp. des Cod. crim.*, t.1, p. 78 ; Carnot, *Comment. Cod. pén.*, sur l'art. 66 n. 33 ; Le Sellyer, *Dr. crim.*, t. 1, n. 107 ; Rauter, *Id.*, n. 82 ; Dalloz, *Rép.*, v⁰ *Peine*, n. 426 et 442 ; Massabiau, *Man. du Min. publ.*, t. 2, n. 1233 ; Circul. min. just. 6 avr. 1842 (Gillet, n. 2779). N'est-il pas raisonnable, en effet, de considérer la règle posée par cet article comme un principe général puisé, selon l'expression de MM. Hélie et Chauveau, *Théor. Cod. pén.*, t. 1, n. 241, dans les lois de la nature humaine et prenant son origine dans un fait commun à toutes les actions de l'homme, son ignorance présumée de la criminalité de ses actes jusqu'à l'âge de seize ans accomplis ? C'est cette considération qui a déterminé également la jurisprudence et les auteurs à regarder l'art. 66 comme applicable aux contraventions de simple police. V. Cass., 28 janv. 1837 (S.-V.38.1.906) ; 10 juin 1842 (S.-V.42.1.832) ; 7 mars 1845 (D.P.45.4.289) ; 24 mai et 12 juin 1855 (S.-V.55.1.619, ainsi que Hélie et Chauveau, Massabiau, *ut suprà* ; Devilleneuve, note sur l'arrêt du 10 juin 1842 ; Trébutien, *Cours élém. de dr. crim.*, t. 1 ; p. 112, Bertauld, *Cours de Code pén.*, p. 348. — *Contrà*, Carnot, *loc. cit.*, n. 8 ; Le Sellyer, n. 108.

10. On objecte contre cette doctrine que la détention qu'autorise l'art. 66, C. pén., et qui prive l'enfant de sa liberté pendant plusieurs années, est une mesure exorbitante pour un tribunal de simple police. Mais il ne faut pas se méprendre sur le caractère de cette détention. Que s'est proposé le législateur ? L'exposé des motifs l'indique en ces termes : « Si la décision est négative, l'accusé doit nécessairement être acquitté...; mais les juges ne pourront pas le faire rentrer dans la société, sans pourvoir à ce que quelqu'un ait les regards fixés sur sa conduite : ils auront l'option de le rendre à ses parents, s'ils ont en eux assez de confiance, ou de le tenir renfermé durant un espace de temps qu'ils détermineront. Cette détention ne sera point une peine, mais un moyen de suppléer à la correction domestique, lorsque les circonstances ne permettront pas de le confier à la famille. » Ainsi, le rôle que remplit ici le juge est celui de père de famille; la mesure qu'il prescrit est toute de protection pour l'enfant. Comment, à ce titre, le tribunal de simple police ne présenterait-il pas de suffisantes garanties? On a de la peine à admettre qu'il puisse priver l'enfant de sa liberté *pendant plusieurs années*. Mais il faut bien remarquer que la détention peut être prononcée contre celui-ci pour moins d'une année. (*Sic*, Cass., 8 fév. 1833 S.-V. 33.1.368; — Carnot, *loc. cit.*, n. 5; Hélie et Chauveau, n. 239; Dalloz, n. 440; Trébutien, *loc. cit.*, p. 113; Bertauld, *loc. cit.*, p. 346. — *Contrà*, Cass., 10 oct. 1811; — Legraverend, *Législ. crim.*, t. 2, p. 262), et que le plus souvent le peu d'importance de l'infraction déterminera certainement le juge de police à rester en deçà plutôt qu'à aller au delà de cette limite.

11. L'art. 66, dit-on encore, s'adresse à de jeunes *malfaiteurs*. Nous le reconnaissons volontiers; mais les auteurs de crimes ou de délits sont-ils seuls des malfaiteurs? Les contraventions sont-elles toujours exclusives d'une intention coupable? Celles que commettent des mineurs de 16 ans n'ont-elles jamais que le caractère de simples espiègleries? La réponse négative nous semble se trouver dans plusieurs dispositions du Code pénal, et notamment dans les §§ 8 et 15 de l'art. 475, et dans les §§ 1 et 9 de l'art. 479. Jet *volontaire* d'un corps dur ou d'immondices sur quelqu'un; *maraudage* ou *vol* de récoltes non détachées du sol; dommage causé *volontairement* aux propriétés mobilières d'autrui; enlèvement ou lacération opérés *méchamment* des affiches apposées par ordre de l'administration : ne sont-ce pas là des méfaits, de véritables délits moraux, que la loi a fait descendre dans la classe des contraventions, parce qu'ils ne lui ont pas paru assez graves pour être punis correctionnellement? Eh bien! y a-t-il quelque chose d'exorbitant à envoyer dans une maison de correction le mineur de 16 ans acquitté, pour défaut de discernement.

de la poursuite dirigée contre lui à raison d'infractions de cette nature ? M. Berriat-Saint-Prix remarque avec raison que les jeunes prévenus, même acquittés comme ayant agi sans discernement, ont presque toujours eu, dans la réalité, conscience de leurs actes. Il faut évidemment appliquer cette observation aux contraventions aussi bien qu'aux délits ; d'où l'on semble autorisé à conclure que le jeune contrevenant, dans les hypothèses indiquées plus haut, comme dans toutes celles où la contravention implique la volonté de nuire à autrui, peut être considéré comme ayant de ces instincts mauvais ou de ces penchants fâcheux que l'envoi dans une maison de correction a précisément pour but de combattre.

12. Mais l'enfant sera conduit dans une maison *centrale*, dans une maison *de force*, où il doit être détenu et élevé fort longtemps s'il ne s'amende pas... — La nature de l'établissement dans lequel l'enfant est placé paraît assez indifférente ; ce qu'il importe surtout d'examiner, c'est le régime auquel il doit être soumis. Or, ce régime n'a rien de bien effrayant, comme nous l'avons montré déjà, et il suffit, pour s'en convaincre de plus en plus, de consulter la loi et les instructions ministérielles qui le déterminent. V. Circ. min. just. 6 avr. 1842 (Gillet, n. 2779) ; L. 5 août 1850, art. 9. — Quant à la durée de la détention, non-seulement elle peut être de moins d'une année, ainsi que nous l'avons rappelé plus haut, mais on sait qu'elle peut être abrégée encore par l'administration, si la conduite de l'enfant est satisfaisante. V. *Emprisonnement*, n. 28 et 29.

13. Opposera-t-on maintenant que si quelques contraventions peuvent impliquer chez leurs auteurs une certaine perversité, la plupart sont exclusives de toute intention mauvaise, et que pour celles-ci la détention du mineur de seize ans, par voie de correction, serait inexplicable ? Cette objection aurait la plus grande force si l'envoi dans une maison de correction était obligatoire pour le juge ; mais la loi donne au juge l'option entre la remise de l'enfant à ses parents et l'envoi de cet enfant dans une maison de correction ; et comment supposer qu'il donne la préférence à cette dernière mesure lorsque l'enfant n'aura commis que l'une de ces contraventions qui existent par la seule matérialité du fait et indépendamment de toute volonté coupable ? — Enfin, et pour répondre à un dernier argument, l'état de liberté est la règle en matière de police, cela est vrai ; mais pourquoi cet état de liberté, qui pourrait faire place à l'emprisonnement si l'enfant était condamné comme ayant agi avec discernement, ne pourrait-il pas, dans le cas de l'art. 66, C. pén., céder à une détention d'un caractère moins rigoureux ?

— V. *Aliénés*, 8; *Casiers judiciaires*, 15, 16, 54 *bis*; *Chasse*, 105; *Emprisonnement*, 26 et s.; *Excitation des mineurs à la débauche*; *Mariage*, 2; *Office*, 6; *Peine*, 6, 7, 10 et 11; *Prescript. crim.*, 10 et s.; *Puissance paternelle*; *Substitution*, 1 et 2; *Succession*, 2, 4; *Tutelle*, 2, 3.

MINISTÈRE PUBLIC.

SOMMAIRE ALPHABÉTIQUE.

1. L'organisation et les attributions générales du ministère public sont déterminées par les art. 22 et s., 271 et s., C. instr.

crim., 79 et s. du décret du 30 mars 1808, 45 et s. de la loi du 20 avril 1810, 42 et s. du décret du 6 juillet de la même année, 16 et s. du décret du 18 août suivant. Il serait oiseux d'en rappeler toutes les règles ; nous ne parlerons que de celles dont l'application présente quelque difficulté, ou a du moins une portée pratique toute particulière.

§ 1er. — *Indépendance du ministère public.*

2. C'est un des principes les plus importants de notre organisation judiciaire, que le ministère public est entièrement indépendant des tribunaux auxquels il est attaché. Ce principe, inauguré par l'ancienne jurisprudence, puis recueilli par les diverses lois sur l'organisation judiciaire qui se sont succédé à partir de la révolution de 1789, a reçu la consécration la plus formelle dans les art. 60 et 61 de la loi du 21 avril 1810. Le premier de ces articles attribue au procureur général et au ministre de la justice seuls le droit de rappeler à leurs devoirs les officiers du ministère public dont la conduite est répréhensible; et le second, en chargeant, d'une part, les Cours d'appel ou d'assises d'instruire le ministre de la justice toutes les fois que les officiers du ministère public remplissant leurs fonctions près de ces Cours s'écartent du devoir de leur état et en compromettent l'honneur, la délicatesse et la dignité, et, d'autre part, les tribunaux de première instance, d'informer le premier président et le procureur général des reproches qu'ils se croient en droit de faire aux officiers du ministère public soit près ces tribunaux, soit près les tribunaux de police, place les fonctions de ces officiers dans une sphère inaccessible à l'action directe des juges près desquels ils les exercent.

3. La première conséquence à tirer du principe de l'indépendance du ministère public vis-à-vis des tribunaux, c'est que ceux-ci ne peuvent censurer dans leurs décisions les actes des membres des parquets. Si graves que puissent être les écarts de ces magistrats, les tribunaux près desquels ils siègent n'ont d'autre droit que de provoquer, par une dénonciation confidentielle, l'exercice du pouvoir disciplinaire dont sont seuls investis le procureur général et le ministre de la justice. La jurisprudence et la doctrine sont parfaitement d'accord à cet égard. V. notamment Cass., 6 oct. 1791 (D.p.3.1.2) et 23 fév. 1792 (Dalloz, *Répert.*, v° *Discipline*, n. 213); 7 août 1818, 8 mars 1821, 24 sept. 1824, 8 déc. 1826 (S.-V. chr.); 20 oct. 1835 (S.-V.36.1.156); 31 janv. 1839

(D.p.39.1.211); 1er juin 1839 (S.-V.39.1.637); 20 avril 1841 (Dalloz, *Rép.*, v° *Ministère public*, n, 55); 24 juin 1842 (D.p.42.1.319); 30 déc. 1842 (D.p.43.1.279); 20 avr. 1844 (D.p.44.4.87); 14 févr. 1845 (D.p.45.4.349); 27 mars 1845 (D.p.46.4.427); 13 nov. 1847 (D.p.47.4.310); 17 déc. 1847 (S.-V.48.1.167); 12 fév. 1848 (S.-V. 48.1.240); 15 déc. 1858 (J.M.p.2.7); 4 oct. 1860 (*Id.*4.93); Douai, 19 janv. 1858 (*Id.*1.78);—Dalloz, *Rép.*, v^is *Discipline*, n. 208 et s., *Ministère public*, n. 54 et suiv., et *Instruction criminelle*, n. 120 et s.; F. Hélie, *Instr. crim.*, t. 2, n. 570.

4. Et il a été jugé spécialement qu'il y a excès de pouvoir, soit dans la délibération par laquelle un tribunal civil déclare qu'il regrette que le chef du parquet ait refusé de donner des explications sur le sens et la portée des observations par lui faites, dans le compte de la justice civile, sur les travaux de la compagnie, et qu'il se sent blessé de son silence et de ses observations : Cass., 15 déc. 1858, ci-dessus.

5. ..... Soit dans la délibération par laquelle un tribunal de commerce déclare faire une très-respectueuse protestation contre les énonciations erronées de la mercuriale prononcée par le procureur général, à laquelle il reproche d'être tombée dans une erreur déplorable : Cass., 4 oct. 1860, précité.

6. De même, il n'appartient pas aux tribunaux correctionnels de frapper de blâme, dans un jugement, les interpellations adressées par le ministère public à un prévenu, en énonçant qu'elles sont non motivées, excessives et dangereuses : Douai, 19 janv. 1858, aussi précité.

7. Mais décidé, d'autre part, qu'une délibération par laquelle une Cour d'appel, sans apprécier des actes du procureur général à elle déférés par son premier président, se borne à s'approprier, en en ordonnant la transcription sur ses registres, l'exposé fait devant elle par celui-ci et où se trouvent quelques expressions un peu vives, ne peut être considérée comme renfermant une censure de la conduite du ministère public, et annulée à ce titre pour excès de pouvoir : Cass., 12 juill. 1861 (J.M.p.4.213).

8. Une seconde conséquence du principe de l'indépendance du ministère public vis-à-vis des tribunaux, c'est que les juges n'ont plus, comme autrefois, le droit d'adresser des injonctions aux magistrats du parquet. V. à cet égard F. Hélie, t. 2, n. 570, et Dalloz, v^is *Compét. administr.*, n. 77 et s., *Compét. crim.*, n. 280 et s., *Discipline*, n. 37, *Instr. crim.*, n. 120, et *Ministère public.*

n. 57 et 58, ainsi que les arrêts mentionnés par ces derniers auteurs.

9. Et, par exemple, il a été jugé que le tribunal civil qui, sur la demande d'un particulier en rectification des registres de l'état civil, ordonne au demandeur de faire preuve de la possession d'état par lui alléguée à l'appui de sa réclamation, ne peut enjoindre au ministère public d'assister à l'enquête ; ... alors surtout que le ministère public ne figure au débat que comme partie jointe : Bruxelles, 28 oct. 1861 (J.M.p.5.8) ;

10. ..... Qu'il y a excès de pouvoir et violation des règles de la part du juge de police qui prescrit d'office au ministère public de citer devant lui comme prévenu un tiers appelé seulement comme civilement responsable : Cass., 14 déc. 1867 (J.M.p.11. 141).

11. Ce n'est pas seulement vis-à-vis de l'autorité judiciaire, mais aussi vis-à-vis de l'autorité administrative que le ministère public jouit d'une complète indépendance dans l'exercice de ses fonctions. Il ne saurait donc appartenir aux préfets de prescrire au ministère public d'exercer des actes quelconques de poursuite : Circ. 13 mars 1821 (Gillet, n. 1445). — V. également *infrà*, n. 23.

12. Sur le principe de l'indépendance du ministère public et sur ses applications, V. encore quelques pages intéressantes de M. Wateau, J.M.p.4.291. — V. aussi *infrà*, n. 51.

§ 2. — *Indivisibilité du ministère public.*

13. Il est constant que le ministère public est un et indivisible. De là il résulte que le siége du ministère public, dans une affaire civile, même communicable, qui a occupé plusieurs audiences, peut être tenu par deux magistrats différents. Ainsi, il ne résulte aucune nullité de ce que les conclusions du ministère public ont été données à une première audience par un conseiller remplaçant le procureur général, tandis que le parquet a été tenu par ce dernier magistrat à l'audience ultérieure où l'arrêt a été prononcé : Cass., 18 avr. 1836 (S.-V.36.1.477); 20 avr. 1842 (S.-V.42.1.188); 25 nov. 1861 (J.M.p.5.42); — Dalloz, *Répert.*, v° *Ministère public*, n. 48.

14. En matière criminelle, la jurisprudence, on le sait, est bien établie dans le même sens. V. les nombreuses décisions citées par Dalloz, *loc cit.*, n. 49. *Junge* conf., F. Hélie, t. 2, n. 583 et 584 ; Ortolan et Ledeau, *Minist. publ.*, t. 1, p. 25; Trébutien, *Cours de*

dr. crim., t. 2, p. 10; Massabiau, *Man. du min. publ.*, t. 1, n. 3.
— V. aussi *infrà*, n. 34.

15. Suivant un arrêt de la Cour de Metz du 19 nov. 1861 (J.M.p.
4.300), il n'est pas permis aux juges correctionnels de désigner
dans leur décision celui des membres du ministère public qui a
mis en mouvement l'action publique dont ils sont saisis. — Ainsi,
un tribunal correctionnel ne peut énoncer, dans les motifs d'un jugement de condamnation rendu par lui, *qu'il a été donné suite à
l'affaire par ordre du procureur général.* Cette décision, fondée
tout à la fois sur les convenances et les habitudes judiciaires et
sur le principe de l'indivisibilité du ministère public, nous paraît
irréprochable.

§ 3. — *Rapports du procureur général avec les autres officiers
du ministère public.*

16. Aux termes de l'art. 42 du décret du 6 juill. 1810, toutes
les fonctions du ministère public sont spécialement et personnellement confiées aux procureurs généraux; les avocats généraux
et les substituts ne participent à l'exercice de ces fonctions que
sous la direction des procureurs généraux

17. D'après les art. 48 et 49 du même décret, lorsque le procureur général et un avocat général ne sont pas d'accord sur les
conclusions que ce dernier se propose de donner, l'affaire doit
être rapportée par l'avocat général à l'assemblée générale du parquet, et les conclusions doivent être prises à l'audience conformément à ce qui aura été arrêté à la majorité des voix. En cas
de partage, l'avis du procureur général prévaut. Le procureur
général peut aussi, lorsque son avis n'a pas prévalu dans l'assemblée du parquet, porter lui-même la parole à l'audience et conclure d'après son opinion personnelle.

18. La Cour de cassation a jugé à bon droit, par un arrêt du
28 janv. 1864 (J.M.p.7.197), que l'inobservation de ces dispositions ne peut créer un motif de nullité en faveur du prévenu, attendu que ce n'est là qu'un point de discipline intérieure.

19. En cas d'absence du procureur général, la direction du
parquet doit être confiée, autant que possible, au premier avocat
général, et pendant les vacances, le parquet doit être composé du
premier ou du second avocat général et d'un nombre de substituts suffisant pour qu'aucune partie du service ne soit en souf-
france : Circ. 8 août 1829 (Gillet, n. 2161).

20. Lorsque les chefs des parquets de première instance éprouvent des difficultés dans l'exercice de leurs fonctions, ils doivent les soumettre au procureur général, sauf à ce magistrat à en référer, s'il est nécessaire, au garde des sceaux : Décis. 6 fév. et 10 oct. 1827 (Gillet, n. 1983 et 2033).

21. Quoiqu'ils soient officiers de police judiciaire, les magistrats des parquets de première instance ne sont tenus d'en remplir personnellement les fonctions que dans les cas des art. 32 et 46, C. instr. crim. En principe, ils n'agissent que par voie de réquisition et de surveillance envers les autres officiers de police judiciaire, qui sont plus spécialement chargés de constater les crimes et délits et d'en recueillir les preuves : Circ. 13 mars 1821 (Gillet, n. 1445).

22. Quand les chefs des parquets de première instance sont dans l'intention de donner des instructions aux officiers de police judiciaire sur quelque partie de l'administration de la justice, et surtout de les faire imprimer, ils doivent préalablement les communiquer au procureur général et demander son approbation : Décis. min. just. 7 août 1819 (Gillet, n. 1318).

23. Pour tout ce qui concerne l'exercice des fonctions du ministère public près le tribunal de simple police, les maires sont placés sous la direction exclusive du procureur général près la Cour d'appel du ressort, et nullement sous l'autorité du préfet. Il n'appartient donc pas au préfet d'inviter un maire à se pourvoir en cassation contre un jugement du tribunal de police rendu, en matière de voirie, sur l'action publique exercée par ce maire, et de faire procéder, sur le refus de ce dernier, à la déclaration du pourvoi par l'agent voyer cantonal : Cass., 8 janv. 1859 (J.M. p.2.208). Cette solution est conforme à l'opinion de tous les auteurs. V. notamment Mangin, *Act. publ.*, t. 1, n. 102 ; Massabiau, t. 2, n. 1969 ; Morin, *Répert.*, vº *Ministère public*, n. 16 ; Berriat-Saint-Prix, *Proc. des trib. crim.*, t. 1, n. 27 ; F. Hélie, t. 1, n. 500 et s., et n. 588.

24. Mais il y a controverse sur le point de savoir si les maires doivent être considérés comme des substituts du procureur général près la Cour d'appel du ressort. MM. Mangin et Morin, *loc. cit.*, enseignent l'affirmative, en se fondant sur ce que le procureur général a la plénitude de l'action publique même en matière de simple police. Mais M. F. Hélie, n. 501, adopte le sentiment contraire, qu'il justifie par cette double raison, que la loi est muette sur les rapports des maires avec les procureurs généraux, et qu'aux termes de l'art. 144, C. instr. crim., le procureur géné-

ral ne peut exercer l'action publique en matière de police. Cet
auteur conclut judicieusement de là que le procureur général n'a
sur les maires, quant à l'exercice des fonctions du ministère public, de même que le chef du parquet de première instance, qu'un
droit de surveillance et de contrôle.

§ 4. — *Remplacement des officiers du ministère public empêchés.*

25. Dans les causes civiles, les magistrats du ministère public
près les Cours d'appel peuvent, en cas d'empêchement, être remplacés par un conseiller : l'art. 84, C. proc., d'après lequel les
magistrats du parquet de première instance absents ou empêchés
sont remplacés par l'un des juges ou suppléants, doit être étendu
à la procédure d'appel : Cass., 30 déc. 1850 (S.-V.51.1.29) et
25 nov. 1861 (J.M.p.5.42). — Dans l'espèce de cette dernière décision, le demandeur en cassation soutenait que l'arrêt par lui
attaqué était nul, en ce que le conseiller qui avait remplacé le
procureur général avait été attaché d'une manière permanente au
parquet de ce dernier magistrat par une délégation de la Cour.
Il y aurait eu là une double irrégularité. D'une part, en effet,
nulle loi n'autorise l'adjonction d'un conseiller au parquet du
procureur général pour un service permanent. Les conseillers
auditeurs seuls, dans les Cours des colonies où il en existe, peuvent être appelés à un tel service, et il ne paraît pas que, dans
l'espèce, le magistrat qui avait remplacé le procureur général
près la Cour d'appel de Pondichéry, fût un conseiller auditeur.
D'autre part, et dans l'hypothèse où cette délégation aurait été ici
permise, elle ne pouvait émaner de la Cour, mais du procureur
général seul. Les raisons de le décider ainsi se trouvent exprimées avec une grande force dans un arrêt de la Cour de cassation du 31 juill. 1837 (S.-V.37.1.727), qui a jugé, dans le
même sens, que lorsque les besoins du service exigent l'appel d'un
juge suppléant aux fonctions du ministère public (appel autorisé
par l'art. 3 de la loi du 10 déc. 1830), c'est au chef du parquet,
et non au tribunal, qu'il appartient de faire cette désignation.

26. Les membres du parquet sont-ils, en cas d'empêchement
ou d'absence, valablement remplacés à l'audience par un avocat, ou bien ne peuvent-ils l'être que par un juge ou un juge suppléant désigné par le tribunal? Dans l'état actuel de la législation, la première interprétation est la seule admissible. Des
dispositions des art. 12 et 26 de la loi du 27 vent. an VIII, reproduites par l'art. 84, C. proc., et de celles des art. 20, 21 et 23 du

décret du 18 août 1810, sur l'organisation des tribunaux, aux
termes desquelles les membres du parquet sont, en cas d'absence ou d'empêchement, remplacés par l'un des juges ou suppléants, on avait pu conclure, avec une certaine apparence de
raison, que les avocats ni les avoués n'étant désignés à cet effet
par le législateur, ne pouvaient suppléer les officiers du ministère
public. V. Nîmes, 24 prair. an XIII (S.-V.2.2.63); Metz, 10 avr.
1811 (S.-V.3.2.472); Toulouse, 9 janv. 1816 (S.-V.5.2.89); Aix,
16 nov. 1824 (S.-V.7.2.443); — Demiau-Crouzilhac, *Instit. sur
la proc.*, p. 82. Toutefois, d'autres autorités s'étaient prononcées
en sens contraire, sur le motif notamment que les avocats ou
avoués pouvant être appelés pour remplacer les juges, pouvaient
l'être, à plus forte raison, pour remplacer le ministère public, et
que, d'ailleurs, c'était là un usage commandé par la nécessité de ne
pas laisser entraver le cours de la justice. V. trib. de Toulouse,
6 fruct. an XI (S.-V.1.2.158); Paris, 4 août 1807 (S.-V.2.2.285);
—Commaille, t. 1, p. 153. Mais toute espèce de doute a dû disparaître depuis le décret du 14 déc. 1810, sur la profession
d'avocat, dont l'art. 35, confirmant en ce point le décret du
22 vent. an XII, sur les écoles de droit (art. 30), dispose que « les
avocats seront appelés, dans les cas déterminés par la loi, à suppléer les juges *et les officiers du ministère public*, et ne pourront s'y
refuser sans motif d'excuse ou d'empêchement ».

27. Il est vrai que le décret du 14 déc. 1810 a été abrogé par
l'ordonnance du 20 nov. 1822 (art. 45); mais plusieurs auteurs
enseignent, en se fondant sur les termes mêmes de l'art. 45 de
cette ordonnance, que l'abrogation qu'il prononce ne s'applique
pas aux dispositions du décret de 1810 relatives aux droits et
obligations des avocats (V. Daviel, *Observat. sur l'ordonn. de
1822*; Isambert, *Id.;* Bioche, *Dict. de proc.*, v° *Avocat*, n. 92).
Et en admettant même, avec Carré, *Lois de l'organis.*, art. 222, et
Dalloz, *Répert.*, v° *Avocat*, n. 66, que l'ordonnance de 1822 n'ait
laissé subsister, relativement aux droits et devoirs des avocats,
que les usages qui existaient au moment où l'ordre fut supprimé,
la solution n'en serait point changée, car il était autrefois de
règle constante que les avocats avaient le droit de remplacer les
gens du roi (V. Jousse, *Inst. civ.*, t. 2, p. 472; Nouveau Denizart,
v° *Avocat*, art. 6; Carré, *loc. cit.*, n. 185, qui invoque à cet égard
le témoignage de Darreau). Aussi la jurisprudence et la doctrine
s'accordent-elles aujourd'hui à reconnaître que les membres du
parquet sont, en cas d'absence ou d'empêchement, valablement

remplacés par un avocat. *Sic*, Besançon, 1er juin 1809 (S.-V.3.2.
79); Nîmes, 16 juin 1830 (S.-V.31.2.102); Montpellier, 14 janv.
1833 (S.-V.33.2.441); Toulouse, 24 mai 1836 (S.-V.36.1.363);
Bastia, 16 janv. 1856 (S.-V.56.2.81); — Pigeau, *Comment.*, t. 1,
p. 293; Carré, *Lois de la proc.*, t. 1, quest. 415; Chauveau sur
Carré, *ibid.*, et suppl., art. 84; Delaporte, *Pandect. franç.*, t. 1,
p. 98; Thomine-Desmazures, t. 1, p. 196; Boitard, *Leçons sur le
Cod. de procéd.*, t. 1, p. 161; Ortolan et Ledeau, t. 1, p. 16;
Bioche, *Dict. de proc.*, vº *Minist. publ.*, n. 22; Dalloz, *Répert.*,
eod. vº, n. 28; Rodière, *Proc. civ.*, t. 1, p. 330; Massabiau, t. 1,
n. 273; Berriat-Saint-Prix, 2e part., t. 1, n. 15. — Telle est également la jurisprudence de la chancellerie. V. Décis. minist. des
25 nov. 1806 et 1er déc. 1842 (Gillet, n. 554 et 2813). — V. toutefois en sens contraire, Pau, 28 janv. 1863 (J.M.p.6.81). Mais le
remplacement des officiers du ministère public par un avocat ne
peut avoir lieu régulièrement qu'autant qu'il est constaté que cet
avocat a été appelé à cause de l'absence ou de l'empêchement
des magistrats titulaires, et qu'il est le plus ancien des avocats
présents à l'audience : Toulouse, 1er fév. 1841 (D.p4.1.2.157);
Cass., 14 janv. 1845 (D.p.45.4.329); — Chauveau sur Carré,
Suppl., *ut suprà*. V. aussi Bioche, *loc. cit.*, n. 33 et 34, et Berriat-
Saint-Prix, *ut suprà*.

28. Il faut bien remarquer, au surplus, que ce qui précède ne
s'applique qu'au remplacement des membres du parquet aux audiences civiles ou autres. Quant à leur remplacement pour l'exercice de leurs fonctions en dehors de l'audience, il est réglé par
l'art. 26, C. instr. crim., et l'art. 20 du décret du 18 août 1810,
d'après lesquels ils doivent être suppléés par un juge ou un suppléant commis à cet effet par le tribunal. V., sur ce point, Trébutien, t. 2, p. 11.

29. Les fonctions du ministère public devant le tribunal de
simple police ne peuvent être remplies par le maire conjointement
avec le commissaire de police : ce n'est qu'à défaut et en remplacement de ce dernier magistrat que le maire peut exercer l'action
publique. — Par suite, est non recevable le pourvoi en cassation
formé par le maire concurremment avec le commissaire de police
contre un jugement rendu sur une poursuite de simple police in- '
tentée par celui-ci et à laquelle il s'était associé : Cass., 23 janv.
1864 (J.M.p.7.186). Compar. F. Hélie, t. 8, n. 3904.

§ 5. — *Incompatibilité des fonctions du ministère public avec celles de juge.*

50. Il est de jurisprudence constante que les fonctions du ministère public sont incompatibles avec celles de juge (arg. C. instr. crim., 257). V. Cass., 13 sept. 1827 (D.p.27.1.494); 3 mars 1859 (J.M.p.2.153); 23 mars 1860 (*Id.*3.282); 29 avr. 1864 (*Id.*7.184); C. cass. de Belgique, 17 sept. 1858 (*Id.*2.23). — Et les auteurs enseignent eux-mêmes ce principe. V. notamment Dalloz, v° *Ministère public*, n. 74; Berriat-Saint-Prix, t. 1, n. 19.

51. Jugé en conséquence que l'arrêt de la Cour d'assises auquel a concouru, en qualité d'assesseur, un magistrat qui avait requis, comme officier du ministère public, la mise en accusation de l'accusé, est frappé de nullité : Cass., 3 mars 1859, C. cass. de Belg., 17 sept. 1858, ci-dessus;

52. ... Qu'un membre du parquet devenu juge ne peut, à peine de nullité, prendre part au jugement d'une affaire correctionnelle dans laquelle il a fait des réquisitions comme officier du ministère public : Cass., 23 mars 1860, précité;

53. ... Qu'un chef de parquet de première instance devenu conseiller ne peut siéger à la chambre des appels de police correctionnelle dans une affaire où il avait, comme officier du ministère public en première instance, requis l'information : Cass., 29 avr. 1864, également précité.

54. Et ce même arrêt ajoute qu'il importe peu que le réquisitoire tendant à l'information n'ait pas été signé par le chef du parquet lui-même, mais par un de ses substituts en son nom, ce substitut étant présumé, jusqu'à preuve contraire, avoir agi par l'ordre ou avec l'assentiment du chef du parquet. — Nouvelle et très-juste application du principe de l'unité et de l'indivisibilité du ministère public. V. *suprà*, n. 13 et s.

55. Mais l'officier du ministère public qui, dans une affaire criminelle, aurait simplement reçu la plainte de la partie lésée sans y donner suite, ne serait point incapable, dans le cas où il viendrait à être nommé juge ou conseiller, de prendre part au jugement. La Cour de cassation l'a ainsi décidé par un arrêt du 7 avr. 1854 (D.p.54.5.766).

56. Décidé aussi que le juge qui a tenu le siége du ministère public empêché, à une audience où aucun débat ne s'est engagé sur le fond du procès et où il ne s'agissait, par exemple, que de

51

prononcer une jonction de causes, peut, à une audience ultérieure, concourir, dans la même affaire, en qualité de juge, à la décision du fond : Cass., 12 mars 1867 (J.M.p.11.18).

§ 6. — *Assistance et participation du ministère public aux délibérations des tribunaux.*

57. Dans quelles matières le ministère public a-t-il le droit d'assister aux délibérations des tribunaux en la chambre du conseil ? Le point de départ de la solution de cette question réside dans ce principe, que le ministère public, faisant partie intégrante des tribunaux, doit être investi du droit d'assister à toutes les opérations par lesquelles se manifeste l'exercice de leurs fonctions, et qu'il ne peut être privé de ce droit inhérent à son titre que par des dispositions expresses de la loi. On trouve, en effet, dans les divers monuments de notre législation des dispositions qui interdisent au ministère public d'assister aux délibérations des tribunaux, dans la chambre du conseil, lorsque ces délibérations portent sur des matières contentieuses. Cette interdiction découle de l'art. 116, C. proc., pour les affaires civiles, de l'art. 369, C. instr. crim., pour les affaires criminelles, et de l'art. 88 du décret du 30 mars 1808, à l'égard de tous jugements en général, et elle se fonde sur cette considération toute-puissante, que le ministère public, qui figure toujours comme partie principale ou comme partie jointe dans les affaires litigieuses, serait en quelque sorte juge et partie, s'il assistait à des délibérations sur lesquelles sa présence pourrait ne pas rester sans influence. Mais là où cet inconvénient n'existe pas, c'est-à-dire dans toutes les matières qui n'ont point un caractère contentieux, le principe général reprend son empire, le ministère public peut être présent aux délibérations. La loi, bien que cela ne fût point nécessaire, prend elle-même le soin de le dire. Ainsi, l'art. 88 précité du décret du 30 mars 1808 porte que les membres du parquet doivent être appelés à toutes les délibérations qui regardent l'ordre et le service intérieur, et l'art. 66 du décret du 6 juill. 1810 veut que le procureur général soit appelé et assiste aux assemblées des chambres réunies, formées, soit pour délibérer sur des objets communs à toute la Cour, soit pour s'occuper d'affaires d'ordre public dans le cercle des attributions des Cours d'appel.

58. Cependant ce droit du ministère public a été plus d'une fois méconnu. On a prétendu que, si le ministère public doit être appelé aux délibérations des tribunaux dans les cas que déterminent les décrets de 1808 et de 1810, c'est uniquement pour qu'il puisse user de son droit de réquisition, s'il y a lieu, mais qu'il ne s'ensuit point qu'il ait la faculté d'assister au vote. Telle est la doctrine admise par la Cour d'Orléans dans deux arrêts, l'un du 1er février 1837, l'autre du 20 décembre 1841. Mais, sur les pourvois dirigés contre ces arrêts, la Cour de cassation a fait justice d'une telle erreur (V. Cass., 14 juin 1837, S.-V.37.1.621, et 18 août 1842, S.-V.42.1.902). Sur quelle raison sérieuse peut-on s'appuyer pour refuser au ministère public le droit d'assister au vote dans des matières qui n'ont rien de contentieux? Comment, lorsque les décrets de 1808 et de 1810 prescrivent qu'il soit appelé aux délibérations, sans apporter aucune restriction à son droit, serait-on fondé à limiter ce droit à la partie des délibérations qui précède le vote? C'est là une distinction purement arbitraire et qui s'évanouit en présence du principe que nous signalions en commençant, à savoir, que le ministère public, faisant partie intégrante des tribunaux, doit pouvoir assister à toutes leurs opérations. V. en ce sens, outre les arrêts précités de la Cour de cassation, les réquisitoires de M. le procureur général Dupin lors de ces arrêts. V. aussi Dalloz, v° *Jugement*, n. 76; Massabiau, t. 3, n. 3535.

39. Toutefois, la Cour de cassation elle-même a soumis ce droit du ministère public à une restriction qui n'est point écrite dans la loi et qu'il nous paraît difficile de justifier. La chambre des requêtes a jugé, par arrêt du 19 mars 1845 (S.-V.45.1.440) que le ministère public n'a pas le droit d'assister à la délibération par laquelle la Cour d'appel, réunie en assemblée générale, exprime son avis sur la nécessité de la mise à la retraite forcée d'un magistrat pour cause d'infirmité mentale. Elle s'est fondée sur ce que la loi du 16 juin 1824 n'accorde point, en ce cas, un pareil droit au ministère public; mais cette loi avait-elle besoin de le lui accorder? Ne suffit-il pas qu'il s'agisse, non d'un jugement à rendre sur une contestation, mais d'un avis à exprimer sur une mesure d'ordre public, pour que le ministère public puisse assister sans inconvénient à la délibération, et pour qu'il ait, dès lors, la faculté d'y assister? V. encore le réquisitoire de M. Dupin lors de cet arrêt de 1845.

40. Nous venons d'établir que le ministère public a le droit d'assister aux délibérations des juges en la chambre du conseil, lorsqu'il s'agit de matières non contentieuses, telles que celles d'ordre intérieur ou d'administration générale : a-t-il de plus le droit de prendre part à ces délibérations? Oui, répondrons-nous, dans tous les cas où ce droit n'est pas inconciliable avec la mission du ministère public, et nous fondons cette solution, soit sur l'esprit des décrets de 1808 et de 1810, soit sur la nature même des matières faisant l'objet des délibérations. — Remarquons d'abord qu'il est bien difficile d'admettre que la loi ait voulu que les membres du parquet fussent appelés aux délibérations du tribunal, sans vouloir en même temps qu'ils participassent au vote. Ne les aurait-elle pas condamnés à un rôle humiliant? Il est vrai que l'art. 88 du décret du 30 mars 1808 leur réserve le droit de faire inscrire sur les registres de la Cour ou du tribunal les réquisitions qu'ils jugeront à propos de faire relativement aux mesures sur lesquelles il s'agit de délibérer. Mais le plus grand nombre de ces mesures ne comportent pas de réquisitions; de telle sorte que pour celles-là les membres du parquet assisteraient à la délibération sans avoir rien à dire et rien à faire. Et cependant la matière de cette délibération pourrait les intéresser aussi directement que les autres membres du tribunal. Qui ne comprend, par exemple, que la répartition et l'emploi des fonds affectés aux menues dépenses, l'achat du mobilier et de la bibliothèque commune, la nomination des concierges et des portiers, la fixation de la résidence des huissiers, les résolutions sur l'opportunité de la présence du tribunal à une cérémonie publique, sur les projets de discours officiels, etc., n'importent pas moins aux officiers du ministère public qu'aux juges? Qu'on suppose maintenant qu'il s'agisse d'une matière d'intérêt général à l'égard de laquelle aucune réquisition ne soit nécessaire, comme de l'avis à émettre sur un projet de loi : n'accorder voix délibérative qu'aux juges, ne serait-ce pas placer les membres du parquet, sous le rapport des lumières, dans une position d'infériorité vraiment inacceptable?

41. Cette interprétation a été formellement consacrée, en ce qui concerne les avis à émettre sur les projets de loi et toutes autres mesures d'intérêt public, par une ordonnance royale du 18 avril 1841. Elle a été aussi sanctionnée par la Cour de cassation, relativement à la nomination des membres des bureaux d'assistance judiciaire (V. Cass., 29 juillet 1851, S.-V.51.1.536, et 27 mars 1854, S.-V.54.1.534), et à Paris, toutes les juridictions l'ont constamment observée (V. le réquisitoire de M. Dupin lors de l'arrêt de 1851, et celui de M. de Royer lors de l'arrêt de 1854). V. encore conf., Massabiau, *loc. cit.*, n. 3533 et suiv. — Mais

hâtons-nous de remarquer qu'elle ne peut être prise d'une manière absolue, et que le droit de voter cesse d'appartenir aux
membres du parquet, dans le cas où, bien que la matière ne fût
pas contentieuse, ils ont fait des réquisitions, selon le droit que
leur en donne l'art. 88 du décret de 1808. Alors, en effet, ils deviennent parties en cause, et à ce titre ils ne peuvent émettre un
vote qui ne soit suspect : Massabiau, n. 3535.

42. Terminons sur ce point par une autre observation, c'est qu'il
résulte, soit du décret de 1808, soit de l'ordonnance du 18 avril
1841, que le droit de voter, tant dans les matières d'ordre intérieur
que dans celles d'intérêt public, appartient à chacun des membres
du parquet de la Cour ou du tribunal, et non point seulement à l'un
d'entre eux ; mais ajoutons que, si l'un des magistrats du parquet
a fait des réquisitions, cette circonstance suffit pour que les
autres ne puissent plus participer à la délibération : même auteur.

43. La jurisprudence de la chancellerie est conforme à ces
principes. — Ainsi, d'après ses instructions, le procureur général
doit être appelé et doit assister à toutes les délibérations des
chambres assemblées de la Cour, quel qu'en soit l'objet, mais il
n'a pas le droit de prendre part à ces délibérations, ni de voter :
Circ. 3 avril et 11 oct. 1822 (Gillet, n. 1541 et 1602). Il ne doit
pas même être présent lorsque les juges opinent ou lorsqu'on recueille les voix, si la décision à rendre a le caractère d'un jugement, comme, par exemple, s'il s'agit de peine disciplinaire à
infliger à un magistrat ou à un officier ministériel, ou de l'exécution de l'art. 11 de la loi du 20 avr. 1810; mais il en est autrement quand la décision a le caractère d'un règlement ou d'un
arrêté, comme quand elle a simplement pour objet des mesures
d'ordre ou de service intérieur, telles que celles qui sont relatives
à la tenue et à la police des audiences, au service des avoués ou
des huissiers, à des dépenses intérieures, etc. : Circ. 11 oct. 1822,
précitée. — Ainsi encore, spécialement, les membres du parquet
ont le droit de voter individuellement dans les réunions où la
compagnie ne s'occupe que d'objets d'administration, tels que
dépenses, acquisitions, etc. : Décis. 7 mai 1822 (Gillet, n. 1556).

44. Il résulte aussi d'une décision du ministre de la justice du
4 oct. 1838 (Gillet, n. 2609) que les membres du parquet de première instance n'ont pas le droit de prendre part avec voix délibérative à la décision de la compagnie réunie en assemblée générale pour statuer sur l'admission d'un officier ministériel; mais

cette interprétation est encore contestable, car l'admittatur donné
par un tribunal à un candidat aux fonctions d'officier ministériel n'est pas, à proprement parler, une décision judiciaire
qui doive être nécessairement précédée des réquisitions du ministère public, mais plutôt une présentation et un avis. V. à cet
égard, comme sur les autres questions examinées ci-dessus, une
dissertation de M. Perrot de Chezelles, J.M.p.7.157 et suiv., 209
et suiv.

45. Un arrêt de la Cour de Dijon du 20 juill. 1859 (J.M.p.2.
265) a décidé que les officiers du ministère public ne peuvent
participer comme juges aux décisions des tribunaux exerçant les
fonctions de conseil de discipline de l'ordre des avocats. Le doute
ne semble pas permis sur ce point. La règle qu'on ne peut être à
la fois juge et partie reçoit ici son application, puisque dans les
poursuites dirigées contre un avocat devant le conseil de discipline, le ministère public est partie, en ce sens qu'il est investi
du droit d'interjeter appel de la décision (ordonn. 20 mars 1822,
art. 26). Comment le ministère public pourrait-il participer
comme juge à une décision dont il a le droit de demander la
réformation?

46. Mais l'arrêt que nous venons de mentionner ne commet-il
pas une erreur lorsqu'il se fonde, pour refuser un pareil privilége
au ministère public, sur cette affirmation, que celui-ci aurait le
droit de prendre des réquisitions devant le conseil de discipline?
Le ministère public n'a qu'une double faculté : celle de dénoncer
au conseil les faits disciplinaires à réprimer, et celle d'attaquer par
la voie de l'appel la décision du conseil. Il ne lui appartient pas
de prendre des conclusions soit devant le conseil de discipline
lui-même, soit devant le tribunal exerçant les fonctions disciplinaires. V. Bioche, v° *Avocat*, n. 240, et Dalloz, *eod. verbo*,
n. 439.

47. On objecte toutefois que si, à la vérité, il est inadmissible
que le ministère public puisse prendre des réquisitions devant un
conseil de discipline composé d'avocats, il n'en saurait être de
même dans le cas où les fonctions du conseil de discipline sont
remplies par le tribunal de première instance; et l'on invoque à
l'appui de cette opinion, soit l'art. 27 de l'ordonn. du 20 nov.
1822, d'après lequel les avocats doivent être jugés, sur l'appel,
par la Cour en assemblée générale, de la même manière que le
sont les membres des Cours et tribunaux poursuivis disciplinairement, soit l'art. 103 du décret du 30 mars 1808, dont on pré-

tend que la disposition relative aux mesures de discipline à prescrire sur les plaintes des particuliers ou *sur les réquisitoires* du ministère public, serait encore applicable au cas où les fonctions du conseil de discipline de l'ordre des avocats sont remplies par le tribunal, soit enfin le principe d'après lequel le ministère public fait essentiellement partie des Cours et tribunaux près desquels il exerce ses fonctions. V. en ce sens un article de M. Reynaud inséré J.M.p.6.120 et s.; — Riom, 30 avr. 1829 (J. P. chr.).

48. Voici ce qu'on peut répondre à ces objections : — Il faut d'abord ne point perdre de vue que ce n'est pas seulement pour l'exercice de la juridiction disciplinaire que les tribunaux remplissent les fonctions de conseil de discipline de l'ordre des avocats dans le cas de l'art. 10 de l'ordonnance du 20 nov. 1822, mais qu'ils sont substitués à ce conseil pour toutes ses attributions. Or, il est sensible que relativement à celles de ces attributions qui sont étrangères à l'exercice de la juridiction, le ministère public n'a pas de concours à prêter au tribunal; pourquoi en serait-il autrement lorsque le tribunal est appelé à statuer comme conseil de discipline? — Sans doute, en appel, l'avocat se trouve en présence du ministère public devant les chambres assemblées de la Cour; mais cette juridiction, placée au-dessus du conseil de discipline aussi bien lorsqu'il est composé d'avocats que lorsqu'il est formé par le tribunal, ne participe en rien de la nature de ce conseil. Aucune comparaison ne peut être ici établie entre la juridiction du premier degré et celle du second, et, dès lors, il n'y a aucune conclusion à tirer, relativement au droit du ministère public, de faire des réquisitions devant les tribunaux jugeant disciplinairement un avocat, de ce que l'art. 27 de l'ordonnance de 1822 prescrit d'observer, en appel, les règles édictées à l'égard des membres des Cours et tribunaux par l'art. 52 de la loi du 20 avril 1810.

49. Quant à l'art. 103 du décret du 30 mars 1808 portant que « les mesures de discipline à prendre sur les plaintes des particuliers ou sur les réquisitoires du ministère public pour cause de faits qui ne se seraient pas passés ou n'auraient pas été découverts à l'audience, seront arrêtées en assemblée générale à la chambre du conseil », en admettant qu'il implique le droit pour le ministère public de soutenir devant le tribunal, assemblé en la chambre du conseil, les réquisitions qu'il est admis à former, ne suffit-il pas de dire que cet article, antérieur à la création du conseil de

discipline, ne peut être appliqué à la composition du tribunal
appelé à remplacer ce conseil, alors surtout que ce n'est point
seulement pour l'exercice de la juridiction, ainsi que nous l'avons
déjà fait remarquer, mais encore pour des attributions étrangères
au pouvoir juridictionnel, que le tribunal est substitué au conseil de discipline ?

50. Enfin, si le ministère public devait être admis à conclure
devant le tribunal remplissant les fonctions de conseil de discipline de l'ordre des avocats, ne serait-il pas étrange que le magistrat du parquet de première instance n'eût plus aucun rôle à
remplir après la décision, et qu'il ne fût ni chargé de faire exécuter cette décision ou de la transmettre au procureur général,
ni investi du droit d'en interjeter appel ? Or, c'est précisément ce
qui a lieu. Il résulte des art. 21, 22, 23, 25 et 26 de l'ordonnance
du 20 nov. 1822 que c'est le conseil de discipline (ou le tribunal
qui en remplit les fonctions) qui doit transmettre, dans les trois
jours, la décision emportant interdiction temporaire ou radiation,
au procureur général, exclusivement chargé d'en assurer et d'en
surveiller l'exécution ; et que c'est le procureur général seul qui
a le droit de requérir expédition des décisions emportant avertissement ou réprimande, de même que de celles prononçant l'absolution de l'avocat inculpé, et d'interjeter appel de ces diverses
décisions. Le silence observé par l'ordonnance à l'égard de l'officier remplissant les fonctions du ministère public en première
instance n'est-il pas significatif ?...

§ 7. *Interpellations et observations à l'audience.*

51. Le principe de l'indépendance du ministère public à l'é-
gard des tribunaux, que nous avons rappelé et dont nous avons
signalé quelques-unes des conséquences ci-dessus, n. 2 et s., entraîne cet autre effet, que les membres des parquets peuvent, à
l'audience, faire toutes les questions et présenter toutes les observations qu'ils croient utiles à la manifestation de la vérité et à la
bonne administration de la justice, sans que les juges aient le
droit d'entraver ou de restreindre cet exercice de leurs fonctions.
En attribuant au président la police de l'audience, l'art. 88, C.
proc. civ., n'a nullement entendu lui conférer une suprématie sur
l'organe du ministère public, qui, sans partager toute son autorité, doit cependant conserver à l'audience une liberté d'allures
sans laquelle la séparation que le législateur a sagement pris soin
d'établir entre les pouvoirs de magistrats appelés à se surveiller

mutuellement ne serait plus qu'un mot. Au président seul appartient sans doute le droit de diriger les débats et de prescrire les mesures que peut exiger le bon ordre de l'audience. Mais si le ministère public ne jouit pas de cette prérogative, si même, par une nécessité d'ordre, il ne peut prendre la parole sans l'avoir demandée au président (C. instr. crim. 319, 4ᵉ alinéa), le droit de requérir lui appartient dans tous les cas, et l'obligation que la loi impose aux juges de lui donner acte de ses réquisitions, quelles qu'elles soient, et d'y statuer (C. instr. crim. 276), implique elle-même celle de lui laisser toute latitude pour les simples interpellations ou observations que lui paraissent réclamer, soit l'intérêt de la société, soit celui des parties.

52. D'une telle nécessité, que la Cour de cassation a proclamée en ce qui concerne les questions adressées par le ministère public aux témoins (Cass., 19 sept. 1834, S.-V.34.1.182. V. aussi Circ. 17 oct. 1820, Gillet, n. 1412), découle tout naturellement cette solution, consacrée également par la jurisprudence (Douai, 19 janv. 1858, J.M.p.1.78), que le président ne peut ni refuser la parole au magistrat du parquet, ni la lui retirer après la lui avoir accordée. Qu'on remarque d'ailleurs que le refus ou l'interruption du président constitueraient, indirectement au moins, un blâme ou une censure de l'exercice que l'organe du ministère public fait de ses attributions, blâme et censure qui sont complétement interdits aux juges, comme on l'a vu plus haut n. 3 et s. Cette observation est, du reste, la réfutation la plus décisive, selon nous, de l'objection qui serait tirée du droit qu'a le président d'ôter la parole aux parties ou à leurs défenseurs, lorsqu'ils lui paraissent s'écarter des bornes raisonnables de la défense. Evidemment, nulle assimilation n'est possible entre le ministère public, sur lequel les juges n'ont aucune action, et les parties ou leurs défenseurs, qui sont soumis, soit au droit de police de l'audience dont la loi investit le président, soit au pouvoir disciplinaire des tribunaux. V. Dalloz, *Rép.*, vⁱˢ *Défense*, nᵒˢ 115 et s., et *Avocat*, nᵒˢ 475 et suiv.

§ 8. — *Conclusions et réquisitions d'audience.*

53. Les réquisitions à l'audience criminelle ou correctionnelle, les conclusions à l'audience civile, constituent incontestablement la part la plus importante des graves travaux du ministère public. Quelles règles doivent présider à cette coopération des magistrats du parquet à l'administration de la justice? Quelle en est la mesure? Quel doit en être le mode d'exécution? La loi est peu explicite à cet égard, et l'interprétation n'est point unanime. — En matière criminelle, les art. 273, 315 et 335, C. instr. crim., chargent le procureur général d'exposer le sujet de l'accusation, de développer, après l'interrogatoire de l'accusé et l'audition des témoins, les moyens sur lesquels cette accusation est appuyée, et de requérir l'application de la peine. — En matière correctionnelle, l'art. 190 du même Code donne pour mission au magistrat du parquet d'exposer aussi l'affaire, de résumer les débats et de prendre des conclusions. — Mais de quelle manière, soit aux assises, soit en police correctionnelle, le ministère public doit-il requérir ou conclure? Sur ce premier point, les esprits sont partagés.

54. D'après les uns, il convient que l'organe du ministère public se borne à demander l'application de la loi pénale et s'abstienne de préciser la quotité de la peine qu'il regarde comme une répression nécessaire, parce que les juges peuvent ne pas adopter son appréciation, et que la manifestation publique d'un tel dissentiment serait fâcheuse (V. en ce sens de Molènes, *Fonct. du proc. du roi*, t. 1, p. 15 et 414; Massabiau, t. 2, n. 2114). — Selon d'autres, les réquisitions du ministère public, au grand et au petit criminel, doivent toujours indiquer la nature et la quotité de la peine à prononcer, par le double motif que le risque même d'un désaccord avec les juges a l'avantage de contraindre les membres du parquet à mieux peser dans leur conscience ce qui atténue et ce qui aggrave la faute, pour établir entre elle et le châtiment une équitable proportion, et que les réquisitions précises, ordinairement empreintes d'une certaine sévérité, tendent à élever le niveau de la répression, en formant pour la délibération des juges un point de départ dont ceux-ci hésitent à trop s'écarter (V. notamment Circ. proc. gén. Nancy, 10 déc. 1866, J.M.p.10.26). — Dans un système intermédiaire, il est des cas où le ministère public peut abandonner entièrement aux lumières du juge la fixation de la peine; par exemple, lorsqu'il s'agit d'affaires où l'ordre public n'est pas sérieusement intéressé et où la peine peut, sans inconvénient, être abaissée jusqu'au minimum. Mais il est d'autres cas où il est nécessaire que la fermeté du ministère public vienne en aide à celle du juge, et où l'officier du parquet doit préciser lui-même le *quantum* de la peine, afin de s'associer au devoir des magistrats chargés de rendre la décision, et d'accepter avec eux la responsabilité d'une répression sévère (Lett. minist. just. 24 juill. 1852, Gillet, n. 3422).

55. En matière civile, les art. 83 et 112, C. proc., font une obligation au ministère public de donner des conclusions dans toutes les causes communicables de leur nature, et le premier de ces articles ajoute qu'il pourra, en outre, prendre communication de toutes les autres causes dans lesquelles il croira son ministère nécessaire. — Du caractère purement discrétionnaire de cette disposition, des juristes ne se sont pas bornés à induire que le ministère public peut n'user que rarement de l'initiative qui lui est ouverte par la loi; ils en ont hardiment tiré le droit pour les magistrats du parquet de ne jamais conclure dans les affaires non communicables, essayant de justifier l'exercice de ce droit par le raisonnement que voici : L'expérience a démontré et démontre tous les jours l'inutilité de ces conclusions. Dans les causes civiles, à l'exception, bien entendu, de celles qui sont communicables, l'action du ministère public, même pour conclure, n'a nulle raison d'être. Il y a plus : quelle est la conséquence de ces conclusions dans la pratique? de faire durer le procès huit ou quinze jours de plus, sans parler de la perte de temps résultant des réquisitoires prononcés, temps qui serait mieux employé à l'expédition générale des affaires. Enfin, l'opinion du ministère public ainsi donnée lorsque les plaidoiries sont déjà en partie oubliées, ne laisse pas d'avoir toujours une grande influence sur la décision, qui cependant doit être l'œuvre unique du juge, puisque celui-ci en a seul la responsabilité. Pourquoi le ministère public, qui ne partage pas cette responsabilité, coopérerait-il à la sentence? Les conclusions du ministère public sont en cela contraires au principe qui veut que tout débat soit absolument contradictoire. Mais elles blessent également cette autre règle non moins respectable, que le défendeur doit avoir le dernier la parole; et enfin elles ont ce résultat injuste de rendre le combat inégal entre les parties. Le réquisitoire du ministère public est un préjugé fâcheux. Ce que demande le plaideur, c'est que sa cause, contradictoirement plaidée, arrive purement et simplement à la conscience du juge. Il ne faut pas que la confiance qu'il a dans le jugement soit ébranlée prématurément par le prestige d'une parole qui n'est ni celle d'un juge ni celle d'un adversaire discutable. V. en ce sens L. Bonneville de Marsangy, *Moniteur des trib.*, 1866, n. 585; Gislain, *Belgiq. judic.*, t. 25, n. 22.

56. Mais ce n'est pas ainsi qu'en ont pensé, soit de graves jurisconsultes (V., entre autres, Massabiau, t. 1, n. 436, 437 et 460; Desmaze, *Formul. des magistr. du minist. publ.*, etc., p. 26), soit

ceux qui dirigent l'administration de la justice. — Dans une instruction particulière du 19 juin 1865 (Rés. chr., p. 75), le garde
des sceaux exprimait le regret de voir certains magistrats du parquet de première instance ne donner que rarement des conclusions dans les causes non communicables, et déclarait qu'il atta-
chait un grand prix à ce que les officiers du ministère public
prissent une part active aux travaux d'audience en matière
civile. La même pensée se retrouve dans le rapport du ministre
sur l'administration de la justice civile pour l'année 1866. — Antérieurement, et dans une circulaire du 26 mai 1853 (Addenet,
Codes annotés des circul., p. 26), le procureur général près la
Cour de Paris avait dit déjà : « Le ministère public devrait s'im-
poser pour règle de donner des conclusions même dans les
affaires non communicables. Pour les magistrats du parquet,
l'abstention dans les affaires de peu d'intérêt ou de peu de difficulté doit constituer l'exception. Le moyen de se former à la pratique des choses judiciaires est l'intervention fréquente dans les
débats d'audience et l'étude attentive des dossiers. » Une circulaire du procureur général de Bourges, de 1850 (J.M.p.11.250),
et celle du procureur général de Nancy mentionnées plus haut contiennent une appréciation et une recommandation semblables, auxquelles, pour notre compte, nous ne pouvons que nous associer.

57. Le droit ou le devoir du ministère public de conclure dans
les affaires civiles est contraire, dit-on, au principe du débat contradictoire, à la maxime que le défendeur doit avoir la parole le
dernier, à la règle de l'égalité entre les parties litigantes, à l'obligation pour le juge d'être à l'abri de toute influence et de ne
chercher que dans son propre esprit les raisons de se déterminer.
Eh quoi! le débat cesserait d'être contradictoire, parce que, au
moment où la discussion est épuisée entre les parties, un magistrat, représentant de la société et organe de la loi, se lève pour
faire entendre une calme appréciation du litige, pour mettre, à la
place de la passion qui trop souvent, de part et d'autre, dénature
les faits ou exagère le droit, la froide impartialité qui restitue à
la cause son véritable caractère et ses justes proportions! Le défendeur cesserait d'avoir la parole le dernier, parce que, après
avoir librement répliqué à la plaidoirie de son adversaire, il voit
l'officier du parquet exercer un égal contrôle sur toutes les parties du débat, et soumettre à une analyse désintéressée les arguments de chacun des litigants! Ceux-ci cesseraient de combattre
à armes égales, parce que le ministère public essaie de montrer

au juge de quel côté se trouvent, suivant lui, la vérité et la justice ; parce que ses conclusions peuvent modifier l'impression produite par les plaidoiries et faire subir à la conviction acquise à l'audience une déviation ou un revirement préjudiciable à l'une des parties... Comme si la décision du juge devait être le résultat de l'impression et non du raisonnement ; comme si aux éléments de conviction fournis par les débats de l'audience, ne devaient pas s'ajouter les lumières demandées à la méditation ; comme si la parole du ministère public avait d'autre but et d'autre effet que de faciliter la délibération dont toute décision doit être précédée ! Enfin, le juge serait sous la pression d'une influence étrangère, et il serait exposé à perdre son indépendance et sa spontanéité d'esprit, parce qu'une voix impartiale l'invite à admettre tel fait, à adopter telle thèse de droit... Comme si ce conseil le liait davantage que les plaidoiries des parties ; comme s'il constituait une décision toute faite et que le juge n'aurait plus qu'à s'approprier ; comme si la fréquente résistance du juge aux conclusions du ministère public n'était pas un fait incontesté ! Les dangers que les légistes désignés plus haut se sont plu à signaler et sur lesquels depuis soixante ans nul jurisconsulte autorisé n'avait ouvert les yeux, sont donc purement imaginaires, et l'on ne saurait s'y arrêter un instant.

58. En matière correctionnelle, l'absence du défenseur du prévenu, au moment où le ministère public se dispose à répliquer aux moyens de défense présentés pour celui-ci, ne saurait s'opposer à ce que le ministère public prenne la parole, pourvu qu'elle soit maintenue en dernier au prévenu : Douai, 15 avr. 1862 (J.M.p.5.137). — V. *Défense*, n. 5.

59. Il a été très-bien jugé que devant les tribunaux correctionnels, le ministère public a le droit de faire des réquisitions jusqu'à la prononciation du jugement définitif, et, par conséquent, même après la mise de la cause en délibéré, et que, spécialement, il est recevable, après cette mise en délibéré, à prendre des conclusions tendant à être admis à faire la preuve par témoins du délit poursuivi : Douai, 30 janv. 1861 (J.M.p.4.263). — En l'absence de toute disposition qui précise le point où se terminent les débats en matière correctionnelle, le jugement seul doit être considéré comme fixant le dernier état de l'instruction. La simple mise de la cause en délibéré ne saurait donc élever une limite contre le droit de réquisition du ministère public. On ne peut incontestablement appliquer en cette matière l'art. 335, C. instr.

crim., relatif à la clôture des débats devant la Cour d'assises; et, du reste, cette clôture elle-même n'empêche point que, jusqu'à l'arrêt, de nouvelles preuves ne puissent être fournies, de nouvelles conclusions ne puissent être prises (V. F. Hélie, t. 7, n. 3608 et 3609, et Dalloz, v° *Instr. crim.*, n. 2384 et s.). — La doctrine que consacre l'arrêt de la Cour de Douai mentionné ci-dessus est dans le sens de l'opinion exprimée par M. F. Hélie, t. 6, n. 2937, ainsi que de deux arrêts de la Cour de cassation, l'un du 11 nov. 1843 (D.p.45.4.498), et l'autre du 22 mai 1857, rejetant le pourvoi formé contre un arrêt de la Cour de Paris du 13 fév. précédent (J.M.p. 1.90). Toutefois, d'après quelques autorités, les conclusions seraient tardives, si elles étaient prises lorsque déjà le délibéré du tribunal aurait commencé. *Sic,* F. Hélie, *ibid.;* Cass., 1er juin 1841 (Bull., n. 179). — V. *Instr. crim.*, n. 77.

60. Il résulte de diverses décisions que les juges, en matière civile, peuvent, soit d'office, soit sur la demande des parties, rouvrir, avant leur délibération, la discussion terminée et entendre de nouveau les conclusions et observations des parties, pourvu que le ministère public, dans les causes sujettes à communication, ait la parole après les dernières conclusions et plaidoiries.—V. Bruxelles, 28 juin 1831 (D.p.33.2.21); Cass., 13 nov. 1834 (S.-V.35.1.113) et 31 janv. 1865 (J.M.p.8.204); Lyon, 1er juill. 1840 (S.-V.41.2.34). V. aussi Bioche, v° *Jugement*, n. 129, et Chauveau sur Carré, suppl., quest. 85. Mais une telle doctrine, en tant qu'appliquée aux causes dans lesquelles le ministère public a été entendu, est-elle compatible avec le principe établi par l'ancienne jurisprudence et maintenu par l'art. 87 du décret du 30 mars 1808, qu'après l'audition du ministère public les parties ne peuvent plus prendre la parole, et ont seulement la faculté de remettre au président de simples notes (V. *Défense,* n. 8)? C'est là, selon nous, un point douteux.

61. Nous terminerons ce paragraphe en signalant un article de M. Lebon sur les droits respectifs et les rapports du ministère public et du barreau, inséré J.M.p.4.105.

§ 9. — *Récusation du ministère public.*

62. C'était, dans l'ancien droit, un point fort controversé que celui de savoir si les officiers du ministère public pouvaient être récusés comme les juges; et il faut en effet reconnaître que la question est fort délicate. De nos jours même, elle divise, au point de vue spéculatif, des jurisconsultes éminents. V. Garat, *Répert.*

de Merlin, v° *Ministère public*, § 5, n. 6 ; Mangin, *Act. publ.*, t. 1, n. 117, p. 235 ; F. Hélie, t. 2, n. 593 ; Berriat-Saint-Prix, t. 1, n. 541. Mais elle ne saurait plus embarrasser la pratique, car l'art. 381, C. proc. civ., l'a tranchée d'une manière formelle, en soumettant le ministère public à la récusation, lorsqu'il est partie jointe, et en l'en affranchissant quand il agit comme partie principale. A la vérité, cet article ne dispose qu'en vue des matières civiles ; mais tout le monde s'accorde à reconnaître que le principe qu'il établit doit, dans le silence du Code d'instruction criminelle à cet égard, recevoir également son application en matière criminelle. Et l'on a conclu de là que le ministère public ne peut être récusé lorsqu'il exerce l'action publique, parce qu'alors il est nécessairement partie principale. V. Cass., 14 janv. 1811 (S.-V.3.1.294) ; 28 janv. 1830 (S.-V.30.1.140) ; 30 juill. 1847 (S.-V.47.1.863) ; 18 août 1860 (J.M.p.3.261) ; 2 mai 1867 (*Id.*11. 17) ; — Carnot, *Instr. crim.*, t. 1, p. 670, n. 10 ; Legraverend, *Législ. crim.*, t. 2, p. 47 ; Mangin, *loc. cit.;* Favard, *Répert.*, t. 4, p. 756 ; Carré et Chauveau, quest. 1393 ; Le Sellyer, *Dr. crim.*, t. 2, n. 541 ; F. Hélie, Dalloz, *ut suprà.* La récusation dirigée, en pareil cas, contre le ministère public serait nulle de plein droit, et ne suspendrait nullement le jugement de la poursuite à l'occasion de laquelle elle aurait été formée (Arg. Cass., 14 janv. 1811, précité) : Carré, *loc. cit.*

63. Enfin, il a été jugé même que si l'un des officiers du ministère public près d'un tribunal de répression croit, par des motifs de délicatesse, devoir s'abstenir, il le peut, en se faisant remplacer par un autre membre du parquet, mais qu'il ne saurait faire sanctionner cette abstention par le tribunal. C'est là un point de fait dont la loi ne s'occupe pas, et que personne n'a le droit de critiquer, mais sur lequel le tribunal n'a aucune décision à rendre. *Sic,* Cass., 28 janv. 1830, précité ; — Berriat-Saint-Prix, F. Hélie et Dalloz, *loc. cit.*

§ 10. — *Responsabilité du ministère public. — Prise à partie.*

64. Si les officiers du ministère public ne sont pas récusables en leur qualité de partie principale, ils sont du moins responsables des fautes graves qu'ils commettent dans l'exercice de leurs fonctions, et passibles à ce titre de la prise à partie. Ce principe se fonde soit sur la disposition générale de l'art. 505, C. proc. civ., dans laquelle l'expression de *juges* doit être considérée comme s'appliquant à tous les magistrats de l'ordre judiciaire, soit sur les dispositions spéciales des art. 112, 281 et 358, C. instr. crim. V. en ce sens, Cass., 23 juill. 1806 (implicit.) (S.-V. 6.1.486); Caen, 12 juin 1849 (S.-V.50.2.21); — Merlin, *Rép.*, v° *Prise à partie*, § 3; Favard, t. 4, p. 452; Toullier, t. 11, n. 183; Carré et Chauveau, n. 1800; Mangin, *Act. publ.*, t. 1, n. 119; Chassan, *Délits de la parole et de la presse*, t. 1, n. 148; F. Hélie, t. 2, n. 594 et s.

65. Mais la responsabilité des officiers du ministère public ne s'étend pas, en matière criminelle, aux simples erreurs et négligences qu'ils commettent dans l'accomplissement de leur mission légale. En dehors des cas de prise à partie, aucune action en réparation du dommage souffert par leur fait ne peut être dirigée contre eux. *Sic*, Cass., 27 fruct. an IV (S.-V.1.1.56) et 17 sept. 1825 (S.-V.8.1.196); — F. Hélie, n. 598. — En matière civile, l'inobservation de certaines formalités prescrites au ministère public dans l'intérêt des incapables, peut, au contraire, selon nous, le soumettre à une action en responsabilité. V. *Hypothèque légale*, 1 et s..

— V. *Action directe ou d'office; Action publique; Administration judiciaire; Administration des parquets; Défense; Envois non périodiques; Etats et envois périodiques; Magistrat*, 14, 15, 27, 30, 38 et s.; *Mariage*, 10, 28, 30, 33, 34, 36 et suiv., 44 et s.; *Notaire*, 1, 3, 7, 9, 10, 16 et s., 24 et s., 32; *Office*, 9, 10 ,18, 22; *Outrage*, 1, 21, 36; *Prescript. crim.*, 5, 42, 51, 53, 54, 57, 68, 69, 87; *Presse*, 16, 19, 20; *Preuve des délits*, 1, 6, 8 et s., 18, 53, 54; *Questions préjudicielles*, 3, 4, 29, 34; *Tribunal de commerce*, 5 et s.; *Tribunal correctionnel*, 6 et s.

MINISTRE DE LA JUSTICE. — La Cour de cassation a jugé, par arrêt du 12 juill. 1861 (J.M.p.4.213), que la délibération des chambres assemblées d'une Cour d'appel par laquelle, sur la déclaration du ministre de la justice qu'il veillera aux suites de l'affaire qui a motivé leur réunion, ces chambres décident qu'elles s'ajournent à un mois *pour statuer, le cas échéant, sur cette affaire*, n'est pas entachée d'excès de pouvoir, comme engageant une lutte avec le ministre, alors que la Cour y proteste de sa déférence pour l'autorité du ministre, et de sa confiance, d'assurer à l'administration de la justice une complète satisfaction.

— V. *Absence*, 18, 37, 39; *Actes de l'état civil*, 12, 29, 42; *Action publique*, 2, 17 et s.; *Brevet d'invention*, 12; *Casiers judi-*

MISE EN JUGEMENT DE FONCTIONNAIRE.

SOMMAIRE ALPHABÉTIQUE.

1. L'exercice de l'action publique est subordonné, à l'égard de certaines catégories de fonctionnaires, à une autorisation préalable qui a pour objet de protéger ces fonctionnaires contre des poursuites intempestives, et qui constitue la *garantie politique* ou la *garantie administrative*, selon le caractère du corps de qui elle émane.

2. 1° *Garantie politique.* Sous l'empire de la constitution du 14 janv. 1852, la mise en accusation des ministres, à raison des crimes ou délits relatifs à leurs fonctions, ne pouvait avoir lieu qu'en vertu d'une décision du Sénat. — Quant aux crimes et délits commis par les ministres en dehors de leurs fonctions, la poursuite en était soumise, d'après l'art. 71 de la loi du 22 frim. an VIII, à l'autorisation préalable du Conseil d'État, et un jurisconsulte

52

(M. F. Hélie, *Instr. crim.*, t. 2, n. 880) enseigne que l'on doit encore aujourd'hui se référer à cette disposition.

3. Suivant l'art. 6 du sénatus-consulte du 6 juin 1858, les membres du Sénat ne pouvaient être poursuivis et arrêtés pour crime ou délit ou pour contravention emportant la peine d'emprisonnement, qu'après que le Sénat avait autorisé la poursuite. — Cette autorisation n'était pas nécessaire lorsqu'un sénateur était poursuivi pour faits relatifs au service militaire. — En cas d'arrestation pour crime flagrant, le procès-verbal était immédiatement transmis par le ministre de la justice au Sénat, qui statuait sur la demande d'autorisation de poursuite.

4. Aux termes de l'art. 11 du décret du 2 fév. 1852, qui ne faisait que reproduire un principe consacré depuis 1789 par toutes nos constitutions, les membres du Corps législatif ne pouvaient, pendant la durée de la session, être poursuivis ni arrêtés, en matière criminelle, sauf le cas de flagrant délit, qu'après que le Corps législatif avait autorisé la poursuite. V. *Corps législatif.*

5. Nous avons mentionné sous ce mot, n. 3, un jugement du tribunal de Reims, du 29 mars 1862, portant que cette disposition du décret du 2 fév. 1852 était d'ordre public, et devait, dès lors, être appliquée d'office par les juges, bien que le prévenu déclarât renoncer à en invoquer le bénéfice. V. conf., Besançon, 10 avril 1865 (J.M.p.8.156).

6. L'art. 70 de la loi du 22 frim. an VIII ne permettait de poursuivre « les délits personnels emportant peine afflictive ou infamante, commis par les membres du Conseil d'Etat », qu'après qu'une délibération de ce corps avait autorisé la poursuite. — M. F. Hélie, t. 2, n. 892 et 893, a soutenu, sous l'empire de la constitution du 14 janv. 1852, que cette disposition était encore en vigueur, et qu'elle s'appliquait aux faits relatifs aux fonctions aussi bien qu'aux délits purement privés.

7. 2° *Garantie administrative.* — Nous nous étendrons peu sur cette garantie, établie par l'art. 75 de la constitution du 22 frim. an VIII, et désignée aussi par cette raison sous le titre de *garantie constitutionnelle*, car il est à peu près certain qu'elle ne sera pas maintenue, au moins dans les mêmes conditions.—L'art. 75 précité est ainsi conçu : « Les agents du Gouvernement autres que les ministres, ne peuvent être poursuivis pour des faits relatifs à leurs fonctions qu'en vertu d'une déclaration du Conseil d'Etat : en ce cas, la poursuite a lieu devant les tribunaux ordinaires. »

8. Il résulte d'un grand nombre d'arrêts de la Cour de cassation mentionnés dans le *Répert.* de Dalloz, v° *Mise en jug. des fonctionn.*, n. 34, ainsi que dans la *Table génér.* de Devilleneuve et Gilbert, *eod. v°*, n. 17 et s., et auxquels il faut en ajouter deux plus récents, en date des 23 mars 1861 et 18 avril 1868, rapportés J.M.p.4.147 et 11.222, que les *agents du Gouvernement*, dans le sens de l'art. 75 de la constitution de l'an VIII, sont ceux qui, dépositaires d'une partie de l'autorité du Gouvernement, agissent en son nom et sous sa direction médiate ou immédiate, et font partie de la puissance publique.

9. Les officiers de police judiciaire ne sont pas des agents du Gouvernement et ne sont pas soumis à la garantie administrative (Cons. d'Et., 1er et 24 août 1857, S.-V.58.2.647, et autres décisions citées en note; Cass., 18 avril 1868, J.M.p.11.222), mais seulement à des formes particulières de poursuites, comme tous les autres fonctionnaires de l'ordre judiciaire. V. *Compétence criminelle*, n. 4 et s.

10. Jugé en conséquence que l'autorisation préalable du Conseil d'Etat n'est pas nécessaire pour les poursuites à diriger contre un commissaire de police à raison de faits par lui accomplis comme officier de police judiciaire : Toulouse, 4 août 1841 (D.p.42.2.91); Cons. d'Et., 24 août 1857 (S.-V.58.2.647); Cass., 15 fév. 1861 (J.M.p.4.178).

11. Mais en dehors de cette hypothèse, les commissaires de police sont de véritables agents du Gouvernement, et la garantie administrative leur est dès lors applicable : Cons. d'Et., 9 avr. et 30 juill. 1817; 18 nov. et 12 déc. 1818; 24 août 1841, etc.; Grenoble, 17 avr. 1832 (S.-V.32.2.453); Toulouse, 4 août 1841 (D. p. 42.2.91); — F. Hélie, n. 915.

12. Jugé que les commissaires de police n'agissent point seulement comme officiers de police judiciaire, mais aussi comme agents du Gouvernement, lorsqu'ils procèdent à des actes de police judiciaire ayant pour but le maintien de l'ordre et de la tranquillité dans les théâtres; et qu'en conséquence, ils ne peuvent être poursuivis à raison de tels actes sans l'autorisation préalable du Conseil d'Etat : Cass., 7 mars 1864 (J.M.p.7.38).

15. La qualité d'agents du Gouvernement n'appartient point aux agents de police, qui sont seulement des agents de l'autorité publique ou des agents de la force publique, selon qu'ils exercent la surveillance qui leur a été confiée par l'autorité municipale, ou qu'ils agissent en exécution de l'art. 77 du décret du 18 juin 1811. — *Sic*, Paris, 18 juill 1835 (J.P.chr.) et 30 janv. 1862 (J.

M.p.5.29); Cons. d'Et., 18 nov. 1854 (D.p.55.3.58); Cass., 5 avr. 1860 et 23 mars 1861 (J.M.p.3.163;4.147); Bourges, 25 mai 1860 (*Id.* 3.163); —F. Hélie. t. 2, n.915; Berriat Saint-Prix, *Procéd. des trib. crim.*, t. 1, n. 337; Dalloz, n. 90.

14. Les inspecteurs de police n'étant que de simples agents d'exécution et auxiliaires des véritables dépositaires de l'autorité publique, ne sont pas non plus agents du Gouvernement, et n'ont point conséquemment droit à la garantie administrative : Cass., 18 avr. 1868 (J.M.p.11.222).

15. On a agité la question de savoir si une mission spéciale donnée à des agents de police par le préfet de police de Paris et se rattachant à l'exercice de la haute police, avait pour effet de conférer à ces agents la qualité d'agents du Gouvernement, et de subordonner dès lors à l'autorisation du Conseil d'Etat, par application de l'art. 75 de la constitution du 22 frim. an VIII, la poursuite des crimes ou délits commis par eux dans l'accomplissement de cette mission. Nous avons soutenu la négative, J.M.p. 12.54. Mais un jugement du tribunal correctionnel de la Seine du 19 fév. 1869 (*Id.*12.64) a admis le principe contraire, et s'est borné à admettre que la garantie administrative ne peut protéger les agents de police poursuivis à raison de coups qu'ils auraient portés à un individu en opérant son arrestation, et en le conduisant devant l'autorité judiciaire dans un cas de flagrant délit ou assimilé au flagrant délit, encore bien que le préfet de police déclarerait que, dans cette circonstance, ils ont agi en vertu d'une mission particulière et expresse émanée de lui et se rattachant à la haute police.

16. Les maires ont sans doute la qualité d'agents du Gouvernement, si l'on admet qu'ils relèvent du pouvoir exécutif et si l'on suppose qu'ils agissent comme les délégués de ce pouvoir. V. F. Hélie, t. 2, n. 909.

17. Mais doit-on aussi reconnaitre cette qualité aux maires considérés comme gérant les intérêts de la commune ? La question est controversée. V. pour l'affirmative : Cass., 15 déc. 1827 (S.-V.8.1.723); 11 mars 1837 (S.-V.37.1.310); 15 juin 1844 (S.-V.44.1.563); 6 sept. 1849 (S.-V.49.1.773); 7 avril 1852 (S.-V.52. 1.399); Pau, 28 août 1835 (S.-V.36.2.102); Caen, 3 mars 1842 (S.-V.42.2.265);—Merlin, *Quest.*, v° *Agent du Gouvernement*, §1 ; Favard de Langlade, *Rép.*, v° *Mise en jug.*, §3, n. 5; Mangin, *Act. publ.*, t. 2, n. 251 ; Le Sellyer, *Dr. crim.*, t. 3, n. 809; Meaume, *Comm. Cod. for.*, t. 2, n. 745; Foucart, *Dr. administr.*, t. 1, n.

166; Dalloz, v° *Mise en jug. de fonct.*, n. 62 et s.; Trébutien, *Cours de dr. crim.*, t. 2, p. 114; Berriat Saint-Prix, *Procéd. des trib. crim.*, t. 1, n. 326.— Et pour la négative : Cass., 23 mai 1822 (S.-V.7.1.79); Bourges, 5 fév. 1827 (S.-V.8.2.327); Toulouse, 8 fév. 1840 (D.p.44.3.18); — le président Barris, en ses notes; Henrion de Pansey, *Pouvoir municipal*, p. 63; F. Hélie, *loc. cit.*

18. Jugé, dans le sens de la première opinion, que le maire, considéré soit comme le délégué du pouvoir central auprès de la commune, soit comme gérant des intérêts communaux, sous l'autorité et la surveillance de l'administration supérieure, est un agent du Gouvernement, et ne peut, dès lors, être poursuivi sans l'autorisation préalable du Conseil d'État à raison de faits relatifs à ses fonctions, et que, spécialement est subordonnée à cette autorisation, la poursuite dirigée contre un maire à raison d'injures proférées par lui envers un membre du conseil municipal, en donnant devant ce conseil, présidé par un délégué de la préfecture, des explications sur les actes de son administration : Grenoble, 5 mars 1863 (J.M.p.6.273).

19. Décidé que le maire ou l'adjoint qui a adressé des reproches à un particulier au sujet d'un fait de celui-ci pouvant constituer une contravention de police, sans que les circonstances indiquent qu'il eût l'intention de constater ce fait par un procès-verbal, doit être considéré comme ayant agi en sa qualité d'agent du Gouvernement, et que, dès lors, il ne peut être poursuivi sans l'autorisation préalable de l'autorité supérieure : Rouen, 18 mars 1858 (J.M.p.2.51).

20. En leur qualité d'officiers de l'état civil, les maires ne sont point agents du Gouvernement; ils peuvent donc être poursuivis sur les simples réquisitions du ministère public pour les contraventions, délits ou crimes qu'ils commettent dans la tenue des registres : Avis Cons. d'Et., 28 juin 1806; —Circ. min. just. 22 brum. an xiv; Décis. 9 mai 1817, 23 oct. 1818, 6 janv. 1825, 8 mars 1826, 4 juin 1840 (Gillet, n. 515, 1140, 1257, 1799, 1922, 2678); —Cass., 3 sept. et 11 juin 1807 (S.-V.2.1.399 et 431); 23 fév. 1809 (S.-V.3.1.27); 3 juin 1811 (S.-V.3.2.503); 9 mars 1815 (S.-V.5.1.26); Cons. d'Et., 2 juin 1819 (S.-V.6.2.84); 31 janv. 1838 (S.-V.38.2.277); 24 janv. 1849 (S.-V.50.2.190);—Legraverend, t. 1, p. 511; Mangin, t. 2, n. 254; Le Sellyer, t. 3, n. 803 et suiv.; F. Hélie, t. 2, n. 909.— Toutefois, le ministère public ne doit intenter aucune poursuite contre les officiers de l'état civil à raison des simples irrégularités, négligences ou contraventions dont ils se seraient rendus coupables, sans avoir pris l'avis du ministre de la justice : Circ. 10 sept. 1806 et 6 juin 1843 (Gillet, n. 546 et 2834); — F. Hélie, *loc. cit.*

21. D'après un arrêt de la Cour de Metz du 22 déc. 1868 (J.M. p.12.305), le maire qui convoque et préside le conseil chargé de dresser les états de répartition de la contribution foncière pour chaque commune, conformément aux art. 9 et 23 de la loi du 3 frim. an vii, doit être considéré comme agent du Gouvernement et ne peut dès lors être poursuivi sans autorisation du Conseil d'État pour des faits relatifs aux fonctions qu'il remplit en pareil cas. V. les observations jointes à cet arrêt.

22. La Cour de cassation a jugé, par arrêt du 22 août 1861 (J.M.p.4.287), qu'un maire ne peut être poursuivi pour un fait relatif à ses fonctions de président du bureau de bienfaisance de sa commune, sans autorisation préalable du Conseil d'État, parce que la qualité d'agent du Gouvernement qui lui appartient comme maire n'est point effacée par sa qualité de président du bureau de bienfaisance. — V. en sens contraire, nos observations sur cet arrêt.

23. Les membres des conseils de fabrique peuvent être poursuivis à raison des crimes ou délits commis par eux dans l'exercice de leurs fonctions, sans qu'il soit besoin de l'autorisation préalable du Conseil d'État ; ce ne sont pas des agents du Gouvernement : Cass., 3 mai 1838 (S.-V.38.1.655); Limoges, 17 avril 1838 (D.p.39.2.136); Cons. d'Ét., 21 mars 1857 (S.-V.58.2.647) et 24 avr. 1860 (J.M.p.4.236);—F. Hélie, t. 2, n. 907; Trébutien, t. 2, p. 111; Berriat Saint-Prix, 2e part., t. 1, n. 350; Dalloz, n. 76. — Et il en est ainsi même à l'égard des maires appelés en cette qualité à faire partie des conseils de fabrique : Cons. d'Ét., 14 avr. 1860, précité.

24. Il résulte de diverses décisions qu'un agent du Gouvernement, tel qu'un sous-préfet, un maire ou un commissaire de police, ne peut être poursuivi sans l'autorisation préalable du Conseil d'État à raison des délits par lui commis en matière d'élections, l'art. 119 de la loi du 18 mars 1849, qui affranchissait de cette autorisation la poursuite des crimes ou délits commis en semblable matière par les agents du Gouvernement, ayant été abrogé par le décret du 2 fév. 1852 : Cass., 9 août 1862 (J.M.p. 5.291); 11 avr. 1863 (*Id.*6.250); Aix, 17 déc. 1863 (*Id.*7.43); Trib. corr. d'Angers, 19 juin 1869 (*Id.*12.229).

25. Mais jugé que le maire qui a présidé un bureau électoral, poursuivi à raison d'injures et diffamations proférées par lui, au sein de l'assemblée électorale, contre l'un des candidats, n'est protégé par la garantie administrative qu'autant qu'il est établi, d'après les circonstances qui ont amené ces invectives, qu'elles étaient relatives aux fonctions de président du bureau électoral; qu'il ne suffit point que les juges du fait énoncent qu'elles y sont relatives, sans rappeler les circonstances qui les ont provoquées: Cass., 31 mars 1864 (J.M.p.7.57). — V. toutefois, Amiens, 9 juin 1864 (*Id*.7.183), et nos observations sur l'arrêt de cassation.

26. C'est au préfet, et non au Conseil d'État, que doit être demandée l'autorisation de poursuivre un percepteur des contributions directes pour un délit par lui commis dans l'exercice de ses fonctions: Cass., 6 mars 1806 (S.-V.2.1.221); Cons. d'Ét., 12 mai et 2 juin 1819 (S.-V.6.2.71 et 84); 29 déc. 1860 (J.M.p.4. 234). — Nul doute, en effet, que la disposition de l'arrêté du 10 flor. an x, qui substitue l'autorisation du préfet à celle du Conseil d'État pour les poursuites à diriger devant les tribunaux contre les percepteurs des contributions directes, ne s'applique, dans la généralité de ses termes, et par identité de raison, aux poursuites criminelles aussi bien qu'aux actions purement civiles.

27. Au surplus, le refus du préfet d'autoriser la mise en jugement d'un percepteur ne met pas obstacle à l'information provisoire jusqu'à ce que cette décision ait été confirmée par le Conseil d'État, s'il y a recours à ce Conseil : Cass., 24 juin 1819 (S.-V. 6.1.88).

28. Pour la nomenclature complète des fonctionnaires que protège ou que ne protège pas la garantie administrative, V. les circulaires et décisions ministérielles indiquées dans la table de Gillet, v° *Fonctionnaire public*, n. 11, ainsi que l'ouvrage de M. F. Hélie, t. 2, n. 899 et s.

29. Dans les premières années qui suivirent la constitution du 22 frim. an viii, la Cour de cassation décida à diverses reprises que la prérogative accordée par l'art. 75 de cette constitution aux agents du Gouvernement de ne pouvoir être mis en jugement qu'après l'autorisation préalable du Conseil d'État, protégeait ces agents dans le cas même où ils n'étaient poursuivis que depuis la cessation de leurs fonctions. V. Cass., 12 frim. an xi (D.p.2. 213); 9 et 14 niv. an xii (S.-V.1.1.909 et 912); 1er germ. an xii (S.-V.1.1.949). — Cependant, des doutes s'élevèrent sur ce point à l'égard des comptables destitués comme infidèles et rétentionnaires des deniers publics, et le Conseil d'Etat, appelé à se prononcer sur la question, décida, par un avis du 19 fév. 1807, approuvé le 13 mars suivant, que ces comptables ne pouvaient être admis à se prévaloir de la prérogative dont il s'agit.

50. La Cour de cassation a jugé que cet avis du Conseil d'Etat s'applique aux comptables démissionnaires aussi bien qu'aux comptables destitués : Cass., 5 juin 1823 (S.-V.7.1.261); 27 nov. 1843 (S.-V.46.1.142); 24 juin 1847 (S.-V.47.1.706); 26 juin 1832 (J.M.p.5.221). Et il a été décidé même d'une manière générale que ses dispositions doivent être étendues à tous les agents du Gouvernement dont les fonctions ont cessé par une cause quelconque avant les poursuites dirigées contre eux.. V. Cons. d'Etat, 11 juin 1817 (S.-V.5.2.297) et 18 juill. 1821 (Dalloz, *Rép.*, vº *Mise en jug.*, n. 145-4º); Cass., 13 sept. 1816 (Dall., *ibid.*, n. 36-4º); 28 sept. 1821 (S.-V.6.1.501) et 23 mars 1827 (S.-V.8.1.555); Metz, 13 mars 1818 (S.-V.5.2.365). — Conf., Legraverend, *Législ. crim.*, t. 1, p. 404. — Mais ces deux solutions ont été vivement combattues. V. en sens contraire, Merlin, *Rép.*, vº *Garantie des fonct.*, n. 9; Favard, *Répert.*, vº *Mise en jugem.*, § 3, n. 17; Cormenin, *Quest. de dr. adm.*, cod. vº, n. 5; Bourguignon, *Jurispr. des Cod. crim.*, t. 1, p. 210; Mangin, t. 2, n. 257; Le Sellyer, t. 3, n. 855; Rauter, t. 2, n. 659, p. 290, note 1re; F. Hélie, t. 2, n. 927; Berriat Saint-Prix, 2e part., t. 1, n. 334; Trébutien, t. 2, p. 118; Dufour, *Dr. adm.*, t. 4, p. 29; Massabiau, t. 2, n. 1334 et s.; Dalloz, *loc. cit.*, n. 35 et s.; — Poitiers, 25 janv. 1831 (S.-V.31.2.248); Metz, 30 nov. 1834 (S.-V.36.2.108); Cass., 6 fév. 1835 (D.P.36.1.246); Angers, 8 juin 1843 (S.-V.43.2.529).

51. D'après une jurisprudence et une doctrine constantes, la poursuite des délits commis par les agents du Gouvernement n'est subordonnée à une autorisation préalable du Conseil d'Etat, qu'autant que ces délits sont relatifs aux fonctions de ces agents; il ne suffirait pas qu'ils les eussent commis dans l'exercice de leurs fonctions. V. notamment Cass., 16 avr. 1825, 6 mai 1826 (S.-V. chr.); 8 mai 1846 (S.-V.46.1.859); 2 mars 1854 (S.-V.54.1.279); 31 mars 1864 (J.M.p.7.57); 14 juill. 1865 (*Id.*8.228); Orléans, 19 août 1852 (D.P.53.2.112); Metz, 20 août 1855 (D.P.56.2.227) et 22 déc. 1868 (J.M.p.12.365); Rouen, 2 août 1858 (*Id.*2.11); Cons. d'Etat, 3 déc. 1823, 8 nov. 1853 (D.P.54.3.31); — Mangin, *Act. publ.*, t. 2, n. 258; Rauter, n. 659; F. Hélie, t. 2, n. 922; Dalloz, *Rép.*, vº *Mise en jugement des fonctionn.*, n. 147.

52. Décidé particulièrement que la garantie administrative ne protége pas seulement les actes réguliers et irréprochables des agents du Gouvernement, mais qu'elle s'étend même aux actes abusifs, pourvu qu'ils soient relatifs aux fonctions, c'est-à-dire qu'ils aient avec elles un rapport direct ou indirect : Cass., 31 mars 1864 et 14 juill. 1865, et Metz, 22 déc. 1868, précités. — V. aussi les observ. 4 et s. sur cette dernière décision.

53. Ainsi, par exemple, cette garantie s'applique aux propos injurieux tenus par un maire dans le conseil des répartiteurs de la contribution foncière, à l'occasion du classement d'un immeuble, et qui constituent un exercice abusif de ses fonctions : Même arrêt de Metz.

54. Mais jugé que le fait, par un maire, de s'être livré, chez un tiers, à des actes de violence contre un particulier qui lui annonçait qu'il aurait prochainement à lui faire signer un certificat de vie, ne doit pas être considéré comme se rattachant aux fonctions administratives de ce maire, et peut, dès lors, être poursuivi sans autorisation préalable du Conseil d'Etat : Metz, 22 mai 1862 (J.M.p.5.224);

55. ..... Que la garantie administrative ne protége pas le maire prévenu d'avoir outragé des agents de la force publique dans l'exercice de leurs fonctions, alors qu'il assistait à la vérification faite par le juge de paix des circonstances d'un délit de chasse dont il était lui-même particulièrement inculpé : Cass., 14 juill. 1865 (J.M.p.8.228);

56 ..... Que le maire poursuivi correctionnellement pour délit de diffamation n'a point droit à la garantie administrative, encore bien que la diffamation qui lui est imputée serait contenue dans un écrit publié par lui et dans lequel il a cherché à expliquer et justifier les actes de son administration qui avaient été attaqués, parce qu'il n'a rempli en cela aucune des attributions attachées à sa qualité de maire : Rennes, 31 janv. 1866 (J.M.p. 10.215);

57 ..... Que l'adjoint qui a calomnieusement dénoncé le maire ne saurait être considéré comme ayant agi dans l'exercice de ses fonctions d'adjoint, et peut, dès lors, être poursuivi à raison de cette dénonciation sans autorisation préalable du Conseil d'Etat : Cass., 19 juin 1863 ; Toulouse, 29 août 1863 (J.M.p.6.221);

58. ..... Qu'une autorisation préalable n'est pas nécessaire pour poursuivre un garde forestier à raison d'un délit de chasse par lui commis dans la forêt dont il avait la garde : Rouen, 2 août 1858 (J.M.p.2.11).

39. Selon plusieurs décisions, un agent des douanes doit être réputé dans l'exercice de ses fonctions par cela seul que, revêtu de son uniforme et porteur de ses armes, il se rend à son poste d'observation avec d'autres préposés, et encore qu'il ne se livre ni à la recherche ni à l'arrestation de fraudeurs. — En conséquence, les faits dommageables que cet agent commet accidentellement dans cette marche, et, par exemple, les blessures qu'il fait par imprudence avec son fusil à l'un des préposés qui l'accompagnent, doivent être considérés comme relatifs à ses fonctions, et, dès lors, il ne peut être poursuivi, à raison de tels faits, sans autorisation préalable du Conseil d'Etat : Metz, 20 août 1855, mentionné ci-dessus, n. 31; Cass., 16 juin 1858, et Dijon, 26 janv. 1859 (J.M.p.2.38).—V. nos observations sur ces décisions.

40. Il ne suffit pas qu'un agent du Gouvernement allègue et offre de prouver que le délit qui lui est imputé a été commis par lui dans des circonstances qui le rattachaient à l'exercice de ses fonctions, pour que la poursuite de ce délit doive être suspendue jusqu'après l'autorisation préalable du Conseil d'Etat; il appartient au tribunal correctionnel d'apprécier ce moyen, et s'il ne lui paraît pas justifié, de rejeter la demande en sursis du prévenu : Cass., 12 mars 1812; 12 mars 1829; 31 août 1836 (S.-V.37.1. 132); 16 déc. 1856 (D.p.57.1.35); 16 avr. 1858 (J.M.p.1.269); Metz, 22 mai 1862 (*Id*.5.224) et 22 déc. 1868 (*Id*.12.305);—Mangin, t. 2, n. 268; Le Sellyer, t. 3, n. 858; F. Hélie, t. 2, n. 939.— V. toutefois en sens contraire, Cass., 5 août 1823; Angers, 8 juin 1843 (S.-V.43.2.158).

41. Le tribunal correctionnel saisi d'une plainte dirigée contre un agent du Gouvernement qui ne peut être poursuivi sans l'autorisation préalable du Conseil d'Etat, est tenu de surseoir à statuer jusqu'à ce que cette autorisation soit rapportée; il ne saurait se dessaisir dès à présent en déclarant la plainte non recevable : Cass., 30 août 1833 (S.-V.34.1.63); 11 avr. 1863 (J.M. p.6.250); Aix, 17 déc. 1863 (*Id*.7.43); Metz, 22 déc. 1868 (*Id*. 12.305); Trib. corr. d'Angers, 19 juin 1869 (*Id*.12.229); — F. Hélie, n. 936 et s.; Dalloz, n. 174 et 175.

42. Lorsqu'il a été procédé à une information contre un fonctionnaire à l'égard duquel l'autorisation de poursuites est nécessaire, le chef du parquet de première instance doit adresser les pièces au procureur général, pour être transmises au ministre de la justice. Le procureur général examine l'affaire et donne au ministre son avis sur la nature et la gravité des faits, ainsi que

sur la mise en jugement : Circ. 1er mai 1816 (Gillet, n. 1048).
V. aussi Décis. minist., 17 juill. 1812 (*Id.*, n. 791) et 8 mars 1826
(*Id.*, n. 1922).

45. Les procédures contre des agents du Gouvernement adressées au garde des sceaux pour obtenir l'autorisation de poursuivre, doivent être cotées et paraphées et accompagnées d'un
inventaire : Décis. 26 mai 1825 (Gillet, n. 1849).

— V. *Action civile,* 20 ; *Action publique,* 90.

MONT-DE-PIÉTÉ. — Lorsque des objets mis en gage
dans les monts-de-piété ont été saisis dans ces établissements
comme pièces à conviction, la justice ne doit en ordonner la restitution aux propriétaires que sous la réserve expresse des droits
de l'administration, à laquelle ils avaient été donnés en nantissement. C'est là une règle à l'observation de laquelle les magistrats
doivent veiller avec soin : Circ. 30 mai 1861 (Rés. chr., p. 35).

NATIONALITÉ. — **1.** La Cour de Colmar a jugé, par
arrêt du 19 mai 1868 (J.M.p.12.10), que le ministère public a le
droit d'agir d'office, comme partie principale, à l'effet de faire
décider si un Français est devenu citoyen d'un pays étranger par
son établissement et son admission à l'exercice de certains droits
dans ce pays, une telle question intéressant essentiellement l'ordre
public, et qu'il peut agir ainsi, même par la voie de l'appel, encore bien qu'il n'aurait été en première instance que partie jointe,
que ses conclusions auraient été conformes à la décision des premiers juges, et que même il aurait fait exécuter cette décision.

— Les dispositions que vise la Cour de Colmar sont celles qu'on
invoque à l'appui du système qui reconnaît au ministère public le
droit d'agir d'office, en matière civile, dans toutes les affaires généralement où l'ordre public est intéressé (V. *Action directe ou
d'office,* n. 5 et s.). Serait-ce que la Cour de Colmar embrasse ce système ? Il semble permis d'en douter, lorsqu'on voit le soin qu'elle
prend de constater qu'elle statue dans une *matière spéciale,* et
dans des circonstances autorisant *exceptionnellement,* au civil,
l'action d'office du ministère public. Mais si ce n'est pas en vertu
d'un droit général applicable à toutes les matières d'ordre public
que le ministère public peut provoquer d'office la solution de la
question de savoir si un Français devient citoyen d'un pays étranger par son établissement et son admission à l'exercice de certains priviléges dans ce pays, quelle est la loi qui lui confère spé-

cialement cette action exceptionnelle? La Cour de Colmar n'en
mentionne aucune, et il n'en existe aucune en effet. On ne saurait
trop comprendre, dès lors, comment elle fait rentrer une telle
question dans le cercle où se meut l'action d'office.

2. Dans le cas où les tribunaux sont appelés à décider si un
officier à encouru la perte de la qualité de Français, qui, aux
termes de l'art. 1er de la loi du 19 mai 1834, entraîne la perte de
son grade, c'est par le ministère public que l'instance doit être
introduite et suivie. Les pièces nécessaires sont transmises à cet
effet par le ministre de la guerre au garde des sceaux, qui ordonne les poursuites (Ordonn. 30 août 1837). Ces instances sont
d'ailleurs soumises aux formes ordinaires observées pour les actions intentées d'office par le ministère public : Debacq, *Act. du
min. publ. en mat. civ.*, p. 331.

  — V. *Action directe ou d'office*, 16 et s. ; *Étranger*.

NAVIGATION MARITIME. — **1.** Il y a contravention
à l'art. 3 du décret du 19 mars 1852, qui prescrit à tout patron
d'embarcation maritime d'exhiber son rôle d'équipage sur la réquisition de qui de droit, par cela seul que cette exhibition n'a
pas eu lieu au moment même de la réquisition ; peu importe qu'à
ce moment le patron ne se soit pas trouvé dans son embarcation,
dont il avait confié la direction à un individu sans qualité : Pau,
5 janv. 1860 (J.M.p.3.68). — V. aussi, dans le même sens, Cass.,
4 déc. 1852 et 21 janv. 1853 (D.P.52.5.377 ; 53.5.321) ; Montpellier, 11 déc. 1854 (D.P.55.5.285).

2. Il a été jugé que les infractions au décret du 19 mars 1852
sur la navigation maritime ne peuvent être constatées que par les
procès-verbaux des fonctionnaires et agents énumérés dans l'art. 7
de ce décret, et qu'il ne saurait être suppléé à ces procès-verbaux
ni par ceux qu'aurait dressés la gendarmerie, ni par la preuve testimoniale : Trib. de Bayonne, 1er déc. 1859 (J.M.p.3.68) ; Rennes,
18 mai 1864 (*Id.*7.197). — Mais cette solution semble contestable.
En principe, les délits peuvent être établis indifféremment par la
preuve littérale et par la preuve orale, et les écrits ne constituent
pas plus que les dépositions des témoins un mode légal de constatation des infractions. Les écrits eux-mêmes ne sont que des
éléments de preuve abandonnés à l'appréciation des juges. Cette
règle, résultant des art. 154, 189 et 342, C. instr. crim. (V. *Preuve
des délits*,), ne souffre exception que dans quelques matières
spéciales où la loi exige impérieusement que la poursuite ait pour

fondement un acte écrit, comme en matière de douanes, de garantie des ouvrages d'or et d'argent, de contributions indirectes, de vérification des poids et mesures (V. Dalloz, v° *Procès-verbal*, n. 8). Or, le décret du 19 mars 1852 ne renfermant aucune disposition de cette nature, la preuve des infractions à ses dispositions reste, selon nous, sous l'empire du droit commun, et peut, dès lors, à défaut de procès-verbaux, être puisée, soit dans des dépositions de témoins, soit dans tous autres éléments de nature à déterminer la conviction des juges.

— V. *Questions préjudicielles*, 7.

NOM. — **1.** Il appartient aux tribunaux civils de connaître des questions relatives à la transmission et à la propriété des noms patronymiques : Cass., 15 juin 1863 (S.-V.63.1.281); Besançon, 6 fév. 1866 (J.M.p.9.3). — V. aussi Lett. min. just. 27 oct. 1846 (Gillet, n. 3034).

2. Il résulte d'un arrêt de la Cour de Colmar, du 29 déc. 1859 (J.M.p.3.62), que, lorsqu'une partie a pris dans les actes de l'instance des noms ou qualifications autres que ceux qui lui appartiennent d'après son acte de naissance, les juges peuvent, sur les réquisitions du ministère public, décider qu'elle ne sera pas désignée sous ces noms et qualifications, mais seulement sous ceux qui lui appartiennent réellemennt.

3. Mais la même Cour a jugé en sens contraire, par un arrêt postérieur, en date du 6 mars 1860 (J.M.p.3.84), que le ministère public n'a pas d'action devant les tribunaux civils pour faire ordonner contre les particuliers la modification des noms pris par eux dans les actes du procès. — Cette dernière décision est la seule fondée, selon nous. Nulle part, en effet, la loi ne donne au ministère public le droit de demander par action principale, dans une instance civile, la suppression des noms ou qualifications que des parties s'attribuent à tort. Le ministère public n'a pas plus d'action dans cette hypothèse qu'en matière de rectification d'actes de l'état civil (V. *Actes de l'état civil*, n. 52 et s.). Il peut seulement, dans l'instance civile, faire des réserves pour l'exercice de son action en répression, à raison du changement dont il s'agit, et s'il tombe sous l'application de l'art. 259, C. pén., modifié par la loi du 28 mai 1858 (V. *Titres nobiliaires*). — La Cour de cassation a jugé en sens analogue qu'aucune loi n'autorisant le ministère public à agir par voie principale en matière de propriété de nom, il s'ensuit que si, dans une contestation où une partie prétendait avoir seule le droit de porter un nom, le ministère public a requis, de son chef, qu'il fût fait défense à cette partie de porter ce nom, l'arrêt qui accueille cette demande du ministère public doit être annulé (Cass., 3 avr. 1826, S.-V.chr.); et la même Cour a décidé également que les juges d'appel ne peuvent ordonner d'office que l'un des noms sous lesquels une partie figure au procès sera rayé de la minute et de l'expédition du jugement frappé d'appel, ainsi que partout ailleurs où besoin sera, sous prétexte que ce nom ne lui appartient pas, alors qu'aucune contestation ne s'est élevée sur ce point entre les colitigants : Cass., 6 avr. 1830 (S.-V.9.1.436). — V. aussi Dalloz, *Répert.*, v^{is} *Ministère public*, n. 91, et *Nom*, n. 26 et 50.

4. Toute personne qui a quelque raison de changer de nom doit adresser à cet effet une demande motivée au Gouvernement (L. 11 germ. an XI, art. 4).

5. Toute demande en changement ou addition de nom doit être insérée dans la partie officielle du journal du Gouvernement, ainsi que dans les affiches judiciaires du département où réside l'impétrant et de celui où il est né. L'examen de la demande n'a lieu à la chancellerie qu'après un délai de trois mois à partir de ces publications : Décis. min. just. 26 oct. 1815, 10 avr. 1818 et 9 nov. 1821 (Gillet, n. 992, 1210 et 1511).

6. La demande est laissée sans suite, si elle n'a pas été précédée des publications requises, si elle n'énonce aucun motif grave ou légitime, ou si elle n'est point accompagnée des pièces nécessaires pour justifier de l'intérêt du réclamant. — Lorsque la demande réunit ces trois conditions, elle est soumise à l'examen du Conseil d'Etat, comité du contentieux, sections réunies. Un décret admet ou rejette la demande. S'il y a des oppositions, il est sursis jusqu'à ce qu'il y ait été statué en justice réglée (L. 11 germ. an XI, art. 5 et s.) : Circ. 25 juin 1828 (Gillet, n. 2084).

7. Le décret autorisant la modification d'un nom patronymique doit être mentionné en marge, tant des actes de naissance des enfants de l'impétrant que de l'acte de naissance de celui-ci, et non point seulement en marge de ce dernier acte : Orléans, 27 avril 1866 (J.M.p.10.20).

8. Divers arrêts ont jugé que, dans le cas où un individu a été condamné correctionnellement par une décision devenue définitive, et a subi même sa peine, sous un nom, des prénoms et un état civil qui ne lui appartiennent pas, mais qui sont ceux d'un tiers, le ministère public peut, d'office, demander la réparation de cette erreur : Metz, 5 juin 1826 (J.P. chr.); Gand, 11 mars 1862 (J.M.p.5.170); Aix, 28 janv. 1870 (*Id*.13.53). Mais tandis que la Cour de Metz fonde l'action d'office du ministère public en rectification de l'erreur commise dans l'arrêt de condamnation, sur l'intérêt du tiers dont le nom a été usurpé par le condamné, la Cour de Gand la fait dériver de la mission dont le ministère public est investi, de poursuivre l'exécution des jugements et arrêts de condamnation, et la Cour d'Aix donne pour base à cette action l'intérêt d'ordre public qui s'attache à la tenue régulière des minutes des greffes, en appliquant la jurisprudence d'après laquelle le ministère public peut agir d'office dans tous les cas, même non spécifiés par la loi, où l'ordre public est intéressé (V. *Action directe ou d'office*, n. 9). Et, d'un autre côté, pendant que la Cour de Gand et la Cour d'Aix appliquent ici, par analogie, l'art. 518, C. instr. crim., la Cour de Metz se tait sur cette application. Ajoutons qu'un jugement du tribunal de Montélimar, du 24 janv. 1860 (J.M.p.63), a reconnu au tiers dont le nom a été usurpé par le condamné, le droit de demander lui-même la rectification de l'erreur, en puisant aussi une règle d'analogie, soit dans les art. 518 et s., C. instr. crim., soit dans les art. 474 et s., C. proc. civ., et a décidé que cette rectification doit être opérée à la diligence du ministère public, notamment au moyen d'un émargement sur les registres du greffe et d'écrou. V. encore Cass., 20 juill. 1866 (Bull. n. 185).

9. Nous pensons nous-même qu'il appartient au ministère public de poursuivre d'office la rectification de l'erreur que contient le jugement ou arrêt de condamnation touchant les nom ou prénoms et l'état civil du condamné, et qu'il doit porter son action devant la juridiction qui a rendu ce jugement ou cet arrêt, à moins qu'il ne s'agisse d'un jugement encore susceptible d'appel, cas dans lequel la rectification pourrait être demandée aux juges du second degré. Mais nous ne saurions approuver les motifs sur lesquels la Cour d'Aix appuie sa décision. — On a vu, au mot *Action directe ou d'office*, n. 5 et s., que nous n'avons point adhéré à l'interprétation extensive de l'art. 46 que la loi du 20 avril 1810 a reçue de la jurisprudence, et que, dans notre opinion, le ministère public ne peut agir d'office, même pour sauvegarder un intérêt d'ordre public, que dans les cas prévus par la loi. Si donc le ministère public nous paraît être recevable à demander la rec-

tification de l'erreur qu'un jugement ou arrêt de condamnation
renferme au sujet des nom ou prénoms et de l'état civil du condamné,
ce n'est ni par la raison générale que cette rectification peut intéresser l'ordre public, ni, encore moins, par le motif particulier
que le tiers dont les noms et l'état civil ont été usurpés éprouve
un préjudice dont il lui est dû réparation. Comme l'arrêt de la
Cour de Gand mentionné ci-dessus, n. 1, nous trouvons le fondement de l'action d'office du ministère public dans la mission qui
lui est confiée par la loi (C. instr. crim., 165, 197 et 376) de
pourvoir à l'exécution des jugements et arrêts rendus en matière
criminelle. N'est-ce pas, en effet, prendre une disposition nécessaire pour assurer l'exécution régulière d'un jugement ou arrêt
de condamnation, que de demander la rectification de l'erreur
que ce jugement ou arrêt contient au sujet des noms et de l'état
civil du condamné ? Il importe peu, d'ailleurs, que le condamné
ait déjà subi sa peine, comme cela était arrivé dans l'espèce de
l'arrêt de la Cour d'Aix, car l'exécution laisse après elle des traces
qui porteraient l'empreinte de l'irrégularité, contrairement au
vœu de la loi, si le ministère public ne faisait rétrospectivement
réparer l'erreur dont il s'agit.

10. Quant à la compétence des juges de qui émane la condamnation, pour ordonner la rectification de l'erreur, elle ne saurait, selon nous, avoir sa source dans les art. 518 et s., C. instr.
crim., qui prévoient un cas spécial, complétement étranger à
notre hypothèse ; elle nous paraît résulter tout simplement de la
règle, aussi constante en matière criminelle qu'en matière civile,
que les tribunaux ont le pouvoir de rectifier les erreurs matérielles contenues dans leurs décisions. Ce pouvoir implique par
lui-même, et sans qu'il soit besoin de faire aucun emprunt à
la procédure organisée par les art. 518 et s. précités, celui de
procéder par telles mesures d'instruction qui paraîtront utiles, et
notamment par la confrontation du condamné et du tiers dont il
a usurpé les noms et l'état civil, quand elle sera possible, à la
reconnaissance de l'identité de ce condamné. — A la vérité, la
Cour de cassation a jugé elle-même, par son arrêt du 20 juill.
1866, mentionné ci-dessus, n. 8, que l'art. 518 s'étend à tous
les cas analogues à celui qu'il prévoit, et notamment au cas où
il s'agit de faire déclarer un jugement de condamnation applicable à un individu portant un nom autre que celui qui a été
donné dans ce jugement au condamné. Mais, encore une fois,
cette extension d'une procédure établie en vue d'une hypothèse

sans analogie véritable avec celle dont nous nous occupons, n'est à nos yeux ni nécessaire ni légale.

— V. *Actes de l'état civil*, 57 bis, 64, 72, 92; *Instruction criminelle*, 38 et s.; *Jugement*, 9 et s.; *Titres nobiliaires*.

NOTAIRE.

SOMMAIRE ALPHABÉTIQUE.

§ 1er. — *Nomination aux fonctions de notaire.*

1. Suivant un arrêt de la Cour de cassation du 31 août 1831 (S.-V.32.1.225) et un jugement du tribunal d'Epernay du 22 nov. 1861 (J.M.p.5.131), bien que ce soit seulement au ministère public que la loi prescrive à la chambre des notaires de communiquer la délibération par laquelle elle refuse un certificat de moralité et de capacité à un candidat aux fonctions notariales (L. 25 vent. an XI, art. 44), ce dernier n'en a pas moins le droit d'exiger de la chambre une expédition de cette délibération, sans que l'exercice de ce droit soit subordonné à aucune réquisition ou autorisation du ministère public. — Cette solution est conforme à

53

l'opinion professée par les auteurs du *Dictionn. du notar.*, v°
Certif. de moral., n. 163 et s., et par M. Clerc, *Tr. génér. du
notar.*, 1re partie, n. 162.

2. Mais une doctrine contraire est enseignée par MM. Rolland
de Villargues, *Répert. du notar.*, v° *Certif. de moral.*, n. 70, Arm.
Dalloz, *Manuel théor. et prat. du notar.*, t. 2, p. 217, n. 57 (4e
édit.), et Dalloz aîné, *Répert.*, v° *Notaire*, n. 213. Selon ces auteurs, l'intérêt que le candidat frappé d'un refus peut avoir à
connaître la délibération de la chambre, afin d'être à même d'y
répondre, ne suffit pas pour l'autoriser à exiger la communication
d'un document confidentiel et destiné uniquement à éclairer la
religion du ministre. Il est peu probable, du reste, ajoutent-ils,
que le candidat n'ait pas la connaissance ou le sentiment des motifs du refus, et en tout cas, les magistrats ou l'administration se
font un devoir de recevoir ou de provoquer des explications sur
les faits qui peuvent être imputés à l'aspirant. M. Rolland de Villargues, n. 144 et s., M. Arm. Dalloz, n. 111, et M. Dalloz aîné,
n. 713, ne reconnaissent à l'aspirant au notariat le droit d'exiger
l'expédition d'une délibération de la chambre de discipline dont
les motifs lui sont défavorables, que dans le cas où la chambre,
ayant à donner son avis sur un point autre que la moralité ou la
capacité du candidat, a, sans nécessité et en dehors du cercle de
ses attributions, dirigé contre celui-ci des imputations portant
atteinte à son honneur. — Pour nous, nous préférons à cette distinction, qui ne trouve aucune base dans la loi, la solution tout
à la fois juridique et équitable qu'admettent les autorités indiquées au numéro précédent — Mais il est certain que le candidat
ne pourrait, ainsi que l'a jugé la Cour de Bruxelles, par arrêt du
10 nov. 1829 (D.P.32.2.196), faire ordonner par les tribunaux la
radiation, sur les registres de la chambre, de la délibération qui
lui refuserait un certificat de moralité par des motifs de nature à
entacher sa réputation.

3. Dans le cas où la chambre de discipline se refuse à examiner un candidat, le ministère public peut inviter le tribunal à
faire comparaître le postulant en la chambre du conseil et à s'assurer par lui-même de sa moralité et de sa capacité : Décis. 16
août 1833 (Gillet, n. 2386).

4. Le décret de nomination d'un notaire doit rester au greffe,
sauf au titulaire à s'en faire délivrer une expédition par le greffier : Décis. minist. 28 mars 1838 (Gillet, n. 2589).

5. La prestation de serment n'est exigée que pour les notaires nouvellement nommés. Elle est inutile à l'égard d'un notaire déjà en exercice qui obtient un changement de résidence dans le canton : Décis. minist. 28 déc. 1838 (Gillet, n. 2616).

6. La déchéance pour défaut de prestation de serment dans les deux mois de la nomination aux fonctions de notaire (L. 25 vent. an XI, art. 47), est acquise de plein droit, sans qu'il soit besoin de la faire prononcer : Décis. 18 juill. 1836 (Gillet, n. 2523). — Toutefois, la disposition qui édicte cette déchéance est purement comminatoire, et le notaire peut encore être admis au serment après le délai de deux mois, si le tribunal ou l'administration reconnaît que le retard ne lui est pas imputable : Décis. 29 mai 1837 et 25 sept. 1843 (Gillet, n. 2552 et 2858).

7. Les chefs des parquets de première instance doivent informer exactement le ministre de la justice des décès qui surviennent parmi les notaires : Circ. 22 avr. 1841 (Gillet, n. 2726).

§ 2. — *Chambre des notaires.*

8. Une circulaire du 12 janv. 1843 (Gillet, n. 2819) contient des instructions générales pour l'application de la loi du 4 du même mois, relative à l'organisation des chambres des notaires et à la discipline du notariat. Nous y renvoyons le lecteur.

9. Dans la première quinzaine du mois de mai de chaque année, le chef du parquet de première instance doit transmettre au procureur général, avec ses observations, la délibération prise par l'assemblée générale des notaires pour le renouvellement des membres de la chambre de discipline : Circ. 8 mai 1825 (Gillet, n. 1847).

10. De son côté, le procureur général doit envoyer chaque année au ministre de la justice le procès-verbal de l'assemblée générale des notaires, en y joignant le procès-verbal de nomination des officiers de la chambre, le tableau exact de la composition de celle-ci et un rapport détaillé contenant ses observations sur les besoins du service : Circ. 7 juill. 1840 (Gillet, n. 1683).

11. Les registres des délibérations des chambres des notaires et leurs expéditions doivent être sur papier timbré : Circ. 18 vent. an XIII (Gillet, n. 490); Décis. 11 sept. 1841 et 21 août 1844 (*Id.*, n. 2749 et 2919).

§ 3. — *Droits et obligations des notaires.* — *Droits du ministère*
public à leur égard.

12. Lorsqu'une ville est divisée en plusieurs cantons dont dépendent des communes rurales, le notaire d'une de ces communes n'a le droit d'instrumenter que dans les communes rurales et la partie de la ville dépendant du canton dans lequel se trouve la commune pour laquelle il a été institué : Décis. min. just. 7 juin 1837 (Gillet, n. 2555).

13. Le successeur d'un notaire n'est pas tenu de déposer au greffe le répertoire des actes reçus par celui-ci, comme il y est tenu pour les actes reçus par lui-même : Cass., 7 déc. 1820 (S.-V. 6.1.341) ; Trib. de Brives, 8 avr. 1862 (J.M.p.6.310).

14. Des certificats de propriété en matière de rentes, pensions ou cautionnements, ne peuvent être délivrés collectivement par plusieurs notaires exerçant dans des ressorts différents, sur le vu d'un ensemble de titres dont chacun d'eux ne possède qu'une partie. Cette manière de procéder constitue une contravention aux art. 6 et 23 de la loi du 25 vent. an XI, en même temps qu'elle est préjudiciable aux intérêts du Trésor. D'après l'art. 1er du décret du 18 sept. 1806, c'est au notaire détenteur de la minute de l'inventaire ou du partage qu'il appartient exclusivement de délivrer le certificat de propriété dont il s'agit, sauf à cet officier public à faire déposer ou annexer dans son étude les actes ou expéditions d'actes qui lui manquent, et qu'il est tenu d'avoir en sa possession, aux termes de la disposition finale du modèle annexé à ce décret : Circ. 4 mai 1859 (Rés. chr., p. 18).

15. Il est dû un droit pour les certificats délivrés aux avoués par les secrétaires des chambres des notaires à l'effet de constater les insertions faites aux tableaux de ces chambres des extraits des demandes et jugements de séparation de biens et des contrats de mariage des commerçants. Ce droit, qui ne paraît pas devoir dépasser celui alloué pour le même cas aux greffiers, est fixé par les présidents des tribunaux, en exécution de l'art. 173 du décret de 1807, relatif aux actes non tarifés : Décis. min. just. 27 sept. 1859 (Rés. chr., p. 13).

16. Le ministère public a-t-il le droit d'exiger la communication, soit des répertoires et des minutes des notaires, soit des registres que ces officiers publics tiennent pour leur comptabilité ? — Le législateur n'a expressément attribué au ministère public un droit à communication de la part des notaires que relativement au registre des délibérations de la chambre de discipline (V. *infrà*, n. 32). Mais on ne saurait conclure de là que ce registre soit le seul document dont le ministère public puisse exiger la représentation. L'ordonnance de 1843 n'a fait que sanctionner l'une des conséquences qui découlent du droit de surveillance conféré au ministère public sur les officiers ministériels ou officiers publics, et en particulier sur les notaires (V. Circ. 12 janv. 1843, Gillet, n. 2819). Une autre conséquence de ce même droit, c'est que le ministère public ait la faculté de se faire communiquer, non plus par la chambre de discipline, mais par chaque notaire individuellement, les documents se rattachant d'une manière directe aux fonctions notariales, et dans lesquels il peut trouver les éléments pour son action répressive. Le contrôle qu'il est appelé à exercer ne serait-il pas, en effet, rendu impossible dans beaucoup de cas, s'il lui était interdit de porter ses regards dans l'étude du notaire? Il nous semble donc certain que les magistrats des parquets de première instance peuvent exiger, quand ils le jugent nécessaire, la communication, soit des minutes des notaires, comme cela a été décidé (Trib. de Montmorillon, 13 août 1845, D.P.46.3.185), soit, à plus forte raison, de leurs répertoires.

17. Mais nous n'allons pas jusqu'à reconnaître au ministère public le droit de se faire représenter les registres que les notaires tiennent pour leur comptabilité; ce ne sont pas là des documents revêtus d'un caractère public, comme les minutes et les répertoires, et se rattachant, comme eux, aux fonctions notariales. En effet, ces registres ne sont pas même obligatoires pour les notaires. Dans le projet de loi sur le règlement des honoraires du notariat, qui fut élaboré après la révolution de 1848, une disposition soumettait les notaires à la tenue d'un registre sur lequel ils devaient inscrire toutes les sommes payées par leurs clients, et qu'ils seraient obligés de représenter toutes les fois qu'ils en seraient requis. Cette dernière obligation fut repoussée, sur l'observation du rapporteur de la commission de la Cour de cassation, M. Laborie, comme étant une mesure pleine d'inconvénients qui pourrait mettre à la merci des tiers la révélation des actes les plus secrets confiés à la foi du notaire. Le texte proposé par la Cour de cassation, tout en maintenant la nécessité du registre, disposait que la communication n'en devait être faite qu'au président ou au tribunal, lorsque le notaire en serait requis à l'occasion d'un recours en taxe ou d'une opposition à l'exécutoire ou à l'ordonnance du président. Mais ce texte est lui-même resté à l'état de projet. — Pour les avoués, au contraire, une disposition législative très-formelle, celle de l'art. 151 du tarif du 16 fév. 1807, rend la tenue d'un registre de recettes obligatoire, et soumet ces officiers ministériels à l'obligation de le représenter « toutes les fois qu'ils en seront requis... ». Néanmoins la Cour d'Aix a jugé, par arrêt du 2 juin 1843 (S.-V.43.2.275), que les avoués ne sont point tenus de communiquer ce registre au ministère public, à toute réquisition de sa part, et que la représentation n'en peut être exigée que pour justifier ou combattre les demandes en paiement de frais faites par les avoués. A plus forte raison doit-il en être ainsi pour le registre des notaires, que nulle loi ne leur impose l'obligation non-seulement de représenter, mais même de tenir.

18. Les magistrats des parquets de première instance doivent vérifier l'état des minutes des notaires, et prendre, en cas de négligence, les mesures convenables pour assurer leur conservation : Décis. min. just. 24 juin 1808 (Gillet, n. 620).

19. Quand il y a des motifs sérieux de présumer que, nonobstant la déclaration négative des parties dans un acte civil de mariage, un contrat de mariage existe réellement, le ministère public doit avoir soin de rechercher dans quelle étude de notaire ce contrat a été passé ; il peut en outre faire vérifier par les préposés de l'enregistrement si ce contrat a été reçu par un des notaires de l'arrondissement. Ces investigations doivent d'ailleurs rester complétement secrètes : Circ. 13 nov. 1850 (Gillet, n. 3294).

§ 4. — Discipline.

20. Il est constant que l'infraction à l'obligation de la résidence rend les notaires passibles de peines disciplinaires, et que pour que l'absence constitue cette infraction, il n'est pas nécessaire qu'elle soit permanente, mais qu'il suffit d'un abandon momentané de l'étude. V. notamment Cass., 11 janv. 1841 (S.-V. 41.1.112); Toulouse, 31 déc. 1844 (D.P.45.2.66); Grenoble, 30 janv. 1856 (D.P.56.2.92) ; Agen, 4 août 1857 (D.P.57.2.164); — Rolland de Villargues, *Répert. du Notar.*, v° *Notaire*, n. 40 ; Ed. Clerc, *Manuel du Notar.*, t. 2, n. 81 ; Dalloz, *Répert.*, v° *Notaire*, n. 40.

21. Faut-il conclure de là que les notaires ne puissent s'absenter du lieu de leur résidence qu'après avoir obtenu l'autorisation du chef du parquet de première instance, du moins lorsqu'ils doivent sortir de l'arrondissement? Un chef de parquet, le pensant ainsi, avait invité le président de la chambre des notaires à informer ses collègues qu'il exigerait à l'avenir cette autorisation. Mais, sur la communication de cette lettre, l'assemblée générale des notaires prit une délibération par laquelle, ne trouvant, disait-elle, dans la loi, aucun texte qui justifiât le droit absolu invoqué par le ministère public, elle déclarait passer à l'ordre du jour. — Cette résistance des notaires à la prétention du parquet a été approuvée par les rédacteurs du *Journal des Notaires*, année 1857, n. 16054, et par M. Chauveau, dans le *Journal des Avoués*, année 1858, art. 2874. Peut-être cependant pourrait-on considérer l'obligation, pour le notaire qui veut sortir de l'arrondissement, de se pourvoir de l'autorisation du chef du parquet de première instance, comme une sanction rationnelle de la défense qui lui est faite d'abandonner, même momentanément, son étude. V. notre *Journ. du min. publ.*, t. 1, p. 46. — Dans tous les cas, l'observation de ce préalable aurait pour effet de garantir le notaire contre toute poursuite disciplinaire ultérieure à raison de son absence.

22. Il a été jugé à diverses reprises que le fait par l'acquéreur d'un office de notaire de stipuler par une contre-lettre, lors de cette acquisition, un supplément de prix en dehors de celui porté au traité ostensible, donne lieu contre lui à l'action disciplinaire. — Toutefois, l'exactitude de cette doctrine est contestée par MM. Dalloz, *Répert.*, v° *Discipl. jud.*, n. 23. — V. *Discipline*, n. 15.

23. Quel est le moyen d'empêcher l'abus consistant, de la part des notaires, soit à dissimuler dans les actes de vente une partie du prix réel, soit, au cas de transmissions successives de biens par actes sous seing privé non enregistrés, à constater la vente comme directement faite par le premier vendeur au dernier acquéreur, sans tenir compte des mutations intermédiaires? A cette question qui nous a été posée par un des abonnés du *Journal du Ministère public*, nous avons répondu (t. 2, p. 187) que l'exercice du pouvoir disciplinaire était, à nos yeux, le seul remède à l'abus signalé. Nous avons rappelé que, d'après les vrais principes, les tribunaux sont investis du pouvoir de juger les notaires disciplinairement, même pour des infractions n'entraî-

nant point la suspension ou la destitution (V. *Discipline*, n. 5),
sauf à n'exercer ce droit, à l'égard des faits simplement passibles des peines de discipline intérieure, que dans le cas où les
chambres de discipline ne s'en seraient pas saisies elles-mêmes,
malgré les injonctions soit du procureur général, soit du ministre. Nous avons ensuite essayé d'établir que les faits sur lesquels nous étions consulté constituent des fautes disciplinaires,
en montrant que les dissimulations commises par un notaire dans
les actes auxquels il a pour mission d'imprimer le caractère de
l'authenticité, constituent un grave manquement aux devoirs de
sa profession. — V., au surplus, *Discipline*, n. 12 et s.

24. La Cour d'Aix a décidé, par arrêt du 27 août 1868 (J.M.p.
11.261), que le ministère public peut, en vue d'exercer une poursuite disciplinaire contre un notaire pour manquement aux devoirs de sa profession, saisir dans l'étude de ce notaire son
registre de comptabilité. — C'est là une solution fort grave, dont
l'exactitude est, à nos yeux, très-douteuse. — Nous avons essayé
d'établir plus haut, n. 17, que le ministère public n'a pas le droit
d'exiger des notaires la communication des registres qu'ils tiennent pour leur comptabilité. Or, si le ministère public ne jouit
pas d'un tel droit, comment serait-il autorisé à saisir ces registres
entre les mains des notaires?

25. Lorsqu'il s'agit de la recherche d'une infraction du droit
commun, le ministère public, hors le cas de flagrant délit, dans
lequel nous n'avons point à nous placer, ne peut par lui-même
procéder à aucune perquisition ni opérer aucune saisie; au juge
d'instruction seul est réservé ce droit exorbitant (C. instr. crim.,
32, 35 et s., 47, 87 et s.). Qu'en présence de ces règles on recon-
naisse au juge d'instruction le pouvoir de rechercher et de saisir
des pièces et des actes dans l'étude d'un notaire, rien de plus rationnel, quoique cependant de savants auteurs (F. Hélie, *Instr.
crim.*, t. 4, n. 1817, et Trébutien, *Cours élém. de droit crim.*, t. 2,
p. 247) soutiennent, contrairement, il est vrai, à l'opinion d'autres
jurisconsultes également autorisés (Dalloz, *Répert.*, v° *Instr. crim.*,
n. 350; Duverger, *Man. des juges d'instr.*, t. 1, p. 439 et 440),
que ce pouvoir ne doit pas s'étendre aux papiers ou actes qui
n'ont été confiés au notaire qu'à titre confidentiel. V. encore
Dictionn. du Notar., v^is *Communication*, n. 23, et *Expédition*,
n. 35. Mais nulle investigation, nulle mainmise de ce genre n'est
permise au ministère public.

26. En serait-il autrement quand il s'agit de la constatation de fautes disciplinaires ? La loi, à la vérité, ne trace ici aucune règle d'instruction ni de procédure, et il est généralement admis que l'action disciplinaire contre les notaires n'est soumise strictement ni aux formes de l'instruction criminelle, ni à celles de la procédure civile. V. *Discipline*, n. 25 et 26, ainsi que M. Ed. Clerc, *Tr. yén. du notar.*, 1re partie, t. 1, n. 1040, et le *Dict. du notar.*, vo *Discipline notariale*, n. 294 et s. — Mais s'il résulte de là qu'une grande latitude est laissée au ministère public pour l'administration de la preuve des faits disciplinaires, s'ensuit-il aussi que la faculté de procéder à des perquisitions et à des saisies, que la loi lui refuse à l'égard des crimes et des délits, lui appartienne en cette matière ? C'est ce que nous ne saurions concéder. Les arrêts et les auteurs qui admettent que l'exercice de l'action disciplinaire doit être affranchi des formes rigoureuses de la procédure, reconnaissent en même temps qu'une limite nécessaire s'impose à cette liberté de mouvement, — le respect des principes essentiels en toute poursuite. Parmi ces principes, ils signalent celui du droit de défense. Ne doit-on pas y comprendre également celui de l'inviolabilité du domicile, qui ne peut fléchir que dans les cas et selon les formes déterminés par la loi ? L'inviolabilité du domicile ! C'est incontestablement l'un des droits les plus sacrés pour tout citoyen ; mais pour le notaire, ce droit est d'autant plus digne de protection, qu'il est souvent inséparable de l'inviolabilité du secret. Du moment donc où la loi n'autorise en aucune façon le ministère public à pénétrer dans l'étude du notaire pour y rechercher les éléments d'une poursuite disciplinaire et y opérer la saisie des pièces qui lui paraîtraient révéler ces éléments, un tel droit doit lui être refusé, soit qu'il s'agisse de papiers ou d'actes se rattachant directement à la profession notariale, soit, à plus forte raison, quand la perquisition a pour objet des documents qui n'ont pas un rapport obligé avec l'exercice de cette profession, comme les livres de comptabilité.

27. Faut-il répondre à cette objection qui avait été élevée par le jugement du tribunal de Draguignan dans l'espèce sur laquelle a statué l'arrêt de la Cour d'Aix ci-dessus mentionné, que l'exercice du droit du ministère public ne peut être laissé à la merci de celui-là même contre lequel ce droit devrait être exercé, et que si la loi a voulu la fin, elle a dû vouloir les moyens ? La loi, en effet, aurait montré une imprévoyance à laquelle on comprendrait que la jurisprudence cherchât à suppléer, si, alors qu'elle plaçait

l'action disciplinaire en dehors des règles qui gouvernent l'action
publique, elle n'en avait assuré l'exercice par d'autres voies. Mais
ces voies, elle les a consacrées soit d'une manière expresse, soit
implicitement, et nous les avons rappelées déjà ; ce sont les communications que le ministère public peut exiger tant de la chambre
des notaires que de chaque notaire individuellement. Presque
toujours ces communications suffiront pour mettre le parquet sur
la trace des infractions qu'il soupçonne et qu'il recherche. Que
si, dans certains cas, elles peuvent être d'un secours insuffisant
ou nul, ce n'est pas une raison pour étendre les attributions du
ministère public au delà de la limite tracée par la loi, et pour lui
reconnaître un pouvoir d'investigation qu'elle n'a point établi, et
qui serait la violation de principes auxquels il ne peut être dérogé
que par la loi elle-même. Si nécessaire que soit la répression des
fautes disciplinaires commises par les notaires, elle n'a pas une
importance telle qu'il soit permis, pour arriver à cette répression,
de renverser, sans l'ordre formel du législateur, la barrière qui
défend la sécurité du domicile et le secret des affaires contre des
perquisitions plus ou moins justifiées.

28. Nous ne nous arrêterons pas à combattre cette autre proposition, énoncée sous une forme dubitative, il est vrai, par le jugement du tribunal de Draguignan, que le chef du parquet de première instance est le *supérieur hiérarchique* des notaires de son arrondissement, et que, comme tel, il a le droit de se transporter
chez ses *subordonnés* pour y faire des vérifications. Un pareil argument ne se soutient pas. Est-il besoin de démontrer que nul rapport hiérarchique ne saurait exister entre des fonctions d'un ordre
essentiellement différent, et que du droit de surveillance il ne peut
être permis de conclure au droit de direction ?

29. Il résulte encore de l'arrêt précité de la Cour d'Aix qu'en
tout cas, le notaire cité disciplinairement n'est pas recevable à
demander la restitution immédiate de son registre détenu par le
ministère public, s'il lui en a fait la remise volontairement, et si
ce registre est resté depuis à sa disposition pour qu'il pût en
prendre librement communication. — Sur ce point, nous ne pouvons qu'être d'accord avec l'arrêt. Si le notaire chez lequel un
officier du ministère public se transporte, sans droit, pour rechercher et saisir un registre ou une autre pièce, au lieu de protester
contre cette démarche illégale, remet lui-même volontairement et
sans condition, au magistrat, ce document où va être puisée, à
son encontre, la preuve d'une faute disciplinaire, il ne saurait ul-

térieurement se plaindre ni de la mainmise ni de la rétention dont le document dont il s'agit a été l'objet de la part du ministère public, alors d'ailleurs qu'il lui a été laissé toute facilité pour le consulter pendant l'instance engagée contre lui. — Mais il faut bien se garder de confondre ce consentement officieux et sans réserve, assez peu vraisemblable, nous devons le dire, avec le simple défaut de résistance, de la part du notaire, à une perquisition et à une saisie réellement opérées dans son étude par le ministère public. En pareil cas, le notaire serait incontestablement fondé, selon nous, à demander la restitution immédiate du document saisi, et à opposer la nullité de la poursuite à laquelle ce document servirait de base.

50. La chambre des notaires ne peut, sans illégallité, s'attribuer la connaissance d'une affaire disciplinaire dont le tribunal de première instance se trouve déjà saisi : Décis. min. just. 18 avr. 1844 (Gillet, n. 2893).

51. La disposition du décret du 30 mars 1808, qui soumet les décisions disciplinaires à l'approbation du garde des sceaux, ne s'applique point aux notaires : Décis. min. just. 6 déc. 1847 (Gillet, n. 3080).

52. D'après une autre décision du ministre de la justice du 11 avr. 1846 (Gillet, n. 3006), le ministère public a le droit d'exiger la communication, non-seulement des registres des délibérations de la chambre de discipline des notaires, conformément au texte de l'art. 3 de l'ordonn. du 4 janv. 1843, mais encore des documents qui ont servi de base aux délibérations.

53. Lorsque la répression d'une faute disciplinaire, par la chambre des notaires, ne paraît pas suffisante, il y a lieu d'exercer, en vertu de l'art. 53 de la loi du 25 vent. an XI, de nouvelles poursuites devant le tribunal, et non d'interjeter appel de la décision de la chambre : Décis. min. just. 3 oct. 1844 (Gillet, n. 2923).

54. Le ministère public, pour poursuivre devant le tribunal la destitution d'un notaire, n'a pas besoin de l'avis préalable de la chambre de discipline : Décis. min. just. 16 nov. 1810 (Gillet, n. 679) ; — Cass., 13 mai 1807 (S.-V.2.1.387); 6 avr. 1808 (S.-V.2.1.512); 13 déc. 1810 (S.-V.3.1.273); 2 août 1848 (S.-V.48.1.629); Bordeaux, 3 déc. 1827 (S.-V.8.2.420).

55. Le tribunal saisi d'une affaire disciplinaire contre un notaire peut ordonner le huis clos, en vertu de l'art. 87, C. proc.

civ.; mais le jugement doit toujours être rendu publiquement, selon la règle générale : Décis. min. just. 22 déc. 1835 (Gillet, n. 2497). — Jurisprudence conforme. V. Dalloz, *Répert.*, v° *Notaire*, n. 842.

56. La suspension prononcée contre un notaire court à partir de la signification du jugement. En conséquence, le ministère public ne peut, lorsqu'il s'est écoulé depuis cette signification un délai égal à la durée assignée à la suspension, s'opposer à la levée des scellés apposés sur les minutes du notaire, sous le prétexte que la suspension n'a commencé à courir qu'à partir de l'apposition des scellés : Orléans, 24 janv. 1857 (J.M.p.1.54); — Clerc, *Man. théor. et prat. du notar.*, p. 167, n. 1251; Dalloz, *Répert.*, v° *Notaire*, n. 543, 856.

57. L'arrêt de la Cour d'Orléans mentionné au numéro précédent a jugé aussi que le cours de la suspension prononcée contre un notaire n'est pas interrompu par l'emprisonnement subi par ce notaire en vertu d'une condamnation pour délit commun. Mais cette solution nous semble fort contestable. La peine de l'emprisonnement prononcée contre un notaire pour un délit commun n'entraîne pas virtuellement pour ce notaire, dit la Cour d'Orléans, sa dépossession de ses fonctions. N'est-ce pas là une erreur? Le notaire frappé d'une peine de cette nature peut-il, pendant qu'il la subit, être considéré comme continuant néanmoins à exercer sa profession, ou ne se produit-il pas plutôt alors une sorte de suspension qui ne doit point se confondre dans celle à laquelle le notaire vient d'être, en outre, condamné disciplinairement? Cette dernière interprétation, que nous serions disposé à préférer, peut s'appuyer sur une lettre du ministre de la justice, du 23 fév. 1810 (Gillet, n. 666), de laquelle il résulte que, lorsqu'un notaire a été condamné à la prison, les scellés doivent être apposés sur ses minutes, comme dans le cas de décès, de suspension ou de destitution.

58. Les chefs des parquets de première instance, consultés par l'administration de l'enregistrement au sujet de la demande formée par un notaire en remise ou en modération d'une amende par lui encourue, ne doivent pas émettre un avis positif sur cette demande, mais se borner à donner de simples renseignements sur la capacité et la moralité du notaire : Décis. min. just. et fin. 23 fév. 1824 (Gillet, n. 1737); Décis. min. just. 18 mai 1824 (*Id.*, n. 1762).

59. Le délai de deux ans par lequel se prescrivent les contraventions des notaires énumérées dans la deuxième partie de
l'art. 14 de la loi du 16 juin 1824 (omission du dépôt d'un double
du répertoire; défaut de mention de la patente des négociants
dans les actes; infractions à la loi du 25 vent. an xi; défaut de
dépôt d'un extrait des contrats de mariage des commerçants)
court à partir du jour où ces contraventions ont été commises et
non point seulement à partir de celui où les préposés de la régie
de l'enregistrement ont été mis à même de les constater : Grenoble, 3 mars 1862 (J.M.p.5.152). On comprend difficilement que
ce point ait pu faire question. A la différence du Code du 3 brum.
an iv, dont l'art. 9 faisait courir la prescription des délits (expression qui embrassait toutes les espèces d'infractions) à partir du
jour où l'existence de ces délits avait été *connue et légalement constatée*, le Code d'instruction criminelle a établi comme point de
départ du cours de la prescription de l'action publique, à l'égard
des contraventions, de même que pour les crimes et pour les
délits, le jour où l'infraction a été commise (art. 637, 638 et 640).
Et c'est là une règle absolue, qui ne peut fléchir que devant une
disposition contraire de la loi (telle, par exemple, que l'art. 185,
Cod. for. [V. *Forêts*, n. 13], ou, pour rentrer dans l'ordre d'idées
de l'espèce ci-dessus, la première partie de l'art. 14 de la loi du
16 juin 1824), et dont l'application ne saurait être écartée, alors
même que l'infraction commise serait demeurée cachée. V. Merlin,
Répert., v° *Prescr.*, sect. 3, § 7, art. 1, n. 3; F. Hélie, *Instr. crim.*,
t. 2, n. 1066; Dalloz, *Répert.*, v° *Prescr. crim.*, n. 55. La Cour
de cassation a jugé en ce sens, par arrêt du 26 juin 1845 (S.-V.
46.1.66), que la prescription d'un an en matière de contraventions est applicable, encore bien qu'il s'agisse d'une contravention
qui, par un motif quelconque, n'aurait pu être connue du ministère public.

40. Il ne pourrait donc être fait exception, pour les contraventions des notaires que prévoit la deuxième partie de l'art. 14
de la loi du 16 juin 1824, à la règle impérieuse que nous venons
de rappeler, qu'autant que cette loi y aurait dérogé relativement
à ces contraventions, comme elle l'a fait à l'égard de celles que
désigne la première partie du même article. Or, bien loin de là,
il est dit formellement dans la deuxième partie de l'art. 14, re-
produisant la règle même dont il s'agit, afin de montrer que l'exception qui y a été faite dans la première partie cesse ici d'être
applicable, que l'action pour faire condamner aux amendes dans

les cas énumérés « sera prescrite après deux ans, *à compter du jour où les contraventions auront été commises* ». Comment, en présence d'un semblable texte et des principes que nous avons exposés plus haut, serait-il permis de soutenir que la prescription de l'action publique, dans ces mêmes cas, court seulement à partir du jour où les préposés de l'administration ont été mis à même de constater les contraventions? La difficulté de poursuivre ces contraventions en temps utile ne saurait évidemment être un motif suffisant pour modifier le point de départ que la loi a expressément assigné au cours de la prescription. Cette difficulté, qui est de nature à se produire pour toute espèce d'infractions, ne peut être vaincue que par la vigilance des agents ou des magistrats à qui sont confiées la recherche et la poursuite de ces infractions.

§ 5. — *Honorariat.*

41. Le titre de notaire honoraire ne peut être conféré sans que les deux conditions d'une proposition préalable de la chambre de discipline et d'un exercice de vingt années au moins, exigées par l'art. 29 de la loi du 4 janv. 1843, aient été observées : Décis. min. just. 18 avr. 1846 et 9 juill. 1847 (Gillet, n. 3007 et 3068).

42. La chambre des notaires ne peut, par une seule et même délibération, proposer plusieurs anciens notaires pour l'honorariat; il faut une délibération distincte pour chaque candidat : Lett. min. just. 31 août 1857 (Gillet, n. 3732).

43. Un juge de paix qui a été notaire ne peut être nommé notaire honoraire, parce que ce titre soumettrait sa vie publique et même sa vie privée à la censure d'anciens collègues au-dessus desquels il se trouve placé : Lett. min. just. 31 août 1857 (Gillet, n. 3732).

44. Les pièces à produire pour obtenir la collation du titre de notaire honoraire sont : 1° une expédition sur papier timbré de la délibération de la chambre des notaires contenant la proposition de l'honorariat; 2° la supplique de l'impétrant; 3° les observations du chef du parquet de première instance. La signature du secrétaire de la chambre au bas de l'expédition de la délibération doit être légalisée par le président du tribunal; celle de l'impétrant, au bas de la supplique, par le maire, et celle du maire par le sous-préfet. — Le dossier, complété par un inventaire, est transmis du parquet de première instance au parquet du procureur général, et ce magistrat l'adresse lui-même au garde des

sceaux, avec son avis : Circ. 12 janv. 1843 (Gillet, n. 2819);
Décis. 21 août 1844 (*Id.*, n. 2919). — V. aussi Lebon, *Notions
pratiq. concernant l'administr. des parq.*, p. 88.

45. Les notaires honoraires sont soumis à la juridiction de la
chambre des notaires et à celle des tribunaux comme les notaires
en exercice : Décis. min. just. 24 juin 1846 (Gillet, n. 3015).

— V. *Aliénés*, 17; *Amende*, 2 et 3; *Discipline*, 5 et s., 30, 31;
Legs aux établissem. publ.; Magistrat, 8. 9; *Militaire*, 1; *Office*,
2,5,11,21.; *Outrage*, 3; *Preuve des délits*, 30 et s.; *Réhabilitation*,
9; *Timbre*, 2.

NUIT. — **1.** Dans les diverses matières pénales où la circonstance de nuit est considérée par le législateur comme un des
éléments des délits ou des contraventions, ou comme une aggravation de la pénalité, un doute sérieux existe sur le point de savoir à quel moment la nuit commence dans le sens légal. — Ainsi,
en matière de vol, quatre systèmes différents se sont produits sur
l'interprétation des art. 381, 385, 386 et 388, C. pén., qui prononcent une aggravation de peine contre les crimes ou délits
commis *pendant la nuit*. — D'après un premier système, la nuit
s'entend ici de l'intervalle qui sépare le coucher et le lever du
soleil, sans qu'il y ait à se préoccuper de la circonstance qu'il
faisait encore jour au moment de la perpétration du crime ou délit, ou que le lieu de la perprétation était animé de tout le mouvement et de toute l'activité du jour : Cass., 12 et 23 juill. 1813
(S.-V.4.1.284 et 401); 4 juill. 1823 (S.-V.7.1.285); 15 avr. 1825
(S-.V.8.1.101); — Merlin, *Répert.*, v° *Vol*, sect. 2, § 3, art. 4, n. 1
et 2; Duverger, *Man. des jug. d'instr.*, t. 1, n. 37. — Suivant une
seconde opinion, il faut se reporter, pour fixer le temps de la
nuit, en matière de vol, à l'art. 1037, C. proc. civ., relatif au
temps pendant lequel on ne peut faire aucune signification, article
dont la disposition règle, aux termes des décrets et ordonnances
sur la gendarmerie, l'intervalle de nuit durant lequel il n'est pas
permis de s'introduire dans le domicile des citoyens : Bourguignon, *Jurispr. des Cod. crim.*, t. 2, p. 191. — Dans un troisième
système, la nuit commence, dans chaque localité, à l'heure où
les habitants sont en usage de rentrer dans leurs habitations pour
s'y livrer au repos : Carnot, *Comment. Cod. pén.*, t. 2, p. 265. —
Enfin, d'après une dernière doctrine, la nuit, dans le sens du
Code pénal, s'entend de l'absence du jour, de cette obscurité qui
commence quand finit le crépuscule du soir, et qui finit quand le

crépuscule du matin commence : Nîmes, 7 mars 1829 (S.-V.9.2. 228); — Hélie et Chauveau, *Théor. Cod. pén.*, t. 5, n. 1828, 1829; Boitard, *Leç. sur le Cod. pén.*, n. 498. — Toutefois, ces auteurs ne pensent pas qu'il y ait à cet égard de règle absolue, et, selon eux, la circonstance de la nuit est une circonstance de fait que les juges et les jurés doivent apprécier d'après les témoignages et les preuves du procès.

2. En matière de délit forestier, des arrêts ont jugé et les auteurs enseignent que la nuit, dont l'art. 201, C. for., fait une circonstance aggravante, est l'espace compris entre le coucher et le lever du soleil. V. Metz, 25 fév. 1836 (Dalloz, *Rép.*, v° *Forêts*, n. 262), et diverses décisions de la Cour de Nancy mentionnées *ibid.*; — Coin-Delisle et Frédérick, *Comment. Cod. forest.*, t. 2, p. 233; Garnier-Dubourgneuf, *Id.*, p. 241; Meaume, *Id.*, t. 2, n. 1409; Dalloz, *loc. cit.* — Cette solution se fonde principalement sur ce que le législateur a eu évidemment l'intention de reproduire dans l'art. 201 précité la disposition de l'art. 5, tit. 32, de l'ordonnance de 1669 qui punissait d'une amende double les délits « commis depuis le coucher jusqu'au lever du soleil ».

3. En matière de tapage nocturne, la Cour de cassation a jugé de même, et comme on a vu d'ailleurs ci-dessus, n. 1, qu'elle l'a fait en matière de vol, que le temps légal de la nuit commence après le coucher du soleil : Cass., 30 août 1860 (S.-V.60.1.1013).

4. En matière d'infraction à l'obligation de l'éclairage des voitures, la Cour suprême a décidé encore, par arrêts des 2 juin 1848 (S.-V.48.1.522) et 29 nov. 1860 (J.M.p.4.67), que la nuit est l'intervalle de temps qui s'écoule depuis le coucher du soleil jusqu'à son lever, et non point seulement celui pendant lequel l'art. 1037, C. proc., défend de faire des significations. V. aussi, dans le même sens, Cass., 7 fév. 1857 (S.-V.57.1.486). — Mais, par un autre arrêt du 7 juin 1860 (S.-V.60.1.923), cette Cour a jugé que la détermination de la durée du temps de nuit pendant lequel l'art. 15 du décret du 10 août 1852 défend de faire circuler des voitures sans qu'elles soient éclairées, est abandonnée à l'appréciation des juges, d'après les constatations particulières de chaque cause. — M. Guilbon, *Police du roulage*, n. 61, voudrait qu'en cette matière on se guidât sur l'heure astronomique du lever et du coucher du soleil; tandis que, suivant MM. Dalloz, note sur l'arrêt précité du 7 juin 1860 (D.P.60.1.373), la doctrine de cet arrêt est la plus sûre.

5. Enfin, en matière de délit de chasse, les opinions ne sont pas moins divergentes.—Les uns estiment qu'ici, comme dans toutes les autres matières pénales, la nuit est l'intervalle compris entre le coucher et le lever du soleil : Dijon, 11 nov. 1846 (D.P.47.4. 69) ; — Gillon et Villepin, *Nouv. Cod. des chass.*, p. 167. — Selon d'autres, la chasse ne doit pas être réputée avoir eu lieu la nuit par cela seul qu'elle a été exercée après le coucher du soleil, s'il faisait encore jour (Douai, 9 nov. 1847, D.P.47.4.69), et à plus forte raison, le fait de chasse accompli lorsque le soleil était au moment de se coucher, ne peut être réputé avoir eu lieu de nuit : Colmar, 20 janv. 1857 (J.M.p.1.252). — D'après quelques autorités, le soin d'apprécier si le délit a été commis ou non la nuit doit être abandonné à la sagesse des tribunaux : Rogron, *Cod. de la chasse*, p. 103 ; Berriat-Saint-Prix, *Législat. de la chasse*, p. 87 ; Dalloz, *Répert.*, v° *Chasse*, n. 177 ; Giraudeau et Lelièvre, *Chasse*, n. 522 ; — Amiens, 6 nov. 1863 (J.M.p.6.277); Douai, 19 fév. 1866 (*Id.*9.245). — On peut encore ranger parmi ceux qui adhèrent à cette opinion M. Championnière, *Man. du chass.*, p. 55, suivant lequel toutefois, en ce qui concerne la chasse à l'affût, la nuit devrait s'entendre de l'obscurité complète, tandis que MM. Camusat-Busserolles et Frank-Carré, *Cod. de la police de la chasse*, p. 129, repoussent toute distinction entre ce mode de chasse et ceux prévus par le § 2 de l'art. 12 de la loi du 3 mai 1844. — Plus précis, M. Massabiau, *Man. du minist. publ.*, t. 3, n. 2714, enseigne que la nuit, en matière de délit de chasse, est le temps qui s'écoule entre la fin du crépuscule du soir, une heure au plus après le coucher du soleil, et le commencement de celui du matin, environ une heure avant son lever. Et une solution conforme résulte d'un arrêt de la Cour de Lyon du 24 janv. 1861 (J.M.p.4. 29).

6. Cet arrêt, quoique rendu en matière de chasse, pose un principe général et absolu qui se formule ainsi : la nuit, dans le langage du droit criminel, est réputée commencer au moment où finit le crépuscule astronomique ou crépuscule vrai, et non le crépuscule civil ou conventionnel. Ce principe, qui a le mérite de donner à la détermination du temps de nuit une base précise et essentiellement rationnelle, doit, selon nous, avoir la préférence sur toutes les autres interprétations que nous avons rappelées ci-dessus.—On comprend aisément que, dans les matières où c'est surtout l'obscurité de la nuit qui, à raison de la facilité qu'elle assure aux délinquants et du danger qu'elle présente pour la sûreté publique, constitue un élément du délit ou une aggravation de la peine, la loi n'ait pas, comme dans d'autres matières où cette obscurité est moins à considérer parce qu'elle n'entraîne pas les mêmes inconvénients, fixé elle-même la durée du temps de nuit, suivant les saisons. Il est clair, dès lors, qu'on ne saurait, dans les hypothèses où la loi garde sur ce point un silence évidemment volontaire, prendre pour base les règles, d'ailleurs fort peu uniformes, qu'elle a posées pour d'autres cas. (V. notamment art. 781 et 1037, C. proc. civ.; 471, § 10, C. pén.; art. 26, L. 8 avril 1816, sur les contributions indirectes; art. 3, L. 22 mars 1841, sur le travail des enfants dans les manufactures). — Nous ne croyons point non plus que l'appréciation du temps de nuit doive être abandonnée à l'arbitraire des tribunaux, parce que les témoignages produits à cet égard devant eux ne sauraient avoir rien de suffisamment certain. Tel rédacteur de procès-verbal ne pourra-t-il pas regarder comme constitutif de la nuit dans le sens légal un état atmosphérique dans lequel d'autres personnes verront seulement le déclin du jour ? Comment, en présence d'affirmations contradictoires sur ce point, les juges pourront-ils asseoir solidement leur décision ? Et cependant il s'agit là d'une circonstance essentielle, constitutive du délit ou aggravante de la peine encourue ! — Il sera, au contraire, moins difficile, quoi qu'en disent MM. Dalloz, d'arriver à la détermination de l'heure de la perpétration du délit; des moyens nombreux peuvent conduire à ce résultat d'une manière certaine; et l'heure une fois connue, les juges n'auront plus, en appliquant la règle posée par l'arrêt de la Cour de Lyon, aucun embarras pour décider la question de savoir si le délit a été commis ou non pendant la nuit.

— V. *Abus d'autorité*, 8 ; *Attentat à la liberté*, 5 ; *Chasse*, 91 et s.; *Instruction criminelle*, 29.

OCTROI. — **1.** Dans le principe, la jurisprudence avait reconnu au ministère public qualité pour exercer des poursuites à raison de contraventions en matière d'octroi. *Sic*, Cass., 26 août 1825 (S.-V.8.1.423) et 14 nov. 1833 (S.-V.33.1.853); Orléans, 8 fév. 1834 (J.P. chr.).—Mais, en dernier lieu, elle a décidé que ce droit appartient exclusivement à l'administration. V. Cass., 12 août 1853 (S.-V.53.1.188) et 18 janv. 1861 (implicit.) (Bull. n. 14); Douai, 14 août 1860 (J.M.p.4.96).

2. Les faits constitutifs d'une contravention d'octroi sont, lorsqu'il vient s'y joindre d'autres éléments caractéristiques d'un délit de droit commun, passibles des peines du Code pénal applicables à ce délit. — Et la transaction intervenue, relativement à la contravention, entre son auteur et l'administration de l'octroi, ne met pas obstacle à l'exercice de l'action du ministère public en répression du délit : Cass., 26 juill. 1866 (J.M.p.10.125).

— V. *Appel correctionnel*, 111; *Outrage*, 14; *Peine*, 9; *Prescript. crim.*, 77; *Questions préjudicielles*, 19, 20.

OFFICE.

SOMMAIRE ALPHABÉTIQUE.

1. Une circulaire du 28 juin 1849 (Gillet, n. 3203) réunit en les résumant les instructions antérieures de la chancellerie concernant les cessions d'office. Il est indispensable de la consulter. V. aussi sur cette matière, MM. Greffier, *Cessions et suppressions d'offices*; Lebon, *Notions pratiques sur l'administration des parquets de première instance*; Desplagnes, *Notes pratiques sur l'administration des parquets*. — Pour nous, dans l'impossibilité où nous sommes d'approfondir un tel sujet, nous nous bornerons à rappeler quelques-unes des règles les plus essentielles qui s'y rattachent.

2. Dans deux articles insérés J.M.p.7.23 et 50, M. Lebon a exposé les prescriptions concernant les pièces à produire au cas de cession d'office, en distinguant celles de ces pièces qui doivent se trouver dans tout dossier, quelle que soit la nature de l'office cédé, et celles qui ne sont exigées que pour telle ou telle cession, selon qu'il s'agit d'un office de notaire, d'avoué, de greffier, d'huissier ou de commissaire-priseur. Nous renvoyons le lecteur à ces deux articles, trop étendus pour être reproduits ici, en même temps qu'aux modèles d'états de produits qui ont été aussi insérés *ibid.*, p. 72 et s.

3. Sur les pièces à produire par le candidat aux fonctions d'avoué, V. deux lettres du ministre de la justice du 30 août 1822 (Gillet, n. 1583) et deux décisions des 20 fév. et 4 mars 1834 (*Id.*, n. 2414 et 2416); — par le candidat aux fonctions d'huissier : Lettres et décisions ministérielles des 17 juin 1823, 21 avr. 1824, 15 mars 1834, 27 avr. 1844 et 10 sept. 1845 (Gillet, n. 1681, 1756, 2895, 2973); — par le candidat aux fonctions de notaire : Circ. 8 avr. 1824 (Gillet, n. 1750); Décis. 8 mai 1837, 8 janv. 1842, 7 et 20 mars 1844, 23 mai 1848 et 16 mars 1849 (*Id.*, n. 2549, 2765, 2884, 2886, 3112, 3177).

4. En présentant des candidats aux fonctions d'avoué ou d'huissier, il faut faire connaître s'ils sont parents d'un membre du tribunal près duquel ils doivent exercer ces fonctions ou de la Cour à laquelle ressortit ce tribunal : Circ. 15 fév. 1827 (Gillet, n. 1985).

5. Il n'est accordé de dispense d'âge ni pour les fonctions d'avoué (Décis. 14 mars 1825, 12 nov. 1830, 19 fév. 1834 et 19 juin 1848, Gillet, n. 1827, 2230, 2413 et 3118), ni pour celles de greffier (Décis. 19 mars 1821 et 14 mars 1822, Gillet, n. 1448 et 1533), ni pour celles d'huissier (Décis. 31 août 1843 et 19 juin 1848, Gillet, n. 2851 et 3119), non plus que pour les fonctions de notaire (Décis. 9 janv. 1837 et 29 juill. 1843, Gillet, n. 2537 et 2846).

6. La cession d'un office par la mère ou le tuteur des héritiers mineurs du titulaire doit être approuvée par une délibération du conseil de famille, et cette homologation doit être homologuée par le tribunal : Décis. min. just. 12 juill. 1844, 26 fév. 1849 et 30 avr. 1857 (Gillet, n. 2911, 3176 et 3709).

7. L'administrateur provisoire nommé, en vertu de la loi du 30 juin 1838, à un officier ministériel ou public frappé d'aliénation mentale, peut consentir une cession de l'office de celui-ci, après avis du conseil de famille homologué par le tribunal : Décis. min. just. 9 juin 1857 (Gillet, n. 3714).

8. Lorsqu'un officier public ou ministériel vient à être pourvu d'un conseil judiciaire, sa famille peut céder l'office en justifiant de son droit par la production d'une expédition du jugement qui nomme ce conseil : Lett. min. just. 6 nov. 1846 (Gillet, n. 3038).

9. La lettre d'envoi des pièces relatives aux cessions d'offices doit être adressée personnellement au ministre de la justice par le chef du parquet de première instance, quoiqu'elle ne doive parvenir au ministre que par l'intermédiaire du procureur général : Décis. 4 mars 1830 (Gillet, n. 2193).

10. A chaque dossier concernant une cession d'office, le procureur général doit joindre le rapport du chef du parquet de première instance, ainsi que son propre avis, tant sur le candidat que sur le traité et les pièces justificatives. Le parquet doit s'expliquer sur la moralité, sur les moyens de libératiou du cessionnaire, ainsi que sur la sincérité des obligations contractées : Décis. 30 avr. 1821, 10 avr. 1824, 23 oct. 1826, 18 juin 1828, 5 oct. 1830, 9 août et 11 sept. 1848 et 12 mars 1852 (Gillet, n. 1463, 1751, 1957, 2081, 2224, 3134, 3145, 3392).

11. La cession des offices de notaires doit être faite au taux de 12 pour 100, c'est-à-dire que le capital engagé doit rapporter au cessionnaire un intérêt de 12 pour 100 : Décis. 16 août 1851 (Gillet, n. 3356).

12. Il en est de même pour les cessions d'offices d'avoués près les Cours d'appel : Décis. 8 sept. 1851 (Gillet, n. 3360).

13. ... Et pour celles des offices de commissaires-priseurs : Décis. 24 avr. et 11 mai 1855 (Gillet, n. 3571 et 3576).

14. La cession d'un office de greffier du tribunal de commerce ne peut non plus avoir lieu à un taux inférieur à 12 pour 100 : Décis. min. just. 16 août 1854 (Gillet, n. 3535).

15. Pour les cessions d'offices d'avoués près les tribunaux de première instance, il suffit, d'après une décision du ministre de la justice du 1er avr. 1842 (Gillet, n. 2777), du taux de 10 p. 100, abstraction faite des bénéfices des affaires commerciales.

16. Mais, à raison des charges qui pèsent plus particulièrement sur les huissiers, le taux de l'intérêt du prix de la cession doit être de 15 à 20 p. 100, le chiffre de 15 p. 100 n'étant qu'exceptionnel : Décis. min. just. 16 août 1851 (Gillet, n. 3356).

17. La chancellerie exige, pour la cession des offices de greffiers des tribunaux de première instance, que le prix ne soit pas supérieur au produit moyen des cinq dernières années décuplé : Décis. 29 mars 1847 (Gillet, n. 3055).

18. L'avis du tribunal sur la valeur d'un office n'étant néces-saire que dans le cas où l'administration ne se trouve pas suffi-samment éclairée pour déterminer elle-même cette valeur, le par-quet ne doit recourir à l'évaluation par le tribunal que sur les ordres de la chancellerie. Lorsque le procureur général transmet le dossier, il doit se borner à joindre son propre avis aux éléments d'appréciation qui ont été réunis : Décis. min. just. 24 fév. 1845 et 3 avr. 1851 (Gillet, n. 2944 et 3325).

19. Pour qu'il reste trace dans les parquets de première in-stance des mutations survenues dans les offices et des enquêtes qui les ont précédées, un dossier particulier doit y être ouvert pour chaque officier ministériel ou officier public. Il est bon de joindre à ce dossier une copie de l'inventaire des pièces trans-mises par le chef du parquet de première instance au procureur général, pour être adressée à la chancellerie. Il faut y placer tous les documents favorables ou défavorables : Circ. 16 mai 1852 (Gillet, n. 3412).

20. La marche à suivre pour pourvoir soit au remplacement d'un officier public ou ministériel destitué, soit à la suppression d'un office, est indiquée dans un article de M. Lebon inséré J.M.p.7.53.

21. La Cour d'appel doit être consultée sur l'opportunité de la suppression des offices d'huissiers ou de commissaires-priseurs, mais non des offices de notaires : Lett. min. just. 26 avr. 1856 (Gillet, n. 3647).

22. Lorsque les parties intéressées ne sont pas d'accord sur le chiffre de l'indemnité à payer dans le cas de suppression d'un office, la chambre de discipline, le tribunal et le ministère public sont appelés à donner leur avis, en suite duquel l'administration détermine la valeur de l'office : Décis. min. just. 8 févr. 1839 (Gillet, n. 2623).

OFFICIER MINISTÉRIEL OU PUBLIC. — 1. La loi, par diverses dispositions, a placé les officiers ministériels et publics sous la surveillance des magistrats des parquets. V. Ar-rêté 13 frim. an ix, art. 10 ; L. 25 vent. an xi, art. 43 et 44 ; L. 30 mars 1808, art. 103 ; L. 20 avr. 1810, art. 45 et 47 ; Décret 14 juin 1813, art. 90.

2. Le procureur général ne peut se dispenser de communiquer au garde des sceaux les informations à la suite desquelles des plaintes portées contre des officiers ministériels auraient été jugées mal fondées : Décis. min. just. 16 nov. 1848 (Gillet, n. 3158).

`3. La démission d'un officier ministériel ne peut avoir pour effet d'arrêter les poursuites disciplinaires dirigées contre lui, alors même qu'elle serait antérieure à ces poursuites : Décis. min. just. 20 nov. 1837 et 8 oct. 1841 (Gillet, n. 2574 et 2755) ; — Dalloz, *Répert.*, v° *Discipl. judic.*, n. 43.

4. Aux termes de l'art. 102 du décret du 30 mars 1808, la destitution des officiers ministériels qui se sont mis en contravention aux lois et règlements peut être *provoquée*, s'il y a lieu. Il n'appartient donc pas, en semblable hypothèse, au ministère public de requérir devant le tribunal la destitution de l'officier ministériel, mais simplement la provocation de cette destitution; sur cette réquisition, le tribunal propose, s'il le juge convenable, au garde des sceaux de prononcer la destitution de l'officier ministériel. — V. aussi Décr. 14 juin 1813, art. **44**.

5. Une circulaire du ministre de la justice du 3 juin 1862 (Rés. chr., p. 45), constatant que des chambres de discipline ou des compagnies entières d'officiers publics ou d'officiers ministériels s'étaient, dans diverses circonstances, réunies, sans provocation de l'autorité compétente, pour délibérer et rédiger en commun des observations, explications, critiques, réclamations ou mémoires qu'elles avaient transmis directement aux grands corps délibérants de l'État, a condamné cette façon d'agir comme étant aussi contraire à la loi que dangereuse pour l'ordre et la discipline. La circulaire rappelle les conditions auxquelles sont soumises les assemblées générales des compagnies et les limites dans lesquelles sont renfermées les attributions des chambres de discipline. Le pouvoir de ces chambres de représenter collectivement la corporation dont elles émanent, sous le rapport des droits et des intérêts communs, ne va pas au delà des droits et des intérêts particuliers à la communauté des officiers ministériels ou publics d'un arrondissement, et il ne saurait leur appartenir de faire, au nom de la communauté, invasion dans le champ des questions générales de législation civile ou d'économie politique, et de s'attaquer, par exemple, à des projets de loi préparés par le Gouvernement, sous prétexte d'un intérêt plus ou moins éloigné, non de telle communauté, mais de toute une classe d'officiers publics. Il est surtout inadmissible qu'au lieu de faire parvenir de tels mémoires au Gouvernement par l'intermédiaire du parquet et du garde des sceaux, ces chambres s'adressent directement aux grands corps délibérants pour attaquer l'œuvre soumise à leur examen; que, reproduites par tous les procédés de l'imprimerie, des observations de toute nature circulent sans contrôle d'arrondissement en arrondissement; que l'acte isolé d'une chambre de discipline devienne comme un mot d'ordre, commenté et développé par cent délibérations diverses, et qu'on organise ainsi, dans un intérêt de corporation, l'agitation contre une loi d'impôt aussi bien que contre une loi civile et politique. Les magistrats ont été chargés, en conséquence, d'inviter les compagnies et les chambres de discipline d'officiers publics et ministériels à se renfermer plus exactement dans le cercle de leurs attributions et de leurs devoirs.

6. La même circulaire a ajouté qu'on n'entendait pas interdire aux communautés la faculté de faire parvenir à l'autorité supérieure leurs réclamations et leurs vœux, mais qu'il importait que les règles de la hiérarchie fussent strictement observées. Toutes délibérations du genre de celles indiquées ci-dessus, toutes celles qui traiteraient de matières non expressément prévues par la loi organique de l'institution et étrangères à la discipline, doivent être remises en expédition au parquet de l'arrondissement, pour être transmises au procureur général, qui les fera parvenir au ministre avec ses observations et son avis.

7. Enfin la circulaire précitée du 3 juin 1862 a recommandé aux magistrats de veiller aussi à ce qu'il ne s'établisse pas, entre les diverses corporations d'officiers ministériels et publics de leur ressort, de ces correspondances qui suscitent parfois des antagonismes, créent des excitations souvent factices, et donnent à l'opinion de quelques esprits ardents ou chagrins l'apparence d'une pensée commune et d'un besoin général. Si le Gouvernement ne doit redouter ni la contradiction ni les critiques, il a le droit d'exiger qu'elles se produisent avec régularité et sincérité.

— V. *Absence*, 42; *Aliénés*, 17; *Avoué; Commissaire-priseur; Dénonciation calomnieuse*, 33, 40; *Greffier; Huissier; Ministère public*, 44; *Office; Réhabilitation*, 9; *Timbre*, 2.

OFFICIER DE POLICE JUDICIAIRE. — 1. Les officiers de police judiciaire sont placés sous la surveillance du ministère public par les art. 279 et s., C. instr. crim., et par les art. 45 et 47 de la loi du 20 avr. 1810.

2. Un officier de police judiciaire ne peut être poursuivi à raison d'un fait constituant un délit commis par lui dans l'exercice de ses fonctions, que devant la Cour d'appel et à la requête du procureur général; il ne saurait être actionné directement par la partie lésée devant le tribunal civil : Toulouse, 5 mai et 21 août 1829 (S.-V.31.2.192); Cass., 15 juin 1832 (S.-V.32.1.848) et 6 oct. 1837 (S.-V.38,1.80); Poitiers, 23 mars 1833 (S.-V.33.2.515); Rouen, 28 août 1843 (S.-V.44.2.308); Besançon, 13 déc. 1854 (S.-V.55.2.184); Paris, 31 janv. 1860 et 12 nov. 1867 (J.M.p.3.59 et 10.320); — Legraverend, *Législ. crim.*, t. 1, p. 500; Bourguignon, *Man. d'instr. crim.*, t. 2, p. 7; Ortolan et Ledeau, *Min. publ.*, t. 2, p. 210; de Molènes, *Fonct. du proc. du roi*, t. 1, p. 182; Dalloz, *Répert.*, vᵢˢ *Instr. crim.*, n. 66, et *Mise en jug. des fonction.*, n. 278. — On ne trouve en sens contraire qu'un arrêt fort peu motivé de la Cour de cassation, du 11 sept. 1812 (D.P.2.313), et l'opinion émise par Carnot dans son *Trait. d'instr. crim.*, sur l'art. 479.

5. La règle de l'art. 182, C. instr. crim., suivant laquelle la juridiction correctionnelle peut être saisie de la connaissance des délits par la citation directe de la partie civile, reçoit ici une exception commandée par la nécessité de garantir les fonctionnaires dont s'occupent les art. 479 et 483, même Code, contre des attaques injustes ou irréfléchies qui pourraient porter atteinte à la considération dont ils doivent être entourés. Cette garantie, que l'on désigne sous le nom de *garantie judiciaire*, consiste précisément dans le droit exclusif qui est accordé au procureur général près la Cour d'appel de citer et de poursuivre les prévenus, c'est-à-dire dans l'appréciation dont il est investi de l'opportunité des poursuites. Si l'on objecte qu'une telle doctrine constitue le procureur général arbitre souverain des griefs des particuliers, il faut répondre, avec Legraverend, *loc. cit.*, qu'en cas de refus injuste du procureur général de donner suite à la plainte portée contre un officier de police judiciaire, la partie lésée peut s'adresser au premier président, qui, en vertu de l'art. 11 de la loi du 20 avr. 1810 et de l'art. 62 du décret du 6 juillet de la même année, a le droit de convoquer les chambres de la Cour pour examiner les faits et enjoindre, s'il y a lieu, au procureur général d'intenter des poursuites. — Ajoutons qu'il n'est pas douteux que lorsque le procureur général a cité le prévenu, la partie civile peut intervenir dans l'instance. V. à cet égard Legraverend, p. 475, et Dalloz, vᵒ *Mise en jugement*, n. 280.

4. La Cour d'Alger a décidé, par arrêt du 17 sept. 1859 (J.M.

p.2.234), que le juge d'instruction et le chef du parquet de première instance qui, au cas de poursuite contre un officier de police judiciaire à raison d'un crime emportant la peine de forfaiture ou autre plus grave, ont été délégués par le premier président et le procureur général près la Cour d'appel pour remplir les fonctions spéciales dont l'art. 484, C. instr. crim., investit directement ces derniers, ne peuvent procéder qu'au nom de leurs délégants, et ne sauraient user, dans la direction de la procédure, de l'initiative dont la loi les investit dans les circonstances ordinaires; qu'en conséquence, il n'appartient, dans ce cas, ni au magistrat du parquet de requérir, ni au juge d'instruction d'ordonner que les pièces de la procédure soient transmises au procureur général pour être procédé ainsi qu'il est dit au chapitre des Mises en accusation; mais que c'est uniquement aux magistrats délégants d'examiner si la procédure est ou non terminée, et s'il y a lieu de la communiquer à qui il appartiendra.

5. Le principe consacré par cet arrêt nous paraît incontestable, et il est du reste enseigné, comme un point qui ne peut faire difficulté, par plusieurs auteurs. Ainsi, M. Legraverend, *Législ. crim.*, t. 1, p. 489, dit fort bien que, lorsqu'au lieu de procéder eux-mêmes à l'instruction de l'affaire, le premier président et le procureur général délèguent à cet effet d'autres magistrats, ainsi que l'art. 484, C. instr. crim., leur en accorde la faculté, ils n'en conservent pas moins, l'un le caractère de juge d'instruction, l'autre celui d'officier du ministère public. Considérés simplement comme leurs suppléants, les magistrats délégués agissent en leur. nom; d'où cet auteur conclut que ces derniers doivent transmettre la procédure aux magistrats délégants, afin qu'ils en saisissent directement la chambre d'accusation, comme s'ils avaient fait eux-mêmes l'instruction. V. dans le même sens, Dalloz, *Rép.*, v° *Mise en jugement*, n. 327.

6. Mais il importe de remarquer que ceci s'applique uniquement au cas de crimes commis dans l'exercice de leurs fonctions par les fonctionnaires qu'énumère l'art. 483, C. instr. crim. Lorsqu'il s'agit d'un crime commis hors de l'exercice de ses fonctions par l'un des magistrats que désigne l'art. 479, les officiers qui sont délégués par le premier président et par le procureur général, en vertu de l'art. 480, pour procéder à l'instruction, ne sont point, au contraire, considérés comme leurs suppléants, et agissent en leur propre nom (mêmes auteurs). La comparaison des termes dont se servent les art. 480 et 484 ne laisse aucun doute à cet égard.

7. Le maire ou l'adjoint qui a adressé des reproches à un particulier au sujet d'un fait de ce dernier pouvant constituer une contravention de police, sans que les circonstances indiquent qu'il eût l'intention de constater ce fait par un procès-verbal, ne peut être réputé avoir agi dans l'exercice de ses fonctions d'officier de police judiciaire. En conséquence, si les reproches dont il s'agit ont le caractère d'un délit, de la diffamation, par exemple, il ne peut être poursuivi, à raison de ce délit, devant la première chambre de la Cour d'appel; il n'est justiciable que du tribunal correctionnel : Rouen, 18 mars 1858 (J.M.p.2.51).

8. Il est constant que les gardes champêtres n'ont pas la qualité d'officiers de police judiciaire lorsqu'ils constatent des contraventions étrangères à la police rurale. V. *Compétence criminelle*, n. 17 et 18. *Junge* Caen, 1er mars 1860 (J.M.p.4.209). — V. aussi *Garde champêtre.*

9. Les inspecteurs de police n'ont pas la qualité d'officiers de police judiciaire : Cass., 18 avr. 1868 (J.M.p.11.222).

10. Cette qualité n'appartient pas non plus aux agents assermentés de l'administration des postes, et notamment aux facteurs, malgré leur droit de constater les contraventions postales. Ces agents ne jouissent donc pas de la garantie judiciaire établie par les art. 479 et 483, C. instr. crim.; ils n'ont droit qu'à la garantie résultant pour eux de l'arrêté du 9 pluv. an x, de ne pouvoir être poursuivis par le ministère public, pour des faits relatifs à leur emploi, qu'après autorisation du directeur général de l'administration des postes : Trib. corr. de la Seine, 1er mai 1869 (J.M.p.12.119). — V. aussi F. Hélie, *Instr. crim.*, t. 3, n. 1532.

— V. *Action publique*, 6; *Attentat à la liberté*, 5; *Chambre d'accusation*, 42; *Chasse*, 96, 97, 111; *Compétence criminelle*, 5 et s.; *Dénonciation*, 3, 4; *Juge d'instruction*, 34; *Ministère public*, 21, 22; *Mise en jugement*, 9, 10; *Police judiciaire*, 5; *Poste aux lettres*, 12; *Préfet*; *Témoin*, 10.

OR ET ARGENT. — **1.** Il résulte d'un grand nombre d'arrêts, dont la doctrine est suivie par les auteurs, qu'en matière de garantie des objets d'or et d'argent, le ministère public n'est recevable à poursuivre les contraventions, qu'autant qu'elles ont été constatées par des procès-verbaux réguliers des employés, soit du bureau de garantie, soit de l'administration des contributions indirectes, et qu'il ne peut être suppléé à ces procès-verbaux par aucun autre mode de preuve : Cass., 5 nov. 1825, 15 avr. 1826, 18 août 1827 (S.-V. chr.) ; 28 avr. 1855 (D.P.56.5.305) ; 28 déc. 1866 (J.M.p.11.93) ; Metz, 26 juin et 29 juill. 1857 (*Id.* 2.60) et 28 mars 1867 (*Id.*11.93) ; Colmar, 28 fév. 1860 (*Id.*4. 43) ; Douai, 30 janv. 1861 (*Id.*4.263) ; Nancy, 19 janv. 1864 (*Id.* 7.20) ; Angers, 25 fév. 1867 (*Id.*11.93) ; — Mangin, *Procès-verb.*, n. 237 ; Dalloz, *Répert.*, v° *Procès-verb.*, n. 510 ; F. Hélie, *Instr. crim.*, t. 3, n. 1362.

2. Jugé spécialement que les poursuites du ministère public pour achat par un horloger à des inconnus d'objets d'or et d'argent, et pour défaut d'inscription d'une revente sur un registre, ne peuvent se fonder sur le procès-verbal dressé par un commissaire de police sans l'assistance des employés indiqués au numéro précédent : Colmar, 28 fév. 1860 ; Nancy, 19 janv. 1864 ; Metz, 28 mars 1867, précités.

3. ... Que le ministère public ne peut, en cette matière, à défaut de procès-verbaux des employés du bureau de garantie ou des contributions indirectes, ni fonder ses poursuites sur un procès-verbal du commissaire de police, ni être admis à rapporter la preuve par témoins des contraventions imputées au prévenu : Douai, 30 janv. 1861, mentionné ci-dessus, n. 1.

4. ... Et qu'il en est ainsi même à l'égard des contraventions qui ne sont point purement fiscales, mais qui résultent de l'inobservation des prescriptions édictées dans un intérêt général et de police, telles que celles des art. 74 et 75 de la loi du 19 brum. an VI, relatives à la tenue régulière d'un registre d'achats et de ventes et à l'obligation de n'acheter que de personnes connues ou ayant des répondants connus : Cass., 28 déc. 1866, Angers, 25 fév. 1867, et Metz, 28 mars 1867, également mentionnés *ibid.*

5. Toutefois, la doctrine contraire a été aussi consacrée par plusieurs décisions soit de la Cour de cassation, soit de Cours d'appel. V. Cass., 20 vent. an XI (Dalloz, *loc. cit.*) ; 30 mai 1806 (Dalloz, *Répert.*, v° *Mat. d'or et d'argent*, n. 161) ; 9 mai 1842 (D.P.42.2.374) ; 6 août 1848 (D.P.48.5.274) ; Metz, 9 juin 1821 (Dalloz, *Répert.*, *ut suprà*) ; Orléans, 13 nov. 1839 (D.P. 46.2.59) et 27 août 1845 (D.P.46.2.60) ; et elle se fonde principalement sur ce motif, qu'en l'absence d'une disposition expresse qui, en matière de garantie des objets d'or et d'argent, ait subordonné l'action du ministère public à l'existence de procès-verbaux constatant les contraventions, comme l'art. 34 du décret du 1er germ. an xiii l'a fait à l'égard des objets prohibés, la règle générale d'après laquelle la preuve résultant d'un procès-verbal peut être complétée ou remplacée, soit par des témoignages oraux, soit par tout autre moyen, doit recevoir ici son application. Il est vrai que l'art. 106 de la loi du 19 brum. an vi dispose que le ministère public doit poursuivre sur la remise qui lui est faite du procès-verbal dressé par les employés du bureau de garantie; mais la Cour d'Orléans objecte que la mission donnée à ces employés de rechercher et de constater les contraventions, puis de remettre leur procès-verbal au ministère public, n'est qu'un moyen de plus d'arriver à la répression, et ne peut faire obstacle à l'action du ministère public, lorsqu'il acquiert directement la connaissance de ces contraventions ; qu'on ne comprendrait pas que le ministère public fût privé du droit d'agir d'office dans une matière où les contraventions ne lèsent pas seulement les intérêts du fisc, mais touchent à l'intérêt général et à l'ordre public. Et l'arrêt de la Cour de Metz du 9 juill. 1821 ajoute que, si le ministère public devait attendre, pour exercer l'action publique, que les employés du bureau de garantie ou de la régie des contributions indirectes prissent l'initiative en dressant des procès-verbaux pour la constatation des contraventions, ce serait, contrairement au vœu manifeste de la loi, le forcer à laisser ces contraventions impunies, lorsque, par défaut de zèle, de surveillance ou d'activité de ces employés, aucun procès-verbal n'aurait été préalablement rédigé.

6. Au reste, il paraît certain, même dans le premier des deux systèmes que nous venons d'exposer, que l'absence de procès-verbal ne saurait priver le ministère public de l'action en confiscation des objets saisis. V. en ce sens, Cass., 18. niv. an ix, 17 vent. an xiii, 5 sept. 1806, 17 nov. 1808, 20 août 1813, 20 oct. 1818 (S.-V. chr.) ; 12 juill. 1834 (D.p.34.1.378) ; — Mangin, *loc. cit.*, n. 238 ; Dalloz, v° *Procès-verb.*, n. 511.

7. Il est également hors de doute que l'existence d'un procès-verbal constatant les infractions en matière de garantie des objets d'or et d'argent, cesse d'être une condition des poursuites du ministère public, lorsque ces infractions ne constituent pas de simples contraventions, mais ont le caractère de crime, et que, dans cette dernière hypothèse, l'action publique doit être régie par les principes du droit commun. *Sic*, Cass., 21 fév. 1856 (D.p. 56.1.350).

8. Il résulte des arrêts de la Cour de Metz des 26 juin et 29 juill. 1857 mentionnés ci-dessus, n. 1, que quelques ventes d'objets d'or et d'argent accomplies successivement, mais à des intervalles très-éloignés, ne constituent pas le commerce de ces matières, et, conséquemment, n'obligent pas celui qui s'y livre à tenir le registre prescrit par l'art. 74 de la loi du 29 brum. an VI.

— V. *Appel correctionnel*, n. 111 et 130.

ORDRE. — 1. Une volumineuse circulaire du ministre de la justice, du 2 mai 1859 (J.M.p.2.135, 163, 196 et 179), expose les principes de la loi du 21 mai 1858, modificative des titres du Code de procédure civile consacrés à la saisie immobilière et aux ordres, et prescrit les mesures d'exécution réclamées par cette loi. Les obligations qu'elle impose plus particulièrement au ministère public en matière d'ordre sont indiquées dans les paragraphes 9 (p. 166 du Journ.) et 32 (p. 224).

2. Aux termes d'une circulaire adressée aux parquets en suite d'une décision concertée entre le ministre de la justice et le ministre des finances, 1° les lettres d'avis expédiées par le greffier, au nom et sous la surveillance du juge-commissaire, à l'avoué poursuivant et à l'avoué commis, sont exemptes du timbre et de l'enregistrement; 2° les lettres par lesquelles les créanciers font connaître au juge-commissaire qu'ils sont étrangers à l'ordre ou qu'ils sont désintéressés, ne deviennent sujettes, par leur annexe au procès-verbal d'ordre, ni au timbre ni à l'enregistrement; — 3° cette annexe ne donne ouverture à aucun droit de greffe; — 4° quand l'immeuble dont le prix est à distribuer est grevé d'une inscription hypothécaire prise à la requête du directeur général de l'administration des domaines, la lettre de convocation pour l'ordre amiable, destinée au domicile réel, ne doit pas être adressée à l'administration centrale des domaines de Paris, mais au directeur du département où l'ordre amiable est poursuivi, et le greffier doit indiquer dans la lettre la cause de la créance, afin que l'administration sache de suite quel bureau l'affaire concerne.

5. La nomination d'un juge spécial aux ordres, en vertu de la loi du 21 mai 1858 (C. proc. civ., 749), implique la cessation des fonctions des juges-commissaires du jour de son installation, laquelle résulte tant de la lecture faite en audience publique du décret qui le nomme, que de la transcription de ce décret sur le registre du tribunal. Il prend dès ce moment la direction de tous les ordres dans l'état où ils se trouvent. L'art. 4 de la loi du 21 mai précité, portant que les ordres ouverts avant sa promulgation seront régis par les dispositions des lois antérieures, n'est pas applicable, malgré la généralité de ses termes, à l'art. 749, qui, par son objet propre, se détache complétement des autres dispositions de la loi, exclusivement relatives à des règles de procédure : Décis. min. just. 9 déc. 1858 (Rés. chr., p. 2).

ORGANISATION JUDICIAIRE. — 1. Jusqu'en 1859, les Cours d'appel et les tribunaux de première instance avaient été en possession du droit de procéder eux-mêmes, par une commission composée de leurs principaux membres, au roulement des magistrats qui forment les diverses chambres pendant l'année judiciaire. Mais un décret du 22 août 1859 (J.M.p.2.215) avait confié au premier président et au procureur général pour les Cours d'appel, au président et au chef du parquet pour les tribunaux composés de plusieurs chambres, le soin de dresser un tableau de roulement, qui était présenté aux chambres assemblées pour recevoir leurs observations. — Ce dernier système a été condamné par un autre décret du 21 fév. 1870 (J.M.p.13.76), qui a abrogé celui du 22 août et remis en vigueur l'ordonnance du 11 oct. 1820 et le décret du 28 oct. 1854.

2. Dans le courant du mois d'août, chaque tribunal de première instance composé de plusieurs chambres doit, en assemblée générale, répartir ses membres entre les diverses sections. La chambre correctionnelle étant exclusivement chargée de siéger pendant les vacances, il convient de la composer de juges qui puissent faire convenablement le double service : Circ. 7 août 1854 et 16 juill. 1855 (Gillet, n. 3533 et 3595).

3. Dans tous les tribunaux, la chambre des vacations doit rester composée des mêmes magistrats pendant toute la durée des vacances. Les audiences ne peuvent être tenues tour à tour par les membres de la compagnie, les uns siégeant pendant le mois de septembre, les autres pendant le mois d'octobre. Ce mode de roulement serait contraire à l'art. 75 du décret du 30 mars 1808 et rendrait inapplicable le § 9 de l'art. 16 du décret du 9 nov. 1853, permettant d'accorder un congé d'un mois aux magistrats qui n'ont pas joui des vacances. Ce n'est que dans le cas d'une nécessité absolue, mais jamais par suite d'arrangements amiables, que les membres désignés par le roulement peuvent se faire remplacer : Mêmes circulaires.

4. Dans un tribunal composé de deux chambres, le président de la chambre civile peut être chargé de la chambre correctionnelle pendant les vacations, lorsque, d'après le roulement, c'est à lui que la présidence de la chambre des vacations est dévolue : Décis. min. just. 11 sept. 1837 (Gillet, n. 2567).

5. A diverses époques, le ministère de la justice a soulevé la question de savoir s'il ne serait pas opportun de supprimer la chambre des mises en accusation dans les Cours autres que celle de Paris, et, dans le cas où cette suppression serait prononcée, à laquelle des autres chambres il conviendrait de transporter les attributions de la chambre des mises en accusation. V. à cet égard la circulaire du 11 mars 1859 rapportée J.M.p.2.193, ainsi que les observations dont elle est précédée.

6. Lorsqu'il y a lieu à une modification dans une circonscription territoriale, le premier président et le procureur général ne doivent recueillir les renseignements nécessaires, en ce qui touche l'administration de la justice, et exprimer leur opinion sur l'utilité de la mesure projetée, que sur la demande du garde des sceaux : Décis. min. just. 18 janv. 1850 (Gillet, n. 3245).

7. Les tribunaux ne peuvent, à l'occasion de projets de loi, même concernant l'organisation judiciaire, répandre dans le public ou transmettre aux grands corps délibérants des mémoires imprimés ou manuscrits contenant l'expression de leur opinion et de leurs vœux. Si les compagnies judiciaires croient avoir des réclamations ou des observations à présenter, elles doivent les faire parvenir par la voie hiérarchique au ministre de la justice, qui tiendra compte de toute idée inspirée par le sentiment vrai des besoins du service et des intérêts légitimes de la magistrature : Circ. 28 mars 1860 (Rés. chr., p. 17).

8. Les procureurs généraux doivent mettre tous leurs soins à éviter qu'un défaut d'entente avec les chefs administratifs de leur ressort ne trouble l'action de la justice et la marche régulière de l'administration : Circ. 11 août 1854 (Gillet, n. 3534). — V. *Fonctionnaires administratifs.*

9. Sur les réformes dont notre organisation judiciaire est susceptible, Voy. deux articles de M. Ferd. Jacques insérés J.M.p.3. 174 et 5.264.

10. Divers décrets concernant l'organisation judiciaire, mais présentant peu d'intérêt aujourd'hui, ont été insérés J.M.p.1.234; 2.26; 3.180 et 204.

— V. *Magistrat.*

OUTRAGE.

§ 1er. — *Caractères de l'outrage.*

ART. 1er. — OUTRAGE PUBLIC ENVERS LES FONCTIONNAIRES.

1. D'après un arrêt de la Cour de Bastia du 18 sept. 1861 et un arrêt de la Cour de cassation du 23 novembre suivant (J.M.p. 4.284), insinuer dans un article de journal qu'un procureur général s'est intentionnellement abstenu d'accompagner la Cour à la célébration religieuse de la fête du souverain, c'est commettre envers ce magistrat le délit d'outrage public puni par l'art. 6 de la loi du 25 mars 1822. Cela nous semble bien jugé.

2. Les membres des commissions administratives des hospices ne peuvent être considérés comme des *fonctionnaires publics*; en conséquence, les outrages qui leur sont adressés publiquement, à raison de leurs fonctions, ne tombent point sous l'application de l'art. 6 précité de la loi du 25 mars 1822 : Cass., 23 mai 1862 (J.M.p.5.247); Bordeaux, 26 nov. 1862 (*Id*.6.40). — V. aussi Cass., 27 nov. 1840 (S.-V.41.1.137).

5. Les notaires doivent être considérés, non comme des fonctionnaires publics, mais comme des officiers ministériels, relativement aux outrages dont ils sont l'objet : Cass., 13 mars 1812 (S.-V.4.1.56). —Hélie et Chauveau, *Théor. Cod. pén.*, t. 3, n. 850; Chassan, *Délits de la parole, etc.*, t. 1, n. 584, note; Morin, *Discipline*, t. 1er, n. 262; Grellet-Dumazeau, *Diffamation*, t. 1er, n. 395; Dalloz, v° *Presse-outrage*, n. 746; notre *Code pénal modifié*, p. 120, note 2. — Compar. Trib. de Montauban, 12 fév. 1838 (Dalloz, v° *Notaire*, n. 229).

4. Un brigadier de gendarmerie n'est pas un fonctionnaire public, dans le sens de l'art. 6 de la loi du 25 mars 1822 : Limoges, 23 nov. 1851 (S.-V.52.2.25); Metz, 29 août 1860 (J.M.p.4.205). — Il a, sur le territoire assigné à sa brigade, en vertu de son grade et de son emploi, la qualité de *commandant de la force publique*, même au cas où il n'est assisté d'aucun des hommes sous ses ordres, et, dès lors, les outrages qui lui sont adressés dans l'exercice ou à l'occasion de l'exercice de ses fonctions, tombent sous l'application de l'art. 225, C. pén. : Rennes, 15 mars 1853 (S.-V.53.2.269); Metz, 29 août 1860, précité; Dalloz, *Rec. pér.*, 53.2.237. — Cependant d'autres arrêts ont décidé qu'un brigadier de gendarmerie n'a la qualité de *commandant de la force publique* qu'autant qu'il est accompagné des hommes placés sous ses ordres. *Sic*, Limoges, 23 nov. 1851, mentionné au numéro précédent, et Pau, 23 juill. 1857 (S.-V.58.2.113). — Dans un troisième système, le brigadier de gendarmerie est un commandant de la force publique, lorsqu'il agit à la tête de sa brigade, n'eût-il sous ses ordres qu'un seul de ses subordonnés. V. Cass., 4 janv. 1826 (S.-V.8.1.259); Riom, 9 nov. 1851 (S.-V.52.2.53). — Coffinières, *Liberté indiv.*, t. 2, p. 406; Chassan, t. 1, p. 399; Dalloz, v° *Gendarme*, n. 61.—Enfin, suivant MM. Hélie et Chauveau, t. 3, n. 851, la qualité de commandant de la force publique n'appartient, dans aucun cas, aux sous-officiers de gendarmerie, et est réservée aux officiers seuls. Mais la première interprétation est, à nos yeux, la seule exacte.

5. Toutefois, lorsqu'un brigadier de gendarmerie, quoique revêtu de son uniforme, ne remplit pas un office qui comporte l'emploi de la force publique, mais accomplit seulement un de ces actes de surveillance qui constituent en quelque sorte le service permanent de la gendarmerie, il doit plutôt être considéré comme un *agent de l'autorité publique*. — Par suite, les outrages qui l'atteignent publiquement, en pareil cas, pour des faits relatifs à ses fonctions, sont réprimés par les art. 16 et 19 de la loi du 17 mai 1819; et ces outrages ne peuvent être poursuivis que sur sa plainte, conformément à l'art. 5 de la loi du 26 mai 1819 : Limoges, 23 nov. 1851, et Metz, 29 août 1860, précités.

6. Il est constant que les gardes champêtres doivent être considérés comme des *fonctionnaires publics*, quand ils exercent la police judiciaire, et que les outrages qui leur sont alors adressés publiquement sont passibles des peines portées par l'art. 6 de la loi du 25 mars 1822, et non de celles de l'art. 224, C. pén. — V. Poitiers, 11 mars 1843 (D.p.43.2.166); Nancy, 7 nov. 1854 (D.p.56. 2.228); Cass., 9 janv. 1858 (J.M.p.1.213); Douai, 28 févr. 1860 (*Id.*3.232); Chambéry, 13 juin 1861 (*Id.*4.252). — Cette interprétation ne saurait faire difficulté, en présence surtout de la déclaration faite, lors de la discussion de l'art. 6 de la loi du 25 mars 1822, par M. Courvoisier, rapporteur de la commission de la Chambre des députés, que « la loi s'appliquait à tout fonctionnaire public, *depuis le premier magistrat jusqu'au garde champêtre.* » — V. cependant, en sens contraire, Metz, 4 et 5 déc. 1826 (Dalloz, v⁰ *Presse-outrage*, n. 710). — V. aussi *infrà*, n. 14.

7. Ce qui vient d'être dit à l'égard des gardes champêtres s'applique d'ailleurs, par identité de raison, aux gardes forestiers : Chambéry, 13 juin 1861, précité.

8. L'art. 6 de la loi du 25 mars 1822, qui punit les outrages commis envers les fonctionnaires publics, se borne à exiger qu'ils aient été faits *publiquement, d'une manière quelconque*, à raison des fonctions des personnes outragées. — Or, on s'est demandé si ces mots *d'une manière quelconque* se rapportent à la nature de l'outrage, ou bien au mode de publicité. Suivant MM. Dalloz, n. 707, ils ne s'appliquent qu'à la nature de l'outrage, parce que le législateur, ayant déjà dit plusieurs fois dans la même loi ce qu'il entendait par publicité (art. 1ᵉʳ et suiv.), n'a pu vouloir se répéter inutilement. Mais cette interprétation est repoussée par la majorité des auteurs et par la Cour suprême, qui considèrent les mots *d'une manière quelconque* comme se référant tout à la fois à la nature de l'outrage et au mode de publicité. — Dans ce système, qui nous paraît le plus conforme à la lettre comme à l'esprit de la loi, la publicité exigée par l'art. 6 de la loi du 25 mars 1822 n'est pas plus celle qui a lieu par l'un des moyens énoncés en l'art. 1ᵉʳ de la loi du 17 mai 1819, que toute autre publicité particulière; c'est une publicité que les juges apprécient souverainement, suivant les circonstances de chaque espèce. *Sic*, Parant,

Lois de la presse, p. 142; de Grattier, *Id.*, t. 2, p. 55; Bories et Bo-nassies, *Dict. prat. de la presse*, t. 2, p. 19, n. 11 et 12; Chassan, t. 1, p. 368; Grellet-Dumazeau, t. 2, p. 299; Pegat, *Code de la presse*, n. 36 et 77.— Par application de ces principes, il a été jugé : 1° qu'il suffit qu'un individu ait été déclaré coupable envers un fonction-naire public d'un outrage qui a reçu *la plus grande publicité*, pour que les peines portées par l'art. 6 de la loi du 25 mars 1822 aient pu être prononcées contre lui : Cass., 18 juill. 1828 (S.-V.9.1.136); 2° qu'un outrage commis envers un fonctionnaire public dans un champ doit être considéré comme un outrage public dans le sens de l'article précité : Metz, 7 nov. 1825 (S.-V.8.2.146); 3° que l'ou-trage adressé à un fonctionnaire public (à un percepteur des con-tributions directes) à raison de ses fonctions, dans un lieu acci-dentellement public (tel qu'une salle de mairie servant occasion-nellement de bureau de perception), doit être considéré comme fait *publiquement*, dans le sens de l'art. 6 de la loi du 25 mars 1822, encore bien qu'au moment où il a été commis il ne se trouvât dans ce lieu que le fonctionnaire outragé et le prévenu : Pau, 23 mai 1861 (J.M.p.4.137).

9. Toutefois, quelques arrêts semblent attacher le caractère de publicité de l'outrage à la circonstance qu'il a été commis dans un lieu ou une réunion publics, tels qu'a entendu les désigner la loi de 1819 : Metz, 12 déc. 1826 (Dalloz, v° *Presse-outr.*, n. 727); Poitiers, 10 et 17 fév. 1858 (S.-V.59.2.91 et 92). Celui de la Cour de Pau mentionné ci-dessus consacre une solution plus en har-monie avec la doctrine généralement admise que nous rappelions tout à l'heure, doctrine qui donne aux juges, relativement à l'ap-préciation du caractère de la publicité en matière d'outrage envers les fonctionnaires publics, une latitude égale à celle qui leur est laissée en matière d'outrage public à la pudeur. On sait, en effet, qu'en cette dernière matière, la publicité caractéristique du délit est indépendante de celle du lieu, ainsi que de la présence réelle d'un nombre quelconque de personnes. V. notamment Cass., 23 déc. 1858, 11 mars 1859 et 7 avr. 1859 (S.-V.59.1.434 et 626).

10. L'outrage envers des magistrats, dans un acte de récusa-tion déposé au greffe et signifié, a le caractère d'un outrage pu-blic réprimé par les art. 17 et 19 de la loi du 17 mai 1819 et 6 de la loi du 25 mars 1822, dont la poursuite est, dès lors, subor-donnée à la plainte préalable de ces magistrats, conformément à l'art. 5 de la loi du 26 mai 1819 : Cass., 20 mai 1865 (J.M.p.8.176).

11. La Cour de cassation a jugé, par arrêt du 23 mars 1860

(J.M.p.3.282), que l'art. 6 de la loi du 25 mars 1822 s'applique même à l'outrage adressé à un ancien fonctionnaire relativement à ses fonctions expirées. — Cette décision nous paraît tout à fait conforme à l'esprit de la loi, qui a voulu protéger le respect dû à la fonction plutôt que la personne du fonctionnaire. — Mais V. *infrà,* n. 25.

ART. 2. — OUTRAGE NON PUBLIC.

12. Les commissaires de police sont incontestablement des magistrats soit de l'ordre administratif, soit de l'ordre judiciaire; d'où il suit que les outrages qui leur sont adressés à raison de leurs fonctions tombent sous l'application de l'art. 222, § 1er, C. pén. : Cass., 30 juill. 1812 (S.-V.4.1.160); 9 mars 1837 (S.-V. 37.1.314); 2 mars 1838 (S.-V.38.1.359); 7 sept. 1849 (S.-V.50.1. 473); 22 fév. 1851 (S.-V.51.1.548); Amiens, 4 déc. 1863 (J.M.p. 6.301); — Carnot, *Comm. Cod. pén.* t. 1, p. 551; Legraverend, *Législ. crim.*, t. 2, p. 368, note 11; Parant, p. 142; Chassan, t. 1, p. 454; Hélie et Chauveau, t. 3, n. 839; Grellet-Dumazeau, t. 1, p. 236; Bories et Bonassies, n. 52 et 63; Dalloz, vº *Presse-outrage*, n. 738.

13. L'arrêt précité de la Cour d'Amiens a jugé spécialement que le § 1er de l'art. 222, C. pén., est applicable au fait, par une partie, d'avoir, dans la salle d'audience où le juge de paix siégeait en conciliation, dit du commissaire de police, présent à cette audience, qu'il autorisait le vol par son refus de dresser procès-verbal d'un enlèvement d'objet mobilier. — Cette décision ne fait point là, selon nous, une application exacte du principe qui vient d'être rappelé. L'art. 222 ne réprime que l'outrage *non public* envers les magistrats (V. notre *Code pénal modifié*, n. 42 et s. et 47). Quant à l'outrage public, il tombe sous l'application de l'art. 6 de la loi du 25 mars 1822, qui punit l'outrage fait *publiquement*, d'une manière quelconque, aux fonctionnaires publics à raison de leurs fonctions ou de leur qualité (V. *suprà*, n. 9). Or, la salle d'audience dans laquelle le juge de paix siége en conciliation, ne doit-elle pas être considérée comme un lieu public, alors surtout qu'il s'y trouve d'autres personnes que les parties réunies pour se concilier? L'affirmative nous paraît certaine; et, dès lors, l'outrage adressé au commissaire de police dans un tel lieu doit être atteint, non par l'art. 222, C. pén., mais par l'art. 6 de la loi de 1822. V., à l'appui de cette opinion, un arrêt de la Cour de Poitiers du 10 fév. 1858 (S.-V.59.1.92).

14. Il est universellement admis que quand les gardes champêtres exercent, pour l'exécution, soit des jugements, soit des lois et règlements de police, la surveillance à eux confiée par l'autorité municipale, ils ont le caractère d'*agents de la force publique*, et que les outrages dirigés contre eux dans l'exercice de telles fonctions sont réprimés par les art. 224 et 227, C. pén.: Cass., 25 août 1808 (S.-V.2.1.573); 19 juin 1818 (S.-V.5.1.491); 8 avr. 1826 (S.-V.8.1.315); 16 déc. 1841 (S.-V.42.1.558); 2 juill. 1846 (S.-V.47.1.32); 2 oct. 1847 (J.P.48.2.92); Douai, 28 fév. 1860 (J.M.p.3.232); Bourges, 31 mai 1863 (*Id.*6.137); — Dalloz, v° *Fonct. publ.*, n. 146. — On peut soutenir, il est vrai, que les gardes champêtres ne sont des *agents de la force publique* que dans le cas où ils agissent pour l'exécution des jugements, en vertu de l'art. 77 du décret du 18 juin 1811, et qu'ils ont la qualité d'*agents de l'autorité publique* quand ils exercent la police municipale (V. à cet égard les observations accompagnant l'arrêt précité de la Cour de Bourges du 31 mai 1863); mais toute distinction entre ces deux catégories d'agents est sans objet au point de vue de l'application de l'art. 224, C. pén., depuis la loi du 13 mai 1863, qui a introduit dans le texte de cet article l'expression générale, *tout citoyen chargé d'un ministère de service public*, expression qui comprend évidemment les gardes champêtres exerçant la surveillance à eux confiée par l'autorité municipale. V. notre *Cod. pén. modif.*, p. 121, à la note. — V. *suprà*, n. 6.

15. Antérieurement à la loi précitée de 1863, il a été jugé que les préposés de l'octroi étant des agents de l'autorité publique, et non de agents de la force publique, les outrages qui leur sont adressés dans l'exercice de leurs fonctions tombent sous l'application des art. 16 et 19 de la loi du 17 mai 1819, et non sous celle de l'art. 224, C. pén. : Douai, 14 août 1860 (J.M.p.4.96). — Conf., de Grattier, t. 1, p. 206 et s., et 212, à la note. — Nous ne pouvons, sur ce point, que renvoyer aux observations qui terminent le numéro précédent.

16. Avant la loi du 13 mai 1863, il était constant que l'outrage envers un magistrat tombait sous le coup de l'art. 222, C. pén., alors même qu'il n'avait pas été proféré en présence du magistrat. V. Cass., 10 avr. 1817 (S.-V.5.1.305); 20 déc. 1850 (D.p.51. 5.420); 11 mai 1861 (S.-V.61.1.925); 30 nov. 1861 (S.-V.62.1.324); — Carnot, sur l'art. 222, n. 5; Parant, p. 143, n. 7; de Grattier, t. 2, p. 69; Chassan, t. 1, n. 512; Grellet-

Dumazeau, t. 1, n. 466. — *Contrà*, Rauter, *Dr. crim.*, t. 1, n. 385; Hélie et Chauveau, t. 3, n. 842. La discussion dont l'art. 222 a été l'objet au Corps législatif, lors de l'élaboration de la loi du 13 mai 1863, ne permet pas de douter que le même principe ne soit encore applicable aujourd'hui. V. notre *Code pénal modifié*, 2ᵉ part., n. 43. — C'est ce qu'a décidé un arrêt de la Cour de cassation du 17 mars 1866 (J.M.p.9.89), d'après lequel il suffit que l'outrage ait été porté à la connaissance du magistrat par la volonté de celui qui l'a proféré.

17. L'outrage, par écrit non rendu public, envers l'un des fonctionnaires mentionnés dans l'art. 222, C. pén., ne constitue le délit prévu par cet article, qu'autant que l'écrit a été adressé *directement* à la personne qui en est l'objet, ou tout au moins à un tiers avec la volonté et la certitude de le faire parvenir à cette personne. En conséquence, l'art. 222 est inapplicable aux outrages contre des magistrats à l'occasion de l'exercice de leurs fonctions, contenus dans des dénonciations ou des lettres adressées au parquet, alors qu'il n'est établi ni que l'auteur de ces lettres ait eu l'intention qu'elles fussent communiquées aux magistrats qu'elles concernaient, ni qu'elles leur aient été effectivement communiquées avant les poursuites dirigées d'office contre lui par le ministère public, et, à plus forte raison, lorsque l'auteur des lettres y a exprimé le désir qu'elles ne fussent pas communiquées à ces magistrats : Douai, 3 fév. et 14 juin 1864 (J.M. p.7.188 et 8.202); Rennes, 3 mai 1865 (*Id*.8.113); Montpellier, 3 mai 1869 (*Id*.12.230). — Cette interprétation ressort clairement des longs débats auxquels a donné lieu devant le Corps législatif la modification introduite dans l'art. 222, C. pén., par la loi du 13 mai 1863. V. notre *Code pénal modifié*, 2ᵉ part., n. 42 et s.

18. Mais l'arrêt précité de la Cour de Rennes nous paraît ajouter inexactement que l'outrage par écrit non rendu public rentre dans les prévisions de l'art. 222, lorsqu'il a été adressé *à un proche parent du fonctionnaire*, *lié avec lui par une solidarité nécessaire de délicatesse et d'honneur*. — Lors de la révision du Code pénal en 1863, la commission du Corps législatif et le Conseil d'Etat s'étaient d'abord concertés pour ajouter, dans le nouvel art. 222, à ces mots du texte du projet de loi : « Si l'outrage a été commis par écrit ou dessin non rendu public », les expressions *adressé* DIRECTEMENT OU INDIRECTEMENT *à la personne qui en est l'objet*; et le rapporteur avait expliqué cette modification en disant que la disposition ne pouvait être efficace

qu'à la condition d'embrasser également l'envoi de l'écrit injurieux fait au magistrat lui-même, et l'envoi fait à sa femme, à
sa fille, à son fils ou à toute personne qui, par sa situation à son
égard, ne pourrait l'avoir reçu que pour être un intermédiaire
presque forcé (V. notre ouvrage précité, n. 42). Le rapporteur
avait dit encore : « Nous entendons par *indirectement* le cas où
l'outrage, l'emblème, le dessin ont été faits par une personne et
saisis dans le cabinet de l'auteur par surprise et par un tiers.....
Nous avons de même expliqué dans le rapport que quand l'outrage est adressé, non à la personne du magistrat, mais à sa
femme, à ses enfants, il y a là encore un outrage *indirect*. » Ces
explications n'ayant pas toutefois satisfait la Chambre, l'article,
renvoyé à la commission, reçut la rédaction qu'il a actuellement
et de laquelle ont été retranchés les mots *directement et indirectement,* mais où a été maintenu le mot *adressé.* Cette nouvelle rédaction ne souleva aucune objection. Seulement, il importe de
rappeler que M. Picard ayant dit : « La commission, pour donner satisfaction à notre commentaire et pour renverser la jurisprudence, a rédigé l'article en ajoutant aux mots *outrage reçu,*
cette phrase : « Celui qui leur aura *adressé* cet outrage, » afin de
bien limiter la peine au cas où la personne qui a outragé adresse
directement l'outrage aux magistrats et l'adresse *intentionnellement...* Il est bien entendu... que jamais quand l'écrit privé n'aura
pas été adressé *directement et volontairement* au magistrat, la loi
pénale ne pourra l'atteindre », M. de Parieu, commissaire du
Gouvernement, n'hésita pas à faire, après ce député, la même
déclaration.

19. De tout cela ne résulte-t-il pas avec évidence que le législateur n'a point entendu atteindre les faits qui, d'après l'interprétation donnée à la première rédaction de la commission par
son rapporteur, avaient le caractère d'un outrage adressé *indirectement,* et, par conséquent, l'envoi de l'écrit outrageant aux
membres de la famille de la personne qui est l'objet de l'outrage?
Rien de plus rationnel, d'ailleurs, ce semble; car un tel envoi
n'implique pas nécessairement l'intention, de la part de l'auteur
de l'écrit outrageant, que cet écrit soit communiqué au fontion-
naire qu'il concerne. Cet envoi ne peut-il pas avoir uniquement
pour but, soit de blesser la personne même à laquelle il est fait,
soit de signaler à cette personne, dans son intérêt, les faits outrageants mentionnés dans l'écrit? Ne peut-il pas arriver que la
femme d'un magistrat ou d'un juré reçoive une lettre contenant

des imputations de nature à inculper l'honneur ou la délicatesse de son mari, sans qu'on puisse avoir la certitude que cette lettre lui a été adressée afin qu'elle la communique à ce dernier, ou seulement à titre d'avertissement officieux, ou encore par un sentiment de haine ou de vengeance vis-à-vis d'elle-même? Et comment, dans ce doute, qualifier un semblable fait d'outrage envers le magistrat ou le juré? Cette qualification ne peut être justement appliquée que lorsqu'il est établi que l'écrit outrageant a été adressé par son auteur au fonctionnaire lui-même, ou que le tiers auquel il a été envoyé était chargé de lui en donner connaissance.

20. Dans les espèces jugées par les arrêts des Cours de Rennes et de Montpellier mentionnés ci-dessus, les outrages étaient contenus dans des *lettres missives*. Sont-ce là des *écrits* dans le sens de l'art. 222, C. pén. ? L'affirmative découle de tous les travaux préparatoires de la loi du 13 mai 1863, et ce sont même particulièrement ces lettres que le législateur a eues en vue. V. notre *Cod. pén. modif.*, *loc. cit.*, n. 46.

21. Lorsque l'outrage a été purement verbal, est-il nécessaire, comme dans le cas où il a eu lieu par écrit, qu'il ait été porté, par la volonté de celui qui l'a proféré, à la connaissance du magistrat qui en a été l'objet? La négative, consacrée par l'arrêt de la Cour de cassation du 11 mai 1861 mentionné *suprà*, n. 13, ne semble guère admissible sous l'empire de la loi nouvelle, qui n'a pu vouloir soumettre l'outrage écrit à des conditions plus rigoureuses que l'outrage verbal. Le rapport auquel cette loi a donné lieu s'était d'ailleurs prononcé dans le sens de l'assimilation (V. *Cod. pén. modif.*, 2ᵉ part., n. 41); et, depuis, la jurisprudence a elle-même étendu avec raison à cette dernière espèce d'outrage le principe par elle admis à l'égard de l'outrage par écrit (V. *suprà*, n. 17), que l'art. 222, C. pén. modifié atteint uniquement l'outrage qui a été adressé volontairement et directement au magistrat. *Sic*, Cass., 17 mars 1866, déjà cité plus haut, n. 16, et 15 déc. 1865 (J.M.p.9.192); Bordeaux, 31 août 1865 (J.M.p.9.90).

22. Il résulte particulièrement de l'arrêt de la Cour de Bordeaux du 31 août 1865 et de celui de la Cour de cassation du 15 décembre suivant, qui viennent d'être rappelés, que l'outrage par paroles envers un magistrat, pour tomber sous l'application de l'art. 222, C. pén., doit être direct, en ce sens que les paroles outrageantes doivent être prononcées en présence du magistrat, ou, tout au moins, en présence de personnes placées vis-à-vis de lui dans un état de relations tel, que le prévenu, en les prononçant, ait entendu les faire arriver par cet intermédiaire jusqu'au magistrat outragé; et qu'ainsi, ne constituent pas le délit prévu par l'art. 222, les propos outrageants pour un magistrat qui ont été tenus devant des personnes n'ayant avec lui aucune relation de telle nature qu'il soit sûr, d'une part, que l'auteur des propos les ait proférés pour qu'ils parvinssent aux oreilles du magistrat, et, d'autre part, que ces tiers se crussent obligés de les lui rapporter. Ces décisions, parfaitement exactes en ce qu'elles exigent que l'outrage verbal soit direct comme l'outrage par écrit, vont trop loin, selon nous, en assimilant à l'outrage direct celui qui est proféré simplement en présence d'une personne qu'on peut supposer devoir le faire parvenir au magistrat, et non en présence d'un tiers positivement chargé de le lui transmettre. V. ci-dessus, n. 18.

25. D'après l'arrêt de la Cour d'Amiens mentionné ci-dessus, n. 12 et 13, le § 2 de l'art. 222, C. pén., qui prononce une aggravation de peine pour le cas où l'outrage envers un magistrat a eu lieu à l'audience d'une Cour ou d'un tribunal, est inapplicable à l'outrage commis envers un magistrat présent dans la salle d'audience, mais n'y siégeant pas et ne faisant pas même partie de la Cour ou du tribunal; par exemple, à l'outrage adressé à un commissaire de police se trouvant dans la salle d'audience où le juge de paix siége en conciliation. Cette solution est conforme à l'opinion des auteurs, qui font remarquer avec raison que c'est le caractère public du juge, le cours de la justice et l'exercice des fonctions que le § 2 de l'art. 222, C. pén., a voulu protéger par une sévérité plus grande. V. Hélie et Chauveau, n. 846; Chassan, n. 579; Grellet-Dumazeau, n. 490, et Dalloz, n. 773.

24. Si l'outrage avait été commis envers le juge de paix lui-même ou son suppléant siégeant au bureau de conciliation, le § 2 de l'art. 222 lui serait-il applicable? ou, en d'autres termes, cet outrage devrait-il être considéré comme ayant eu lieu *à l'audience d'un tribunal?* Les auteurs enseignent, il est vrai, que tous les tribunaux, et notamment le tribunal de paix, sont compris dans les prévisions de ce paragraphe. Mais le bureau de conciliation a-t-il le caractère de tribunal? La négative a été admise, au point de vue de l'application de l'art. 23 de la loi du 17 mai 1819, par un arrêt de la Cour d'Aix du 30 avril 1845 (S.-V.47.2.87). Mais l'opinion contraire, qu'a adoptée la Cour de Bordeaux dans un arrêt du 8 août 1833 (J.P.34.2.433), et que professent MM. Dalloz, *loc. cit.*, n. 1176 et 1214, nous semble plus exacte. V. aussi de Grattier, t. 1, p. 236, note 2, et Chassan, t. 1, n. 125, p. 92.

25. Les art. 222 et 223, C. pén., sont inapplicables à l'outrage commis envers un ancien magistrat : Colmar, 14 fév. 1866 (J.M. p.9.89). — Cette solution se justifie par le texte même des articles précités, qui suppose l'exercice actuel des fonctions du magistrat outragé. Mais, en ce qui concerne l'outrage public, V. *suprà*, n. 11.

26. La proposition d'un don faite à un médecin, chirurgien ou officier de santé, membre d'un conseil de révision, pour le rendre favorable à un jeune homme atteint par le sort, ne constitue point l'outrage envers un citoyen chargé d'un ministère de service public, réprimé par l'art. 224, C. pén. : Cass., 25 janv. 1866 (J.M.p.10.174).

§ 2. — *Poursuite.* — *Plainte préalable.*

27. D'après une jurisprudence bien établie, la poursuite du délit d'outrage public envers un fonctionnaire public à raison de ses fonctions, est subordonnée à la plainte préalable de ce fonctionnaire, par application de l'art. 5 de la loi du 29 mai 1819, qui, abrogé d'abord par l'art. 17 de la loi du 25 mars 1822, a été remis ensuite en vigueur par la loi du 8 oct. 1830, et n'a été rapporté ni modifié par aucune loi postérieure. *Sic*, Cass., 25 sept. 1847 (S.-V.50.1.472); 31 mai 1856 (D.P.56.1.311); 20 mai 1865 (J.M.p.8.176); 20 avr. 1867 (*Id*.10.288); Limoges, 29 juin 1850; Poitiers, 26 oct. 1850 (D.P.51.1.100); Montpellier, 3 déc. 1855 (D.P.56.2.73); Douai, 19 janv. 1858 et 14 juin 1864 (J.M.p.1.78; 8.202); Metz, 17 fév. 1858, 14 et 21 mars 1860 et 24 avr. 1863 (*Id*.2.35; 4.301; 7.48); Besançon, 27 janv. 1860 (*Id*.3.233). — Mais cette jurisprudence échappe-t-elle à toute critique? Le doute nous a semblé permis à cet égard, et nous avons exposé, dans nos observations sur l'arrêt précité de la Cour de Douai du 19 janv. 1858, les raisons sur lesquelles s'appuie la doctrine contraire, qu'a admise un arrêt de la Cour d'Amiens du 28 juill. 1855 (D.P.56.2.148), et qu'enseignent MM. Chassan, t. 2, p. 29, Dalloz, v° *Presse-outrage*, n. 1058, 1060, et F. Hélie, *Instr. crim.*, t. 2, n. 797.

28. S'il faut se ranger à l'opinion d'après laquelle une plainte est nécessaire pour mettre en mouvement l'action en répression du délit d'outrage public envers un fonctionnaire, doit-on décider aussi que cette plainte est soumise aux formes prescrites par les art. 31 et 65, C. instr. crim. ? L'affirmative est soutenue par MM. Carnot, sur l'art. 339, C. pén., n. 11, et F. Hélie, t. 2, n. 751 et s., d'après lesquels ces formes doivent être observées, à peine de nullité, dans tous les cas où l'exercice de l'action publique est subordonné à la plainte de la partie lésée. En ce qui concerne particulièrement la matière de la diffamation, à laquelle la jurisprudence assimile, quoique à tort, selon nous, celle de l'outrage, M. F. Hélie fonde cette interprétation, d'une part, sur ce que l'art. 5 de la loi du 26 mai 1819 ne règle pas la forme de la plainte dont il fait une condition de la poursuite, et, d'autre part, sur ce que l'art. 31 maintient les dispositions du Code d'instruction criminelle auxquelles il n'est pas dérogé par cette loi; d'où il résulte, dit-il, que, pour la forme de la plainte, la loi de 1819 se réfère au droit commun.

29. Il est incontestable que la loi de 1819 ne déroge en rien aux dispositions des art. 31 et 65, C. instr. crim. Mais nous ne croyons pas que l'on puisse induire du texte invoqué par M. F. Hélie que cette loi a entendu se référer à ces articles, relativement à la forme de la plainte préalable de la partie lésée. Lorsqu'elle déclare, par son art. 31, que les dispositions du Code d'instruction criminelle auxquelles elle ne déroge point, devront continuer d'être exécutées, il est manifeste qu'elle n'entend pas parler de toutes les dispositions de ce Code, mais seulement de celles qui sont applicables à la matière dont elle s'occupe elle-même. Or, il n'existe, selon nous, aucun rapport entre les dénonciations et plaintes dont les art. 31 et 65, C. instr. crim., déterminent les formes et la plainte préalable que l'art. 5 de la loi du 26 mai 1819 exige de la partie lésée pour que l'action publique puisse être mise en mouvement. Les premières, purement facultatives, ont pour objet de révéler à la justice l'existence d'un crime ou d'un délit, rien de plus; la dernière, toujours nécessaire pour donner vie à l'action publique, est destinée à constater le consentement de la partie lésée à l'exercice de cette action. Une différence profonde dans le but et dans les effets sépare donc ces deux espèces de plaintes, ce qui nous permet de dire qu'on ne saurait conclure de la forme des unes à la forme de l'autre, et supposer que la loi qui prescrit celle-ci ait voulu lui appliquer les règles propres à celles-là, par cela seul qu'elle a déclaré maintenir les dispositions du Code d'instruction criminelle auxquelles elle ne déroge point. — Il faut reconnaître, au contraire, qu'en présence du silence de

l'art. 5 de la loi du 26 mai 1819 sur la forme de la plainte préalable de la partie lésée, cette plainte n'est soumise à aucune forme
particulière, et qu'il appartient aux tribunaux d'apprécier si l'acte
considéré comme plainte par le ministère public manifeste suffisamment la volonté de la partie lésée de mettre l'action publique
en mouvement. C'est dans ce sens, en effet, que se sont prononcés la jurisprudence et le plus grand nombre des auteurs.
V. Cass., 23 fév. 1832 (S.-V.32.1.622); 29 mai 1845 (S.-V.45.1.
676); 9 janv. 1858 (J.M.p.1.213); Poitiers, 17 déc. 1842 (D.P.43.
2.50); Limoges, 25 juin 1852 (D.P.53.2.7); — Parant, p. 219;
Chassan, t. 2, p. 59, n. 7, et p. 60, n. 2; De Grattier, t. 1, p. 345,
n. 10; Le Sellyer, *Act. publ. et priv.*, t. 2, n. 530; Mangin, *Act.
publ.*, t. 1, p. 275, n. 132; Grellet-Dumazeau, t. 2, p. 174;
Dalloz, *Répert.*, v^{is} *Presse-outrage*, n. 1095, et *Instr. crim.*, n. 189;
Massabiau, *Man. du minist. publ.*, t. 2, p. 175, n. 1531.

50. Au reste, en admettant même que la loi de 1819 ait entendu se référer aux art. 31 et 65, C. instr. crim., relativement à
la forme de la plainte, il faudrait reconnaître le même pouvoir
aux tribunaux, car les formalités indiquées par ces articles ne
sont point prescrites, à peine de nullité. La rigueur de ces formalités se conçoit jusqu'à un certain point à l'égard de la dénonciation, qui a un caractère plus grave que la plainte. Il est essentiel
que la dénonciation soit constatée régulièrement, pour qu'elle
puisse ultérieurement servir de base à une poursuite en dénonciation calomnieuse, ou pour que le ministère public puisse, conformément à l'art. 358, § 5, C. instr. crim., faire connaître son
dénonciateur à l'accusé acquitté. Aussi l'art. 31, qui trace les
formes dont il s'agit, s'applique-t-il précisément aux dénonciations. A la vérité, l'art. 65 rend les dispositions de l'art. 31 communes aux plaintes; mais ce renvoi, peu rationnel à nos yeux,
n'implique nullement que les formalités prescrites par l'art. 31
doivent être appliquées aux plaintes à peine de nullité, et la Cour
de cassation a jugé, en effet, qu'une plainte n'est pas nulle, bien
qu'elle ne remplisse pas toutes les conditions exigées par l'art. 31
(Arrêt du 12 janv. 1809, D.P.2.980), et elle a appliqué cette
solution aux dénonciations elles-mêmes (Arrêts des 26 juill. 1811
et 13 janv. 1815, Dalloz, v° *Instr. crim.*, n. 470). — M. F. Hélie
invoque en faveur de sa doctrine un motif d'une décision de la
chambre criminelle du 21 août 1835 (S.-V.36.1.125); mais ce
motif très-laconique, et exprimé dans un arrêt qui, selon la remarque de MM. Dalloz, *loc. cit.*, n. 189, ne touche que fort indi-

rectement à la question, ne saurait balancer l'autorité des décisions très-explicites que nous avons citées.

51. Il résulte notamment de l'une de ces décisions que les juges peuvent reconnaître le caractère d'une plainte au procès-verbal dressé par le garde champêtre, objet des outrages, et renfermant la déclaration que ce procès-verbal *sera remis au parquet*, pour qu'il soit statué ce qu'il appartiendra : Cass., 9 janv. 1858, ci-dessus, n. 29.

52. Mais, d'un autre côté, il a été jugé très-exactement que si la plainte à laquelle est subordonnée la poursuite du délit d'outrage n'est soumise à aucune forme particulière et peut résulter même d'une simple déclaration verbale, il faut du moins que l'acte duquel on prétend l'induire exprime clairement la volonté de provoquer l'action du ministère public : Metz, 14 mars 1860 (J.M.p.4.301); Cass., 20 mai 1865 (*Id*.8.176).

53. Et il a été décidé spécialement qu'on ne saurait considérer comme une plainte la déclaration faite par le fonctionnaire aux gendarmes qui l'interpellent, en exécution des ordres du parquet, pour obtenir de lui des renseignements sur l'outrage dont il a été l'objet : Metz, 17 fév. 1858 (J.M.p.2.35), 14 et 21 mars 1860 (*Id*. 4.301); — à moins que l'intention de porter plainte ne ressorte évidemment d'une telle déclaration, comme si le fonctionnaire outragé s'y est dit *victime des insultes du prévenu*, et si les gendarmes qui ont reçu cette déclaration l'ont qualifiée de *plainte* dans leur procès-verbal : Metz, 21 mars 1860, précité. — Si, en effet, la déclaration du fonctionnaire, provoquée par ordre du ministère public, n'implique pas toujours et nécessairement une plainte de la part de ce fonctionnaire, et si elle en est exclusive, par exemple, lorsqu'elle émane d'un auxiliaire du ministère public, obligé, au moins par convenance, de faire cette déclaration, il en est autrement dans les cas où la déclaration n'a rien d'obligatoire et est conçue en des termes qui permettent de supposer que le fonctionnaire qui l'a faite, sachant bien qu'elle serait remise au parquet, a entendu y attacher la portée d'une plainte. Il y là, au surplus, une question d'intention qui rentre dans le pouvoir d'appréciation des tribunaux.

54. Décidé encore qu'on ne saurait voir une plainte dans une lettre au préfet, par laquelle un fonctionnaire, tout en mentionnant un outrage dont il a été l'objet, se borne à solliciter l'intervention de l'autorité préfectorale, pour contraindre l'auteur de ce délit à observer une mesure au sujet de laquelle l'outrage a eu lieu, et qu'en conséquence, le ministère public ne peut poursuivre, en pareil cas, sur la seule transmission d'une telle lettre à lui faite d'office par le préfet : Besançon, 27 janv. 1860 (J.M.p.3.233).

55. ... Qu'on ne peut non plus attribuer le caractère d'une plainte à une démarche qui aurait été faite auprès de la gendarmerie par le fonctionnaire outragé, antérieurement à un ordre donné à la gendarmerie par le ministère public, en vue d'agir contre l'auteur de l'outrage : Metz, 14 mars 1860, aussi précité.

56. ... Enfin, que la plainte ne saurait résulter de ce qu'un chef de parquet de première instance et son substitut, à la suite d'un acte de récusation, outrageant pour eux, déposé au greffe et signifié de la part d'un inculpé, se sont abstenus d'agir contre celui-ci : Cass., 20 mai 1865, mentionné ci-dessus, n. 32.

57. En matière d'outrage public, la plainte de la partie lésée, bien que ne désignant que l'un des auteurs du fait incriminé, suffit pour permettre à l'action publique de s'exercer contre tous coauteurs ou complices de ce fait : Cass., 23 mars 1860 (J.M.p.3. 282). — Cela ne semble pas pouvoir faire difficulté. La plainte préalable de la partie lésée, exigée pour qu'un délit qui blesse plus particulièrement l'intérêt privé, ne soit pas poursuivi sans une réclamation de cet intérêt même, rend à l'action publique toute son indépendance, du moment où elle a régulièrement signalé le fait incriminé. Le ministère public n'a plus, dès lors, à prendre conseil que de lui-même pour la direction des poursuites, qu'il ne dépend nullement de la partie lésée de restreindre, en tant qu'elles s'appliquent au fait dénoncé par elle ; et l'indépendance du ministère public est surtout incontestable, lorsque les termes de la plainte ne sont pas restrictifs dans leur portée sainement entendue. V. conf., de Grattier, t. 1, p. 346, n. 11, et Chassan, t. 2, n. 1185, ainsi qu'un arrêt d'Amiens du 19 fév. 1838, cité par M. de Grattier, *loc. cit.*, *ad not.* — V. aussi à l'appui de cette doctrine, F. Hélie, t. 2, n. 756, 757 ; Trébutien, *Cours de dr. crim.*, t. 2, p. 56 ; Dalloz, v^is *Presse-outrage*, n. 1102, 1562, et *Instr. crim.*, n. 193 et 194.

58. Mais le plaignant peut restreindre l'effet de sa plainte à une partie seulement des outrages qu'il a reçus, et alors le tribunal n'a pas le droit de statuer sur les outrages non compris dans la plainte. *Sic*, Cass., 15 fév. 1834 (S.-V.34.1.79) ; 19 avr. 1849 (S.-V.50.1.236) ; 17 janv. 1851 (S.-V.51.1.155) ; — Parant, p. 237 ; de Grattier, t. 1, p. 420 ; Chassan, n. 1369 ; Berriat-Saint-Prix, *Procéd. des trib. crim.*, 2e part., t. 1, n. 299 ; Dalloz, v^o *Presse-outrage*, n. 1533.

39. Quant à l'outrage non public que réprime l'art. 222, C. pén., il est rigoureusement exact de décider que le ministère public peut en poursuivre la répression d'office et sans plainte préalable du fonctionnaire qui en a été l'objet. *Sic*, Cass., 17 mai 1845 (S.-V.45.1.177). Mais, dans une circulaire du 30 mai 1863, relative à l'exécution de la loi du 13 du même mois, modificative du Code pénal (Rés. chr., p. 56), le ministre de la justice a recommandé aux magistrats du parquet de considérer, en cette matière, la plainte préalable de l'offensé comme une condition indispensable que la prudence, à défaut de la loi, impose à l'exercice de l'action publique.

40. Divers arrêts de la Cour suprême ont jugé que le délit d'outrage par paroles adressé à un magistrat à l'occasion de l'exercice de ses fonctions, et tendant à inculper l'honneur et la délicatesse de ce magistrat, peut, lorsqu'il est commis à l'audience, être réprimé séance tenante, conformément à l'art. 181, C. instr. crim., sans qu'il soit besoin d'une plainte préalable du magistrat outragé, l'art. 5 de la loi du 26 mai 1819 étant ici inapplicable : Cass., 5 juin 1851 (D.p.52.5.443); 28 mars 1856 (D.p.56.5.359); 30 déc. 1858 (J.M.p.2.87). — L'exactitude de cette solution est incontestable à nos yeux. La disposition de l'art. 181, C. instr. crim., qui veut que les délits commis dans l'enceinte d'un tribunal et pendant la durée de l'audience soient réprimés par ce tribunal sans désemparer, s'applique à tous les délits correctionnels, et conséquemment à l'outrage envers un magistrat que punit l'art. 222, C. pén. On ne comprendrait pas, en effet, que ce dernier délit échappât à l'empire d'une disposition qui a sa source dans l'intérêt de la dignité de la justice. A supposer que l'art. 5 de la loi du 26 mai 1819, qui subordonne la poursuite du délit de diffamation ou d'injure à une plainte préalable de la partie lésée, s'appliquât au délit d'outrage envers un magistrat, il faudrait dire, avec les arrêts mentionnés ci-dessus, que cette extension doit être restreinte à la disposition générale du § 1er de l'art. 222, C. pén., et n'atteint point la disposition spéciale du 2e paragraphe, relative à l'outrage commis à l'audience d'une Cour ou d'un tribunal. Mais, d'après la jurisprudence de la Cour suprême, le ministère public peut, dans tous les cas, poursuivre d'office les délits d'outrage prévus par l'art. 222, C. pén. V. Cass., 19 janv. 1850 (S.-V.50.1.470) et 31 mai 1856 (D.p.56. 1.311). Et l'on a vu plus haut, n. 27, que, selon de graves autorités, mais contrairement, il est vrai, à plusieurs arrêts de la

Cour de cassation et de Cours d'appel, il doit en être ainsi, même lorsque l'outrage prend le caractère déterminé par l'art. 6 de la loi du 25 mars 1822.

— V. *Compét. crim.*, 8; *Délit d'audience*, 10; *Diffamation; Injures; Mise en jugement*, 35; *Procès-verbal*, 10.

OUTRAGE AUX MŒURS. — La Cour d'Alger a décidé, par arrêt du 11 sept. 1869 (J.M.p.12.277), qu'un écrit renfermant des allégations de nature à blesser la pudeur, ne saurait être considéré comme constitutif du délit d'outrage aux bonnes mœurs, s'il ne contient d'ailleurs aucun détail ni aucune description obscène, et qu'au surplus, la constatation d'un tel délit est laissée à l'appréciation souveraine des tribunaux. — Ces deux propositions nous paraissent sujettes à critique. D'un côté, rien n'autorise, selon nous, à admettre que l'outrage aux bonnes mœurs ne puisse résulter que de descriptions ou de détails offensants pour la pudeur, et la Cour de cassation a jugé en sens contraire, par arrêt du 19 juill. 1838 (S.-V.39.1.158), qu'un tel outrage est commis par la distribution d'un écrit se bornant à annoncer indirectement, et sans l'emploi d'aucune expression obscène ou qui puisse blesser la pudeur, l'ouverture d'une maison de débauche. Il suffit, d'après cet arrêt, dont la doctrine est d'ailleurs approuvée par MM. de Grattier, *Lois de la presse*, t. 1, p. 163, et Chassau, *Délits et contrav. de la par., de l'écrit. et de la presse*, t. 1, n. 403, que l'écrit ait un but contraire aux bonnes mœurs, pour qu'il tombe sous l'application de l'art. 8 de la loi du 17 mai 1819. — D'un autre côté, l'arrêt précité du 19 juill. 1838, loin de regarder la constatation du délit d'outrage aux bonnes mœurs comme abandonnée à l'appréciation *souveraine* des tribunaux, réserve expressément à la Cour de cassation le droit de reviser, en cette matière, la qualification donnée au fait par les décisions qui lui sont déférées, et d'interpréter elle-même le sens de l'écrit incriminé. — V. aussi conf. les auteurs susindiqués.

OUTRAGE PUBLIC A LA PUDEUR. — **1.** L'attentat à la pudeur, considéré en général, suppose, ainsi que le disent MM. Hélie et Chauveau, *Théor. Cod. pén.*, t. 4, p. 267 (4e édit.), « un acte extérieur exercé sur une personne avec l'intention d'offenser sa pudeur, et de nature à produire une telle offense ». Et l'attentat à la pudeur dirigé spécialement contre un enfant ne peut, suivant les mêmes auteurs, p. 260, résulter que d'un acte « ayant pour effet et pour but de le flétrir et de le corrompre ». — Il a été, dès lors, jugé à bon droit que le fait de relever les vêtements d'un enfant de moins de onze ans (avant la loi du 13 mai 1863, modificative du Code pénal, et de moins de treize ans d'après le nouvel art. 331 de ce Code), pour satisfaire une curiosité obscène, constitue, lorsqu'il est commis dans un lieu public, un outrage public à la pudeur, et non un attentat aux mœurs, et que, par suite, il est de la compétence de la juridiction correctionnelle, et non de la Cour d'assises : Grenoble, 23 juill. 1862 (J.M.p.5.283).

2. Il a été décidé aussi très-exactement que le fait de se permettre publiquement (dans un chemin public) des attouchements indécents sur des femmes, bien que ce fait ait eu lieu contre leur gré, constitue le simple délit d'outrage public à la pudeur, et non le crime d'attentat à la pudeur : Cass., 1er déc. 1848 (S.-V. 49.1.543).

3. Mais l'action immédiate, contraire aux mœurs, exercée publiquement sur un enfant de moins de onze ans autrefois, de moins de treize ans aujourd'hui, constitue, au contraire, le crime d'attentat à la pudeur, et non pas seulement le délit d'outrage public à la pudeur : Cass., 5 juill. 1838 (S.-V.39.1.59).

— V. *Adultère*, 17 et 20 ; *Chose jugée*, 26 et s.; *Compétence criminelle*, 138, 142, 143, 152, 153.

PARTIE CIVILE. — 1. La constitution de partie civile, à laquelle des effets très-graves sont attachés, ne saurait se présumer légèrement, et doit rigoureusement avoir lieu dans les formes prescrites par la loi, c'est-à-dire au moyen de la plainte portée par la partie lésée et qui doit alors remplir toutes les conditions exigées par l'art. 31, C. instr. crim., ou au moyen d'un acte subséquent, qui n'est, à la vérité, soumis à aucune forme particulière, mais qui doit du moins, comme la plainte, lorsqu'elle n'est pas suivie de cet acte, renfermer des conclusions formelles en dommages-intérêts (art. 66, même Code). V. Liége, 17 janv. 1867 (J.M.p.10.232); — Mangin, *Instr. écrit.*, t. 1, n. 58, 60 et 61 ; F. Hélie, *Instr. crim.*, t. 4, n. 1739 ; Trébutien, *Cours élément. de droit crim.*, t. 2, p. 233 ; Dalloz, *Répert.*, vo *Instr. crim.*, n. 506.

2. Et il a été jugé, par exemple, qu'une plainte ne peut être la base d'une constitution de partie civile, si elle n'est pas revêtue de la signature du magistrat qui la reçoit ou à qui elle est remise : Liége, 17 janv. 1867, précité.

3. ... Qu'il ne suffit pas que le plaignant cité comme témoin devant le tribunal correctionnel à la requête du ministère public ait fait lui-même citer des témoins dans la cause, pour qu'il soit réputé s'être constitué partie civile : Gand, 9 mai 1865 (J.M.p. 10.233), et Liége, 17 janv. 1867, ci-dessus.

4. ... Que le versement approximatif des frais de la procédure par le plaignant ne suffit pas non plus pour que celui-ci doive être réputé partie civile, dès qu'il n'a pas déclaré formellement prendre cette qualité : Paris, 3 nov. 1835 et 24 mai 1836 (D.p.36. 2.159 et 37.2.33).

5. ... Qu'il est nécessaire que la plainte exprime en termes positifs que la partie lésée entend poursuivre une action civile en dommages-intérêts accessoirement à l'action publique, et qu'il ne suffirait pas que cette partie priât, dans une lettre, le juge d'instruction et le ministère public de faire condamner le prévenu à des dommages-intérêts : Même arrêt : Liége, 17 janv. 1867, susmentionné.

6. De simples réserves faites par le plaignant de former une demande en dommages-intérêts contre le prévenu n'emporteraient point non plus, par elles seules, constitution de partie civile : Carnot, *Instr. crim.*, p. 312.

7. L'état de faillite d'un inculpé ne met pas obstacle à ce que l'individu lésé par le délit qui lui est imputé se constitue partie civile sur les poursuites dirigées contre lui par le ministère public. — ... Peu importe que la partie lésée ait déjà produit à la faillite de l'inculpé ; cette production, n'étant qu'un acte conservatoire, n'autorise point l'application de la règle *Electâ unâ viâ, non datur recursus ad alteram,*... surtout si elle n'a été suivie d'aucune collocation ou répartition au profit du produisant : Cass., 26 sept. 1867 (J.M.p.11.122).

— V. *Action civile*, 18, 19, 22 ; *Action publique*, 8 et s., 22 et 102 ; *Appel correct.*, 19, 26 et s., 37, 70, 85, 98, 112, 115, 126, 145, 167 et s., 179 et s., 185, 189, 195, 205 ; *Appel de simple police*, 2 ; *Assistance judiciaire*, 35 ; *Banqueroute*, 7 et s.; *Cassation (pourvoi en)*, 12 et s., 29, 31, 57 ; *Chasse*, 150 ; *Chose jugée*, 5 ; *Compét. crim.*, 122, 137, 174 ; *Dénonciat. calomn.*, 8 ; *Instruction criminelle*, 48, 77 ; *Juge d'instruction*, 33, 44, 45 ; *Jugement par défaut*, 19 et s., 23, 27 ; *Officier de police judiciaire*, 2 et s.: *Preuve des délits*, 18, 47 ; *Témoin*, 5.

PARTIE JOINTE. — PARTIE PRINCIPALE. —

1. En matière civile, on le sait, le ministère public procède comme *partie jointe* dans les causes où il se borne à user de son droit de réquisition, c'est-à-dire à prononcer des réquisitoires ou à prendre de simples conclusions; et il procède comme *partie principale* dans les affaires où il exerce son droit d'action, c'est-à-dire où il cesse d'être le représentant désintéressé de la société pour devenir le champion d'un intérêt dont la défense lui est spécialement confiée.

2. Dans les causes où le ministère public n'est que *partie jointe*, il n'est nullement recevable à interjeter appel de la décision rendue, soit conformément, soit contrairement à ses conclusions, alors même que la matière intéresserait l'ordre public; et nous allons plus loin, nous ajoutons qu'il n'a pas davantage le droit de former tierce opposition, parce qu'il n'est pas *partie*, dans le sens exact du mot, et que l'art. 474, C. proc. civ., ne confère ce droit qu'aux parties. C'est ce qui résulte d'un arrêt de cassation du 3 flor. an VI (Dalloz, *Rép.*, v° *Ministère public*, n. 94), et si la Cour de Paris paraît avoir jugé le contraire par un arrêt du 22 juill. 1815 (S.-V.chr.), les auteurs s'accordent à condamner cette doctrine. — *Sic*, Carré, *Lois de l'organis. et de la compét.*, n. 119 et 128; Arm. Dalloz, *Dictionn. gén.*, v° *Ministère public*, n. 129; Dalloz aîné, *Répert.*, *loc. cit.*; Bioche, *Dict. de proc.*, *eod. v°*, n. 31.

3. Mais le ministère public peut-il être considéré simplement comme *partie jointe*, dans une cause où il a le droit d'agir d'office, par cela seul qu'il n'a pas pris l'initiative de l'action? Est-il permis d'assimiler ce cas à celui où le ministère public n'a que la faculté de requérir? C'est ce que nous ne saurions admettre. Le ministère public peut être *partie principale* en défendant tout aussi bien qu'en demandant (Carré, *loc. cit.*, t. 1, p. 231), et, selon nous, il est défendeur dans toutes les causes engagées par des particuliers, où la loi lui donne la mission, non plus seulement d'exprimer son avis, mais de prendre directement en mains l'intérêt, soit de l'une de ces parties, soit de la société tout entière. Il n'importe que l'instance n'ait pas été introduite contre lui; sa qualité de *partie* dans cette instance dérive de la mission même que la loi lui a confiée, et ne saurait être subordonnée à la forme dans laquelle le débat s'est produit devant la justice.

4. Cette opinion est, du reste, en harmonie avec la jurisprudence. Ainsi, un arrêt de la Cour de Toulouse, du 24 mars 1836

(Dalloz, *Répert.*, v° *Absent*, n. 274), a jugé, par application de l'art. 114, C. civ., aux termes duquel le ministère public est spécialement chargé de veiller aux intérêts des personnes présumées absentes, que le procureur général a qualité pour appeler incidemment du jugement qui dispense de fournir caution le légataire envoyé en possession provisoire des biens d'un absent, « attendu qu'il est *partie* à tous les procès dans lesquels il est question de l'administration de la fortune de l'absent; qu'il peut donc se rendre appelant incidemment du jugement *que d'autres parties ont porté à la Cour* ». — S'il en est ainsi dans une hypothèse où ce ne sont que des intérêts privés que le ministère public est chargé de défendre, à combien plus forte raison la voie de l'appel doit-elle lui être ouverte contre des décisions qui, bien que rendues entre particuliers, portent sur une matière dans laquelle, suivant l'expression de quelques arrêts, la loi lui confie la vindicte publique! Aussi, les autorités qui reconnaissent au ministère public le droit d'interjeter appel des jugements prononçant la nullité d'un mariage (V. *Mariage*, n. 41), le lui accordent-elles dans le cas même où cette nullité a été prononcée sur la demande des parties, et conformément aux conclusions de l'officier du parquet entendu dans la cause.

5. Un magistrat a soutenu que le rôle du ministère public, investi du droit d'action, est *actif* dans certains cas, *passif* dans d'autres (M. Cival, article inséré J.M.p.1.20). — Nous croyons que cette distinction manque d'exactitude. Dans toutes les hypothèses où le ministère public est chargé par la loi d'agir d'office, son rôle est, à nos yeux, sinon constamment actif, du moins incessamment susceptible de le devenir; et pour tout dire en un mot, il nous semble être alors nécessairement *partie principale*; d'où nous concluons qu'il peut se pourvoir, soit par appel, soit par toute autre voie de recours, contre les décisions qui lui paraissent contraires aux intérêts confiés à sa vigilance.—Le considérer comme partie jointe dans le cas où il n'a agi, en première instance, ni comme demandeur, ni comme défendeur, selon le sens ordinaire de ces expressions, ce serait faire dépendre l'exécution d'une disposition impérieuse de la loi, de la seule volonté, tantôt des parties, tantôt des magistrats remplissant les fonctions du ministère public près le tribunal, résultat évidemment inadmissible. Si l'officier du parquet présent à l'audience à laquelle a été plaidée, en première instance, une affaire soumise à son droit d'action, a omis de se déclarer intervenant, peut-on croire que

cette omission doive paralyser, entre ses mains ou entre celles de
ses supérieurs hiérarchiques, l'exercice d'un droit aussi inalié-
nable ? — Il nous paraît donc tout à la fois plus logique et plus
sage de ne dépouiller dans aucun cas de sa qualité de *partie principale* le ministère public, investi du droit d'action, et de lui laisser ainsi la liberté d'agir à toutes les phases de la procédure.

6. La Cour de cassation a jugé, par arrêt du 23 juillet 1857
(J.M.p.1.89), que l'art. 408, C. instr. crim., qui exige, à peine de
nullité, qu'il soit statué sur toute *réquisition* du ministère public,
est inapplicable au cas où le ministère public a simplement pris
des *conclusions* comme partie jointe ; et que, par exemple, il ne
résulte aucune nullité de ce que le juge correctionnel du second
degré, saisi uniquement par le double appel de la partie civile et
du prévenu, des prétentions respectives de ceux-ci (en matière
de contrefaçon notamment), a omis de statuer sur les conclusions du ministère public à fin d'expertise.

7. Il ne saurait y avoir aucune difficulté sur ce point. D'un
côté, il est bien certain que le ministère public qui porte la parole devant les juges correctionnels du second degré saisis uniquement, par le double appel de la partie civile et du prévenu,
des intérêts purement privés débattus entre ceux-ci, ne peut que
conclure comme partie jointe, et ne saurait agir par voie de *réquisition* ; et, d'autre part, les termes de l'art. 408, C. instr. crim.,
ne permettent pas de douter que c'est exclusivement sur les réquisitions faites par le ministère public, en qualité de partie principale, que le juge doit statuer à peine de nullité. L'esprit de la
loi viendrait, du reste, s'il en était besoin, fortifier encore cette
dernière interprétation. Quel est, en effet, le but de la disposition de l'art. 408, qui impose aux magistrats l'obligation de statuer sur toutes les réclamations, soit de l'accusé, soit du ministère public, tendant à user d'une faculté ou d'un droit accordé
par la loi ? C'est évidemment d'empêcher les dénis de justice (V.
Conf. Dalloz, *Rép.*, v° *Cassation*, n. 1490). Or, comment voir un
déni de justice dans l'omission de prononcer, non sur une réclamation que le ministère public n'aurait le droit de faire que comme
partie principale, mais sur le simple avis que sa qualité de partie
jointe l'autorise à exprimer ? Remarquons même qu'il faut qu'il
y ait eu une *réquisition expresse* de la part du ministère public,
agissant comme partie principale, pour que l'omission de statuer
entraîne nullité, et qu'il ne suffirait point, même dans ce cas, que

le ministère public eût présenté de simples *observations :* Cass., 14 mai 1812 (S.-V. chr.);— Dalloz, v^is *Cassation*, n. 1500, et *Instr. crim.*, n. 1110, 3°.

— V. *Actes de l'état civil*, 88, 89; *Action directe ou d'office; Mariage*, 40; *Séparation de biens.*

PASSE-PORT. — Un jugement du tribunal correctionnel de Philippeville du 4 déc. 1862 (J.M.p.6.37) a décidé que celui qui, se prévalant d'un passe-port délivré à autrui par l'autorité étrangère, fait viser ce passe-port par un fonctionnaire français sous le nom de l'individu auquel il a été délivré, commet le délit de faux puni par l'art. 154, C. pén.— Cette décision nous semble fort bien rendue. Sans doute l'usage d'un passe-port délivré à un autre, en l'absence de toute allégation positive, ne constitue aucun délit, ainsi que l'a jugé la Cour de cassation le 9 juillet 1840 (S.-V.41.1.560). Mais le visa apposé sur un passe-port étranger par un fonctionnaire français s'identifie avec ce passe-port, et l'un et l'autre ne forment plus qu'un seul et même acte (V. Cass., 31 mai 1850, S.-V.51.1.159), en sorte que le nom supposé, pris dans ce visa par celui qui a fait usage du passe-port, constitue le faux puni par l'art. 154, C. pén., tout aussi bien que s'il avait été pris dans le passe-port lui-même.

— V. *Titre nobiliaire*, 2; *Vagabondage*, 7.

PÊCHE FLUVIALE. — **1.** Le décret du 29 avril 1862, qui a confié la surveillance de la police de la pêche fluviale aux agents de l'administration des ponts et chaussées, n'a rien changé aux règles et aux principes adoptés jusque-là en ce qui concerne les attributions ordinaires de la police judiciaire et des officiers du ministère public pour la constatation et la poursuite des infractions en matière de pêche. Les poursuites doivent être faites au nom de l'administration des ponts et chaussées, comme elles avaient lieu au nom de l'administration forestière avant le décret du 29 avril 1862. Les frais continuent à être acquittés, soit sur simple taxe, soit sur un mémoire séparé, selon leur nature, pour le compte du ministère chargé du service. La chancellerie rejetterait donc toute taxe et tout article de dépense qui figureraient de ce chef dans les états de frais urgents soumis à sa régularisation par les receveurs de l'enregistrement ou dans les mémoires ordonnancés par les magistrats, dont la responsabilité serait engagée, s'ils ne se conformaient pas à l'instruction du 30 sept. 1826 et à l'art. 158 du décret du 18 juin 1811 concernant les frais de justice : Circ. 6 mars 1863 (Rés. chr., p. 52). —V. *Frais.*

2. La nature et les obligations du service des ingénieurs ne leur permettant pas de suivre les affaires introduites à la requête de l'administration des ponts et chaussées, comme le faisaient les agents de l'administration des forêts, le ministère public doit agir seul, quoique toujours au nom de l'administration actuellement chargée des poursuites. Aucune difficulté ne peut se présenter lorsque les ingénieurs transmettent eux-mêmes les procès-verbaux des gardes-pêche, avec leurs observations, au chef du parquet de première instance. Quant aux procès-verbaux des autres officiers de police judiciaire, ce magistrat doit aviser. Si l'affaire présente des doutes, il consultera l'ingénieur en chef, afin que, dans les limites de la légalité, l'action judiciaire ne vienne pas contrarier les vues de l'administration spéciale responsable du développement de la pêche. En cas d'appel surtout, il est convenable d'établir un complet accord avec l'administration des travaux publics, quoiqu'elle renonce aux droits résultant pour elle des art. 50 et 51 de la loi du 15 avril 1829 : Circ. 9 sept. 1863 (Rés. chr., p. 61).

3. Les procès-verbaux dressés par les gardes-pêche sont transmis par eux à l'ingénieur ordinaire, puis par celui-ci à l'ingénieur en chef, qui les adresse immédiatement avec ses observations au parquet. Les procès-verbaux des autres officiers de police judiciaire sont adressés par eux directement au chef du parquet de première instance, qui, avant de poursuivre, les communique, au besoin, et s'il le juge convenable, à l'ingénieur en chef, pour avoir ses observations et son avis. Dans tous les cas, les ingénieurs ou autres agents de l'administration des ponts et chaussées ne sont point tenus d'intervenir dans les poursuites, et ils n'ont pas à requérir devant les tribunaux correctionnels dans les affaires introduites à leur requête, comme le faisaient les agents forestiers, qui se chargeaient habituellement aussi de préparer les assignations, de faire les citations et significations d'exploits, d'exposer les affaires devant les tribunaux, et d'interjeter appel des décisions, usant ainsi des droits et prérogatives conférés par les art. 50 et 51 de la loi du 15 avril 1829 aux agents chargés de la surveillance de la pêche : Circ. min. trav. publ., just. et fin. 28 juill. 1863 ; Circ. min. just. 9 sept. 1863 (Rés. chr., *loc. cit.*).

4. Les chefs de parquets de première instance doivent adresser tous les trois mois au procureur général du ressort un tableau indiquant, d'une part, le nombre des procès-verbaux constatant des infractions à la police de la pêche et suivis de poursuites, et, d'autre part, la qualité des agents qui les ont rédigés, en distinguant les gardes forestiers, les agents des ponts et chaussées et les autres officiers de police judiciaire : Circ. 6 mars 1863 (Rés. chr., p. 52).

5. Il résulte d'un arrêt de la Cour de Montpellier du 15 juin 1868 (J.M.p.11.229) que l'omission, dans la citation donnée par le ministère public au prévenu de délit de pêche fluviale, de la copie du procès-verbal constatant le délit, s'oppose à ce que ce procès-verbal puisse être invoqué comme faisant foi jusqu'à inscription de faux, et que le ministère public conserve seulement, en pareil cas, la faculté d'établir le délit par tous les genres ordinaires de preuve.

6. La Cour de cassation est allée plus loin ; elle a décidé que l'omission de la copie du procès-verbal dans la citation donnée au prévenu du délit de pêche fluviale emporte nullité de la poursuite, soit dans le cas où le ministère public fait usage de ce procès-verbal aux débats (arrêt du 14 mars 1856, D.P.56.1.228), soit même lorsqu'il déclare ne pas vouloir en faire usage (arrêt du 24 avr. 1856, D.P.56.5.327), en se fondant, avec raison, sur ce que le prévenu peut avoir intérêt à la production et à la signification du procès-verbal, notamment afin de se prévaloir de la prescription particulière que l'art. 62 de la loi du 15 avr. 1829 établit en cette matière, et qui a pour point de départ le jour où le délit a été constaté par procès-verbal.

7. L'arrêt du 24 avr. 1856 juge, du reste, que la disposition de l'art. 49 de la loi du 15 avr. 1829, exigeant la signification du procès-verbal au prévenu, doit être observée, à peine de nullité, aussi bien lorsqu'il s'agit d'un procès-verbal qui peut être débattu par la preuve contraire, que dans le cas de procès-verbal faisant foi jusqu'à inscription de faux, et soit que la citation émane du ministère public, ou qu'elle soit donnée à la requête de toute autre partie poursuivante.

8. La circulaire du 28 juill. 1863 mentionnée ci-dessus, n. 3, renferme en outre l'indication des règles à observer pour le paiement des frais de poursuite et d'instance judiciaire en matière de délit de pêche fluviale. Nous ne pouvons qu'y renvoyer.

9. Aux termes de la même circulaire, les taxes à témoins en cette matière, payées à titre d'avance par l'administration de l'enregistrement, lui sont remboursées par le payeur du Trésor, sur les fonds du service des ponts et chaussées, au moyen d'un mandat de régularisation, délivré au nom du payeur par l'ingénieur dans le service duquel le délit a été constaté. — Il résulte d'une circulaire postérieure du ministre de la justice, en date du 16 janv. 1865 (Rés. chr., p. 73), que quand, dans un même département, le service de la navigation et de la pêche est divisé entre plusieurs ingénieurs, pour que le payeur sache quel est celui de ces ingénieurs qui doit délivrer le mandat, les greffiers doivent inscrire au bas de la taxe de chacun des témoins, présentée par eux à la signature des magistrats, le nom de l'ingénieur et l'indication du service dans lequel le procès-verbal a été dressé. — Le greffier prend connaissance de ce nom et de ce service par un simple coup d'œil jeté sur le procès-verbal, qui doit présenter en marge les indications, aux termes d'une circulaire du ministre des travaux publics. Si le procès-verbal n'émanait pas d'un agent des ponts et chaussées, le parquet fournirait lui-même ces indications.

10. La prescription d'un mois édictée par l'art. 62 de la loi du 15 avril 1829 n'est applicable qu'au cas où le délit de pêche a été constaté par un procès-verbal; hors ce cas, et notamment lorsque la poursuite repose sur des témoignages, l'action, replacée sous l'empire du droit commun en matière correctionnelle, n'est prescriptible que par trois ans : Colmar, 24 mars 1863 (J.M.p.6.256). — V. aussi Mangin, *Act. publ.*, t. 1, n. 333; F. Hélie, *Instr. crim.*, t. 2, n. 1070.

11. La prescription d'un délit de pêche constaté par procès-verbal court du jour de la clôture et de la signature du procès-verbal, et non de celui de son ouverture : Metz, 23 nov. 1865 (J.M.p.9.191); — F. Hélie, *loc. cit.*

12. Dans le délai d'un mois, nécessaire pour cette prescription, n'est pas compris le jour où le fait délictueux a été commis. Ainsi le veut une règle générale qui est exposée au mot *Prescription criminelle*. — Compar. *Chasse*, n. 165 *bis*; *Forêts*, n. 13.

13. L'art. 7 de la loi du 31 mai 1865, relative à la pêche, qui déclare les délinquants passibles non-seulement du doublement de l'amende, mais encore d'un emprisonnement de dix jours à un mois, dans les cas prévus par les art. 69 et 70 de la loi du 15 avr. 1829, c'est-à-dire dans les cas de récidive et de délit commis la nuit, s'applique uniquement aux nouvelles infractions punies par la loi précitée de 1865, et non à celles réprimées par la loi de

1829 : Paris, 5 juill. 1867 (J.M.p.12.237); — Martin, *Cod. nouv. de la pêche fluviale*, n. 657.

14. Un arrêt de la Cour de Nancy du 7 avr. 1862 (J.M.p.5.144) a jugé que le principe prohibitif du cumul des peines, établi par l'art. 365, C. instr. crim., est inapplicable aux délits de pêche.

15. L'ordonnance de 1669 n'interdisait nullement ce cumul; cependant il a été jugé, sous son empire, par un arrêt de la Cour de Metz du 1er juin 1819 (S.-V.6.2.80), que le fait de pêche sans permis et avec un engin prohibé ne pouvait être puni cumulativement des deux amendes portées par l'ordonnance pour l'une et l'autre infraction, mais seulement de la plus forte. La Cour de Metz n'a pas motivé cette solution, et il était difficile, en effet, de lui donner une base légale, le principe posé par l'art. 365, C. instr. crim., ne pouvant être étendu aux infractions réprimées par des lois ou règlements antérieurs au Code pénal (V. Cass., 16 févr. 1844, S.-V.44.1.625). Aussi une doctrine contraire a-t-elle été formellement consacrée par un arrêt de la Cour de cassation du 26 juill. 1828 (D.p.28.1.353).

16. Cette dernière doctrine est également celle qui doit être admise sous la loi de 1829, ainsi que le proclame en termes tout à fait décisifs l'arrêt de la Cour de Nancy, mentionné ci-dessus. V. aussi conf., MM. Dalloz, *Répert.*, v° *Pêche fluviale*, n. 207. D'un côté, il est évident que la question doit être résolue à l'égard des délits de pêche de la même manière qu'à l'égard des délits forestiers, soit parce que le Code forestier et la loi de 1829, sur la pêche fluviale, ont été rédigés dans le même esprit, soit parce que l'art. 64 de cette loi, qui renvoie à diverses dispositions du Code d'instruction criminelle, parmi lesquelles ne figure nullement l'art. 365, n'est que la reproduction de l'art. 187, C. for. Or, il est de jurisprudence constante que le cumul des peines a lieu en matière forestière. V. à cet égard le *Répert.* de MM. Dalloz, v° *Forêts*, n. 336, ainsi que la *Table générale* de MM. Devilleneuve et Gilbert, v° *Délit forestier*, n. 278 et suiv. D'un autre côté, la Cour suprême a jugé par divers arrêts que la prohibition du cumul des peines est inapplicable aux délits prévus par des lois spéciales, alors surtout que ces délits constituent de simples infractions matérielles. V. Cass., 17 mai 1851 (S.-V.51.1.376 et 380) et 3 janv. 1856 (S.-V.56.1.380). Toutefois, la jurisprudence de cette Cour est encore hésitante sur ce point. V. Cass., 13 juill. 1860 (S.-V.61.1.387), ainsi que la note de l'arrêtiste.

— V. *Action publique*, 5, 7 et 61 ; *Compétence criminelle*, 35, 65, 91 ; *Contrainte par corps*, 8 ; *Questions préjudicielles*, 18.

PÊCHE MARITIME. — D'après un arrêt de la Cour de cassation du 6 déc. 1860 (J.M.p.4.129), le tribunal correctionnel saisi d'une infraction au décret-loi du 9 janv. 1852, sur la pêche côtière maritime, ne peut relaxer le prévenu en se fondant sur l'insuffisance des constatations du procès-verbal, sans avoir fait droit à l'offre du ministère public de suppléer à cette insuffisance par toutes preuves légales ; il ne pourrait écarter cette offre qu'autant qu'il admettrait d'ailleurs l'existence de la contravention. Cette décision est justifiée tout à la fois par la disposition du § 2 de l'art. 20 du décret-loi du 9 janv. 1852, portant qu'en cas d'insuffisance des procès-verbaux, les infractions à ce décret pourront être prouvées par témoins, et par les principes généraux en matière de preuve des délits et contraventions. V. *Preuve des délits.*

PEINE. — **1.** Il est des cas où il est indifférent que le ministère public abandonne entièrement aux lumières du juge la fixation de la peine ; par exemple, lorsqu'il s'agit d'affaires où l'ordre public n'est pas sérieusement intéressé et où la peine peut, sans inconvénient, être abaissée *jusqu'au minimum*. Mais dans d'autres cas, où il est nécessaire que la fermeté du ministère public vienne en aide à celle du juge, il ne doit pas se borner à requérir d'une manière générale l'application de la peine, il doit en fixer lui-même le quantum, afin de s'associer aux devoirs des magistrats qui doivent rendre la décision et d'accepter avec eux la responsabilité d'une répression sévère : Lett. min. just. 24 juill. 1852 (Gillet, n. 3422).

2. En principe, les tribunaux de répression sont tenus de condamner toutes les fois que le fait incriminé réunit, lors de sa perpétration, les caractères constitutifs d'un délit, sans que les circonstances ultérieures puissent être prises par eux pour base d'un acquittement : Cass., 2 janv. 1862 (J.M.p.5.85). — La jurisprudence a fait notamment application de ce principe en matière de délit de chasse. V. *Chasse*, n. 131.

3. Les coauteurs ou complices d'un délit sont-ils passibles de l'aggravation de peine attachée à la qualité personnelle de l'un des délinquants ? C'est là une question fort controversée. Nous avons indiqué au mot *Complicité*, n. 9 et 10, les autorités qui l'ont résolue en sens divers, et exprimé notre adhésion à la solution négative. Voici en quelques mots les considérations qui nous paraissent justifier cette solution :

4. Lorsque l'art. 59, C. pén., soumet le complice à la même peine que l'auteur du fait, il envisage la pénalité dans ses conditions ordinaires, c'est-à-dire en dehors des causes d'aggravation ou d'atténuation qui tiennent, non point aux circonstances dans lesquelles le fait a été accompli, mais à la qualité de son auteur. Pour les causes d'atténuation, tout le monde reconnaît bien que le complice ne peut les invoquer. V. notamment Cass., 19 août 1813 (S.-V.chr.); 21 avr. 1815 (*Id.*); 7 mai 1829 (*Id.*); 10 janv. 1838 (S.-V.38.1.126); 26 mai 1838 (S.-V.38.1.562); 21 nov. 1839 (D.P.40.1.384); 23 mars 1843 (S.-V.43.1.544); 25 mars 1845 (S.-V.45.1.290); — Boitard, *Leç. de Cod. pén.*, n. 163. — Or, n'est-ce pas une qualité personnelle à l'auteur du fait qui sert de base à l'atténuation, comme, dans d'autres circonstances, l'aggravation dérive également d'une qualité personnelle de cet auteur? Et si, au cas d'atténuation, la qualité dont il s'agit doit être sans influence sur la peine à infliger au complice, ne serait-il pas déraisonnable et injuste qu'elle réfléchît contre ce dernier en cas d'aggravation? Il est vrai que le complice d'un crime ou délit commis par un agent dont la qualité est une cause d'aggravation, manifeste une perversité plus grande que le complice d'un crime ou délit dont l'auteur ne se trouve pas dans une semblable condition; mais il n'a pas eu toutefois, comme l'agent principal, à étouffer la voix du sang ou à violer les devoirs d'état les plus impérieux, pour accomplir le fait auquel est attachée sa culpabilité. Et ce que nous disons du complice s'applique, par identité de raison, au coauteur.

5. Néanmoins, la jurisprudence s'est généralement prononcée en sens contraire. Aux décisions que nous avons mentionnées v° *Complicité*, n. 10, il faut ajouter un arrêt de la Cour de cassation du 15 juin 1860 (S.-V.61.1.398) et un arrêt de la Cour de Chambéry du 29 avr. 1867 (J.M.p.11.102), qui ont jugé spécialement que les individus qui ont commis un délit de chasse conjointement avec un garde champêtre, doivent être, comme lui, condamnés au maximum de la peine.

6. L'art. 69, C. pén., qui porte que, dans tous les cas où le mineur de seize ans n'aura commis qu'un simple délit, la peine qui sera prononcée contre lui ne pourra s'élever au-dessus de la moitié *de celle à laquelle il aurait pu être condamné s'il avait eu seize* *ans*, a-t-il entendu parler de la moitié du maximun ou de la moitié du minimum de cette peine ? Cette question n'a été directement résolue ni par la jurisprudence ni par la doctrine ; mais la Cour de cassation et les auteurs ont examiné la question analogue de savoir si le tiers de la peine qui est applicable aux mineurs de seize ans, d'après l'art. 67, § 3, C. pén., doit s'entendre *du tiers du maximum* de cette peine, abstraction faite de son minimum, et la négative, consacrée par deux arrêts de la chambre criminelle des 15 janv. et 11 fév. 1825 (S.-V.chr.), a été adoptée aussi par MM. Hélie et Chauveau, *Théor. Cod. pén.*, t. 1, n. 242. Suivant ces arrêts et ces auteurs, le système contraire serait absurde, puisque, s'il s'agissait d'un crime emportant les travaux forcés à temps (dont la durée est de cinq à vingt ans), la détention correctionnelle ne pourrait être moindre de six ans et huit mois (tiers de vingt ans), et qu'ainsi le mineur de seize ans serait, quant à la durée de la peine, plus rigoureusement traité que ne pourrait l'être un individu au-dessus de cet âge. — On pourrait raisonner d'une façon analogue à l'égard de l'art. 69.

7. Mais nous doutons fort de l'exactitude d'un tel raisonnement. Dans les art. 67 et 69, la loi, faisant équitablement la part de la faiblesse de l'intelligence du coupable, a abaissé pour lui les degrés de la pénalité et diminué la durée des peines dans une proportion déterminée ; mais elle n'a nullement manifesté l'intention de modifier le minimum et le maximum entre lesquels le juge doit avoir la faculté de développer son appréciation. La diminution proportionnelle de la durée des peines est indépendante de cette double limite ; elle doit porter sur la durée, quelle qu'elle soit, que le juge aurait fixée si le coupable avait eu plus de seize ans. Vainement dit-on que, d'après ce mode de calcul, le mineur de seize ans pourra être condamné à une peine d'une durée plus longue que celle de la peine qui pourrait lui être appliquée s'il était au-dessus de seize ans. On ne peut faire cette objection qu'en supposant que toutes proportions n'ont pas été gardées, et qu'en mettant en parallèle la moitié du *maximum* appliquée au mineur de seize ans avec le *minimum* qui aurait pu être appliqué à l'individu au-dessus de cet âge. Mais nous croyons qu'on ne saurait argumenter ainsi, et qu'il faut supposer, au contraire, que si le juge a appliqué la moitié du maximum au mineur de seize ans, c'est qu'il lui aurait appliqué le maximum entier s'il avait eu seize ans accomplis. Les juges ne le condamneront point dans tous les cas à la moitié du maximum, et ils auront au-dessous de cette limite toute latitude pour modérer la peine suivant la nature du délit et le degré de discernement du coupable. — Toutefois, si le délit emporte la peine de l'emprisonnement, un minimum leur est fixé par l'art. 40, C. pén., qui, ainsi que l'a jugé un arrêt de la chambre criminelle du 11 janv. 1856 (D.P.56.1.108), forme la règle dans tous les cas où d'autres limites n'ont pas été déterminées par la loi.

8. On s'est encore demandé si l'art. 69, C. pén., est applicable aux délits punis par des lois spéciales, tels que les délits forestiers, délits de chasse, de douanes, etc. L'affirmative, qui ne nous paraît pas contestable, a été généralement admise. Il n'est pas nécessaire que les lois spéciales reproduisent la règle consacrée par l'art. 69 (et il faut en dire autant des principes édictés par les art. 66, 67 et 68), pour qu'il soit permis d'en faire l'application aux matières qu'elles régissent. C'est là, comme disent très-bien MM. Hélie et Chauveau, *loc. cit.*, n. 41, une règle commune qui plane sur toutes les législations, car elle prend son origine dans un fait commun à toutes les actions de l'homme, son ignorance présumée de la criminalité de ses actes jusqu'à l'âge de seize ans accomplis. Cette règle est même en quelque sorte plus impérieuse à l'égard des délits spéciaux, qui supposent une culpabilité écrite dans la loi bien plus que dans la conscience. V. encore en ce sens MM. Le Sellyer, t. 1, n. 109 ; Dalloz, *Rép.*, v^is *Peine*, n. 453, *Chasse*, n. 358 et s., et *Forêts*, n. 324, ainsi que les arrêts suivants : Cass., 20 mars 1841 (S.-V.41.1.463) ; 18 mars 1842 (S.-V.42.1.465) ; 3 janv. 1845 (S.-V.45.1.467) ; 4 déc. 1845 (D.P. 46.4.310) ; 21 mars 1846 (S.-V.46.1.655) ; 11 janv. 1856 (D.P.56. 1.108).

9. Il faut reconnaître cependant que dans certaines matières où le fait matériel constitue nécessairement à lui seul la contravention, par exemple, en matière de contributions indirectes et d'octroi, les art. 66 et suiv. ne sont pas applicables. C'est ce qu'admettent MM. Hélie et Chauveau, *ut suprà*, et Dalloz, v° *Peine*, *loc. cit.* V. aussi Bordeaux, 17 mars 1841 (D.P.41.2.210).

10. Suivant un arrêt de la Cour de Bourges du 11 fév. 1869 (J.M.p.12.97), le mineur de seize ans déclaré coupable d'un fait qui, s'il était au-dessus de cet âge, le rendrait passible de la peine des travaux forcés à temps peut, lorsqu'il est reconnu avoir agi avec discernement, être condamné à être renfermé pendant cinq ans dans une maison de correction, sans qu'il soit besoin pour cela de recourir à l'application de l'art. 463, C. pén., relatif à l'admission des circonstances atténuantes, et, dans le cas où le tribunal correctionnel a fait, au contraire, application de cet article pour prononcer une telle condamnation, la Cour saisie de l'appel de son jugement, peut le confirmer, tout en déclarant inapplicable l'article précité.

11. Cette décision ne semble devoir donner lieu à aucune critique. Il est évident, en effet, que, dans les cas prévus par l'art. 67, § 2, C. pén., le juge peut suivre l'échelle de la durée des différentes peines encourues pour fixer le temps de la détention ; il peut, par suite, fixer cette durée au tiers ou à la moitié du minimum, du maximum ou de tout autre nombre d'années intermédiaire. On objecterait du reste vainement que la Cour d'appel, en refusant au prévenu l'application des circonstances atténuantes admises par les premiers juges, aggrave sa position sur son appel seul, contrairement aux dispositions de l'avis du Conseil d'Etat du 12 nov. 1806, et à une jurisprudence constante. La Cour n'est pas appelée seulement à prononcer une peine sur des faits déclarés constants avec admission de circonstances atténuantes ; elle est saisie de la connaissance des faits incriminés en eux-mêmes ; elle peut donc les apprécier librement à son point de vue, les qualifier même d'une manière toute différente, pourvu qu'elle ne prononce pas une peine plus forte que celle infligée par les premiers juges (V. *Appel correctionnel*, n. 136 et s.) ; c'est ce qu'elle fait en refusant au prévenu le bénéfice des circonstances atténuantes et en restant néanmoins dans les limites de la pénalité édictée par les art. 67 et 68, C. pén.

12. En matière correctionnelle, au cas où une peine corporelle et une peine pécuniaire sont cumulativement édictées, les juges peuvent, malgré l'admission des circonstances atténuantes, n'abaisser que l'une de ces deux peines et maintenir le maximum de l'autre, la plus grande latitude leur étant accordée pour proportionner, suivant les inspirations de leur conscience, la répression à la nature et à la gravité du délit : Cass., 4 août 1865 (J.M. p.8.321). Ce point ne saurait faire difficulté, car la réduction des peines, au cas d'admission des circonstances atténuantes, étant purement facultative pour les tribunaux correctionnels, il s'ensuit évidemment que ces tribunaux peuvent, lorsqu'une peine corporelle et une peine pécuniaire sont cumulativement édictées, n'abaisser que l'une de ces peines, comme ils pourraient ne modérer ni l'une ni l'autre. V. Dalloz, *Répert.*, vᵒ *Peine*, n. 555.

13. D'après le dernier état de la jurisprudence, le tribunal correctionnel qui, au cas de circonstances atténuantes, use de la faculté de substituer l'amende à l'emprisonnement, ne peut arbitrairement élever cette amende au chiffre que lui paraît exiger la gravité des faits; il doit la restreindre au minimum des amendes correctionnelles, c'est-à-dire au chiffre de seize francs. V. Cass., 10 janv. 1846 (S.-V.46.1.272); Douai, 19 mai 1858 (S.-V.59.2.90); Pau, 12 janv. 1870 (J.M.p.13.113). Tel est aussi l'avis de M. Trébutien. *Cours de dr. crim.*, t. 1, p. 308. Mais il y a des opinions divergentes. Par un arrêt du 22 mars 1852 (S.-V.52.2.29), la Cour de Douai avait décidé que l'amende substituée à l'emprisonnement au cas d'admission de circonstances atténuantes, devait être fixée par les juges dans les limites du minimum au maximum des amendes correctionnelles. — D'après M. Bertauld, *Cours de Cod. pén.*, 3° édit., p. 361, le juge devrait avoir l'option entre le minimum de l'amende correctionnelle (16 fr.) et l'amende de simple police qu'il pourrait faire fléchir dans les limites du minimum au maximum (1 à 15 fr.). — Enfin, suivant MM. Hélie et Chauveau, *Théor. Cod. pén.*, t. 6, n. 2449, l'amende devrait être renfermée dans les limites des peines de simple police. — La première interprétation, qui se fonde sur ce que le défaut de détermination d'un maximum pour l'amende correctionnelle, oblige les juges à n'appliquer que le minimum de cette amende dans les cas où la loi n'en a pas fixé elle-même la quotité, nous paraît, quant à nous, être la seule juridique.

14. Sur la question de savoir si un condamné aux travaux forcés qui prétend avoir atteint l'âge de soixante ans et qui demande à subir sa peine dans une maison de réclusion, conformément à la loi du 30 mai 1854, peut, à défaut d'inscription sur les registres de l'état civil, prouver la date de sa naissance par un acte de notoriété, ou s'il doit obtenir un jugement de rectification de ces registres. V. *Etat civil*, n. 1.

15. Il résulte d'un arrêt de la Cour d'Aix du 15 oct. 1862 (J. M.p.6.57), que, dans une condamnation à un nombre déterminé de mois d'emprisonnement, les mois doivent se calculer de date à date, d'après le calendrier grégorien, et non par périodes de trente jours. Cette solution est conforme à la jurisprudence de la Chancellerie (Décis. min. just., 12 déc. 1835, 16 mai 1840, 23 oct. 1841 et 17 fév. 1847; Massabiau, t. 2, n. 2520; Gillet, n. 2676; Addenet, sur l'art. 40, C. pén.), ainsi qu'à l'opinion de Mangin, *Act. publ.*, t. 2, n. 318, *in fine*; mais elle est contraire à un jugement du tribunal correctionnel de Pontoise du 15 janv. 1845 (D.p.45.3.77), et elle est combattue par la majorité des auteurs. V.

le *Répert. gén. du Journ. du Pal.*, v° *Emprisonn. (peine)*, n. 94 et
s.; Berriat-Saint-Prix, *Exécut. des jug. et arr. et des peines*, p. 85;
de Molènes, *Des fonct. du procur. du roi*, p. 81 ; Boitard, *Leçons
sur le Cod. pén.*, p. 161; Trébutien, *Cours élém. de dr. crim.*, t. 1,
p. 255 ; Blanche, *Etud. prat. sur le Cod. pén.*, n. 179. —Ce jugement et ces auteurs invoquent à l'appui de leur opinion des considérations qui ne manquent point de force. L'application du calendrier grégorien en matière de condamnation à l'emprisonnement serait, disent-ils, contraire à la justice : il ne faut pas que
la position du condamné puisse varier suivant l'époque de l'année
à laquelle le hasard lui fait subir sa condamnation. D'ailleurs, il
résulte des termes mêmes de l'art. 40 que la règle qu'il pose à
cet égard est une règle générale. Après avoir défini la peine de
l'emprisonnement et en avoir fixé le maximum, cet article, pour
prévenir l'incertitude qui aurait pu résulter de la variabilité des
divisions de l'année, précise ce que l'on doit entendre par un *jour*
et par un *mois* d'emprisonnement, et sa disposition doit nécessairement recevoir son application au cas où la peine est de plusieurs
mois d'emprisonnement, aussi bien qu'à celui où elle est d'un seul
mois.

16. Mais à cela les décisions de la Chancellerie, auxquelles la
pratique doit se conformer, répondent que l'art. 40, C. pén., n'a
prévu qu'un cas spécial, celui d'une condamnation à un mois
d'emprisonnement; que cette règle particulière ne doit pas, dès
lors, être étendue hors de cette limite; que lorsque la condamnation est de deux ou de plusieurs mois, les mois d'emprisonnement
doivent être comptés date pour date, d'après le calendrier grégorien, dont l'application est de droit commun; que ce mode de
computation est plus simple; que tout autre entraînerait des cal-
culs perpétuels, et de plus amènerait un résultat différent pour
l'individu condamné à douze mois et pour l'individu condamné à
un an. — Cette interprétation n'est peut-être pas la plus rigoureusement exacte; mais on ne saurait nier qu'elle est plus en harmonie avec l'esprit général de la législation en matière de computation de mois. — V. *Prescription criminelle*, n. 35.

17. D'après un arrêt de la Cour de Pau du 14 déc. 1861 (J.M.
p.5.528), lorsqu'un prévenu, après avoir été acquitté en première
instance, est condamné, sur l'appel du ministère public, à la
peine de l'emprisonnement, la durée de cette peine ne court que
du jour de l'arrêt de condamnation, et non à partir de la date du
jugement de première instance, l'art. 24, C. pén., n'étant point ap-

plicable à ce cas. —. On peut dire contre cette décision qu'il est bizarre et peu équitable que la durée de la peine, pour le prévenu condamné seulement en appel, ne coure qu'à partir de l'arrêt, tandis que, pour celui qui a été condamné successivement aux deux degrés de juridiction, elle court à partir du jugement du tribunal correctionnel. V. en ce sens une note critique de M. Gouarné-Oustalet reproduite par nous à la suite de l'arrêt précité.

18. Mais, quelque regrettable que soit une telle anomalie, on est, selon nous, forcé de reconnaître qu'elle est dans la loi, et qu'elle résulte, d'ailleurs, du principe qu'une condamnation ne peut être exécutée avant d'avoir été prononcée. Il faut remarquer, en outre, que si, dans le cas spécialement prévu par l'art. 24, l'exécution de la peine prononcée en appel rétroagit à la date du jugement du tribunal correctionnel, c'est parce que cette peine n'est qu'une confirmation, un complément ou un diminutif de celle que le tribunal avait lui-même prononcée; tandis que la rétroactivité de l'exécution manquerait complétement de base dans le cas où aucune condamnation corporelle n'a été prononcée par les premiers juges.

19. Ajoutons que la doctrine consacrée par l'arrêt ci-dessus de la Cour de Pau est enseignée aussi par M. Blanche, *Etud. prat. sur le Cod. pén.*, n. 121, qui n'hésite pas non plus à admettre, contrairement à l'opinion de M. Gouarné-Oustalet, *loc. cit.*, que, dans le cas où le prévenu condamné à un emprisonnement de quelques jours en première instance, vient à être frappé en appel d'une condamnation de plus longue durée, cette dernière condamnation n'aura été exécutée pendant le temps écoulé depuis le jugement jusqu'à l'arrêt, qu'à concurrence de la durée de celle prononcée en première instance.

20. Lorsqu'un individu condamné correctionnellement se désiste de l'appel interjeté par lui, la durée de la peine court-elle à partir du jugement qui avait été frappé d'appel, ou seulement à partir de l'arrêt qui donne acte au condamné de son désistement? —La Cour de cassation a décidé à deux reprises qu'en pareil cas la durée de la peine ne commence à courir qu'à compter de l'arrêt donnant acte du désistement : Cass., 11 juin 1829 (S.-V. chr.) et 22 nov. 1855 (D.p.56.1.44). Mais nous aimons à croire que cette jurisprudence n'est pas irrévocable, car elle est bien rigoureuse. N'est-elle pas d'ailleurs en contradiction avec celle que la Cour de cassation elle-même a adoptée sur l'effet du pourvoi formé en matière correctionnelle par le condamné? D'après deux autres arrêts de cette Cour en date des 2 juill. 1852 (S.-V.52.1.470) et 26 mai 1853 (S.-V.53.1.459), le temps écoulé entre le pourvoi du condamné et la décision par laquelle la Cour de cassation lui donne acte de son désistement, compte dans la durée de la peine; et cette solution est fondée avec beaucoup de raison sur ce que la brièveté du délai du pourvoi et l'impossibilité où le condamné se trouve, pendant ce délai, de savoir, en l'absence du texte du jugement ou de l'arrêt, s'il existe des moyens de nullité, ou quelle peut être leur valeur, ne permettent pas de considérer le pourvoi suivi de désistement comme ayant produit un effet ineffaçable, mais commandent, au contraire, de le regarder comme non avenu. Or, ces motifs ne militent-ils pas également en faveur du condamné qui s'est désisté de son appel?

21. Tant que le jugement reste frappé d'appel, dit l'arrêt du 22 nov. 1855, il n'est pas définitif, et si plus tard le désistement du prévenu fait cesser pour l'avenir les effets de l'appel, il ne peut restituer au jugement, à partir du jour où la condamnation a été prononcée, le caractère d'irrévocabilité que l'appel lui avait enlevé, et qui seul détermine le point de départ pour l'exécution de la peine. On ne peut donc attribuer au désistement de l'appel les effets que la nature spéciale du pourvoi en cassation donne au désistement du demandeur. — On voit par là que la Cour de cassation a voulu prévenir le reproche de contradiction qu'on aurait pu lui adresser en rapprochant sa nouvelle décision de celles qu'elle avait rendues sur l'effet du désistement du pourvoi en cassation formé par le condamné; mais a-t-elle réussi à éviter ce reproche ? Nous avons quelque peine à le penser. Sans doute si le désistement du condamné n'empêche pas que son appel n'ait fait perdre à la condamnation le caractère d'irrévocabilité qu'exige l'art. 23, C. pén., c'est seulement la décision par laquelle il est donné acte de ce désistement qui doit être le point de départ de l'exécution de la peine; mais pourquoi le désistement de l'appel produirait-il un effet différent de celui qui est attaché au désistement du pourvoi en cassation ? C'est ce que la Cour suprême ne dit pas, et c'est ce qui nous paraît difficilement explicable, surtout dans une matière où l'on ne doit pas perdre de vue la maxime *favores ampliandi*. V. en ce sens, Dalloz, *Rec. pér.*, 52.1.222, et 56.1.44, aux notes.

22. Dans un ordre d'idées analogue, il a été jugé que, dans le cas où un prévenu, condamné à la peine de l'emprisonnement, a émis envers le jugement de condamnation un appel qui a été déclaré non recevable, comme interjeté tardivement, la durée de la peine court, non point à partir de l'incarcération du condamné, mais seulement à partir de celle de l'arrêt qui a déclaré l'appel tardif et non recevable, cet appel ayant eu jusque-là pour effet de remettre en question l'irrévocabilité de la condamnation : Aix, 15 oct. 1862 (J.M.p.6.57). — Nous ne saurions encore approuver cette décision. Il est sans doute de principe que la tardiveté de l'appel n'en détruit pas l'effet suspensif. Telle est, du moins, la règle généralement admise en matière civile (V. le *Répert.* de MM. Dalloz, v° *Appel civil*, n. 1229 et s., et la *Table générale* de MM. Devilleneuve et Gilbert, v° *Appel en mat. civ.*, n. 488 et s.), et il n'y a aucune raison pour ne point l'appliquer en matière correctionnelle. Mais lorsque l'appel a été déclaré non recevable à raison de sa tardiveté, ne doit-il pas être réputé n'avoir jamais existé, et ne doit-il pas, par suite, être considéré comme n'ayant point arrêté l'exécution du jugement? C'est ce que la Cour de Paris a décidé par arrêt du 10 déc. 1849 (S.-V.50.2.26). Dans ce cas, en effet, l'appel n'ébranle en rien la force du jugement, qui reste entier sans être infirmé ni confirmé, et qui, constituant seul le titre de la condamnation, semble devoir seul aussi servir de point de départ au cours de la durée de la peine qu'il prononce.

22. La loi du 22 germ. an IV, qui autorise le ministère public à requérir des ouvriers pour les travaux que nécessite l'exécution des condamnations pénales, n'a pas cessé d'être en vigueur : Cass., 13 mars 1835 (S.-V.35.1.570). — V. Décr. 18 juin 1811, art. 114 ; —Carnot, *Comment Cod. pén.*, sur l'art. 376, n. 4 ; Hélie et Chauveau, *Théor. Cod. pén.*, t. 1, n. 107 ; Dalmas, *Frais de just. crim.*, p. 312 ; Massabiau, *Man. du minist. publ.*, t. 2, n. 2458 ; Dalloz, *Répert.*, v° *Jugement*, n. 881.

23. Le ministère public a le droit de désigner, selon les circonstances et les localités, les ouvriers qu'il lui paraît convenable d'employer aux travaux dont il s'agit, sans que ces ouvriers puissent refuser d'obtempérer à ses réquisitions, sous prétexte que les travaux à exécuter ne rentrent pas dans l'exercice de leur métier habituel : Même arrêt ; — Dalmas, *Frais de just. crim.*, p. 312 ; Dalloz, *Répert.*, v° *Jugement*, n. 884.

— V. *Action publ.*, 105 et s.; *Adultère*, 6, 45, 65 ; *Appel correct.*, 124, 139 et s., 149 ; *Défense*, 1 et s.; *Emprisonnement*; *Exécution des jugements et arrêts*; *Instruction criminelle*, 33 ; *Ministère public*, 54 ; *Notaire*, 33, 36 et s.; *Outrage*, 23 ; *Pêche fluviale*, 15 et s.; *Pres-*

cription crim., 1, 6 et s., 36 et s., 79 et s., 85 et s.; *Tribunal de police*, 15 et s.

PÉREMPTION D'INSTANCE. — La péremption d'instance n'a pas lieu en matière criminelle : Grenoble, 23 juin 1830 (S.-V.32.2.342); Toulouse, 8 déc. 1836 (D.p.38.2.14); Cass., 23 sept. 1836 (S.-V.37.1.464) et 28 nov. 1857 (S.-V.58.1.171); Nîmes, 27 mars 1862 (J.M.p.5.252); — Dalloz, *Répert.*, v° *Péremption*, n. 100.

PERQUISITION. — **1.** Le préfet de police à Paris est (comme les préfets des départements) investi, quant à l'exercice de la police judiciaire, de toutes les attributions du juge d'instruction, et notamment de celle de faire personnellement ou de faire faire, hors le cas de flagrant délit, au domicile des prévenus et même chez des tiers, les perquisitions auxquelles le juge d'instruction est autorisé à procéder, aux termes des art. 87 et 88, C. instr. crim. : Cass., 21 nov. 1853 (S.-V.53.1.774), 16 août 1862 J.M.p.6.29) et 19 janv. 1866 (*Id.*11.97). — V. *Préfet*.

2. Le mandat de perquisition (délivré notamment par le préfet de police) n'est pas soumis, surtout à peine de nullité, aux formes prescrites pour le mandat d'arrêt par l'art. 96, C. instr. crim.; il suffit, pour sa régularité, qu'il mentionne la personne chez qui les perquisitions doivent être faites, avec toutes les circonstances propres à constater son individualité, l'objet de la recherche à effectuer et la nature du délit : Cass., 19 janv. 1866, ci-dessus. — Nul doute sur ce point. La délivrance d'un mandat de perquisition n'est que l'exercice du droit qui doit appartenir au préfet de police et aux préfets des départements, comme il est généralement reconnu au juge d'instruction (V. *Juge d'instruction*, n. 13), de déléguer à des officiers de police judiciaire son pouvoir de faire des perquisitions dans le domicile des citoyens. C'est dire suffisamment que ce mandat n'a aucune similitude avec le mandat d'arrêt, et que les formes prescrites pour celui-ci ne lui sont point applicables.

3. La perquisition sur la personne d'un citoyen, opérée par un officier de police judiciaire, sans qu'aucun délit, flagrant ou non, ait été constaté à sa charge, et sur le seul soupçon qu'il se disposait à en commettre un, est illégale et ne peut servir de base à une condamnation : Bourges, 12 mars 1869 (J.M.p.12.99). — V. aussi v° *Chasse*, 98 et 99.

4. Peu importe que l'individu fouillé n'ait opposé aucune résistance, alors surtout qu'il a refusé de signer le procès-verbal dressé à cette occasion, et qu'il s'est évadé des mains des agents chargés de le conduire devant le ministère public : Même arrêt. — V. également Rouen, 13 mars 1845 (D.P.45.4.70); Douai, 4 nov. 1847 (D.P.50.5.392); Cass., 17 juill. 1858 (S.-V.59.1.634).

5. Celui dans le domicile duquel est opérée une visite illégale ne peut s'y opposer par la violence, lorsque le fonctionnaire qui l'exécute est porteur d'un mandat régulier; il n'a d'autre droit que de protester passivement contre cette violation de domicile et d'en demander ensuite, par les voies légales, la réparation et la répression (C. pén., 184) : Bruxelles, 25 fév. 1864 (J.M.p.7.59).

— V. *Abus d'autorité*, 3 et s. ; *Arme prohibée; Avoué*, 15 et s.; *Chasse*, 96, 97, 111; *Juge d'instruction*, 9, 13 et s.; *Notaire*, 25, 29.

PHARMACIEN. — 1. Les chefs de parquet doivent, concurremment avec les préfets, tenir la main à ce que les pharmaciens ayant officine ouverte remettent une copie légalisée de leur titre ou diplôme, tant au greffe du tribunal de première instance dans l'arrondissement duquel ils sont établis, qu'à la préfecture du département : Circ. 2 mai 1861 (Rés. chr., p. 33).

2. Le registre d'inscription au stage des élèves en pharmacie qui, d'après l'art. 7 de la loi du 21 germ. an xi, devait être ouvert dans toutes les mairies des communes n'ayant point de pharmacie, a été transporté, par l'art. 2 du décret du 15 févr. 1860, au greffe de la justice de paix du canton. Les pharmaciens étant en petit nombre dans les cantons où il n'y a ni école de médecine ni école de pharmacie, il est toujours facile aux juges de paix de connaître sûrement si tel ou tel pharmacien a des élèves, et par conséquent de s'assurer de la vérité des faits produits à leur greffe. C'est une sorte de délégation judiciaire qui entre dans leurs attributions habituelles. Les art. 3 et suivants du décret de 1860 déterminent les conditions de l'inscription et du stage. V. aussi arrêté minist. instr. publ. 19 juill. 1861.

3. Les greffiers des justices de paix sont autorisés par l'art. 20 de la loi des finances du 16 juill. 1860 à percevoir la somme de 1 fr. pour chaque inscription. Le registre où elle doit être prise, et les extraits de ces registres, dont la délivrance ne donne lieu à aucune nouvelle perception, sont dispensés des formalités et des droits de timbre et d'enregistrement.

4. Une circulaire du ministre de l'instruction publique du 24 novembre 1860, relative à l'exécution du décret du 15 février précédent, a été adressée aux procureurs généraux pour qu'ils veillent avec soin à ce qu'elle soit strictement observée en ce qui concerne les greffiers des justices de paix. Elle est, au surplus, résumée dans une circulaire du ministre de la justice du 20 déc. 1860 (Rés. chr., p. 28), à laquelle le lecteur est renvoyé.

PLAINTE.—1. Les commissaires de police et autres officiers de police judiciaires auxiliaires du ministère public ont qualité pour recevoir des plaintes portant sur des faits accomplis hors de leur circonscription, ou formées contre des individus étrangers à leur ressort, sauf à eux à les transmettre aux magistrats compétents : Cass., 4 nov. 1853 (S.-V.54.1.154); Pau, 5 août 1859 (J.M.p.2.261); — Massabiau, *Man. du Minist. publ.*, t. 2, n. 1640.

2. La plainte préalable à laquelle est subordonnée la poursuite de certains délits, n'est soumise à aucune forme particulière. En conséquence, le défaut de signature d'une telle plainte n'en entraîne pas nécessairement la nullité : il appartient aux tribunaux d'apprécier si elle a suffi pour provoquer l'action du ministère public : Dijon, 30 juin 1858 (J.M.p.1.251). — Le principe posé par cette décision est généralement admis. Nous l'avons particulièrement étudié au mot *Outrage*, n. 28 et s. — L'arrêt précité de la Cour de Dijon en a fait l'application à la poursuite du délit d'adultère.

— **V.** *Action publique*, 8, 19, 21, 22, 53, 60 et s. et 103; *Adultère*, 1 et s., 66; *Appel correct.*, 18, 41, 145; *Banqueroute*, 3; *Brevet d'invention*, 13, 14; *Chasse*, 123 et s., 133; *Commissaire de police*, 2; *Délits ruraux*, 1 et 2; *Dénonciat. calomn.*, 21; *Injures*, 8; *Outrages*, 27 et s.; *Partie civile*, 1 et s.

POLICE DES AUDIENCES.—Il est interdit d'admettre aux audiences des Cours et tribunaux, dans une enceinte réservée, les personnes étrangères aux habitudes judiciaires qui ne cherchent dans l'assistance aux débats, qu'un moyen de se procurer des émotions et de satisfaire leur curiosité. Des places ne doivent être réservées que pour les personnes ayant un *titre sérieux* à ce privilége : Circ. 7 juill. 1844 (Gillet, n. 2910); 14 mai 1852; 14 déc. 1859 (Rés. chr., p. 15).

— **V.** *Ministère public*, 43.

POLICE JUDICIAIRE. — **1.** La police judiciaire, qui a pour objet de rechercher les délits, d'en rassembler les preuves et d'en livrer les auteurs aux tribunaux (C. instr. crim., 8), est exercée, sous l'autorité des Cours d'appel, et suivant des distinctions que la loi a établies avec soin, par un grand nombre d'agents qu'énumère l'art. 9, C. instr. crim. Diverses notions sur les attributions de ces agents ont été exposées sous les mots : *Commissaire de police, Garde champêtre, Gendarmerie, Juge de paix, Juge d'instruction, Ministère public, Officier de police judiciaire, Préfet.* — Nous dirons seulement ici quelques mots des agents de police.

2. Les agents de police ne sont pas soumis au serment, et, dans tous les cas, l'omission du serment n'empêche point que le respect ne soit dû à leurs fonctions, lorsqu'elles sont exercées publiquement : Cass., 26 juin 1851 (S.-V.51.1.549), 5 janv. 1856 (S.-V.56.1.471) et 5 avr. 1860 (J.M.p.3.163).

3. Ces agents, désignés alternativement sous les noms d'inspecteur de police, de sergents de ville ou d'appariteurs, ont le droit de rechercher, mais non de constater les délits et contraventions. Leurs rapports et procès-verbaux sont donc dépourvus de toute force probante et ne valent que comme simples renseignements.

4. L'art. 7 du décret du 18 juin 1811 range les agents de police parmi les agents de la force publique. Comme tels, ils peuvent arrêter un délinquant, sauf à le conduire devant le magistrat compétent pour régulariser l'arrestation. V. en ce sens, Paris, 27 mars 1827 (S.-V. chr.); Bourges, 25 mai 1860 (J.M.p.3.163); — Dalloz, *Répert.*, v° *Liberté individuelle*, n. 22. C'est par une erreur évidente que MM. Hélie et Chauveau, *Théor. Cod. pén.*, t. 2, n. 437, disent que les agents de police « n'ont, dans aucune circonstance quelconque, le droit d'arrestation ». V. cependant aussi un arrêt de la Cour d'assises de la Seine du 13 avr. 1826 (aff. Caffin), mentionné par Dalloz, *ut suprà.*

5. En tout cas, il a été jugé avec raison qu'il n'appartient pas à ces agents de s'introduire de leur propre chef dans le domicile d'un citoyen pour y faire un acte quelconque d'instruction, parce qu'ils n'ont pas la qualité d'officiers de police judiciaire : Bourges, 10 mai 1838 (S.-V.38.2.491.

— V. *Attentat à la liberté*; *Injures*, 1 et s.; *Mise en jugement*, 13, 15; *Preuve des délits*, 4.

POLICE SANITAIRE. — Les infractions aux lois sur la police sanitaire sont de la compétence des tribunaux correctionnels, et non de celle des tribunaux maritimes. V. *Compétence criminelle*, n. 58. En conséquence, les agents du service sanitaire doivent transmettre aux chefs des parquets de première instance les procès-verbaux qu'ils auront dressés contre des marins, des militaires ou autres individus embarqués, pour que ces magistrats saisissent les tribunaux. Avis du résultat des poursuites doit être donné au ministre de la justice : Circ. 28 fév. 1859 (Rés. chr., p. 3).

POSTE AUX LETTRES. — **1.** La disposition de l'art. 9 de la loi du 4 juin 1859, portant que la poursuite des contraventions postales qu'il prévoit est exercée à la requête de l'administration des postes, qui a le droit de transiger, n'empêche pas que le ministère public ne soit lui-même investi du droit de poursuite en cette matière, l'exercice de l'action publique appartenant au ministère public dans tous les cas où la loi ne le lui a pas expressément enlevé : Cass., 5 janv. 1865 (J.M.p.8.48) ; Angers, 13 août 1866 (*Id.*9.319) ; Caen, 29 août 1866 (*Id.*10.291).

2. En conséquence, bien que l'administration des postes n'ait pas interjeté appel, dans le délai fixé par l'art. 203, C. instr. crim., d'un jugement rendu à sa requête, poursuites et diligences du ministère public, sur une contravention postale, le procureur général n'en est pas moins recevable, en l'absence de toute transaction entre cette administration et le prévenu, à relever lui-même appel de ce jugement dans le délai spécial qui lui est imparti par l'art. 205, même Code : Angers, 13 août 1866, précité.

3. L'omission de l'une des formalités mentionnées en l'art. 9 de la loi du 4 juin 1859, relative au transport par la poste des valeurs déclarées, étant une simple négligence indépendante de toute volonté malveillante et de toute intention de nuire, ne constitue point un délit, mais une simple contravention : 24 nov. Metz, 11 mai 1864 ; Paris, 30 juill. 1864 (S.-V.64.2.255) ; Amiens, 24 nov. 1864 (J.M.p.8.49) ; Colmar, 17 avr. 1866 (S.-V.67.2.116); Caen, 29 août 1866 (J.M.p.10.291).

4. Il a été décidé par un arrêt de la Cour de Metz du 11 mai 1864 (S.-V.64.2.255) et un arrêt de la Cour de Paris du 30 juillet suivant (*Ibid.*), que le fait d'avoir inséré des valeurs dans une lettre qui n'a pas été chargée ou déclarée, est punissable, encore bien que l'expéditeur justifie avoir donné à un tiers, qui ne l'a pas exécuté, l'ordre de remplir les formalités du chargement ou de la déclaration; et il résulte en même temps de l'arrêt de la Cour de Metz que cette contravention ne peut, en pareil cas, avoir pour auteur que l'expéditeur lui-même, et non le tiers qu'il aurait chargé de remplir les formalités qui ont été omises.

5. Jugé aussi qu'il y a contravention à l'art. 9 de la loi du 4 juin 1859 dans le fait de mettre à la poste une lettre contenant des valeurs, sans que la déclaration prescrite par l'art. 1er ait été faite, et sans que les droits fixés par l'art. 4 aient été acquittés ;—Qu'il importe peu que l'expéditeur eût, en vue de la déclaration dont il s'agit, apposé à sa lettre cinq cachets, ainsi qu'un timbre supplémentaire de vingt centimes, et qu'il eût chargé de faire cette déclaration un tiers qui n'a pas rempli son mandat : Amiens, 24 nov. 1864 (J.M.p.8.48); Cass., 5 janv. 1865 (*Ibid.*); Angers, 13 août 1866 (*Id.*9.319).

6. Mais, au contraire, il n'y a pas contravention à l'art. 9 précité dans le seul fait d'avoir négligé d'appeler l'attention du receveur de la poste sur une lettre renfermant des valeurs, si la déclaration de ces valeurs y a été inscrite, et si la lettre a été remise au receveur avec la somme nécessaire pour acquitter la taxe : Caen, 29 août 1866 (J.M.p.10.291).

7. L'art. 463, C. pén., relatif à l'admission des circonstances atténuantes, n'est pas applicable aux contraventions prévues par ce même art. 9 : Angers, 13 août 1866, précité.

8. Lorsque le destinataire d'une lettre chargée la refuse, il a la faculté de faire connaître, dans une déclaration écrite, les motifs de son refus. Si ce refus est fondé sur le soupçon que la lettre chargée ne serait *pas intacte* ou que les cachets *auraient été violés*, la lettre refusée et la déclaration doivent être immédiatement déposées au parquet, pour qu'il soit instruit sur la prévention soulevée par le destinataire. — Dans le cas où la lettre refusée n'est pas distribuable au siége du ressort d'un tribunal, le préposé doit l'adresser, sous chargement d'office, au receveur du bureau où le tribunal est établi, et c'est à ce receveur qu'il appartient d'effectuer entre les mains du ministère public le dépôt de la lettre et de la déclaration du destinataire. —V. Circ. de l'administration des postes, n. 135, §§ 31 et s.

9. Les inspecteurs des postes sont chargés d'instruire et de diriger les poursuites en matière de transport frauduleux des lettres. Les greffiers sont tenus de délivrer des *extraits* des jugements rendus. Il est défendu aux receveurs d'enregistrement

d'enregistrer en débet les procès-verbaux et autres actes relatifs
à ces poursuites : Circ. direct. gén. post. 12 sept. 1854 (Gillet,
n. 3540).

10. Les frais de justice, en matière de transport illicite de
lettres, doivent être payés par les receveurs de l'enregistrement.
Les greffiers et les huissiers ne sauraient donc être admis à comprendre ces frais dans leurs mémoires payables sur les fonds du
ministère de la justice : Circ. 3 oct. 1842 et 24 oct. 1843 (Gillet,
n. 2808 et 2865).

11. Les chefs des parquets de première instance doivent informer l'inspecteur des postes de leur département du résultat
des poursuites dirigées contre les individus inculpés d'avoir fait
usage de timbres-poste ayant déjà servi (L. 16 oct. 1849), au lieu
d'en donner avis à l'administration centrale : Circ. 10 juill. 1855
(Gillet, n. 3593).

12. Les agents assermentés de l'administration des postes, et
notamment les facteurs, n'ont pas, malgré leur droit de constater
les contraventions postales, la qualité d'officier de police judiciaire ; en conséquence, ils ne jouissent pas du droit d'être traduits devant la Cour d'appel à raison des délits par eux commis
dans l'exercice de leurs fonctions. Ils n'ont droit qu'à la garantie
qui résulte pour eux de l'arrêté du 9 pluv. an x, de ne pouvoir
être poursuivis par le ministère public, pour des faits relatifs à
leur emploi, qu'après autorisation du directeur général de l'administration des postes : Trib. corr. de la Seine, 1er mai 1869
(J.M.p.12.119). — La compétence exceptionnelle que déterminent
les art. 479 et 483, C. instr. crim., ne s'applique point, comme le
dit fort bien M. F. Hélie, *Instr. crim.*, t. 3, n. 1532, aux nombreux
agents spéciaux, instruments secondaires de la police judiciaire,
qui, en en exerçant sous quelques rapports les fonctions, agissent
dans un intérêt administratif plutôt que dans l'intérêt de la justice, et se trouvent, par suite, placés sous une surveillance autre
que la surveillance judiciaire.

13. D'après un arrêt de la Cour de cassation du 19 mai 1870
(J.M.p.13.178), l'art. 187, C. pén., qui punit toute suppression de
lettres confiées à la poste, commise ou facilitée par un fonctionnaire ou un agent du Gouvernement ou de l'administration des
postes, s'applique à la suppression de circulaires de commerce par
le facteur de la poste chargé d'en faire la distribution. L'exactitude
de cette décision est, à nos yeux, fort douteuse. Il nous paraît
impossible de considérer le fait qui vient d'être énoncé comme

rentrant dans les prévisions de l'art. 187, C. pén., où le mot *lettres*, employé seul, ne saurait désigner que les missives renfermant une correspondance personnelle et privée. C'est là, en effet, la seule portée qui ait été reconnue à cette disposition, soit dans les explications dont elle a été l'objet devant les assemblées législatives, soit dans les commentaires des criminalistes. L'art. 187 a toujours été regardé comme réprimant uniquement la violation du secret des lettres, et les circulaires, avis, annonces, etc., bien loin d'avoir le caractère d'une correspondance secrète, en sont exclusifs par leur objet même, qui est la publicité.

14. La Cour de cassation veut que le mot lettres, dans cet article, embrasse les circulaires que les fabricants ou négociants adressent à leur clientèle, relativement aux objets de leur industrie ou de leur commerce, sans tenir compte de ces deux considérations décisives, qu'à l'époque où a été rédigé l'art. 187, l'usage de ces circulaires était encore inconnu, et qu'en admettant d'ailleurs que le législateur eût pu le prévoir, il n'aurait pas incontestablement frappé des mêmes peines (amende de 16 fr. à 500 fr., emprisonnement de trois mois à cinq ans, et interdiction de toute fonction ou emploi public pendant cinq ans au moins et dix ans au plus) la suppression de lettres individuelles, qui peut, suivant les expressions mêmes de l'arrêt ci-dessus, compromettre l'honneur et les intérêts des familles, et la suppression de simples circulaires, qui ne porte au négoce de l'expéditeur qu'un préjudice matériel, la plupart du temps sans gravité. — Nous ne pouvons croire que cette interprétation irrationnelle soit destinée à prévaloir.

—V. *Abus d'autorité*, 10 et s., 17; *Envois non périodiques*, 2-18°; *États et envois périodiques*, 13; *Officier de police judiciaire*, 10; *Préfet*, 3; *Preuve des délits*, 22.

PRÉFET. — **1.** L'art. 10, C. instr. crim., aux termes duquel les préfets des départements et le préfet de police à Paris peuvent faire personnellement, ou requérir des officiers de police judiciaire, tous actes nécessaires à l'effet de constater les crimes, délits et contraventions, et d'en livrer les auteurs aux tribunaux, confère-t-il par là aux préfets les mêmes pouvoirs qu'aux juges d'instruction? La négative, basée sur la combinaison des art. 8 et 10, C. instr. crim., ainsi que sur les explications données sur la portée de ce dernier article lors de la délibération du Conseil d'État, a été adoptée par quelques autorités, d'après lesquelles,

les préfets, loin de jouir des pouvoirs étendus du juge d'instruction, n'ont d'autres attributions que celles des officiers de police
judiciaire, et n'en sont même investis que dans les cas de flagrant
délit. *Sic*, Cass., 23 juill. 1853 (S.-V.53.1.776) ; —F. Hélie, *Instr.
crim.*, t. 3, n. 1202 et s.; Morin, *Répert. du dr. crim.*, v° *Préfet*,
n. 3.

2. Mais la doctrine contraire est le plus généralement admise.
V. Carnot, *Instr. crim.*, sur l'art. 10 ; Mangin, *Procès-verb.*, p. 155,
n. 63; Boitard, *Leç. sur le Cod. d'instr. crim.*, art. 10; Vivien,
Étude administr., t. 2, p. 191 ; Trébutien, *Cours de dr. crim.*, t. 2,
p. 169, note 6; Ortolan et Ledeau, *Minist. publ.*, t. 2, p. 38 ; Duverger, *Man. des jug. d'instr.*, t. 1, n. 84; Dalloz, *Répert.*, v° *Instr.
crim.*, n. 254 ; — Cass., 21 nov. 1853 (S.-V.53.1.774), 16 août
1862 (J.M.p.6.29) et 19 janv. 1866 (*Id.*11.97). — Suivant ces auteurs et ces arrêts, on ne saurait établir une séparation entre la
police judiciaire, qui appartiendrait seule aux préfets, et l'instruction, qui appartiendrait exclusivement au magistrat instructeur,
parce qu'il n'est pas possible de concevoir que la police judiciaire
s'exerce sans instruction, de même qu'on ne peut comprendre que
tout fonctionnaire ou magistrat qui prend part à l'instruction ne
soit pas officier de police judiciaire. Et ils ajoutent que la limite
qu'on poserait entre les actes d'instruction qui seraient permis
aux préfets et ceux qui leur seraient interdits, tendrait à placer
ces fonctionnaires sous la surveillance et en quelque sorte sous la
dépendance de l'autorité judiciaire, contrairement au principe
inviolable de la séparation des pouvoirs.

3. Dans tous les cas, il importe d'observer que ce n'est qu'exceptionnellement et dans les circonstances urgentes que les préfets
sont appelés à exercer les fonctions de juge d'instruction ; que si
les saisies (de lettres, par exemple) auxquelles ils procèdent en
pareille circonstance, ont le caractère des actes de police judiciaire, tous les documents recueillis doivent être transmis par
eux à l'autorité judiciaire, qui, une fois saisie de l'affaire, en poursuit seule l'instruction selon les formes accoutumées; qu'enfin, si
l'information a été commencée par l'autorité judiciaire, il ne peut
plus y avoir lieu à l'application de l'art. 10, C. instr. crim., et que
toutes les perquisitions et saisies sont faites en vertu des mandats
délivrés par les magistrats, et auxquels les directeurs des postes,
comme tous les autres agents de l'autorité, sont tenus d'obtempérer : Circ. min. just., 26 mars 1854 (Gillet, n. 3509).

—V. *Abus d'autorité,* 12 et s.; *Actes de l'état civil,* 11; *Administra-*

tion judiciaire, 10 ; *Administration des parquets,* 4, 6 ; *Aliénés,* 2, 12 ; *Correspondance,* 2, 26 ; *Conflit,* 1 et s. ; *Dénonciation calomnieuse,* 43 et s. ; *Juge de paix,* 7 ; *Jugement et arrêt par défaut* ; *Jury,* 4 ; *Legs aux établissements publics* ; *Médecins,* 1 et 5 ; *Ministère public,* 11, 23 ; *Mise en jugement,* 26, 27 ; *Outrage,* 34 ; *Pharmacien,* 1 ; *Prisons,* 1, 4 ; *Recrutement militaire,* 3, 4 ; *Règlement de police,* 2 ; *Sage-femme* ; *Service militaire.*

PRESCRIPTION CRIMINELLE.

SOMMAIRE ALPHABÉTIQUE.

Réquisitions du ministère public, 5, 51, 53, 54, 57, 74.

Surveillance de la haute police, 6 et s., 40, 41.

Suspension, 42.

Tiers, 61, 63 et s.

Usure, 21.

§ 1er. — Règles générales.

1. La prescription, en matière criminelle, est de deux sortes ; il y a la *prescription de l'action* et la *prescription de la peine*. Nous nous occuperons de l'une et de l'autre, mais plus particulièrement de la première, dont les règles présentent le plus de difficulté d'application pratique.

2. L'exception résultant de la prescription de l'action publique est une exception d'ordre public qui peut être proposée en tout état de cause, à laquelle le prévenu n'a pas le pouvoir de renoncer, et qui doit même être suppléée d'office par le juge. V. Cass., 28 janv. 1808 (J.P.chr.) ; 20 mai 1824 (*Ibid.*) ; 5 juin 1830 (S.-V. 31.1.52) ; 1er fév. 1833 (S.-V.33.1.809) ; 1er juill. 1837 (S.-V.38. 1.918) ; 28 janv. 1843 (S.-V.43.1.157) ; 29 mai 1847 (S.-V.47.1. 878) ; Liége, 13 juill. 1859 (J.M.p.2.251) ; — Mangin, *Act. publ.*, t. 2, n. 288 ; F. Hélie, *Instr. crim.*, t. 2, n. 1051.

5. D'un autre côté, c'est là une exception essentiellement préalable, et sur laquelle, dès lors, les juges doivent, soit sur la demande du prévenu, soit d'office, statuer avant toute instruction de l'affaire : Cass., 9 juill. 1859 (Bull., n. 174) ; Aix, 24 fév. 1865 (J.M.p.8.232) ; — F. Hélie, *loc. cit.*

4. Il est de principe que la criminalité d'un fait, en ce qui touche la prescription, est déterminée par la décision qui intervient au fond sur ce fait, et non par la qualification qui lui est donnée dans l'accusation ou dans la prévention. V., comme renfermant des applications diverses de ce principe, les arrêts mentionnés dans le *Répert.* de Dalloz, v° *Prescr. crim.*, n. 46 et s. V. aussi conf., F. Hélie, t. 2, n. 1056.

5. En vertu de la même règle, il a été jugé que le tribunal correctionnel, saisi d'un fait qualifié délit par la citation, ne peut déclarer l'action publique prescrite à l'égard de ce fait, sans entendre les témoins dont l'audition est requise soit par le ministère public, soit par le prévenu, à l'effet de vérifier si le fait dont il s'agit a réellement le caractère qui lui a été attribué, ou s'il n'est pas justiciable d'une autre juridiction : Alger, 6 juin 1862 (J.M.p.5.165).

6. La prescription de la peine principale, en matière correctionnelle, emporte-t-elle la prescription de la peine accessoire de la surveillance de la haute police? La Cour de Lyon s'est prononcée pour l'affirmative par arrêt du 13 sept. 1845 (S.-V.45.2. 521), et pour la négative par arrêt du 4 juin 1866 (J.M.p.10.14). La première solution nous paraît seule exacte.

7. Nous croyons aussi qu'en matière criminelle, la surveillance de la haute police se prescrit en même temps que la peine plus grave à laquelle elle est ajoutée soit par la loi elle-même, soit par l'arrêt de condamnation (C. pén., 47 à 50). On ne peut nier que la mise sous la surveillance de la haute police soit une peine; or, cela ne suffit-il pas pour qu'elle soit prescriptible, aux termes de l'art. 635, C. instr. crim., qui s'applique à toutes les peines en matière criminelle indistinctement? La surveillance de la haute police a, dit-on, un caractère préventif plutôt que répressif, et, d'un autre côté, c'est une peine continue et échappant, dès lors, par sa nature même à la prescription. Ces raisons sont excellentes lorsque la peine principale n'est pas prescrite. La surveillance, imposée alors au condamné libéré comme mesure de précaution, ne peut se prescrire, quel que soit le temps qui s'écoule avant que l'autorité administrative la mette à exécution. V. *infrà*, n. 40. Mais quand la peine principale est éteinte par la prescription, la surveillance de la haute police ne peut plus atteindre le condamné, ni à titre de répression, ni à titre de mesure préventive, parce que, n'étant qu'une conséquence de la condamnation, elle s'évanouit nécessairement avec celle-ci.

8. A ces raisons suffisamment concluantes, selon nous, on peut ajouter encore un argument de texte péremptoire. Le dernier paragraphe de l'art. 635, C. instr. crim., autorise le Gouvernement à assigner au condamné qui a prescrit sa peine le lieu de son domicile. N'est-il pas manifeste que cette disposition eût été complétement inutile, si la surveillance de la haute police atteignait un tel accusé, puisque, d'après l'art. 44 du Code pénal de 1810, contemporain du Code d'instruction criminelle, la mise en surveillance avait pour effet, comme d'après l'art. 44 actuel, de donner au Gouvernement le droit de déterminer le lieu de la résidence du condamné? — Cette doctrine, solidement établie par un arrêt de la Cour de Paris du 29 mai 1861 (J.M.p.4.185), est soutenue aussi avec beaucoup de force par M. Blanche, *Études pratiques sur le Code pénal*, t. 1er, n. 208. V. également Dalloz, *loc. cit.*, n. 698. Mais voy., comme professant plus ou moins explicitement l'opinion contraire, MM. Trébutien, *Cours élément. de dr. crim.*, t. 1, p. 346 et 361, et Bertauld, *Cours de Cod. pén.*, p. 130.

§ 2. — *Délai requis pour la prescription. — Point de départ et mode de computation de ce délai.*

9. Les art. 637, 638 et 640, C. instr., établissent pour la prescription de l'action publique contre les crimes, les délits et les contraventions des délais (de dix ans, trois ans et un an) qui s'appliquent à toutes les infractions prévues par le Code, et même à celles qui sont prévues par des lois particulières, lorsque ces lois n'ont pas édicté une prescription spéciale. V. Cass., 11 juin 1829 (Bull. n. 123); 22 août 1834 (Bull. n. 283); 14 mai 1835 (Bull. n. 181); — F. Hélie, n. 1053.

10. C'est une question très-controversée que celle de savoir si les crimes commis par un mineur de seize ans, que l'art. 68, C. pén., fait rentrer dans la compétence des tribunaux correctionnels, se prescrivent par dix ans, comme conservant le caractère de crimes, malgré cette attribution de juridiction, ou par trois ans, comme étant assimilés à de simples délits. On dit en faveur de cette dernière interprétation : Les infractions sont réputées crimes, délits ou contraventions, suivant qu'elles sont passibles d'une peine afflictive ou infamante, d'une peine correctionnelle ou d'une peine de police. Ce n'est donc ni le titre de l'accusation ni la nature de la poursuite qui déterminent le caractère du fait; c'est la peine qui lui est applicable d'après l'appréciation définitive qui en est faite à l'audience (V., en effet, *suprà*, n. 4). Et la prescription, étant attachée à ce caractère même, doit, par suite, trouver la mesure de sa durée dans la nature de la peine dont le fait est définitivement passible. C'est dans ce sens qu'il faut entendre les art. 637 et 638, qui règlent la prescription suivant qu'il s'agit d'un *crime emportant peine afflictive ou infamante* ou d'un *délit de nature à être puni correctionnellement.* — *Sic*, F. Hélie, t. 2, n. 1084 et s.; Morin, *Répert. du dr. crim.*, v° *Accusé*, n. 4, et v° *Mineur*, n. 9; Cousturier, *Prescr. crim.*, n. 113; Berriat-Saint-Prix, *Procéd. des trib. crim.*, 2e part., t. 1, n. 381; Labroquère, *Rev. crit.*, t. 19, p. 172; — Cass., 22 mai 1841 (D.P.41.1.405); 25 août 1864 (J.M.p.7.225); Rennes, 11 fév. 1865 (*Id.*8.155); Bourges, 11 juin et 12 nov. 1868 (*Id.*12.67).

11. Mais on a répondu pour justifier la doctrine contraire, à laquelle nous croyons devoir adhérer : La classification des divers genres d'infractions, établie par l'art. 1er, C. instr. crim., est une règle fondamentale qui détermine d'une manière invariable le caractère des infractions, d'après la nature de la peine qui y est attachée, abstraction faite des considérations particulières qui, dans telle ou telle circonstance exceptionnelle, ont pu déterminer le législateur à modifier la pénalité. Ainsi, de même, par exemple, que le meurtre, qui n'est puni que d'une peine correctionnelle, lorsqu'il est excusable, n'en reste pas moins un crime, de même un crime quelconque commis par un mineur de moins de seize ans conserve ce caractère, bien que, dans ce cas, il ne soit puni que correctionnellement. Et cette interprétation est essentiellement rationnelle. On ne saurait disconvenir, en effet, que les crimes commis par un mineur âgé de moins de seize ans portent une atteinte aussi profonde à l'ordre public et aux intérêts des particuliers, que ceux commis par des majeurs. Seulement, la loi a voulu en rendre la répression moins rigoureuse, par égard pour la faiblesse de l'âge de celui qui s'en est rendu coupable. Mais cet adoucissement de pénalité n'implique aucune dérogation aux principes qui régissent la prescription. Celle-ci étant fondée, non sur des considérations personnelles aux agents, mais sur des considérations déduites de la durée du besoin d'appliquer une sanction à la loi violée, l'atténuation du sort de l'agent doit être sans influence sur les conditions de son accomplissement. D'ailleurs, le texte de l'art. 68, C. pén., indique bien que cette atténuation ne modifie point le caractère de l'infraction, car il parle du mineur de moins de seize ans, prévenu de *crimes*, sans faire suivre cette expression d'aucune autre qui indique que, dans la pensée du législateur, les crimes dont il est question dégénèrent en simples *délits*.

12. A la vérité, ajoute-t-on, l'art. 637, C. instr. crim., dispose que la prescription de dix ans s'applique aux crimes de nature *à entraîner des peines afflictives ou infamantes*; d'où l'on conclut qu'elle est inapplicable aux crimes qui, comme dans le cas de l'art. 68, C. pén., ne sont punis que de peines correctionnelles. Mais les termes de l'art. 637 n'ont pas la portée restrictive qu'on leur attribue. Cet article n'énonce les peines afflictives ou infamantes que parce qu'elles sont la sanction ordinaire des crimes, sans prétendre limiter aux seuls crimes punis de ces peines, l'application de la prescription décennale. On doit, d'ailleurs, attacher d'autant moins d'importance aux expressions de l'art. 637, C. instr. crim., que ce Code est antérieur à celui de 1810, qui a défini pour la première fois, dans son art. 1er, les crimes, les délits et les contraventions. Enfin, il est à remarquer que pour que les crimes commis par un mineur de moins de seize ans ne soient punis que de peines correctionnelles, il faut, d'après l'art. 58, C. pén., que ce mineur n'ait pas de complices présents. Dans le cas contraire, ces crimes conservent incontestablement leur caractère. On devrait donc admettre que la même infraction peut, selon les circonstances, constituer pour le mineur de moins de seize ans, soit un délit prescriptible par trois ans, soit un crime atteint seulement par la prescription décennale ! Ne suffit-il pas de signaler une semblable conséquence pour démontrer le vice du système d'où elle découle ? — V. en ce sens, Mangin, n. 296 ; Le Sellyer, *Dr. crim.*, t. 6, n. 2306 ; Van Hoorebeke, *Prescr. en mat. pén.*, p. 204 ; Rodière, *Procéd. crim.*, p. 40 ; Bertauld, p. 108 ; Dalloz, vº *Prescr. crim.*, n. 45 ; Trébutien, t. 1, p. 359 ; Brun de Villeret, *Prescr. en mat. crim.*, n. 195 et s., ainsi qu'un arrêt de la Cour d'Angers du 3 déc. 1849 (S.-V.50.2.289) et un jugement du tribunal correctionnel de Chaumont du 8 mars 1856 (S.-V.56.2.417). — Comp. F. Hélie, t. 8, n. 4109.

13. Une jurisprudence considérable a décidé, sous l'empire du décret du 17 févr. 1852, dont l'art. 27 ordonnait que les poursuites des délits commis par la voie de la presse et autres moyens de publication auraient lieu dans les délais prescrits par le Code d'instruction criminelle, que ces délits, et spécialement celui de diffamation, se prescrivaient par trois ans, conformément à ce Code, et non plus par six mois, comme le voulait l'art. 29 de la loi du 26 mai 1819, lequel avait été abrogé par le décret précité.— V. Cass., 23 fév. 1854 (S.-V.54.1.349) ; Metz, 30 janv. 1856 (S.-V. 56.2.523) ; Pau, 24 juill. 1862 (J.M.p.5.288) ; Colmar, 2 mai 1865 (*Id*.8.201) ; Lyon 13 mars 1867 (*Id*.10.102). — Conf., Dalloz, vº *Presse-outrage*, n. 1290 ; Ravelet, *Code manuel de la presse*, p. 154. —*Contrà*, Rouen, 23 juin 1864 (J.M.p.7.203) ; Trib. corr. de Marseille, 23 janv. 1868 (J.M.p.11.296) ; — Rousset, *Code annoté de la presse*, p. 158. —Cette jurisprudence n'offre plus qu'un intérêt rétrospectif en présence du nouveau régime réservé à la presse.

14. Quand les faits constitutifs du délit de banqueroute simple sont antérieurs à la cessation des paiements du prévenu, la prescription du délit ne peut avoir pour point de départ que la date même de cette cessation de paiements, telle que les juges correctionnels la détermineront, sans être liés par la décision qu'aurait pu rendre à cet égard la juridiction consulaire (V. *Questions préjudicielles*). En effet, les infractions auxquelles la loi commerciale attribue le caractère du délit de banqueroute simple, ne prennent ce caractère qu'à raison de l'état de faillite du commerçant qui les a commises. Tant que ce dernier fait honneur à ses engagements, les actes ou omissions énumérés dans les art. 585 et 586, C. comm., ne sont pas délictueux, du moins au point de vue de la banqueroute, et l'action répressive de ce délit n'est pas née : comment, dès lors, la prescription pourrait-elle courir ? Le délit n'existera et la prescription ne courra, par conséquent, qu'à partir du moment où, la cessation des paiements étant survenue, les infractions dont il s'agit pourront être imputées à un *commerçant failli*.

15. Lorsque, au contraire, les faits constitutifs de la banqueroute simple se sont produits après la cessation des paiements, il est clair que ce n'est plus la date de cette cessation, mais bien celle des faits eux-mêmes, qui est le point de départ de la prescription, puisqu'alors ces faits sont nécessairement délictueux au moment de leur perpétration.—Telle est la doctrine que la Cour de cassation a consacrée par arrêts des 22 janv. 1847 (S.-V.47.1. 472) et 9 juin 1864 (J.M.p.7.137), et qu'enseignent MM. Renouard, *Faill. et banquer.*, n. 417 ; Laroque-Sayssinel, *Id.* t. 2, p. 691, n. 28 et s. ; Dalloz, *Rép.*, v° *Faill. et banquer.*, n. 1434 et 1435, et Brun de Villeret, n. 177. — Dans le cas où les faits délictueux se continuent, depuis la cessation des paiements jusqu'à la déclaration de faillite, il est manifeste que la prescription ne commence à courir qu'à partir du dernier de ces faits ou du jour où ont cessé ceux qui ont un caractère permanent.

16. Ce que nous venons de dire de la prescription du délit de banqueroute simple doit s'appliquer, par identité de raison, à celle du crime de banqueroute frauduleuse, *Sic*, Bédarride, *Faill. et banquer.*, t. 3, n. 1265 ; Laroque-Sayssinel, p. 710, n. 41 ; Dalloz, n. 1479, et Brun de Villeret, *ut suprà*. La Cour de cassation a donc jugé à bon droit, par un arrêt du 29 déc. 1828 (Bull., p. 958), dont M. Mangin, *Act. publ.*, t. 2, n. 328, paraît adopter la doctrine, que, dans le cas où les faits de fraude sont postérieurs à la faillite, la prescription court du jour de la perpétration de ces faits, et non point seulement du jour de la faillite ou de celui de la découverte des faits de fraude. — V. encore dans ce sens, Dalloz, v° *Prescript. crim.*, n. 64.

17. Si l'accomplissement de la promesse d'un vote favorable faite par le créancier au failli, comme condition de l'avantage particulier que ce dernier a stipulé en sa faveur, n'était qu'une suite du fait réprimé par la loi, il n'est pas douteux que le délit existerait et serait prescriptible indépendamment de cet accomplissement; car c'est une règle bien certaine que les conséquences des crimes ou délits ne sont point suspensives de la prescription de l'action publique. V. MM. Mangin, n. 321 ; Dalloz, *Répert.*, *loc. cit.*, n. 76.

18. Il a été jugé que le délit prévu par l'art. 597, C. comm. (1re partie), n'est consommé et ne commence à se prescrire qu'à partir du jour où a eu lieu le vote à raison duquel est intervenue la stipulation d'un avantage particulier en faveur d'un créancier du failli, et non à partir du jour même de cette stipulation : Alger, 6 juin 1862 (J.M.p.5.165) ; Cass., 9 août 1862 (*Id*.6.20). — On peut dire contre cette décision que le délit prévu par l'art. 597, C. comm. (1re partie), consiste dans l'aliénation immorale et préjudiciable à la masse que fait un créancier de la liberté de son vote dans les délibérations de la faillite, et que ce délit est consommé dès l'instant même où un avantage particulier a été stipulé en faveur du créancier à raison de son vote, quelque effet que cette stipulation illicite ait pu recevoir ultérieurement, l'effet ou la suite d'un délit ne pouvant être considéré comme l'un de ses éléments.

19. Ainsi, il a été décidé, dans des hypothèses qui ont une assez grande analogie avec l'espèce des arrêts de la Cour d'Alger et de la Cour suprême mentionnés ci-dessus : — 1° Que le délit consistant de la part d'un fonctionnaire public ou agent du Gouvernement à prendre intérêt dans les adjudications, entreprises, etc., dont il avait l'administration ou la surveillance, est consommé et prescriptible du moment qu'a été conclue la convention illicite, et qu'on ne saurait considérer ce fait comme un délit successif, qui ne serait susceptible de prescription qu'à compter du jour où ont cessé les avantages résultant de la convention (Cass., 15 avr. 1848, S.-V.48.1.670). V. aussi conf. Trébutien, t. 2, p. 149 ; — 2° Que dans le cas où un traité particulier intervenu entre un failli et l'un de ses créanciers a été exécuté en tout ou en partie par le paiement des sommes qui y ont été stipulées, la prescription de l'action publique et par suite celle de l'action civile en répétition des sommes payées en conséquence de ce traité, court à partir du jour même du traité, et non à partir des paiements qui en ont été l'exécution : Grenoble, 17 mai 1853 (S.-V.54.2.301).

20. Mais, dans ces deux cas, les circonstances postérieures à la convention, que les arrêts que nous venons de citer ont refusé avec raison de considérer comme le point de départ de la prescription, n'influent en aucune manière sur la consommation du délit. L'art. 175, C. pén., punit l'immixtion des fonctionnaires publics ou agents du Gouvernement dans les adjudications ou entreprises dont ils ont l'administration ou la surveillance, par cela seul que cette immixtion est *incompatible avec leur qualité* (ce sont les termes mêmes de la rubrique sous laquelle est placé cet article), et sans se préoccuper nullement des avantages qui pourraient en résulter pour eux. Et l'art. 597, C. comm., réprime les stipulations d'avantages particuliers consentis au profit du créancier d'un failli, abstraction faite de l'époque de l'exigibilité de ces avantages.

21. On peut dire également, quoique l'opinion contraire semble prévaloir (Conf., Petit, *de l'Usure*, p. 162 ; Devilleneuve, *Rec. gén. des lois et des arrêts*, t. 8.1.284, note 5.—*Contrà*, Cass., 25 fév. 1826 [S.-V.*Ibid.*] ; 29 janv. 1842 [S.-V.42.1.287] ; 17 mai 1851 [S.-V. 51.1.557] ; —Chardon, *Dol et fraude*, t. 2, n. 540 ; Dalloz, vº *Prêt à usure*, n. 316), que le délit d'habitude d'usure réside dans les stipulations usuraires, indépendamment des perceptions d'intérêts qui sont effectuées en vertu de ces stipulations et qui ne constituent que le produit du délit ; en sorte que la prescription de l'action publique court, à l'égard de ce délit, à partir de la date de la dernière stipulation, et non à partir de la dernière perception usuraire.

22. Or, est-il permis de regarder aussi comme étrangère à la consommation du délit prévu par l'art. 597, C. comm. (1ʳᵉ partie), la réalisation de la promesse faite par le créancier d'un vote favorable au failli ? Nous ne le pensons pas. La loi a voulu ici punir le trafic que le créancier fait de son vote, non point seulement à raison de l'immoralité d'un semblable trafic, mais surtout pour prévenir le retour de ces atteintes qui étaient trop fréquemment portées au principe de l'égalité entre les créanciers de la faillite, à l'aide d'adhésions fictives, de la part de quelques-uns de ces créanciers, soit au concordat, soit à d'autres délibérations. Le délit n'existe donc pas par la stipulation seule d'un avantage particulier au profit d'un créancier du failli ; le vote de ce créancier en est le complément indispensable. Sans ce vote, il y a bien un fait immoral ; mais il n'y a pas encore le délit que punit l'art. 597. Supposez qu'après la stipulation d'un avantage particulier, la délibération prévue par cette stipulation devienne impossible ou inutile, et enfin qu'elle n'ait pas lieu. Le fait de la stipulation suffira-t-il pour justifier encore l'application de la 1re partie de l'art. 597? La négative nous paraît certaine, et elle résulte d'ailleurs d'un arrêt de la Cour de cassation du 23 avr. 1841 (S.-V. 42.1.243), qui décide, dans une hypothèse où la faillite avait été rapportée à raison d'un atermoiement accordé au failli par ses créanciers, « que si, par l'effet du jugement qui a rapporté la déclaration de faillite, la première disposition de l'art. 597, C. comm., qui punit la stipulation par les créanciers d'avantages particuliers à raison de leur vote dans les délibérations de la faillite, *peut être considérée comme n'étant pas applicable aux demandeurs*, les faits dont ils sont déclarés coupables rentrent dans la deuxième disposition du même article. »

23. Ajoutons que l'interprétation que nous défendons, avec la Cour d'Alger et la Cour de cassation, trouve encore un appui très-sérieux dans le rapport de M. Renouard à la Chambre des députés, sur la loi du 28 mai 1838, où il est dit : « Tout le monde... reconnaîtra qu'il y a indélicatesse et délit *à contribuer par son vote* à l'adoption de délibérations auxquelles on n'a droit de prendre part que comme étant lié par elles, et auxquelles cependant on a pris clandestinement la précaution de se soustraire. » — V. aussi le *Traité des faill. et banquer.* de ce magistrat, t. 2, sur l'art. 597.

24. Les délits successifs, c'est-à-dire se renouvelant et se perpétuant, comme le délit d'abus de blanc seing, par exemple, par chacun des actes qui en sont la suite, ne sont réputés consommés et conséquemment ne deviennent prescriptibles qu'à partir du jour où ils ont cessé. V. Mangin, n. 323; F. Hélie, t. 2, n. 1068; Berriat-Saint-Prix, 2e partie, t. 1er, n. 395 ; Trébutien, t. 2, p. 149; Dalloz, vo *Prescript. crim.*, n. 57. — Il y a de même des contraventions successives dont la prescription ne commence qu'après le dernier fait par lequel elles se sont manifestées : Dalloz, *loc. cit.*, n. 83 et s. V. *infrà*, n. 33.

25. D'après une jurisprudence constante, l'abus de confiance n'est pas un délit successif.—V. Cass., 23 août 1851 (S.-V.53.1.577); 12 nov. 1858 (J.M.p.2.47); 30 juin 1864 (*Id.*7.285); Grenoble, 14 nov. 1860 (*Id.* 4.40); Paris, 30 août 1864 (*Id.*7.290); — Dalloz, vo *Prescrip. crim.*, n. 70.

26. Ce point ne saurait être douteux. Le détournement de la chose confiée une fois opéré, le délit d'abus de confiance est consommé, et les actes de jouissance que l'auteur du délit peut exercer ultérieurement sur cette chose, ne constituant point de nouveaux détournements, ne sauraient être considérés comme autant d'éléments de ce délit. Dans l'abus de blanc seing, pour revenir à l'exemple donné plus haut, n. 24, c'est principalement l'usage illégal du blanc seing qui réalise l'effet du délit, et voilà pourquoi chaque acte d'usage fait revivre le délit : Cass., 22 avril 1821. Dans l'abus de confiance, au contraire, les actes de jouissance exercés sur la chose détournée sont étrangers à la réalisation de l'effet du délit, qui se produit par cela seul que celui auquel cette chose avait été confiée se trouve dans l'impossibilité de la représenter ou de l'affecter à l'emploi déterminé auquel il devait la faire servir, soit qu'il l'ait dissipée en une seule fois, soit qu'après l'avoir détournée, il en fasse l'objet de plusieurs actes successifs de jouissance.

27. Il faut remarquer, au surplus, que si l'abus de confiance n'est pas un délit successif, en ce sens qu'il soit perpétué par les actes de jouissance qui suivent le détournement de la chose confiée, il peut arriver, du moins, que cette chose soit l'objet de plusieurs abus de confiance distincts. Il en sera ainsi lorsque le détournement ne sera pas opéré en une seule fois, mais partiellement et à plusieurs reprises successives. Alors chaque détournement partiel constituera, non point seulement un élément d'un délit embrassant tous les faits dans leur ensemble, comme cela a lieu pour les délits successifs, mais un délit particulier se prescrivant séparément. Sic, Cass., 23 août 1851 et 30 juin 1864 ; Paris, 30 août 1864, précités.

28. Mais de ce que le délit d'abus de confiance est consommé par le détournement de la chose confiée au mandataire ou dépositaire, suit-il que la prescription de ce délit coure de l'époque à laquelle le détournement a été opéré? L'affirmative, consacrée par les arrêts mentionnés plus haut, ne doit pas être prise d'une manière trop absolue. Le détournement de la chose reçue n'est constitutif du délit d'abus de confiance qu'autant qu'il a été commis frauduleusement, c'est-à-dire dans l'intention de frustrer de cette chose celui qui l'a confiée (V. Hélie et Chauveau, Théor. Cod. pén., t. 5, n. 2055; Dalloz, v° Abus de confiance, n. 66). Or, il sera bien rarement prouvé que cette intention ait été concomitante du détournement. La constatation de la fraude ne résultera presque jamais que du refus du mandataire ou dépositaire de restituer la chose, ou de l'impossibilité dans laquelle il se trouvera.

soit de la représenter, soit d'en faire l'emploi auquel il devait la consacrer. De là il faut conclure qu'en général la poursuite du délit d'abus de confiance ne peut être exercée qu'après une demande ou mise en demeure adressée au mandataire ou dépositaire, et restée inefficace, et conséquemment, que la prescription de ce délit ne commence à courir qu'à partir de cette interpellation. — C'est, du reste, ce qu'admettent les auteurs (Hélie et Chauveau, n. 2056; Dalloz, vᶦˢ *Abus de conf.*, n. 68, et *Prescrip. crim.*, n. 70. V. cependant Merlin, *Rép.*, vᵒ *Vol*, sect. 2, § 3), et ce que décide la jurisprudence : Cass., 17 juill. 1829 (S.-V. chr.); Rennes ; 30 déc. 1850 (S.-V.52.2.651); Paris, 5 mars 1851 (S.-V.51.2.210); Amiens, 15 janv. 1852 (S.-V.52.2.652); Orléans, 19 janv. 1852 (S.-V.52.2.595).

29. Mais une mise en demeure cesse d'être nécessaire pour faire courir la prescription du délit d'abus de confiance, quand ce délit s'induit forcément, soit dans sa matérialité, soit dans l'intention qui y a présidé, de certaines circonstances reconnues constantes. V. à cet égard les décisions citées dans notre *Code pénal modifié*, p. 176, à la note. *Junge* Cass., 30 juin 1864, et Paris, 30 août 1864 (J.M.p.7.285 et 290).

50. Jugé, par application de cette règle, que le fait, par le mandataire, d'avoir dissimulé dans ses écritures l'existence de recettes par lui opérées pour le compte du mandant, constitue le délit d'abus de confiance, indépendamment de toute mise en demeure ou réclamation de la part du mandant, cette dissimulation étant par elle-même une preuve suffisante de l'intention frauduleuse à l'époque du détournement ; et qu'en conséquence, c'est à partir de cette époque que court, en pareil cas, la prescription du délit : Rouen, 1ᵉʳ déc. 1865 (J.M.p.9.118).

51. Décidé aussi que le délit d'abus de confiance est consommé et, par suite, commence à se prescrire dès le jour même du détournement, lorsque ce détournement a eu lieu de la part du mandataire avec la conscience de son insolvabilité et de l'impossibilité où il se trouvait de restituer les sommes par lui perçues : même arrêt.

52. Il résulte d'un arrêt de la Cour de cassation du 16 mars 1867 (J.M.p.10.257), que le principe que la prescription du délit d'abus de confiance ne commence à courir que du moment d'une mise en demeure à laquelle le mandataire n'a pu ou n'a pas voulu satisfaire, est applicable aussi bien au cas où ce dernier a été assujetti à faire un emploi déterminé des sommes par lui reçues, qu'à celui où il a été seulement chargé de les conserver et de les rendre ou représenter ; et qu'ainsi, dans le cas d'abus de confiance commis par le syndic d'une faillite à l'égard des sommes par lui reçues en cette qualité, et que l'art. 489, C. comm., l'obligeait à verser immédiatement à la Caisse des dépôts et consignations, la prescription ne court point du jour même où cet emploi n'a pas été réalisé, mais seulement du jour où, mis en demeure d'employer ou de restituer, il n'a pu ou n'a pas voulu le faire. — Il n'y a en effet aucune raison de distinguer entre les deux hypothèses que cet arrêt met en opposition. Dans l'une comme dans l'autre, les principes exposés ci-dessus trouvent leur application rationnelle.

55. La contravention résultant du fait par un maître d'avoir occupé un ouvrier sans s'être fait représenter son livret, est une contravention successive dont la prescription ne commence qu'à dater de la sortie de cet ouvrier : Cass., 27 juill. 1860 (J.M.p. 3.270). — Cela ne peut faire doute : le maître qui reçoit et garde chez lui un ouvrier sans se faire représenter son livret, commet une infraction qui, bien loin d'être instantanée, se perpétue et se renouvelle pendant tout le temps que l'ouvrier reste chez son maître. — Sur la prescription des contraventions successives, V. Dalloz, v° *Prescript. crim.*, n. 57. V. aussi *suprà*, n. 24.

54. La question de savoir si le jour du délit compte dans l'espace de temps requis pour opérer la prescription est très-controversée. — Pour nous, l'affirmative nous semble suffisamment justifiée par cette considération que, les poursuites pouvant être commencées le jour du délit, il est naturel, il est juste que la prescription ait ce jour même pour point de départ. V., en ce sens, Mangin, n. 319 ; Le Sellyer, t. 6, p. 115 ; Meaume, *Comment. Cod. forest.*, n. 1314 ; F. Hélie, t. 2. n. 1067 ; Dalloz, v° *Prescript. crim.*, n. 22 ; Morin, *Répert de dr. crim.*, v° *Prescription*, p. 611 ; Petit, *Dr. de chasse*, t. 2, p. 164 ; Gillon et Villepin, *Nouv. Cod. des chass.*, n. 470 ; — Cass., 28 mai 1819 (Dall., *ut suprà*) ; 7 avr. 1837 (S.-V.38.1.904) ; Paris, 4 oct. 1838 (J.P.38.2.481) et 8 fév. 1843 (S.-V.43.2.134). — Mais V., en sens contraire, Berriat-Saint-Prix père, dissertation dans le *Journal criminel*, 1843, art. 2394 ; Cousturier, p. 250 et suiv. ; Trébutien, t. 2, n. 319 ; Berriat-Saint-Prix fils, n. 393 ; — Cass., 10 janv. 1845 (S.-V.45.1.126) et 2 fév. 1865 (J.M.p.8.175) ; Nancy, 20 déc. 1852 (D.P.53.2.186). — V. encore *Chasse*, n. 165 *bis* ; *Forêts*, n. 13 ; *Pêche fluviale*, n. 12.

55. Le calcul des mois, pour la prescription en matière criminelle, doit se faire, d'après le calendrier grégorien, de date à date, et non par période de trente jours : ici est inapplicable le mode de computation établi par l'art. 40, C. pén. : Cass., 27 déc. 1811 (S.-V.3.1.436) et 12 avr. 1817 (S.-V.5.1.308); Colmar, 14 mai 1861 (J.M.p.4.195); — Merlin, *Répert.*, v° *Mois*, n. 1; Carnot, *Instr. crim.*, sur l'art. 205; Bourguignon, *Jurispr. des Cod. crim.*, t. 2, p. 551, et t. 3, p. 35; Berriat-Saint-Prix père, *Cours de dr. crim.*, p. 81, note 9, obs. 3; Mangin, n. 318; Duverger, *Man. des jug. d'instr.*, t. 1, n. 63; Dalloz, v^is *Délai*, n. 17, et *Prescript. crim.*, n. 24. — V. aussi *Chasse*, n. 185 *bis.* — *Contrà*, Legraverend, *Législ. crim.*, t. 1, p. 88.

56. En ce qui concerne la prescription de la peine, il est incontestable qu'elle se mesure sur le caractère du fait, tel qu'il a été déterminé par la condamnation définitive; en sorte que lorsqu'un accusé, après avoir été condamné par contumace à une peine afflictive et infamante pour un fait qualifié crime, n'est ensuite déclaré coupable contradictoirement que d'un délit emportant une simple peine correctionnelle, la prescription de cette peine lui est acquise, s'il s'est écoulé cinq ans depuis sa condamnation par contumace jusqu'à sa représentation : Cass., 2 fév. 1827 (S.-V.8.1.517), 9 juill. 1829 (S.-V.9.1.329), 25 nov. 1830 (S.-V.31.1.392), 6 mars 1835 (Bull., n. 82), 1er fév. 1839 (Bull., n. 33) et 21 août 1845 (S.-V.45.1.864); — F. Hélie, t. 8, n. 4108; Trébutien, t. 1, p. 358; Dalloz, v^is *Contumace*, n. 86, et *Prescript. crim.*, n. 35.

57. Mais lorsque c'est uniquement à raison de l'admission d'une excuse ou de circonstances atténuantes, que l'accusé est condamné à une simple peine correctionnelle, la prescription de vingt ans reste seule applicable, parce que, malgré l'excuse ou les circonstances atténuantes, le fait conserve son caractère de crime : Cass., 17 janv. 1833 (S.-V.33.1.413); 18 avr. 1834 (J. crim., t. 6, p. 219); 1er mars 1855 (S.-V.55.1.319);—F. Hélie, n. 4109; Trébutien, *ut suprà*; Dalloz, v° *Prescr. crim.*, n. 36 et 48.

58. La peine ne saurait se prescrire tant que la décision qui la prononce n'est pas susceptible d'exécution (arg. art. 636 et 639, C. instr. crim.). Aussi est-il de jurisprudence et de doctrine que lorsqu'un jugement de condamnation par défaut n'a pas été signifié, la prescription qui court au profit du prévenu est celle de trois ans ou d'un an relative à l'action publique, et non celle de cinq ans relative à la peine. V. Paris, 26 déc. 1816 (S.-V.5.2.217) et 27 août 1836 (D.p.37.2.83) ; Cass., 31 août 1827 (S.-V.8.1.681); 30 avr. 1830 (D.p.30.1.258); 1ᶜʳ fév. 1833 (S.-V.33.1.809) ; Lyon, 10 août 1848 (S.-V.49.2.161) ; Rouen, 27 janv. 1853 (D.p.53.2.98) ; —Bourguignon, sur l'art. 636 ; Mangin, n. 338 ; Legraverend, t. 2, p. 775 ; Dalloz, vᵒ *Prescript. crim.*, n. 122 et suiv. ; Berriat-Saint-Prix, n. 398 ; Trébutien, t. 1, p. 360, et t. 2, p. 156 ; F. Hélie, t. 8, n. 4114.—*Contrà*, Toulouse, 22 janv. 1824 (S.-V.7.2. 301).

59. La même solution doit évidemment être appliquée au cas de condamnation prononcée par un arrêt rendu par défaut.—Cependant il a été jugé que la prescription de la peine prononcée par un arrêt rendu par défaut court à partir de la date de cet arrêt, et non point seulement à partir du jour où il est devenu irrévocable par le rejet d'une opposition formée en temps utile ou par l'expiration du délai de l'opposition, et qu'on prétendrait en vain que jusque-là c'est l'action publique, et non la peine qui se prescrit : Grenoble, 17 août 1860 (J.M.p.4.37.

40. La Cour de cassation a décidé, par arrêt du 31 janv. 1834 (S.-V.34.1.490), qu'en matière criminelle, et dans le cas où la peine principale a été subie, la mise sous la surveillance de la haute police, conséquence légale de cette peine, ne saurait se prescrire, quel que soit le laps de temps écoulé sans que l'administration ait pris les mesures nécessaires pour la faire exécuter, parce que c'est une peine continue et indépendante de ces mesures facultatives. Conf., Hélie et Chauveau, t. 1, n. 77 ; Laferrière, *Dr. publ. et administ.*, t. 1, p. 457 ; Dalloz, vᵒ *Peine*, n. 697. — V. *suprà*, n. 7.

41. En est-il autrement, lorsqu'un individu condamné correctionnellement tout à la fois à la peine principale de l'emprisonnement et à la peine accessoire de la surveillance, après avoir subi la première de ces peines, se soustrait pendant cinq ans à l'exécution de la seconde ? L'affirmative a été consacrée par un arrêt de la Cour de Nîmes du 7 juin 1866 (J.M.p.10.14), qui écarte ici la doctrine de la Cour suprême, en se fondant sur ce que, dans l'hypothèse dont il s'agit, la mise sous la surveillance de la haute police n'aurait pas le caractère d'une peine. Cette raison est, selon nous, inexacte (V. *suprà*, n. 7), et la solution adoptée par la Cour de. Nîmes nous paraît se justifier mieux par cette considération, que si la seule suspension par l'autorité administrative des mesures

qui constituent la mise sous la surveillance de la haute police ne
peut faire acquérir la prescription de cette peine au condamné
soumis d'une manière permanente à son exécution, il n'en saurait
être de même lorsque celui-ci s'est soustrait à l'application des
mesures prises contre lui, et n'a été arrêté qu'après l'expiration
du temps requis pour la prescription des peines correctionnelles.

§ 3.—*Suspension et interruption de la prescription.*

42. Il est de principe, qu'en dehors du cas prévu par l'art. 3,
C. instr. crim., et de quelques autres circonstances où le ministère
public se trouve, par la volonté même de la loi, dans l'impossibilité d'agir, il n'existe pas de cause de suspension de la prescription de l'action publique. Cette prescription, en effet, a pour base,
non une présomption favorable à la défense, mais la présomption
qu'après un long intervalle de temps les preuves du crime ont
dépéri, et qu'une procédure ne peut être édifiée si tard sans présenter des vices et des lacunes. De là cette règle admise par tous
les criminalistes, qu'en matière criminelle, les causes de suspension de la prescription ne peuvent être puisées que dans des faits
qui font obstacle au dépérissement des preuves ou qui supposent
l'existence de ces preuves, c'est-à-dire uniquement dans des empêchements de droit. Au nombre de ces empêchements, on place,
par exemple, la nécessité de l'autorisation du Gouvernement pour
poursuivre un de ses agents, le sursis prononcé pour faire juger
une question préjudicielle ; mais on refuse, à bon droit, d'y comprendre la démence de l'accusé, qui n'exclut en aucune façon la
présomption du dépérissement des preuves. V. Cass., 22 avr.
1813 (D.P.2.1017) ;— Merlin, *Répert.*, v° *Prescript. crim.*, sect. 3,
§ 7, art. 4 ; Legraverend, t. 1, p. 82 ; Bourguignon, t. 2, p. 526 ;
Mangin, t. 2, p. 175 ; F. Hélie, t. 2, n. 1072 ; Massabiau, t. 2,
n. 1309 et 1310 ; Dalloz, v° *Prescr. crim.*, n. 153 et s.

43. Un arrêt de la Cour de cassation, du 8 juill. 1858 (J.M.p.1.
297), tout en reconnaissant qu'en principe la démence de l'accusé
ne suspend pas le cours de la prescription de l'action publique, a
jugé qu'il cesse d'en être ainsi dans le cas où l'accusé est, à raison de son état de démence constatée, détenu dans une maison
d'aliénés, en exécution de l'arrêt de mise en accusation et de l'ordonnance de prise de corps dont cet arrêt a été suivi ; et qu'en
pareille hypothèse, les poursuites peuvent être reprises contre
l'accusé dès son retour à la raison, quelque long que soit l'intervalle écoulé depuis la perpétration du fait incriminé.

44. Cette distinction n'a rien de rationnel à nos yeux. D'abord, on ne comprend pas aisément la portée que la détention de l'accusé dans une maison d'aliénés peut avoir au point de vue de sa défense, car, libre ou détenu, on le suppose en état de démence et conséquemment incapable de se défendre. Du reste, l'intérêt de la défense de l'accusé ne saurait être une cause de suspension de la prescription de l'action publique, puisque, comme nous l'avons dit déjà, cette prescription n'a pour base que la présomption du dépérissement des preuves.

45. Reste à se demander si cette détention de l'accusé est un obstacle légal à tout exercice de l'action publique. Or, l'arrêt de la Cour de cassation n'entre point dans cet ordre d'idées. Il considère le fait même de la détention de l'accusé dans une maison d'aliénés en vertu de l'arrêt de mise en accusation et de l'ordonnance de prise de corps qui en a été la suite, comme une consommation des poursuites dans la mesure du possible. L'accusé, dit-il, ayant lui-même exécuté d'une manière permanente ces deux décisions de la justice, on ne saurait dire que les poursuites aient été un seul instant discontinuées ou suspendues. Le ministère public n'a pu faire rien au delà de cette exécution, et, au besoin, il est protégé par la maxime *Contrà non valentem agere non currit præscriptio*. Ce raisonnement nous paraît encore complétement inexact. —L'accusé placé par les soins de l'autorité administrative dans une maison d'aliénés, y est tenu à la disposition de l'autorité judiciaire; mais cette sorte de détention préventive ne saurait suffire pour conserver indéfiniment l'action publique, bien qu'elle s'accomplisse en exécution des décisions de la justice, car elle ne modifie pas plus les conditions de l'exercice de cette action que la détention préventive ordinaire. On ne peut dire qu'en la subissant, l'accusé reconnaît le droit de la partie publique, puisque son état de démence ne permet pas de voir là un fait volontaire de sa part; et, d'un autre côté, on ne saurait prétendre que le ministère public soit dans une impossibilité absolue d'agir : ce n'est pas, en effet, la détention de l'accusé qui pourrait être un obstacle à l'exercice de son action; ce ne serait que l'état de démence de cet accusé, dont cette détention n'est que la conséquence. Or, on sait que la démence de l'accusé, n'ayant point pour effet d'empêcher la destruction des preuves, n'est pas au nombre des causes de suspension de la prescription de l'action publique. Que l'accusé soit détenu dans une maison d'aliénés ou abandonné à lui-même, il n'importe. Le ministère public ne peut, pas plus dans un cas que dans l'autre, le mettre en jugement, mais il doit, dans les deux hypothèses, assurer la conservation de son action par un acte quelconque qui témoigne que les preuves n'ont pas dépéri, que la justice reste armée et attentive, et que, si l'accusé vient à recouvrer la raison, elle sera en mesure de compléter la procédure commencée contre lui, et de purger l'accusation dont il a été l'objet.

46. Sans doute, la maxime *Contrà non valentem*, etc., est applicable en matière criminelle, ainsi que la Cour suprême l'a déjà précédemment jugé : Cass., 19 janv. 1809, 13 avril 1810 (J. P.chr.) ; 28 août 1823 (S.-V.7.1.323) ; 7 févr. 1840 (S.-V.40.1. 186) ; 29 août 1846 (S.-V.46.1.755) ; 7 mai 1851 (S.-V.51.1.802) ; — *Contrà*, Grenoble, 3 mars 1862 (J.M.p.5.152). Mais là, elle n'a plus la force d'une règle générale, comme le fait remarquer Mangin (*loc. cit.*, p. 174), et il n'y a, nous le répétons, de véritable cause de suspension de la prescription que dans les empêchements qui résultent de la volonté expresse de la loi, parce que ce sont les seuls qui excluent la présomption du dépérissement des preuves. — V. aussi en ce sens, F. Hélie, n. 1073.

47. Ainsi donc, dans le cas où l'accusé en état de démence est placé dans une maison d'aliénés, comme dans celui où il conserve sa liberté, l'impossibilité où se trouve le ministère public de faire procéder au jugement de l'affaire, n'autorise point une complète inaction de sa part. Le cours de la prescription n'étant point *suspendu*, il est tenu de *l'interrompre* par un des actes d'instruction ou de poursuite dont parle l'art. 637, C. instr. crim. ; et nous croyons que l'on devrait considérer comme un acte de cette nature la réquisition du ministère public tendant à faire constater si l'accusé est toujours dans un état mental qui s'oppose à sa comparution devant la justice. — V. *infrà*, n. 50 et s.

48. Lorsqu'un individu inculpé tout à la fois d'un crime et d'un délit a été renvoyé par le juge d'instruction devant la chambre d'accusation, pour être statué sur le crime, et devant le tribunal correctionnel pour le délit, la condamnation prononcée ultérieurement contre lui par contumace à raison du crime, a-t-elle pour effet de suspendre la prescription du délit ? Cette question nous semble ne pouvoir être résolue que négativement. — La condamnation par contumace prononcée par la Cour d'assises contre l'individu traduit devant elle pour un crime, en même temps qu'il est poursuivi devant le tribunal correctionnel à raison d'un délit, ne fait nullement obstacle à ce que le ministère public provoque la décision du tribunal correctionnel sur le délit. V. Conf., F. Hélie, t. 2, n. 1075. — *Contrà*, Cass., 19 janv. 1809 (S.-V.3.1.8) et 28 août 1823 (S.-V.7.1.323). Il n'en serait autrement que si l'ordonnance du juge d'instruction ou l'arrêt de la chambre d'accusation avait refusé de statuer sur le délit ou de le faire juger en même temps que le crime. Cette solution, que MM. Mangin, n. 357, et Dalloz, n. 158, admettent seulement dans le cas où il y a connexité entre le crime et le délit, nous paraît, au contraire, s'appliquer à toutes les hypothèses. — Vainement oppose-t-on le principe du non-cumul des peines. De ce que l'individu reconnu coupable d'un crime et d'un délit ne peut être condamné qu'à la peine du crime, il ne s'ensuit nullement que cet individu ne puisse être cumulativement poursuivi à raison de chacune des deux infractions, sauf à le faire bénéficier dans tous les cas du principe invoqué.

49. Le cours de la prescription du délit d'abus de confiance commis par un mandataire dans les opérations que lui avait confiées son mandant, n'est point suspendu par l'existence d'un compte courant où entrait le solde de ces opérations, le compte courant étant sans influence sur le caractère des opérations elles-mêmes : Cass., 30 juin 1864 (J.M.p.7.285); Paris, 30 août 1864 (*Ibid.*).

50. Les actes d'instruction ou de poursuites qui ont pour effet, aux termes de l'art. 637, C. instr. crim., d'interrompre la prescription, sont, d'une part, ceux qui ont pour objet de recueillir les preuves de l'existence du crime ou du délit et de la culpabilité de son auteur, et, d'autre part, ceux qui tendent à la mise en jugement du prévenu ou à son arrestation : Cass., 14 juin 1816 (S.-V. 5.1.204); 11 févr. 1843 (D.P.43.4.342); Rennes, 15 mai 1862 (J. M.p.5.205); Alger, 6 juin 1862 (*Id.*6.165); — F. Hélie, n. 1076; Dalloz, n. 106; Le Sellyer, n. 2266.

51. Jugé spécialement qu'on doit voir un acte de poursuite interruptif de la prescription dans la réquisition du ministère public tendant à la translation du prévenu près le tribunal qui doit prononcer sur la prévention : Cass., 11 févr. 1843, précité.

52. ... Dans la dépêche par laquelle le chef du parquet près le tribunal devant lequel est portée la prévention, invite son collègue d'un autre siége à faire transférer le prévenu dans la prison du lieu de son propre siége, pour y être mis à sa disposition : Rennes, 15 mai 1862, aussi précité.

53. ... Dans le réquisitoire adressé par le ministère public au juge

d'instruction afin d'informer : Cass., 8 oct. 1846 (D.p.47.4.382);
Orléans, 25 avr. 1853 (S.-V.54.2.497); — Mangin, t. 2, p. 342 ;
Trébutien, t. 2, p. 154; Berriat Saint-Prix, n. 398; F. Hélie,
n. 1078; Dalloz, n. 108.

54. Décidé aussi que la prescription des poursuites correctionnelles dirigées devant la Cour d'appel contre un des fonctionnaires désignés dans les art. 479 et 483, C. instr. crim., est valablement interrompue par le réquisitoire présenté par le procureur
général au premier président à fin de fixation du jour de la comparution du prévenu : Paris, 11 fév. 1861 (J.M.p.4.35).— *Contrà,*
Cass., 2 fév. 1865 (*Id*.8.175).

55. ... Qu'en Algérie, la prescription du délit imputé à un
fonctionnaire est valablement interrompue par le procès-verbal
que dresse le ministère public afin de rendre compte de la procédure au ministre, conformément à la circulaire ministérielle du
9 sept. 1859 : Alger, 6 juin 1852, mentionné ci-dessus, n. 50.

56. Mais une note rédigée par le ministère public en vue d'une
assignation à donner à un prévenu et portant simplement l'indication suivante : « *N. B. Citer le.....* (mention d'une date) *au
plus tard* », n'a pas pour effet d'interrompre la prescription de
l'action publique ; un tel acte, ne s'adressant directement à aucun
agent, et ne contenant aucune réquisition ni aucun ordre formel,
n'a le caractère ni d'un acte de poursuite, ni d'un acte d'instruction dans le sens de l'art. 637, C. instr. crim. : Colmar, 14 mai
1861 (J.M.p.4.197).

57. Et il en est de même d'une réquisition du ministère public
ordonnant à tout huissier ou agent de la force publique d'assigner tels prévenus pour telle audience ; ce n'est là qu'un acte préparatoire à la poursuite : Douai, 1er déc. 1869 (J.M.p.13.145).

58. Le procès-verbal constatant un crime ou un délit est incontestablement un acte interruptif de la prescription de l'action
publique contre l'auteur de ce crime ou de ce délit. Comment, en
effet, refuserait-on de voir un acte d'instruction dans l'acte qui
est la base même de la poursuite ? V. conf., Cass., 26 juin 1840
(S.-V.40.1.731); — Legraverend, t. 1er, p. 79 ; F. Hélie, n. 1078;
Trébutien, t. 2, p. 154; Berriat Saint-Prix, n. 398 ; Dalloz, v°
Instr. crim., n. 110 et 111. — *Contrà,* Le Sellyer, n. 2250.

59. En est-il de même du procès-verbal par lequel, postérieurement à la constatation d'un délit, des gendarmes ou autres
agents constatent quel est le délinquant, sur la personne duquel
ils avaient fait erreur dans le premier procès-verbal ? La négative

a été admise par un arrêt de la Cour de cassation du 7 avr. 1837 (S.-V.38.1.904) et est enseignée par MM. Berriat Saint-Prix, n. 398; Gillon et Villepin, *Nouv. Cod. des chass.*, n. 476; Perrève, *Délits et peines de chasse*, p. 128, n. 21; Dalloz, v° *Chasse*, n. 477. — Mais l'opinion contraire, que la Cour suprême avait consacrée par un arrêt antérieur, en date du 7 avr. 1837 (S.-V.38. 1.904), et qui a été aussi adoptée par un jugement du tribunal correctionnel de Saint-Amand du 11 nov. 1862 (J.M.p.5.277), nous paraît être la seule exacte. Le procès-verbal qui a pour objet de rechercher l'auteur du délit n'a pas moins d'importance, au point de vue de la mise en mouvement de l'action publique, que celui qui constate ce délit. Il n'est pas moins indispensable pour arriver à la répression du délit, et, enfin, il rentre tout aussi bien que le premier dans la définition des actes d'instruction et de poursuite. Aussi les criminalistes les plus recommandables n'hésitent-ils pas à considérer l'arrêt de rejet du 7 avr. 1837, mentionné plus haut, comme impliquant contradiction avec celui du 26 juin 1840, cité au numéro précédent, dont la doctrine leur paraît seule conforme aux principes. *Sic,* F. Hélie, *ut suprà*, et Trébutien, *loc. cit.*, note 25.

60. Les actes de poursuite ou d'instruction n'ont pas besoin, pour être interruptifs de la prescription, d'avoir été notifiés au prévenu, ou d'être connus de lui (Paris, 11 fév. 1861, J.M.p.4.35 ; Alger, 6 juin 1862, *Id*.5.165); et la Cour de cassation a même décidé que la loi n'exige pas, pour l'interruption de la prescription en matière criminelle, que les actes dont il s'agit aient été dirigés contre des individus déterminés, mais qu'il suffit que ces actes aient eu pour objet de constater le crime ou le délit ou d'en découvrir les auteurs : Cass., 16 déc. 1813 (S.-V.4.1.491).—Conf., Mangin, n. 345; F. Hélie, n. 1081; Trébutien, p. 155; Dalloz, n. 128.

61. D'un autre côté, il résulte du texte même de l'art. 637 que les actes d'instruction ou de poursuites interrompent la prescription à l'égard même des personnes qui n'y seraient pas impliquées. Et ce principe a été surabondamment proclamé par la jurisprudence et par la doctrine. V. Cass., 16 déc. 1813 (S.-V.4. 1.491); 5 mai 1865 (J.M.p.8.203); — Mangin, n. 345; F. Hélie, n. 1081; Berriat Saint-Prix, n. 400; Dalloz, n. 128.

62. Jugé spécialement, en vertu de la règle dont il s'agit, que l'interruption de la prescription opérée à l'égard de l'un des coprévenus d'un même délit, profite à ses coauteurs ou complices :

Cass., 13 avr. 1833 (S.-V.35.1.716); 14 déc. 1837 (S.-V.38.1.
933); Bourges, 31 janv. 1839 (D.p.39.2.218); Rouen, 28 févr.
1845 (S.-V.45.2.239); Trib. corr. de Saint-Amand, 11 nov. 1862
(J.M.p.5.277); —F. Hélie, *loc. cit.*, Trébutien, p. 155; Dalloz, vᶦˢ
Chasse, n. 480, et *Instr. crim.*, n. 129; Gillon et Villepin, *loc. cit.*,
n. 474 et 475; Perrève, p. 125.

63. Lorsqu'au cours d'une procédure criminelle, un crime ou
un délit autre que celui qui est l'objet de cette procédure, et commis par un individu autre que l'inculpé contre lequel elle est dirigée, vient à être découvert et constaté, cette constatation accidentelle a-t-elle pour effet d'interrompre la prescription de l'action publique à l'égard de ce nouveau crime ou délit ? C'est là
une question délicate, mais qui toutefois nous semble devoir nécessairement être résolue dans le sens de l'affirmative.

64. On dit, en faveur de l'opinion contraire, que la disposition de l'art. 637, C. instr. crim., d'après laquelle la prescription
court à compter du dernier acte d'instruction ou de poursuite, *à
l'égard même des personnes qui ne seraient pas impliquées dans cet
acte*, est une disposition d'un caractère très-rigoureux, qui ne doit
pas être étendue au delà de ses termes, et que, comme il résulte
tout à la fois de son texte et de son esprit qu'elle a entendu parler exclusivement des personnes non inculpées qui auraient participé, à titre de coauteurs ou de complices, au crime objet de la
poursuite ou de l'instruction, il ne saurait être permis de l'appliquer à un individu complétement étranger à ce crime et à la
charge duquel seulement un autre crime aurait été accidentellement découvert au cours de la procédure. Et l'on ajoute que la
connaissance acquise d'un crime ou d'un délit ne saurait, d'ailleurs,
suffire pour interrompre la prescription à son égard; qu'il faut
qu'il ait été dirigé un acte d'instruction ou de poursuite qui s'y
rapporte, qui ait pour objet d'en constater l'existence et pour effet
d'en avertir les auteurs. V. en ce sens, F. Hélie, *ut suprà*; Trébutien, t. 2, p. 156.

65. Ce raisonnement ne repose-t-il pas sur une confusion ? Il
résulte sans doute des termes de l'art. 637, et le bon sens dit assez
lui-même qu'un acte d'instruction ou de poursuite uniquement
relatif à tel crime ou à tel délit ne saurait interrompre la prescription de l'action publique à l'égard d'un autre crime ou d'un
autre délit qui aurait été découvert au cours de la procédure. Si
cet acte est interruptif dela prescription, même à l'égard des personnes qui n'y sont pas impliquées, il ne peut du moins avoir ce ca-

ractère que relativement au crime ou au délit même qu'il a pour
objet. Sur ce point, la controverse ne nous paraît pas possible.
Mais là n'est point, à nos yeux, la question. Ce qu'il s'agit de savoir, c'est si la constatation faite, au cours de la procédure d'un
crime ou d'un délit autre que celui qui était poursuivi ou sur lequel il a été informé, et commis par un individu autre que l'inculpé contre lequel était dirigée la procédure, a pour effet, malgré
son caractère purement accidentel, d'interrompre la prescription
relativement à ce crime ou ce délit. Il y a bien, en pareil cas, un
acte d'instruction se rapportant au crime ou au délit nouvellement
découvert, puisqu'on sait que tout acte ayant pour objet de recueillir les preuves de l'existence d'un crime ou d'un délit, constitue un acte d'instruction dans le sens de l'art. 637, C. instr.
crim. V. *suprà*, n. 50. Mais il reste à se demander si la constatation d'un crime ou d'un délit a ce caractère d'acte d'instruction,
même lorsqu'elle se produit dans le cours d'une procédure complétement étrangère à l'individu auquel ce crime ou ce délit est
imputé, et bien qu'elle soit entièrement ignorée de celui-ci.

66. Or, l'affirmative ne nous semble pas pouvoir faire bien sérieusement difficulté. Pour l'interruption de la prescription criminelle, la loi n'exige qu'une chose, c'est que l'action publique se
manifeste par un acte de poursuite ou d'instruction : elle ne prescrit nullement, et elle n'avait en effet aucune raison de prescrire
que cet acte soit directement et principalement dirigé contre l'inculpé, au lieu d'être fait incidemment à une autre poursuite. Et
elle n'exige pas non plus que l'acte de poursuite ou d'instruction
soit connu de l'auteur du crime ou du délit. V. ci-dessus n. 60.
C'est donc à tort qu'on refuserait, dans notre hypothèse, le caractère d'acte interruptif à la constatation du crime ou du délit,
sur le motif qu'elle est ignorée de l'inculpé, et qu'elle n'a pas pour
objet de l'avertir. « Le crime lui-même, disent fort bien MM. Dalloz, v° *Prescript. crim.*, n. 132, met le coupable en demeure. Il
est averti, et si les poursuites sont commencées, la loi ne veut pas
qu'il se dérobe au châtiment, sous le prétexte qu'il les ignorait ». — V. aussi conf., Cass., 26 juin 1840 (S.-V.40.1.731).

67. Les actes d'instruction ou de poursuite n'interrompent la
prescription qu'autant qu'ils émanent d'agents ayant qualité pour
faire de tels actes : Cass., 15 janv. 1814 (S.-V.4.1.512); 11 mars
1819 (S.-V.1.43); 12 oct. 1820 (S.-V.6.1.317); Poitiers, 2 avr.
1845 (S.-V.45.2.537); Alger, 6 juin 1862 (J.M.p.5.165); — Mangin, n. 343; Legraverend, t. 1, p. 76; Bourguignon, t. 2, p. 544

et 551; Duverger, t. 1, n. 60; Le Sellyer, t. 4, n. 2264; Massabiau, t. 2, n. 1314; F. Hélie, n. 1079; Berriat Saint-Prix, n. 399; Trébutien, t. 2, p. 154; Dalloz, n. 142.

68. Ainsi, spécialement, le procès-verbal d'information dressé par le ministère public hors le cas de flagrant délit, ne valant que comme renseignement destiné à éclairer l'autorité supérieure sur la nécessité d'une poursuite, n'a pas le caractère d'acte d'instruction interruptif de la prescription : Cass., 9 août 1862 (J.M.p. 6.20).

69. De même, le procès-verbal dressé par le ministère public pour constater des faits qui lui ont été révélés à l'audience par les débats d'un procès civil et qui sont constitutifs d'un délit, n'interrompt pas la prescription de l'action publique, qui court au profit de l'auteur de ce délit : Toulouse, 12 mai 1866 (J.M.p.9. 263).

70. Mais les actes de poursuites ne laissent pas d'être interruptifs de la prescription, bien qu'ils aient été faits devant un juge incompétent. V. les décisions mentionnées dans le *Répert.* de Dalloz, vº *Prescript. crim.*, n. 145 et s., et dans la *Tabl. génér.* de Devilleneuve et Gilbert, vº *Prescript.*, n. 754 et s. *Junge*, Colmar, 12 mars 1860 (J.M.p.4.179); 3 avr. 1862 (Bull., n. 101); 22 janv. 1863 (*Id.*, n. 27); 14 avr. 1864 (*Id.*, n. 95); 27 fév. 1865 (*Id.*, n. 51); 5 mai 1865 (J.M.p.8.203); — F. Hélie, n. 1080. — Seulement la prescription reprend son cours à partir du jugement d'incompétence : Arrêts cités par Dalloz, n. 146. *Adde*, Colmar, 12 mars 1860, précité; Cass., 11 mars 1863 (Bull., n. 86); — F. Hélie, *loc. cit.*

71. Ces principes ont été appliqués notamment en matière de délit de chasse (Liége, 12 janv. 1860, aff. Sosson), en matière de délits forestiers (Toulouse, 17 nov. 1835, S.-V.36.2.150; Colmar, 12 mars 1860, ci-dessus) et en matière de délits ruraux (Cass., 5 mai 1865, précité).

72. Tant que le jugement qui prononce une peine n'est pas devenu définitif, il n'a pas pour effet d'arrêter le cours de la prescription de l'action publique, mais il constitue lui-même un acte interruptif devenant le point de départ d'une prescription nouvelle. Il est vrai que l'art. 637, C. instr. crim., auquel se réfère l'art. 638, relatif à la prescription de l'action publique résultant d'un délit, ne prescrit aucune condition à l'égard des jugements auxquels il reconnaît l'effet d'arrêter le cours de la prescription; mais il faut remarquer que cet art. 637, qui s'occupe exclusivement de l'action publique résultant d'un crime, ne peut nécessairement parler que de jugements non susceptibles d'appel, et il est manifeste qu'en se bornant à renvoyer à ses dispositions, relativement au point de départ de la prescription pour les délits, l'art. 638 a entendu que les jugements eussent, dans l'un et l'autre cas, le même caractère. Du reste, cette interprétation, commandée par l'enchaînement des dispositions des art. 636 à 638, est justifiée encore par l'art. 640, qui, ne pouvant, à l'égard de la prescription de l'action publique en matière de contravention (soumise à des règles spéciales), se référer à l'art. 637, comme l'a fait l'art. 638, dispose expressément que dans le cas où il y a eu un jugement définitif de première instance de nature à être attaqué par la voie de l'appel, la prescription de l'action publique continue à courir à partir de la notification de l'appel qui en aura été interjeté. — V. conf., Cass., 18 janv. 1822 (S.-V.7.1.13); Grenoble, 23 juin 1830 (S.-V.32.2.342) et 11 juill. (D.p.34.2.83); Toulouse, 8 déc. 1836 (D.p.38.2.14); Colmar, 29 avr. 1840 (S.-V. 41.2.179); Cass., 28 nov. 1857 (S.-V.58.1.171); — le président Barris, note 282; Mangin, t. 2, n. 338 et 339; F. Hélie, n. 1078 et 1085; Trébutien, t. 1, p. 360; Berriat Saint-Prix, n. 398; Bertauld, p. 98; Dalloz, n. 122; Brun de Villeret, n. 229 et s.

73. En conséquence, il a été très-exactement jugé que la prescription de l'action publique résultant du défaut de poursuites pendant le laps de temps fixé pour l'exercice de cette action, ne cesse pas d'être applicable, bien qu'il soit intervenu un jugement de condamnation, si ce jugement a été frappé d'appel, et qu'il y ait eu, depuis cet appel, discontinuation de poursuites pendant ce même laps de temps : Nîmes, 27 mars 1862 (J.M.p.5.352); Caen, 26 mai 1862 et 16 avr. 1863 (Id.6.305).

74. Décidé aussi avec raison que l'ordonnance de non-lieu qui permet la reprise de l'information sur charges nouvelles, ne constituant pas un jugement qui ait pour effet de faire disparaître les interruptions de prescription de l'action publique résultant des actes de poursuite antérieurs, la prescription ne peut être opposée à la reprise d'une information sur nouvelles charges, bien qu'il se soit écoulé plus de trois ans entre la date du délit poursuivi et celle du réquisitoire tendant à cette reprise, si ce réquisitoire est intervenu moins de trois ans après l'ordonnance de non-lieu rendue sur l'information originaire : Cass., 28 janv. 1870 (J.M.p.13.77).

75. La Cour de Nîmes a jugé, par arrêt du 13 juin 1861 (J.M.

p.5.235), que, dans le délai de trois ans à partir du dernier acte
d'instruction ou de poursuite, requis pour la prescription de l'action publique et de l'action civile résultant d'un délit, n'est point
compris le jour de ce dernier acte d'instruction ou de poursuite.
Cette solution nous semble contestable. Il est bien vrai que le
délai pour prescrire se compte de jour à jour, et non point *de
momento ad momentum*; mais n'évite-t-on point ce dernier mode de
computation en comprenant dans le délai le jour entier du dernier
acte de poursuite? Compar. *suprà*, n. 35.

76. D'après la jurisprudence la plus récente et l'opinion de
quelques auteurs, la règle résultant des art. 637, 638 et 640, C.
instr. crim., d'après laquelle le laps de temps suffisant pour prescrire contre les actions intentées devant la justice répressive,
suffit également pour prescrire contre ces mêmes actions lorsque
la partie poursuivante, après avoir fait des actes d'instruction ou
de poursuite dans le délai légal, néglige d'y donner suite, s'applique même aux infractions réprimées par des lois spéciales. V.
Cass., 28 nov. 1857 (S.-V.58.1.171) et 16 juin 1865 (J.M.p.8.149);
Caen, 26 mai 1862 et 16 avr. 1863 (*Id*.6.305); Pau, 30 mars 1865
(*Id*.8.85); — Le Sellyer, n. 2100; F. Hélie, n. 1084.

77. Cette interprétation a été consacrée notamment en matière
d'octroi (Cass., 28 nov. 1857), en matière de forêts (Caen, 26 mai
1862 et 16 avr. 1863) et en matière d'élections (Pau, 30 mars
1865; Cass., 16 juin 1865).

78. Mais la doctrine contraire, admise par de nombreux arrêts qui sont mentionnés dans le *Répertoire* de Dalloz, v^is *Chasse*,
n. 483, et *Forêts*, n. 489, et dans la *Table générale* de Devilleneuve et Gilbert, v° *Délit forestier*, n. 336, est professée aussi par
MM. Mangin, *Act. publ.*, t. 2, n. 358; Berriat Saint-Prix, *Procéd.
des trib. crim.*, 1re part., n. 343, et 2e part., n. 406, *in fine*, et
Dalloz, *ut suprà*; et elle a été défendue par un magistrat, dans
notre *Journ. du Min. publ.*, t. 8, p. 88 et s. La justification de cette
doctrine se trouve dans la nécessité, méconnue par l'autre système,
d'établir une distinction entre la prescription de l'action et la péremption des poursuites commencées. La durée de la première est
fixée soit par les art. 637 et 638, C. instr. crim., soit par des lois
spéciales. Le Code d'instruction criminelle détermine également la
durée de la seconde (même article); et de ce qu'il les rend égales,
on ne saurait induire que la prescription et la péremption se confondent. Malgré ce point d'analogie, elles sont complétement
distinctes l'une de l'autre. Ce qui le démontre surabondamment,

c'est que des lois particulières (Voy., par exemple, celle du 26 mai 1819, relative à la procédure des délits de presse) assignent à la péremption une durée différente de celle de la prescription. Mais le plus souvent les lois spéciales sont muettes à l'égard de la péremption. Alors, quoi de plus logique que de recourir à la règle établie par le Code d'instruction criminelle, au lieu d'appliquer à la péremption un délai qui n'a été fixé par la loi spéciale que pour la prescription?

79. Il est constant en jurisprudence et admis par tous les auteurs que l'arrêt de contumace a pour effet d'arrêter la prescription de l'action publique, et de ne plus permettre que la prescription de la peine. V. Cass., 8 juin 1809 (S.-V. chr.); 7 avr. 1820 (*Id.*); 1er juill. 1820 (*Id.*); 6 mars 1835 (S.-V.35.1.629); 1er fév. 1839 (S.-V.39.1.717); 23 janv. 1840 (S.-V.40.1.704); 1er avr. 1858 (J.M.p.1.196); 5 déc. 1861 (*Id.*5.174); 17 avr. 1863 (S.-V.64.1. 98); 27 sept. 1866 (J.M.p.10.104);—Merlin, *Répert.*, v° *Prescript.*, sect. 3, § 7; Mangin, *Act. publ.*, n. 340; Dalloz, v^is *Contumace*, n. 85, et *Prescript. crim.*, n. 127; Le Sellyer, n. 2297; F. Hélie, t. 8, n. 4112. Il faudrait supposer que l'arrêt par contumace est un pur simulacre de condamnation, pour admettre qu'il n'arrête pas l'exercice de l'action publique, et ne fait pas, par voie de conséquence, cesser le cours de la prescription de cette action, pour donner ouverture à la seule prescription de la peine. Or, on sait que la loi attache à cet arrêt les conséquences les plus sérieuses (C. instr. crim., 471). Du reste, ces mots de l'art. 476, même Code, « Si l'accusé se constitue prisonnier ou s'il est arrêté avant que la *peine* soit éteinte par prescription... », indiquent bien clairement que c'est la prescription de la peine, et non celle de l'action publique, qui court à partir de l'arrêt par contumace.

80. Plusieurs des arrêts mentionnés ci-dessus (ceux des 8 juin 1809, 7 avr. 1820, 1er avr. 1858, 5 déc. 1861 et 27 sept. 1866) ont jugé, en outre, que le contumax ne saurait se prévaloir de la nullité, soit de l'arrêt, soit des actes qui l'ont précédé ou suivi (notamment du défaut de notification de l'ordonnance de se représenter), pour soutenir que la prescription de l'action publique n'a pas cessé de courir et qu'elle s'est accomplie. Et la même doctrine est professée par Merlin, *loc. cit.* Elle se fonde notamment sur la disposition de l'art. 473, C. instr. crim., qui refuse au contumax le droit de faire annuler l'arrêt rendu contre lui. Mais l'opinion contraire est soutenue par MM. Le Sellyer et F. Hélie, *ut suprà*, d'après lesquels cette disposition n'empêche pas que le contumax ne puisse, pour s'approprier la prescription de l'action publique, soutenir que l'arrêt repose sur une base vicieuse, qu'il n'avait pas vis-à-vis de lui le caractère définitif entraînant la substitution de la prescription de la peine à celle de l'action.

81. Il a été décidé aussi que le jugement correctionnel de condamnation par défaut, régulièrement signifié par le ministère public, a pour effet d'arrêter le cours de la prescription de l'action publique, et de faire courir la prescription de la peine ; et qu'en conséquence, le condamné qui, n'ayant pas été touché par la signification, forme opposition au jugement plus de trois ans après sa date, ne peut, sur cette opposition, invoquer la prescription de l'action publique ; qu'on prétendrait vainement qu'en pareil cas le jugement par défaut est un simple acte d'instruction : Cass., 5 mars 1869 (J.M.p.12.249) ; Bourges, 18 juin 1869. (*Ibid.*)—Cette solution, selon nous, ne saurait être sérieusement contestée.

82. Il est vrai, d'une part, que l'art. 187, C. instr. crim., déclare la condamnation par défaut non avenue en cas d'opposition de la part du condamné, d'où il semblerait suivre que le jugement par défaut n'est pas susceptible de servir de base à la prescription de la peine ; et, d'autre part, que, suivant l'art. 636 du même Code, les peines prononcées par les tribunaux correctionnels se prescrivent à compter du jour où les jugements ne peuvent plus être attaqués par la voie de l'appel, ce qui implique que la condamnation doit être définitive pour que cette prescription commence à courir, et qu'un jugement par défaut sujet à opposition ne saurait dès lors en être le point de départ. Mais pour apprécier sainement la portée de ces deux dispositions, il faut les mettre en regard des principes généraux concernant la prescription de l'action publique et la prescription de la peine. — Et d'abord, on a vu (*suprà*, n. 46) que la maxime *Contrà non valentem agere non currit præscriptio*, est applicable en matière criminelle comme en matière civile, et que par conséquent l'action publique ne peut plus être prescrite à partir du moment où son exercice rencontre un obstacle légal. Or, lorsque la poursuite du ministère public a abouti à un jugement de condamnation par défaut, et qu'il a fait régulièrement signifier ce jugement, son action se trouve épuisée ; il ne peut faire un acte de plus ; comment cette action continuerait-elle donc à être prescriptible ? Le ministère public n'a désormais d'autre mission que de faire exécuter la peine ; c'est donc aussi quant à la peine seulement que la prescription doit courir, dès ce moment, contre lui.

85. Il importe peu que l'opposition que le condamné vient à former au jugement par défaut, fasse tomber ce jugement ; elle ne produit pas un effet rétroactif relativement à l'action publique ; elle n'empêche pas que cette action, s'étant trouvée épuisée au jour du jugement par défaut, comme nous venons de le dire, n'ait échappé par cela même à toute prescription. Pourquoi, lorsque l'arrêt de contumace, quoique anéanti par l'arrestation ultérieure du condamné, fait cesser le cours de la prescription de l'action publique, pour ne plus permettre que la prescription de la peine, l'effet du jugement de condamnation par défaut serait-il différent ? Ici, comme au cas de condamnation par contumace, il est vrai de dire, avec l'arrêt de cassation du 1er avr. 1858 mentionné ci-dessus, n. 79, que si ce n'était pas la prescription de la peine qui court seule désormais, le ministère public, se trouvant en présence d'une condamnation qui ne lui permet plus aucun acte de poursuite, n'en verrait pas moins s'accomplir contre son action une prescription qu'il ne pourrait plus interrompre.

84. Quant au caractère définitif que doit avoir le jugement de condamnation par défaut pour pouvoir servir de base à la prescription de la peine, ce serait une erreur de croire qu'il ne peut résulter que de l'expiration du délai de l'opposition (V. cependant MM. F. Hélie, t. 8, n. 4114 ; Brun de Villeret, n. 232 ; Trébutien, t. 1, p. 360, et t. 2, p. 156). Sans doute, jusque-là ce jugement n'est point définitif à l'égard du prévenu, qui peut faire effacer la condamnation prononcée contre lui ; mais il est définitif à l'égard du ministère public qui n'en a pas interjeté appel, et cela suffit pour qu'il soit le terme de la prescription de l'action publique et le point de départ de la prescription de la peine. La faculté accordée au condamné par contumace de se représenter pendant cinq ans, n'empêche pas que ce ne soit la prescription de la peine, et non celle de l'action publique, qui coure à son profit ; il n'en saurait être autrement du droit d'opposition ouvert au condamné par défaut. — Ajoutons que l'assimilation entre les effets des arrêts par contumace et ceux des jugements par défaut, relativement à la prescription, est consacrée par la loi elle-même. L'art. 644, C. instr. crim., dispose en effet qu' « en aucun cas, les condamnés par défaut ou par contumace dont la peine est prescrite, ne peuvent être admis à se représenter pour purger le défaut ou la contumace », disposition qui implique évidemment que le jugement par défaut fait, comme l'arrêt de contumace, courir la prescription de la peine. V., en outre, l'exposé des motifs de la loi du 27 juin 1866.

84 *bis.* Du reste, l'art. 187 suppose lui-même qu'il en est ainsi ; car dire, comme le fait la disposition finale de cet article, que l'opposition est recevable *jusqu'à l'expiration des délais de la peine,* c'est bien dire manifestement que cette prescription a couru en vertu du jugement par défaut. — Qu'on remarque, au surplus, à quelle impossibilité conduirait le système contraire : d'un côté, la prescription de la peine ne commencerait à courir qu'au moment où le jugement par défaut ne serait plus susceptible d'opposition, et, de l'autre, l'opposition serait recevable jusqu'à l'accomplissement de cette prescription ! Pour que cet accomplissement de la prescription de la peine puisse être le terme extrême du droit d'opposition, ne faut-il pas nécessairement que la prescription ait couru simultanément avec le délai de l'opposition, et par conséquent à dater du jour même du jugement par défaut ? Est-il besoin, en outre, de faire observer que l'interprétation que nous combattons entraînerait le résultat le plus irrationnel et le plus injuste, puisqu'elle donnerait au prévenu en fuite ou non domicilié le privilége de pouvoir toujours s'assurer légalement l'impunité, en se présentant trois années après la date du jugement par défaut, et ne soumettrait que les seuls prévenus présents ou domiciliés à la prescription de cinq ans et à la flétrissure d'une condamnation définitive ? — Pour le cas où le jugement par défaut n'a pas été signifié, V. ce qui a été dit *suprà*, n. 38 et 39.

85. La prescription de la peine ne peut être interrompue que par l'exécution : Cass., 8 janv. 1822 (S.-V. chr.); 17 juin 1835 (S.-V.35.1.875); — Bourguignon, sur l'art. 636; Rauter, t. 2, n. 856; Dalloz, v° *Prescript. crim.,* n. 34; F. Hélie, t. 8, n. 4118.

86. Or, lorsque deux peines corporelles ont été successivement prononcées contre le même individu, l'exécution de la première ne pouvant être poursuivie pendant que le condamné subit la seconde, il s'ensuit que la prescription de celle-là est suspendue jusqu'à l'expiration de celle-ci. La maxime *Contrà non valentem agere non currit præscriptio* reçoit alors naturellement son application : Cass., 26 août 1859 (J.M.p.2.285).

87. Jugé spécialement que l'individu qui, après avoir été condamné par défaut à la peine de l'emprisonnement, et avant d'avoir exécuté cette condamnation devenue définitive, a subi, pour un délit postérieur, une autre condamnation à une peine semblable et de même durée, en exécution de laquelle il a été écroué, ne peut, à l'expiration de cette dernière peine, obtenir sa mise en liberté, sous le prétexte que la première est prescrite : il doit rester détenu jusqu'à l'expiration de celle-ci. Et cela encore bien que le ministère public n'ait fait aucune diligence dans le but d'interrompre la prescription de la peine, et n'ait pas, par exemple, recommandé le condamné au greffe de la prison dans laquelle il était détenu, cette mesure, qui peut être un acte de bonne administration, n'étant pas légalement nécessaire : Même arrêt.

— V. *Action civile*, 23 ; *Action publique*, 91 et 101 ; *Adultère*, 38 ; *Chasse*, 161 et s. ; *Compét. crim.*, 185 ; *Diffamation*, 67 ; *Forêts*, 13 et s. ; *Instruct. crim.*, 27 ; *Pêche fluviale*, 10 et s. ; *Réhabilitation*, 7 ; *Séparation de corps*, 10 ; *Usure*, 4, 12 et s.

PRÉSÉANCE.—1. Dans les cérémonies publiques, la préséance appartient au procureur général sur les présidents de chambre, et aux avocats généraux sur les conseillers : Décis. min. just. 25 nov. 1828 ; 10 août 1829 et 27 déc. 1847 (Gillet, n. 2116, 2162 et 308). — Le procureur général prend rang après le premier président : Décis. 10 août 1829, précitée.

2. Le général commandant le département passe avant le tribunal de première instance : Décis. min. just. 27 oct. 1846 (Gillet, n. 3032).

3. L'état-major de la subdivision militaire a lui-même le pas sur le tribunal de première instance : Circ. 25 mars 1822, 16 oct. 1841 et 16 mai 1856 (Gillet, n. 1538, 2758 et 3653). — C'est donc à tort qu'une décision du ministre de la justice du 22 juill. 1847 (*Id.*, n. 3070) attribue au chef du parquet de première instance la préséance sur les officiers de cet état-major.

4. Le capitaine de gendarmerie ou le chef d'escadron qui commande toutes les brigades du département, prend aussi rang avant le tribunal : Lett. min. just. 25 mars 1822 (Gillet, n. 1538).

5. Les vicaires généraux et les vicaires capitulaires ont la préséance sur le tribunal de 1re instance, en l'absence de l'évêque ou pendant la vacance du siége : Lett. min. just. 27 oct. 1846 (Gillet, n. 3033).

6. Lorsque, dans une cérémonie publique, des siéges spéciaux sont disposés pour les hauts fonctionnaires, et que le premier président de la Cour d'appel et le président du tribunal de première instance se détachent, l'un de la Cour, l'autre du tribunal, pour aller chacun occuper un de ces siéges, le procureur général et le chef du parquet de 1re instance peuvent-ils aussi se séparer de leur parquet pour prendre place, le premier à côté du premier président de la Cour, et le second à côté du président du tribunal ? Cette question nous paraît devoir être résolue négativement. — D'après l'art. 10 du décret du 24 mess. an XII, relatif aux cérémonies publiques, préséances et honneurs, lorsque, dans une cérémonie religieuse, il y a impossibilité absolue de placer dans le chœur de l'église la totalité des membres des corps invités, ces membres doivent prendre place dans la nef et dans un ordre analogue à celui des chefs. Cette disposition suppose, on le voit, que les *chefs* de corps sont placés dans le chœur selon le rang déterminé par l'art. 1er du décret, et que les *membres* de ces corps occupent dans la nef des places graduées d'une manière analogue. Toutefois l'art. 11 veut que pour ces mêmes membres il soit réservé le plus de stalles possible, et que ces stalles soient destinées de préférence aux *présidents et chefs de parquet des Cours et tribunaux*, aux principaux officiers de l'état-major de la division et de la place, etc. Par *présidents* cet article n'entend point évidemment le premier président de la Cour d'appel ni le président du tribunal de première instance, lesquels occupent dans le chœur, comme chefs de corps, la place que leur assigne l'art. 1er, mais simplement les présidents de chambre de la Cour et peut-être aussi les vice-présidents du tribunal, qui ne sont que des *membres* notables de ces corps. C'est au même titre que le procureur général et le chef du parquet de 1re instance ont aussi le droit d'occuper une stalle, l'un à côté du premier président de la Cour, l'autre à côté du président du tribunal. V. Circ. 16 oct. 1841 (Gillet, n. 2758); Toussaint, *Code des préséances*, p. 67.

7. Ceci posé, peut-on admettre que, dans les cérémonies soit religieuses, soit civiles, où les chefs de corps et les membres de ces corps sont tous placés dans une même partie de local, mais où les chefs occupent des siéges spéciaux dans l'ordre réglé par l'art. 1er du décret, le procureur général et le chef du parquet de 1re instance doivent prendre place sur ces siéges, l'un à côté du premier président de la Cour, l'autre à côté du président du tribunal ? nous ne le pensons pas. L'art. 1er ne donne de préséance qu'aux premiers présidents des Cours et aux présidents des tribunaux ; il ne mentionne en aucune façon les chefs des parquets, et ne leur accorde pas plus de prérogatives qu'aux autres membres des corps auxquels ils sont attachés. Le procureur général et le chef du parquet de 1re instance doivent donc, en pareil cas, rester à la tête de leur parquet, au lieu de suivre le chef de la Cour ou du tribunal. Et il n'y a aucune contradiction entre cette conclusion et celle que nous avons vue découler de l'art. 11. Dans le cas prévu par cet article, le procureur général et le chef du parquet de première instance ne se séparent des autres membres du parquet, que parce que l'insuffisance des places ne permet pas à ceux-ci de figurer à leur suite, et que, dans l'impossibilité de placer tous les *membres* de la Cour ou du tribunal dans le chœur de l'église, il convient d'y réserver au moins une place aux plus considérables d'entre eux suivant l'ordre hiérarchique. Mais du moment où cet inconvénient n'existe pas, l'art. 11 devient inapplicable, et l'on reste sous l'empire des art. 1, 2 et 8, desquels il résulte qu'après les chefs de corps, les membres de ces corps prennent rang dans l'ordre suivant : 1° les Cours d'appel, c'est-à-dire les présidents de chambre de ces Cours, les conseillers, le procureur général et son parquet ; 2° les officiers de l'état-major de la division ; 3° les membres des Cours d'assises ; 4° les conseils de préfecture ; 5° les membres des tribunaux de première instance, c'est-à-dire les vice-présidents, s'il y en a, les juges, les juges suppléants, le chef du parquet de première instance et ses substituts ; 6° le corps municipal, etc. — V. en ce sens une décision du ministre de la justice du 23 avril 1842 (Faure, *Répert. administr. des parquets*, t. 1, p. 86). — Mais V. toutefois la circulaire du 16 oct. 1841, citée au numéro précédent.

8. Lorsque, à défaut de stalles dans le chœur d'une église, il y a été disposé des fauteuils pour les autorités, les chefs des parquets de la Cour d'appel et de première instance doivent encore, comme dans le cas rappelé ci-dessus, n. 6, y prendre place, l'un à côté du premier président de la Cour, et l'autre à côté du président du tribunal. — Il en est de même quand tous les membres de chaque compagnie sont placés dans la nef : Circ. 16 oct. 1841 précitée.

9. Rappelons ici qu'il n'est pas prescrit aux tribunaux d'assister, convoqués ou non, aux cérémonies religieuses. Chaque magistrat est libre de ne pas obéir individuellement aux décisions de la compagnie sur ce point : Décis. min. just. 19 avr. 1832 (Gillet, n. 2322).

10. Des places d'honneur doivent être réservées dans les cérémonies publiques aux députés et conseillers d'Etat qui s'y présentent en costume : Circ. 1er juill. 1859 (Rés. chr., p. 9).

11. Il n'y a pas lieu de laisser vacant, dans les cérémonies publiques, le siége d'un fonctionnaire absent qui a droit à la préséance : la place de ce fonctionnaire doit être occupée par celui qui vient immédiatement après dans l'ordre hiérarchique : Avis Cons. d'Et., 11 août 1859 (J.M.p.3.104).

12. Le conseiller d'arrondissement remplaçant le sous-préfet, ne prend point la place de celui-ci dans les cérémonies publiques : Décis. min. just. 17 juill. 1838 (Gillet, n. 2604).

13. L'art. 8 du décret du 24 mess. an XII, suivant lequel les commissaires de police doivent, dans les cérémonies publiques, être précédés par les juges de paix, ne mentionne point les suppléants de ces derniers magistrats ; mais le mot *juges de paix* les comprend sans doute, comme les mots *membres des tribunaux de première instance* comprennent les juges suppléants attachés à ces tribunaux. La raison d'interprétation doit être la même dans les deux cas. Qu'il s'agisse de tribunaux de première instance ou de tribunaux de paix, le décret de l'an XII a entendu désigner, par les expressions génériques dont il se sert, tous ceux qui composent ou sont appelés à composer ces tribunaux. Cette solution est en harmonie avec la jurisprudence suivant laquelle l'art. 479, C. instr. crim., qui attribue aux Cours d'appel la connaissance des délits commis par les juges de paix hors de leurs fonctions, s'applique aux suppléants des juges de paix comme à ces derniers magistrats eux-mêmes. On doit dire avec la Cour de cassation, dans l'un de ses arrêts sur l'interprétation de l'art. 479, « que si le législateur n'a pas employé les expressions *membres des justices de paix*, comme il l'a fait à l'égard des tribunaux de première instance, cette différence provient de ce que, par opposition aux tribunaux de première instance, qui ne rendent la justice qu'au nombre de plusieurs juges, le juge de paix compose seul le tribunal dans toutes les fonctions de sa compétence, et que la même unité dans le tribunal a lieu lorsqu'il est remplacé par un suppléant, qui, dans ce cas, est investi des mêmes pouvoirs en vertu du même caractère. » V. Cass., 29 nov. 1821 (S.-V.6.1.527) et 4 juin 1830 (S.-V.30.1.296); Toulouse, 21 août 1829 (S.-V.31.2.192); Caen, 11 fév. 1830 (S.-V.30.2.125); Bastia, 14 avr. 1831 (S.-V.31. 2.90); — Bourguignon, sur l'art. 479, C. instr. crim.; Carnot, sur le même art., *Observ. addit.*; Legraverend, t. 1er, p. 498; F. Hélie, *Instr. crim.*, t. 6, n. 2804; Berriat Saint-Prix, *Procéd. des trib. crim.*, t. 1, n. 229. — *Contrà*, Le Sellyer, *Dr. crim.*, t. 4, p. 470.

PRESSE.

1. Nous serons sobre de développements sur cette matière, en présence des modifications dont la législation qui la régit doit être prochainement l'objet.

2. D'après un arrêt de la Cour de Limoges du 24 juill. 1862 (J.M.p.5.197), le dépôt au parquet prescrit, à l'égard des journaux, par l'art. 8 de la loi du 18 juill. 1828, doit être effectué simultanément avec le premier acte de publication ; il ne saurait être facultatif de le faire seulement au cours de celle-ci. — En conséquence, il y a contravention à la disposition précitée, lorsque le dépôt au parquet n'a eu lieu qu'après la vente de quelques exemplaires du journal et la remise de quelques autres exemplaires au domicile des abonnés, encore bien que, sur un avis à lui donné, le gérant ait arrêté la vente et la distribution du journal, la délivrance d'un petit nombre de numéros suffisant pour qu'il y ait publication dans le sens de la loi. — Nous regardons cette interprétation comme parfaitement exacte. Si les auteurs de la loi du 18 juill. 1828 ont sagement refusé de soumettre les gérants des journaux à l'obligation de déposer au parquet l'exemplaire signé pour minute *avant* la publication, ce qui eût été pour la presse une entrave fâcheuse, rien n'autorise à croire qu'ils aient entendu, par une exagération déraisonnable des facilités dues aux journalistes, permettre d'effectuer ce dépôt après la publication commencée. Les mots : *au moment de la publication*, qu'emploie l'art. 8 de la loi de 1828, indiquent clairement qu'il doit y avoir simultanéité entre le dépôt et la publication ; mais cette simultanéité ne saurait raisonnablement s'entendre en ce sens que l'on puisse utilement faire le dépôt pendant tout le cours de la publication ; car, ainsi que le remarque l'arrêt mentionné ci-dessus, il résulterait de cette explication de la loi, que l'exemplaire à déposer pourrait être le dernier restant aux mains du gérant. C'est évidemment avec le début même de la publication qu'il doit y avoir simultanéité.

3. Et, comme le juge l'arrêt précité de la Cour de Limoges, la distribution de quelques numéros suffit pour qu'il y ait publication commencée, et pour que le dépôt ne puisse plus, par suite, être fait utilement. Telle est, du reste, la doctrine que la Cour de cassation a consacrée par un arrêt du 29 janv. 1851 (D.p.51.5.429), qui décide que le gérant d'un journal qui en remet un certain nombre de numéros à un entrepreneur de transports, avant d'en avoir déposé un exemplaire au parquet, contrevient à l'art. 8 de la loi du 18 juill. 1828, comme n'ayant fait le dépôt qu'après la publication. La contravention serait surtout flagrante, si le dépôt n'avait eu lieu que le soir, au moment de la distribution d'un supplément du journal, lorsque la première partie aurait été distribuée le matin. C'est ce qu'a jugé la Cour de Rouen, par arrêt du 10 fév. 1842 (D.p.42.2.96). V. aussi conf., Dalloz, *Répert.*, vᵒ *Presse-outrage*, n. 377.

4. L'appréciation faite dans un journal de la portée et des conséquences d'un traité international et spécialement d'un traité de commerce, constitue une discussion politique dans le sens de l'art. 3 de la loi du 16 juill. 1850, et est, dès lors, soumise à la nécessité de la signature : Bordeaux, 9 mai 1860 (J.M.p.3.225).

5. Le gérant d'un journal, poursuivi correctionnellement à raison d'articles délictueux publiés par cette feuille, ne peut être admis, même depuis la loi précitée du 16 juill. 1850, relative à la signature des articles de discussion, à exciper de son ignorance du contenu des passages incriminés ; il n'en est pas à son égard comme à l'égard de l'imprimeur : Cass., 29 nov. 1860 (J.M.p.4. 72). — Cette solution nous semble incontestable. Il résulte, en effet, clairement des dispositions de l'art. 8 de la loi du 18 juill. 1828 que le gérant d'un journal est responsable d'une manière absolue de tout ce que ce journal renferme. Cette loi ne reproduit pas à son égard l'expression *sciemment* dont l'art. 24 de la loi du 17 mai 1819 s'est servi à l'égard de l'imprimeur. V. en ce sens, Cass., 22 avr. 1824 (S.-V.7.1.439);—Dalloz, *Rép.*, vᵒ *Presse*,

n. 1134, 1143 et s.; de Grattier, *Lois de la presse*, t. 2, p. 176;
Chassan, *Délits de la parole et de la presse*, t. 1, n. 166 et 169. V.
toutefois Douai, 24 mai 1831 (S.-V.32.2.171) et 5 juin 1844
(J.P.44.2.296). Il est du reste bien certain que la loi du 16
juill. 1850, qui a rendu obligatoire la signature des articles de
discussion pour les auteurs de ces articles, n'a diminué en rien
la responsabilité des gérants, et a eu pour but, au contraire,
d'ajouter à cette garantie insuffisante une garantie nouvelle.

6. Maintenant il est juste de reconnaître, avec un arrêt de la
Cour d'assises de la Seine du 26 fév. 1836 (*Gaz des trib.* du 27),
dont la doctrine est approuvée par MM. de Grattier, *loc. cit.*, et
Chassan, n. 169, que si l'ignorance où le gérant prétend avoir été
du contenu des articles incriminés ne fait pas disparaître sa responsabilité, elle peut du moins, si elle repose sur un empêchement légitime, tel qu'une maladie, autoriser l'admission de circonstances atténuantes. V. encore analog. arrêt de la Cour d'assises
de la Seine du 15 déc. 1834, cité par M. de Grattier, *ibid.* — Il
faut même admettre, suivant M. Chassan, n. 169 et 209, qui invoque à l'appui de cette opinion le rapport de M. Siméon à la
Chambre des pairs, ainsi que quelques décisions dans lesquelles
la question n'est pas toutefois directement résolue, que le gérant
peut, lorsque l'auteur de l'article incriminé est mis en cause, être
affranchi de toute peine, s'il est reconnu qu'il n'a pas agi dans
une intention coupable.

7. Il résulte d'un grand nombre d'arrêts de la chambre criminelle que le droit accordé par la loi à toute personne nommée ou
désignée dans un journal d'y faire insérer une réponse, est général et absolu, et que les tribunaux ne peuvent en refuser l'exercice qu'autant que la réponse serait contraire aux lois, aux bonnes
mœurs, à l'intérêt des tiers ou à l'honneur du journaliste lui-
même. V. Cass., 11 sept. 1829 (S.-V.chr.); 24 août 1832 (S.-V.
33.1.449); 1er mars 1838 (S.-V.38.1.447); 26 mars 1841 (S.-V.
42.1.274); 29 janv. 1842 (S.-V.43.1.74); 27 nov. 1845 (S.-V.46.
1.209); 20 juill. 1854 (S.-V.54.1.663). Mais cette jurisprudence,
conforme à l'explication de l'art. 11 de la loi du 25 mars 1822
donnée dans l'exposé des motifs de cette loi par M. le ministre de
la justice Peyronnet, va-t-elle jusqu'à rendre l'exercice du droit de
réponse complétement arbitraire, par dérogation à cette règle de
bons sens en même temps que de droit, que l'intérêt est la mesure
de l'action, et, en tout cas, doit-on accepter une semblable doctrine? Nous n'hésitons pas à dire que le législateur, en accordant

aux personnes nommées ou désignées dans un journal le droit de répondre au journaliste dans sa feuille même, a entendu créer un droit éminemment sérieux, et qui, dès lors, ne saurait s'exercer sans cause légitime, et nous ajoutons que la jurisprudence de la Cour suprême, sainement entendue, n'est point, à nos yeux, aussi contraire à cette interprétation qu'on pourrait le croire.

8. Quelle est la base du droit dont il s'agit? C'est évidemment la nécessité d'assurer à tout citoyen un moyen efficace, soit de se défendre contre les attaques ou les insinuations fâcheuses qui auraient été dirigées contre lui dans un journal, soit de rectifier les assertions préjudiciables pour lui que ce journal contiendrait à son égard. En dehors de ce motif, rien ne justifierait le droit de réponse, dont l'exercice ne serait plus que la satisfaction d'une sotte vanité ou d'un condamnable esprit de vexation. Mais si cet exercice doit reposer sur une cause sérieuse, qui sera juge de l'existence d'une telle cause? En principe, ce ne peut être le journaliste, et la jurisprudence décide avec raison qu'il suffit que la réponse ne renferme en elle-même rien de répréhensible pour qu'il soit tenu de l'insérer. Il doit supposer que la personne nommée ou désignée par lui, et qui demande l'insertion de cette réponse, a un intérêt matériel ou moral à la faire publier, et cet intérêt, il ne lui appartient pas de l'apprécier, parce qu'il peut fort bien n'être pas à même de le comprendre. Mais ce n'est pas à dire que le droit de répondre puisse être un jeu, et que le journaliste doive en subir l'exercice, alors même qu'il serait évident, non-seulement qu'il ne se fonde pas sur une cause légitime, mais qu'il n'est qu'une arme de la malignité. Non, la loi n'a pu vouloir condamner le journaliste à une passiveté aussi injuste. La Cour de cassation elle-même l'a bien compris, lorsqu'elle a dit, dans son arrêt du 24 août 1832, « que la disposition de l'art. 11 de la loi du 25 mars 1822 *se rattache au droit de défense personnelle ;* » lorsqu'elle a ajouté, dans celui du 25 mars 1841, que le législateur a voulu soumettre le journaliste « à fournir aux citoyens nommés ou désignés dans ses articles, le plus sûr moyen de *repousser les inculpations, les assertions qu'ils croient de nature à les compromettre,* soit comme hommes publics, soit comme hommes privés ; » lorsqu'enfin elle a reconnu dans son arrêt le plus récent, celui du 20 juill. 1854, que « dans l'appréciation qu'ils font d'une réponse, les tribunaux sont fondés à prendre en considération *la nature et la forme de l'attaque, les besoins de la défense, et la légitime susceptibilité de la personne nommée.* » Dans ces dernières décisions, on le voit, la Cour suprême, tout en refusant au journaliste le droit de contrôler l'opportunité de la réponse, suppose que cette réponse est motivée par une attaque, une inculpation ou une assertion compromettante, et qu'elle constitue un moyen de défense. S'il est démontré qu'elle n'a pas ce caractère, le journaliste ne peut être obligé de l'admettre dans ses colonnes. On peut, du reste, invoquer dans le sens des observations qui précèdent quelques décisions des Cours et tribunaux (Paris, 20 fév. 1836, S.-V.36.2.287, et 12 déc. 1846, S.-V.47.2.505; Trib. corr. de la Seine, 5 déc. 1846, S.-V.47.2.507, et 16 janv. 1847, D.p.47.4. 391), ainsi que l'opinion de MM. de Grattier, t. 2, p. 103, n. 6; Rousset, *Code annoté de la presse*, p. 123, n. 608, et Dalloz, *Répert.*, v° *Presse*, n. 333.

9. C'est donc à tort, selon nous, qu'un arrêt de la Cour de Rennes du 7 déc. 1859 (J.M.p.3.7) a jugé que l'exercice de ce droit ne saurait être subordonné à l'appréciation par les tribunaux de l'intérêt que le réclamant peut avoir à en faire usage, et qu'en conséquence le refus d'un journaliste d'insérer la réponse d'une personne nommée dans son journal ne saurait être excusé sous le prétexte de l'inutilité de cette réponse, alors, d'ailleurs, qu'elle ne contient rien de contraire aux lois, à l'ordre public, aux bonnes mœurs, à l'intérêt des tiers ou à l'honneur du journaliste lui-même. — V. toutefois, en ce sens, Parant, *Lois de la presse*, sur l'art. 11 de la loi du 25 mars 1822; Chassan, t. 1, n. 945.

10. Le droit de réponse peut être exercé par le gérant ou rédacteur d'un autre journal aussi bien que par tout autre citoyen; il suffit que le journaliste qui invoque ce droit justifie d'un intérêt sérieux : Trib. d'Orléans, 25 nov. 1835; trib. de Bordeaux, 30 nov. 1836; Douai, 16 juin 1845 (S.-V.47.2.497); Orléans, 28 sept. 1859 (S.-V.60.2.27); Trib. corr. du Havre, 30 mai 1870 (J.M.p.13.180); Rouen, 15 juill. 1870 (*Ibid.*); — de Grattier, t. 2, p. 102, n. 4; Chassan, t. 1, n. 950; Dalloz, *loc. cit.*, n. 340; Rousset, *Cod. gén. des lois sur la presse*, n. 591.

11. Et l'on décide même que le droit de réponse appartient au journaliste, encore bien que l'article à l'égard duquel il veut l'exercer ne l'ait pas désigné lui-même personnellement et n'ait nommé que le journal auquel il est attaché : Orléans, 28 sept. 1859, précité; de Grattier et Dalloz, *loc. cit.* — *Contrà*, Chassan, *ut suprà*.

12. Toutefois, lorsqu'il s'agit d'une polémique de journal à journal, le journaliste nommé ou désigné dans une autre feuille ne peut revendiquer le bénéfice de l'art. 11 précité de la loi de 1822, qu'autant que la discussion sort des limites de la convenance et de la modération. — Mais le droit de réponse lui est ouvert lorsque la polémique dégénère en personnalités offensantes et emploie comme armes l'injure et la diffamation : Trib. corr. du Havre, 30 mai 1870, ci-dessus.

15. On a agité la question de savoir si le propriétaire ou éditeur d'un journal sans cautionnement se rendait passible de l'amende prononcée par l'art. 11 de la loi du 25 mars 1822, en refusant d'y insérer la réponse d'un ancien représentant de l'autorité locale (d'un ancien maire), dont les actes administratifs avaient été discutés dans des articles de ce journal. Nous avons soutenu la négative en nous fondant sur ce que la discussion des actes de l'autorité constituant, aux termes d'une jurisprudence constante, une infraction aux lois sur la presse, le propriétaire ou l'éditeur du journal était fondé à s'abriter sous la maxime : *Nemo cogitur ad delictum.* V. notre dissertation sur ce point, J.M. p.1.314.

14. Les juges peuvent, pour assurer la loyale exécution de la décision par laquelle ils ordonnent l'insertion de la réponse à un article de journal, prescrire certaines mesures relativement au mode suivant lequel cette insertion sera faite ; par exemple, fixer la partie du journal dans laquelle elle aura lieu et l'espèce de caractères qui sera employée : Même décision.

15. Aux termes d'un jugement du tribunal de la Seine du 7 janv. 1847 (D.p.47.4.389), l'insertion de la réponse est légalement accomplie, bien que faite en petits caractères et à la fin de la feuille, immédiatement avant la signature du journal, si ce mode de publication est usité par le journal pour des articles sérieux. — Mais MM. Dalloz, n. 347, disent avec raison qu'une réponse placée parmi les annonces devrait être considérée comme n'ayant pas été insérée.

16. Un arrêt de la Cour d'Agen du 26 fév. 1869 (J.M.p.12.57) et un arrêt de la Cour de cassation du 14 mai suivant (*Id*.12.287) ont jugé que l'art. 19 du décret du 17 fév. 1852, qui reconnaît aux dépositaires de l'autorité publique le droit de faire insérer en tête de tout journal les réponses ou rectifications dont la publication leur paraît utile, s'applique aux fonctionnaires de l'ordre judiciaire aussi bien qu'à ceux de l'ordre administratif, et que le droit dont il s'agit appartient spécialement aux chefs des parquets de première instance. — V. nos observations conformes sur le premier de ces deux arrêts. V. aussi Grattier, t. 2, p. 351 ; Rousset, *Cod. génér. des lois sur la presse*, n. 611. — Compar. néanmoins M. Ravelet, *Cod.-Man. de la presse*, n. 114.

17. L'art. 6 de la loi du 27 juill. 1849, qui punit toute distribution d'écrits sans autorisation, ne s'applique pas à la distribution d'un mémoire en défense à des poursuites dirigées contre l'auteur de cette distribution : Cass., 8 mars 1861 (J.M.p.4.144); Dalloz, v° *Presse-outrage*, n. 430. — Mais une distribution d'écrits sans autorisation ne peut échapper à l'application de l'art. 6 précité, comme nécessitée et légitimée par les besoins de la défense, lorsqu'elle est antérieure à l'introduction de l'instance à laquelle se rapportent ces écrits : Cass., 25 juin 1852 (S.-V.52.1.601).

18. En matière de délits de presse commis au moyen d'écrits ou imprimés, la publicité résulte du seul fait de vente et de distribution, sans aucune autre circonstance, et notamment sans celle de la publicité du lieu ou de réunion : Cass., 17 août 1839 (S.-V.39.1.978); 23 mars 1844 (S.-V.44.1.511); 19 janv. 1866 (J.M.p.11.97); — Parant, p. 71 ; de Grattier, t. 1, p. 91 ; Chassan, t. 1, p. 36, 37 ; Grellet-Dumazeau, *Diffamation*, t. 1,.n. 205 ; Dalloz, n. 867. — Mais la remise ou la communication d'un écrit délictueux à une ou plusieurs personnes ne serait pas constitutive de la publicité exigée par la loi, si elle n'avait eu lieu que d'une façon confidentielle. V. Cass., 11 mai 1854 (D.P.54.5.591); Poitiers, 12 oct. 1858 (D.P.59.1.93).

19. Toutes les fois que dans un procès, soit civil, soit criminel, se rencontrent des détails qui, sans rendre nécessaire le huis clos de l'audience, seraient cependant susceptibles de produire au dehors de fâcheux effets ou de funestes impressions, notamment de porter atteinte à la décence et à l'ordre public, le magistrat du parquet doit requérir, à l'ouverture ou dans le cours des débats, et les tribunaux doivent prononcer l'interdiction du compte rendu par la voie de la presse. Cette mesure, autorisée par l'art. 17 du décret du 17 fév. 1852, est indépendante du droit conféré aux juges par l'art. 81 de la constitution de 1848 et par l'art. 87, C. proc. civ. Elle doit être prise particulièrement lorsqu'il s'agit, par exemple, de juger des affaires de séparation de corps, d'adultère, d'attentat à la pudeur, etc. Il peut y avoir aussi lieu à interdiction du compte rendu, lorsqu'un crime a été commis à l'aide de moyens qu'il serait dangereux de divulguer, ou lorsque la publication des débats aurait pour conséquence de provoquer des luttes, d'envenimer des haines, d'empêcher des réconciliations. Les décisions des magistrats doivent, dans tous les cas, énoncer sommairement les considérations qui auront motivé la mesure dont il s'agit : Circ. 12 avr. 1853 et 7 janv. 1860 (Rés. chr., p. 15).

20. Du reste, il n'est pas nécessaire que le ministère public soit entendu préalablement à la décision par laquelle les juges interdisent aux journaux de rendre compte d'une affaire portée devant eux : Cass., 23 avr. 1857 (J.M.p.1.44). Cela n'est pas contestable. L'audition du ministère public n'est exigée, à peine de nullité, en matière civile, que lorsqu'il est partie principale, ou qu'une disposition expresse de la loi prescrit qu'il soit entendu, comme, par exemple, à l'égard des causes communicables. En matière criminelle, correctionnelle ou de simple police, le défaut de conclusions du ministère public n'est une cause de nullité que pour les décisions qui statuent soit sur le fond des débats, soit sur les incidents contentieux (V. notamment Cass., 16 mars 1854, D.p.54.1.212). Or, d'une part, la loi ne parle nullement de l'intervention du ministère public dans la mesure qui a pour objet d'interdire aux journaux le compte rendu d'une affaire, et, de l'autre, il est manifeste que cette mesure n'a rien de contentieux. L'initiative en appartient donc aux tribunaux, comme le dit la Cour de cassation, et il n'est en aucune façon nécessaire que le ministère public soit mis en demeure de s'expliquer sur son application.

21. D'après un arrêt de la Cour de Caen du 7 déc. 1868 (J.M. p. 12.242) et un arrêt de la Cour de cassation du 13 fév. 1869 (*Id*.12.286), un article de journal contenant le compte rendu infidèle et de mauvaise foi des débats d'une même affaire tant à l'audience du tribunal de première instance qu'à celle de la Cour d'appel, doit faire l'objet de deux poursuites distinctes, l'une devant le tribunal, et l'autre devant la Cour : la règle d'après laquelle il doit être statué par une seule décision sur les délits connexes, n'est point applicable en pareil cas, non plus que la maxime *non bis in idem*.—Il paraît exorbitant, au premier abord, qu'un compte rendu unique d'une seule et même affaire qui a subi deux degrés de juridiction, puisse donner lieu à deux poursuites distinctes; et l'on voudrait ne voir dans cette relation d'ensemble, quand elle est infidèle et faite de mauvaise foi, qu'un seul délit sur lequel statuerait la Cour d'appel, comme étant investie de la compétence la plus large. Mais l'art. 16 de la loi du 25 mars 1822 ne permet pas qu'il en soit ainsi. En appelant les *Cours et tribunaux* des audiences desquels il a été rendu compte, à appliquer les dispositions de l'art. 7 de la même loi, il s'oppose à ce que le compte rendu de l'audience du tribunal de première instance soit déféré à la Cour d'appel : chacune des deux juridictions est investie du droit de statuer sur la prévention à laquelle donne lieu le compte rendu de son audience. Et il faut bien reconnaître que les juges eux-mêmes devant lesquels se sont produits les débats dont il a été rendu compte, sont mieux en mesure d'apprécier ce compte rendu qu'une autre juridiction, même supérieure. — A ce point de vue, il importe peu que le compte rendu soit renfermé dans un seul article embrassant tout à la fois les débats de première instance et ceux d'appel; il n'en constitue pas moins deux délits différents, qui peuvent dès lors être simultanément poursuivis sans violation soit de la règle de la jonction des délits connexes, soit de la maxime *non bis in idem*.

22. Jugé qu'il y a interdiction pour les journaux de tous comptes rendus des séances du Corps législatif qui ne seraient pas la reproduction textuelle et intégrale, soit des débats insérés *in extenso* dans le journal officiel, soit du compte rendu rédigé sous l'autorité du président de l'assemblée; et qu'ainsi, la publication dans un journal d'une analyse ou d'un résumé succinct en des termes qui sont l'œuvre personnelle de l'auteur de l'article, d'un discours prononcé dans une séance du Corps législatif, constitue, comme ayant le caractère de compte rendu partiel et fragmenté de cette séance, la contravention prévue et punie par l'art. 14 du décret du 17 fév. 1852; et cela encore bien que ce journal ait, le même jour et dans le même numéro, publié le compte rendu intégral de la même séance tel qu'il avait été rédigé sous l'autorité du président : Trib. corr. de la Seine, 11 mai 1866 (J.M.p.9.266). V. les observations de M. Perrot de Chezelles accompagnant ce jugement.

23. Jugé aussi qu'on doit voir la contravention dont il s'agit dans le fait, par un journaliste, de scinder la discussion dans un même débat, en publiant certains discours d'après la reproduction qu'en a faite le journal officiel, et les autres d'après le compte rendu rédigé sous l'autorité du président : Trib. corr. de Châlons-sur-Marne, 24 mars 1866 (*Ibid.*). — V. les observations signalées au numéro précédent.

24. De la jurisprudence d'après laquelle il est interdit au prévenu de diffamation verbale envers un fonctionnaire à raison de ses fonctions, de prouver la vérité des faits diffamatoires (V. *Diffamation*, n. 60), il suit que le journaliste qui rend compte du procès relatif à une telle diffamation, commet le délit puni par l'art. 11 de la loi du 27 juill. 1849 : Cass., 29 fév. et 28 déc. 1868 (J.M.p.11.283 et 12.3); Grenoble, 25 fév. 1869 (*Id.*12.203). V. nos observations sur les deux premières de ces décisions.

25. Il résulte de deux arrêts de la Cour de cassation des 30 janv. 1858 (J.M.p.1.282) et 8 nov. 1861 (*Id.*5.80) que la disposition de l'art. 12 de la loi du 26 mai 1819, limitant la compétence pour connaître des délits de presse, aux tribunaux soit du lieu du dépôt de l'écrit, soit de la résidence du prévenu, contient une dérogation au droit commun, et que le paragraphe final du même article, autorisant la poursuite devant les juges du lieu du domicile du plaignant, lorsque ce lieu est en même temps celui de la publication, ne fait, au contraire, que maintenir, pour ce cas particulier, les règles générales de compétence établies par les art. 23 et 63, C. instr. crim. Cette interprétation ne nous paraît pas contestable. Mais les arrêts précités ont jugé en même temps que l'art. 12 de la loi de 1819 a été abrogé par le décret organique de la presse du 17 févr. 1852, et sur ce point nous avons émis une opinion contraire dans nos observations sur le premier de ces deux arrêts.

26. Nous ne mentionnerons que pour mémoire une circulaire du ministre de la justice du 4 juin 1868 (Rés. chr., p. 108), relative à l'exécution de la loi du 11 mai précédent sur la presse.

27. C'est aussi au même titre que nous citerons : 1° un arrêt de la Cour de Paris du 18 juill. 1868 (J.M.p.12.60) qui a décidé que la *plus prochaine audience* à laquelle, en matière de délits de presse, l'opposition ou l'appel entraîne de plein droit citation, aux termes de l'art. 13 de la loi du 11 mai 1868, doit s'entendre, non de la première audience qui suit immédiatement l'opposition, mais de la première audience après le délai de trois jours que l'art. 184, C. instr. crim., prescrit entre toute citation et le jugement.

28. 2° Un arrêt de la Cour de Lyon du 24 fév. 1869 (J.M.p.12. 199), d'après lequel le jugement ou arrêt rendu, en matière de presse, après que le prévenu a fait demander par un avoué une remise de la cause ou un sursis quant à un chef n'emportant pas contre lui la peine d'emprisonnement, est contradictoire, et par conséquent non susceptible d'opposition, encore bien que l'avoué du prévenu ait en même temps déclaré que si le sursis n'était pas accordé, celui-ci ferait défaut sur le fond.

— V. *Diffamation* ; *Prescription criminelle,* 13.

PREUVE DES DÉLITS.

SOMMAIRE ALPHABÉTIQUE.

1. 1° — *Procès-verbaux et rapports.* —Lorsque, dans une poursuite correctionnelle introduite par citation directe, le ministère public ne fait aucun usage des procès-verbaux qui ont été dressés pour constater le délit, et se borne à justifier la prévention par l'audition de témoins, le prévenu peut-il demander et le tribunal ordonner la représentation et la lecture des procès-verbaux, qui ne sont ni produits ni même visés dans aucune des pièces de la procédure ? — Nous croyons que le prévenu a le droit de faire une pareille demande, et que le tribunal est tenu d'y statuer ; mais nous pensons aussi que les juges ont la faculté de repousser la réclamation du prévenu, si la production demandée ne leur paraît pas utile à la défense. — Voici nos raisons :

2. Aux termes de l'art. 190, C. instr. crim., les *pièces pouvant servir à conviction ou à décharge* doivent être représentées aux parties. Le prévenu puise, selon nous, dans cette disposition générale le droit de demander la production de procès-verbaux dont, à la vérité, il n'est pas fait usage contre lui, mais sur lesquels il peut prétendre s'appuyer pour combattre telle ou telle allégation du ministère public, telle ou telle déposition de témoin; et les art. 408 et 413, même Code, combinés, font un devoir aux juges de statuer sur les conclusions prises dans cet objet par le prévenu, car on sait que ces articles frappent de nullité le jugement de condamnation qui a omis de prononcer sur une demande de l'accusé tendant à user d'une faculté accordée par la loi.

3. Mais si le tribunal correctionnel est tenu, en pareil cas, de rendre une décision, il n'est point nécessairement obligé d'accueillir la demande du prévenu. Il a le droit et le devoir d'examiner si le procès-verbal dont la production est réclamée peut réellement exercer quelque influence sur la cause et servir à la manifestation de la vérité, ou si sa lecture n'apporterait aucun élément nouveau dans le débat, et il ne doit ordonner cette production que dans le premier cas; les termes ci-dessus rappelés de l'art. 190 ne nous paraissent pas permettre le doute sur ce point. Au surplus, la Cour de cassation s'est prononcée en ce sens par un arrêt du 4 fév. 1858 (J.M.p.1.199).

4. Il résulte d'un autre arrêt de la Cour de cassation du 18 déc. 1862 (J.M.p.6.13) que les juges peuvent, sans violer l'art. 154, C. instr. crim., retenir les rapports d'un agent de police comme simples renseignements, alors d'ailleurs qu'en dehors de ces rapports, leur décision s'appuie sur divers autres documents du procès, tels que la correspondance, les aveux des prévenus et les dépositions des témoins.

5. Il est certain que les procès-verbaux et rapports des agents de police ne font pas foi par eux-mêmes en justice, nulle disposition de la loi ne leur attribuant cet effet. V. à cet égard les décisions mentionnées dans la *Tabl. génér.* de Devill. et Gilb., v° *Agent de police*, n. 5 et s., et dans le *Répert.* de Dalloz, v° *Instr. crim.*, n. 264. *Junge* Cass., 24 fév. 1855 (S.-V.55.1.302); — F. Hélie, *Instr. crim.*, t. 3, n. 1261; Trébutien, *Cours élément. de dr. crim.*, t. 2, p. 188; Berriat-Saint-Prix, *Procéd. des trib. crim.*, 1re part., n. 266. V. toutefois Mangin, *Procès-verbaux*, n. 77.— Mais si ces procès-verbaux et rapports sont insuffisants pour servir de base à une condamnation, rien ne s'oppose à ce que les

juges les retiennent comme simples renseignements, sauf à entendre, en outre, leurs rédacteurs sous la foi du serment (Cass.,
14 juill. 1838, S.-V.39.1.240, et 18 oct. 1839, S.-V.40.1.190 ; —
F. Hélie, *loc. cit.*, et Berriat-Saint-Prix, n. 267), — ou à s'appuyer
sur d'autres preuves légales, comme cela avait eu lieu dans l'espèce de l'arrêt mentionné au numéro précédent. V. conf., Cass.,
8 juin 1810 (Dalloz, *Répert., loc. cit.*, n. 244-2°) et 24 sept. 1829
(S.-V.9.1.372).

6. Les officiers du ministère public ne peuvent, dans leurs conclusions à l'audience, atténuer par leurs aveux la force probante
des procès-verbaux qu'ils ont dressés en qualité d'officiers de
police judiciaire : Cass., 20 août 1853 (D.p.53.5.379); 4 juin 1858
(J.M.p.2.96) ; 3 mars 1859 (*Id.* 2.152). — Cette solution nous
semble incontestable, et elle est en parfaite harmonie avec les
principes qui régissent l'action publique. De même que le ministère public ne peut anéantir la poursuite qu'il a engagée, et dont
il n'est dès lors plus le maître (V. *Act. publ.*, n. 29), de même
il ne peut effacer les constatations qu'il a faites dans l'exercice de
la police judiciaire, et qui sont acquises à la justice. Son droit,
à l'audience, se borne, dans l'un et l'autre cas, à conclure, si sa
conscience le lui conseille, en sens contraire des actes qu'il a
accompli comme agent de la société. V. cependant Cass., 26
mars 1841 (D.p.41.1.397).

7. Jugé, par application de ce principe, que le tribunal de
simple police ne peut relaxer un prévenu de la poursuite dirigée
contre lui, à raison d'une contravention constatée par un procès-
verbal du commissaire de police, en se fondant sur ce qu'à l'audience, ce magistrat, siégeant comme officier du ministère public, a rétracté certaines énonciations de son procès-verbal, et
n'a pas contredit les dénégations opposées à cet acte par le prévenu : Cass., 4 juin 1858, précité.

8. 2° — *Preuve testimoniale.* — Le droit du ministère public de produire des témoins devant le tribunal correctionnel, soit
à la première audience, soit, si cela est nécessaire, à une audience ultérieure, ne peut faire l'objet d'un doute, et n'est plus en
effet contesté. Il découle avec évidence des dispositions des
art. 153, 154, 189 et 190, C. instr. crim., et il a été, du reste,
surabondamment consacré par la jurisprudence. Voy. notamment Cass., 21 nov. 1823, 9 janv. 1835 (D.p.35.1.103) ; 26 juin
1841 (D.p.41.1.416); 11 nov. 1843 (D.p.45.4.498); 8 et 22 juin
1844 (S.-V.44.1.864); 19 juin 1846 (D.p.46.4.475) ; 9 déc. 1848

(D.p.51.5.444); 8 mars et 8 nov. 1849 (D.p.49.5.328 et 530);
15 mai 1851 (D.p.51.5.448); 24 janv. 1852 (D.p.52.5.308);
21 sept. 1854 (D.p.55.5.360); 9 janv. 1857 (S.-V.57.1.317); 13 fév.
1857 (D.p.57.1.178).

9. Décidé spécialement que le juge de répression ne peut refuser d'ordonner une audition de témoins requise par le ministère
public, lorsqu'elle est le seul moyen d'établir la contravention qui
lui est déférée, et qu'il n'est pas dès à présent convaincu de la perpétration de cette contravention : Cass., 15 mars 1862 (J.M.p.6.11).

10. ... Que les juges correctionnels ne peuvent acquitter le prévenu à raison de l'insuffisance des preuves, avant d'avoir fait droit
aux réquisitions du ministère public tendant à obtenir une remise
de la cause pour faire entendre des témoins; et que s'ils passent
outre néanmoins à l'acquittement, il y a lieu, pour la Cour saisie de
l'appel de leur jugement, d'accueillir elle-même ces réquisitions :
Metz, 18 nov. 1868 (J.M.p.12.170). — V. *Appel correctionnel*,
n. 197 et s.

11. Toutefois, le droit du ministère public de faire entendre
des témoins ne saurait être absolu. L'art. 153, C. instr. crim.,
l'indique lui-même en disposant que les témoins appelés par le
ministère public ou par la partie civile seront entendus, *s'il y a
lieu*. Sans doute, ces derniers mots ne veulent point dire que les
juges jouissent d'un pouvoir arbitraire pour admettre ou rejeter
la réquisition du ministère public tendant à faire entendre des
témoins; mais ils signifient que les juges ne peuvent être tenus
d'ordonner l'audition de témoins requise par le ministère public,
si la prévention leur paraît établie indépendamment de la preuve
offerte, et qui dès lors serait purement frustratoire. Cette interprétation a été sanctionnée par de nombreuses décisions. V.
Cass., 15 juin 1844 (D.p.45.4.431); 26 déc. 1845 (D.p.46.4.475);
17 nov. 1849, S.-V.50.1.572); 12 janv. 1856 (D.p.56.1.109); Metz,
23 juin 1858 (J.M.p.2.179). Et les auteurs s'accordent aussi à
l'enseigner. V. Legraverend, *Législ. crim.*, t. 2, p. 325; Berriat-
Saint-Prix, t. 1, n. 294; Massabiau, *Man. du minist. publ.*, t. 2,
n. 2073; F. Hélie, t. 6, n. 2874.

12. Dans tous les cas, le refus du juge d'ordonner l'audition de
témoins demandée par le ministère public doit être expressément
motivé; il ne suffirait pas que le juge écartât la réquisition du ministère public par forme de prétérition et d'une manière implicite :
Metz, 23 juin 1858, précité. — Cela est évident, non-seulement
parce que, d'après un principe général, les juges doivent toujours

exprimer les motifs de leurs décisions, mais, de plus, par cette raison spéciale, que, le refus d'ordonner l'audition de témoins requise par le ministère public n'étant légitime, ainsi qu'on vient de le voir, qu'autant que les juges considèrent la prévention comme déjà établie, il importe que le jugement constate cette circonstance, afin qu'on ne puisse lui reprocher d'avoir prononcé un refus arbitraire. V. encore comme arg. en ce sens, Cass., 2 mai 1857 (D.p.57.1.271).

15. Le ministère public a le droit de faire entendre soit devant la Cour d'assises, soit devant la juridiction correctionnelle, des témoins appelés à déposer uniquement sur des faits autres que ceux poursuivis ou sur des faits délictueux couverts par la prescription, dans le but d'éclairer les juges sur la moralité de l'accusé ou du prévenu : Cass., 13 déc. 1810; 18 juin 1824 (Dalloz, *Rép.*, v° *Témoin*, n. 270); 12 déc. 1840 (S.-V.40.1.950); 24 juill. 1841 (D.p.41.1.425); C. d'ass. de la Flandre orientale, 4 juill. 1859 (J.M.p.4.249); Trib. corr. d'Hazebrouck, 27 déc. 1860 (*Id.* 5.210). — Toutefois, M. F. Hélie fait observer avec raison que, s'il est permis d'établir la mauvaise réputation de l'accusé, les bruits qui courent sur son compte, ses habitudes vicieuses, il ne saurait être permis d'édifier une autre accusation à côté de la première. Ne pourrait-il pas arriver, dit-il, que si celle-ci n'est pas prouvée, les jurés ne la déclarassent néanmoins constante pour ne pas laisser impunis les faits nouveaux révélés aux débats ? et, ainsi, bien que les questions fussent fidèles à l'arrêt de renvoi, que la déclaration des jurés s'appliquât à une autre accusation que celle qui a fait l'objet de cet arrêt? On voit donc que la règle, quelque incontestable qu'elle soit, ne doit être appliquée qu'avec une certaine réserve : les témoins peuvent être questionnés sur tous les faits qui se rattachent à la moralité de l'accusé, mais pour établir seulement le fait général de cette moralité, et non pour établir l'accusation avec d'autres accusations étrangères à celle-ci..... »

14. Un arrêt de la Cour de Metz du 22 avr. 1857 (J.M.p.1.309) a jugé que lorsque dans une affaire où il y a plusieurs prévenus, l'un de ces derniers reproche un témoin à raison de sa parenté avec un des autres prévenus, le tribunal correctionnel ne peut néanmoins se refuser à entendre ce témoin, si le ministère public requiert que sa déposition soit restreinte à certains faits concernant seulement l'un des prévenus dont il n'est pas le parent. Cette solution nous paraît très-exacte en principe, mais elle peut pré-

senter des difficultés dans l'application. — En prohibant l'audition des proches parents des prévenus, la loi a voulu, d'une part,
écarter des témoignages que le lien de famille rend naturellement
suspects, et, d'autre part, éviter de mettre aux prises le devoir
social du témoin avec le devoir de piété du père, du fils, du frère,
de l'époux. Or, ni l'un ni l'autre des inconvénients que cette prohibition a eu pour objet de prévenir ne se présente, lorsqu'un parent de l'un des prévenus est appelé à déposer, non sur les faits
reprochés à celui-ci, mais sur certaines circonstances concernant
particulièrement et exclusivement un autre prévenu. Rien, dans
l'art. 156, C. instr. crim., ne résiste à l'admission d'une déposition ainsi restreinte. A la vérité, l'art. 322 du même Code semble
proscrire d'une manière absolue, devant la Cour d'assises, l'audition des proches parents de l'un des accusés (V. aussi, Cass.,
24 frim. an XIII, et 28 avr. 1808, S.-V. chr.); mais cette disposition ayant un caractère exceptionnel, comme dérogeant à la règle
générale qui veut que toute personne puisse être entendue en justice, on ne saurait l'étendre à un cas pour lequel elle n'a pas été
édictée. Le parent de l'un des prévenus, assigné comme témoin
devant le tribunal correctionnel, cesse donc d'être reprochable,
lorsqu'à l'audience le ministère public déclare ne vouloir le faire
entendre que sur les faits concernant un prévenu auquel il n'est
point uni par les liens de la parenté.

15. Voilà le principe ; mais il ne peut rester vrai qu'à la condition d'être appliqué avec une excessive réserve. Dans le cas
où plusieurs individus sont poursuivis pour le même délit, il est
rare que les faits reprochés à l'un ne se rattachent pas par
quelque point aux faits concernant les autres ; or, la moindre
corrélation entre ces divers faits suffit pour rendre suspecte la
déposition d'un parent de tel ou tel des prévenus, quelque restreinte qu'on la suppose, et pour la faire tomber, dès lors, sous
la prohibition de l'art. 156, C. proc.

16. Les juges correctionnels qui, ayant ordonné une audition
de témoins par une décision préparatoire, passent outre au jugement du fond sans que ces témoins aient été entendus, ne violent
point par là les droits de la défense, alors qu'il n'est point constaté que celle-ci ait insisté sur cette audition, la présomption
étant que les témoignages non recueillis ont été reconnus inutiles,
et que la défense y a renoncé : Cass., 26 mai 1864 (J.M.p.7.245).
— V. aussi analog., Cass., 2 juin 1853 (S.-V.54.1.156).

17. Le tribunal correctionnel saisi de la connaissance d'un délit consistant dans la violation d'un contrat, comme le délit d'abus de confiance ou d'abus de blanc seing, est compétent pour statuer sur la preuve de ce contrat : ce n'est pas là une question préjudicielle dont la connaissance doive être renvoyée à la juridiction civile. V. à cet égard les autorités mentionnées dans la *Table générale* de Devilleneuve et Gilbert, v⁰ *Dépôt*, n. 85 et s., dans le *Répert. du Journ. du Pal.*, vⁱˢ *Abus de blanc seing*, n. 42 et s., et *Abus de confiance*, n. 154 et s., et dans le *Répert.* de Dalloz, v⁰ *Abus de confiance*, n. 184 et s. *Junge*, Grenoble, 23 nov. 1860 (J.M.p.4.60).

18. Mais le tribunal correctionnel doit, pour cette preuve, se conformer aux règles du droit civil, c'est-à-dire n'admettre la production de témoins que lorsqu'il s'agit d'une valeur inférieure à 150 fr., à moins qu'il n'y ait un commencement de preuve par écrit (C. civ., 1341 et s.). V. notamment Cass., 3 mai 1848 (S.-V. 48.1.321); Orléans, 7 fév. 1853 (S.-V.53.2.622); Nancy, 15 juin 1857 (S.-V.58.2.86), ainsi que les autorités citées par les arrêtistes en note de ces décisions. *Adde*, Grenoble, 23 nov. 1860, mentionné au numéro précédent; Cass., 23 fév., 21 juill. et 11 oct. 1860 (J.M.p.4.132); 10 janv. 1861 (*Ibid.*); — F. Hélie, t. 6, n. 2893. Et il en est ainsi dans le cas où la preuve est offerte par le ministère public aussi bien que dans celui où elle est proposée par la partie civile : Cass., 5 déc. 1806 (S.-V.chr.) et 5 mai 1831 (S.-V.31.1.188); — Merlin, *Répert.*, v° *Serment*, § 2, art. 2; F. Hélie, n. 2901; Dalloz, v° *Abus de conf.*, n. 189.

19. Le commencement de preuve par écrit, rendant ici la preuve testimoniale admissible, peut d'ailleurs résulter de l'interrogatoire subi par le prévenu dans l'instruction écrite, dans le cas même où cet interrogatoire renfermerait tout à la fois des aveux et des dénégations : Cass., 18 août 1854 (S.-V.54.1.655); 16 juill. et 13 août 1868 (J.M.p.12.149). — Mais il en serait autrement si l'interrogatoire ne contenait, de la part du prévenu, que des protestations contre l'allégation du contrat dont la violation lui est imputée : Aix, 29 avr. 1869 (J.M.p.12.193).

20. Ajoutons que le simple commencement de preuve par écrit peut, à la différence de l'aveu judiciaire, qui fait preuve complète contre celui de qui il émane, être apprécié par les juges sans préoccupation du principe de l'indivisibilité de l'aveu : Cass., 13 août 1868 (J.M.p.12.149). — V. *infrà*, n. 41.

21. Le principe rappelé ci-dessus, n. 18, que la preuve du contrat dont la violation constitue un délit, doit être établie suivant les règles du droit civil, et conséquemment résulter d'un écrit, lorsqu'il s'agit d'une valeur supérieure à 150 fr., cesse d'être applicable, soit lorsque le prévenu ne s'oppose pas à la preuve testimoniale (Cass., 21 juill. 1860, J.M.p.4.132), ou ne nie point l'existence ni le montant de la condamnation (Cass., 11 oct. 1860 et 10 janv. 1861, *Ibid.*), — soit lorsque l'absence de preuve littérale est la conséquence d'un délit ou d'un acte frauduleux commis par le prévenu (Cass., 5 mai 1831, S.-V.31.1.188 ; 27 mai 1837, S.-V.38.1.187 ; 22 août 1840, S.-V.41.1.255 ; 14 juill. 1843, S.-V. 43.1.806 ; 12 nov. 1863, J.M.p.7.109 ; 29 avr. 1864, *Id.*7.292 ; Grenoble, 23 nov. 1860, *Id.*4.60 ; Aix, 29 avr. 1869, *Id.*12.193) ; — soit dans le cas où le contrat a un caractère commercial (Cass., 30 janv. 1836, S.-V.36.1.204 ; 1er sept. 1848, S.-V.48.1.653 ; 12 janv. 1855, D.P.55.1.85 ; 26 sept. 1861, J.M.p.5.21 ; 22 avr. 1864, *Id.*7.109 ; 12 et 28 mai 1864, *Id.*7.242 ; Metz, 5 août 1822, S.-V.7.2.110 ; Rouen, 9 janv. 1829, S.-V.9.2.188 ; Bordeaux, 2 fév. 1865, J.M.p.8.206).

22. Ainsi, spécialement, au cas de poursuites pour abus de confiance contre un receveur de la poste, à raison du détournement commis par lui d'une somme supérieure à 150 fr., dont l'envoi devait être effectué par son entremise, la preuve du versement de cette somme pour être ainsi envoyée peut être faite par témoins, lorsque l'expéditeur n'a omis d'exiger un récépissé de la somme versée que par suite du semblant fait devant lui par le directeur d'inscrire le versement sur son registre et d'en introduire le mandat dans la lettre d'envoi de l'expéditeur, laquelle, jetée à la boîte par ce dernier, a été immédiatement supprimée : Cass., 12 nov. 1863, précité.

23. Ainsi encore, peut être prouvée par témoins la remise à un agent d'affaires, ayant comme tel la qualité de commerçant, d'un blanc seing destiné à un acte de sa profession, et dont il a abusé : Cass., 22 avr. 1864, aussi précité.

24. Toutefois, la Cour de cassation a jugé, par arrêt du 20 avr. 1844 (S.-V.44.1.848), que la preuve testimoniale n'est pas admissible dans le cas où le contrat a été déterminé par des manœuvres frauduleuses, « parce que le dol et la fraude se retrouvent dans tous les délits, et que pour se procurer la preuve d'un contrat que refuseraient les tribunaux civils, il suffirait de prendre la voie détournée de la plainte et de la procédure correctionnelle ;... que l'exception portée par l'art. 1348, C. civ., relative à la preuve d'un délit, se rapporte à la preuve du délit lui-même, et non à la preuve du contrat préexistant au délit, et que la preuve de ce contrat reste toujours soumise à la règle de l'art. 1341, C. civ. » Cette interprétation est approuvée par MM. F. Hélie, t. 6, n. 2897; Dalloz, v° *Abus de confiance*, n. 197; Zachariæ, édit. Massé et Vergé, *Droit civ.*, t. 3, § 599, p. 526; Aubry et Rau, d'après Zachariæ, t. 6, § 765, p. 465, et Marcadé, sur l'art. 1348, n. 3. Nous doutons néanmoins de son exactitude.

25. Ce n'est point comme élément du délit, mais comme constitutive d'une impossibilité morale de se procurer une preuve écrite du contrat qui a été violé, que la fraude nous paraît devoir faire fléchir ici le principe prohibitif de la preuve testimoniale; et c'est ainsi que la Cour de cassation l'a elle-même envisagée dans ses arrêts antérieurs, et plus particulièrement dans celui du 27 mai 1837. Telle est, du reste, la doctrine de M. Larombière, *Obligations*, t. 5, sur l'art. 1348, n. 16. V. aussi M. Berriat-Saint-Prix, *Proc. des trib. crim.*, 2e part., t. 2, n. 819, p. 182.

26. On objecte qu'il ne faut pas confondre la preuve du dol ou de la fraude dont le contrat est entaché, avec la preuve du contrat lui-même; que, s'il n'est pas possible de retirer une preuve écrite du dol ou de la fraude, rien ne s'oppose, au contraire, à ce que le contrat, bien que déterminé par des manœuvres dolosives, soit constaté par écrit. Mais là, selon nous, est l'erreur, lorsqu'il s'agit, comme dans les cas d'abus de confiance et d'abus de blanc seing, d'un contrat qui se forme par une simple tradition. Comment admettre, en effet, que si cette tradition a été surprise à l'aide de la fraude, et si, par conséquent, elle a été involontaire, il ait été possible d'en exiger une reconnaissance écrite? Souvent il arrivera que les moyens frauduleux qui auront déterminé la formation du contrat seront constitutifs du délit d'escroquerie, auquel le contrat se trouvera indivisiblement lié; alors, de l'aveu de tout le monde, le contrat pourra être prouvé par témoins (V. le numéro suivant). Mais nous ne croyons point, par les raisons que nous venons d'exprimer, qu'il soit nécessaire que le dol ait le caractère de délit, et ce n'est, à nos yeux, que surabondamment que l'arrêt de la chambre criminelle, du 12 nov. 1863, mentionné plus haut, relève ce caractère dans les manœuvres frauduleuses qu'avaient constatées les juges du fait.

27. Que si le délit allégué comme ayant déterminé la remise de l'objet détourné paraissait aux juges constituer la seule infraction réellement imputable au prévenu; si, par exemple, l'objet

détourné leur semblait être arrivé dans les mains de ce dernier
au moyen d'une escroquerie, et non au moyen d'un simple dépôt
violé par lui, alors ils n'auraient même plus besoin de recourir,
pour ordonner la preuve testimoniale, à la faculté exceptionnelle
de faire fléchir le principe de la preuve écrite; il leur suffirait
de changer, comme ils en ont le droit, la qualification du fait
poursuivi, et d'admettre le ministère public à prouver par témoins, non plus un dépôt dont la violation constituerait un simple
abus de confiance, mais les circonstances ou manœuvres caractéristiques du délit d'escroquerie. — Compar., Cass., 4 sept. 1835
(Bull., n. 341); 18 mai 1838 (Dalloz, *Répert.*, v° *Abus de conf.*,
n. 193), et 27 mai 1840 (S.-V.40.1.701).

28. Que devraient faire les juges correctionnels, si l'acte frauduleux qui a déterminé la remise de l'objet détourné présentait
les caractères d'un crime? si, spécialement, il s'agissait du détournement d'une somme dont la remise aurait été obtenue à
l'aide d'une quittance revêtue d'une fausse signature? Dans ce
cas, le délit d'abus de confiance s'absorberait dans le crime de
faux, ou plutôt le fait imputable serait un faux et non un simple
abus de confiance; et dès lors les juges correctionnels, incompétents pour en connaître, devraient refuser toute audition de témoins. C'est ce que décide avec pleine raison un arrêt de la Cour
d'Aix du 29 avr. 1869, déjà mentionné ci-dessus, n. 21. — Compar. Cass., 22 oct. 1812 (S.-V.4.1.205), 13 avr. 1837 (S.-V.37.1.
1024), 25 janv. et 22 mars 1849 (S.-V.49.1.203 et 725) et 20 sept.
1855 (S.-V.56.1.364).

29. Toutefois, la Cour d'Aix reconnaît aussi, dans ce cas, aux
juges correctionnels le droit de se borner à surseoir au jugement
jusqu'à plus ample vérification. Quant à nous, nous ne compre-
nons point cette manière de procéder. — De deux choses l'une :
ou l'acte frauduleux dont le ministère public demande à faire la
preuve par témoins a, aux yeux des juges, le caractère de crime,
ou ce caractère ne leur paraît pas démontré. Dans le premier cas,
ils sont absolument incompétents et doivent se dessaisir. Dans le
second cas, se rattachant à l'idée d'une simple fraude, ils doivent
accueillir les réquisitions du ministère public. Pourquoi un sursis ? Pour attendre que le parquet ait fait décider par la juridiction
compétente si l'acte dont il s'agit constitue ou non un crime ?
Mais le parquet ne peut-il pas, envisageant les choses autrement
que le tribunal, s'abstenir de provoquer cette décision ? Et puis,
s'agit-il donc d'une question préjudicielle ? Et n'appartient-il

pas au tribunal lui-même, et à lui seul, d'apprécier sa compétence?

30. La règle d'après laquelle l'action publique en répression de faits qui présupposent l'existence d'un contrat dont la preuve doit être faite par écrit, est non recevable en l'absence d'une telle preuve, ne s'étend point à l'action disciplinaire, même en matière de discipline notariale. — Vainement se fonderait-on sur ce que l'action disciplinaire emprunte une sorte de caractère civil à la juridiction devant laquelle elle est exercée, pour soutenir qu'elle est astreinte, comme toute action civile, à respecter la règle de l'art. 1341, C. civ. Sans doute, cette action a, sous divers rapports, une grande analogie avec les actions civiles; mais cette analogie ne doit pas la faire confondre avec ces dernières, pas plus que la ressemblance qu'elle a, sous d'autres rapports, avec l'action publique, ne permet de l'assimiler à celle-ci. Elle a une nature mixte, ou plus exactement, c'est une action *sui generis*, et dès lors, ce n'est pas plus dans les règles propres à l'action publique que dans celles qui régissent les actions civiles, mais uniquement dans sa nature particulière, qu'il faut chercher les conditions qui conviennent à son exercice. — V. *Discipline*, n. 25.

31. Un arrêt de la Cour de cassation du 28 janv. 1870 (J.M.p. 13.203) a jugé que, dans les cas où la preuve du contrat dont la violation constitue le délit poursuivi (par exemple, le délit d'abus de confiance), peut être faite par témoins, c'est l'art. 283, C. proc. civ., et non l'art. 156, C. instr. crim., qu'il y a lieu d'appliquer relativement à l'idonéité des témoins produits devant le tribunal correctionnel. On peut, croyons-nous, élever un doute sur l'exactitude de cette décision. — De ce que la preuve du contrat dont la violation constitue le délit poursuivi, doit être faite d'après les règles du droit civil, s'ensuit-il que, quand les juges correctionnels ont reconnu, d'après ces règles, qu'il y a lieu d'admettre la preuve testimoniale du contrat litigieux, ils ne doivent pas, pour l'administration de cette preuve, rentrer dans l'application des règles de la procédure criminelle, et se conformer, spécialement, à celle qui prohibe l'admission des reproches contre les témoins en dehors des termes de l'art. 156, C. instr. crim., et ne permet pas d'emprunter à l'art. 283, C. proc. civ., les causes particulières qu'il dénonce? L'arrêt de la Cour de cassation mentionné ci-dessus objecte que les règles sur l'idonéité des témoins ne sont pas de simples formes de procéder, mais qu'elles intéressent le fond du droit. C'est cependant le Code de procédure qui les édicte, et l'on ne voit pas comment leur inobservation pourrait ici compromettre l'application des principes relatifs à l'admissibilité de la preuve testimoniale.

52. On peut du reste invoquer en sens contraire à la décision de la Cour suprême un arrêt de la Cour de Bordeaux du 2 fév. 1865 (J.M.p.8.206), qui, dans une hypothèse semblable à celle où nous raisonnons, a jugé que le plaignant peut être entendu comme témoin, parce que la fin de non-recevoir tirée de ce que ce dernier est partie dans la convention à prouver, « ne repose sur aucun texte des lois qui spécifient les reproches contre témoins devant la juridiction correctionnelle ». — V. aussi F. Hélie, t. 6, n. 2601 et 2878; Dalloz, v° *Témoins*, n. 166 et s.

53. Il est généralement admis en jurisprudence et en doctrine que la fausseté d'un serment litisdécisoire prêté au civil ne peut être prouvée par témoins au criminel en l'absence de commencement de preuve par écrit, lorsque ce serment porte sur une obligation d'une valeur supérieure à 150 fr. — V. notamment Cass., 16 août 1844 (S.-V.44.1.714); 29 mars 1845 (S.-V.45.1.397); 25 avr. 1845 (S.-V.45.1.480); 13 nov. 1847 (S.-V.48.1.80) et 17 juin 1852 (S.-V.53.1.41); Douai, 28 nov. 1864 (J.M.p.8.90); — Toullier, t. 10, n. 388; Merlin, *Répert.*, v° *Serment*, § 2, n. 8 *bis*; Carnot, *Comm. Cod. pén.*, t. 2, p. 196; Legraverend, t. 1, p. 41; Mangin, *Act. publ.*, t. 1, n. 173; Ortolan et Ledeau, *Minist. publ.*, t. 2, p. 17 et s.; Hélie et Chauveau, *Théor. Cod. pén.*, 4° édit., t. 4, n. 1655; Hélie, *Instr. crim.*, t. 6, n. 2894; Duverger, *Man. des jug. d'instr.*, 3° édit., t. 1er, p. 208, et t. 3, p. 412; Aubry et Rau, d'après Zachariæ, t. 6, p. 463; Larombière, *Oblig.*, sur l'art. 1348, n. 23 et s.; Dalloz, *Répert.*, v° *Oblig.*, n. 4896, et notre *Cod. pén. modif.*, p. 155, note. — Mais V. toutefois en sens contraire, Cass., 21 août 1834 (S.-V.35.1.119); Rennes, 1er fév. 1865 (J.M.p.8.90); C. cass. de Belgique, 27 mars 1865 (*Ibid.*); — Bourguignon, *Jurisp. des Cod. crim.*, sur l'art. 366; Rauter, *Dr. crim.*, t. 2, n. 500; Poujol, *Revue étrang.*, 1840, p. 656; Bonnier, *des Preuves*, 3° édit., t. 1, n. 427.

54. Jugé que la preuve par témoins n'est pas recevable même à l'égard du serment prêté sur des faits spéciaux distincts d'une obligation supérieure à 150 fr., s'ils ne sont que des accessoires de cette obligation : Douai, 28 nov. 1864, précité.

55. Les réponses faites par le prévenu dans son interrogatoire devant le juge d'instruction sur une inculpation de faux serment, peuvent-elles servir de commencement de preuve par écrit de la fausseté de ce serment? L'affirmative a été consacrée par un arrêt de la Cour suprême du 21 janv. 1843 (S.-V.43.1.660); mais la négative paraît devoir s'induire des arrêts de la Cour de Rennes et de la Cour de cassation de Belgique mentionnés *supra*, n. 33.

56. 3° *Aveu.* — En matière de contraventions et de délits spéciaux, où l'appréciation de l'intention coupable n'a lieu que rarement et dans une étroite mesure, il est à peu près sans difficulté que l'aveu de l'inculpé suffit à lui seul pour servir de base à une condamnation. V. les arrêts cités par Dalloz, *Table de* 15 *ans*, v° *Procès-verbal*, n. 27 et s. *Junge*, Cass., 4 sept. 1856 (D.P.56.1. 415) et 29 juill. 1858 (D.P.58.5.96); — Berriat-Saint-Prix, *Proc. des trib. crim.*, t. 1, n. 268; Dalloz, *Rép.*, v° *Procès-verbal*, n. 189. — *Contrà*, Mangin, *Procès-verbaux*, n. 15.

57. Mais, en matière de délits ordinaires, une règle aussi absolue n'est point admise. Là, on ne considère pas l'aveu comme faisant nécessairement preuve par lui seul. Il est mis au nombre de tous les autres éléments de conviction, dont il appartient aux juges d'apprécier la portée. Selon les circonstances, il pourra, en l'absence de toute constatation, déterminer la condamnation du prévenu; comme aussi, à raison des influences sous lesquelles il aura été exprimé par ce dernier, il pourra être jugé insuffisant pour entraîner cette condamnation. En un mot, l'aveu n'enchaîne nullement la liberté d'examen du juge, qui en tient tel compte que le lui inspirent sa conscience et sa raison. C'est là du moins la doctrine qu'enseignent MM. Mittermaïer, *De la preuve en mat. crim.*, ch. 31; F. Hélie, t. 4, n. 1936, 1937; Trébutien, t. 2, p. 487; Berriat-Saint-Prix, t. 2, n. 631; Dalloz, *Rép.*, v° *Procès-verbal*, n. 198. *Adde*, arg. Cass., 6 mars 1856 (D.P.56.1.225). — Toutefois quelques arrêts et d'autres auteurs décident que l'aveu du prévenu ne peut faire preuve du délit, qu'autant qu'il est appuyé de quelque indice qui permette de le contrôler. V. Turin, 28 avr. 1810 (S.-V. chr.); Cass., 15 déc. 1814 (Dalloz, v° *Proc.-verb.*, n. 195); 2 nov. 1847 (Journ. du dr. crim., art. 4330); Bordeaux, 6 janv. 1859 (J.M.p.2.183); — Rauter, n. 224; Mangin, *loc. cit.*; Morin, *Rép.*, v° *Aveu*, n. 22. Mais cette thèse ne nous paraît reposer sur aucune raison plausible. — Seulement l'arrêt précité de la Cour de Bordeaux a jugé à bon droit que l'aveu ne saurait constituer à lui seul une preuve suffisante du délit, lorsque les circonstances doivent le faire considérer comme suspect. — Conf., F. Hélie, n. 1937; Bonnier, t. 1, n. 364 et s. — Rapproch. *Adultère*, n. 46, 58 et s.

38. L'aveu peut d'ailleurs être rétracté : Cass., 19 août 1841 (D.P.41.1.433); — Mittermaïer, ch. 37; Bonnier, n. 36; Berriat-Saint-Prix, 2e part., t. 2, n. 632. — Or, lorsque la poursuite d'un délit n'a pour base que l'aveu du prévenu, et que ce dernier vient à rétracter cet aveu, comme lui ayant été arraché par l'intimidation, cette poursuite cesse d'être recevable, parce qu'on ne trouve plus alors dans l'aveu le caractère probant sans lequel il ne peut servir d'élément à la conviction des juges, si le ministère public n'administre pas une preuve qui vienne rassurer la conscience des magistrats. V. en ce sens, Rennes, 17 fév. 1864 (J.M.p.7.86).

39. Il est de règle certaine que dans le cas où d'autres preuves que l'aveu du prévenu sont fournies par l'instruction, le juge n'est pas obligé d'accepter cet aveu comme un témoignage de non-culpabilité dans les parties où il serait favorable à la défense. V. Cass., 9 août 1821 (S.-V.6.1.487); 5 fév. 1825 (S.-V.8.1.39); 23 juin 1837 (S.-V.38.1.137);—Merlin, *Rép.*, v° *Confession*, ch. 5 ; Duranton, t. 13, n. 554; Rauter, t. 1, n. 225; Bonnier, n. 259; Baroche, *Encycl. du dr.*, v° *Aveu*, n. 32; Dalloz, *Rép.*, v° *Procès-verbal*, n. 194; F. Hélie, n. 1938; Berriat Saint-Prix, t. 2, n. 632. Mais il est admis aussi que l'aveu du prévenu est indivisible, quand il n'existe contre lui aucune autre preuve, pourvu d'ailleurs que toutes les parties en soient également probables. V. Paris, 12 vent. an IX (D.P.2.1085) et 22 mai 1860 (J.M.p.3. 160); Cass., 9 août 1821, précité; —Berriat-Saint-Prix, *loc. cit.*

40. D'un autre côté, du principe que la poursuite des délits consistant (comme l'abus de confiance) dans la violation d'un contrat, est subordonnée à la preuve de la convention préalablement établie conformément aux règles du droit civil (V. *suprà*, n. 18), il suit que l'aveu judiciaire du prévenu duquel résulte cette preuve est indivisible. — *Sic*, Metz, 31 janv. 1821 (S.-V.6.2.356); Cass., 26 sept. 1823 (D.P.23.1.423); 6 nov. 1838 (S.-V.38.1.892); 27 fév. 1846 (J. cr., n. 4409) et 28 juill. 1854 (S.-V.54.1.655); Toulouse, 24 nov. 1864 (J.M.p.8.19);—F. Hélie, n. 1940; Berriat-Saint-Prix, *ut suprà*.

41. Toutefois, cette règle de l'indivisibilité de l'aveu judiciaire n'est pas absolue, et elle peut fléchir particulièrement lorsque les déclarations en sens divers desquelles on entend tirer une preuve ou un commencement de preuve par écrit, sont contenues dans un interrogatoire qui renferme une série de questions et de réponses distinctes. C'est ce que la Cour de cassation a décidé par un arrêt du 18 août 1854 (S.-V.54.1.655). V. aussi Cass., 16 juill. 1868 (J.M.p.12.149). — Mais V. également Cass., 28 juill. 1854 (S.-V.54.1.655).

42. L'indivisibilité de l'aveu cesse encore lorsque le prévenu s'est contredit dans la partie de l'aveu sur laquelle il fonde sa défense (Cass., 20 fruct. an XII, S.-V. chr.; 12 avr. 1844, Bull. crim., et 24 sept. 1857, *Ibid.*; Toulouse, 24 nov. 1864, déjà mentionné ci-dessus), et lorsque cet aveu ne constitue pas la base unique de la décision (Cass., 20 juill. 1850, mentionné par M. F. Hélie, n. 1940). — V. aussi, en matière civile, entre autres autorités, Cass., 8 fév. 1864 (S.-V.65.1.227); Angers, 15 mars 1865 (*Id.*2.292).

43. 4° *Preuve littérale.* — Il est de principe que, pour les affaires correctionnelles comme pour celles de simple police, l'instruction à l'audience doit être orale (C. instr. crim., 153, 154, 189 et 190). Mais ce n'est pas à dire que la preuve littérale soit bannie de cette instruction. La loi admet expressément cette preuve, puisqu'elle veut que les délits et contraventions soient établis par procès-verbaux ou rapports, et comme ses termes n'ont rien de limitatif, il est permis d'en conclure que le ministère public peut invoquer à l'appui de la prévention, et que les juges peuvent consulter, pour déterminer leur conviction, tous les documents que l'instruction a recueillis. Cette interprétation est surtout incontestable en présence de la disposition de l'art. 190, C. instr. crim., suivant laquelle les *pièces* pouvant servir à conviction doivent être représentées aux témoins et aux parties : le mot *pièces* embrasse évidemment dans sa généralité tous les éléments de conviction, quels qu'ils soient. La Cour de cassation s'est prononcée à plusieurs reprises en ce sens. V. Cass., 4 sept. et 15 oct. 1841 (D.p.41.1.437 et 42.1.157); 22 déc. 1853 (Bull., n. 593); 29 juin 1855 (S.-V.55.1.547); 22 janv. 1857 (D.p.57. 1.64); 18 juin 1862 (J.M.p.6.13); 30 juill. 1863 (*Id.*7.274). — V. aussi Grenoble, 24 mars 1859 (J.M.p.2.123); Colmar, 3 fév. 1863 (*Id.*10.163).—L'arrêt de la Cour suprême, du 29 juin 1855, et celui de la Cour de Grenoble ont consacré spécialement le droit du ministère public de donner lecture à l'audience d'un procès-verbal constatant la déclaration d'un témoin entendu extrajudiciairement et sans serment préalable. Et l'arrêt de la Cour de cassation du 30 juill. 1863 a décidé particulièrement que les juges peuvent admettre comme élément de leur conviction les documents recueillis dans l'instruction écrite, et notamment la déposition écrite d'un témoin absent ou décédé.

44. M. F. Hélie, qui enseigne la même doctrine, t. 4, n. 1876, et t. 6, n. 2890, fait judicieusement observer qu'elle comporte une double restriction. D'abord, si les écrits peuvent être produits devant la juridiction correctionnelle, ce n'est point comme preuve légale, mais comme simples éléments de la preuve morale, et conséquemment leurs constatations ne lient point le juge, qui peut n'y avoir aucun égard. C'est aussi ce que proclame l'arrêt précité de la chambre criminelle du 29 juin 1855. — En outre, les écrits ne constituent un élément de preuve qu'autant qu'ils ont été l'objet d'un débat contradictoire : le droit sacré de la défense l'exige impérieusement. Mais il y a présomption qu'ils ont été soumis à ce débat, par cela seul que la lecture ou la production en a été faite à l'audience en présence du prévenu qui a pu les contredire. Ce point a été établi encore par les arrêts susrappelés de la Cour de cassation des 29 juin 1855 et 22 janv. 1857, ainsi que par celui de la Cour de Grenoble du 24 mars 1859 aussi susmentionné.

45. Par application des principes qui viennent d'être rappelés, il a été jugé que le tribunal correctionnel ayant la faculté de prendre connaissance, à titre de renseignements, des dépositions recueillies par le juge d'instruction, le prévenu et le ministère public sont également admis à les discuter et à en faire usage dans les débats au même titre ; et que c'est dès lors à tort que le ministère public prétendrait s'opposer à ce qu'il soit donné lecture à l'audience par le défenseur du prévenu de la déposition d'un témoin entendu par le juge d'instruction, mais non par le tribunal : Liège, 5 fév. 1863 (J.M.p.6.219).

46. Décidé aussi que les juges correctionnels peuvent puiser les éléments de leur conviction dans les dépositions faites devant le juge d'instruction par le plaignant qui s'est ultérieurement constitué partie civile : Bruxelles, 5 juill. 1867 (J.M.p.12.294).

47. ... Qu'ils peuvent s'appuyer même sur une instruction faite en pays étranger au sujet du délit dont ils sont saisis, et qui est produite devant eux : Colmar, 3 fév. 1863 (J.M.p.10.163).

48. Un arrêt de la Cour de Nîmes du 28 juin 1838 (S.-V.38.

2.387) a jugé dans un sens opposé que le ministère public ne peut, en matière correctionnelle, lorsque le prévenu ou son défenseur s'y oppose, donner lecture de dépositions reçues dans l'instruction écrite. Cependant cet arrêt paraît admettre, dans ses motifs, qu'il peut se présenter devant les tribunaux correctionnels des circonstances telles qu'il soit indispensable, dans l'intérêt de la justice, d'avoir recours à la lecture d'une déposition écrite; seulement il exige avec raison que cette lecture soit ordonnée, non par le président seul, comme devant la Cour d'assises, mais par le tribunal lui-même.

49. La Cour de Rouen a décidé, en termes plus absolus, par arrêt du 30 avr. 1859 (J.M.p.2.291), que, devant les tribunaux correctionnels, la preuve des délits ne peut résulter que de procès-verbaux, de dépositions orales de témoins régulièrement entendus ou de l'aveu du prévenu; et que, le président n'ayant pas, comme en Cour d'assises, le pouvoir discrétionnaire d'entendre, sans prestation de serment, les témoins, parents ou alliés du prévenu à un degré prohibé, les juges ne sauraient puiser les éléments de leur conviction dans les dépositions faites par de pareils témoins dans l'instruction préparatoire et asseoir leur décision sur de telles dépositions. — Cette solution ne saurait être admise. De ce que le président du tribunal correctionnel n'a pas, comme le président de la Cour d'assises, le droit d'entendre sans serment préalable et à titre de simples renseignements les témoins reprochables (V. en effet Cass., 16 juin 1854, D.p.54.5.693, et 4 sept. 1856, D.p.56.1.416; — F. Hélie, t. 6, n. 2881; Dalloz, v° *Serment*, n. 151 et 212), on ne saurait conclure que les dépositions précédemment faites par ces témoins ne puissent servir de base à la conviction du tribunal. Autre chose est d'entendre dans les débats publics, même sans serment, des témoins dont la loi repousse le témoignage surtout parce qu'il offrirait le pénible spectacle d'une lutte entre des devoirs opposés et également sacrés; autre chose est de consulter des dépositions que cet inconvénient n'a pu empêcher l'instruction préparatoire de recueillir. Seulement, les juges n'auront que tel égard que de raison à ces dépositions naturellement suspectes. V. en ce sens, Bruxelles, 5 juill. 1867 (J.M.p.12.294).

50. Dans tous les cas, les juges correctionnels saisis d'un délit qui a donné lieu à une enquête officieuse de la part du commissaire de police, ne peuvent former leur conviction sur cette enquête et sur les dépositions des témoins à décharge produits par le prévenu, sans entendre les témoins dont le commissaire de police a lui-même recueilli les dépositions ; ils doivent, faute par le ministère public d'avoir cité ces témoins, en ordonner d'office la comparution devant eux : Bordeaux, 23 nov. 1864 (J.M.p.8. 226).

51. Au surplus, il importe de remarquer que si les dépositions recueillies dans l'instruction écrite peuvent entrer dans les éléments de la conviction du tribunal correctionnel, elles ne sauraient en constituer le seul fondement, cette conviction devant principalement se former d'après le débat oral. V. à cet égard, Cass., 24 mai 1811 (S.-V.3.1.352) et 29 déc. 1815 (S.-V.5.1.130) ; Metz, 8 mai 1819 (S.-V.6.2.68) ; Bordeaux, 23 nov. 1864, précité. — Le tribunal correctionnel ne pourrait non plus fonder sa décision sur les dépositions de témoins qu'il aurait entendus en l'absence du prévenu. V. *Témoins.*

52. L'action du ministère public en répression du faux témoignage commis en matière civile n'est pas subordonnée à l'existence d'un procès-verbal d'audience dressé, sans désemparer, par le juge, et constatant le faux témoignage, alors que le fait peut être établi par d'autres moyens : Toulouse, 5 mai 1865 (J.M.p.9.265); — Carnot, *Instr. crim.,* sur l'art. 330, t. 2, p. 547; Merlin, *Répert.,* v° *Faux témoignage,* n. 6 ; Bourguignon, t. 1, p. 412, et t. 2, p. 61; Legraverend, t. 2, p. 209, note 1; Dalloz, *Répert.,* v° *Témoignage faux,* n. 88. — V. aussi en sens divers sur ce point deux décisions de la Cour suprême antérieures au Code de 1808 et portant les dates des 12 sept. 1806 et 10 déc. 1807 (S.-V.2.1.291 et 458).

53. A plus forte raison, si un procès-verbal a été dressé, ne résulte-t-il aucune fin de non-recevoir contre l'action du ministère public de ce que ce procès-verbal ne constate pas que le serment a été prêté par le témoin dans la forme sacramentelle, le délit de faux témoignage pouvant, dans les divers éléments qui le constituent, être établi par tous les moyens de preuve que la loi met à la disposition du ministère public : Toulouse, 5 mai 1865, précité.

— V. *Abus de blanc seing,* 3 et s.; *Adultère,* 46 et s., 52 et s., 58 et s.; *Casiers judiciaires,* 75 ; *Chasse,* 71, 108, 121, 130, 142, 143, 158; *Dénonciat. calomn.,* 22 et s., 42; *Destruction de titre,* 2; *Discipline,* 28 et s.; *Navigation maritime,* 2; *Or et argent,* 1 et s.; *Pêche fluviale,* 5 ; *Pêche maritime; Police judiciaire,* 3; *Procès-verbal; Questions préjudicielles,* 31 et s.; *Témoins.*

PRISONS. — **1.** Les individus condamnés à des peines correctionnelles qui excèdent la durée d'un an ne peuvent être autorisés à subir ces peines dans les prisons départementales, par exception à l'ordonnance du 2 avr. 1817, que dans les cas d'infirmités graves ou en considération de l'intérêt bien entendu des familles. — Les préfets doivent donc prendre ces seuls motifs pour base des appréc'ations qu'ils transmettent à ce sujet au ministre de l'intérieur. Ils ne doivent, du reste, jamais omettre de consulter le ministère public, dont il faut que l'avis soit joint à leurs propositions. En tout cas, ces autorisations sont essentiellement révocables et subordonnées à la persévérance des détenus dans une bonne conduite : Circ. min. de l'intér. 10 juill. 1858 (J.M.p.1.256).

2. Les femmes accouchées ou enceintes doivent subir la peine de l'emprisonnement au-dessus d'un an dans la prison du chef-lieu de département où la condamnation a été prononcée, et y conserver leur enfant pour l'allaiter et lui donner les soins nécessaires jusqu'à l'âge de trois ans. — Quant aux femmes condamnées à la réclusion ou aux travaux forcés qui se trouvent dans la même situation, elles sont maintenues dans la prison du chef-lieu pendant trois ans à partir de l'accouchement, après lequel délai l'enfant doit être remis à la famille ou aux institutions qui doivent en tenir lieu si elle est absente, et elles achèvent leur peine dans une maison centrale. Ces dispositions cessent toutefois d'être applicables lorsque les condamnées ne veulent ou ne peuvent allaiter, et il en est de même en cas de mort de l'enfant. Les magistrats du parquet doivent veiller à ce que l'exécution des prescriptions qui précèdent ne rencontre aucun obstacle en ce qui les concerne : Circ. min. int. 10 mai 1861 ; Circ. min. just. 21 juin 1861 (Rés. chr., p. 36).

3. Il a été établi, dans un certain nombre de maisons centrales, des quartiers de préservation et d'amendement où les détenus dont on peut espérer le retour au bien sont soustraits au contact pernicieux de la corruption, sans cesser d'être soumis au régime et aux règlements communs. Les admissions dans ces quartiers spéciaux sont prononcées après une délibération à laquelle prennent part le directeur, l'inspecteur, l'aumônier et le greffier. L'autorité judiciaire doit son concours à cet essai de moralisation. — Au premier rang des renseignements nécessaires à une classification logique se placent des investigations, au point de vue moral, sur les circonstances dans lesquelles ont été accomplis les délits qui ont motivé la procédure, sur les autres faits, prévus ou non par la loi pénale, qui ont été révélés par l'information, et sur l'attitude des condamnés au cours des débats. Les parquets peuvent d'ailleurs posséder des indications précieuses sur le degré de corruption des détenus ou les chances de régénération qu'offrirait leur situation de famille. Des communications sur ces divers points entre l'administration des prisons et le ministère public offrent donc de grands avantages. Afin d'éviter des retards préjudiciables au classement des détenus, il a été décidé que les directeurs de prisons pourraient, dans chaque cas spécial, s'adresser sans intermédiaire aux chefs des parquets de première instance pour obtenir les renseignements dont ils auraient besoin : Circ. min. just. 2 nov. 1867 (Rés. chr., p. 101).

4. Les directeurs des maisons centrales doivent dénoncer directement au ministère public les crimes ou les délits commis dans ces maisons, tout en en rendant compte au préfet. Mais, pour les nécessités de la discipline, tous les faits, même prévus par la loi pénale, ne doivent pas être l'objet d'une poursuite judiciaire; il doit être laissé beaucoup à la répression disciplinaire du chef de l'établissement. Celui-ci doit donc s'appliquer à bien discerner ces actes qui, dans la vie libre, tombent sous le coup de la répression légale, et qui, dans une maison centrale, peuvent être efficacement réprimés par la discipline intérieure : Lett. min. just. 23 mars 1854; Circ. min. int. 7 août 1854 (Gillet, n. 3532).

5. Toute condamnation pour crime commis dans les maisons centrales est subie en cellule. Si, dans certaines maisons, il n'existe pas de cellules propres à cette destination, les condamnés sont transférés dans les établissements auxquels se trouvent annexés des quartiers cellulaires disposés pour un emprisonnement de longue durée : Circ. min. int. 23 juill. 1853 (Gillet, n. 3472).

6. Les condamnés dont la peine est expirée ne peuvent séjourner, après leur libération, dans les circonscriptions communales des maisons centrales où ils ont été détenus. — Ceux d'entre eux qui, après avoir été conduits par la gendarmerie en dehors de ces limites, y sont retrouvés, doivent être mis provisoirement en lieu de sûreté, et déférés ensuite aux tribunaux, si leur jugement les assujettit à la surveillance : Circ. et arr. min. int. 23 fév. 1858 (J.M.p.1.235).

— V. *Emprisonnement; Exécution des jugements et arrêts.*

PROCÈS-VERBAL. — 1. La Cour de cassation a jugé, par arrêt du 23 nov. 1860 (J.M.p.4.91), qu'aucun délai n'est

prescrit aux commissaires de police pour dresser procès-verbal
des contraventions qu'ils constatent; qu'à ces fonctionnaires ne
s'applique point l'art. 15, C. instr. crim., qui impose aux maires
ou adjoints l'obligation de transmettre au ministère public les
pièces et documents relatifs à l'infraction, dans les trois jours au
plus tard, y compris celui où ils ont reconnu le fait sur lequel ils
ont procédé. — Cette décision est conforme à l'opinion de Carnot,
Instr. crim., sur l'art. 15, qui enseigne, d'une part, que le délai
de trois jours fixé par cet article n'est pas de rigueur, et, d'autre
part, que ce même article dispose uniquement pour le cas où le
fait ne constitue qu'une contravention de police, et qu'il est, dès
lors, inapplicable aux commissaires de police, qui, au cas de
contravention constatée par eux, ne peuvent avoir de transmission à faire au ministère public, puisqu'ils remplissent eux-mêmes
les fonctions du ministère public près le tribunal de police. —
Mangin, *Des procès-verbaux*, n. 75, regarde, au contraire, l'art. 15,
C. instr. crim., comme s'appliquant aux commissaires de police;
mais il ne s'explique pas sur le point de savoir si le délai prescrit
par cet article doit être observé, à peine de nullité. — Selon
M. F. Hélie, *Instr. crim.*, t. 3, n. 1375, l'instantanéité du procès-
verbal est de l'essence même de cet acte, d'où il suit que l'inobservation du délai fixé par l'art. 15 (article auquel cet auteur paraît croire que l'on doit en général se référer dans le cas où la loi
n'a pas déterminé de délai spécial) est une cause de nullité. —
Et, de son côté, M. Trébutien, *Cours élément. de dr. crim.*, t. 2,
p. 180, exprime formellement l'opinion que l'art. 15 doit être appliqué comme règle générale, et que son inobservation entraîne
la nullité du procès-verbal. Du reste, ces deux derniers auteurs
ne font ici aucune exception à l'égard des procès-verbaux des
commissaires de police.

2. Pour nous, nous n'hésitons pas à penser, avec Carnot et
l'arrêt ci-dessus de la Cour de cassation, que la disposition de
l'art. 15, C. instr. crim., est inapplicable aux commissaires de
police. Sans doute, il est désirable que tous les procès-verbaux
soient dressés à une époque très-rapprochée de la constatation
des infractions, afin que le rédacteur, comme le dit M. F. Hélie,
ne substitue pas à la certitude d'une impression encore vivante
l'incertitude du souvenir; sans doute aussi il est essentiel que les
agents n'aient pas la faculté de retarder jusqu'au terme de la
prescription la rédaction de leurs procès-verbaux; mais au législateur seul il appartient de prévenir ces inconvénients, en fixant

un délai de rigueur dans lequel les procès-verbaux devraient être dressés. Or, cette fixation de délai a bien été édictée à l'égard de certains agents; mais à l'égard de certains autres, et notamment des commissaires de police, la loi est muette sur ce point; et l'interprète ne saurait suppléer à son silence, surtout pour établir une cause de nullité.

5. Faisons remarquer, en outre, que lorsque le fait constaté par un commissaire de police a le caractère de délit, et non de simple contravention, comme dans le cas de l'art. 15, aucun délai n'est encore prescrit à ce fonctionnaire pour la rédaction de son procès-verbal. L'art. 53, C. instr. crim., se borne à disposer que les officiers de police auxiliaire devront *renvoyer sans délai* au parquet les dénonciations, *procès-verbaux* et autres actes par eux faits dans les limites de leur compétence.

4. Quant aux procès-verbaux des gardes champêtres, il semble que. l'art. 20, C. for., qui s'en occupe spécialement, se référant au délai de l'art. 15, on devrait en conclure qu'ils ne peuvent être valablement rédigés plus de trois jours après la constatation de l'infraction, car nous croyons, avec MM. F. Hélie et Trébutien, et contrairement à la doctrine de la Cour suprême (Cass., 11 janv. 1850, S.-V.50.1.632, et 23 nov. 1860, précité), que ce délai est de rigueur. Cependant la jurisprudence a étendu à ces procès-verbaux l'interprétation que nous venons d'admettre à l'égard de ceux des commissaires de police. V. Cass., 27 avr. 1860 (Bull., n. 115); 17 mai et 20 juin 1861 (J.M.p.4.207).

5. La même solution a été consacrée relativement aux procès-verbaux des gardes forestiers, mais avec cette raison de plus, que l'art. 170, C. for., a dérogé à l'art. 18, C. instr. crim., qui, en ce qui concerne ces procès-verbaux, se réfère à l'art. 15 du même Code, et que dès lors ce dernier article est inapplicable en matière forestière. V. Cass., 11 janv. 1850 et 17 mai 1861, mentionnés ci-dessus; Chambéry, 23 janv. 1862 (J.M.p.5.286). Ce dernier arrêt a jugé en conséquence que les procès-verbaux des gardes forestiers peuvent servir de base légale à des poursuites, encore bien qu'ils n'auraient été clos ou même commencés que plusieurs jours après la reconnaissance de la contravention ou du délit.

6. A la jurisprudence que nous venons de rappeler on opposerait vainement la disposition de l'ordonnance forestière du 1er août 1827, qui prescrit aux gardes de dresser, *jour par jour*, les procès-verbaux des délits et contraventions qu'ils auront reconnus, car cette disposition se borne, ainsi que le dit fort justement la Cour de cassation, à tracer une règle destinée à assurer la régularité du service et dépourvue de sanction légale. V. aussi Meaume, *Comment. Cod. for.*, t. 3, p. 383; Dalloz, *Répert.*, v° *Procès-verbaux*, n. 577.

7. Suivant un arrêt de la Cour d'Agen, du 18 juill. 1866 (J.M. p.10.99), les juges ne peuvent admettre contre et outre le contenu des procès-verbaux faisant foi jusqu'à inscription de faux, aucune preuve, même celle d'accidents de force majeure de nature à effacer le délit; et, par exemple, lorsque le procès-verbal d'un garde forestier constate l'absence de l'empreinte du marteau de l'Etat sur un certain nombre d'arbres adjugés pour être exploités, le prévenu ne peut être admis à prouver que cette empreinte a disparu par l'effet du temps écoulé depuis l'adjudication. Cette décision nous semble trop absolue. Que nul fait, même de force majeure, ne puisse être prouvé pour contredire les énonciations d'un procès-verbal qui fait foi jusqu'à inscription de faux, et notamment du procès-verbal dressé par un garde forestier, cela ne saurait faire doute. Mais la foi due à ce procès-verbal exclut-elle jusqu'à la preuve de faits de force majeure ou autres faits justificatifs qui ne seraient pas contraires à ses énonciations, qui, tout en laissant à cet acte sa force probante, soustrairaient le prévenu à son application? Nous ne saurions le croire; et notre sentiment est conforme à la jurisprudence de la Cour suprême, ainsi qu'à l'opinion des auteurs. — V. en effet Cass., 8 juill. 1837 (D.p.38.1.467) et 13 juill. 1850 (arrêt inédit, mentionné par M. F. Hélie, n. 1474); — Meaume, t. 2, p. 447; Dalloz, v^is *Forêts*, n. 704, et *Procès-verbal*, n. 666 et 668; F. Hélie, *loc. cit.*, et n. 1473. — Deux arrêts de la Cour de cassation, des 2 et 6 août 1834 (S.-V.35. 1.36; D.p.34.1.418 et 420), qui sont cités comme rendus en sens contraires, n'ont point la portée qu'on leur attribue. S'ils ont repoussé la preuve offerte par le prévenu, c'est parce qu'il était constaté que, loin que ce dernier eût invoqué la cause de force majeure, il avait demandé qu'on lui pardonnât.

8. Le tribunal correctionnel saisi d'une contravention constatée par un procès-verbal faisant foi jusqu'à preuve contraire, ne peut, alors que cette preuve contraire n'est ni rapportée ni même offerte par le prévenu, ordonner d'office une opération destinée à contrôler les assertions du procès-verbal : Bordeaux, 19 juin 1861 (J.-M.p.4.250). — Les procès-verbaux qui font foi jusqu'à preuve contraire lient, en effet, les juges d'une manière absolue, tant que cette preuve contraire n'est ni fournie ni offerte; et de même que les juges ne peuvent en écarter la force probante pour relaxer le prévenu qui se borne à en contredire les assertions, de même ils ne sauraient, en pareil cas, prescrire d'office une opération destinée à contrôler les constatations du procès-verbal, car ce serait encore ébranler et méconnaître la foi due à cet acte, ce qui ne leur est permis sous aucun prétexte. C'est ainsi que la Cour de cassation a jugé qu'un tribunal ne doit pas jeter des doutes sur un procès-verbal régulier auquel foi est due jusqu'à preuve contraire, tant que cette preuve n'est pas faite ni même offerte : Cass., 13 nov. 1841 (D.p.41.1.110). V. aussi Cass., 22 déc. 1831 (S.-V.32.1.318); — Dalloz, v° *Proc.-verb.*, n. 136; F. Hélie, t. 2, n. 1460. Mais V. toutefois ce dernier auteur, n. 1464. — Que si les constatations du procès-verbal sont insuffisantes pour établir la contravention, les juges doivent purement et simplement relaxer le prévenu, à moins, toutefois, que le ministère public ne demande à fournir une preuve supplétive, ce qui ne peut lui être refusé. V. *Pêche maritime; Tribunal de police.*

9. C'est un principe bien constant que les procès-verbaux faisant foi jusqu'à inscription de faux ou seulement jusqu'à preuve contraire, n'ont cette force probante qu'à l'égard des contraventions mêmes que leurs rédacteurs ont pour mission de constater, et qu'ils ne valent que comme simples renseignements impuissants à lier le juge, en ce qui concerne les délits étrangers à ces contraventions, qu'ils constatent aussi. Ce principe a été consacré principalement par la jurisprudence relativement aux procès-verbaux des préposés des douanes, des contributions indirectes et de l'octroi, établissant des faits d'injures ou de rébellion commis envers ces préposés; mais il est incontestablement applicable en toutes matières. V. Merlin, *Rép.*, v° *Procès-verb.*, §§ 4 et 6; Carnot, *Instr. crim.*, art. 16, n. 20; Legraverend, *Législ. crim.*, t. 1, p. 247; Mangin, *Procès-verbaux*, n. 31 et 32; F. Hélie, t. 3, n. 1453; Meaume, n. 1264; Dalloz, v° *Procès-verbal*, n. 142 et 143, ainsi que les nombreux arrêts cités par ces derniers auteurs.

10. On ne saurait donc trop s'étonner qu'il ait été jugé que le procès-verbal d'un garde forestier constatant, en même temps qu'un délit forestier, des outrages et voies de fait dont ce garde aurait été l'objet à l'occasion de l'exercice de ses fonctions, fait foi jusqu'à preuve contraire de ces outrages et voies de fait : Chambéry, 13 juin 1851 (J.M.p.4.252).

11. Les magistrats ne doivent pas perdre de vue la nécessité du visa pour timbre et de l'enregistrement en débet des procès-verbaux dressés soit par les gardes champêtres et forestiers, soit par les gendarmes, notamment en matière de chasse. Mais il ne faut classer parmi les procès-verbaux soumis à cette double formalité que ceux qui constatent un fait donnant lieu à une poursuite, et non les actes nombreux et divers des agents de la police judiciaire, qui ne peuvent être considérés que comme des pièces d'ordre et de renseignements et pour lesquels la dispense est de droit (V. d'ailleurs décr. 1er mars 1854, art. 491) : Circ. 14 janv. 1863 (Rés. chr., p. 50).

12. Les procès-verbaux, soit en matière de crimes, soit en matière de délits, lorsqu'il n'y a pas de partie civile, sont affranchis du timbre et de l'enregistrement : cette exemption comprend les procès-verbaux des chefs de parquet de 1re instance, des juges d'instruction, des juges de paix, etc., etc., et des autres personnes chargées par le ministère public d'apprécier, dans une affaire déterminée, la nature du crime ou du délit, etc., etc. : Même circulaire.

— V. *Actes de l'état civil*, 2, 7 et s., 31 et s.; *Chasse*, 121; *Instruction criminelle*, 67 et s.; *Navigation maritime*, 2 ; *Or et argent*, 1 et s.; *Pêche fluviale*, 2 et s. ; *Pêche maritime ; Police sanitaire ; Prescript. crim.*, 55, 58, 59, 68, 69 ; *Preuve des délits*, 1 et s., 44, 50.

PROPRIÉTÉ ARTISTIQUE. — **1.** Un jugement du tribunal correctionnel de Pau, du 18 déc. 1867 (J.M.p.11.116), a décidé que le limonadier qui, accidentellement, et sans spéculation ni rétribution aucune, laisse chanter dans les salles de son établissement destinées à recevoir les consommateurs, des artistes ambulants qu'il n'y a point attirés, ne peut être puni comme coupable d'avoir fait exécuter des œuvres de musique sans le consentement préalable de leurs auteurs; et qu'il ne saurait être non plus puni comme complice de ce délit, alors surtout qu'il n'a été pris contre lui aucunes conclusions relativement à la complicité. Cette décision est contraire à la jurisprudence et à la doctrine.

2. La Cour de cassation a jugé, en effet, par un arrêt du 24 juin 1852 (S.-V.52.1.465), qu'un limonadier qui fait chanter dans son établissement des morceaux détachés d'œuvres musicales, propriété des auteurs, peut être réputé entrepreneur de spectacles, et condamné pour avoir reproduit, par voie de représentation théâtrale, des œuvres dramatiques. La même Cour a maintenu cette doctrine dans un autre arrêt du 19 mai 1859 (S.-V.60.1.88) qui déclare coauteur ou complice du délit prévu par l'art. 428, C. pén., le directeur d'un établissement thermal dont le salon a été mis à la disposition de chanteurs ambulants, pour exécuter des morceaux de musique, sans acquitter les droits d'auteur. La Cour de Paris a rendu une décision analogue relativement à des quadrilles joués dans une salle de danse; la Cour de Colmar (7 mars 1860) et la Cour de Lyon (9 mars 1865), pour des airs et des romances chantés dans un café. Telle est aussi l'opinion de Lacan et Paulmier, *Législation des théât.*, t. 2, p. 650; Rendu et Delorme, *Droit industr.*, n. 853; Calmels, *Propr. et contrefaç.*, n. 156.

5. Dans le jugement rappelé ci-dessus, le tribunal de Pau paraît avoir été surtout frappé de ce que le prévenu traduit devant lui n'avait pas appelé les chanteurs. Mais, qu'importe qu'ils se fussent offerts ? Ils ne pouvaient rien sans le prévenu, qui devait leur procurer le lieu public et l'auditoire, et qui assumait ainsi la principale part de responsabilité. Alors même qu'on voudrait s'attacher à l'acception la plus étroite du mot *entrepreneur*, et n'accorder au prévenu qu'un rôle secondaire, la loi incrimine également toute association d'artistes qui reproduit sans autorisation l'œuvre d'autrui. Or, l'association existait dans la cause, et sous ce nouveau rapport, tous les éléments du délit se trouvaient réunis. Le prévenu y participait par *un des faits qui le constituent*, par le lieu public mis à la disposition des exécutants; il pouvait donc être poursuivi comme coauteur.

4. Mais n'eût-il été que complice, il eût dû encore être condamné. C'est un principe élémentaire de droit criminel, que l'inculpé mis en cause en qualité d'auteur principal, peut être puni comme complice, quand les débats modifient ainsi sa responsabilité. Il suffit de citer les arrêts de cassation des 9 déc. 1825 (Bull., n. 234) et 24 sept. 1835 (Bull., n. 368); — Legraverend, *Législ. crim.*, t. 2, p. 222; Le Sellyer, *Dr. crim.*, t. 2, n. 621; Dalloz, *Répert.*, vᵒ *Complice*, n. 162. L'omission de la partie civile de conclure en ce sens ne pouvait dispenser le tribunal d'examiner dans son ensemble l'affaire dont il était saisi, et d'appliquer la peine, s'il y avait lieu. — On lit, il est vrai, dans un arrêt de la Cour suprême du 17 janvier 1863 (D.ᴘ.63.5.307; Bull., n. 225), *que la partie civile n'avait pas même pris de conclusions relativement* *à la complicité ;* mais ce n'est pas pour fonder sur ce motif la dispense de la déclarer, si elle eût existé ; c'est uniquement pour montrer qu'il n'y en avait pas la moindre apparence.

PUISSANCE PATERNELLE. — **1.** Les art. 377 et s., et 382, C. civ., déterminent le rôle que doit remplir le ministère public relativement à la délivrance, au refus ou à la modification de l'ordre d'arrestation d'un enfant à l'égard duquel le père ou la mère veut exercer son droit de correction.

2. Il résulte d'une décision du ministre de la justice du 26 sept. 1818 (Gillet, n. 1252) que les frais occasionnés par l'exercice du droit de correction paternelle doivent, au cas d'indigence du père, être assimilés aux frais de l'instruction des procès criminels, mais que pour cela une autorisation spéciale du ministre est indispensable, et qu'il ne peut être alloué d'autres frais que le salaire de l'huissier qui, dans son mémoire, doit faire mention de cette autorisation.

3. D'après deux autres décisions ministérielles, des 20 fév. 1822 (Gillet, n. 1529) et 26 sept. 1828 (de Dalmas, *Frais de just.*, p. 11), le président peut accorder à un père indigent l'ordre de faire enfermer son enfant mineur par forme de correction, bien qu'il ne souscrive pas la soumission de payer les frais et de fournir les aliments convenables, pourvu qu'il justifie de son indigence par un certificat du maire et par un extrait du rôle des contributions, et que l'autorité administrative consente à prendre à sa charge les frais de cette détention.

QUESTIONS PRÉJUDICIELLES.

SOMMAIRE ALPHABÉTIQUE.

1. Ainsi que nous l'avons fait remarquer déjà au mot *Action publique*, n. 71, les questions préjudicielles sont de deux sortes : les unes mettent obstacle à l'exercice de l'action publique; les autres n'ont pour effet que d'entraîner un sursis à la décision. Les premières sont préjudicielles à l'action; les secondes au jugement.

2. Les questions préjudicielles à l'action sont les questions d'état, c'est-à-dire les contestations qui s'élèvent au sujet de l'état civil d'une personne, et à la solution desquelles est subordonnée la poursuite des crimes portant atteinte à cet état civil, suivant la disposition de l'art. 327, C. civ., qui porte que « l'action criminelle contre un délit de suppression d'état ne pourra commencer qu'après le jugement définitif sur la question d'état ».

3. Nul doute que l'action du ministère public en cette matière ne soit non recevable, lorsque la question d'état qui lui est préjudicielle se trouve déjà engagée devant la juridiction civile. — Mais en est-il de même dans le cas où cette question n'a pas été encore soulevée? Merlin, *Quest. de dr.*, v° *Question d'état*, § 1, a soutenu la négative, en se fondant sur le danger qu'il y aurait à faire dépendre de la volonté des parties intéressées la poursuite d'un crime aussi grave que celui de suppression d'état, et en s'appuyant d'ailleurs sur les discussions dont fut l'objet au Conseil d'État la disposition de l'art. 327, C. civ.

4. Mais la doctrine contraire a été admise par tous les autres criminalistes et consacrée par la jurisprudence. Elle se justifie par cette considération, que le but de l'art. 327 a été d'assurer la paix des familles, en n'autorisant les réclamations d'état qu'autant qu'elles reposent sur une preuve ou un commencement de preuve écrite, et que ce vœu de la loi ne s'applique pas moins au cas où la poursuite est exercée d'office par le ministère ublic qu'à celui où elle est provoquée par la partie civile. V. en ce sens, Legraverend, *Législ. crim.*, t. 1, p. 35; Bourguignon, 1, p. 41;

Mangin, *Act. publ.*, t. 1, n. 188; Toullier, t. 2, n. 905; Duranton, t. 3, n. 165; Le Sellyer, *Dr. crim.*, n. 1503; Demolombe, t. 5, n. 270, et surtout F. Hélie, *Instr. crim.*, t. 2, n. 839 et 840, ainsi que les arrêts mentionnés par ce dernier auteur.

5. Les questions préjudicielles au jugement sont celles qui concernent un fait antérieur au délit poursuivi et de l'appréciation duquel dépend l'existence de ce délit. Dans cette catégorie rentrent, par exemple, les contestations qui, en matière de violation d'un contrat (notamment du contrat de mandat ou de dépôt), s'élèvent sur l'existence de ce contrat; en matière de destruction de titre, sur l'existence du titre; en matière de délit contre la propriété d'autrui, sur l'existence du droit de propriété, etc. Le jugement sur le délit ne peut être rendu tant que ces questions n'ont pas été préalablement vidées, et elles ne peuvent l'être toujours par le juge répressif lui-même.

6. A la vérité, il est généralement reconnu que le juge de l'action est, en principe, juge de l'exception en matière criminelle aussi bien qu'en matière civile. *Sic*, Merlin, *Rép.*, v° *Quest. d'état*, § 1er; Mangin, *Act. publ.*, n. 167; Le Sellyer, *Dr. crim.*, n. 1478; Rauter, *id.*, t. 2, n. 626; Bertauld, *Quest. préjud.*, n. 55 et s.; F. Hélie, *Instr. crim.*, t. 6, n. 2662; Dalloz, *Rép.*, v° *Quest. préjud.*, n. 36, ainsi que les arrêts mentionnés par ces derniers auteurs, n. 37 et s., et par Devilleneuve et Gilbert, *Tabl. génér.*, v° *Quest. préjud.*, n. 1. *Junge* Cass., 9 févr. 1849 (S.-V.49.1.670) et 4 mai 1861 (J.M.p.4.150). — V. toutefois Delamarre et Lepoitvin, *Contr. de commiss.*, t. 5, p. 198 et s.; de Molènes, *Fonct. du proc. du roi*, t. 2, p. 235; Darlincourt, *Rev. de législ.*, t. 8, p. 359. Les objections soulevées par ces jurisconsultes ont été si bien détruites par M. F. Hélie, *loc. cit.*, et elles ont, dans l'état actuel de la jurisprudence et de la doctrine, si peu de valeur, que nous ne nous arrêterons pas à les analyser et à les combattre. — Mais il importe de remarquer, avec M. Hélie, n. 2664, que si la juridiction répressive a incontestablement le droit de connaître des exceptions proposées devant elle par le prévenu, cette attribution n'est point absolue, comme l'enseignent quelques-uns des auteurs cités au commencement de ce numéro, et que le juge criminel peut seulement statuer sur les exceptions que les formes de la juridiction lui permettent d'apprécier.

7. Par application de ces principes, il a été jugé que la juridiction correctionnelle, saisie d'un délit de navigation maritime sans rôle d'équipage, est compétente pour décider, sur l'excep-

tion proposée à cet égard par le prévenu, si les eaux de l'étang dans lequel a eu lieu la navigation sont ou non salées, et qu'on prétendrait vainement qu'il s'agit là d'une question préjudicielle dont la connaissance appartient à l'administration de la marine, un tel pouvoir n'ayant pas été conféré à cette administration par le décret du 25 mars 1852, au silence duquel il ne saurait être suppléé par le décret du 3 brum. an IV, qui est inapplicable à la navigation sur les étangs : Cass., 4 mai 1861, précité.

8. C'est une règle non moins incontestable que l'exception soulevée par un prévenu n'a le caractère de question préjudicielle, motivant un sursis jusqu'après décision de la juridiction civile sur cette exception, qu'autant qu'elle est de nature à faire disparaître le délit (C. for., 182; L. 15 avr. 1829, art. 59). V., à cet égard, F. Hélie, t. 6, n. 2680, et Dalloz, v° *Quest. préjudic.*, n. 95 et s., ainsi que les nombreuses décisions mentionnées par eux.

9. Jugé, en vertu de cette règle, que l'usager, poursuivi correctionnellement à raison de l'introduction de ses bestiaux dans des cantons de bois d'un particulier mis en défends, ne peut demander qu'il soit sursis à la poursuite jusqu'après le jugement à intervenir sur une instance civile par lui introduite contre le propriétaire du bois, à l'effet de faire régler le mode d'exercice des droits d'usage, et de faire décider que les cantons déclarés non défensables y seront eux-mêmes soumis, ce jugement, quel qu'il soit, ne pouvant avoir pour effet d'effacer le délit : Toulouse, 8 sept. 1862 (J.M.p.5.251). V. aussi F. Hélie, *loc. cit.*

10. Il est également constant en jurisprudence et en doctrine, que l'exception de propriété opposée par un prévenu à la poursuite dirigée contre lui, ne constitue une exception préjudicielle donnant lieu au sursis jusqu'à décision de cette question par les tribunaux civils, qu'autant qu'elle porte sur un droit immobilier. Ce n'est qu'en considération de la gravité des contestations dont un tel droit peut être l'objet, que la règle suivant laquelle le juge de l'action est le juge de l'exception, fléchit ici. V. note du président Barris délibérée par la Cour de cassation le 5 nov. 1813 ; Bourguignon, *Jurisp. des Cod. crim.*, sur l'art. 3, C. instr. crim. ; Carnot, *Comment.*, sur le même art., n. 2 ; Mangin, *Act. publ.*, t. 2, n. 202 ; Hélie et Chauveau, *Théor. Cod. pén.*, t. 5, n. 1744 ; Le Sellyer, *Dr. crim.*, t. 4, n. 1496 ; Bertauld, *Questions préjud.*, n. 68 ; F. Hélie, t. 6, n. 2666 ; Trébutien, *Cours de droit crim.*, t. 2, p. 85 ; Berriat-Saint-Prix, *Procéd. des tribun. crim.*, 2ᵉ part., t. 2, n. 863 ; Dalloz, *Répert.*, v° *Questions préjud,*, n. 81 et 82 ;

Hoffman, *Questions préjud.*, t. 2, n. 424; — Cass., 11 avr. 1817 (S.-V.5.1.307); 29 mai 1828 (S.-V.9.1.105); 22 janv. 1833 (S.-V. 36.1.528) et 5 fév. 1858 (S.-V.58.1.553); Nancy, 10 déc. 1861 (J.M.p.5.69).

11. En conséquence, les juges correctionnels devant lesquels est élevée une prétendue question préjudicielle relative à de simples droits mobiliers, telle qu'une question de don manuel, ne doivent pas renvoyer les parties à fins civiles pour y faire statuer, mais ont le devoir de rechercher, par leur propre appréciation des faits et actes invoqués, si la prévention est ou non justifiée : ici s'applique la règle que le juge de l'action est le juge de l'exception : Cass., 4 août 1865 (J.M.p.8.321). — V. aussi F. Hélie, n. 2694, et les autres décisions mentionnées par cet auteur.

12. Jugé encore à bon droit que les contestations que le prévenu de détournements d'objets mobiliers saisis sur lui élève relativement à la validité de la saisie, n'ont point le caractère d'une question préjudicielle obligeant les juges correctionnels à surseoir à statuer sur la poursuite du ministère public jusqu'à ce qu'il ait été prononcé sur cette validité par les juges civils : Grenoble, 16 janv. 1862 (J.M.p.5.31).

13. Mais la Cour de cassation a décidé avec raison, le 12 fév. 1848 (D.P.48.5.310), que lorsque, sur la plainte en soustraction frauduleuse de la récolte d'autrui, formée par l'adjudicataire sur saisie immobilière contre le saisi, qu'il désigne comme l'auteur de la soustraction, celui-ci se prévaut de la litispendance existant relativement à l'action en nullité de l'adjudication, le tribunal correctionnel doit surseoir à statuer jusqu'après la décision à intervenir sur cette action. Dans ce cas, l'exception opposée par le prévenu est une véritable question préjudicielle de propriété immobilière devant exercer une influence décisive sur le sort de la poursuite.

14. Il n'y a pas lieu, pour le tribunal correctionnel, de surseoir à statuer sur le délit dont il est saisi, jusqu'après décision par la juridiction civile de l'exception préjudicielle soulevée par le prévenu, lorsque cette exception repose sur une possession reconnue par des jugements passés en force de chose jugée : Cass., 18 juin 1807 (S.-V.2.1.403) et 11 août 1820; Aix, 11 mai 1865 (J.M.p.9.10); — F. Hélie, n. 2679. — Spécialement, dans le cas où le prévenu d'un délit forestier oppose que la coupe d'arbres qui lui est reprochée a eu lieu dans un bois dont la possession lui a été attribuée par des décisions ayant acquis l'autorité de la chose jugée, le tribunal correctionnel peut, sans renvoyer à fins civiles, se borner à prescrire une vérification ayant pour objet de reconnaître si la coupe a été réellement effectuée dans le bois dont il s'agit : Aix, 11 mai 1863, précité.

15. Il n'y a pas lieu non plus à renvoi à fins civiles, lorsque le droit réel dont excipe le prévenu est reconnu par la partie poursuivante ou n'est pas contesté par elle. *Sic*, Dalloz, *Rép.*, v° *Quest. préjud.*, n. 154 et 155 ; F. Hélie, *loc. cit.* ; Hoffmann, *Quest. préjud.*, t. 2, p. 237. Ce dernier auteur et M. Bertauld, *Quest. préjud.*, n. 63, vont même jusqu'à enseigner que le juge de répression peut accueillir l'exception *de plano*, par cela seul que le droit réel dont se prévaut le prévenu, sans être formellement reconnu ou dénié par la partie poursuivante, ne paraît pas sérieusement contestable ; mais c'est là une solution plus délicate, à l'égard de laquelle nous faisons toutes réserves.

16. On ne saurait considérer comme une question préjudicielle de nature à nécessiter un sursis, l'exception tirée, par un individu poursuivi pour avoir chassé sans la permission du propriétaire, d'une prétendue convention par laquelle l'adjudicataire du droit de chasse lui aurait concédé la faculté de chasser pendant toute la durée de son bail. Le tribunal correctionnel est lui-même compétent pour statuer sur cette exception : Cass., 22 janv. 1836 (S.-V.36.1.528); Nancy, 10 déc. 1861, cité *supra*, n. 10 ; — Dalloz, v° *Quest. préjud.*, n. 93. — V. toutefois, Cass., 3 mars 1854 (Bull., n. 64) ; — F. Hélie, n. 2615.

17. La Cour de cassation a décidé également, par arrêt du 7 janv. 1853 (S.-V.53.1.849), que l'exception tirée, par un prévenu de délit de chasse dans une forêt domaniale, de l'existence d'un bail portant adjudication du droit de chasse à son profit, ne constitue pas une exception fondée sur un droit réel et ne donne pas lieu, dès lors, au renvoi à fins civiles. — V. aussi, *Chasse*, n. 151 et s.

18. De même, l'exception tirée, par un individu poursuivi pour délit de pêche sans permission du propriétaire, d'un bail du droit de pêche qui lui aurait été consenti, ne constitue pas une question préjudicielle donnant lieu au renvoi à fins civiles : Besançon, 17 janv. 1863 (J.M.p.6.148). — Compar., sur des points analogues, F. Hélie, n. 2677.

19. Il résulte de diverses décisions que les juges correctionnels saisis d'une contravention en matière d'octroi, sont incompétents pour connaître d'une contestation élevée par le prévenu relativement à l'application du tarif, parce que cette contestation constitue une question préjudicielle de la compétence exclusive du juge de paix; et qu'en conséquence, les juges correctionnels doivent surseoir à statuer jusqu'à ce qu'elle ait été résolue par ce magistrat : Cass., 6 prair. an IX (S.-V.1.1.470); 18 avr. 1833 (D.P.33.1.224) et 19 sept. 1845 (S.-V.46.1.190); Rennes, 11 déc. 1861 (J.M.p.5.92).—V. aussi Cass., 27 juill. 1825 (S.-V.8.1.164).

20. On ne peut, selon nous, qu'approuver cette jurisprudence. La contravention consiste ici dans le fait d'introduire sans déclaration des objets sujets aux droits; mais, pour qu'il y ait contravention, il faut qu'il soit certain que ces objets tombent sous l'application du tarif, et si une contestation s'élève à cet égard, les termes de l'art. 81 précité ne nous semblent point permettre de douter que c'est le juge de paix, à l'exclusion du tribunal correctionnel, qui doit en connaître. C'est là, en effet, une contestation d'un caractère civil qui ne rentre point dans la compétence de la juridiction correctionnelle, et l'on doit y voir une exception préjudicielle donnant lieu à sursis jusqu'après la décision du juge de paix (V. conf., F. Hélie, n. 2696). Cependant l'interprétation contraire a été consacrée par un arrêt de la Cour de cassation du 15 mai 1862 (J.M.p.5.245).—Il faut remarquer, dans tous les cas, que si le juge de paix est exclusivement compétent pour connaître des contestations relatives à l'application du tarif, il ne lui appartient nullement de statuer sur les amendes encourues pour contraventions, et que le juge de police ou les juges correctionnels (suivant la quotité de l'amende) ont seuls ce droit. *Sic*, Cass., 26 nov. 1810 (S.-V.3.1.265).

21. Le tribunal correctionnel saisi d'un délit en matière de faillite n'est pas lié par le jugement du tribunal de commerce fixant l'époque de la cessation des paiements du failli; il lui appartient de déterminer lui-même cette époque : Cass., 23 avr. 1841 (S.-V.42.1.243), 12 fév., 3 avr. et 13 mai 1846 (S.-V.46.1. 506, 507 et 794); Douai, 30 mai 1860 (J.M.p.3.284); — Mangin, *Act. publ.*, t. 1, n. 169; Dalloz, *Répert.*, v° *Faill.*, n. 1514; Bédarride, *Faill. et banquer.*, t. 1, p. 58, et t. 2, p. 529; Le Boucher, dissertation insérée J.M.p.2.309 et 310. — Ainsi, les peines du vol peuvent être prononcées par un tribunal correctionnel contre le fils d'un failli, pour détournement d'effets dépendant de la faillite, encore bien que la cessation des paiements ait été fixée par le tribunal de commerce à une date postérieure à ces détournements, si le tribunal correctionnel reconnaît que la cessation de paiements a eu lieu, au contraire, à une époque antérieure : Douai, 30 mai 1860, précité.

22. Pareillement, les juges correctionnels saisis d'une prévention de banqueroute simple sont compétents pour décider si le prévenu est ou non commerçant failli ; cette question n'a point le caractère d'une question préjudicielle dont la connaissance doive être renvoyée à la juridiction commerciale : Cass., 9 août 1851 (S.-V.52.1.281); 6 mars 1857 (S.-V.57.1.636); 24 juin 1864 (J.M. p.7.139); Rennes, 22 janv. 1862 (*Id.*5.79); — F. Hélie, t. 6, n. 2914; Bertauld, *Quest. préjud.*, n. 80 et s.; Dalloz, v^{is} *Faill. et banquer.*, n. 1394 et s., et *Quest. préjud.*, n. 34. — *Contrà*, Delamarre et Lepoitvin, *Contr. de commiss.*, t. 5, p. 175; Trébutien, t. 2, p. 69 et 652.

23. La Cour de cassation a décidé même que les juges de répression saisis d'une prévention de banqueroute simple peuvent déclarer le prévenu commerçant failli, encore bien que le contraire résulterait d'un jugement de la juridiction civile ou commerciale (arrêt du 22 mai 1846, S.-V.46.1.792), et *vice versâ* qu'ils peuvent déclarer que le prévenu n'est pas commerçant, et que, par suite, il n'est pas passible des peines de la banqueroute, bien qu'un jugement antérieur du tribunal de commerce l'ait déclaré en état de faillite (arrêt du 23 nov. 1827, S.-V.8.1.706).

24. Mais, d'un autre côté, cette Cour a jugé, le 15 mai 1863 (J.M.p.6.287), en ce qui concerne la banqueroute frauduleuse, que, bien qu'en cette matière il appartienne au jury de décider si, au moment où ont eu lieu les faits reprochés à l'accusé, celui-ci était commerçant failli, en dehors des décisions rendues par la juridiction civile ou commerciale, la Cour d'assises peut, à raison de l'influence que la décision fixant en dernier ressort l'époque de l'ouverture de la faillite est de nature à exercer sur la déclaration du jury, et même sur les questions de prescription qui viendraient à être soulevées, renvoyer l'affaire à une session ultérieure, jusqu'à ce qu'il ait été statué par la juridiction civile sur une instance pendante devant elle et ayant pour objet la fixation de l'époque de cette ouverture.

25. Il y a lieu de surseoir au jugement d'une affaire correctionnelle, jusqu'après décision de l'autorité administrative, quand le prévenu soutient n'avoir agi que par les ordres de l'administration. Le principe de la séparation des pouvoirs s'oppose à ce que le tribunal correctionnel apprécie la portée de cette allégation ; et il a été jugé, en effet, que lorsque sur la plainte en destruction d'arbres et clôtures formée contre un agent des ponts et chaussées, celui-ci soutient qu'il n'a fait qu'exécuter les ordres de ses supérieurs, le tribunal doit surseoir au jugement jusqu'à ce que l'administration décide si cette exception est fondée : Cons. d'Etat., 28 août 1827 (D.P.28.3.28) et 28 mai 1846 (Dalloz, *Rép.*, vᵒ *Quest. préjud.*, n. 201-3ᵉ).

26. Mais il ne peut être question d'un renvoi devant l'autorité administrative, lorsque des agents de l'administration, et spécialement des agents des ponts et chaussées, poursuivis à raison de délits se rattachant à l'exercice de leurs fonctions, reconnaissent qu'ils n'ont pas agi par les ordres de leurs supérieurs, et se bornent à rejeter l'un sur l'autre la responsabilité de ces délits. Il est évident, en pareil cas, que la question de savoir sur qui pèse cette responsabilité ne touche nullement l'administration. C'est ce qu'a admis le Conseil d'Etat par une autre décision du 13 juin 1858 (J.M.p.2.75).

27. On disait toutefois dans l'espèce de cette dernière décision, pour justifier l'arrêté de conflit pris par le préfet : « Les agents des ponts et chaussées sont soumis à des obligations tracées par les règlements qui les instituent ou déterminent leurs fonctions. Ces règlements, notamment celui qui est relatif au service des cantonniers, sont des actes administratifs. La question de savoir quelles sont la nature et l'étendue des obligations imposées à chaque agent est une question préjudicielle qu'on ne saurait abandonner à l'autorité judiciaire, sans reconnaître à celle-ci le droit de contrôler et même d'entraver l'exécution des mesures arrêtées par l'administration. » Mais ce raisonnement nous paraît trop absolu, en thèse générale, et complétement inexact dans l'hypothèse particulière dont nous nous occupons. Ce n'est que dans le cas où le sens et la portée des règlements dont il s'agit seraient susceptibles de donner lieu à une interprétation, que le tribunal correctionnel, saisi d'un délit résultant d'une infraction à ces règlements, serait tenu de surseoir jusqu'après décision de l'autorité administrative, à laquelle seule appartient le droit de faire cette interprétation (V. Cons. d'Ét. 14 fév. 1842, D.P.42.3.188, et 31 mars 1847, D.P.48.3.3). Lorsque, au contraire, nulle contestation ne s'élève sur l'application de ces règlements, on ne voit pas d'où naîtrait une question préjudicielle nécessitant un sursis au jugement de la poursuite correctionnelle, et un renvoi devant l'autorité administrative.

28. Le tribunal correctionnel n'est point tenu, au cas où le prévenu oppose un acte administratif, de surseoir à statuer jusqu'à ce que cet acte ait été interprété par l'autorité administrative, si le sens en est clair : Bordeaux, 6 nov. 1863 (J.M.p.7.195); Cass., 7 avr. 1866 (*Id.* 10.3); Metz, 4 juill. 1866 (*Ibid.*); — F. Hélie, t. 6, n. 2697; Dalloz, *Répert.*, v° *Compét. administr.*, n. 246 et s. — Mais le tribunal correctionnel devrait surseoir, si l'acte administratif opposé par le prévenu était sérieusement susceptible d'interprétation. V. F. Hélie, *Ibid.*, et Dalloz, v° *Quest. préjudic.*, n. 197 et s.

29. L'exception tirée, par le prévenu de délit de chasse dans un bois soumis au régime forestier, d'une transaction intervenue entre l'administration forestière et lui, et qu'il prétend avoir eu pour effet d'éteindre l'action publique, ne constitue pas une question préjudicielle dont la connaissance soit réservée à l'autorité administrative et qui puisse motiver un arrêté de conflit de la part du préfet ; il appartient au tribunal correctionnel seul d'apprécier les effets de la transaction dont il s'agit relativement à l'action du ministère public : Cass., 7 avr. 1864, et Metz, 4 juill. 1866, mentionnés au numéro précédent; Cons. d'Ét., 7 déc. 1866 (J.M.p. 10.116).

30. Dans le cas de contestation sur les limites du territoire français, au point de vue de l'exercice de l'action publique, le juge répressif ne peut déterminer lui-même ces limites par interprétation d'un traité international ; il doit surseoir à statuer sur la poursuite jusqu'après la solution qui sera donnée sur ce point par le Gouvernement. V. en ce sens, Cass., 9 fruct. an VIII (S.-V.1.1. 363); — Dalloz, *Rép.*, v^is *Douanes*, n. 162, et *Quest. préjudic.*, n. 207. — Mais V. toutefois Douai, 21 juill. 1857 (J.M.p.1.39).

31. Les juges criminels ne peuvent statuer sur une question civile préjudicielle à l'action qui leur est soumise, que conformément aux règles du droit civil. — Ainsi, le tribunal correctionnel devant lequel le prévenu d'un délit de chasse sans permission du propriétaire excipe d'une convention par laquelle l'adjudicataire du droit de chasse l'aurait autorisé à chasser, ne peut admettre la preuve testimoniale de cette convention en dehors des circonstances où elle serait exceptionnellement admissible d'après le droit civil. — Vainement objecterait-on que, le fait de chasse sans autorisation constituant un fait unique qui peut être prouvé par témoins, le moyen de défense tiré par le prévenu de l'existence d'une autorisation doit pouvoir être aussi prouvé par témoins : cette autorisation forme, alors du moins qu'elle n'a pas simplement le caractère d'une permission momentanée, un véritable contrat, dont l'existence doit être prouvée par écrit : Nancy, 10 déc. 1861 (J.M.p.5.69).

52. Cette décision intéressante n'est qu'une application du principe posé dans la note du président Barris, délibérée par la Cour de cassation le 25 nov. 1813, et confirmée depuis par la jurisprudence et par la doctrine, à savoir, que les règles de preuves fixées dans les art. 1341 et 1347, C. civ., n'étant pas attributives de juridiction en faveur des tribunaux civils, les tribunaux correctionnels sont, par cela même, tenus de les observer, lorsqu'ils ont à apprécier un contrat à la preuve duquel est subordonnée l'existence du délit dont ils sont saisis (V. *Preuve des délits*, n. 18). Il semble, du reste, logique d'appliquer, comme le fait l'arrêt ci-dessus, le principe dont il s'agit au cas où le prévenu d'un délit de chasse sans le consentement du propriétaire allègue l'existence d'une convention qui l'autorise à chasser sur le terrain de celui-ci. Mais si, au lieu d'opposer une semblable convention, le prévenu se bornait à exciper d'une simple permission momentanée, pour laquelle il n'a pu être fait d'écrit, la preuve testimoniale serait admissible, parce qu'on se trouverait dans l'exception prévue par l'art. 1348, C. civ.

53. Jugé encore, en vertu du principe énoncé ci-dessus, que la preuve d'une transaction qui serait intervenue sur des faits ayant donné lieu depuis à une poursuite correctionnelle et qui aurait éteint l'action de la partie lésée, ne peut être faite devant le tribunal saisi de cette poursuite que conformément aux règles du droit civil, c'est-à-dire seulement par écrit et non par témoins : Bordeaux, 24 déc. 1868 (J.M.p.12.205).

54. Si, à l'expiration du délai que le juge de répression lui a accordé pour faire statuer par la juridiction compétente sur une question préjudicielle, le prévenu ne justifie pas avoir fait les diligences nécessaires pour obtenir cette décision, le ministère public reprend le libre exercice de son action, et, sur ses réquisitions, le juge doit passer outre au jugement du fond, sans pouvoir accorder un nouveau délai, sauf, en cas de condamnation, à suspendre l'exécution de ce jugement, suivant la prescription de la disposition finale de l'art. 182, C. for. Et cette marche aussi équitable que juridique doit être observée par le juge du second degré saisi de l'appel du jugement intervenu après l'expiration du sursis, comme par le juge de première instance lui-même, car

l'un ne peut avoir à cet égard un droit plus étendu que l'autre.
La jurisprudence et la doctrine se sont prononcées en ce sens.
V. Cass., 11 fév. 1837 (S.-V.38.1.70); 4 déc. 1857 (S.-V.58.1.322);
15 mars 1862 (Bull. crim., n. 80); 6 août 1868 (J.M.p.12.296);
— F. Hélie, t. 6, n. 2693; Trébutien, t. 2, p. 84; Berriat Saint-
Prix, 1ʳᵉ partie, n. 360, et 2ᵉ partie, t. 2, n. 870; Hoffmann, t. 2,
n. 399. — Mais il faut bien observer qu'une prorogation de délai
pourrait être accordée soit par le juge de première instance, soit
par le juge d'appel, s'il était établi que c'est indépendamment
de la volonté du prévenu que la question préjudicielle n'a pas
été décidée dans le délai qui lui avait été imparti. V. les auteurs
précités et les arrêts indiqués par eux.

— V. *Actes de l'état civil*, 68; *Action publique*, 71; *Adultère*, 36,
40 et s.; *Appel correct.*, 168, 170; *Chasse*, 151 et s.; *Compét.
crim.*, 170; *Jugement et arrêt par défaut*, 1; *Jugement interlocutoire*; *Prescript. crim.*, 42; *Preuve des délits*, 17, 29.

RÉBELLION. — 1. La Cour d'appel d'Amiens a jugé,
par arrêt du 30 mars 1860 (J.M.p.3.148), que la résistance avec
violences et voies de fait, par un individu surpris en flagrant
délit de tapage nocturne, à l'arrestation dont il est l'objet de la
part du commissaire de police, constitue le délit de rébellion
prévu et puni par les art. 209 et 212, C. pén. On ne saurait,
selon nous, contester l'exactitude de cette décision. En effet, les
commissaires de police tiennent des art. 11 et 16., C. instr. crim.,
combinés, le pouvoir d'arrêter les individus qu'ils surprennent
en flagrant délit, lorsque le délit emporte la peine d'emprisonnement ou une peine plus grave, sans qu'il faille distinguer, ainsi
que l'a très-bien établi un arrêt de la Cour de Metz, du 16 août
1849 (D.p.56.2.217), s'il s'agit d'un délit proprement dit ou d'une
simple contravention; et, aux termes de l'art. 480, C. pén., le
fait de tapage nocturne peut, suivant les circonstances, être
passible de la peine d'emprisonnement pendant cinq jours au
plus. Le commissaire de police procédant à une arrestation en
pareil cas, agit donc dans l'exercice de ses fonctions et pour l'exécution des lois, ce qui suffit pour que la résistance avec violences
et voies de fait à cette arrestation constitue la rébellion prévue
par l'art. 209, C. pén.

2. Mais en serait-il autrement si l'arrestation avait lieu hors le
cas de flagrant délit et sans mandat? C'est là une question fort

délicate. La Cour de cassation a posé en principe que l'irrégularité des actes auxquels procèdent les agents de la force publique n'autorise pas les citoyens à résister à ces actes (V. le *Répert.* de Dalloz, v° *Rébellion*, n. 37 et s., et la *Tabl. génér.* de Devilleneuve et Gilbert, *eod. v°*, n. 38 et s.), et elle a jugé spécialement que la résistance à une arrestation ordonnée par un commissaire de police n'est pas excusable par cela seul que cet agent aurait excédé ses attributions (Cass., 5 janv. 1821, S.-V.6.1.357). Mais les Cours d'appel ont généralement repoussé cette interprétation (V. *oper. cit.*), qui n'a pas non plus été acceptée dans toute sa rigueur par la majorité des auteurs. MM. Hélie et Chauveau, *Théor. Cod. pén.*, t. 3, n. 819 et 820, et Dalloz, *loc. cit.*, n. 41, notamment, admettent bien que la présomption de légalité protége l'agent de l'autorité quand il procède dans l'exercice de ses fonctions, quand il est porteur d'un titre exécutoire, et qu'alors une résistance effective à ses actes constitue le délit de rébellion; mais ils estiment qu'il en est autrement lorsque l'agent se rend coupable d'un excès de pouvoir, comme s'il voulait, hors le cas de flagrant délit et sans mandat, effectuer une arrestation. Cette doctrine est, à nos yeux, la plus sage.

— V. *Compétence criminelle*, 42; *Militaire*, 3 et s.

RECEL. — **1**. Il y a recel, dans le sens de l'art. 62, C. pén., soit de la part du tiers qui, sachant que des billets dépendant d'une succession ont été volés, en reçoit un des mains de l'auteur du vol et s'en fait payer le montant par le débiteur; — ..... soit de la part de l'héritier, non détenteur des billets dont il s'agit au moment du vol, qui en reçoit également quelques-uns, avec connaissance de ce vol : un tel fait ne constitue pas simplement la dissimulation de valeurs héréditaires prévue par l'art. 792, C. civ. ; — ..... soit de la part du débiteur qui, connaissant aussi le vol, se libère entre les mains du tiers auquel l'un des billets a été remis par le voleur : on prétendrait à tort que ce fait constitue la complicité ordinaire déterminée par l'art. 60, C. pén.; — ..... soit enfin de la part du débiteur qui, en remplacement de quelques-uns des mêmes billets, qu'il sait également avoir été volés, souscrit de nouveaux effets au profit de l'auteur du vol; et cela encore bien que les billets originaires, au lieu de lui avoir été restitués, aient été simplement détruits par un tiers à qui l'auteur du vol les avait remis de son consentement et pour son compte; une telle destruction équivaut à l'occultation des billets :

63

Grenoble, 7 juin 1862 (J.M.p.5.213). — V. les observations approbatives dont nous avons accompagné cette décision.

2. Le même arrêt juge, en outre, qu'il y a complicité du recel par aide et assistance, de la part du tiers qui a opéré la destruction des billets originaires dans les circonstances dont il s'agit, et qu'on objecterait vainement que le recel, ayant lui-même le caractère de complicité, ne peut comporter la complicité ordinaire. Cette solution nous paraît également irréprochable. La Cour de Grenoble dit avec raison que, « bien que l'art. 62 assimile pour la peine le recéleur au complice, il n'en est pas moins vrai que le recel est un fait *sui generis,* auquel peuvent se relier des actes de complicité ordinaire. » La complicité ordinaire n'est pas un fait distinct du crime ou délit auquel elle se rattache ; elle résulte de la participation même à ce crime ou à ce délit, auquel elle emprunte de la manière la plus absolue son caractère et ses conséquences. La complicité par recel, au contraire, résulte d'un fait essentiellement distinct du crime ou du délit dont elle a pour objet d'effacer les traces. V. Hélie et Chauveau, *Théor. Cod. pén.,* t. 1, n. 192, 197. Le recel, qui n'intervient qu'après la consommation de ce crime ou de ce délit, est lui-même un crime ou un délit nouveau, que la loi, il est vrai, assimile en général au premier (art. 62, C. pén.), mais qu'elle punit toutefois moins sévèrement dans certains cas (art. 63). Les règles de la complicité ordinaire lui sont donc applicables comme à tout autre délit.

— V. *Chose jugée,* 9.

RÉCIDIVE. — **1.** Aux termes du dernier paragraphe de l'art. 56, C. pén., « l'individu condamné par un tribunal militaire ou maritime n'est, en cas de crime ou de délit postérieur, passible des peines de la récidive, qu'autant que la première condamnation a été prononcée pour des crimes ou délits punissables d'après les lois pénales ordinaires ». Comment cette disposition doit-elle être interprétée ? Si la première condamnation a été prononcée pour crimes ou délits d'insoumission, de désertion, de bris d'armes, etc., il ne saurait y avoir lieu aux peines de la récidive : non-seulement ces infractions sont prévues par des lois exclusivement militaires, mais encore elles n'ont pas d'analogues dans les lois pénales de droit commun. Si, au contraire, le tribunal militaire a fait application au prévenu d'un texte du Code pénal ordinaire, les peines de la récidive sont nécessairement encourues. — Sur ces deux points tout le monde est d'accord.

2. Mais que décider si la juridiction militaire a condamné, par exemple, pour : *crimes* de pillage en bande (Tit. V du Code du 21 brum. an v; art. 250 du Code du 9 juin 1857); de faux (art. 12, tit. III de la loi des 20 sept.-12 oct. 1791 ; 5 et 19 de la loi du 12 mai 1793; 259 du Code de 1857); d'incendie (art. 3, tit. V du Code de brumaire; 250 du Code de 1857); de viol (art. 4 du Code de brumaire); de destruction de registres (art. 255 du Code de 1857), qui sont pareillement qualifiés crimes par le Code pénal? — Pour *crime* de vol (art. 1 de la loi du 15 juill. 1829; 248 du Code de 1857), qui n'est qualifié que délit par le Code pénal? — Pour *délits* d'abus de confiance (art. 3 de la loi du 15 juill. 1829; 244 et 245 du Code de 1857); d'usage de faux poids (art. 258 du Code de 1857), qui sont également qualifiés délits par le Code pénal? — Ces condamnations constitueront-elles l'état de récidive? On dit, pour l'affirmative, que les termes de l'art. 56, C. pén,, précité : « crimes ou délits punissables *d'après* les lois pénales ordinaires » démontrent que le législateur a seulement exigé, pour constituer l'état de récidive, que le fait qui a donné lieu à la première condamnation soit qualifié crime ou délit par le droit commun, encore bien qu'il ait été réprimé en vertu d'une loi exclusivement militaire, et que cette interprétation est surtout rendue incontestable par l'intention qu'avaient annoncée les auteurs de la loi du 28 avr. 1832, de sanctionner la jurisprudence qui l'avait antérieurement consacrée. V. en ce sens, une dissertation de M. Hibon insérée J.M.p.7.169 et s.

3. Jugé, conformément à cette doctrine, qu'il y a lieu d'appliquer les peines de la récidive à celui qui, après avoir été condamné par un conseil de guerre, en vertu d'une loi exclusivement militaire, à plus d'une année d'emprisonnement, pour un fait qualifié crime ou délit par les lois pénales ordinaires, se rend coupable d'un délit correctionnel : Douai, 9 août 1864 (J.M.p.7.168).

4. Une grave controverse s'est élevée sur la question de savoir si l'art. 58, C. pén., modifié par la loi du 13 mai 1863, portant que celui qui, après avoir été condamné correctionnellement à un emprisonnement de plus d'une année, est reconnu coupable d'un crime qui ne doit être puni que de peines correctionnelles, sera condamné au maximum de la peine prononcée par la loi, lequel pourra être porté jusqu'au double, est applicable aussi bien lorsque le crime devient simplement passible de peines correctionnelles à raison de l'admission de circonstances atténuantes, que lorsque ce résultat est produit par l'admission d'un fait d'excuse ou par le rejet des circonstances aggravantes, et, dans le cas de l'affirmative, quels sont les effets de l'application de l'art. 58 à la première de ces hypothèses. Deux professeurs distingués, MM. Bertauld, *Cours de Cod. pén.*, 3e éd., p. 414, et Labbé, *Rev. crit.*, t. 24, p. 298, dont l'opinion, adoptée par un arrêt de la Cour d'assises de Saône-et-Loire du 7 déc. 1863 (J.M.p.7.257), a été embrassée aussi par M. Dalloz, *Rec. périod.*, 1864.2.73, et par le rédacteur du *Rec. de jurispr. de la Cour impér. de Douai*, t. 32, p. 83, n'ont pas trouvé de moyen plus juridique de faire échapper le nouvel art. 58, C. pén., aux conséquences injustes ou irrationnelles qu'entraînerait, suivant eux, son application au cas dont il s'agit, que de déclarer qu'il ne s'y applique point. Ils se fondent sur la règle que l'aggravation pour cause de récidive doit s'opérer avant l'atténuation résultant de l'admission des circonstances atténuantes. Mais ils ne veulent pas voir que les travaux préparatoires et la discussion de la loi du 13 mai 1863 prouvent manifestement que le législateur a entendu déroger ici à la règle qu'ils rappellent, pour consacrer cet autre principe, que l'état de récidive doit résulter, non du titre de la poursuite, mais de la condamnation prononcée. Aussi, dans tous les autres systèmes que nous allons avoir à mentionner, ne met-on nullement en doute que les art. 57 et 58 embrassent, comme nous l'avons exprimé un des premiers dans notre *Cod. pén. modif.*, p. 90, tous les cas où le crime formant le second terme de la récidive ne doit être puni que de peines correctionnelles, c'est-à-dire aussi bien celui où cette condamnation est le résultat d'une déclaration de circonstances atténuantes, que ceux où elle est amenée, soit par l'élimination des circonstances aggravantes, soit par l'admission d'une excuse.

5. Toutefois, M. le substitut Boissard, dans des conclusions développées par lui devant la Cour d'assises de Saône-et-Loire, et M. l'avocat général Savary, dans celles qu'il a prises lors de l'arrêt de la Cour de cassation du 26 mars 1864 indiqué au numéro suivant, ont énergiquement soutenu que l'application de l'art. 58 doit être restreinte à l'hypothèse où l'admission des circonstances atténuantes a *nécessairement* pour effet de ne soumettre le récidiviste qu'à une peine correctionnelle, comme lorsque le crime est passible de la *réclusion*, et que cet article est étranger au cas où le crime est passible des *travaux forcés à temps*, et reste punissable, malgré les circonstances atténuantes, de la peine afflictive et infamante de la réclusion. Ces magistrats ont appuyé leur opinion sur les termes mêmes de l'art. 58 : « crime qui *devra* n'être puni que de peines correctionnelles », et sur cette considération, que l'application d'un pareil texte serait inutile dans la seconde hypothèse qui vient d'être indiquée, parce que l'aggravation qu'il établit est inférieure à celle que le droit commun permet de prononcer. —Suivant eux, du reste, le minimum édicté par l'art. 58 n'est point obligatoire, mais simplement facultatif dans le cas d'un crime passible de la réclusion, et M. Savary a émis l'opinion qu'il en devrait être de même dans le cas d'un crime punissable des travaux forcés à temps, s'il fallait étendre à ce cas l'application de l'art. 58. — V. aussi M. Girault, dissertation insérée J.M.p.6.274 et s.

6. Une autre distinction, proposée par M. F. Hélie, *Appendice à la Théor. du Cod. pén.*, p. 27, et appuyée par M. Morin, *Journ. du dr. crim.*, t. 36, p. 65, a été consacrée par la chambre criminelle de la Cour de cassation, soit dans l'arrêt déjà mentionné du 26 mars 1864 (J.M.p.7.254), soit dans deux autres arrêts des 26 mai et 15 septembre de la même année (*Id.* 7.258 et 259). Elle consiste à envisager le minimum fixé par l'art. 58 comme obligatoire lorsque le second terme de la récidive est un crime passible des travaux forcés à temps, et comme purement facultatif lorsque le crime formant ce second terme était seulement passible de la réclusion. Pour justifier cette théorie, on dit que la Cour d'assises ayant, dans le premier cas, épuisé son droit d'atténuation en faisant, par suite de la déclaration affirmative du jury sur les circonstances atténuantes, descendre de deux degrés la peine applicable au crime, se trouve ensuite dans l'impossibilité d'abaisser encore le minimum établi par l'art. 58; tandis que, dans le second cas, n'ayant fait descendre la peine que d'un degré pour la rendre correctionnelle, il lui est permis de l'abaisser après cela d'un autre degré, et de la réduire jusqu'au minimum d'une année d'emprisonnement déterminé par l'art. 463, C. pén.

7. M. Pellerin, *Comment. de la loi du* 13 *mai* 1863, p. 30 et s., se place à un point de vue bien différent. Selon lui, la Cour d'assises, en transformant le crime en délit par l'effet de l'admission de circonstances atténuantes de la part du jury, n'agit que sur la qualification, comme le ferait une chambre d'accusation qui écarterait les circonstances aggravantes. Il lui reste à réprimer ce délit, en le soumettant lui-même à l'épreuve d'une question sur les circonstances atténuantes. Si le crime transformé en délit par l'effet de la déclaration du jury était passible de la réclusion et que la Cour d'assises admette à son tour des circonstances atté-

nuantes, elle pourra abaisser la peine de l'emprisonnement jusqu'au minimum d'un an. Si ce crime était passible des travaux forcés à temps, et que, par l'effet de l'admission de circonstances atténuantes de la part du jury, la Cour ait fait descendre la peine au niveau des peines correctionnelles, elle pourra, en usant de son propre droit d'atténuation, la réduire, en définitive, à un emprisonnement de deux ans.

8. Enfin, dans un dernier système présenté d'abord par M. Jacques, *Rev. prat. de dr.*, t. 17, p. 55, et développé depuis par M. Bazot, *de la Récidive d'après la loi du 13 mai* 1863, l'on arrive aux mêmes conséquences que M. Pellerin par une voie beaucoup plus simple. On se borne à attribuer un caratère purement facultatif à la disposition de l'art. 58, soit que le second terme de la récidive consiste dans un crime passible des travaux forcés à temps, soit qu'il ait pour objet un crime passible seulement de la réclusion. Cette interprétation est celle qui nous semble le plus conforme à l'esprit sainement entendu de la loi. La solution de la difficulté réside, selon nous, tout entière dans la disposition de l'art. 341, C. instr. crim., portant que, *même en cas de récidive*, le jury doit être interrogé sur les circonstances atténuantes, et dans celle de l'art. 463, C. pén., d'après laquelle les tribunaux sont autorisés aussi, *même en cas de récidive*, à réduire la peine de l'emprisonnement, lorsque les circonstances paraissent atténuantes. Il résulte de ces dispositions, qui posent une règle absolue, que l'admission des circonstances atténuantes peut avoir, dans tous les cas, pour effet d'opérer un abaissement de la peine qu'entraîne la récidive. Nul doute que cet abaissement ne soit susceptible de se produire dans chacune des hypothèses prévues par l'art. 56, C. pén. Nul doute encore qu'il ne puisse avoir lieu relativement à la récidive prévue soit par l'art. 57, soit par l'art. 58, lorsque le crime formant le second terme de cette récidive est devenu simplement passible de peines correctionnelles par suite de l'élimination des circonstances aggravantes ou de l'admission d'une excuse. Pourquoi donc la peine attachée à la récidive résisterait-elle à toute atténuation dans le cas d'un crime passible des travaux forcés à temps, mais puni seulement de l'emprisonnement par suite de l'admission de circonstances atténuantes ?

9. On prétend que la Cour d'assises a épuisé son droit d'atténuation en faisant descendre la peine de deux degrés. Mais rien ne nous paraît moins exact. Lorsque la répression d'un crime passible de la réclusion, à l'égard duquel le jury a admis des circonstances atténuantes, descend au niveau des simples peines correctionnelles, ce n'est point en vertu du pouvoir d'atténuation de la Cour d'assises, mais en vertu de la volonté même de la loi, et le pouvoir de la Cour ne se manifeste que dans l'abaissement de la peine de l'emprisonnement au-dessous du maximum de l'art. 401. En est-il autrement dans le cas où la peine des travaux forcés à temps applicable à un crime est changée en la peine de l'emprisonnement par suite de la déclaration affirmative du jury sur les circonstances atténuantes? Non, sans doute. Dans ce cas, la volonté de la loi est que la Cour d'assises applique la réclusion ou l'emprisonnement à son choix; mais ce choix ne constitue pas l'exercice du droit propre d'atténuation de la Cour d'assises, lequel ne consiste qu'à réduire dans une certaine mesure la durée de la peine applicable. Ce choix n'a d'autre effet, dans le cas des art. 57 et 58, C. pén., que de déterminer le caractère du second terme de la récidive. Pour que la Cour d'assises puisse ensuite diminuer la peine de la récidive, comme l'y autorise la loi, il faut bien lui reconnaître le droit de faire descendre cette peine au-dessous du minimum fixé par les art. 57 et 58. Une dérogation expresse à la règle établie par les art. 341, C. instr. crim., et 463, C. pén., aurait pu seule la dépouiller de ce droit, et l'on conviendra que ni le texte de la loi du 13 mai 1863, ni les travaux préparatoires et la discussion dont elle a été précédée, ne renferment la moindre trace d'une semblable dérogation. La discussion de cette loi fournit au contraire la preuve que le législateur a considéré la déclaration des circonstances atténuantes comme ayant pour effet de permettre aux juges de faire disparaître toute l'aggravation résultant du cas de récidive (V. notre *Cod. pén. modif.*, p. 87 et s.). — Compar. M. Girault, *loc. cit.*

10. Vainement opposerait-on les termes impératifs des art. 57 et 58, C. pén. : « Quiconque ayant, etc...., *sera* condamné au maximum de la peine portée par la loi... — Les coupables, etc..., *seront* aussi... condamnés au maximum de la peine... » ; car il est évident que ces articles déterminent les conséquences de la récidive, sans prévision de l'effet d'une déclaration possible de circonstances atténuantes. Ils posent le principe de l'aggravation obligatoire, sans exclure le moins du monde la faculté d'atténuation dont l'admission de circonstances atténuantes par le jury investira la Cour d'assises. C'est ce qui a été parfaitement reconnu dans la discussion de la loi du 13 mai, à l'égard de la peine de la surveillance de la haute police, à laquelle les art. 57 et 58 soumettent aussi d'une manière impérative les récidivistes (V. notre *Cod. pén. modif., loc. cit.*). — Si ces articles s'appliquent au cas où le crime formant le second terme de la récidive n'est puni que de peines correctionnelles par suite d'une déclaration de circonstances atténuantes, ce n'est que pour envisager cette déclaration comme moyen de déterminer le caractère du second terme de la récidive; mais ils ne s'en préoccupent pas au point de vue de l'influence qu'elle peut exercer sur la fixation de la peine de cette récidive, et ils établissent néanmoins la règle de l'aggravation obligatoire, avec d'autant plus de raison qu'ils ne statuent pas seulement pour le cas qui vient d'être rappelé, mais d'une manière générale, en vue de toutes les hypothèses où le crime ne doit être puni que de peines correctionnelles.

11. Maintenant nous reconnaissons que le caractère purement facultatif de l'aggravation dans le cas d'un crime puni de simples peines correctionnelles par suite de l'admission de circonstances atténuantes, peut faire à l'accusé la même situation que s'il n'était pas récidiviste; en sorte que l'état de récidive se trouvera alors dénué de portée pratique; mais il suffit qu'il dépende de la Cour d'assises de ne point consacrer ce résultat, en élevant la peine au-dessus du maximum et en la faisant monter même jusqu'au double, comme l'y autorisent les art. 57 et 58, pour que l'utilité de l'innovation introduite dans ces articles soit certaine. Si la Cour peut, dans le cas d'un crime passible des travaux forcés à temps, réduire la peine à deux années d'emprisonnement, et dans le cas d'un crime punissable de la réclusion, abaisser la durée de l'emprisonnement à une seule année, il lui est loisible aussi, dans l'une et l'autre hypothèse, d'élever cette durée jusqu'à dix ans; et nous croyons que cette latitude, qui lui permet de mesurer toujours la durée de l'emprisonnement au degré de perversité du récidiviste, ne saurait motiver une critique sérieuse.

12. Jugé qu'au cas où, le crime étant passible des *travaux forcés à temps*, la Cour d'assises, par suite de l'admission de circonstances atténuantes de la part du jury, abaisse de deux degrés la peine applicable, elle ne peut prononcer moins de cinq années d'emprisonnement : Cass., 26 mars 1864, précité; C. d'ass. d'Ille-et-Vilaine, 11 mai 1864 (J.-M.p.7.255). — .... Mais qu'elle peut élever la durée de cette peine jusqu'à dix ans : C. d'ass. du Nord, 4 mai 1864 (*Id.* 7.255).

13. ... Que, dans le cas où le second crime était passible de

la *réclusion*, la peine d'emprisonnement à prononcer par la Cour
d'assises, par suite de l'admission de circonstances atténuantes
de la part du jury, peut être réduite dans les limites d'un an à
cinq ans : Cass., 26 mai et 15 sept. 1864 (*Id.* 7.258 et 259); —
... et que le condamné peut être dispensé de la surveillance de la
haute police : Cass., 26 mai 1864; — ... mais qu'en tout cas il ne
saurait être condamné à la peine de la réclusion : Cass., 15 sept.
1864.

14. D'après un arrêt de la Cour suprême du 4 fév. 1860 (J.M.p.
3.89), la preuve de l'état de récidive d'un prévenu résulte suffisamment d'un extrait du casier judiciaire mentionnant l'existence
d'une condamnation antérieure, alors d'ailleurs que cette mention
est confirmée par l'aveu du prévenu.

15. Avant l'institution des casiers judiciaires, la Cour de cassation avait décidé que la preuve de l'existence d'une première
condamnation, constituant l'état de récidive, ne pouvait résulter
que de la production d'une expédition de l'arrêt de condamnation
ou d'une mention authentique de son contenu, et qu'il n'y était
suppléé ni par les énonciations des registres des chiourmes d'un
bagne, ni par la déclaration du prévenu ou accusé, si elle se trouvait combattue par des déclarations contraires. V. Cass., 6 août
1829 (S.-V.9.1.346) et 28 fév. 1846 (D.p.46.4.438). Toutefois,
cette Cour avait admis que l'aveu du prévenu pouvait, suivant les
circonstances dont l'appréciation était abandonnée aux juges,
faire preuve de l'état de récidive. *Sic*, Cass., 9 juin 1826 (S.-V.8.
1.357) et 11 sept. 1828 (S.-V.9.1.167).—Aujourd'hui, les bulletins
n. 2 du casier judiciaire, qui doivent être joints à toute poursuite
criminelle (V. *Casiers judiciaires*, n. 70), tiennent lieu de la mention authentique dont parlait l'arrêt précité du 28 fév. 1846, et
l'aveu du prévenu n'est sans doute pas nécessaire pour imprimer
à ces extraits le caractère de preuve légale de l'état de récidive :
cet aveu n'est qu'un surcroît de preuve. Tel nous paraît être le
sens de la décision mentionnée au numéro précédent. — V. en
outre Dalloz, *Répert.*, vᵒ *Peine*, n. 276, et Massabiau, *Man. du
min. publ.*, t. 3, n. 3405.

16. Un état des individus jugés pendant l'année du compte de
l'administration de la justice criminelle et précédemment condamnés pour crimes, délits ou contraventions à quelque peine et
par quelque tribunal que ce soit, — état auquel on donne le nom
d'*état des récidives*, — doit être envoyé à la chancellerie, avec le
compte lui-même, dans la dernière quinzaine de février : Circ.

10 oct. 1834, 26 déc. 1838, 16 janv. 1840, 26 déc. 1851 (Gillet, n. 2446, 2575, 2655 et 3379), et 10 déc. 1860 (Rés. chr., p. 25).

17. Cet état est dressé au greffe, moyennant un salaire de 10 centimes par nom : Circ. 3 oct. 1828 (Gillet, n. 2105). Sa rédaction n'offre aucune difficulté, pourvu que le rédacteur se pénètre bien des instructions que contient cet état lui-même. Le greffier trouve sur les bulletins n° 2 que doivent contenir tous les dossiers de poursuite (V. *suprà*. n. 15) la plus grande partie des renseignements nécessaires, et, de son côté, le parquet doit se procurer ceux qui manquent. A moins de circonstances particulières, la correspondance, assez nombreuse du reste, consiste, en cette matière, à s'informer des lieux où les peines prononcées antérieurement contre les récidivistes ont été subies (col. 7), et l'époque précise de la libération (col. 8). Ces renseignements se demandent au parquet du tribunal qui a prononcé le jugement de l'exécution duquel on s'enquiert. Ils ne sont demandés que pour les condamnations dont les prévenus, jugés (condamnés ou acquittés, V. col. 12) en récidive dans l'année du compte, ont été libérés dans le cours des cinq années précédentes.

18. L'état des récidives ne doit pas comprendre les individus qui n'auront été poursuivis pendant l'année que pour *délits forestiers* ou pour *délits de contrebande*, quelle que soit la condamnation antérieure ; mais tous les autres individus repris de justice, notamment les prévenus d'*infraction au ban de la surveillance*, jugés pendant l'année, doivent y être portés : Circ. 10 oct. 1834, mentionnée *suprà*, n. 16. Cette même circulaire renferme d'autres prescriptions dont il importe de se pénétrer. V. aussi les recommandations contenues dans une circulaire du 1er déc. 1861 (Rés. chr., p. 41).

19. M. Lebon, J.M.p.11.80, et *Notions pratiques concernant l'administr. des parq. de première inst.*, p. 159, fait remarquer que l'état des récidives n'offre avec le compte rendu qu'une concordance forcée et qui est indiquée dans la colonne des observations de l'état I de ce compte ; elle est relative aux condamnés en rupture de ban, qui évidemment sont toujours en récidive. Il faut par conséquent que le nombre de ces condamnés soit le même sur l'état des récidives et sur le compte. — Les autres condamnés pouvaient être en récidive ou ne pas y être. Il n'y a donc pas de concordance possible à leur égard ; mais il faut faire attention à ne pas inscrire dans l'état des récidives plus de condamnations pour tel ou tel délit qu'il n'y en a d'indiquées dans le compte. Ainsi, il ne faudrait pas porter dans cet état, comme ayant été prononcées dans l'année, deux condamnations pour délit de la même nature, et n'en porter qu'une dans le compte. Le contraire pourrait avoir lieu, parce que l'un des deux condamnés pourrait être en récidive et l'autre n'avoir jamais été condamné antérieurement.

— V. *Casiers judiciaires*, 21 et s., 75; *Chasse*, 106 et s. ; *Réhabilitation*, 4; *Séparation de corps*, 11.

RECRUTEMENT MILITAIRE. — 1. Les tribunaux civils ne sont compétents, en matière de recrutement militaire, que pour les demandes en nullité des engagements volontaires et les questions concernant l'état ou les droits civils des appelés. Celles qui sont relatives aux exemptions, aux dispenses et à la formation des listes leur sont étrangères; si elles étaient portées devant eux, ils devraient se déclarer incompétents, sur les réquisitions du ministère public (L. 21 mars 1832, art. 15 et s. et 26): Circ. 7 juill. 1819 (Gillet, n. 1309).

2. Un jeune homme désigné par le sort pour faire partie du contingent militaire de sa commune ne peut, à l'effet de se faire exempter du service, prouver, au moyen d'un acte de notoriété homologué par le tribunal, à défaut d'acte de naissance, que son père a atteint l'âge de soixante-dix ans; il est tenu de produire un jugement de rectification des registres de l'état civil. V. à cet égard la dissertation insérée J.M.p.12.185. V. aussi *infrà*, n. 5

5. Le ministère public, appelé à intervenir dans les questions d'état ou de droits civils qui peuvent être déférées aux tribunaux en cette matière, ne doit pas perdre de vue que le préfet instruit et défend, sur ces questions, par *simple mémoire* et *sans ministère d'avoué*, et que toutes les causes sont jugées comme *sommaires* et *urgentes*, tant en première instance qu'en appel (L. 21 mars 1832, art. 26): Circ. 9 mai 1834 (Gillet, n. 2426). — Des instructions plus précises à cet égard sont contenues dans une circulaire du ministre de la guerre aux préfets, en date du 20 oct. 1835 (Gillet, n. 2485).

4. De ce que les instances relatives aux questions dont il s'agit doivent être suivies par le préfet, il suit que le ministère public n'a pas lui-même ici le droit d'agir d'office, et qu'il est seulement appelé à y donner ses conclusions. La jurisprudence a fait plus d'une fois l'application de ce principe. Elle a notamment décidé, par un premier arrêt (Cass., 10 janv. 1827, S.-V.8. 1.498), qu'un procureur général n'est pas recevable à se pourvoir en cassation en matière de recrutement, et par un second arrêt (Cass., 6 mars 1827, S.-V.8.1.542), que la question de savoir si le père d'un jeune homme appelé au service militaire est âgé de soixante-dix ans, doit être déférée aux tribunaux ordinaires *contradictoirement avec le préfet*.

5. Il faut reconnaître également que le ministère public n'aurait point qualité pour interjeter appel du jugement statuant sur le point de savoir si un jeune homme désigné par le sort pour faire partie du contingent militaire peut, à l'effet de se faire exempter du service, prouver, au moyen d'un acte de notoriété homologué par le tribunal, à défaut d'acte de naissance, que son père a atteint l'âge de soixante-dix ans. V. Dissertation insérée J.M.p.12.185. — V. aussi *suprà*, n. 2.

6. La Cour de cassation a jugé, par arrêt du 19 déc. 1862 (S.-V.63.1.110), qu'en principe la simple simulation d'infirmités dans le but de se rendre impropre au service militaire ne constitue pas le délit prévu par l'art. 41 de la loi du 21 mars 1832, et qu'il n'en est autrement que si cette simulation d'infirmités est de nature à rendre réellement impropre au service militaire, soit temporairement, soit d'une manière permanente.

7. Mais la Cour de Bordeaux a décidé avec plus de rigueur, par deux arrêts en date du 1er juill. 1864 (J.-M.p.8.76), qu'une simple simulation d'infirmités produite à l'aide de procédés artificiels constitue la tentative de se soustraire au service militaire, tentative assimilée au délit lui-même (C. just. milit., 270; Cass., 3 fév. 1859, S.-V.59.1.288), surtout si cette simulation d'infirmités est de nature à rendre temporairement impropre au service militaire.

8. La tentative de corruption envers les médecins, chirurgiens ou officiers de santé faisant partie d'un conseil de révision, qui était atteinte par l'art. 179, C. pén., avant la loi du 21 mars 1832, sur le recrutement, avait cessé d'être punissable depuis que l'art. 45 de cette loi avait réprimé lui-même la corruption de ces membres du conseil de révision, en substituant une qualification et une pénalité nouvelles à celles que l'art. 177 établit à l'égard des fonctionnaires publics, agents ou préposés des administrations publiques en général (V. Cass., 14 juin 1851 et 10 nov. 1853, S.-V.51.1.799 et 54.1.214; Hélie et Chauveau, *Théor. Cod. pén.*, t. 2, n. 718). Cet état de la législation a-t-il été modifié par l'art. 270, C. just. milit., dont le § 2 a étendu les peines portées par l'art. 45 de la loi de 1832 à ceux qui ont fait des dons ou promesses? La jurisprudence a consacré à bon droit la négative. *Sic*, Cass., 11 déc. 1862 (S.-V.63.1.453) et 25 janv. 1866 (J.M.p.10.174).

9. Ce dernier arrêt a jugé que la tentative de corruption pratiquée envers un médecin, chirurgien ou officier de santé appelé à un conseil de révision en matière de recrutement militaire, ne tombe sous l'application d'aucune disposition pénale; que c'est uniquement à la corruption suivie d'effet que s'applique l'art. 270, C. just. milit., portant que, dans le cas prévu par l'art. 45 de la loi du 21 mars 1832, ceux qui ont fait les dons et promesses seront punis des peines prononcées par ce même article contre les médecins, chirurgiens et officiers de santé.

10. Les jeunes gens qui se rendent impropres au service militaire peuvent être, à raison de ce fait, poursuivis directement par le ministère public; il n'est pas nécessaire que les tribunaux correctionnels soient saisis par décision du conseil de révision : Cass., 6 nov. 1847 (S.-V.48.1.208); 12 avr. 1861 (J.M.p.4.203); Bordeaux, 5 nov. 1857 (*Id.*1.51) et 1er juill. 1864 (*Id.*8.76). — *Contrà*, Bordeaux, 13 janv. 1842 (S.-V.42.2.244).

11. Mais le ministère public n'a pas d'action pour poursuivre le conscrit qui s'est rendu ou a tenté de se rendre impropre au service militaire, tant que le conseil de révision n'a pas statué sur l'incapacité de ce conscrit : Rennes, 3 mai 1860 (J.-M.p.3.141). Évidemment il n'appartient ni au ministère public, ni au tribunal correctionnel de se rendre juges d'une telle question, que le conseil de révision est seul apte à résoudre. Si donc l'action du ministère public n'est pas subordonnée au renvoi fait par le conseil de révision au tribunal correctionnel, l'exercice en est du moins suspendu tant que le conseil de révision n'a pas constaté le fait qui doit servir de base à cette action.

12. Le tribunal correctionnel, devant lequel un jeune homme a été renvoyé par le conseil de révision sous l'inculpation du délit de s'être rendu ou d'avoir tenté de se rendre impropre au service militaire, ne peut surseoir à statuer sur cette prévention jusqu'à ce qu'il ait été décidé par le conseil de révision si, indépendamment du fait qui lui est imputé, le prévenu n'avait pas une autre cause légitime d'exemption, suivant l'allégation par lui produite devant le tribunal : Chambéry, 19 sept. 1868 (J.M.p.12.182).

RÉCUSATION. — **1.** La récusation atteint les membres des tribunaux correctionnels aussi bien que ceux des tribunaux civils, car il n'y a pas plus de raison d'y soustraire les uns que les autres, et comme le Code d'instruction criminelle n'a tracé pour ce cas aucune règle, il est nécessaire d'emprunter les prescriptions du Code de procédure civile, qui forment ici le droit commun. C'est un point que la jurisprudence et les auteurs proclament unanimement. V. Cass., 24 oct. 1817 (S.-V.5.1.380), 8 oct. 1819 (S.-V.6.1.126), 15 oct. 1829 (S.-V.9.1.376), 3 oct. 1835 (S.-V.36.1.152), 3 août 1838 (S.-V.39.1.711) et 13 fév. 1846 (S.-V. 46.1.250); Toulouse, 6 janv. 1835 (S.-V.35.2.149); Montpellier, 14 août 1848 (S.-V.48.2.750); Paris, 10 fév. 1868 (J.M.p.12.89); — Carnot, sur l'art. 257, C. instr. crim., n. 5; Legraverend, *Législ. crim.*, t. 2, p. 45; F. Hélie, *Instr. crim.*, t. 6, n. 2766; Berriat-Saint-Prix, *Procéd. des trib. crim.*, 2ᵉ part., t. 1, n. 535; Massabiau, *Man. du minist. publ.*, t. 1, n. 1023; Dalloz, *Répert.*, vᵒ *Récusation*, n. 20.

2. Or, des termes des art. 385 et 394, C. proc. civ., il résulte qu'en première instance comme en appel la récusation ne peut donner lieu à aucunes conclusions, à aucunes plaidoiries de la part du récusant : un débat public sur les faits articulés par ce dernier a paru incompatible avec la dignité du magistrat contre lequel est dirigée la récusation. V. en ce sens, Grenoble, 13 fév. 1826 (S.-V.8.2.190); Douai, 17 fév. 1855 (S.-V.55.2.302); — Pigeau, *Comment.*, t. 1, p. 674; Chauveau sur Carré, *Lois de la proc.*, sur l'art. 396; Bioche, *Dict. de proc.*, vᵒ *Récusation*, n. 160; Boitard, *Leç. de proc. civ.*, t. 1, p. 555; Massabiau, *loc. cit.*, n. 1025; Dalloz, *loc. cit.*, n. 152. — *Contrà*, Favard, *Répert.*, t. 4, p. 769, n. 7.

3. Jugé en conséquence que la partie appelante du jugement qui a rejeté la récusation par elle dirigée contre un membre d'un tribunal correctionnel, ne peut, en conformité de l'art. 394, C. proc. civ., être admise à plaider sur son appel devant la Cour, et que le ministère public seul doit conclure à l'audience : Paris, 10 fév. 1868, mentionné ci-dessus, n. 1.

4. De ce que les règles de la procédure civile sont ici applicables, il résulte encore que l'appel doit être interjeté, à peine de déchéance, dans les cinq jours de la prononciation du jugement, et que la déchéance ne cesserait pas d'être encourue, encore bien qu'il se serait écoulé moins de cinq jours depuis la notification du jugement inutilement faite à la partie : Colmar, 7 janv. 1828;

Montpellier, 14 août 1848 (S.-V.48.2.750); autre arrêt de Paris, 10 fév. 1868 (J.-M.p.12.90); — Favard, t. 4, p. 768, n. 7; Pigeau, t. 1, p. 649; Carré, sur l'art. 396, note 3; Bioche, n. 151; Dalloz, n. 146. — V. cependant en sens contraire, Bordeaux, 8 juin 1809 (S.-V.3.2.84); Chauveau sur Carré, *ut suprà*.

5. On sait que le ministère public n'est soumis à la récusation, en matière civile, que lorsqu'il est partie jointe, et qu'elle ne saurait l'atteindre quand il exerce l'action publique, parce qu'alors il est toujours partie principale.

— V. *Appel correctionnel*, 81; *Jury*, 11; *Ministère public*, 62; *Renvoi pour suspicion légitime*.

REGISTRE DE POINTE. — **1.** Il résulte des art. 11 et 53 du décret du 30 mars 1808 que tout juge est soumis à la pointe. V. aussi Circ. 8 mars 1843 (Gillet, n. 2826).

2. La mention : *empêché*, sur le registre de pointe, est tout à fait insuffisante pour expliquer l'absence d'un magistrat : Lett. min. just. 14 nov. 1856 (Gillet, n. 3680). — Il en est de même de la mention : *retenu pour affaires de famille*. Il faut dire si le magistrat ainsi retenu a été autorisé par le président à ne pas assister à l'audience, et, dans le cas où il a quitté sa résidence, s'il a été autorisé à s'absenter : Lett. minist. 30 juin 1857 (Gillet, n. 3719).

3. La cause d'une absence n'est pas non plus suffisamment expliquée par les mots : *occupé à un service public*. Aux termes de l'art. 10 du décret du 30 mars 1808, le temps destiné aux audiences ne doit pas être employé à d'autres fonctions. Ce n'est qu'en cas de nécessité absolue, qui doit être justifiée, qu'un magistrat peut s'abstenir de siéger : Lett. min. just. 1er avr. 1858 (Gillet, n. 3765).

4. Lorsqu'il n'a pas été tenu d'audience ou lorsque l'audience a duré moins de trois heures, mention doit en être faite au registre de pointe : Lett. minist. 25 janv. 1856 (Gillet, n. 3631).

5. Quand un tribunal n'a pas tenu d'audience, *faute d'affaires en état*, il faut expliquer sur le registre de pointe pourquoi les causes inscrites au rôle n'étaient pas en état, et si l'impossibilité de plaider est provenue du fait des avocats ou de celui des avoués : Lett. min. just. 10 janv. 1857 (Gillet, n. 3691).

6. Le procureur général doit veiller à ce que les mentions portées sur les registres de pointe soient toujours exactes et complètes. Lorsqu'elles ne lui paraissent pas suffisantes, il doit provoquer, d'office, des explications : Circ. 10 juill. 1855 (Gillet, n. 3592).

7. Les relevés des registres de pointe doivent présenter, en tête du résumé des travaux, le nombre des affaires correctionnelles. Dans la colonne des observations, on doit faire connaître, pour les affaires civiles, le nombre des causes rayées par suite d'abandon ou de transaction, et la date des mises au rôle : Lett. minist. 17 sept. 1857 (Gillet, n. 3733).

8. On doit indiquer exactement sur les relevés, au recto, les jours d'audience tels qu'ils sont fixés par le règlement de chaque tribunal. — La première colonne du tableau doit faire connaître non-seulement la date, mais le *jour* des audiences. — Dans le résumé des travaux du mois placé en tête des relevés, il faut comprendre toutes les affaires, quelle qu'en soit la nature : Lett. minist. 25 janv. 1856 (Gillet, n. 3631).

9. Les relevés des registres de pointe sont envoyés, à l'expiration de chaque mois, par le procureur général au ministre de la justice : Circ. 11 mars 1816 (Gillet, n. 1035).

— V. *Administration judiciaire*, 4; *États et envois périodiques*. 4-1° et 21.

RÈGLEMENT DE JUGES. — **1.** Au cas où un tribunal correctionnel, qui avait été saisi d'une prévention de délit par une ordonnance de renvoi du juge d'instruction, s'est déclaré incompétent, sur la demande du ministère public et du prévenu, par le motif que le fait aurait le caractère de crime, et a renvoyé lui-même l'affaire devant le juge d'instruction pour compléter l'information à ce point de vue, la seconde ordonnance, par laquelle ce magistrat a, sur les conclusions conformes du ministère public, prescrit la transmission des pièces au procureur général, et l'arrêt de renvoi en Cour d'assises, rendu ensuite par la chambre d'accusation, sont-ils réguliers et valables? — A cette question, qui nous a été soumise par un des abonnés du *Journal du ministère public*, nous avons répondu qu'en pareil cas le procureur général doit, selon nous, à raison du conflit négatif de juridiction résultant de la contrariété qui existe entre la première ordonnance du juge d'instruction et le jugement du tribunal correctionnel, interjeter appel de ce jugement, et, s'il est confirmé par la Cour, ou si, à défaut d'appel, il est passé en force de chose jugée, se pourvoir en règlement de juges devant la Cour de cassation. Nous ajoutons qu'à cette demande en règlement de juges le procureur général devrait joindre, lorsqu'il y a eu appel, un pourvoi en cassation contre l'arrêt de la chambre d'accusation, et voici comment, à nos yeux, se justifie cette manière de procéder.

2. Si, sur l'appel du procureur général, le jugement correctionnel est infirmé, et si, conséquemment, la juridiction correctionnelle est reconnue compétente, la deuxième ordonnance du juge d'instruction et l'arrêt de la chambre d'accusation qui en a été la suite tomberont nécessairement comme intempestivement rendus. — Que si, au contraire, le jugement est confirmé en appel, ou s'il a acquis l'autorité de la chose jugée, le conflit négatif ne peut évidemment disparaître qu'au moyen d'un règlement de juges. Mais pour que ce règlement puisse être fait par la Cour de cassation d'une manière irrévocable, il faut que l'arrêt rendu par la chambre d'accusation à la suite de la seconde ordonnance du magistrat instructeur lui soit déféré; car si cet arrêt subsistait, il pourrait, suivant la décision que rendrait la juridiction devant laquelle la Cour suprême aurait renvoyé l'affaire, donner lieu à un nouveau conflit entre cette juridiction et la chambre d'accusation de qui il émane.

— V. *Appel correctionnel,* 142 ; *Compétence criminelle,* 151 ; *Juge d'instruction*, 27. V. aussi le mot *Juge d'instruction* à la Table supplémentaire.

RÈGLEMENT DE POLICE. — 1. Le prévenu d'infraction à un règlement de police qui conteste que ce règlement ait été publié n'est pas tenu de prouver que la publication n'en a pas été faite; c'est au ministère public à établir qu'elle a eu lieu. En conséquence, la demande du ministère public d'un sursis pour laisser au prévenu la faculté d'établir la non-publicité de cet arrêté ne fait point obstacle à ce que, faute par lui d'offrir la preuve de la publication, le juge de police relaxe le prévenu, en se fondant sur le défaut de publicité de l'arrêté : Cass., 26 juin 1857 (J.M.p.1.42). La règle que nul ne peut être contraint de prouver un fait négatif doit recevoir son application en matière criminelle comme en matière civile, parce qu'elle découle de la force même des choses. Si nombreux que soient les témoins qui viendront attester qu'ils n'ont pas eu connaissance de l'accomplissement de tel fait (et, par exemple, de la publication de tel règlement), leurs témoignages accumulés ne sauraient prouver que ce fait n'a pas eu lieu, puisque évidemment il a pu s'accomplir à leur insu. Il est, au contraire, généralement facile de fournir la preuve directe d'un fait positif, et dans notre hypothèse le ministère public serait d'autant moins fondé à rejeter l'obligation de la preuve sur le prévenu, qu'il lui suffit, pour faire tomber la dénégation de celui-ci, de produire un certificat du fonctionnaire chargé de la publication, constatant que cette formalité a été remplie. V. Cass., 18 sept. 1847 (S.-V.47.1.758).

2. Nous ne saurions donc approuver la jurisprudence de la Cour de cassation, d'après laquelle il suffit qu'un règlement de l'autorité administrative soit inséré dans le mémorial administratif de la préfecture, et que le préfet ait chargé les maires de faire publier ce règlement dans les formes par lui déterminées, pour qu'il y ait *présomption, tant que la preuve du contraire n'est pas rapportée,* que ce règlement a reçu la publication prescrite. *Sic,* Cass., 5 mars 1836 (S.-V.36.1.597); 24 juill. 1852 (S.-V.53.1.47); 12 avr. 1861 (D.P.61.5.412). — *Contrà,* Dalloz, *Répert.,* v° *Commune,* n. 646.

3. Et nous n'approuvons pas davantage un motif de l'arrêt du 26 juin 1857, mentionné ci-dessus, n. 1, qui, dans le cas où la publication d'un règlement de police est contestée, fait une sorte de devoir au juge de police d'accueillir la demande du ministère public tendant à faire ordonner un sursis pour laisser au prévenu le soin de démontrer la non-publicité de ce règlement. La Cour de cassation a sans doute entendu que si, à l'expiration du sursis, le prévenu n'avait pas rapporté cette démonstration, le juge devrait néanmoins l'acquitter, à défaut par le ministère public de prouver lui-même la publication, puisque c'est à la charge de celui-ci qu'elle met la preuve. Mais alors quelle nécessité d'ordonner ce sursis? N'est-ce pas créer gratuitement un embarras au prévenu, et l'exposer frustratoirement à faire les frais d'une inutile production de témoins?

4. Mais il a été jugé avec raison que le tribunal de police saisi d'une poursuite pour contravention à un règlement municipal ne peut relaxer le prévenu, sur le motif que ce règlement ne serait pas produit, sans donner au ministère public le temps de justifier de l'existence de ce même règlement : Cass., 1er déc. 1860 (J.M.p. 4.74). — Compar. *Preuve des délits,* n. 8 et s.

RÉHABILITATION. — **1**. 1° *Réhabilitation en matière criminelle, correctionnelle et disciplinaire.* Il a été jugé que la réhabilitation ne peut être demandée que par les condamnés qui ont encouru une incapacité légale; et qu'ainsi sont non recevables à former une demande en réhabilitation, soit l'individu frappé d'une condamnation correctionnelle qui n'entraîne aucune incapacité, soit celui contre lequel a été prononcée une simple condamnation disciplinaire : Colmar, 12 avr. et 26 juill. 1861 (J.M.p.4. 289). Cette solution nous semble complétement justifiée par les principes qui ont été développés lors de la discussion de la loi du 3 juillet 1852, modificative des art. 619 et s., C. instr. crim. D'un côté, en effet, pour expliquer le rejet d'un amendement de M. Beauverger, qui avait demandé que l'individu ayant subi sa peine pût être réhabilité, même après sa mort, sur la demande de ses héritiers, M. Langlais disait, dans le rapport présenté au nom de la commission du Corps législatif : « La réhabilitation de l'ancien régime avait pour but, en effaçant l'infamie, de rendre l'honneur et la bonne renommée au condamné. L'objet actuel de la réhabilitation, c'est surtout de faire cesser les incapacités résultant des condamnations ; le réhabilité, c'est, comme l'indique le mot lui-même, l'individu qui, privé de ses droits politiques et civils, redevient habile à les exercer. Cette considération suffit pour écarter l'amendement. » Si le mot *surtout*, employé par le rapporteur, pouvait faire naître quelques doutes, ils seraient levés par les paroles suivantes de M. Rouher, commissaire du Gouvernement : « Les législations positives ne doivent pas trop se préoccuper des questions de *réhabilitation morale ;* il faut laisser à l'opinion publique, à la considération qui entoure la famille du condamné, le soin d'opérer cette réhabilitation et d'effacer de tristes souvenirs. C'est pourquoi on a limité les effets de la *réhabilitation légale* à l'abolition des incapacités existantes. » — V. du reste, conf., F. Hélie, *Inst. crim.*, t. 8, n. 4100.

2. Toutefois, la Cour suprême a décidé en sens contraire que le droit, pour l'individu condamné correctionnellement, de demander sa réhabilitation, existe dans tous les cas et alors même qu'aucune déchéance, incapacité ou interdiction ne serait la conséquence du jugement de condamnation : Cass., 27 avr. 1865 (J.M.p.8.141). — Cette décision s'appuie sur des motifs qui font certainement honneur aux sentiments des magistrats desquels elle émane, mais qui ne nous paraissent nullement juridiques. Il est vrai, comme le dit la Cour suprême, que, dans le droit romain, la *restitutio in integrum* avait pour effet de placer le condamné dans le même état où il était avant sa condamnation ; que, dans notre ancien droit, les lettres de réhabilitation tendaient à le rétablir dans sa bonne renommée, et qu'en 1791, le baptême civique institué par l'Assemblée constituante affranchissait le condamné de tous les effets de la condamnation. Mais le Code d'instruction criminelle et les lois postérieures ont-ils envisagé la réhabilitation d'une façon aussi large? Les documents législatifs répondent négativement.

5. Le projet du Code d'instruction criminelle portait aussi que la réhabilitation faisait cesser *tous les effets* de la condamnation; mais ces expressions furent supprimées, sur l'observation qui fut faite au Conseil d'État « qu'on ne doit pas faire cesser indistinctement tous les effets du jugement; qu'on ne restituera pas, par exemple, les amendes et dommages-intérêts que le condamné a payés; qu'il ne s'agit que de le relever *des incapacités* où il est tombé. » L'art. 633, tel qu'il fut adopté, disposait en effet simplement que « la réhabilitation fait cesser pour l'avenir, dans la personne du condamné, toutes les incapacités qui résultaient de la condamnation. » M. le procureur général Dupin, dans les conclusions qu'il a développées devant la chambre criminelle, lors de l'arrêt mentionné ci-dessus, a cru pouvoir invoquer, comme preuve que le législateur de 1808 a envisagé la réhabilitation de la même manière que l'ancien droit, un passage de l'exposé des motifs du Code d'instruction criminelle par Treilhard, qui, considéré isolément, pourrait peut-être effectivement faire illusion; mais ce passage perd évidemment la portée qu'on veut lui donner, si on le rapproche, et de la discussion au Conseil d'État que nous avons rappelée plus haut, et du texte de l'art. 619, C. instr. crim., qui, matérialisant en quelque sorte la réhabilitation, en restreignait le bénéfice au cas d'une condamnation à une peine afflictive ou infamante.

4. La loi du 3 juill. 1852, qui a modifié le chapitre iv du titre vii du Code d'instruction criminelle, y a laissé subsister dans les mêmes termes, mais en la transportant dans l'art. 634, la disposition que contenait l'art. 633 précité; et l'on voit par l'exposé des motifs de cette loi que ses auteurs n'ont point eux-mêmes considéré la réhabilitation comme ayant pour objet de supprimer l'infamie attachée à la condamnation, indépendamment de toute incapacité. « Est-il bien exact, y lit-on, d'affirmer que le propre de la réhabilitation soit en effet de supprimer l'infamie? D'après le Code de 1808, la réhabilitation *n'a d'autre objet que de faire cesser les incapacités résultant des condamnations.* » — C'est ainsi, du reste, que l'art. 634 a été interprété par les auteurs et par la Cour de cassation elle-même, d'après lesquels la réhabilitation n'empêche pas que la condamnation ne serve de base à l'aggravation pénale de la récidive, si le réhabilité vient à commettre un nouveau crime ou délit. *Sic*, Cass., 6 fév. 1823 (S.-V.7.1.189); — Carnot, *Comm. Cod. pén.*, p. 168, n. 17; Legraverend, *Législ. crim.*, t. 2, p. 609; Favard, *Répert.*, v° *Récidive*, n. 12; Garnier et Dubourgneuf, *Comment. sur l'art.* 56, *Cod. pén.*; Hélie et Chauveau, *Th. Cod. pén.*, t. 1, n. 141; F. Hélie, t. 8, n. 4099. — Enfin, la même opinion est exprimée plus énergiquement encore dans l'exposé des motifs de la loi du 19 mars 1864, mentionnée ci-après, n. 9. « De nos jours, y est-il dit, la réhabilitation n'est pas, ce qu'elle était sous l'ancienne monarchie, une réintégration dans la *bonne renommée*, ou, sous le régime de la Révolution, un *baptême civique;* elle n'est que la mainlevée pure et simple des déchéances qui accompagnent certaines condamnations. » Le rapport dont a été précédé la même loi suppose également que ce sont uniquement les incapacités résultant des condamnations que la réhabilitation fait disparaître.

5. Qu'un tel système soit incomplet, qu'il ne donne pas à la raison et à l'équité une satisfaction suffisante, c'est ce que M. F. Hélie a parfaitement établi, *loc. cit.*, et ce que nous n'hésitons pas nous-même à reconnaître; mais l'imperfection de la loi ne saurait autoriser à lui donner une interprétation manifestement contraire à son texte, ainsi qu'à l'intention du législateur; une loi nouvelle pourrait seule consacrer la solution qu'a cru devoir admettre la Cour suprême dans l'arrêt précité du 27 avr. 1865.

6. M. F. Hélie, n. 4100, fait remarquer avec raison que la réhabilitation peut, d'après la législation actuelle, être demandée pour les incapacités temporaires aussi bien que pour les incapacités perpétuelles, mais qu'elle ne s'applique qu'aux incapacités qui résultent directement de la condamnation.

7. Le contumax qui a prescrit sa peine ne peut être réhabilité : Décis. min. just. 25 mai 1830 et 2 août 1848 (Gillet, n. 2202 et 3131). — Cependant, s'il s'agissait d'une condamnation pécuniaire, le condamné pourrait encore être réhabilité, même après les délais de la prescription, s'il versait volontairement dans les caisses du Trésor le montant des condamnations prononcées contre lui : Lebon, *Notions prat. concernant l'admin. des parq. de première inst.*, p. 236.

8. Les règles établies par la loi du 3 juill. 1852 pour la réhabilitation des condamnés sont applicables aux condamnés militaires : Colmar, 22 janv. 1864 (J.M.p.7.103); Lett. proc. gén. Bourges, 31 mars 1862 (*Id.*7.130). — Le président du Conseil d'État avait exprimé une opinion conforme, dans les termes suivants, lors de la discussion du Code de justice militaire : « L'art. 619, C. instr. crim., tel qu'il a été modifié par une loi récente, est absolu et général dans ses termes. D'après cet article, tout condamné à une peine afflictive et infamante qui aura subi sa peine ou obtenu des lettres de grâce, peut être réhabilité. Si le condamné avait antérieurement obtenu une pension civile, elle est rendue par suite de la réhabilitation. Il n'y a aucune raison pour que ces règles ne soient pas appliquées au militaire qui sera dans les mêmes conditions. » (Séance du 8 mai 1857 ; *Moniteur* du 10 mai.)

9. On sait qu'une loi du 19 mars 1864 (J.M.p.7.136) a étendu aux notaires, aux greffiers et aux officiers ministériels destitués le bénéfice de la loi du 3 juill. 1852 sur la réhabilitation. Aux termes de l'art. 2 de la loi précitée du 19 mars, toutes les dispositions du Code d'instruction criminelle relatives à la réhabilitation des condamnés sont applicables aux demandes formées par ces officiers publics et ministériels.

10. Le condamné qui demande sa réhabilitation doit préalablement satisfaire aux condamnations pécuniaires prononcées contre lui, ou justifier d'un état d'insolvabilité absolue : Décis. min. just. 23 mars 1849 , 5 nov. 1850 et 15 avr. 1851 (Gillet, n. 3181, 3290 et 3328).

11. Les pièces à produire pour la réhabilitation, indépendamment de la demande même dont la teneur est clairement tracée par l'art. 622, et qui, émanant du condamné *personnellement,* doit être adressée par lui au chef du parquet de première instance de l'arrondissement qu'il habite, sont de deux natures. Les unes doivent être fournies par le réclamant lui-même; ce sont : — 1º la quittance (à moins de remise totale par décision gracieuse) de l'amende, s'il en a été prononcé, et, dans tous les cas, celle des frais de justice, dont la remise *ne peut être accordée à aucun titre;* — 2º la quittance des dommages-intérêts qui ont pu être alloués à la partie civile, ou l'acte constatant la remise que celle-ci en aurait consentie; — 3º à défaut des pièces ci-dessus indiquées, un certificat établissant que le réclamant a subi le temps de contrainte par corps déterminé par la loi; ou encore, s'il s'agit de dommages-intérêts, la déclaration de la partie civile qu'elle entend renoncer à ce moyen d'exécution; — 4º dans le cas où le demandeur en réhabilitation aurait été condamné pour banqueroute frauduleuse, la quittance du passif de la faillite en capital, intérêts et frais, ou l'acte de remise qu'en aurait accordée la masse des créanciers : Circ. 17 mars 1853 (Gillet, n. 3459). — Ces diverses pièces doivent, aux termes de l'art. 12 de la loi du 13 brum. an VII, être assujetties au timbre, ainsi que la demande même : Décis. min. just. 27 oct. 1853 (*Id.*, n. 3485).

12. Les autres pièces, qui doivent être recueillies par le chef du parquet de première instance chargé de l'instruction, sont : — 1º les attestations, provoquées et rédigées en la forme déterminée par l'art. 623, C. instr. crim., de chacun des conseils municipaux des communes où le condamné aurait résidé depuis sa libération ; — 2º l'avis particulier du maire desdites communes, pièce confidentielle de sa nature, en ce qu'elle a pour objet de contrôler, au besoin, l'avis délibéré en assemblée générale par les membres du conseil municipal ; — 3º l'avis du juge de paix de chacun des cantons qu'aurait habités le condamné ; — 4º celui du sous-préfet de chacun des arrondissements où sont situés ces cantons. Pour le temps passé sous les drapeaux depuis la mise en liberté, les certificats des chefs de corps tiennent lieu des attestations exigées ci-dessus. Dans le cas où le condamné, remplissant d'ailleurs les conditions de résidence réglées par l'art. 621, aurait passé quelque temps hors de France, il devrait en être référé au garde des-sceaux, en lui faisant connaître exactement la date de son départ de France et celle de son retour, ainsi que les localités où il aurait résidé, afin que le ministre puisse provoquer, par l'intermédiaire de son collègue des affaires étrangères, des renseignements sur la conduite tenue par le réclamant en pays étranger ; — 5º une expédition de l'arrêt ou du jugement de condamnation, avec mention faite avec soin, comme sur la minute même, des décisions gracieuses qui ont pu intervenir en faveur du condamné. A cette expédition doit être jointe, en cas d'appel correctionnel, celle de l'arrêt qui a statué sur cet appel ; — 6º un extrait des registres du lieu de détention où le condamné a subi sa peine, constatant la date de l'écrou et celle de sa radiation, ainsi que la conduite du détenu ; — 7º l'avis motivé du magistrat du parquet qui a procédé à l'instruction ; — 8º les conclusions pareillement motivées qui ont dû être déposées par le procureur général, ou en son nom, à la chambre d'accusation ; — 9º l'avis délibéré par cette chambre ; — 10º en cas d'informations supplémentaires ordonnées par elle, en vertu de l'art. 627, une expédition de l'arrêt, et, s'il y a lieu, le réquisitoire qui les aurait provoquées, ainsi que toutes les pièces les constatant ou s'y rattachant ; — 11º l'acte de naissance du condamné, pièce destinée à faciliter la mention de la réhabilitation au casier judiciaire ; — 12º enfin l'inventaire détaillé des pièces du dossier : Circ. 17 mars 1853, précitée. — Cette seconde catégorie de pièces rentre dans les prévisions de l'art. 16 de la loi du 13 brum. an vii, qui affranchit du timbre les actes délivrés par une administration ou un fonctionnaire à une autre administration ou à un autre fonctionnaire : Décis. 27 oct. 1853, aussi précitée.

13. Les pièces indiquées aux deux précédents numéros doivent être adressées au garde des sceaux, avec un rapport rappelant succinctement les faits qui avaient motivé la condamnation, les phases diverses de la procédure en réhabilitation, et l'avis définitif du procureur général sur l'admissibilité de la demande. Les dossiers de réhabilitation ne doivent, du reste, être transmis au ministre qu'en cas d'avis favorable émis par la Cour. Dans le cas contraire, il suffit de lui donner connaissance de l'avis défavorable : Circ. 17 mars 1853. Dans ce dernier cas, toutes les pièces recueillies par le ministère public sont déposées au greffe, et la partie ne peut réclamer ultérieurement que celles qu'elle aurait elle-même fournies : Décis. 27 oct. 1853.

14. Le délai d'ajournement ou de nouvelle épreuve fixé par l'art. 629 pour l'examen de toute demande postérieure à celle qu'aurait repoussée la Cour doit être également observé, lorsque, sur le rapport du garde des sceaux, le chef de l'État n'a pas cru devoir admettre cette demande.

15. La réhabilitation ne doit être rendue accessible qu'aux condamnés qui se seraient réellement montrés dignes d'un tel bienfait par un amendement éprouvé et des garanties sérieuses de régénération définitive. Le procureur général n'appuiera donc pas de ses conclusions favorables une demande en réhabilitation, par cela seul que le réclamant se trouverait remplir effectivement les conditions indispensables que la loi exige, et qu'il n'aurait point donné lieu à de nouvelles plaintes depuis sa condamnation ; mais ce magistrat étudiera l'ensemble et les détails de la vie du condamné postérieurement à cette époque, et n'accordera son appui aux démarches de celui-ci qu'autant qu'il aura reconnu qu'il s'est appliqué avec constance et énergie à faire oublier son passé et à mériter de recouvrer les droits de citoyen. Il importe, en un mot, que la réhabilitation morale précède et justifie la réhabilitation légale : Circ. 17 mars 1853.

16. Sauf des exceptions très-rares, que justifieraient l'importance de l'affaire ou l'intérêt général et mérité qui s'attacherait à l'impétrant, le procureur général doit présenter les lettres de réhabilitation à l'audience publique de la première chambre de la Cour, et non en audience solennelle : Décis. 27 oct. 1853.

17. Les avis émis par les chambres d'accusation sur les demandes en réhabilitation des condamnés n'ayant point le caractère d'arrêts, ne sont pas susceptibles de recours en cassation, quelle que soit leur irrégularité; ils peuvent uniquement être déférés à la Cour suprême par le procureur général près cette Cour, sur l'ordre du ministre de la justice : Cass., 1er sept. 1853 (S.-V. 54.1.69); 21 avr. 1855 (S.-V.55.1.475); 18 janv. 1867 (J.M.p.10. 256); — F. Hélie, t. 8, n. 4102; Massabiau, t. 3, n. 3447.

18. Signalons, en terminant, comme un guide très-utile en cette matière, le traité *de la Réhabilitation en matière criminelle, correctionnelle et disciplinaire*, de M. Billecocq.

19. 2° *Réhabilitation en matière commerciale.* Les art. 604 et s., C. comm., déterminent les conditions et les formes de la réhabilitation des commerçants faillis. Les obligations du ministère public relativement à cet objet sont écrites dans les art. 606, 607, 609 à 611, dont les dispositions n'ont pas besoin de commentaire.

— V. *Casiers judiciaires*, 3; *Chasse*, 56; *Faillite*, 4 et s.; *Surveillance de la haute police*, 2.

REMISE DE PEINE. — **1.** D'après un arrêt de la Cour de cassation du 7 déc. 1860 (J.M.p.4.114), le décret portant remise de toutes les condamnations correctionnelles ou de simple police *prononcées* au moment où il est intervenu, ne s'applique pas aux individus dont la condamnation n'était pas alors définitive, en ce que, par exemple, l'arrêt qui la prononçait avait été frappé d'un pourvoi en cassation. Cette décision est susceptible peut-être de quelque difficulté, quoique pourtant elle nous paraisse irréprochable. — Le Conseil d'État a jugé en sens contraire, par arrêts des 9 mai 1838 (S.-V.39.2.123), 25 janv., 14 fév. et 22 juill. 1839 (D.P.40.3.10 et 71) et 28 mai 1840 (D.P.40.3.108), que l'ordonnance d'amnistie et de remise de peine du 30 mai 1837, dont l'art. 2 portait remise de toute amende de 100 fr. et au-dessous qui aurait été *prononcée* en matière correctionnelle, de police de roulage et de grande voirie, s'appliquait aux amendes simplement encourues et non encore jugées. Cela semble, du reste, incontestable à MM. Dalloz, *Répert.*, v° *Amnistie*, n° 84. — Toutefois, la Cour de Paris a consacré l'interprétation opposée; elle a jugé, par arrêt du 8 juill. 1837 (Dall., *ibid.*, n° 73), que l'art. 2 de l'ordonnance précitée du 30 mai 1837, ne faisant pas remise des peines *prononcées et encourues*, ne pouvait profiter à des prévenus contre lesquels aucune peine n'avait encore été prononcée ; et, d'un autre côté, la Cour de Bordeaux a décidé dans le même sens, le 3 août 1853 (D.P.53.2.239), que le décret du 14 août 1852 portant remise des amendes auxquelles les délinquants auraient été *condamnés* en matière de forêts, de pêche, de chasse, de police de roulage et de grande voirie, ne profitait pas aux délinquants qui n'auraient pas encore passé en jugement.

2. Il ne faut pas, en effet, confondre une ordonnance ou un décret de remise de peine avec un acte d'amnistie. L'amnistie, on le sait, fait disparaître toute trace des crimes ou délits auxquels elle s'applique ; elle profite, dès lors, aux coupables qui n'ont pas encore été jugés comme à ceux qui ont été condamnés irrévocablement (V. *Amnistie*, n. **1**). Mais la remise de peine, qui n'est qu'une forme de la grâce, n'a pas ce caractère de généralité ; elle n'efface que celles des conséquences des crimes et délits qui sont expressément désignées dans l'ordonnance ou le décret de remise (Décis. minist. just. 14 juill. 1821 ; Massabiau, *Man. du Minist. publ.*, t. 3, n. 3275). De là il faut conclure, selon nous, avec les Cours de Paris et de Bordeaux, que la remise des peines ou condamnations prononcées ne saurait s'étendre aux peines simplement encourues, et, avec la Cour de cassation, qu'une semblable remise ne saurait profiter aux individus dont la condamnation n'était pas définitive au moment où le décret de remise est intervenu.—On comprend que le Conseil d'État ait pu décider qu'une ordonnance portant remise des amendes prononcées dans une certaine matière, autres que celles qui auraient été *acquittées* avant la promulgation de cette ordonnance (Cons. d'Ét., 28 juin 1835, S.-V.37.2.506), s'appliquait même aux amendes dont la condamnation avait été prononcée par des décisions non encore passées en force de chose jugée, parce que, l'exception étant restreinte aux sommes définitivement acquises à l'État, le bénéfice de la remise devait être considéré comme embrassant généralement toutes les amendes qui ne se trouvaient pas dans cette condition. Mais, en l'absence d'une disposition de cette nature ou de toute autre disposition analogue, la peine prononcée doit, encore une fois, s'entendre ici de celle qui a été l'objet d'une condamnation définitive. — V. *Grâce*.

REMPLOI. — Une circulaire du ministre de la justice du 1er août 1862 (Rés. chr., p. 48) a recommandé aux procureurs généraux d'appeler l'attention des tribunaux, des notaires et des officiers ministériels de leur ressort sur les avantages du remploi en rentes sur l'État autorisé par l'art. 46 de la loi des finances de 1863. A côté d'une sécurité supérieure à plus d'un titre à celle du remploi en immeubles, dit cette circulaire, le remplacement en rentes sur l'État donne aux représentants des incapables, pour l'exécution des lois, des décisions judiciaires et des prescriptions particulières contenues dans les donations entre-vifs ou dans les testaments, des facilités incontestables ; il les affranchit, en outre, des charges inhérentes à l'acquisition d'un immeuble. La loi précitée protége donc ainsi doublement le patrimoine si digne de sollicitude des mineurs, des femmes mariées et des autres incapables.

RENVOI POUR SUSPICION LÉGITIME. — 1. Il ne saurait y avoir lieu à renvoi pour cause de suspicion légitime, à raison de l'esprit d'hostilité qui existerait entre le défenseur du prévenu et le magistrat du parquet, sans qu'il soit allégué que cet esprit d'hostilité ait atteint d'autres magistrats ; ce ne serait là qu'une récusation indirecte et détournée du ministère public : Cass., 2 mai 1867 (J.M.p.11.17). — Et l'on sait que le ministère public n'est pas soumis à la récusation en matière criminelle. — V. *Ministère public*, n. 62; *Récusation*, n. 5.

2. La Cour de cassation a jugé aussi, par arrêt du 23 juin 1808 (Dalloz, *Répert.*, v° *Renvoi*, n° 124), que le renvoi pour cause de suspicion légitime ne peut avoir lieu à raison de la partialité et de l'acharnement avec lesquels le procureur général et le rapporteur poursuivent le prévenu ; mais cet arrêt ajoute que la partialité et l'acharnement dont il s'agit pourraient motiver des récusations particulières, ce qui n'est exact qu'à l'égard du rapporteur, et nullement à l'égard du procureur général, d'après ce qui a été dit au numéro précédent.

RESPONSABILITÉ PÉNALE. 1. Un jugement du tribunal correctionnel de Bagnères, du 16 janv. 1864 (J.M.p.7.87), a décidé qu'un maître ou commettant ne peut être personnellement poursuivi par le ministère public comme responsable d'un homicide involontaire commis soit par son domestique ou préposé, soit par un tiers que ce domestique ou préposé s'était substitué dans l'exécution de l'acte à l'occasion duquel a été perpétré ce délit, la loi n'admettant pas la responsabilité pénale à plusieurs degrés. C'est là évidemment une théorie trop absolue. Elle doit d'autant moins être admise, que les maîtres et commettants sont, en certains cas, soumis à la responsabilité pénale des faits de leurs domestiques et préposés, soit par la loi elle-même, soit, aux termes d'une jurisprudence constante, par la nature même des choses. V. comme exemples, Cass., 27 et 28 janv. 1859 (S.-V.59.1.364), ainsi que les autres indications données par MM. Sourdat, *Responsabilité*, t. 2, n. 778 et s., Hélie et Chauveau, *Théor. Cod. pén.*, t. 1, n. 291, et Dalloz, *Répert.*, v° *Peine*, n. 98.

2. Dans le cas où la responsabilité d'un délit semble devoir remonter jusqu'aux personnes sous l'autorité desquelles était placé celui qui en est l'auteur direct, il semble qu'il conviendrait de diriger l'action publique tant contre celles-là que contre celui-ci. Cette manière de procéder mettrait les juges en mesure de mieux apprécier la part de responsabilité revenant à chacun. Afin de parer à toutes les éventualités, celui qui serait, aux yeux du ministère public, le véritable délinquant, devrait être cité comme auteur du délit, et subsidiairement comme civilement responsable. S'il parvenait à rejeter la culpabilité sur ses coprévenus, il pourrait au moins être condamné aux réparations civiles; — tandis que s'il était seul mis en cause et qu'il ne fût pas déclaré coupable, le tribunal serait incompétent pour l'assujettir soit aux dommages-intérêts, soit aux frais des poursuites.—V. en ce sens, un article de M. Lespinasse, à la suite du jugement précité du tribunal de Bagnères.

RÉUNIONS PUBLIQUES. 1. L'application de la loi du 6 juin 1868 (J.M.p.11.154) a donné lieu à diverses décisions dont les plus importantes ont été insérées dans notre *Journal du Ministère public*. La loi précitée étant menacée d'abrogation, nous ne mentionnerons ici ces décisions que d'une façon très-sommaire.

2. Il a été jugé qu'une réunion où le public peut pénétrer et où tout individu peut, avec ou sans certaines précautions de forme, se faire introduire, est essentiellement publique, et que, spécialement, ce caractère appartient à une réunion tenue dans un vaste grenier servant de dépôt de marchandises et composée d'un grand nombre de personnes auxquelles des cartes d'invitation signées en blanc avaient été remises, sans autre condition que de s'être présentées pour les demander; que, dès lors, une telle réunion tombe sous l'application de l'art. 2 du décret du 25 mars 1852 et des art. 8 et 9 de la loi du 6 juin 1868 : Agen, 19 mars 1869, et Cass., 4 juin 1869 (J.M.p.12.116 et 234).

5... Qu'une réunion doit être réputée *publique* dans le sens de la loi du 6 juin 1868, même lorsqu'elle est tenue dans un lieu privé, tel qu'un magasin ou entrepôt ou la demeure d'un citoyen, lorsqu'un certain nombre de personnes y sont admises sans invitation et peuvent y assister librement : Cass., 7 et 9 janv. 1869 (J.M.p. 12.61). — ... Et qu'il importe peu qu'après que le public s'est ainsi librement introduit dans la réunion, l'organisateur ait déclaré que les personnes présentes pouvaient se considérer comme invitées : Même arrêt du 9 janv. 1869.

4. Il a été décidé, d'un autre côté, que les infractions prévues par l'art. 9 de la loi du 6 juin 1868 constituant des contraventions, l'intention coupable n'est pas exigée pour les caractériser, et qu'ainsi, spécialement, la réunion tenue dans un domicile privé et à laquelle des personnes non invitées ont été librement admises, prend le caractère d'une réunion publique, indépendamment de l'intention de l'organisateur d'y laisser pénétrer le public, et par la simple inobservation, de sa part, des précautions nécessaires pour interdire au public l'accès de ce domicile : Cass., 9 janv. 1869 (J.M.p.12.61).

RÉVISION. 1. Avant la loi du 29 juin 1867 (J.M.p.10.279) modificative des art. 443 et s., C. instr. crim., c'était une question très-controversée que celle de savoir si la révision des procès, dans les cas que déterminaient les articles précités, était admise en matière correctionnelle. V. les observations accompagnant un arrêt de la Cour de cassation de Belgique du 11 nov. 1861 (J.M.p.5.229). Le doute a été levé par la loi nouvelle, qui ouvre la voie de la révision contre les condamnations correctionnelles, de quelque juridiction qu'elles émanent.

2. Sous l'empire de cette loi, il a été jugé que la contradiction qui, aux termes du n. 2 de l'art. 443, C. instr. crim., modifié, autorise la révision d'une condamnation pour crime ou délit, doit exister nécessairement entre cette condamnation et une autre condamnation prononcée pour le même fait contre un autre accusé ou prévenu, et inconciliable avec elle ; qu'il ne suffirait pas que la contradiction existât entre la condamnation dont la révision est demandée et des dépositions de témoins, des déclarations de coaccusés ou d'autres documents du procès ; — Qu'ainsi, spécialement, la révision d'une condamnation pour crime prononcée contre un accusé ne peut être demandée par le motif qu'un autre accusé a été postérieurement condamné pour le même fait, et que l'un ou l'autre seul de ces accusés a, d'après les témoignages recueillis, commis le crime, alors qu'il n'est pas impossible qu'un autre individu se soit joint à l'auteur du crime pour coopérer à sa perpétration, et que, d'ailleurs, la seconde condamnation a été, à la différence de la première, prononcée, non pour consommation du crime, mais pour complicité, sans exclure la possibilité d'une assistance dans des actes simplement préparatoires de ce crime : Cass., 17 déc. 1868 (J.M.p.12.37).

5. Les termes du nouvel art. 443 ne permettent pas le moindre doute sur l'exactitude du principe proclamé par cet arrêt. — Lors de la discussion de la loi du 29 juin 1867, un amendement avait été proposé dans l'objet d'étendre le droit de révision à tous les cas où l'innocence du condamné serait démontrée, bien qu'il n'existât pas deux condamnations inconciliables ; mais cet amendement fut repoussé par le motif que la révision ne doit être admise que là où il y a certitude absolue de l'erreur de la condamnation, et que cette certitude ne peut résulter que de la contradiction et de l'inconciliabilité de deux condamnations successives. La simple contradiction entre une condamnation et des dépositions de témoins, des déclarations de coaccusés ou autres documents analogues, ne saurait donc manifestement servir de base à la révision de cette condamnation. Dans l'affaire Lesurques, qui a fait l'objet de l'arrêt mentionné ci-dessus, et qui depuis si longtemps était présentée comme un douloureux exemple des erreurs judiciaires, il existait bien deux condamnations prononcées successivement contre deux accusés différents relativement aux mêmes faits ; mais l'arrêt démontre que ces deux condamnations n'étaient point en elles-mêmes inconciliables, et que leur contradiction n'aurait pu être proclamée qu'en prenant pour base des témoignages insuffisants à ébranler l'autorité de la chose jugée.

SAGE-FEMME. Les chefs de parquet doivent, concurremment avec les préfets, tenir la main à l'exacte observation de l'art. 34 de la loi du 19 vent. an xi qui oblige les sages-femmes à faire enregistrer leur diplôme au greffe du tribunal de première instance et au bureau de la sous-préfecture de l'arrondissement où elles s'établiront et où elles auront été reçues : Circ., 2 mai 1861 (Rés. chr., p. 33).

SAISIE IMMOBILIÈRE. 1. Nous avons inséré J.M.p. 1.135 et s., la partie d'une circulaire du ministre de la justice du 2 mai 1859 qui se rapporte aux modifications apportées au titre de la saisie immobilière par la loi du 21 mai 1858. Les obligations imposées au ministère public en cette matière sont plus particulièrement indiquées dans les paragraphes 4 et 5 de cette circulaire, qui sont trop étendus pour pouvoir être reproduits ici, et auxquels, dès lors, nous nous contentons de renvoyer le lecteur.

2. A la circulaire précitée sont annexés trois modèles spéciaux au service du parquet, que nous avons reproduits dans notre *Résumé chronologique des circulaires*, p. 6 et 7.

SÉPARATION DE BIENS.—1. Le ministère public est-il recevable à former tierce opposition à un jugement de séparation de biens, lorsque ce jugement a été rendu sans que la cause lui ait été communiquée? On dit pour l'affirmative, d'une part, que la demande en séparation de biens intéresse l'ordre public, et, d'autre part, qu'il a été jugé que le ministère public, dans les causes mêmes où il n'est que partie jointe, a le droit de former tierce opposition à des jugements contraires à l'ordre public : Paris, 22 juill. 1815 (S.-V. chr.) ; d'où la conséquence que le ministère public est recevable à attaquer par la voie de la tierce opposition un jugement de séparation de biens frappé d'une nullité d'ordre public pour avoir été rendu sans communication préalable de la cause à l'officier du parquet.

2. Cette solution serait évidemment irréprochable, si les deux principes qui lui servent de base étaient l'un et l'autre exacts. Or, nous reconnaissons bien hautement l'exactitude du premier, mais nous contestons avec force la justesse du second. Assurément nous ne sommes point de ceux qui vont jusqu'à prétendre que la demande en séparation de biens n'est pas sujette à communication au ministère public, parce que le législateur n'a pas reproduit, à l'égard de cette demande, la disposition (C. pr., 879) qui, pour le cas de séparation de corps, exige expressément que le ministère public soit entendu (V. notamment Carré, quest. 3262). Nous croyons, au contraire, que la demande en séparation de biens est communicable, soit parce que la femme qui forme cette demande est au nombre des femmes *non autorisées par leurs maris*, dont l'art. 83, 6°, C. proc. civ., veut que les causes soient communiquées au ministère public, soit parce qu'une telle demande doit être rangée parmi celles qui concernent l'ordre public et qui, d'après le même article, § 1, sont également sujettes à communication. Comment ne pas reconnaître, en effet, que le principe de l'immutabilité des conventions matrimoniales, auquel déroge la séparation de biens, et le principe prohibitif des séparations volontaires, dont un concert des époux peut chercher à éluder la rigueur, sont des principes d'ordre public (V. sur ce point notre *Traité de la sépar. de biens judic.*, nᵒˢ 1, 7 et suiv.)? Nous estimons, dès lors, que le défaut de communication de la demande en séparation de biens au ministère public frappe le jugement d'une nullité absolue, et non point seulement d'une nullité relative pour la femme, comme le soutiennent MM. Chauveau sur Carré, quest. 2928 *bis*, et Dalloz, *Répert.*, vᵒ *Contr. de mar.*, n. 1747. V. encore notre *Tr. de la sép. de biens*, n. 130, *in fine*.

3. Mais suit-il de là que le ministère public puisse former tierce opposition à ce jugement? Non, sans doute. Le ministère public est, à la vérité, partie jointe dans toutes les causes où l'ordre public est engagé, et il semble bien résulter de l'arrêt de la Cour de Paris mentionné ci-dessus, n. 1, que cette qualité suffit, en pareil cas, pour conférer à l'officier du parquet le droit d'attaquer le jugement par la voie de la tierce opposition; mais nous avons déjà réfuté cette doctrine au mot *Partie jointe*, n. 2, en nous appuyant sur de graves autorités, et nous ne pouvons que renvoyer à nos précédentes observations.

SÉPARATION DE CORPS. 1. La preuve de l'adultère de la femme à raison duquel le mari demande sa séparation de corps contre celle-ci, peut être puisée dans les lettres adressées par la femme à son complice et tombées entre les mains du mari : Bordeaux, 27 fév. 1807 (S.-V.2.2.204) ; Cass., 31 mai 1842 (S.-V. 42.1.490) ; Besançon, 20 fév. 1860 (J.M.p.3.139) ; — Aubry et Rau, d'après Zachariæ, t. 4, p. 158.

2. Un arrêt de la Cour de Rennes, du 25 juill. 1859 (J.M.p.2. 197) a jugé qu'au cas d'une demande en séparation de corps formée par un mari contre sa femme pour injures graves, le ministère public ne peut, sous le prétexte que les faits articulés par le mari sont constitutifs de l'adultère de la femme, conclure à ce que la séparation de corps soit prononcée pour cause d'adultère, et requérir l'application de la peine édictée par l'art. 308, C. civ., ni le tribunal prononcer cette séparation et appliquer cette peine.

parce que ce n'est que sur une dénonciation formelle du mari que, même en ce cas, l'adultère de la femme peut être réprimé. Cette décision nous semble irréprochable. Lorsque le mari demandeur en séparation de corps, en articulant des faits coupables contre sa femme, se borne à leur donner le caractère et la qualification d'injures graves, les tribunaux ne peuvent, par une appréciation plus sévère que la sienne, y voir autre chose, et le ministère public, qui ne peut provoquer la répression de l'adultère de la femme que sur la dénonciation formelle du mari (V. *Adultère*, n. 1 et 2), ne saurait, sans excès de pouvoir, prendre l'initiative d'une pareille sévérité.

5. Il n'est point permis de transporter ici la règle qui, en matière correctionnelle, autorise le ministère public à requérir la rectification de la qualification inexacte qui a été donnée dans l'origine au fait poursuivi (V. *Compétence criminelle*, n. 124 et s.); car cette règle a pour base le devoir imposé au ministère public de poursuivre la répression de tous les faits qui, dans la réalité, lèsent l'intérêt social, et ici, il s'agit surtout d'un intérêt privé, dont la loi veut que la partie lésée ait la souveraine appréciation. Or, si l'on va au fond des choses, on reconnaît sans peine que le mari qui, même en articulant contre sa femme des faits constitutifs de l'adultère, a simplement demandé sa séparation de corps pour cause d'injures graves, n'a nullement entendu dénoncer l'adultère de sa femme, et provoquer contre elle une condamnation corporelle. Comment le ministère public, qui (nous le répétons, parce que c'est un point essentiel à retenir) ne peut poursuivre d'office la répression de l'adultère, aurait-il le droit de requérir lui-même cette condamnation?

4. On est allé plus loin; on a décidé que l'introduction par le mari d'une instance en séparation de corps, *pour cause d'adultère*, ne peut être considérée comme une dénonciation de l'adultère autorisant le ministère public à poursuivre correctionnellement ce délit. V. *Adultère*, n. 2. Et cela nous semble encore parfaitement exact, car, en prenant la voie civile, le mari manifeste son intention de se faire séparer de sa femme, mais non de la faire punir comme adultère, bien que la séparation doive entraîner en définitive, mais indépendamment de sa volonté, une condamnation corporelle contre sa femme. —Il est d'autant plus juste de le décider ainsi qu'en matière correctionnelle tout est de droit rigoureux, et que, dès lors, la *dénonciation* exigée par la loi (C. pén., 336) ne saurait admettre d'équivalent. Conf., Dalloz, *Répert.*, v°

65

Adultère, n. 42. V. cependant Poitiers, 24 mars 1842 (Dall., *loc. cit.*); — Mangin, *Act. publ.*, t. 1, n. 132, et Massabiau, *Man. du min. publ.*, t. 3, n. 2645.

5. Le désistement par le mari de la plainte en adultère qu'il a portée contre sa femme, fait-il obstacle à ce que, sur la demande en séparation de corps qu'il a ultérieurement formée pour la même cause d'adultère, la femme soit, à la réquisition du ministère public, condamnée conformément à l'art. 308, C. civ. ? La jurisprudence s'est généralement prononcée dans le sens de la négative. V. Paris, 31 août 1841 (S.-V.42.2.487), 24 mai 1854 (D.p.56.2.218) et 26 janv. 1860 (J.M.p.3.40); Rouen 18 nov. 1847 (S.-V.48.2.83); Bordeaux, 16 août 1859 (J.M.p.2.313); Cass., 23 nov. 1864 (*Id.*7.309). V. aussi Massol, *Sépar. de corps*, p. 190. Mais nous regardons cette doctrine comme très-contestable.

6. On peut, au premier abord, s'étonner de trouver dans le Code civil des dispositions telles que celles des art. 298 et 308, réprimant par la peine de l'emprisonnement l'adultère de la femme. Mais il faut se rappeler qu'à l'époque où fut promulgué le titre *du Mariage*, auquel appartiennent ces articles, nulle loi ne punissait l'adultère : le Code de brum. an IV, de même que celui de 1791, gardait un silence complet sur ce délit. C'était une lacune trop grave pour que les auteurs du Code civil ne s'empressassent pas de la combler provisoirement dans les dispositions des chapitres *du Divorce* et *de la Séparation de corps* rangeant l'adultère de la femme parmi les causes de ces graves mesures. Le législateur déposait ainsi dans les art. 298 et 308 de ce Code, un principe de répression que la législation pénale devait plus tard s'approprier. En effet, la peine que prononcent ces articles est identiquement la même que celle qu'a édictée à son tour contre la femme adultère l'art. 337, C. pén. Et on lit, d'ailleurs, dans l'exposé des motifs des dispositions du Code pénal relatives à l'adultère : « Le Code penal, en énonçant la peine qui doit être prononcée contre la femme, n'a fait *que se conformer* à l'art. 298, C. civ. » Il n'est pas parlé ici, à la vérité, de l'art. 308, mais ce dernier article ne fait que reproduire littéralement, pour le cas de séparation de corps, la disposition du premier, relative au cas de divorce. Les art. 308, C. civ., et 337, C. pén., ne sont donc l'un et l'autre que l'expression d'une même pensée. Il est vrai que le Code pénal, plus explicite sur cette matière que le Code civil, comme cela devait être, dit, dans son art. 336, que l'adultère de la femme ne peut être dénoncé que par le mari. Mais la même idée ne ressort-elle pas de l'art. 309, C. civ., portant que le mari reste le maître d'arrêter la condamnation prononcée contre sa femme en consentant à la reprendre? A cet égard encore l'exposé des motifs précité ne laisse pas de doute. Il en résulte qu'aux yeux des auteurs du Code pénal, le droit de pardon reconnu au mari par l'art. 309, C. civ., et que le Code pénal consacrait lui-même, impliquait que le mari, seul offensé, avait aussi seul qualité pour provoquer la répression; et dès lors, l'art. 336, C. pén., n'énonçait ce dernier principe que pour le rendre encore plus saillant. Donc, au point de vue de l'art. 308, C. civ., comme au point de vue de l'art. 337, C. pén., c'est-à-dire devant le tribunal civil prononçant la séparation de corps pour cause d'adultère de la femme, comme devant le tribunal correctionnel saisi de la connaissance de ce délit, l'action du ministère public est subordonnée à la volonté du mari : nous en avons rappelé les motifs v° *Adultère*, n. 1, et ci-dessus, n. 3.

7. On objecte que le désistement donné par le mari de sa plainte en adultère ne saurait faire obstacle à l'application de l'art. 308, C. civ., contre sa femme, dans l'instance en séparation de corps qu'il a introduite à la suite de ce désistement pour la même cause d'adultère, parce que les choses se trouvent remises au même état que si la plainte n'avait jamais existé. Mais nous contestons cette assertion. S'il n'y avait eu, avant la demande en séparation de corps, ni plainte en adultère, ni désistement, le ministère public pourrait requérir contre la femme l'application de la peine édictée par l'art. 308, C. civ., parce que cette demande, fondée sur le fait d'adultère, constituerait la plainte sans laquelle un tel délit ne peut être réprimé. Mais comment la demande en séparation de corps conserverait-elle ce caractère lorsqu'elle est formée au moment même où le mari vient de se désister de la plainte en adultère qu'il avait portée contre sa femme? N'est-il pas évident alors que le mari, revenant sur une détermination qu'il avait prise dans un premier mouvement d'indignation, manifeste la volonté d'épargner à sa femme la condamnation corporelle qui serait la conséquence d'une poursuite pour adultère, et d'obtenir seulement sa séparation de corps? Et comment reconnaître au ministère public le droit de braver cette manifestation de volonté et de passer outre, lorsque la répression de l'adultère de la femme ne peut être poursuivie sans l'adhésion du mari, et cela, comme nous l'avons établi au numéro précé-

dent, aussi bien devant le tribunal civil, prononçant la séparation de corps pour cause d'adultère de la femme, que devant le tribunal correctionnel, saisi de la connaissance de ce délit?...

8. Le mari, dit-on encore, ne peut soustraire sa femme à l'application de la peine édictée par l'art. 308, C. civ., qu'en abandonnant sa demande en séparation de corps. S'il persiste et s'il triomphe dans son action, il ne peut empêcher que sa femme ne subisse le châtiment qu'elle a mérité et qui est une conséquence nécessaire du jugement. Mais rien ne justifie cette dure alternative dans laquelle on place le mari, ou de faire flétrir sa femme par une condamnation qui, bien qu'émanant du tribunal civil, n'en a pas moins un caractère correctionnel, alors que l'intérêt de son propre honneur et celui de ses enfants peuvent lui faire une loi d'éviter cette flétrissure, — ou bien de renoncer à une séparation dont la faute de sa femme a fait pour lui la plus impérieuse des nécessités. La femme, dit-on, a mérité un châtiment! Mais qui est juge de l'opportunité de ce châtiment à infliger à un délit dont le mari souffre plus directement que la société, et dont la poursuite peut avoir des conséquences si fâcheuses pour lui et pour toute sa famille, si ce n'est le mari lui-même? Comment vouloir, dès lors, et surtout si l'on ne perd pas de vue la disposition de l'art. 336, C. pén., que la punition de la femme soit la conséquence forcée de la séparation de corps prononcée contre elle pour adultère?

9. On ajoute que la peine de la *réclusion dans une maison de correction*, édictée par l'art. 308, C. civ., est une peine *sui generis* qui n'a rien de commun que la durée avec celle prononcée par l'art. 337, C. pén., en réparation du délit d'adultère. Mais c'est encore là une grave erreur, car nous avons démontré déjà, d'après l'exposé des motifs des dispositions pénales sur l'adultère, qu'en édictant la peine écrite dans l'art. 337, C. pén., le législateur n'a entendu que confirmer la disposition antérieure de l'art. 308, C. civ. — V. aussi M. Demolombe, t. 4, n. 481. Malgré une différence d'expression qui tient à ce que l'art. 308, C. civ., a été rédigé à une époque où le législateur n'était pas encore fixé sur la classification dont les peines seraient ultérieurement l'objet dans le Code pénal, la pénalité établie par cet article et celle qu'édicte l'art. 337, C. pén., sont identiques, comme le prouve l'égalité exacte de la durée des deux peines. Quelle pourrait être, d'ailleurs, la raison de différence, lorsque l'une et l'autre de ces peines ont pour objet de réprimer la même faute?

Comment l'adultère de la femme serait-il plus ou moins punissable, suivant que le mari en aurait fait l'objet d'une poursuite correctionnelle ou la base d'une demande en séparation de corps? Enfin si, comme on le prétend, la peine que l'art. 308, C. civ., impose au tribunal civil l'obligation d'infliger à la femme qu'il déclare séparée de corps pour cause d'adultère, était indépendante de celle dont l'art. 337, C. pén., frappe lui-même la femme convaincue de ce délit, on arriverait à cette conséquence évidemment inadmissible, que, dans le cas où l'emprisonnement aurait été déjà prononcé contre la femme par le tribunal correctionnel, sur la plainte du mari, en vertu de l'art. 337, C. pén., le tribunal civil devrait ordonner encore sa réclusion, en vertu de l'art. 308, C. civ., par le jugement de séparation de corps! V. dans le sens de notre opinion, trib. de Marseille, 29 mai 1863 (J.M.p.7.92).

10. La jurisprudence et les auteurs décident avec raison que la peine édictée par l'art. 308, C. civ., contre la femme séparée de corps pour adultère, ne peut être requise ni prononcée, lorsque trois ans se sont écoulés depuis que l'adultère a eu lieu, et que ce délit se trouve ainsi prescrit. *Sic*, Rennes, 28 déc. 1825 (S.-V.8. 2.167); Paris, 10 fév. 1845 (J.P.45.1.422); Besançon, 20 fév. 1860 (J.M.p.3.139); — Demolombe, t. 4, n. 409; Dalloz, *Répert.*, v^is *Sépar. de corps*, n. 287, et *Prescript. crim.*, n. 102; Demante, *Cours analyt. de Cod. civ.*, t. 2, p. 26; rapport de M. Plougoulm, lors d'un arrêt de la Cour de cassation du 31 août 1855 (S.-V.55. 1.753).

11. Il a été jugé aussi avec non moins d'exactitude que la femme qui, condamnée à plus d'une année de réclusion dans une maison de correction par un jugement de séparation de corps rendu contre elle pour cause d'adultère, commet encore ultérieurement le même délit d'adultère, est en état de récidive et passible de l'aggravation de peine portée par l'art. 58, C. pén.: Caen, 13 janv. 1842 (S.-V.42.2.176).

12. Et que, dans le cas de séparation de corps prononcée contre la femme pour adultère commis à l'étranger, le ministère public ne peut requérir ni les juges prononcer la peine édictée par l'art. 308, C. civ., cet article ne dérogeant point à l'art. 7 (aujourd'hui 5), C. instr. crim.: Cass., 31 août 1855, mentionné ci-dessus, n. 10.

13. D'après un arrêt de la Cour de Bordeaux du 16 août 1859 (J.M.p.2.313), la femme contre laquelle son mari a formé une demande en séparation de corps pour cause d'adultère ne peut, lorsque cette demande est justifiée, échapper à l'application de la peine édictée par l'art. 308, C. civ., alors même qu'elle rapporterait la preuve de sévices ou d'injures commis envers elle par son mari. Cette solution, pour être exacte, ne doit pas être prise dans un sens trop absolu. Il est certain, en thèse générale, que l'époux défendeur à une demande en séparation de corps ne peut tirer une fin de non-recevoir contre cette demande des torts que l'autre époux aurait eus envers lui (V. les nombreux arrêts et auteurs cités dans le *Répert.* de Dalloz, v° *Sépar. de corps*, n. 194); et il résulte bien de là que, dans le cas où la demande en séparation de corps est formée contre la femme pour cause d'adultère, celle-ci ne peut écarter cette demande par la preuve des injures ou sévices dont son mari se serait rendu coupable envers elle, et qu'elle ne saurait davantage, en rapportant cette preuve, échapper à la peine de l'emprisonnement dont l'art. 308, C. civ., frappe la femme qui succombe dans une telle poursuite, cet article devant, comme le décide l'arrêt de la Cour de Bordeaux mentionné ci-dessus, forcément recevoir son application toutes les fois que la séparation de corps est prononcée contre la femme pour cause d'adultère.

14. Mais il est incontestable aussi que les juges peuvent prendre en considération les torts de l'époux demandeur en séparation de corps pour apprécier le degré de gravité des faits sur lesquels il fonde sa demande, et qu'il leur appartient de rejeter cette demande si les faits dont il s'agit leur paraissent trouver une excuse ou une atténuation dans les griefs qu'oppose l'époux défendeur. V. Cass., 4 déc. 1855 (S.-V.56.1.814), ainsi que les autres arrêts et les auteurs mentionnés en note par l'arrêtiste. V. aussi Dalloz, *Répert., loc. cit.*, n. 195 et 198. Or, rien n'autorise à faire fléchir cette seconde règle dans l'hypothèse d'une demande en séparation de corps formée contre la femme pour cause d'adultère. L'application en est même commandée par une irrésistible analogie, lorsque le grief qu'oppose la femme consiste dans l'entretien par le mari d'une concubine dans le domicile conjugal, circonstance qui, aux termes de l'art. 336, C. pén.,rend le mari non recevable à dénoncer l'adultère de sa femme. V. les numéros suivants. Dans ce cas donc, et dans tous ceux où la conduite du mari paraîtra aux juges de nature à affaiblir le tort de la femme coupable d'adultère (V. comme exemple, Paris, 6 avril 1811, Dalloz, v° *Sépar. de corps*, n. 468), la demande en séparation de corps formée par le mari pourra être repoussée, et conséquemment l'application de l'art. 308, C. civ., n'être point faite à la femme.

15. La jurisprudence décide généralement que l'entretien par le mari d'une concubine dans le domicile conjugal, bien que le rendant non recevable à dénoncer l'adultère de sa femme, n'empêche point qu'en cas de séparation de corps prononcée contre celle-ci pour cette même cause d'adultère, la peine qu'édicte l'art. 308, C. civ., ne doive être requise par le ministère public et appliquée à la femme par le tribunal. *Sic*, Paris, 9 juin 1860 (J.M.p.3.184); Cass., 25 juin 1861 (*Id.*4.243); Amiens, 28 mai 1862 (*Id.*5.142).

16. Mais cette solution, fondée sur le principe d'après lequel la peine de la réclusion dans une maison de correction édictée par l'art. 308, C. civ., serait complétement distincte et indépendante de celle de l'emprisonnement dont l'art. 337, C. pén., frappe l'adultère de la femme, ne saurait être admise par nous, qui avons adopté le principe contraire (*suprà*, n. 6 et 9). — V. d'ailleurs en sens opposé aux décisions mentionnées au numéro précédent : Amiens, 1er août 1842 (S.-V.42.2.418);—Marcadé, sur l'art. 308; Dalloz, v^is *Sépar. de corps*, n. 285, et *Adultère*, n. 132.

17. Selon l'arrêt de la Cour de cassation du 23 nov. 1864 mentionné ci-dessus, n. 5, il n'est point nécessaire, à peine de nullité, pour satisfaire à la prescription de l'art. 308, C. civ., que le jugement ou arrêt constate que la condamnation contre la femme a été prononcée *sur la réquisition* du ministère public; il suffit qu'il résulte des énonciations du jugement ou arrêt que le ministère public a été entendu dans ses conclusions. Nous ne saurions encore souscrire à cette solution.

18. Le jugement du tribunal de Marseille du 29 mai 1863, également mentionné plus haut, n. 9, a jugé avec raison que le tribunal civil saisi d'une demande en séparation de corps pour cause d'adultère de la femme, ne peut, en l'absence de réquisition de la part du ministère public, prononcer d'office contre cette dernière la peine de la réclusion dans une maison de correction. Or, cette peine ne serait-elle pas en réalité prononcée d'office, si le jugement ou arrêt constatait simplement que le ministère public a été entendu dans ses *conclusions* ? Est-il besoin de rappeler que le ministère public n'est que partie jointe lorsqu'il se borne à *conclure*, et que quand il est partie principale, comme dans tous les cas où il demande une condamnation, il *requiert* et ne conclut pas seulement ? Ici, le ministère public est tout à la fois partie jointe en ce qui concerne la séparation de corps, et partie principale relativement à la condamnation de la femme à la peine de l'emprisonnement. En donnant ses conclusions, il remplit la première partie de son rôle, mais nullement la seconde. Assurément, le mot *réquisition* qu'emploie l'art. 308, C. civ., n'est point sacramentel, ainsi que le dit justement l'arrêt précité de la Cour suprême, mais s'il peut être remplacé par un équipollent, on ne saurait reconnaître ce caractère au mot *conclusions*, qui a un sens particulier tout différent.

19. A plus forte raison le jugement rendu sur une instance en séparation de corps serait-il nul, s'il se bornait à constater la présence du ministère public, sans mentionner son audition : Cass., 24 janv. 1865 (J.M.p.9.121). Outre qu'en pareil cas le jugement ne constaterait point que la peine de l'emprisonnement prononcée contre la femme a été requise par le ministère public, il violerait la règle bien constante que, dans les causes où le ministère public doit être entendu, le jugement est nul s'il ne constate pas son audition ; règle qui reçoit son application toute naturelle en matière de séparation de corps, où les conlusions du ministère public sont expressément exigées (C. proc. civ., 879).— V. *Jugement en mat. civ. et corr.*, n. 3.

20. Il a été jugé que, dans le cas où le ministère public a omis de requérir devant le tribunal civil l'application à la femme contre laquelle la séparation de corps est prononcée pour cause d'adultère, de la peine d'emprisonnement édictée par l'art. 308, C. civ., il peut encore, sur l'appel du jugement de séparation interjeté par la femme, faire cette réquisition devant la Cour : Aix, 13 juillet 1868 (J.M.p.12.121). L'exactitude de cette décision nous semble contestable. — Si le ministère public avait requis en première instance l'application de l'art. 308, C. civ., contre la femme actionnée en séparation de corps pour cause d'adultère, il aurait pu, sans le concours du mari, interjeter appel du jugement prononçant cette séparation, quant au chef relatif à la peine d'emprisonnement ; car son droit de requérir cette peine a, comme nous avons essayé plus haut de le démontrer, le même caractère que son action en répression du délit d'adultère, et la faculté de frapper seul d'appel le jugement correctionnel rendu sur cette action, lui a été reconnu (V. *Adultère*, n. 4). Il aurait pu même, selon nous, sur le seul appel de la femme, interjeter appel *a minimâ* de la disposition du jugement de séparation de corps condamnant celle-ci à l'emprisonnement, quoique cette faculté lui ait été déniée par un arrêt de la Cour de Douai du 27 mars 1828 (S.-V.9.2. 62). — Mais quand le ministère public n'a pas fait devant les premiers juges la réquisition exigée par l'art. 308, C. civ., ne serait-ce pas violer la règle des deux degrés de juridiction et les droits de la défense, que de l'autoriser à faire, sur l'appel de la femme, cette réquisition devant la Cour ?

21. Il a été encore décidé que le ministère public peut, sur l'appel du jugement de séparation de corps interjeté par le mari seul, requérir pour la première fois devant les juges du second degré l'application à la femme de la peine édictée par l'art. 308, C. civ. (Cass., 19 oct. 1837, S.-V 37.1.1029 ; Bastia, 19 mars 1856, S.-V.56.2.468) ; et cette solution se fonde sur ce que le mari, à qui il appartient de poursuivre l'adultère de sa femme devant toutes les juridictions, conserve par son appel tous les droits du ministère public. Mais une telle doctrine nous paraît également inadmissible, et nous la repousserions par les mêmes motifs que nous avons invoqués pour combattre celle d'après laquelle l'appel par le mari du jugement rendu sur sa plainte en adultère, suffit pour permettre au ministère public non appelant de requérir devant la Cour l'application à la femme de la peine que prononce l'art. 337, C. pén. V. *Adultère*, n. 7.

22 C'est avec plus de raison qu'un arrêt de la Cour de Rouen du 14 mai 1829 (S.-V.31.2.76) a jugé que la peine d'emprisonnement édictée contre la femme au cas de séparation de corps pour cause d'adultère ne peut, lorsque, faute de réquisition de la part du ministère public, elle n'a pas été prononcée par le jugement de séparation, être requise ni prononcée ultérieurement.

— V. *Action directe ou d'office*, 22 ; *Adultère*, 2, 7, 28 et s., 43 et s., 64.

SERMENT.—**1**. Les magistrats appelés à prêter serment donnent communication de leur commission au procureur général ; ils se présentent à l'audience de la Cour, où leur serment est reçu, et procès-verbal est dressé de cette prestation de serment ; il n'est perçu aucun droit d'enregistrement ni de greffe : Circ. 4 fruct. an XII (Gillet, n. 471).

2. D'après une circulaire du 30 mars 1853 (Gillet, n. 3460), le procureur général doit prendre, de concert avec le premier président, les mesures nécessaires pour que les membres de la Cour et des tribunaux prêtent serment en audience solennelle. Toutefois, il résulte d'une circulaire antérieure, et en date du

4 fév. 1813 (Gillet, n. 834), que les juges et les membres des parquets de première instance doivent prêter serment aux audiences ordinaires de la chambre où siége le premier président, afin d'éviter le grave inconvénient d'augmenter les frais de séjour, au chef-lieu de la Cour, des magistrats nommés, et de différer leur entrée en fonctions.

3. Un conseiller, un juge, un officier du ministère public, nommé aux mêmes fonctions dans un autre siége, doit prêter un nouveau serment ; ce n'est pas la nomination, c'est le serment qui confère au magistrat le caractère, la juridiction, l'autorité : Circ. 27 oct. 1829 (Gillet, n. 2174).

4. Les avocats sont bien soumis au serment professionnel (Lett. min. just. 13 sept. 1848, Gillet, n. 3146), mais non au serment politique : Lett. min. 30 avr. 1852 (*Id.*, n.3405).

5. L'avocat qui a prêté serment devant une Cour d'appel n'est pas assujetti à un nouveau serment lorsqu'il veut exercer sa profession devant une autre Cour ; il doit seulement faire enregistrer au greffe de cette dernière Cour l'arrêt qui constate sa prestation de serment : Circ. 27 fév. 1823 (Gillet, n. 1647).

6. Il n'est dû aucun salaire aux greffiers pour la rédaction des procès-verbaux constatant la prestation de serment des préposés des diverses administrations, ni pour la mention de cette prestation de serment sur la commission de ces agents : Décis. min. just., 14 janv. 1823 et 6 nov. 1841 (Gillet, n. 1627 et 2759). — Compar. *suprà*, n. 1.

— V. *Conservateur des hypothèques*, 1 ; *Greffier*, 5 ; *Instruction criminelle*, 74 et s. ; *Magistrat*, 21, 22, 59 ; *Notaire*, 5, 6 ; *Police judiciaire*, 2 ; *Preuve des délits*, 5, 34 et s., 44, 54 ; *Témoin*, 14 et s. ; *Tribunal de commerce*, 1, 2, 3 *bis*.

SERVICE MILITAIRE. — Toute demande d'autorisation de prendre du service à l'étranger doit être rédigée sur papier timbré et indiquer explicitement le nom de la puissance que l'on désire servir, ainsi que la nature du service auquel on doit être appelé. L'impétrant doit y joindre son acte de naissance et transmettre le tout au garde des sceaux par l'intermédiaire du préfet de son département, chargé de procéder à l'instruction nécessaire. L'autorisation ainsi sollicitée est soumise, après son obtention et avant la délivrance du décret, à la perception du droit de sceau, s'élevant à 660 fr. 35 cent. : Lett. min. just. 4 mai 1859 (Rés. chr., p. 8). — V. *Recrutement militaire*.

SIGNALEMENT. — 1. Lorsqu'un individu poursuivi ou condamné a pris la fuite, l'officier du ministère public doit envoyer directement au ministère de l'intérieur le signalement de cet individu, dressé avec tout le soin désirable, en y joignant l'indication de l'acte qui ordonne l'arrestation, de la date de cet acte et de l'autorité judiciaire de laquelle il émane, et en faisant connaître s'il s'agit d'un arrêt, d'un jugement, d'une ordonnance de prise de corps ou d'un mandat, et l'espèce du mandat : Circ. 6 déc. 1840 (Gillet, n. 2703) et autres antérieures (*Id.*, n. 1664, 1710, 2073, 2311).

2. Pour éviter des erreurs toujours graves et des recherches souvent très-difficiles, il convient que les juges d'instruction énoncent, autant que possible, dans les mandats qu'ils décernent, le signalement des inculpés, et notamment l'indication des signes particuliers et des tatouages qui auraient été remarqués sur leur corps : Circ. 8 fév. 1850 (Gillet, n. 3252).

SOCIÉTÉ SECRÈTE. — L'art. 13 de la loi du 28 juill. 1848 ne spécifiant pas les caractères constitutifs de la société secrète, qu'il interdit, il appartient souverainement aux juges du fait de les déterminer : Cass., 28 déc. 1855 (S.-V.56.1.360); 18 déc. 1862 (J.M.p.6.13). — V. aussi Dalloz, *Répert.*, v° *Réunion publique*, n. 6.

SUBSTITUTION. — 1. Lorsque le grevé de substitution n'a pas rempli l'obligation que l'art. 1056, C. civ., lui impose de faire nommer un tuteur à la substitution, à défaut par le disposant de l'avoir nommé lui-même, il est déclaré déchu du bénéfice de la disposition, et le droit déclaré ouvert au profit des appelés, à la diligence, soit de ces derniers, s'ils sont majeurs, soit de leur tuteur ou curateur, s'ils sont mineurs ou interdits, soit de tout parent, soit même d'office, à la diligence du chef du parquet de première instance du lieu où la succession est ouverte (C. civ., 1057).

2. Si le grevé était lui-même mineur ou interdit, il n'en encourrait pas moins la déchéance, faute par son tuteur ou curateur d'avoir fait nommer un tuteur à la substitution, conformément au vœu de l'art. 1056 : la disposition de l'art. 1074 semble ne pas laisser de doute à cet égard : Debacq, *Action du minist. publ. en mat. civ.*, p. 364. — V. cependant Coin-Delisle, *Donat. et test.*, sur l'art. 1057; Troplong, *Id.*, n. 2263. — Mais il en serait autrement si le grevé mineur n'était pas pourvu de tuteur : Debacq, p. 365.

3. La déchéance du grevé et l'action du ministère public ne sont point subordonnées à l'existence des appelés; elles constituent une garantie applicable aux appelés à naître aussi bien qu'aux appelés existants; l'art. 1057 ne fait aucune distinction, et il montre au contraire, par les termes différents dans lesquels sont conçus les deux paragraphes, que l'ouverture du droit des appelés, loin d'être corrélative à la déchéance, peut ne pas être déclarée immédiatement par les juges : Debacq, p. 367.

4. Le ministère public est encore chargé par l'art. 1061, concurremment avec les autres personnes désignées en l'art. 1057, de faire procéder à l'inventaire de tous les biens et effets de la succession, lorsqu'il n'a pas été dressé dans les délais prescrits par les art. 1059 et 1060, à la requête du grevé, en présence du tuteur à la substitution ou à la requête de celui-ci, faute par le grevé de l'avoir fait faire lui-même. Dans ce cas, il faut, aux termes de l'art. 1061, appeler à l'inventaire le grevé ou son tuteur et le tuteur à la substitution.

SUCCESSION. — 1. A l'ouverture d'une succession, si tous les héritiers ne sont pas présents, les scellés doivent être apposés, dans le plus bref délai, soit à la requête des héritiers, soit à la diligence du chef du parquet de première instance, soit d'office par le juge de paix dans l'arrondissement duquel la succession est ouverte (C. civ., 819; C. proc. civ., 911).

2. Il en est de même si le conjoint survivant est absent; — s'il y a parmi les ayants droit des mineurs ou interdits non pourvus de tuteur, et dans l'intérêt desquels l'apposition des scellés n'est pas requise par un parent;—enfin si le défunt était dépositaire public, auquel cas les scellés ne peuvent être apposés que pour raison de ce dépôt et sur les objets qui le composent (mêmes articles).

3. Mais la présence du père ou de la mère survivant ne met pas obstacle à l'apposition des scellés, soit d'office, soit à la réquisition du ministère public, si au nombre des héritiers figure un enfant majeur non présent : Circ. 27 juill. 1824 (Gillet, n. 1774).

4. La tutelle appartenant de droit au père ou à la mère survivant, il n'y a pas lieu d'apposer les scellés d'office ou à la réquisition du ministère public dans l'intérêt des enfants mineurs laissés par le conjoint prémourant : Circ. 5 nov. 1808 (Gillet, n. 636).

5. Les scellés ne doivent pas être apposés d'office ou à la diligence du ministère public après le décès du père ou de la mère d'une femme mariée présente, quand même elle n'a pas de procuration de son mari, pourvu d'ailleurs qu'elle soit majeure : Lett. min. 25 sept. 1826 (Gillet, n. 1950).

— V. notre *Traité du partage de succession*, n. 65 et s.

SUCCESSION BÉNÉFICIAIRE. — Il résulte de l'art. 996, C. proc. civ., que lorsqu'un héritier bénéficiaire a des actions à intenter contre la succession, et qu'il n'y a pas d'autre héritier que lui, ou que les actions sont intentées par tous les héritiers, elles doivent être dirigées contre un curateur au bénéfice d'inventaire, nommé en la même forme que le curateur à une succession vacante, c'est-à-dire sur la demande des parties intéressées ou sur la réquisition du chef du parquet de première instance. V. sur ce point, Circ. 30 mars 1808 (Massabiau, t. 1er, n. 1065).

SUCCESSION EN DÉSHÉRENCE. — 1. Lorsqu'une succession en déshérence est acquise à l'État, l'administration des domaines est tenue de la recueillir (Circ. 8 juill. 1806, Gillet, n. 536).—A cet effet, le directeur présente au tribunal une première requête tendant à obtenir l'autorisation de faire procéder aux publications préalables à l'envoi en possession, prescrites par l'art. 770, C. civ. V. le modèle de cette requête J.M.p.8.214.

2. Un extrait sur papier libre du jugement rendu sur la demande dont il s'agit est envoyé par le chef du parquet de première instance au ministre de la justice pour être inséré dans le journal officiel : Circ. 8 juill. 1806 (Gillet, n. 536,) et 3 mai 1825 (*Id.*, n. 1844); Décis. min. just. 9 sept. 1856 (*Id.*, n. 3674); Lett. min. just. 17 juin 1859 (Rés. chr., p. 9) et 2 août 1860 (*Id.*, p. 20).

3. L'insertion au journal officiel n'est pas prescrite à l'égard des jugements relatifs aux successions en déshérence dévolues au conjoint survivant. Si les juges croient néanmoins devoir l'ordonner, elle ne peut être faite que par les soins et aux frais des parties intéressées. Le ministère public n'a point alors à se préoccuper de l'envoi d'un extrait du jugement à la chancellerie : Décis. 9 sept. 1856 et 17 juin 1859, précitées.

4. Après que les formalités qui viennent d'être indiquées ont été remplies, l'administration des domaines présente au tribunal une seconde requête à l'effet d'obtenir l'envoi en possession des biens de la succession. Le modèle de cette requête a été aussi donné J.M.p.8.216.

5. Le tribunal de Lourdes a décidé, par jugement du 1er fév. 1870 (J.M.p.13.174), que le ministère public n'a pas qualité pour former lui-même, au nom de l'administration des domaines, la demande à fin d'envoi en possession d'une succession en déshérence, mais que c'est à l'administration seule qu'il appartient d'intenter cette demande, laquelle doit, sous peine de non-recevabilité, être introduite par un avoué. Nul texte, en effet, n'investit le ministère public du droit de représenter ici l'administration des domaines. Les termes de l'art. 770, C. civ., indiquent, au contraire, clairement que, dans ce cas, le ministère public n'est que partie jointe, puisqu'il dispose que le tribunal ne peut statuer sur la demande qu'après trois publications et affiches dans les formes usitées, et *après avoir entendu le magistrat du parquet.* — C'est donc l'administration des domaines elle-même qui doit former la demande d'envoi en possession, et le jugement ci-dessus décide, selon nous, avec raison, qu'elle est tenue de procéder par le ministère d'un avoué, conformément aux règles générales de la procédure, parce que l'art. 17 de la loi du 27 vent. an IX, qui dispense la régie d'employer ce ministère dans les instances relatives aux *perceptions* qui lui sont confiées, ne saurait recevoir ici son application.

6. Le jugement d'envoi en possession ne doit être prononcé qu'un an après la demande : Circ. 8 juill. 1806 (Gillet, n. 536).

SUCCESSION D'ÉTRANGER. — Les procureurs généraux doivent recommander aux juges de paix de leur ressort d'informer, aussitôt qu'ils en ont connaissance, les consuls les plus rapprochés de leur résidence du décès de leurs nationaux, afin que, si cela est possible, les agents étrangers soient en mesure de prendre part à l'apposition des scellés, ou que tout au moins ils soient avertis de l'ouverture de la succession avant l'expiration des délais pour faire inventaire et délibérer, après lesquels, suivant l'art. 811, C. civ., s'il ne se présente aucun héritier, la succession est déclarée vacante. Pour être en mesure de mieux remplir les obligations qui leur sont imposées en pareille circonstance, les juges de paix doivent eux-mêmes recommander aux maires de leur donner avis, dans le plus bref délai, des décès d'étrangers qui auraient lieu dans leur commune. — Transmission a été faite par la chancellerie aux procureurs généraux de la liste des traités conclus entre la France et les puissances étrangères, qui renferment des stipulations sur les droits et les devoirs des consuls et des autorités locales en cette matière : Circ. 14 juin 1869 (Rés. chr., p. 124).

SUCCESSION VACANTE. — **1.** Lorsque, après l'expiration des délais pour faire inventaire et délibérer, une succession se trouve vacante, le tribunal dans l'arrondissement duquel elle est ouverte nomme, sur la demande des personnes intéressées ou sur la réquisition du ministère public, un curateur chargé de l'administrer (C. civ., 811 et s.; C. proc. civ., 998). — Voy. J.M.p. 7.276, un modèle de la requête que doit présenter le chef du parquet de première instance, lorsque la nomination du curateur est demandée par lui, sur l'avis qui lui a été transmis soit par le juge de paix, soit par l'administration de l'enregistrement.

2. Afin d'éviter toute difficulté relativement aux conditions suivant lesquelles le curateur devra administrer la succession, il est bon que le jugement de nomination trace des règles à cet égard. Le magistrat du parquet doit prendre des conclusions formelles en ce sens. Il doit requérir « que le curateur sera tenu, avant tout, de faire constater l'état de la succession par un inventaire; qu'il en exercera et poursuivra les droits; qu'il répondra aux demandes formées contre elle; qu'il administrera, sans toutefois pouvoir toucher par lui-même aucuns fonds, et à la charge, au contraire : 1° de faire verser à la caisse des dépôts et consignations le numéraire trouvé dans la succession, plus le montant des créances, ainsi que le prix des meubles et immeubles vendus, sauf, à l'égard des immeubles, le prix ou la portion de prix qui reviendrait ou qui aurait été délégué aux créanciers hypothécaires, conformément à l'art. 806, C. civ.; — 2° de présenter au receveur de la même caisse, sur sa demande et chaque fois qu'il le jugera utile, le compte provisoire ou état de situation de l'administration de la curatelle, afin que ce préposé puisse s'assurer si tous les fonds disponibles ont été versés à la caisse ». — Il est d'ailleurs important de ne choisir comme curateurs que des hommes qui offrent des garanties de moralité et de fortune : Circ. 26 mai 1842 (Gillet, n. 2790).

5. Le mode de recouvrement et de versement des deniers provenant des successions vacantes est indiqué par les circulaires des 12 mess. an XIII (Gillet, n. 505), 26 mars 1807 (*Id.*, n. 569), 28 août 1812 (*Id.*, n. 796), 21 avr. 1828 (*Id.*, n. 2067) et 26 mai 1842 (*Id.*, n. 2790). V. aussi Circ. 24 août 1859 (Rés. chr., p. 11).

4. Il faut remarquer qu'en cette matière le ministère public n'agit comme partie principale que pour faire nommer le curateur. En tout autre cas, il n'est que partie jointe. V. Ortolan et Ledeau, *Ministère public*, t. 1, p. 238.

SUPPRESSION ET NON-REPRÉSENTATION D'ENFANT. — **1**.

Il est généralement admis que le § 1er de l'art. 345, C. pén., qui punit le crime de suppression d'enfant, est inapplicable à la suppression d'un enfant mort-né, mais qu'il s'applique, au contraire, nécessairement à celle d'un enfant mort au moment de cette suppression, mais qui a eu vie, et dont la disparition a eu lieu avant que sa naissance ait été déclarée à l'officier de l'état civil. V. Cass., 1er août 1836 (S.-V.36.1.545); 20 sept. et 7 déc. 1838 (S.-V.38.1.909); 8 nov. 1839 (D.P.40.1.390); 7 juill. 1840 (S.-V.40.1.796); — Hélie et Chauveau, *Théor. Cod. pén.*, t. 4, n. 1536; Boitard, *Leç. sur le Cod. pén.*, n. 350; Bertauld, *Quest. préjudic.*, n. 19; Dalloz, *Répert.*, vº *Crimes et délits contre les pers.*, n. 248. — V. toutefois en sens contraire, Cass., 5 sept. 1834 (S.-V.34.1.833); 21 fév. 1835 (S.-V.35.1.307); 27 août 1835 (S.-V.35.1.920); 15 juill. 1836 (Dalloz, *loc. cit.*, n. 247); — Carnot, *Comment. Cod. pén.*, sur l'art. 345, observ. addit., n. 1; Rauter, *Dr. crim.*, t. 2, p. 78, texte et note 2.

2. Les §§ 2 et 3 de l'art. 345 précité, qui punissent la non-représentation d'un enfant, soit qu'il ait vécu ou qu'il n'ait pas vécu, reçoivent leur application dès qu'il est établi que l'enfant est né *viable*: Rennes, 12 janv. 1866 (J.M.p.10.157).—C'est là un principe évident. Si, d'après le texte de l'art. 345, C. pén., modifié par la loi du 13 mai 1863, la non-représentation ou l'occultation d'un enfant est punissable dans le cas même où cet enfant n'a pas vécu, du moins faut-il que ce soit bien la naissance d'un être viable, et non point seulement la production d'un embryon inorganisé, qui a été occultée.

3. Il résulte d'un arrêt de la Cour de Bourges du 24 sept. 1864 (J.M.p.9.202) et d'un arrêt de la Cour de cassation du 24 nov. 1865 (*ibid.*), que le fait d'avoir enfoui un enfant dans la terre aussitôt après sa naissance et avant toute déclaration ou présentation à l'officier de l'état civil, constitue le délit puni par l'art. 345, § 2, C. pén., encore bien que le cadavre de l'enfant ait été représenté ultérieurement, alors surtout que cette représentation tardive n'a eu lieu qu'après dénégation de la naissance de l'enfant et à la suite d'une visite de médecin ayant constaté l'accouchement.

4. Et il a été décidé aussi qu'il en est de même de la découverte du cadavre de l'enfant faite sur les indications de l'auteur de l'occultation, alors surtout que cette découverte n'a eu lieu que d'après les sollicitations et au milieu des investigations des magistrats, et à une époque où le cadavre était dans un état de décomposition tel qu'il était impossible de constater si l'enfant avait vécu, et même s'il était né viable : Rennes, 23 mai 1866 (J. M.p.10.157).

5. La découverte de l'enfant non représenté, qui, antérieurement à la modification apportée à l'art. 345, C. pén., par la loi du 13 mai 1863, était une condition nécessaire de la poursuite du crime puni par cet article (V. notre *Code pénal modifié*, 2e part., n. 92), enlèverait-elle, au contraire, aujourd'hui le caractère délictueux au fait qu'a voulu atteindre la loi nouvelle ? Les arrêts mentionnés aux deux précédents numéros consacrent avec raison la négative. Que s'est proposé en effet le législateur de 1863, en ajoutant deux dispositions à l'art. 345 ? Il a voulu, — c'est le rapport de la commission du Corps législatif qui nous l'apprend (V. *loc. cit.*, n. 93), — « donner une arme contre la femme qui, convaincue d'avoir mis un enfant au monde clandestinement, ne peut pas ou *ne veut pas le représenter* ». Le délit consiste donc dans l'occultation volontaire de l'enfant, et il est indépendant des circonstances ultérieures qui auront amené ou non la représentation de cet enfant. — Vainement invoquerait-on, à l'appui de l'opinion contraire, cet autre passage du rapport : « C'est la *non-représentation* de l'enfant qui est la base de la poursuite et qui prend le caractère de délit. » Il est évident que le rapport entend parler ici de l'impossibilité ou du refus de représenter l'enfant au moment même où la justice en réclame l'exhibition, et non d'un défaut absolu de représentation. Par cela seul que l'enfant a été volontairement caché après sa naissance, il y a délit, parce que cette occultation suffit pour priver l'enfant d'état civil et pour autoriser en même temps contre la mère les plus graves soupçons. Qu'importe sa représentation ultérieure, ne fût-elle même pas purement forcée, ou sa découverte ne fût-elle pas simplement fortuite ? Elles ne sont pas plus de nature à effacer le caractère délictueux de l'occultation de l'enfant, que la restitution des objets soustraits frauduleusement ne fait disparaître le vol.

6. Mais le délit de non-représentation d'un enfant existe-t-*il*, alors même que l'état de décomposition dans lequel est représenté le cadavre ne permet pas de reconnaître si l'enfant était né viable ? Dans ce cas, comme dans celui où l'enfant n'est pas du tout représenté, il nous semblerait difficile d'admettre que la viabilité, qui est un des éléments du délit (V. *suprà*, n. 2), doit être présumée, et nous serions disposé à croire que si des indices autres que ceux que pourrait fournir le cadavre ne permettaient pas d'établir l'existence de cette condition indispensable, l'occultation devrait échapper aux atteintes de la loi.

7. Il a été jugé toutefois que, pour motiver l'application de l'art. 345, C. pén., qui punit la non-représentation d'un enfant, lorsqu'il n'est pas établi qu'il ait vécu, ou lorsqu'il est établi qu'il n'a pas vécu, il suffit que le ministère public établisse le double fait de la grossesse et de l'accouchement de la femme à laquelle ce délit est imputé; et que si cette dernière prétend que le produit de son accouchement n'a été qu'un embryon informe, elle est tenue d'en faire la preuve, le ministère public n'étant pas obligé de prouver lui-même qu'elle a donné naissance à un être organisé : Chambéry, 29 fév. 1868 (J.M.p.11.175); Dijon, 16 déc. 1868 (*Id*.12.221).—On dit à l'appui de cette doctrine : Le ministère public poursuivant la répression du délit de non-représentation d'un enfant, n'a que deux faits à établir : 1° la grossesse; 2° l'accouchement. Si la femme ne veut ou ne peut prouver que son enfant n'a pas vécu, il y a présomption qu'il a eu vie, et la peine prononcée par le § 2 de l'art. 345, C. pén., est encourue. A plus forte raison, y a-t-il présomption que l'enfant était viable, et cette présomption ne peut être détruite que par des présomptions contraires à l'aide desquelles la femme établirait que le fruit qui est sorti de son sein était encore inorganisé. Obliger, en pareil cas, le ministère public à prouver la viabilité de l'enfant, ce serait frapper la loi d'une impuissance radicale; car les filles mères n'auraient plus qu'une seule préoccupation : arriver à l'anéantissement absolu du témoignage de leur faute. La distinction entre l'embryon inorganisé et le fœtus est la seule admissible. Pourquoi la jurisprudence ne consacrerait-elle pas ici la même interprétation qu'en matière d'infraction aux prescriptions concernant les déclarations de naissance et inhumations, et d'après laquelle ces prescriptions s'appliquent à tout fœtus présentant les *formes d'un être humain?* Qu'un sentiment de respect pour la pudeur des femmes les protège contre toute investigation, lorsqu'il s'agit d'une fausse couche voisine de la date de la conception, et qu'il n'y a aucun soupçon d'avortement, rien de plus juste. Mais il n'en saurait être de même lorsque le fœtus arrive vers cette époque où la science affirme qu'il peut se trouver dans des conditions de viabilité naturelle, ou bien vers celle à laquelle la loi présume sa viabilité civile. Ne serait-il pas indigne de notre civilisation de laisser se perpétuer ces pratiques qui consistent à brûler les fœtus, à les jeter dans les rivières ou à les donner en pâture à des animaux immondes? La disposition légale sur la non-représentation des enfants est le complément des présomptions relatives à la déclaration des naissances et aux inhumations. Il faut, si l'on veut qu'elle prévienne les accouchements clandestins, l'appliquer à la suppression du fœtus, sans se préoccuper de sa viabilité.

8. Ce raisonnement ne saurait nous convaincre. Et d'abord, les prémisses en sont inexactes. Lorsque la femme ne prouve pas que le fruit sorti de son sein n'a pas vécu, la loi ne présume nullement qu'il a eu vie, car si elle le présumait, ce n'est plus le simple délit de non-représentation qui serait commis, ce serait le crime de suppression d'enfant; ce ne serait pas le § 2, mais le § 1er de l'art. 345, qui serait applicable. La loi doute dans ce cas, et comme elle a voulu punir même la non-représentation d'un enfant mort-né, ce doute ne l'empêche pas d'édicter une peine; seulement ce n'est plus qu'une peine correctionnelle. (V. en ce sens l'exposé des motifs de la loi du 13 mai 1863, qui a modifié l'art. 345, C. pén.)

9. A défaut de la présomption de vie, la loi établit-elle la présomption de viabilité ou même seulement de conformation humaine? en aucune façon. Elle se place dans l'hypothèse la plus ordinaire, celle où le produit de l'accouchement est un enfant apte à vivre; mais elle ne présume pas, elle ne pouvait présumer que tout fruit sorti du sein de la femme possède cette aptitude. Son but est de réprimer une occultation qui peut constituer soit l'indice d'un crime commis sur la personne d'un enfant, soit tout au moins une atteinte contre son état civil (Rapport au Corps législatif de la loi du 13 mai 1863, p. 70). Or, ne s'exposerait-elle pas à manquer ce but en le dépassant, si, au lieu d'exiger la certitude que le fruit non représenté par la femme était susceptible de vie, elle se contentait d'une présomption qui pourrait être démentie par la réalité des faits? Quoi! la femme dont la grossesse n'a abouti qu'à la production d'un embryon inorganisé, mais qui, poursuivie après un intervalle de temps plus ou moins considérable, ne peut fournir la preuve de ce fait, se

verrait condamnée en vertu d'une présomption de viabilité purement arbitraire ! Pour admettre une présomption conduisant à un
si injuste résultat, il faudrait la trouver écrite bien clairement
dans la loi, mais elle ne l'est nulle part.

10. Et qu'on ne prétende pas que, sans cette présomption légale, le ministère public se trouve désarmé ; que les filles mères
pourront échapper à toute répression en anéantissant le témoignage de leur inconduite. La durée de la gestation et d'autres circonstances matérielles ne s'élèveront-elles pas, comme une preuve
suffisante de l'aptitude à vivre de leur fruit, contre celles qui allé-
gueraient mensongèrement une fausse couche, ou qui en attri-
bueraient fallacieusement le caractère à une délivrance qui ne
serait qu'un peu prématurée ? Et quant à celles qui sont réellement accouchées avant le terme, mais à une époque trop voisine
du commencement de la grossesse pour qu'il soit permis d'affirmer qu'elles ont donné le jour à un être organisé, n'est-il pas
conforme à tous les principes du droit pénal, que le doute leur
profite, et qu'on ne mette pas à leur charge une preuve pleine de
difficulté, afin d'affranchir le ministère public d'un fardeau qui
doit peser sur lui seul ?

11. Si la jurisprudence exige que le fœtus sorti du sein de la
mère présente les formes d'un être humain, pour que les prescriptions relatives aux déclarations de naissance et aux inhumations
soient obligatoires, à combien plus forte raison la preuve de la
conformation humaine du produit de l'accouchement n'est-elle
pas nécessaire pour rendre applicables les dispositions sur la
non-représentation des enfants ! Tandis que les art. 346 et 356,
C. pén., ne punissent qu'une infraction matérielle à des prescriptions dont l'accomplissement constitue soit une *mesure de précaution* commandée par les intérêts de la famille et de l'ordre public,
soit une *règle de convenance* imposée par le respect dû à la dignité
humaine, le § 2 de l'art. 345 atteint un fait qui n'est délictueux
qu'à raison de l'*intention coupable* qu'il permet de supposer. Et
comme cette intention n'est possible qu'à l'égard d'un être capable
de vivre, il faut bien admettre que le ministère public ne saurait
poursuivre la femme qui ne représente pas son fruit, qu'autant
qu'il est établi que ce fruit était un être organisé et susceptible
de vie.

12. Le fait, par la mère qui a déclaré la naissance de son enfant et qui l'a conservé vivant pendant plusieurs semaines, de ne
pas le représenter, ne constitue point le crime de suppression

d'enfant puni par le § 1er de l'art. 345 , C. pén., cette disposition
n'ayant trait qu'à la conservation de l'état civil de l'enfant : Pau,
1er juill. 1859 (J.M.p.12.224). — Cette solution , très-juridique,
selon nous, a été cependant vivement contestée. On a dit : L'ancien art. 345, C. pén., ne punissait qu'une seule infraction, *la
suppression d'enfant*. Dans la révision de 1863 , un nouveau délit
fut prévu, la disparition de l'enfant, soit qu'il fût mort-né, soit
qu'on ne fût pas certain qu'il eût vécu. Il suffit donc qu'un
enfant ne soit pas représenté, pour que la nouvelle disposition
devienne applicable.

15. Les prémisses sont vraies, mais avec une distinction qui
rend la conclusion inexacte. Dans le système que nous combattons, les deux nouveaux paragraphes de l'art. 345 ne se rattache-
raient par aucun lien au premier ; toute disparition d'enfant
tomberait sous le coup des peines édictées en 1863, et l'on ne
comprendrait pas pourquoi une incrimination si différente aurait
été placée en ce lieu. Mais le plus léger examen suffit pour faire
reconnaître le rapport qui existe entre l'ancien et le nouveau
texte. Il s'agit dans l'un comme dans l'autre d'un enfant *dont la
naissance a été cachée*, et dont on punit la disparition, ou comme
un crime, s'il est certain qu'il a vécu, ou comme un délit dans le
cas contraire ; c'est une mesure préventive contre la suppression
d'état, comme l'incrimination de recel d'une personne homicidée
est une sauvegarde contre le meurtre. Cette explication rentre
parfaitement dans la théorie générale de la matière. Une sauvegarde spéciale est accordée à l'enfant, tant que son existence n'a
pas été légalement constatée, et que la loi commune n'a pu
étendre sur lui sa protection. Des dispositions plus sévères veillent autour de lui. Le meurtre dont il est victime est qualifié
infanticide, et puni de mort, même sans préméditation. Lorsque,
au contraire, une certaine notoriété environne son existence ;
lorsque l'accomplissement des formalités légales lui fait prendre
place dans la société, il n'a plus besoin d'autre protection que
celle du droit commun ; l'attentat contre sa vie n'est plus qu'un
meurtre ordinaire, passible des travaux forcés, à moins qu'il ne
soit accompagné de circonstances aggravantes. Il en est de même
de la non-représentation de l'enfant : si la naissance a été déclarée à l'officier de l'état civil, si son existence est devenue notoire,
on ne peut invoquer en sa faveur les deux derniers paragraphes
de l'art. 345. S'il n'est pas représenté, il peut y avoir dans le
recel un *indice* d'enlèvement, de séquestration, de meurtre, mais

ce n'est qu'un *indice*, et pour appliquer la peine que comporte l'un ou l'autre de ces crimes, il faudrait un complément de preuves.

14. En résumé, le § 1er de l'art. 345 punit la privation de l'état civil infligée à un *nouveau-né*; le 2e et le 3e prévoient le cas où cette privation demeurerait incertaine, parce qu'on ne saurait pas si l'enfant a vécu, mais ils se rattachent tous les deux au précédent en ce qu'ils supposent que la naissance n'a pas été déclarée. Cette formalité remplie, il peut y avoir encore crime ou délit contre l'enfant, mais ce ne sont plus que des délits ordinaires, régis par le droit commun pour le mode de preuves comme pous la peine. Compar. *suprà*, n. 1.

15. D'après l'arrêt de la Cour de Rennes du 12 janv. 1866, déjà mentionné ci-dessus, n. 4, doit être réputé coauteur ou complice du délit de non-représentation d'un enfant, l'officier de santé qui, connaissant l'accouchement de sa domestique, non-seulement n'a pas déclaré la naissance de l'enfant, mais s'est efforcé de la dissimuler, et a ainsi participé à la non-représentation de cet enfant. Cette solution nous semble difficilement admissible.

SURVEILLANCE DE LA HAUTE POLICE. —

1. Il a été jugé sous l'empire du décret du 8 déc. 1851, aujourd'hui abrogé, que l'exécution de la peine de la surveillance de la haute police courait pendant la durée de la transportation du condamné dans une colonie pénitentiaire, ordonnée par décision ministérielle, cette transportation n'étant qu'une application plus rigoureuse et plus étendue de la surveillance de la haute police : Grenoble, 13 déc. 1862; Cass., 12 janv. 1863 (J.M.p.6.63); Metz, 6 fév. 1863 (*Id*.7.19).

2. La peine de la mise sous la surveillance de la haute police ne peut être remise par voie de grâce ; la réhabilitation seule a pour effet de la faire disparaître : Décis. min. just. 3 sept. 1817, 26 janv. 1825, 19 nov. 1828, 13 déc. 1831, 12 juillet 1845, 18 nov. 1848, 27 janv. 1854 (Gillet, n. 1164, 1808, 2114, 2300, 2963, 3159, 3502) et 13 déc. 1859 (Rés. chr., p. 15).

3. La Cour de Rennes a jugé, par arrêt du 8 fév. 1865 (J.M.p 8.57), qu'il n'y a pas délit de rupture de ban de la part du condamné à la surveillance de la haute police dont la présence a été constatée dans un lieu autre que celui fixé pour sa résidence obligée, si ce n'est pas immédiatement en quittant ce dernier lieu qu'il s'est rendu dans l'autre. — Si le délit de rupture de ban consistait uniquement dans l'abandon par le condamné de sa résidence légale, et s'il n'était punissable qu'autant que le lieu de cette résidence, parfaitement connu, viendrait d'être immédiatement quitté, cette solution pourrait jusqu'à un certain point être admise; mais il nous semble qu'il en est tout autrement. Aux termes des art. 44 et 45, C. pén., ce qui constitue le délit de rupture de ban, c'est la désobéissance du condamné à la prescription de la loi qui l'oblige *à résider* dans un lieu déterminé. Toutes les fois qu'il est hors de ce lieu sans autorisation, et qu'il échappe ainsi à la surveillance légale dont il est l'objet, il est en état de rupture de ban. C'est là un délit successif qui, comme le vagabondage, par exemple, se commet à chaque instant et sur chaque point de l'espace parcouru; c'est une situation illégale que se fait le condamné, et pour laquelle il doit être puni dès qu'il est constaté qu'il se trouve dans cette situation (V. *Prescript. crim.*, n. 41; M. Brun de Villeret, *Prescript. en mat. crim.*, n. 153). Alors même que le lieu de la résidence légale du condamné n'est pas connu des juges, ils doivent le regarder comme étant en état de rupture de ban, dès l'instant et par cela seul qu'il a été trouvé dans un lieu qu'il savait ne pas être celui de cette résidence.

4. L'autorisation de se rendre en pays étranger, accordée à un individu placé sous la surveillance de la haute police, n'a pas pour effet de l'affranchir de cette surveillance lorsqu'il revient ultérieurement en France. Il commet donc le délit de rupture de ban, si, à son retour, il réside dans une commune autre que celle qui lui avait été assignée pour résidence avant son départ : Cass., 13 déc. 1844 (S.-V.45.1.672) et 25 janv. 1868 (J.M.p.12. 233). — Et il en est ainsi, quelle que puisse être sa bonne foi : Même arrêt du 25 janv. 1868. V. aussi dans le même sens, Hélie et Chauveau, *Théor. Cod. pén.*, t. 1, n. 79.

5. Il en est de même de l'étranger soumis à la surveillance qui, après avoir été expulsé du territoire français, revient et réside en France : Circ. 18 mai 1858 (Gillet, n. 3770).

6. Mais l'individu placé sous la surveillance de la haute police qui, à l'expiration de sa peine principale, a reçu un passe-port pour l'étranger, sans désignation d'aucune résidence obligée en France, n'est pas en rupture de ban par la constatation ultérieure de sa présence sur le territoire français : Metz, 4 nov. 1868 (J.M. p.12.16).

7. L'infraction que punit l'art. 45, C. pén., n'existe en effet qu'autant qu'il y a eu désobéissance aux dispositions prises par l'administration pour assurer l'exécution de la mise en surveillance, et la peine ne peut être appliquée qu'autant que les arrêts ou jugements précisent nettement en quels points ces dispositions ont été violées. D'où la conséquence que si l'administration a négligé d'organiser les mesures relatives à l'exercice de la surveillance, les tribunaux ne peuvent ni constater un délit ni appliquer une peine. C'est ainsi que, par arrêt du 16 août 1845 (S.-V. 46.1.91), la Cour de cassation a jugé que c'est seulement en cas de désobéissance aux dispositions de l'art. 44, C. pén., ou aux mesures que cet article autorise à prendre à l'égard des individus placés sous la surveillance de la haute police, que la peine portée en l'art. 45 peut être encourue, et la Cour a décidé en outre, par ce même arrêt, que les juges qui prononcent cette peine doivent signaler les infractions qui en autorisent l'application.

8. Jugé que délit de rupture de ban peut être flagrant, et conséquemment être déféré sur-le-champ par le ministère public au tribunal correctionnel, en vertu de l'art. 1er de la loi du 29 mai 1863 : Rennes, 25 juin 1863 (J.M.p.6.245).

— V. *Amnistie*, 8 ; *Chose jugée*, 43 et s. ; *Flagrant délit*, 10 ; *Grâce*, 46 ; *Prescription criminelle*, 6 et s., 40, 41 ; *Récidive*, 10, 13.

TAPAGE NOCTURNE. — 1. Dans cette matière, qui ne se rattache que très-indirectement à notre cadre, nous mentionnerons seulement quelques solutions d'un intérêt particulier.

2. D'un côté, il a été jugé que le tapage nocturne qui a eu lieu dans l'intérieur d'une maison, n'en est pas moins punissable, s'il a été entendu au dehors et s'il a troublé la tranquillité des habitants : Cass., 26 août 1848 (D.p.51.5.507); 28 avr. 1859 (J.M.p. 2.254). Et telle est aussi l'opinion exprimée par MM. Morin, *Dict. du dr. crim.*, v° *Bruit et tapage*, n° 1, et Dalloz, *Répert.*, v° *Contravention*, n. 476.

3. D'autre part, la jurisprudence et les auteurs reconnaissent que le bruit ou tapage nocturne, même portant atteinte à la tranquillité des habitants, cesse de constituer une contravention, dans le cas où il n'est que l'exercice d'un droit légitime. V. Carnot, *Comment. C. pén.*, sur l'art. 479, obs. 38 ; Hélie et Chauveau, *Théor. C. pén.*, t. 6, n. 2576 ; Morin, *loc. cit.*, n. 2 ; et Dalloz, *loc. cit.*, n. 477, ainsi que les arrêts mentionnés par ces divers auteurs.

4. Et il a été décidé spécialement que tout citoyen ayant le droit d'avoir dans sa maison des réunions privées ou des bals, les bruits nocturnes qui peuvent en résulter ne sauraient tomber sous l'application de la disposition précitée : Cass., 28 avril 1859, mentionné ci-dessus, n. 2.

— V. *Nuit*, 3.

TÉMOIN. — **1.** Le juge d'instruction ne doit citer devant lui, comme témoins, des agents du Gouvernement résidant hors de son arrondissement, qu'autant que cela est indispensable. Leur déplacement étant nuisible au bien du service, il doit, en général, commettre le juge de leur résidence pour les entendre : Circ. 13 janv. 1812 (Gillet, n. 757).

2. Quand le juge d'instruction et l'officier du ministère public se transportent pour informer sur le lieu du crime ou du délit, ils peuvent appeler les témoins devant eux par simple avertissement ; mais la taxe n'en est pas moins due à ces témoins, lorsqu'ils la réclament : Décis. min. just. 11 mars 1837 (Gillet, n. 2544).

3. Les juges de paix qui procèdent, soit en cas de flagrant délit, soit par délégation du juge d'instruction, ou en exécution d'une commision rogatoire, doivent, pour appeler des témoins devant eux, employer la voie de l'avertissement de préférence à celle de la citation : Même décision.

4. Il est constant que le plaignant d'un délit quelconque peut être entendu comme témoin devant le tribunal correctionnel saisi de ce délit. V. le *Répert.* de Dalloz, v° *Témoin*, n. 166 et s., et la *Tabl. génér.* de Devilleneuve et Gilbert, v° *Témoins en mat. crim.*, n. 116 et s. *Junge* Bordeaux, 2 fév. 1865 (J.M.p.8.206) ; — F. Hélie, *Instr. crim.*, t. 7, n. 3493, 3497 ; Berriat Saint-Prix, *Procéd. des trib. crim.*, 2ᵉ part., t. 2, n. 796.

5. Mais c'est aussi un principe certain que devant les tribunaux de simple police ou de police correctionnelle, comme devant la Cour d'assises, non-seulement la personne qui, citée comme témoin, a déclaré, au seuil du débat, se constituer partie civile, ne peut ensuite être entendue en témoignage, mais encore celle qui, après avoir déposé comme témoin, se porte partie civile, cesse d'être témoin pour devenir partie au procès, et sa déposition n'a plus dès lors la valeur d'un témoignage régulier, mais seulement celle d'une simple déclaration. V. F. Hélie, t. 6, n. 2603, 2878, et t. 7, n. 3491 et s. ; Dalloz, *loc. cit.*, n. 170 et s. *Adde* Aix, 16 mars 1870 (J.M.p.13.135). C'est par cette raison que le greffier du tribunal correctionnel doit tenir note de la déposition du plaignant qui, après avoir été entendu comme témoin, s'est porté partie civile. V. à cet égard, v° *Instruction criminelle*, n. 74 et s.

6. L'enfant ne peut être entendu comme témoin dans une poursuite dirigée contre son père (C. instr. crim., 156 et 322). — Si sa déposition vient à être reçue, elle est radicalement nulle, et ne peut dès lors, dans le cas où elle ne serait pas conforme à la vérité, constituer un faux témoignage : Aix, 14 déc. 1865 (J.M.p.9.145). V. les observations accompagnant cet arrêt.

7. L'enfant du premier lit du conjoint décédé d'un prévenu ne peut être entendu comme témoin contre ce dernier, soit qu'il existe ou non des enfants du second mariage ; dans l'un et l'autre cas, il y a entre le prévenu et l'enfant du premier lit une alliance faisant obstacle au témoignage de celui-ci (Arg. C. pr. civ., 283) : Cass., 18 oct. 1839 (S.-V.39.1.955); 10 sept. 1840 (D.P.40.1.440); 10 mai 1843 (S.-V.48.1.434); Rouen, 30 avr. 1859 (J.M.p.2.291); — Dalloz, *Répert.*, v° *Parenté-alliance*, n. 16.

8. Les juges correctionnels peuvent entendre comme témoins les personnes qui ont recueilli des propos tenus par les plaignants ou par les proches parents des prévenus : Bruxelles, 5 juill. 1867 (J.M.p.12.294).

9. Il est certain que le juge d'instruction peut être entendu comme témoin devant la Cour d'assises dans les affaires à l'instruction desquelles il a pris part. V. *Cour d'assises*, n. 13. — Son témoignage peut-il également être admis devant le tribunal correctionnel ? L'affirmative a été consacrée par un arrêt de la Cour de Bruxelles du 5 juill. 1867 (J.M.p.12.294); et les raisons de décider semblent en effet être les mêmes dans les deux cas. Toutefois on comprend que ce n'est qu'avec une grande réserve que le ministère public doit user du droit d'invoquer un semblable témoignage.

10. Il est de jurisprudence et de doctrine que dans le cas où le procès-verbal constatant un délit vient à être annulé pour vice de forme, l'officier de police judiciaire, rédacteur de ce procès-verbal, peut être entendu comme témoin, sans qu'il y ait à distinguer si c'est comme simple particulier ou en sa qualité d'officier de police judiciaire qu'il est appelé en témoignage. V. Dalloz, *Répert.*, v° *Témoin*, n. 145; Berriat Saint-Prix, *Procéd. des trib. crim.*, 1re part., n. 267, et 2e part., t. 2, n. 792, ainsi que les arrêts cités par ces auteurs. *Junge* Nîmes, 13 déc. 1866 (J.M.p.10. 33). Et ce principe a été établi particulièrement en matière de

chasse. V. Cass., 3 et 24 fév. 1820 (S.-V.6.1.180 et 189); 6 juill.
1821 (S.-V.6.1.465); 18 avr. 1823 (S.-V.7.1.228); Metz, 26 fév.
1821 (S.-V.6.2.371); Nîmes, 13 déc. 1866, précité; — Rogron,
Code de la chasse, p. 225; Gillon et de Villepin, *Nouv. Cod. des
chass.*, n. 382; Dalloz, *Répert.*, v° *Chasse*, n. 365.

11. Toutefois, il a été décidé que la déposition du garde rédacteur du procès-verbal n'est pas suffisante pour prouver le délit,
si elle n'est pas appuyée par d'autres témoignages (Trib. d'Epi-
nal, 16 juin 1838, D.P.39.3.85); mais MM. Dalloz, v° *Témoin*, n.
146, repoussent avec raison cette solution, au moins comme thèse
absolue, et disent fort justement que si le tribunal a le droit d'apprécier le degré de confiance que peut lui inspirer la déposition
d'un garde intéressé à soutenir les assertions de son procès-verbal, le témoignage de ce garde ne saurait être nécessairement
frappé de suspicion et écarté comme tel.

12. Les art. 322 et 323, C. instr. crim., qui déterminent les
cas dans lesquels le témoignage des dénonciateurs est interdit ou
peut être reçu devant la Cour d'assises, sont-ils applicables aux
matières correctionnelles? La négative a été expressément consacrée par un arrêt de la Cour de cassation du 5 déc. 1817 (Dalloz, *Répert.*, v° *Témoins*, n. 128-2°), et semble aussi pouvoir
s'induire de deux autres arrêts de la même Cour en date des 25
flor. an x (S.-V.1.642) et 18 déc. 1862 (J.M.p.6.13). Mais la solution contraire résulte des motifs d'un autre arrêt de la même
Cour du 1er sept. 1832 (vol. 1833.1.192), et est professée par
MM. Dalloz, n. 129, qui se fondent sur ce que le témoignage des
dénonciateurs récompensés pécuniairement par la loi ne doit pas
être moins suspect devant les tribunaux correctionnels que devant
la Cour d'assises, et sur ce que d'ailleurs le chapitre dans lequel
est placée la disposition de l'art. 322 renferme beaucoup d'autres
dispositions dont on ne conteste point l'applicabilité aux matières
correctionnelles.

13. On ne peut d'ailleurs assimiler aux dénonciateurs que
l'art. 322, C. instr. crim., défend d'entendre en témoignage, les
fonctionnaires, préposés ou agents (tels que les officiers ou agents
de police) qui sont tenus par état de rendre compte à leurs supérieurs hiérarchiques ou aux autorités constituées des faits qui
parviennent à leur connaissance dans l'accomplissement de leurs
fonctions ou des missions à eux confiées: Cass., 6 août 1849 (Dalloz, v° *Témoins*, n. 130); 8 mars 1821 (S.-V.6.1.393); 18 déc. 1862
(J.M.p.6.13); — Dalloz, *loc. cit.*; F. Hélie, t. 7, n. 3490. Ce dernier

auteur dit fort justement que les fonctionnaires ou agents que
leurs fonctions obligent de dénoncer ou de constater les crimes
et les délits « sont rétribués à raison de leurs fonctions et non à
raison de chacun des faits qu'ils constatent », et qu'il faut entendre par dénonciateurs récompensés pécuniairement « ceux-là seulement qui auraient reçu une prime, une gratification, une indemnité à raison de la découverte qu'ils auraient faite du crime ou
des indices qu'ils auraient fournis à la poursuite ». — V. toutefois
en sens contraire, Carnot, *Comment. Cod. instr. crim.*, sur l'art. 323.

14. Il est incontestable que l'audition de témoins sans prestation préalable de serment, dans l'instruction écrite, constitue une
irrégularité, quelque contestable que soit en théorie l'opportunité
de cette formalité (V. à cet égard Mangin, *Instr. écr.*, t. 1, n.
119), et c'est avec raison qu'on a décidé que le juge d'instruction
ne peut entendre aucuns témoins à titre de simples renseignements : Cass., 8 avr. 1834 (Bull., p. 138), Rennes, 8 déc. 1836
(S.-V.37.2.118). Conf., Mangin, *loc. cit.;* Duverger, *Man. du juge
d'instr.*, t. 2, p. 192, note 3. — Mais l'infraction à la prescription
de l'art. 75, C. instr. crim., n'est point pour cela une cause de
nullité, puisque l'art. 77 se borne à la punir d'une amende contre
le greffier, en réservant de plus la prise à partie contre le juge
d'instruction. C'est ce que la Cour de cassation a décidé par arrêts des 7 fév., 19 mars, 16 et 23 avr., 4 juin 1812 (S.-V.4.1.24,
61, 78, 84 et 114) et 14 juin 1866 (J.M.p.11.13), et ce qu'enseignent tous les auteurs. V. notamment Carnot, sur l'art. 75, n. 1 ;
F. Hélie, *Instr. crim.*, t. 4, n. 1865; Trébutien, *Cours élément. de
dr. crim.*, t. 2, p. 238 ; Dalloz, *Répert.*, v° *Serment*, n. 158.

15. Et, dans une affaire criminelle, le défaut de prestation de
serment ne peut surtout être une cause de nullité, lorsque les
procès-verbaux d'information n'ont été ni lus à l'audience de la
Cour d'assises, ni communiqués au jury : Cass., 14 juin 1866,
précité.

16. La Cour de Bruxelles a décidé, par arrêt du 10 mai 1867
(J.M.p.10.237), qu'un témoin, en matière correctionnelle, ne peut
refuser de prêter le serment prescrit par la loi, sous le prétexte
que l'invocation de la Divinité blesse sa conscience, ou qu'il n'admet aucune religion, ni même l'existence de Dieu, et qu'un tel
refus entraîne l'application de l'amende prononcée par l'art. 157,
C. instr. crim. Nous n'hésitons pas à approuver cette décision.

17. Si la liberté de conscience et l'admission de tous les cultes
s'opposent à ce que l'on exige le serment, avec invocation expli-

cite ou implicite de la Divinité, des sectateurs de certaines religions qui repoussent ce mode d'attestation comme attentatoire à la majesté divine (V. Cass., 28 mars 1810, 4 et 24 avr. 1812, 31 déc. 1812, 1er avr. et 18 fév. 1813, 19 mai 1826, 15 fév. 1838, S.-V.3.1.168; 4.1.85, 114 et 524; 4.1.288 et 318; 8.1.344; 38.1. 914), il n'en saurait être de même à l'égard de ceux qui prétendent n'appartenir à aucune religion et ne pas admettre l'existence de Dieu, parce que l'affirmation solennelle que les premiers substituent au serment en a encore le caractère religieux et peut en être considérée comme l'équivalent, tandis que l'affirmation pure et simple des seconds n'est que la négation de toute idée religieuse et le refus arbitraire d'obéir à une loi d'ordre public, pour revendiquer une indépendance d'opinion sans limite et une scandaleuse impunité du faux témoignage. — V. en ce sens une brochure de M. Dommanget intitulée *le Serment judiciaire*, et en sens contraire un article de M. Duchaine, publié dans la *Belgique judiciaire*, t. 2, n. 40.

18. C'est un point de jurisprudence et de doctrine constant, que les témoins en matière correctionnelle ne peuvent, comme en matière criminelle, être entendus sans prestation de serment et à titre de simples renseignements. V. les autorités mentionnées dans la *Table générale* de Devilleneuve et Gilbert, vo *Tém. en mat. corr.*, n. 32, et dans le *Répert.* de Dalloz, vo *Témoins*, n. 370 et 371. *Junge* Aix, 12 juill. 1865 (J.M.p.9.7); — F. Hélie, t. 6, n. 2881; Berriat Saint-Prix, 1re part., n. 272 *bis*, et 2e part., n. 791, 792. — Mais cette règle est inapplicable aux témoins âgés de moins de quinze ans, qui peuvent être entendus sans prestation de serment devant les tribunaux correctionnels comme devant le juge d'instruction. V. Cass., 2 mars 1855 (S-V.55.2.559); — F. Hélie, n. 2883 : Dalloz, n. 392.

19. Il appartient aux juges correctionnels de décider s'il y a lieu ou non de demander, dans l'intérêt de la découverte de la vérité, à un officier de police assigné comme témoin, les noms des agents de qui il tient les renseignements objet de sa déposition. — Vainement prétendrait-on que le refus de poser cette question est une violation de l'art. 155, C. instr. crim., qui exige des témoins le serment de dire toute la vérité : Cass., 18 déc. 1862 (J.M.p.6.13).

20. En matière correctionnelle, les témoins dont les dépositions servent de base au jugement, dans un débat contradictoire avec le prévenu, doivent, à peine de nullité, être entendus en présence de celui-ci ; il ne suffirait pas que ces dépositions, faites hors de la présence du prévenu, aient été rappelées et énumérées devant lui par le ministère public : Cass., 10 mai 1851 (D.P. 51.5.512) ; 22 févr. 1861 (J.M.p.4.157). V. aussi Cass., 8 pluv. an v (S.-V.1.1.68). — Et la nullité résultant de l'inobservation d'une telle forme de la procédure ne saurait être couverte par le silence du prévenu, cette forme n'étant pas seulement un droit de la défense, mais une garantie de la justice : Cass., 22 févr. 1861, précité.

21. Les commissaires et agents de police cités comme témoins n'ont droit qu'au remboursement de leurs frais de voyage, et ne doivent pas obtenir la taxe de comparution. Le principe posé à cet égard par l'art. 32 du décret du 18 juin 1811 pour tous les témoins qui reçoivent un traitement quelconque, ne reçoit exception qu'en faveur des gendarmes et des gardes champêtres, en vertu de l'art. 3 du décret du 7 avril 1813 : Décis. 31 août 1855 (Gillet, n. 3606).

22. Il n'est dû aucune indemnité de comparution ni de transport aux prévenus, accusés ou condamnés appelés comme témoins, lorsqu'ils sont sous la main de la justice : Décis. 30 avril 1831 (Gillet, n. 2263).

23. Le témoin entendu devant un tribunal correctionnel conserve son droit à la taxe, encore bien qu'il aurait fait une fausse déclaration : Metz, 1er août 1868 (J.M.p.12.301). — Ce point ne saurait être sérieusement contesté. V. conf., de Dalmas, *Frais de just. en mat. crim.*, p. 63 et s.; Berriat Saint-Prix, *Procéd. des trib. crim.*, 1re part., n. 630. — A plus forte raison, les juges ne pourraient-ils se fonder sur ce qu'un témoin n'a fait, même par un mauvais vouloir évident, qu'une déposition insignifiante, pour lui refuser l'indemnité allouée par le tarif : Circ. min. just. 29 juill. 1823 (Gillet, n. 1690).

24. Les médecins et experts cités devant les Cours et tribunaux pour donner des explications sur les travaux qui leur ont été confiés, doivent être taxés, non comme témoins, mais comme experts, conformément aux dispositions du décret du 18 juin 1811 : Circ. 7 déc. 1861 (Rés. chr., p. 41). — Une décision du ministre de la justice du 18 janv. 1823 (Gillet, n. 1631) avait posé un principe contraire ; mais elle ne doit plus être suivie.

25 Dans tous les cas où le témoignage d'un employé de chemin de fer est nécessaire à la justice, la notification du mandement de citation doit être faite, autant que possible, en temps utile pour permettre aux compagnies de prendre les mesures destinées à assurer le service : Circ. 7 sept. 1863 (Rés. chr., p. 60).

26. Lorsque des témoins sont entendus en vertu d'une commission rogatoire émanée d'un juge étranger, les actes de la procédure doivent être rédigés sur papier libre et enregistrés gratis. Les frais, qu'il importe de restreindre le plus possible, sont assimilés à ceux faits d'office, conformément aux art. 117 et s. du décret du 18 juin 1811, et l'état des frais doit être visé par le chef du parquet : Lett. min. just. 12 mars 1858 (Gillet, n. 3759).

— V. *Actes de l'état civil*, 74 et s., 83 ; *Action civile*, 15 ; *Adultère*, 63, 64 ; *Appel correct.*, 194, 197 et s. ; *Appel de simple police*, 16 et 17 ; *Assistance judiciaire*, 33, 34 ; *Cour d'assises*, 11 et s. ; *Dénonciat. calomn.*, 12 ; *Diffamation*, 9, 22 et s., 43, 48 ; *Instruction criminelle*, 63, 67, 74 et s. ; *Juge d'instruction*, 8 et s., 32 ; *Médecin*, 4 ; *Pêche fluviale*, 9 ; *Preuve des délits*, 1, 4, 8 et s., 11, 12, 14 et s., 30 et s., 44, 50, 51 ; *Tribunal de police*, 6.

TIERCE OPPOSITION. — 1. Dans les affaires civiles où le ministère public est partie jointe, il n'est pas recevable à attaquer les jugements par la voie de la tierce opposition, parce qu'il n'est pas *partie* dans le sens véritable du mot, et que l'art. 474, C. proc. civ., ne confère ce droit qu'aux parties. V. *Partie jointe*, n°. 2, et *Séparation de biens*, n. 1 et s.

2. La tierce opposition n'est pas admise dans la procédure criminelle, parce que, les délits et les condamnations étant personnels, les jugements n'existent que vis-à-vis de ceux avec lesquels ils ont été rendus : Cass., 3 juin et 25 août 1808 (J.P.chr.) ; 19 févr. 1835 (Bull. n. 60) ; — F. Hélie, t. 6, n. 2649 et 2996 ; Berriat Saint-Prix, n. 1017 et 1062.

— V. *Absence*, 17 ; *Appel correct.*, 24 ; *Partie civile*, 2 ; *Séparation de biens*.

TIMBRE. — 1. Les art. 56 de la loi du 9 vend. an v et 65 à 69 de celle de 28 avr. 1816, qui assujettissent les affiches *manuscrites ou imprimées sur papier* à un droit de timbre de 5 à 10 cent., suivant la dimension, et prononcent, en cas d'infraction, une amende réduite à 20 fr. par l'art. 10 de la loi du 16 juin 1824, n'ont pas été abrogés par la loi budgétaire du 28 juill. 1852, dont l'art. 30 se borne à compléter ces dispositions en soumettant les affiches peintes ou inscrites sur les murs, etc., à un droit d'affichage destiné à tenir lieu pour elles du droit de timbre qui frappe les affiches sur papier, et en prononçant contre les contrevenants une amende de 100 à 500 fr., et, en outre, un emprisonnement de un à cinq jours. C'est donc à tort qu'on appliquerait à des infractions en matière d'affiches sur papier, prévues par la loi de 1816, les peines édictées par la loi précitée de 1852 : Circ. 6 avr. 1859 (Rés. chr., p. 4).

2. Les officiers ministériels et publics ne peuvent s'approvisionner de papier timbré ailleurs que dans les bureaux d'enregistrement. — Pour établir entre les mains des acheteurs la provenance du papier timbré qui leur est vendu par les marchands de tabac, les receveurs de l'enregistrement doivent apposer sur chaque feuille l'empreinte d'une griffe portant un numéro spécial à chaque débit, de sorte qu'il soit toujours facile, le cas échéant, de reconnaître, à la simple inspection du papier, si l'officier ministériel ou public l'a, contrairement à la prohibition rappelée ci-dessus, acheté chez un débitant et non dans un bureau d'enregistrement : Circ. 24 nov. 1864 (Rés. chr., p. 72).

— V. *Actes judiciaires*, 4; *Action directe ou d'office*, 23; *Appel correct.*, 85, 180, 181; *Avoué*, 8; *Casiers judiciaires*, 52; *Chasse*, 49, 123; *Frais*, 28 et s ; *Mariage*, 11, 21, 24, 35; *Magistrat*, 62; *Notaire*, 12, 44; *Procès-verbal*, 11 , 12; *Tribunal de police*, 8.

TITRE NOBILIAIRE. — **1.** Nous avons recueilli et expliqué dans notre *Journal du Ministère public*, t. 1, p. 204, la loi du 28 mai 1858, qui a modifié l'art. 259, C. pén., en y introduisant notamment une disposition par laquelle elle réprime le fait de celui qui, sans droit, et en vue de s'attribuer une distinction honorifique, prend publiquement un titre, change, altère ou modifie le nom que lui assignent les actes de l'état civil. — Nous avons également rapporté, *ibid.*, p. 208, une circulaire du ministre de la justice, du 19 juin 1858, relative à l'application de cette loi, et p. 255 une circulaire du ministre de l'intérieur, du 26 juillet suivant, concernant spécialement les moyens d'assurer l'exécution de la même loi en ce qui concerne les mentions à admettre dans les passe-ports. Nous renvoyons le lecteur à ces divers documents.

2. Le fait d'avoir, sans droit, fait précéder son nom de la particule *de*, ne constitue point le délit réprimé par l'art. 259, § 2, C. pén., si ce n'est pas en vue de s'attribuer une distinction honorifique, mais comme moyen de commettre des actes d'indélicatesse que cette addition a eu lieu : Chambéry, 23 janv. 1868 (J.M.p. 11.112). — Le texte du § 2 de l'art. 259, C. pén., modifié par la loi du 28 mai 1858, et l'esprit dans lequel a été faite cette modification, ne peuvent permettre le moindre doute à cet égard. V. l'explication de cette loi J.M.p.1.204.

3. Un arrêt de la Cour de cassation, du 5 janv. 1861 (J.M.p. 4.8), a jugé que le fait de celui qui, dans des actes publics, ajoute au nom patronymique que lui assignent les actes de l'état civil un autre nom précédé de la particule *de*, en vue de s'attribuer une distinction honorifique, constitue le délit puni par le nouvel art. 259, C. pén., sans qu'il y ait à rechercher si l'auteur de ce fait est ou non fondé à se rattacher à une origine nobiliaire, et par cela seul que l'addition dont il s'agit a été faite sans bonne foi. — Cette décision nous semble parfaitement exacte. Il ne saurait suffire d'avoir droit à une qualification nobiliaire pour être autorisé à ajouter cette qualification à son nom, si jusque-là elle ne l'avait accompagné dans aucun acte de l'état civil. L'emploi d'une telle qualification, lorsqu'il a eu lieu en vue d'imprimer au nom le caractère d'une distinction honorifique, constitue véritablement l'altération ou modification de nom punie par l'art. 259, tant que la commission du sceau des titres ou les tribunaux ne l'ont pas autorisé. Il n'en pourrait être autrement que si les circonstances démontraient que, malgré l'absence de toute qualification nobiliaire dans les actes de l'état civil de sa famille, celui qui s'est permis d'ajouter à son nom une semblable qualification a pu croire qu'il en avait le droit, comme dans le cas, par exemple, où ses ascendants auraient eux-mêmes publiquement pratiqué l'emploi de cette qualification.

4. Faisons remarquer, au surplus, que de ce principe, proclamé par l'arrêt ci-dessus, que le tribunal correctionnel saisi de la prévention du délit réprimé par l'art. 259, C. pén., n'a pas à apprécier si le prévenu est ou non fondé à se rattacher à une origine nobiliaire, il suit nécessairement que la condamnation prononcée par ce tribunal et la mention qui doit en être faite en marge des actes où le nom a été altéré, ne sauraient mettre obstacle au droit de celui qu'a frappé cette condamnation, de se pourvoir soit devant le tribunal civil, soit devant la commission du sceau des titres, pour faire rectifier les actes de l'état civil qui le concernent, ou pour se faire investir du titre nobiliaire auquel il prétend.

5. La jurisprudence est divisée sur le point de savoir si le conseil du sceau des titres est investi d'une compétence absolue

et exclusive pour vérifier et reconnaître les titres nobiliaires.
L'affirmative résulte des arrêts suivants : Douai, 10 août 1852
(S.-V.53.2.102) ; Agen, 28 août 1860 (S.-V.61.2.277) ; Nîmes,
9 août 1860 (*Ibid.*) et 6 mai 1861 (J.M.p.4.226) ; Cass., 1er juin
1863 (*Id.*7.119, aux observ.) et 27 mai 1864 (*Id.*118) ; Nancy,
7 mai 1864 (*Id.*7.147) ; Besançon, 6 fév. 1866 (*Id.*9.3). Mais
d'autres décisions ont, avec plus de raison, selon nous, reconnu
aux tribunaux le droit d'ordonner, par voie de rectification d'actes
de l'état civil, le rétablissement d'un titre nobiliaire qui y aurait
été omis, ou de prescrire le maintien d'un tel titre dans ces actes,
lorsqu'ils n'ont, pour cela, qu'à constater une possession constante et des faits non susceptibles de contestation. *Sic*, Montpellier, 10 mai 1859 (J.M.p.2.225) ; Aix, 25 mai 1859 (S.-V.60.2.33) ;
Colmar, 15 mai 1860 (S.-V.60.2.369) ; Metz, 31 juill. 1860 (J.M.p.
3.187) ; Rouen, 18 mars 1861 (*Id.*4.226) ; Toulouse, 12 juill. 1862
(*Id.*5.255) ; Cass., 16 janv. 1864 (*Id.*7.179).

6. Jugé spécialement que le tribunal correctionnel saisi d'une
poursuite pour usurpation de titre nobiliaire est compétent, à l'exclusion du conseil du sceau des titres, pour connaître de l'exception tirée par le prévenu des énonciations de pièces produites par
lui, et pour décider que ces pièces forment, au contraire, un
nouvel élément de la culpabilité de ce dernier, surtout lorsque le
prévenu n'a demandé ni sursis ni remise à l'effet d'user de la
faculté accordée par l'art. 7 du décret du 8 janv. 1859, de provoquer la vérification de son titre par le conseil du sceau : Cass.,
16 janv. 1864, précité.

7. Le tribunal civil est incompétent pour connaître de la réquisition que ferait le ministère public, au cours d'une instance,
dans l'objet de faire condamner une des parties en cause, à défaut de production de titres justificatifs, à supprimer la particule
nobiliaire dont elle a fait précéder son nom dans les actes du
procès : Colmar, 6 mars 1860 (J.M.p.3.84). — V. *Nom*, n. 3.

8. La partie contre laquelle le ministère public a fait une semblable réquisition est recevable à interjeter appel du jugement
qui l'a admise, et cet appel doit être dirigé contre le ministère
public lui-même : Même arrêt.

9. Les chefs des parquets de première instance sont tenus de
donner avis à la Commission du sceau des titres des décès des
personnes revêtues d'un titre nobiliaire : Décis. minist. 30 sept.
1833 (Gillet, n. 2395).

— V. *Actes de l'état civil* 54, 57 *bis* et s., 62, 64, 65, 67 et s., 73; *Actes notariés*, 2; *Nom*, 2 et s.

TITRES DE VALEURS INDUSTRIELLES. —

Les seuls papiers déposés au greffe à l'occasion de procès civils ou criminels, qui doivent y être conservés pour être, s'il y a lieu, restitués à qui de droit, au lieu d'être remis au domaine (L. 11 germ. an IV, art. 3; ord. 9 juin 1831, art 4), sont ceux qui intéressent uniquement les familles et qui n'ont aucune valeur commerciale. Il n'y a pas de raison pour excepter de la remise au domaine les titres et valeurs industrielles (actions ou obligations) nominatifs ou au porteur. Les préposés de l'administration des domaines, après s'être fait remettre ces titres, doivent les déposer à la Caisse des dépôts et consignations, où les ayants droit ont la faculté de les réclamer dans les délais fixés par l'art. 2262, C. civ. : Circ. 19 mai 1866 (Rés.chr.,p. 89).

TRIBUNAL CIVIL. —

1. Il a été jugé qu'il n'appartient pas à un tribunal civil d'ordonner l'apport d'une procédure criminelle invoquée par une partie à l'appui de ses prétentions, mais que le procureur général seul peut autoriser la communication de cette procédure, sur la demande de la partie : Cass., 17 juin 1834 (S.-V.34.1.629); Trib. civ. d'Anvers, 30 mai 1858 (J.M.p.12.184). Cette solution est parfaitement justifiée par le secret des procédures criminelles.

2. Les magistrats des tribunaux civils doivent veiller à ce que, tous les ans, à l'ouverture des vacances, il ne reste à juger que les causes dont les procédures demeurées incomplètes ont ajourné la solution. Toutes les fois qu'il y a des affaires arriérées, des audiences supplémentaires doivent être tenues, et les juges doivent au besoin siéger tous les jours de la semaine : Circ. 30 oct. 1860 (Rés. chr., p. 23).

3. Les affaires ordinaires ne doivent jouir d'aucun tour de faveur; leur inscription au rôle détermine leur rang. Toute préférence, quelle qu'en soit la cause, est une violation du principe de l'égalité devant la loi et une aggravation arbitraire des inconvénients attachés aux procès. On peut juger promptement et bien. Dans ce but, les présidents doivent interdire ou mesurer les répliques, élaguer des plaidoiries les redites et dissertations inutiles. Et, de leur côté, les magistrats du parquet doivent se concerter avec les présidents pour atteindre à une prompte expédition des affaires : Circ. 30 oct. 1860 (Rés. chr., p. 23).

4. Nous avons publié dans notre *Journal du Ministère public*, t. 9, p. 129, 152, 214, 250, 281, 307 et 324, une étude de M. Omer-Despatys sur les présidents des tribunaux de première instance. Le lecteur ne pourra que consulter avec fruit ce consciencieux travail.

5. C'est à la chambre civile que doit s'attacher le président d'un tribunal de première instance composé de deux chambres : Déc. min. just. 12 avr. 1824 (Gillet, n. 1752).

6. Les Cours d'appel ont le droit d'adresser aux tribunaux de leur ressort les observations qu'elles peuvent juger nécessaires, soit dans l'intérêt de l'administration de la justice, soit dans celui des justiciables, et elles sont particulièrement appelées à faire usage de ce droit à la suite du rapport qui leur est présenté chaque année par le procureur général : Décis. min. just. 1er fév. 1850 (Gillet, n. 3248). — V. *Administration judiciaire*, n. 8.

7. Les procureurs généraux ont été invités par deux circulaires des 18 juill. 1850 et 4 juin 1853 (Gillet, n. 3275 et 3469) à visiter les tribunaux de leur ressort, pour vérifier si la justice y est bien administrée. Ces visites doivent être faites à l'improviste et terminées avant le 1er septembre. Un rapport spécial par arrondissement doit être adressé au ministre de la justice dès qu'elles ont eu lieu.

— V. *Avoué*, 13; *Ministère public*, 4, 9, 55 et s., 60; *Titre nobiliaire*, 5 et s.

TRIBUNAL DE COMMERCE.—1. Il résulte de l'art. 629, C. comm., que les juges consulaires prêtent serment, avant d'entrer en fonctions, à l'audience de la Cour d'appel, lorsque le tribunal de commerce est établi dans l'arrondissement communal où elle siége, et, dans le cas contraire, devant le tribunal civil de l'arrondissement, commis à cet effet par la Cour : dans ce dernier cas, le tribunal dresse un procès-verbal de la prestation de serment et l'envoie à la Cour, qui en ordonne l'insertion dans ses registres. Ces formalités sont remplies sur les conclusions du ministère public et sans frais. V. aussi Circ. 30 oct. 1849 et 17 avr. 1851 (Gillet, n. 3231 et 3331).

2. D'après une instruction particulière du ministre de la justice en date du 27 déc. 1845 (Gillet, n. 2992), il convient que les membres d'un tribunal de commerce nouvellement institué fassent visite aux membres du tribunal civil délégué par la Cour pour recevoir leur serment; mais le défaut de visite n'autorise pas le tribunal civil à ne pas les admettre à prêter serment devant lui.

3. Il résultait de deux décisions du ministre de la justice des 4 déc. 1852 (Gillet, n. 3447) et 31 janv. 1861 (Rés. chr., p. 30), que le rang des juges de commerce entre eux était déterminé par l'institution et la prestation de serment et non par la durée des fonctions pour lesquelles ils avaient été institués, et qu'un juge réélu ne prenait rang qu'à la date de sa nouvelle prestation de serment. Mais un décret du 17 oct. 1870 a décidé, par une disposition additionnelle introduite dans l'art. 626, C. comm., qu'à l'avenir le rang à prendre dans le tableau des juges et des suppléants sera fixé à la majorité absolue par un scrutin de liste auquel prendront part le président, les juges et les suppléants, et que ce scrutin, qui sera secret, aura lieu dans la chambre du conseil aussitôt après la nomination du président.

3 bis. En ce qui touche les magistrats consulaires *nommés le même jour*, les situations respectives sont fixées par le décret d'investiture. Il est donc essentiel que la Cour chargée de recevoir le serment, ou le tribunal de première instance délégué, observent d'une manière exacte l'ordre suivi dans le décret : Décis. 31 janv. 1861 (Rés. chr., p. 30).

4. Il n'est pas dû d'escorte aux tribunaux de commerce pour se rendre aux cérémonies publiques : les mots *tribunal de première instance* employés par l'art. 4, tit. 20, du décret du 24 mess. an XII, ne désignent que le tribunal civil : Décis. min. just. 11 juin 1846 et 5 fév. 1850 (Gillet, n. 3014 et 3251).

5. On a beaucoup agité la question de savoir s'il conviendrait d'étendre aux tribunaux de commerce l'institution du ministère public. Chacun reconnaît que les juges consulaires possèdent rarement toute l'aptitude désirable pour appliquer aux contestations portées devant eux les principes souvent fort délicats du droit commercial, et que le concours d'un juriste à l'administration de la justice commerciale réaliserait un progrès important. Mais dans quelle mesure doit exister ce concours? Là gît principalement la difficulté.

6. Ceux qui regardent l'organisation actuelle des tribunaux de commerce comme suffisante, et prétendent conserver à ces tribunaux leur autonomie, ne veulent d'autre auxiliaire pour les juges, dans les affaires nécessitant la solution de points de droit graves et difficiles, que le greffier qui les assiste ou un arbitre rapporteur nommé par eux. Mais il n'est pas besoin de grands efforts pour démontrer combien ces deux formes de coopération présentent d'inconvénients et sont, dans tous les cas, insuffisantes. Admettre, comme en Belgique, le greffier à suivre les juges dans la chambre de leurs délibérations pour recueillir leurs opinions, exprimer la sienne et rédiger ensuite la sentence, c'est autoriser une usurpation de fonctions qui, en même temps qu'elle ne donne aucune garantie aux justiciables, privés de la faculté de contrôler et de combattre au besoin l'avis du greffier, compromet singulièrement la dignité des magistrats. D'un autre côté, confier à des arbitres institués par le tribunal de commerce, ainsi que l'usage en est établi à Paris et dans d'autres villes, le soin d'instruire les causes de quelque importance et de dresser un rapport que les parties discuteront ensuite à l'audience, c'est dénaturer complétement le caractère de la procédure commerciale, qui doit être essentiellement prompte et économique; car les rapports des arbitres (nous parlons d'après notre propre expérience) n'entraînent pas moins de frais que de lenteurs. Enfin, l'influence latente du greffier et le concours de lumières fourni publiquement par le rapport de l'arbitre, se restreignent aux causes d'une certaine gravité débattues contradictoirement. Mais combien de condamnations prononcées par défaut, combien de jugements rendus contre des mineurs, des femmes mariées ou des absents, combien de mesures homologuées en matière de faillite, sans qu'aucune voix s'élève pour défendre soit les intérêts privés, soit l'intérêt public, lésés par de trop sommaires décisions!

7. Frappés des inconvénients pleins d'évidence que nous venons de signaler, quelques esprits, désireux de régler le plus sagement possible l'allure vacillante de la justice commerciale, proposent de la faire diriger par un président jurisconsulte, que nommerait le Gouvernement et qui serait inamovible. Il n'est pas douteux que ce système aurait de grands avantages sur celui qui donne un simple greffier pour guide aux juges consulaires dans leurs délibérations. Mais s'ensuit-il que cette réforme soit la meilleure? C'est ce qu'on ne démontre pas. Les raisons sur lesquelles on s'appuie pour la justifier ont été exposées par M. Jacques dans trois articles insérés J. M. p. 2. 105, 3. 74 et 5. 23, que le lecteur consultera avec fruit, bien qu'ils ne nous paraissent pas, quant à nous, de nature à le convaincre.

8. Un troisième système, qui a rallié le plus grand nombre de suffrages, consisterait simplement à adjoindre l'institution du

ministère public aux tribunaux de commerce, tels qu'ils sont actuellement organisés. — V. en ce sens, Carré et Foucher, *Lois de l'organis. et de la compét.*, t. 1, p. 264, et t. 2, p. 481; Nouguier, *Trib. de comm.*, t. 1, p. 176 et suiv.; Ortolan et Ledeau, *Le ministère public en France*, t. 1, p. 347; Berriat Saint-Prix, article publié dans le journal *le Droit* du 25 juill. 1857; Massabiau, *Man. du min. publ.*, t. 1, p. 541; Paringault, *de l'Établiss. du minist. publ. près les trib. de comm.* Nous indiquerons tout à l'heure les motifs qui servent de base à ce système. Signalons d'abord les reproches qui lui sont adressés.

9. Il ne faut pas, selon Boncenne, *Théor. de la proc. civ.*, t. 1, p. 387 (2e édit.), d'intermédiaire entre le commerçant qui plaide et le commerçant qui juge. — Suivant M. Orillard, *Compét des trib. de commerce*, p. 15, l'institution du ministère public près des tribunaux de commerce serait une véritable inutilité, parce que la plupart des affaires communicables, d'après les règles du droit civil, ne peuvent, à raison de la matière et de la qualité des personnes, être portées devant le tribunaux de commerce; que les incapables sont rarement intéressés dans les causes soumises à cette juridiction; que les excès de pouvoir des juges consulaires et les erreurs par eux commises dans l'application de la loi peuvent toujours être réformés par la voie de l'appel ou du recours en cassation; que les faillites sont placées sous la surveillance du ministère public près le tribunal civil de l'arrondissement, dont la vigilance suffit pour découvrir le dol et la fraude, et distinguer la banqueroute de la faillite; que la présence d'un membre du parquet dans tous les jugements, dans toutes les délibérations des créanciers, dans tous les traités qui interviennent entre eux et le failli, pourrait être la source de nombreuses difficultés; qu'enfin l'intrusion du ministère public dans les tribunaux de commerce détruirait cette simplicité de formes qui fait la beauté de la justice commerciale et qui la rend bien supérieure à la justice civile. — Au contraire, M. Smekens, *Réorganis. des trib. de comm.*, repousse comme insuffisante l'institution dont il s'agit. C'est peu de chose, dit-il, qu'une voix simplement consultative, réservée à certaines catégories d'affaires; toutes les contestations commerciales indistinctement méritent d'être examinées au point de vue du droit, et il importe d'attribuer à l'organe du droit au moins une voix délibérative. — M. Jacques, *loc. cit.*, exprime aussi cette opinion; mais, de plus, il regarde, de même que M. Orillard, la présence du ministère public comme surabondante là où il n'y a ni poursuites à exercer, ni incapables à défendre, ni administration à diriger. Il regretterait, d'ailleurs, de voir entamer l'unité du ministère public. D'un autre côté, M. Jacques redoute un froissement fâcheux entre l'officier du ministère public cherchant à contenir les débats dans les limites de la légalité, et les juges peu disposés à subir un contrôle ainsi exercé d'une manière ostensible. Et il voit aussi un inconvénient très-grave dans la mobilité inhérente à l'exercice des fonctions du ministère public. Les magistrats attachés au parquet du tribunal de commerce y feraient un séjour d'autant moins long que la mission spéciale qu'ils y rempliraient les empêcherait d'acquérir l'expérience qui leur est si nécessaire dans les attributions dont ils sont investis devant la juridiction civile. Dès lors, impossibilité de fusion entre l'élément civil et l'élément commercial. L'honorable magistrat craint autre chose encore, c'est que les fonctions du ministère public près du tribunal de commerce, ne pouvant être exercées par le chef du parquet, qu'absorbent suffisamment les soins d'une administration compliquée, ne soient confiées à un substitut ou à un juge suppléant dont la jeunesse et l'inexpérience enlèveraient à ces fonctions le prestige qu'elles devraient avoir pour atteindre le but qu'on se propose.

10. Voyons maintenant ce qu'il faut penser de ces diverses critiques, et si l'idée à laquelle elles s'attaquent doit en triompher. — Il est d'abord manifeste que cette proposition de Boncenne, qu'il ne faut pas d'intermédiaire entre les juges consulaires et leurs justiciables, manque d'exactitude. N'est-elle pas, en effet, démentie par la pratique même, qui fait intervenir, ici le greffier, là un arbitre, pour éclairer les juges sur les véritables droits des plaideurs ? Il faut en dire autant de l'objection tirée par M. Orillard de la prétendue atteinte que l'introduction du ministère public dans les tribunaux de commerce porterait à la simplicité de la justice commerciale. On a fait remarquer avant nous que le concours du ministère public, bien loin d'être une cause de complication dans la marche de la procédure devant les tribunaux de commerce, contribuerait singulièrement à la rendre plus rapide et plus économique, puisqu'il suppléerait à ces renvois devant arbitres, qui augmentent dans une si notable proportion la durée et les frais des litiges. Le ministère public, en effet, recevant d'avance communication de toutes les affaires d'une certaine importance, présenterait à l'audience, sur celles qui lui paraîtraient l'exiger, de succinctes observations dans lesquelles il s'attacherait surtout à mettre en lumière les points de droit. Il ne se croirait pas obligé de prendre la parole dans les causes qui ne présenteraient aucune difficulté sérieuse, de telle sorte que le rôle s'épuiserait avec infiniment moins de lenteur que lorsque les parties sont obligées d'attendre et de discuter ensuite à l'audience de volumineux rapports d'arbitres. Et combien les conclusions simples et substantielles du magistrat du parquet ne laisseraient-elles pas plus d'impression dans l'esprit du juge que la discussion embarrassée d'un rapport !

11. Mais le rôle du ministère public devant les tribunaux de commerce ne se bornerait pas à signaler à des juges peu familiers avec les principes du droit, la solution juridique des questions délicates qui leur seraient soumises. Toutes les causes communicables en matière civile seraient aussi, en matière commerciale, l'objet de son contrôle. Vainement objecte-t-on qu'ici il n'y a pas d'incapables à défendre. Sans doute, la femme mariée et le mineur commerçant sont réputés capables par la loi en ce qui concerne leurs obligations commerciales ; mais des femmes mariées et des mineurs non commerçants ne peuvent-ils pas être intéressés dans les contestations portées devant la juridiction consulaire ? Ces contestations ne peuvent-elles pas intéresser aussi des interdits ? Et ne mettent-elles pas surtout fréquemment en jeu l'intérêt public ? D'un autre côté, n'est-il pas nécessaire que les absents ou les défaillants trouvent un défenseur dans le ministère public, en une matière où les délais sont si rigoureux ? Enfin, ne suffirait-il pas, pour justifier l'adjonction du ministère public aux tribunaux de commerce, de l'avantage que présenterait la surveillance spéciale qu'il serait naturellement appelé à exercer sur les divers actes que comprennent les faillites, depuis le jugement qui ordonne le dépôt ou la garde de la personne du failli jusqu'au concordat qui le replace à la tête de ses affaires ? Personne, en effet, ne conteste que les communications faites par les syndics au ministère public près le tribunal civil, les rapports qui lui sont communiqués par le juge-commissaire et le droit même qui lui appartient d'assister à l'inventaire, ne soient que des moyens bien inefficaces de découvrir la fraude que recèlent si souvent les opérations des faillites.

12. On oppose la possibilité, la probabilité même d'un conflit entre le ministère public et les juges consulaires, le défaut de stabilité des relations entre les deux ordres de magistrats, et, comme conséquence de ces graves inconvénients, l'absence de fusion entre les deux éléments distincts qu'ils représentent, ce qui

revient à dire l'exclusion de toute influence de la part du ministère public sur les juges dont on veut le constituer le guide. Si ce
danger existait, il serait de nature à décourager ceux qui proposent l'adjonction du ministère public aux tribunaux de commerce comme un moyen de perfectionnement de la justice commerciale ; mais n'est-ce pas là un péril purement imaginaire ?
Pourquoi le concours du ministère public soulèverait-il plus de
répulsion parmi les membres des tribunaux de commerce que
parmi les membres des tribunaux civils ? Son rôle ne serait-il pas
le même auprès des premiers qu'auprès des seconds ? Ce n'est pas
contre les juges consulaires que le ministère public serait institué, mais, bien au contraire, pour eux et, par suite, pour leurs
justiciables. Comment ces juges verraient-ils d'un mauvais œil un
magistrat qui viendrait les seconder dans l'accomplissement d'une
tâche difficile, en leur laissant toute leur indépendance ? Comment
repousseraient-ils l'influence désintéressée que devrait lui assurer
sa science spéciale des principes du droit ?

15. Il reste à examiner si la coopération d'un président jurisconsulte répondrait mieux encore au besoin de réforme qui se
manifeste dans la juridiction consulaire. Nous admettrons volontiers que l'institution d'un semblable président, quoique plaçant
les juges consulaires dans une situation d'infériorité sur laquelle
ils ne pourraient se faire illusion, laisserait encore aux fonctions
de ces juges un caractère assez honorable pour qu'elles conti-
nuassent à être recherchées par les commerçants. Mais ce n'est
pas assez qu'il y ait des magistrats élus par le commerce ; il faut
encore, si l'on veut conserver à la juridiction consulaire sa nature
et ses avantages, que ces magistrats apportent dans les décisions
auxquelles ils sont appelés à concourir, cet esprit particulier d'appréciation que donne la pratique commerciale. Or, nous nous demandons si cette condition serait remplie par des juges consulaires qui ne seraient que les acolytes d'un magistrat de l'ordre
civil. Il est bon, sans doute, dans les juridictions composées d'é-
léments homogènes, que le président exerce sur ses collègues une
influence justifiée par la supériorité du talent. Mais, dans un tribunal où l'on veut que l'élément civil concoure avec l'élément
commercial, faire représenter le premier de ces deux éléments par
un magistrat auquel le titre de président et de plus grandes lumières assureraient une facile suprématie, ne serait-ce pas anni-
hiler à peu près le second, sous le prétexte de le fortifier ? Ce président, institué pour infuser les principes du droit dans l'admi-

nistration de la justice commerciale, ne serait-il pas porté, malgré lui et par l'effet naturel soit de ses habitudes juridiques, soit de son désir de remplir fidèlement sa mission, à ramener toutes les difficultés sous l'empire absolu de la loi, plutôt qu'à se pénétrer des usages et de la pratique du commerce, afin d'en faire le point de départ de ses appréciations?

14. Mais d'autres inconvénients fort graves seraient encore attachés à cette institution. Nous rappellerons d'abord ceux qu'a déjà relevés M. Paringault, *loc. cit.*, p. 12 et 13 : la difficulté, pour le tribunal, de fonctionner en cas d'empêchement d'un président en la personne duquel il serait absorbé, et les embarras presque insolubles que pourrait entraîner l'incompatibilité d'humeur qui viendrait à se manifester entre ce président inamovible et ses collègues d'origine élective. Mais nous sommes principalement touché de l'impuissance où se trouverait forcément le président jurisconsulte dont on voudrait doter les tribunaux de commerce, de prévenir les regrettables abus qui font surtout désirer l'adjonction d'un ministère public à ces tribunaux et que nous avons déjà signalés ci-dessus, n. 11. Le bon sens pratique du juge consulaire peut, jusqu'à un certain point, suppléer aux connaissances juridiques qui lui manquent ; mais rien ne saurait remplacer cette action salutaire que l'organe de l'intérêt public exerce partout où il y a un incapable à défendre, une manœuvre coupable à déjouer, une infraction à punir.

15. Les considérations qui précèdent nous portent irrésistiblement à embrasser l'opinion qui fait de l'adjonction du ministère public aux tribunaux de commerce le point de départ des modifications que l'organisation de ces tribunaux est, de l'avis général, appelée à recevoir. — Mais il s'agit à présent d'examiner en quelles mains devraient reposer les fonctions du ministère public près les tribunaux de commerce. Deux combinaisons seulement nous paraissent sérieusement discutables : confier ces fonctions au chef du parquet près le tribunal de l'arrondissement dans lequel siége le tribunal de commerce, ou bien en investir un magistrat spécial.—Ce dernier moyen est celui que propose M. Nouguier, t. 1, p. 197; mais il est résolûment combattu par MM. Berriat Saint-Prix, journ. *le Droit* du 25 juill. 1857, et Paringault, p. 34. Suivant ces deux derniers jurisconsultes, l'espèce de rivalité qui s'établirait entre l'officier du ministère public près le tribunal de commerce et son collègue du tribunal civil, relativement à la direction des poursuites criminelles pour infrac-

tions découvertes à propos des faillites, pourrait nuire à l'harmo‐
nie dans laquelle le ministère public doit se mouvoir, et serait de
nature à engendrer de fâcheux conflits ; en outre, l'institution d'un
parquet spécial près les tribunaux consulaires aurait, aux yeux
de M. Paringault, le triple inconvénient de briser l'unité du mi‐
nistère public dans la plupart des arrondissements ; d'augmenter
le personnel de la magistrature, alors que la diminution en est, au
contraire, généralement sollicitée ; enfin de créer des postes qui
seraient, dans certains siéges, des espèces de sinécures, et qui, en
tout cas, n'offriraient aux magistrats que des occupations peu
propres à développer en eux les connaissances qu'ils devraient
posséder quand plus tard ils quitteraient le tribunal de commerce
pour entrer dans un tribunal civil ou dans une Cour. — En con‐
séquence, MM. Berriat Saint-Prix et Paringault pensent que les
fonctions du ministère public près les tribunaux de commerce
devraient être remplies par les chefs de parquet établis près les
tribunaux civils ou par leurs substituts, sauf à créer un substitut
supplémentaire dans les villes importantes où la trop grande com‐
plication du service l'exigerait. Quant aux tribunaux consulaires
existant dans des villes dépourvues de tribunal civil, le ministère
public y serait représenté, d'après M. Berriat Saint-Prix, par le
juge de paix, sous la réserve du droit du chef du parquet de s'y
rendre lui-même ou d'y envoyer un de ses substituts ; et selon
M. Paringault, il suffirait que le chef du parquet, un de ses substi‐
tuts, ou même un juge suppléant attaché à son parquet, se trans‐
portât, le jour de l'audience, au siége du tribunal consulaire.

16. Nous ne méconnaissons point la gravité des considérations
sur lesquelles repose ce système, non plus que la simplicité de
ses moyens d'exécution. Toutefois, il ne nous paraît point ré‐
pondre au but de l'institution du ministère public près les tri‐
bunaux de commerce, et l'idée de M. Nouguier est, selon nous,
bien préférable, quoiqu'elle exige quelques restrictions. — Ainsi,
nous croyons, avec M. Paringault, qu'il ne saurait appartenir à
l'officier du ministère public du tribunal de commerce de *dicter*,
comme le voudrait M. Nouguier, les poursuites criminelles que
devrait diriger le chef du parquet du tribunal civil, à raison
des crimes ou délits découverts dans les faillites. Mais les attri‐
butions du premier de ces deux magistrats ne peuvent‐
elles pas être déterminées de manière à éviter toute riva‐
lité et tout froissement entre les deux organes du ministère
public ? Celui qui serait attaché au tribunal de commerce ne

serait pas, dans notre pensée, sur un pied d'égalité avec le
chef du parquet du tribunal civil, quant à la poursuite des
crimes ou des délits que lui ferait découvrir la surveillance exercée par lui sur les opérations des faillites. Son pouvoir, sous ce
rapport, se bornerait à de simples constatations, qu'il transmet-
trait au parquet du tribunal civil, où s'achèverait l'exercice de
l'action publique, sous l'impulsion complétement libre du chef
de ce parquet. De cette manière, on donnerait aux tribunaux de
commerce un ministère public dont le concours aurait, par sa
permanence, une efficacité véritable ; tandis que l'action du magistrat du parquet près le tribunal civil, ne s'exerçant qu'à distance dans les tribunaux de commerce établis ailleurs qu'au
chef-lieu judiciaire, n'opérerait qu'à demi l'amélioration qu'on
cherche à réaliser. Un substitut ou un juge suppléant qui, ainsi
que le propose M. Paringault, ne se transporterait du chef-lieu
judiciaire au siége du tribunal de commerce que les jours d'audience, ne serait pas considéré comme attaché à ce tribunal, et,
par cela même, obtiendrait difficilement des juges consulaires
cette confiance intime qui est la base de toute sérieuse influence.
Et, il faut bien le dire aussi, le simple titre de substitut ou de
juge suppléant commanderait moins de créance que le titre de
chef de parquet. Mais surtout la surveillance des opérations
des faillites serait bien moins efficace, parce qu'elle serait moins
incessante, de la part d'un magistrat qui ne résiderait pas dans
le lieu même du siége du tribunal consulaire, et l'on serait ainsi
privé de l'un des plus grands bienfaits que l'on doive attendre de
l'institution du ministère public près la juridiction commerciale.
— Qu'on ne croie pas, du reste, que cet inconvénient disparaîtrait
si l'on confiait au juge de paix, comme le voudrait M. Berriat
Saint-Prix, le pouvoir de représenter le chef du parquet devant le tribunal de commerce. On obtiendrait bien par là l'avantage d'une coopération continue ; mais combien cette coopération
ne serait-elle pas irrégulière et insuffisante ! irrégulière,
car les fonctions de juge de paix ne sauraient être compatibles
avec la qualité de substitut ; insuffisante, parce que, d'un
côté, les juges de paix, dont les attributions ont de si
étroites limites, ne posséderaient pas cette connaissance pratique des règles diverses du droit sans laquelle l'organe du
ministère public ne saurait remplir utilement sa mission auprès
des juges consulaires, et que, d'un autre côté, le titre de juge de
paix, pas plus que celui de substitut ou de juge suppléant, n'em-

porterait avec lui cette sorte de prestige également nécessaire pour assurer au ministère public l'influence et l'autorité dont il devrait jouir.

17. C'est encore, à notre sens, une erreur que de regarder la création d'un chef de parquet spécial près les tribunaux de commerce comme brisant l'unité du ministère public. Ce magistrat ne serait-il pas placé, comme le chef du parquet près le tribunal civil, quoique à un degré différent, sous la direction du procureur général du ressort? Et ne serait-il pas rattaché à l'institution une et indivisible du ministère public par un lien plus naturel que le commissaire de police, par exemple, à qui même, malgré ses fonctions d'officier du ministère public près le tribunal de simple police, la qualité de substitut du procureur général est déniée?

18. Quant à l'augmentation du personnel de la magistrature, qu'entraînerait la création d'officiers du parquet dans les tribunaux consulaires spéciaux, elle ne serait pas d'une grande importance. M. Paringault montre lui-même, p. 37 et s., que l'on pourrait, dans l'intérêt des justiciables aussi bien que dans celui de l'État, supprimer tous ceux de ces tribunaux siégeant hors du chef-lieu judiciaire qui ont annuellement à leur rôle moins de deux cents inscriptions, ce qui réduirait leur nombre à dix-sept. Cet honorable magistrat reconnaît aussi que les 172 tribunaux de commerce spéciaux établis aux chefs-lieux judiciaires pourraient eux-mêmes être diminués sans inconvénient, et, sous ce rapport, il est d'accord avec M. Jacques (J.M.p.2.108). Ce serait donc moins de 200 parquets, composés, sauf dans quelques grandes villes, d'un seul magistrat, qu'il s'agirait de créer; et les réductions qui doivent être opérées aussi dans le personnel de la magistrature civile fourniraient à ces parquets des magistrats tout préparés à les occuper convenablement. Ce ne seraient plus alors des sinécures, et les nouveaux officiers du ministère public ne se trouveraient pas exposés à manquer d'occupations sérieuses.

19. Reste une dernière objection.— Comme on ne demeure pas toute sa vie chef du parquet du tribunal de commerce, dit M. Paringault, quand on rentrerait dans un tribunal civil ou qu'on arriverait dans une Cour, on se trouverait étranger aux études de droit civil et de droit criminel qui sont et doivent rester les objets les plus ordinaires des méditations du magistrat. — A cela, selon nous, plusieurs réponses. D'abord, sans rester toute leur vie attachés à la juridiction consulaire, les officiers du parquet pourraient y demeurer longtemps, en suivant dans cette carrière les divers degrés de l'avancement, à l'instar de ce qui se passe, notamment, pour les juges de paix. Ensuite, nous sommes loin d'admettre que, dans l'exercice de leurs fonctions, les magistrats du ministère public près les tribunaux consulaires dussent perdre toute notion soit du droit civil, soit du droit criminel, l'étude du droit commercial se reliant par des points nombreux à celle du droit civil, et la surveillance à exercer sur les opérations des faillites devant, trop fréquemment peut-être, appeler ces magistrats à la pratique du droit criminel, au moins dans une certaine mesure. Enfin, bien loin que l'accès des Cours d'appel dût leur être fermé, les connaissances qu'ils auraient acquises en droit commercial ne devraient-elles pas, au contraire, constituer pour eux un titre à y être admis, soit comme membres du parquet, soit comme conseillers, puisque c'est devant ces cours que sont portées en appel les affaires commerciales, pour l'appréciation desquelles les magistrats des juridictions civiles ne possèdent pas toujours les notions spéciales qu'elles exigent?

20. En résumé, l'introduction de l'élément civil dans les tribunaux consulaires, comme moyen de vulgariser parmi ces tribunaux la connaissance et l'application des principes du droit, est, à nos yeux, d'une nécessité manifeste; mais cet élément n'y doit pas être représenté par un président jurisconsulte, qui l'y ferait régner d'une manière trop absolue, et dont l'action ne pourrait, d'ailleurs, s'étendre sur une foule d'abus qu'il importe de prévenir ou de combattre. Un magistrat du ministère public peut seul tout à la fois servir de guide aux juges consulaires, dans les causes où domine le droit, et de protecteur soit de l'intérêt privé auquel manquent des défenseurs, soit de l'intérêt public. Et une telle mission doit être confiée, non au chef du parquet du tribunal civil, mais à un magistrat spécial, qui sera, quant à la poursuite des crimes et délits commis dans les faillites, l'auxiliaire du premier, sans être son subordonné, et qui se trouvera, d'ailleurs, soumis, comme lui, à l'autorité du procureur général.—Rapproch. l'art. 847 de notre *Journ. du Minist. publ.*, t. 8, p. 186 et s.

21. Nous ne savons quelle solution l'avenir réserve à cette grave question. En attendant, nous devons rappeler que, d'après une jurisprudence bien établie, le ministère public est tenu d'assister aux audiences des tribunaux civils jugeant commercialement, et qu'il a le droit d'y prendre la parole. V. aussi en ce sens, Circ. 16 août 1845 (Gillet, n. 2969).

— V. *Ministère public*, 5 ; *Questions préjudicielles*, 21 et s.

TRIBUNAL CORRECTIONNEL. — 1. Selon M. Massabiau, *Man. du minist. publ.*, t. 2, n. 2059, le ministère public et la partie civile ne seraient pas rigoureusement tenus, dans les affaires correctionnelles, en première instance, de communiquer, avant l'audience, leur dossier au président. S'il admet qu'il en doit être différemment en appel, c'est parce que l'appel ne peut être jugé que sur le rapport d'un membre de la Cour, et que ce membre est, soit le président de la chambre correctionnelle, soit un conseiller commis par lui. — M. Berriat Saint-Prix, *Procéd. des trib. crim.*, 1re part., n. 140, et 2e part., n. 493, estime, au contraire, que toutes les affaires doivent être communiquées au président avant l'audience, et que cette communication préjudiciaire est indispensable.

2. Cette dernière opinion nous semble préférable ; elle trouve même une consécration de texte, pour les affaires mises à l'instruction, dans l'art. 132, C. instr. crim., qui veut que, quand il y a eu une ordonnance de renvoi en police correctionnelle, la procédure soit déposée au greffe du tribunal dans les quarante-huit heures. Ce dépôt a évidemment pour but d'assurer la communication du dossier tant au président qu'aux parties. — On peut encore tirer argument en faveur de cette doctrine de l'obligation imposée au ministère public de faire lui-même la cote de toutes les pièces du dossier avant d'en opérer le dépôt au greffe. Cette obligation de cote indique bien que le législateur admet que le dossier pourra passer dans d'autres mains que dans celles du ministère public. Enfin, pour justifier le droit du président du tribunal correctionnel d'obtenir la communication des pièces, on peut s'appuyer sur les art. 29 et 30 de la loi du 22 janv. 1851, relative à l'assistance judiciaire, qui impliquent évidemment ce droit, le premier en chargeant le président de désigner un défenseur d'office aux prévenus poursuivis à la requête du ministère public ou détenus préventivement, lorsqu'ils en font la demande et après constatation de leur indigence par tels documents que ce soit (ces documents sont la plupart du temps ceux du dossier), et le second en autorisant le président à ordonner d'office, avant l'audience, non-seulement des auditions de témoins au cas d'indigence des prévenus, mais encore toutes productions et vérifications de pièces (mesures que la communication du dossier peut seule mettre le président à même de prescrire).

3. En dehors de tout argument tiré des textes, il faudrait, au surplus, se décider toujours pour une communication qui est dans la nécessité des choses. En matière correctionnelle, sans étude préparatoire du dossier, il n'y a pas à espérer que les débats soient convenablement dirigés. A défaut d'un classement antérieur et méthodique des faits, des dates et des noms par le magistrat chargé de la direction des débats, il y aurait le plus souvent déchéance extérieure du président et, au détriment de la dignité et des intérêts de la justice, usurpation inévitable de sa fonction tant par l'organe de la prévention que par celui de la défense. L'étude antérieure du dossier, éminemment utile dans toute affaire, est surtout indispensable si le procès a quelque complication. Cette étude permet spécialement au président d'examiner si une citation a été régulièrement délivrée, si un défaut peut être prononcé, si le prévenu a été traduit devant les juges compétents, si la prescription a été acquise à l'agent du délit, etc. Disons d'ailleurs que la communication préalable est, en fait. pratiquée à peu près partout.

4. La communication doit avoir lieu, non point seulement dans les affaires venant à l'audience à la suite d'une information, mais encore dans celles qui y sont portées sur citation directe. Même à l'égard de celles-ci, il peut y avoir dans les procès-verbaux de constatation, les interrogatoires des inculpés, les déclarations des témoins et les divers actes faits, en semblable conjoncture, par les juges de paix, les maires, les commissaires de police ou la gendarmerie, des charges préexistantes, dont il sera tenu souvent très-grand compte au débat. Il se peut d'ailleurs qu'une citation directe vienne se greffer sur une information et qu'elle s'incorpore avec elle. Il en est ainsi lorsque, dans une affaire criminelle, la chambre d'accusation ayant rendu une ordonnance de non-lieu, ou le jury une déclaration de non-culpabilité, le ministère public reprend l'affaire devant le tribunal correctionnel en substituant, par exemple, dans sa citation directe, une prévention d'homicide par imprudence à une qualification primitive d'infanticide ou d'assassinat.

5. On s'est quelquefois demandé quelles étaient les pièces qui devaient être communiquées. Dans les affaires venant à l'audience à la suite d'une information, il est évident que la communication de toutes les pièces qui ont reçu un numéro lors de la cote est de droit pour le président et pour la défense. Il n'y a d'exception que pour les pièces dites confidentielles (lettres ou renseignements divers), que leur nature même met en dehors de la cote et dont le ministère public doit faire un dossier à **part**

68

qu'il conserve à son parquet. Dans les affaires de citation directe, la loi n'exigeant plus la cote du dossier, nous en concluons qu'en dehors des constatations de ses auxiliaires et des originaux de ses réquisitions écrites, le ministère public n'est obligé de communiquer que les documents dont il entend se servir au débat. Enfin, dans le cas de mise à exécution de la loi sur les flagrants délits, le magistrat du parquet doit communiquer, avec le procès-verbal ou le rapport originairement reçu par lui, les actes qu'il a faits comme officier de police judiciaire, c'est-à-dire les interrogatoires des inculpés et les mandats par lui délivrés.

6. Si la pratique est bien fixée relativement à la communication du dossier avant l'audience, il en est autrement en ce qui concerne la communication à l'audience même. Dans certains tribunaux, le dossier reste aux mains du président pendant le débat; dans d'autres, au contraire, il est conservé par le ministère public. Un seul arrêt s'est prononcé sur ce point, et il a jugé que pendant les débats d'une affaire correctionnelle poursuivie à la requête du ministère public, le dossier doit rester entre les mains du président, sauf à ce magistrat à en faire, tant au ministère public qu'au prévenu, la communication exigée par les besoins de la poursuite ou de la défense: Bruxelles, 9 nov. 1865 (J.M.p.9.194).

7. Cet arrêt a consacré les vrais principes, et les raisons abondent pour justifier sa doctrine. Il est certain que le maintien du dossier à l'audience entre les mains du ministère public peut le porter, même involontairement, à trop s'immiscer dans la direction du débat, et que, par suite de cette immixtion excessive, le président peut se trouver relégué sur le second plan, à moins qu'il n'ait pris à l'avance des notes très-étendues, ce qui est presque impossible dans les siéges où les poursuites correctionnelles sont nombreuses. On sait d'ailleurs que des notes, si complètes qu'elles soient, ne peuvent jamais suppléer les originaux, dont elles n'ont pas l'authenticité et auxquels il faut toujours recourir lorsqu'on prétend qu'il s'est glissé une erreur dans les copies. Or, il ne convient pas que l'autorité propre du président puisse être absorbée par celle du ministère public, qui, pour le bien de la justice, doit rester un pouvoir parallèle et jamais dominant. Enfin, il est incontestable que les prévenus, les civilement responsables et les parties civiles, pendant l'instruction faite à l'audience, peuvent avoir besoin de prendre communication d'autres pièces que celles dont la copie leur est fournie sur leur seule demande dans les termes restrictifs de l'art. 56 du tarif criminel. Or, l'apprécia-teur désintéressé de cette communication ne peut être le ministère public, qui est la partie poursuivante et qui, à ce titre, est néces-sairement suspect dans son rôle, quoiqu'il ne le soit pas dans son caractère ; il faut, en pareil cas, l'arbitrage d'un pouvoir tout à fait neutre. Ce ne peut être que celui du président. V. en ce sens une dissertation de M. Paringault insérée J.M.p.9.104 et s.

8. Lorsque le ministère public a saisi le tribunal correction-nel, par citation directe, de la connaissance d'un délit, il ne peut plus être procédé par voie d'information préalable ; le tribunal doit nécessairement épuiser sa juridiction en statuant, soit sur sa compétence, soit sur le fond ; il ne peut, ni d'office, ni même à la réquisition du ministère public, renvoyer préalablement le prévenu devant le juge d'instruction ;.... à moins que le fait ne soit de nature à mériter une peine afflictive ou infamante : Cass., 26 mars 1808 (Dalloz, *Répert.*, v° *Compét. crim.*, n. 493) ; 8 oct. 1809 (S.-V. chr.) ; 18 nov. 1824 (*Ibid.*) ; Rouen, 23 janv. 1830 (S.-V.51.2.371) ; Gand, 24 nov. 1858 (J.M.p.2.249) ; Metz, 18 janv. 1860 (*Id.*3.117) ; — Dalloz, *loc. cit.*, n. 404, et v° *Instr. crim.*, n. 130.

9. Le tribunal correctionnel, saisi directement par le ministère public, ne peut même déléguer le juge d'instruction à l'effet de procéder à une instruction supplémentaire : Cass., 18 nov. 1824 (S.-V.chr.) et 31 août 1833 (S.-V.34.1.63) ; Douai, 19 août 1836 (Dalloz, *Répert.*, v° *Instr. crim.*, n. 909) et 19 sept. 1857 (J.M.p.1. 220). — Le principe de la publicité de l'instruction des affaires portées directement devant le tribunal correctionnel (C. instr. crim., 90), exige en effet que ce tribunal complète lui-même l'in-formation reconnue insuffisante.

10. M. F. Hélie soutient, au contraire, t. 6, n. 2921 et 2922, que si les éléments de l'instruction n'ont pas été recueillis, s'il est nécessaire de les rechercher, cette information préparatoire n'est pas l'œuvre de l'audience, mais doit la précéder, et peut, dès lors, être confiée au juge d'instruction ; et il cite en ce sens un motif d'un arrêt de la Cour de cassation du 19 mars 1825 (S.-V.chr.). Mais nous croyons que c'est là une erreur, et des arrêts très-formels de la Cour régulatrice elle-même confirment notre sentiment. — La cause une fois portée à l'au-dience, la prévention une fois formulée, et le prévenu appelé à se défendre, la publicité doit réfléchir sa lumière sur tous les actes de l'instruction, quel que soit leur objet. Ce n'est plus le temps ni le lieu de l'information secrète. Que si cette information n'a pas été suffisante, le tribunal n'est sans doute pas tenu de s'en contenter. Mais qu'a-t-il besoin d'en confier le complément au juge d'instruction ? Ne peut-il pas lui-même entendre de nouveaux témoins, ordonner la production de documents nouveaux ? Si cette faculté ne suffit pas pour acquérir la preuve de l'existence du délit poursuivi, ou de l'innocence du prévenu, c'est que cette preuve n'existe point, et il doit écarter la prévention dans le premier cas, et l'accueillir dans le second. Les dispositions si formelles de l'art. 190 ne nous semblent pas permettre une interprétation différente. — Compar. Duverger, *Manuel des juges d'instruction*, t. 1, n. 107. — Il en est toutefois autrement dans le cas de traduction immédiate devant le tribunal correctionnel d'un prévenu arrêté en état de flagrant délit. V. *Flagrant délit*, n. 22.

11. Le tribunal correctionnel qui, saisi directement par le ministère public, renvoie la cause à une instruction ultérieure, sans ajouter que cette instruction se fera par lui-même ou par un de ses membres, est réputé déléguer le juge d'instruction pour procéder à cette information supplémentaire, et il excède par là ses pouvoirs: Colmar, 17 avr. 1866 (J.M.p.9.303).

12. C'est un principe constant qu'en matière correctionnelle, le ministère public doit, à peine de nullité, être entendu sur tous les incidents de la poursuite aussi bien que sur le fond. Il ne cesse d'en être ainsi que lorsque l'incident n'a aucun caractère contentieux. V. F. Hélie, *Instr. crim.*, t. 6, n. 2936, ainsi que les décisions mentionnées par lui. Il a été jugé, par exemple, que l'omission des conclusions du ministère public n'est pas une cause de nullité, dans le cas où les juges ont ordonné d'office l'audition d'un témoin et l'apport de certaines pièces : Cass., 19 juill. 1844 (S.-V.44.1.722). Mais cette exception à la règle générale ne peut être étendue au cas où c'est à la suite d'un débat contradictoire entre la partie civile et le prévenu, et non point spontanément, que les juges ordonnent une mesure préparatoire, telle qu'une expertise : *Sic*, Cass., 28 juill. 1865 (J.M.p.8.225).

13. Au surplus, les conclusions que le ministère public prendrait dans un pareil débat n'ayant point le caractère de *réquisitions*, parce que le ministère public n'agirait alors que comme partie jointe, les juges ne seraient pas tenus, à peine de nullité, d'y statuer. — V. *Partie jointe*, n. 6 et 7.

14. Les tribunaux correctionnels peuvent ordonner, même

d'office et sans réquisition du ministère public, la suppression d'un mémoire injurieux ou diffamatoire versé au procès (L. 17 mai 1819, art. 23; C. proc. civ., 1036). Et ils le peuvent, à plus forte raison, lorsque le ministère public a provoqué cette mesure en signalant le mémoire à l'attention des juges : Cass., 4 déc. 1862 (J.M.p.5.313).

15. Les tribunaux correctionnels peuvent aussi ordonner l'insertion de leur jugement dans les journaux, sur la demande de la partie civile : Cass., 20 août 1839 (S.-V.39.1.691); 14 juin 1854 (S.-V.54.1.611); 19 mai 1860 (J.M.p.3.227); 30 1862 (*Id.* 5.279); Bordeaux, 17 août 1826 (Dalloz, *Répert.*, v° *Presse-outrage*, n. 1040); Aix, 24 mars 1860 (S.-V.60.2.473); Bourges, 29 nov. 1860 (S.-V.61.2.305). — Et la mesure ainsi demandée et ordonnée ne saurait perdre son caractère de réparation civile pour prendre celui de complément de peine (qui la rendrait illégale), bien qu'elle ait été également l'objet d'une réquisition du ministère public à l'audience : Cass., 30 mai 1862, précité.

16. Mais l'insertion dans les journaux, de même que l'affiche ou l'impression, ayant un caractère pénal, lorsqu'elle est prescrite d'office ou sur la réquisition du ministère public, ne peut, en pareil cas, être ordonnée hors des circonstances où la loi l'autorise spécialement : Cass., 19 mai 1860, mentionné au numéro précédent, et 16 août 1860 (S.-V.61.1.192).

— *V. Action publique*, 10, 24 et s. ; *Assistance judiciaire*, 33 ; *Compét. crim.*, 68, 107, 108, 112 et s. ; *Instr. crim.*, 20 et s., 47 et s., 59, 60, 62 et s. ; *Juge d'instruction*, 42 et s.; *Ministère public*, 6, 15, 32, 53, 54, 58, 59; *Preuve des délits*; *Témoin*.

TRIBUNAL DE SIMPLE POLICE. — 1.

L'art. 142, C. instr. crim., porte que, « dans les communes divisées en deux « justices de paix ou plus, le service du tribunal de police sera « fait successivement par chaque juge de paix, en commençant « par le plus ancien ; il y aura, dans ce cas, un greffier particu- « lier pour le tribunal de police. » Le décret du 18 août 1810, art. 39, ajoute que chaque juge siégera au tribunal de police durant trois mois. On a demandé si, lorsqu'un de ces magistrats se trouve empêché pendant la durée de son service, il doit être remplacé par l'un de ses suppléants ou par l'autre juge de paix.

2. Une circulaire du procureur général de Paris, sous la date du 12 octobre 1848, décide que c'est le juge qui doit être appelé, à l'exclusion des suppléants. Elle se fonde notamment sur ces motifs : que l'art. 142, C. instr. crim., ne fait aucune mention des suppléants; que, par suite, les suppléants ne peuvent siéger au tribunal de simple police qu'à défaut de *tous* les magistrats auxquels la loi a conféré cette attribution en première ligne; que le remplacement par un juge de paix est d'ailleurs plus conforme à l'esprit de la loi, qui n'appelle en toute matière les suppléants qu'à défaut des titulaires, et qui donne partout la préférence au fonctionnaire le plus haut placé dans l'ordre hiérarchique. Tel est aussi l'avis exprimé par le *Correspondant des justices de paix,* année 1861.

5. Cette solution est repoussée par la doctrine et la jurisprudence. — Dans un arrêt de la Cour de cassation du 2 frim. an XIV, on lit « qu'en ordonnant l'alternat des juges de paix dans les communes où il en existe plusieurs, pour l'expédition des affaires de police, la loi n'a point dérogé aux droits de leurs suppléants respectifs » (S.-V.6.2.719). Cet arrêt a été rendu, il est vrai, sous l'empire de la loi du 28 floréal an x; mais l'art. 142, C. instr. crim., n'ayant fait que reproduire les dispositions de cette loi, la décision de la Cour suprême conserve toute son autorité.

4. Le raisonnement conduit aux mêmes conséquences. Quand il n'y a qu'un juge de paix, personne ne conteste plus aujourd'hui qu'il puisse être remplacé au tribunal de simple police par un de ses suppléants. V. F. Hélie, t. 6, n. 2496; Trébutien, *Cours élément. de dr. crim.,* t. 2, p. 520; Morin, *Répert. de dr. crim.,* t. 2, p. 275. L'art. 3 de la loi du 26 vent. an XI porte, en effet : « En cas de maladie, absence ou autre empêchement du juge de paix, ses fonctions seront remplies par un suppléant; à cet effet, chaque juge de paix aura deux suppléants. » Or, cette disposition s'applique aux fonctions de police comme aux autres. Les doutes qui s'étaient élevés à cet égard sous l'empire du Code du 3 brum. an IV, et qui avaient d'ailleurs été dissipés à cette époque même par un arrêt de la Cour de cassation du 7 juill. 1809 (S.-V.chr.), ne sauraient trouver la moindre base dans notre Code actuel, dont l'art. 141, en disposant que le juge de paix connaîtra *seul* des affaires attribuées à son tribunal, a uniquement en vue, comme le dit M. F. Hélie, l'*unité* du juge et non une *attribution personnelle.* Lorsque cet article mentionne le juge seul, c'est de la justice de paix qu'il entend parler, c'est-à-dire du juge et de ses suppléants. Il en est de même dans le cas prévu par l'art. 142. Ce ne sont pas les deux juges qui fonctionnent alternativement, ce sont les deux justices de paix; et tant que la justice de paix en exercice trouve un organe dans un suppléant non empêché, il n'y a pas de motif juridique pour appeler sur le siége un juge dont le tour de service n'est pas encore venu.— Telle est la thèse qui a été soutenue par M. Lespinasse dans un article que nous avons inséré J.M.p. 6.152 et s., et auquel nous ne pouvons qu'adhérer pleinement.

5. Il est constant que, le ministère public faisant partie inté grante du tribunal de police, ce tribunal ne peut, en son absence, faire aucun acte de juridiction (par exemple, opérer un transport sur les lieux litigieux), ni prononcer aucun jugement. V. notamment Cass., 16 sept. et 23 déc. 1853 (S.-V.54.1.339); 22 avr. 1854 (D.p.54.5.767); 12 mars 1858 (J.M.p.1.250). L'erreur des tribunaux qui méconnaissent cette règle réside surtout dans la fausse supposition que la présence du ministère public devant eux n'est nécessaire que pendant les débats de l'audience, et qu'ils peuvent, sans lui, procéder aux visites de lieux et prononcer les jugements. Le vice de cette distinction n'a pas besoin d'être démontré. Tout acte de juridiction, quel qu'il soit, n'est valable qu'autant qu'il émane d'un tribunal régulièrement constitué. Or, d'après une jurisprudence et une doctrine unanimes, le tribunal de police n'est valablement constitué que par le concours du ministère public.

6. En simple police, les parties et les témoins doivent être appelés le plus souvent possible par un simple avertissement, suivant la faculté consacrée par les art. 147 et 153, C. instr. crim. Il ne faut employer la voie de la citation que lorsqu'il y a des motifs de penser que l'inculpé ou les témoins n'obtempéreraient pas à l'avertissement : Circ. 26 déc. 1845, *in fine* (Gillet, n. 2991).

7. Les avertissements doivent être remis sans frais par le piéton ou appariteur de la commune aux personnes qui résident dans le chef-lieu du canton. Mais quand les personnes auxquelles ils sont destinés ne résident pas au chef-lieu, les commissaires de police doivent s'abstenir de les leur faire parvenir en franchise, sous leur contre-seing, par l'intermédiaire du maire de leur commune ; la poste doit les leur transporter directement, et la taxe est nécessairement à leur charge : Circ. 12 avril 1859 (Rés. chr., p. 5).

8. D'après un arrêt de la Cour de cassation du 2 juill. 1859 (J.M.p.2.237), le ministère public ayant le droit de vérifier, et le tribunal de police le pouvoir d'apprécier si le mandat en vertu duquel un individu se présente devant ce tribunal pour le prévenu, a le caractère de spécialité exigé par l'art. 152, C. instr.

crim., ce mandat doit nécessairement être écrit et non verbal.
Par suite, lorsque le ministère public conteste le pouvoir en vertu
duquel un tiers prétend comparaître pour le prévenu, le tribunal
de police ne peut passer outre au jugement, si c'est un mandat
purement verbal qu'allègue ce tiers. MM. Dalloz, *Répert.*, v° *Instr.
crim.*, n. 873, se prononcent aussi pour la nécessité d'un mandat écrit. Quant aux autres auteurs, s'ils n'expriment pas nettement la même doctrine, c'est qu'ils supposent qu'elle va de soi.
Ainsi, MM. Carnot, *Instr. crim.*, t. 1, p. 624, n° 5, Bourguignon,
Jurisprud. des Cod. crim., t. 1. p. 358, Morin, *Répert.*, v° *Trib.
de pol.*, n. 14, et Berriat Saint-Prix, *Procéd. des trib. crim.*, t. 1.
n. 165 et 622, enseignent qu'un acte authentique n'est pas nécessaire pour constater le pouvoir dont il s'agit, qu'il peut être sous
seing privé, mais qu'alors il doit être écrit sur papier timbré et
enregistré (toutefois cette dernière formalité n'est pas exigée par
Bourguignon). — V. *infrà*, n. 10.

9. Il a été jugé qu'un individu non muni de pouvoir ne peut
être admis à défendre un prévenu devant le tribunal de police, ce
prévenu fût-il son domestique : Cass., 25 avril 1843 (cité par Berriat Saint-Prix et Morin). V. aussi Cass., 24 fév. 1808 (S.-V.chr.)
et 2 janv. 1810 (D.p.40.1.332).

10. Du reste, le défaut de procuration, si le jugement avait été
rendu sans opposition de la part du ministère public à l'audition
de la personne qui s'est présentée pour défendre le prévenu, ne
serait pas une cause de nullité qui pût être opposée à celui-ci :
Cass., 18 janv. 1822 (Dalloz, v° *Instr. crim.*, n. 880); 17 janv.
1823 (Dalloz, v° *Défense*, n° 84); 4 juill. 1851 (S.-V.52.1.287);
6 avr. 1866 (J.M.p.10.78). Ces arrêts supposent, comme le décide expressément celui qui est mentionné ci-dessus, n. 8, que le
ministère public a le droit de vérifier le mandat en vertu duquel
un tiers prétend défendre le prévenu.

11. Les tribunaux de police ne peuvent d'office déclarer auteur de la contravention dont ils sont saisis et punir comme tel
un tiers présent à l'audience, mais autre que le prévenu traduit
devant eux, encore bien que ce tiers se reconnaîtrait lui-même
l'auteur du fait poursuivi : Cass., 2 août 1828 (D.p.28.1.367);
22 mars 1844 (D.p.44.1.192); 6 mai 1847 (D.p.47.4.10); 4 mars
1848 (Bull. crim., n. 58); 21 nov. 1849 (*Id.*, n. 321); 15 juill.
1859 (J.M.p.2.255); 6 déc. 1861 (*Id.*5.204); — Dalloz, *Rép.*, v°
Instr. crim., n° 924. Ce point ne saurait faire l'objet d'un doute,
le tribunal de police n'ayant pas plus que tout autre tribunal de

répression le pouvoir de se saisir lui-même de la connaissance des infractions qui rentrent dans sa compétence.

12. Toutefois, la solution que nous venons d'indiquer ne doit pas être entendue d'une manière absolue, et il faut admettre que le tribunal de police est régulièrement saisi à l'égard d'un tiers autre que le prévenu, alors que ce tiers demande à intervenir pour prendre le fait et cause du prévenu, et que le ministère public ne s'oppose pas à cette intervention. C'est ce qui a été jugé, notamment, dans le cas où le tiers intervenant avait été cité comme civilement responsable de la contravention poursuivie : autre arrêt de la Cour de cass. du 15 juill. 1859 (J.M.p.2.256). En semblable hypothèse, en effet, l'instance se trouve contradictoirement engagée tout aussi bien que si le tiers comparaissait sur l'avertissement que lui aurait donné le ministère public.

13. Le prévenu appelé devant le tribunal de police par un simple avertissement ne peut, en cas de non-comparution, être jugé par défaut; le tribunal de police ne peut juger ainsi que lorsqu'il a été saisi par une citation : Cass., 4 mars 1826 (D.p.26. 1.267); 8 août 1840 (D.p.40.1.432); 24 janv. et 14 août 1852 (D.p. 52.5.294); 20 déc. 1860 (J.M.p.4.121);—Bourguignon, t. 1, p. 352; Berriat Saint-Prix, *Procéd. des trib. crim.*, t. 1, n. 121 ; F. Hélie, *Instr. crim.*, t. 6, n. 2574 ; Dalloz, *Répert.*, v° *Jugement par défaut*, n. 431 ; arg. Circ., 26 déc. 1845 (Gillet, n. 2991). — Toutefois, comme le font remarquer quelques-uns de ces auteurs, l'avertissement suffit pour autoriser un jugement par défaut dans le cas exceptionnel où c'est le maire qui remplit les fonctions de juge de police. Les termes des art. 169 et 170, C. instr. crim., le montrent clairement.

14. En matière de simple police, comme en matière correctionnelle, la déchéance de l'opposition à un jugement par défaut, résultant de la non-comparution de l'opposant à la première audience après l'expiration du délai, n'a pas lieu de plein droit; l'opposition conserve son effet tant que le juge n'a pas, sur la demande de la partie adverse, donné acte à celle-ci de la non comparution et prononcé la déchéance qui en découle : Cass., 29 mai 1835 (S.-V.36.1.846) et 16 avr. 1860 (J.-M.p.3.237).

15. Ainsi, le prévenu ne peut être déclaré déchu de l'opposition formée par lui au jugement qui le condamne par défaut, bien qu'à l'expiration du délai il ne se soit pas présenté à l'audience pour faire statuer sur cette opposition, lorsque le ministère public n'a pas

requis la déchéance contre lui, et que la partie civile s'est bornée
à demander une remise de la cause : Cass., 20 avr. 1860, précité.

16. Mais si, à l'audience qui suit l'expiration du délai de l'opposition, la partie adverse requiert la déchéance à raison de la
non-comparution de l'opposant, le juge est tenu de prononcer
cette déchéance, sans qu'il lui soit permis de renvoyer la cause à
une audience ultérieure : Cass., 10 juin 1843 (S.-V.43.1.904) ; —
F. Hélie, n. 2716 ; Berriat Saint-Prix, 1re part., n. 525 ; Trébutien,
t. 2, p. 530.

17. Nous avons examiné au mot *Règlement de police*, n. 1, la
question de savoir si le prévenu d'infraction à un tel règlement, qui
conteste qu'il ait été publié, est tenu de prouver que la publication n'en a pas été faite, ou si c'est au ministère public à établir
qu'elle a eu lieu, et si, par suite, le juge de police peut ou non
relaxer le prévenu, en se fondant sur la non-publicité du règlement, faute par le ministère public d'offrir la preuve de sa publication. Nous ne pouvons ici que renvoyer aux observations que
nous avons déjà présentées sur ce point.

18. Les tribunaux de simple police prononcent des condamnations de diverse nature. Les unes sont de véritables peines, telles
que l'amende et l'emprisonnement ; les autres constituent des
réparations civiles. Ces dernières sont exécutées à la diligence des
parties qui les ont obtenues. Le recouvrement des amendes est
poursuivi, au nom du chef de parquet de première instance
de l'arrondissement, par la régie de l'enregistrement (C. instr.
crim., 197).

19. Quant à la peine d'emprisonnement, les art. 165, C. instr.
crim., et 46 de la loi du 20 avril 1810 confient au ministère public
établi près le tribunal qui a statué, le soin d'en assurer l'exécution. — Néanmoins, le chef du parquet de première instance
dans l'arrondissement duquel la sentence a été prononcée, est
spécialement chargé de veiller à ce que la peine soit exactement
subie. Dans ce but, les art. 178 et 290, C. instr. crim., prescrivent aux juges de paix et aux maires de transmettre à ce magistrat, au commencement de chaque trimestre, l'extrait des jugements rendus dans le trimestre précédent. Ces articles exigent, en
outre, qu'aux mêmes époques, le chef du parquet de première
instance fasse connaître au procureur général du ressort la suite
que ces condamnations ont reçue. Il importe, en effet, que celui-
ci soit mis à même d'exercer d'une manière sérieuse la haute surveillance qui lui appartient en cette matière, et de vérifier

notamment, à des intervalles rapprochés, si les jugements sont régulièrement notifiés et exécutés promptement, de telle sorte que la condamnation ne perde rien de son efficacité.

20. Ce point est réglé de la manière suivante dans le ressort de la Cour de Paris : — Aux termes d'une circulaire du procureur général, du 30 avr. 1833, dont une autre circulaire du 4 avr. 1861, concernant les devoirs du ministère public relativement à l'exécution des peines corporelles, a modifié quelques dispositions, les chefs de parquets de première instance dressent en double expédition, au commencement de chaque trimestre, un état des jugements de simple police de leur arrondissement qui, dans le courant du trimestre précédent, ont prononcé la peine d'emprisonnement. — Cet état est divisé en huit colonnes qui contiennent les indications suivantes : — 1° Les noms de tous les cantons de l'arrondissement par ordre alphabétique ; — 2° Les noms, prénoms, profession et demeure des condamnés ; — 3° La date des contraventions ; — 4° La date des jugements ; — 5° Les motifs de la condamnation et les articles de lois appliqués ; — 6° La peine prononcée ; — 7° La date de l'exécution ; — 8° Les observations. — Le magistrat du parquet fait spécialement mention, dans cette dernière colonne, des appels et de leurs résultats, et des circonstances qui ont empêché l'exécution à l'égard des condamnés qui n'ont pas subi ou commencé à subir leur peine au moment du départ de l'état. — Il est recommandé de placer toujours une mention négative à côté du nom du tribunal qui n'a prononcé aucune peine d'emprisonnement.

21. L'un des doubles de cet état est conservé par le chef du parquet de première instance, qui se fait tenir au courant par le ministère public près les tribunaux de simple police des diligences faites pour arriver à l'exécution des peines non encore subies. L'autre est transmis au procureur général dans les huit premiers jours des mois de janvier, avril, juillet et octobre. — Il est signé par le chef du parquet de première instance et accompagné d'une lettre d'envoi, dans laquelle ce magistrat fait connaître les difficultés qui se sont présentées dans son arrondissement, les mesures qu'il a prises pour les faire cesser ou qu'il croit de nature à y mettre un terme et qu'il soumet à l'appréciation du procureur général. Enfin, lorsqu'un condamné n'a pas commencé à subir sa peine au moment de l'envoi de l'état trimestriel, la circulaire du 4 avr. 1861 exige qu'il soit donné spécialement avis au parquet de la Cour de l'époque de l'incarcération, et qu'une mention particulière indique sur quel état figurait le nom du condamné. En jetant les yeux sur les tableaux qui lui sont transmis, le procureur général peut se rendre compte exactement de la marche du service; il lui est facile d'adresser à ses substituts les instructions convenables lorsque des irrégularités se manifestent.

22. Toutes les fois que l'incarcération n'a pas eu lieu, le magistrat du parquet de première instance est obligé d'expliquer, dans une note placée dans la colonne des observations, la situation particulière de l'affaire. Le jugement a-t-il été rendu par défaut? La date de la notification, celle de l'avertissement officieux adressé au condamné, celle de l'envoi aux agents de la force publique de l'ordre d'arrestation, doivent être mentionnées. Le condamné est-il absent de son domicile? ou en pays étranger? n'a-t-il pu être retrouvé? Ces diverses circonstances doivent être signalées. Enfin, quand le condamné a son domicile dans un département éloigné, on admet qu'il peut subir la peine dans la maison d'arrêt du lieu où il réside (bien que la règle générale en cette matière soit contraire à cet usage); mais il faut qu'une mention spéciale fasse connaître les diligences qui ont été faites à cet égard par l'officier du parquet.

23. Les sentences des tribunaux de simple police prononçant la peine d'emprisonnement, qu'elles soient contradictoires ou par défaut, doivent être signifiées à personne ou domicile, afin de mettre le condamné en demeure d'y former opposition ou d'en interjeter appel (C. instr. crim., 151 et 174). — Afin d'éviter les retards que peut entraîner l'accomplissement de ces formalités, le procureur général près la Cour d'appel de Paris, par une circulaire du 4 avr. 1861, a prescrit à ses substituts de faire faire, autant que possible, la notification dans la huitaine du jugement. Mais, dans la plupart des cas, le condamné, pour éviter les nouveaux frais auxquels donnerait lieu la signification de la sentence, demande à subir la peine dont il a été frappé. Rien ne s'oppose à ce qu'il soit alors immédiatement écroué, pourvu qu'il déclare qu'il entend acquiescer au jugement. Ce n'est donc qu'à défaut d'acquiescement que le jugement est notifié. — V. au reste, sur tous ces points, un article de M. Brière-Valigny inséré J.M.p. 5.108.

— V. *Compét. crim.*, 67, 107, et s.; *Instruct. crim.*, 18 et suiv., 46, 64, 65, 80; *Ministère public.* 10, 29; *Règlement de police.*

TUTELLE. — TUTEUR. — 1. Aux termes du § 2 de l'art. 427, C. civ., le procureur général et les avocats généraux près la Cour de cassation sont dispensés de la tutelle, et, d'après le § 3 du même article, cette dispense est aussi accordée à tout citoyen exerçant une fonction publique dans un département autre que celui où la tutelle s'établit.

2. Le tuteur ne peut, suivant l'art. 467, C. civ., transiger au nom du mineur qu'après y avoir été autorisé par le conseil de famille, et de l'avis de trois jurisconsultes désignés par le chef du parquet de première instance. — La question de savoir quelles conditions il faut remplir pour avoir la qualité du jurisconsulte dans le sens de cet article, a été examinée au mot *Mineur*, n. 1 et s.

5. Le tuteur qui a des sujets de mécontentement grave sur la conduite du mineur, peut se faire autoriser par le conseil de famille à provoquer la réclusion du mineur, conformément à ce qui est statué à ce sujet au titre *de la Puissance paternel e* (C. civ., 468). V. ce mot.

— V. *Aliénés*, 8, 11; *Enfants assistés*; *Instruction criminelle*, 71, 72; *Interdit*, 9; *Substitution*, 1, 2, 4; *Succession*, 2, 4.

USURE. — 1. Il est presque universellement admis, et avec pleine raison, selon nous, que, dans le cas même où des faits usuraires, commis au préjudice de diverses personnes, peuvent être considérés comme constitutifs du délit d'habitude d'usure, les parties lésées ne sont recevables à porter leur action que devant le tribunal civil, et non devant le tribunal correctionnel, parce que les faits particuliers dont elles se plaignent n'étant que des éléments du délit complexe dont il s'agit, et n'ayant point par eux-mêmes le caractère de délit, ne sauraient servir de base, ni à une poursuite correctionnelle, qui n'est admissible de la part des parties privées qu'autant que celles-ci ont été victimes de faits délictueux, ni, par la même raison, à une intervention dans la poursuite exercée par le ministère public. V. en ce sens, Cass., 3 fév. 1809, 5 nov. 1813, 4 mars 1826, 19 fév. 1830, 8 mars 1838, 4 nov. 1839 (ch. réun.), 5 sept. 1840 et 21 juill. 1841 (ch. réun.) (S.-V.3.1.15; 4.1.460; 8.1.291; 9.1.455; 38.1.361; 39.1.929; 40.1.914; 41.1.842); Bordeaux, 12 juill. 1837 (S.-V.38.1.361, note); — Merlin, *Rép.*, v° *Usure*, n. 2; Carnot, sur l'art. 3, C. instr. crim.; Bourguignon, *ibid.*; Chardon, *Dol et fraude*, t. 3, p. 496; Rauter, *Dr. crim.*, t. 1, p. 588; Mangin, *Act. publ.*, t. 2, n. 368, *in fine ;* Petit, *Usure,* p. 194 et s. ; Le Sellyer, *Dr. crim.,* t. 5, n. 2069 ; Dalloz, *Répert.,* v° *Prêt à intérêt et à usure,* n. 305 et 306 ; Hélie et Chauveau, *Théor. C. pén.,* t. 1, n. 96, p. 230. — V. aussi Besançon, 4 juill. 1857 (S.-V.58.2.553). — *Contrà,* Rouen, 17 juill. 1824 (S.-V.7.2.409) ; Cass., 24 déc. 1825 (S.-V.8.1.246).

2. Mais lorsque c'est au préjudice de la même personne que plusieurs perceptions usuraires ont été successivement exercées, — ce qui suffit pour constituer le délit d'habitude d'usure (V. Cass., 3 mars et 3 juin 1826, 31 mars 1837 et 23 mars 1838, S.-V. 8.1.291 et 354 ; 37.1.408 ; 38.1.910), — cette personne ne peut-elle pas saisir le tribunal correctionnel ? On argumente, pour la négative, de l'art. 3 de la loi du 3 sept. 1807, qui, en cette matière, attribue, sans distinction, à la juridiction civile, la connaissance de l'action de la partie lésée, et l'on ajoute que le préjudice qui donne lieu à cette action ne résulte pas de l'habitude d'usure, mais des faits particuliers d'usure, à aucun desquels n'appartient le caractère de délit. *Sic,* Cass., 3 fév. 1809, 4 mars 1826 et 5 sept. 1840, cités plus haut ; Paris, 6 mars 1868 (J.M.p. 11. 105) ; — Petit, *loc. cit.,* p. 204 ; Dalloz, n. 307.

3. Ce raisonnement ne repose, à nos yeux, que sur une équivoque et une subtilité auxquelles on ne saurait accorder une portée sérieuse. L'art. 3 de la loi de 1807 attribue, en effet, aux juges civils la connaissance de l'action en restitution ou en réduction formée, dans le cas de prêt usuraire, par l'emprunteur contre le prêteur ; mais est-ce à dire qu'il entende déroger à la règle de droit commun d'après laquelle l'action civile peut être poursuivie en même temps et devant les mêmes juges que l'action publique (3, Cod. instr. crim.) ? Rien ne manifeste ni ne justifie une pareille intention. La disposition précitée n'établit point en faveur de la juridiction civile une attribution exclusive ; elle suppose cette juridiction saisie d'une contestation relative à un prêt usuraire, et elle rappelle, bien plutôt qu'elle ne crée, son droit de prononcer sur la demande en réparation du préjudice causé par cet acte illicite, sans dénier en aucune manière à la partie lésée la faculté de porter son action devant la juridiction correctionnelle, dans le cas où les faits auraient, par rapport à elle, le caractère de délit.

4. Cette partie pourrait-elle être privée d'une telle faculté sous le prétexte que ce n'est pas l'habitude d'usure, seule constitutive du délit, qui est la cause de son préjudice, mais que cette cause se trouve dans les faits particuliers d'usure qui ont été accomplis à son égard, et dont aucun n'a en lui-même le caractère de délit? Sans doute, la circonstance que les faits usuraires dont se plaint une personne peuvent caractériser l'habitude d'usure, n'est pas la source du dommage qu'elle éprouve; ce dommage existe indépendamment de l'habitude d'usure, et la réparation peut en être demandée, alors même qu'il n'y aurait pas lieu à une poursuite correctionnelle contre celui qui en est l'auteur. Mais, lorsque les faits qui ont occasionné le préjudice se trouvent constituer le délit d'habitude d'usure, dont ils forment à eux seuls les éléments; lorsque ce délit coïncide avec le préjudice, bien qu'il n'en soit pas la source, pourquoi la partie lésée ne pourrait-elle pas agir par la voie correctionnelle? Où est la nécessité de ne considérer, en ce qui la concerne, que chacun des faits particuliers d'usure dont elle a été victime, au lieu d'en envisager l'ensemble? Quel principe oblige ici de fermer les yeux sur le délit pour n'en voir que les éléments? Notre raison se refuse à admettre une semblable théorie, qui est repoussée aussi par plusieurs jurisconsultes: MM. Rauter, *loc. cit.*; Chauveau et Hélie, *Journ. du dr. crim.*, t. 38, p. 62; Le Sellyer, n. 2070; Devilleneuve, observations sur l'arrêt précité du 4 nov. 1839.

5. La prescription du délit d'habitude d'usure ne court pas, tant qu'il y a eu perception d'intérêts usuraires, encore bien que les prêts soient antérieurs de plus de trois ans aux poursuites: Cass., 25 fév. 1826 (S.-V.8.1.284; 29 janv. 1842, S.-V.42.1.287); 27 déc. 1845 (J.P.46.1.764); 17 mai et 19 juill. 1851(S.-V.51.1.557); 14 nov. 1862 (J.M.p.9.289); Bordeaux 8 août 1850 (D.v. 55.2.232); — Mangin, t. 2, n. 327; Chardon, t. 2, n. 540; Dalloz, v° *Prêt à intér. et à usur.*, n. 316.—V. toutefois en sens contraire, Caen, 29 avr. 1835 (S.-V.38.2.510); — Petit, p. 162; Bertauld, *Cours de Code pén.*, 3e éd., p. 549.

6. Par un très-grand nombre d'arrêts, la Cour de cassation a jugé que le délit d'habitude d'usure étant un délit complexe et successif, les faits antérieurs de plus de trois ans aux poursuites concourent avec les faits récents pour le constituer, et que, relativement à ce délit, la prescription, qui ne couvre point les premiers faits, ne commence à courir qu'à partir du dernier acte usuraire. V. Cass., 4 août 1820 (S.-V.6.1.292); 15 juin 1821 (S.-V. 6.1.454); 29 mai 1824 (S.-V.7.1.471); 23 juill. et 24 déc. 1825 (S.-V.8.1.159 et 246); 17 mai 1851 (S.-V.51.1.557); 30 déc. 1853 (S.-V.54.1.404); 14 nov. 1862 (J.M.p.9.289); 2 fév. 1866 (*Ibid.*).

Cette jurisprudence a été suivie par les Cours d'appel. V. Metz, 26 mars et 7 août 1821 (S.-V.6.2.392 et 462); Rennes, 17 fév. 1826 (J.P. chr); Limoges, 21 fév. 1851 (J.P.56.1.150); Agen, 19 juill. 1854 (S.-V.54.2.593); Grenoble, 27 déc. 1866 (J.M.p. 10.127). Et le plus grand nombre des auteurs lui donnent leur approbation. *Sic*, Manzin et Chardon, *loc. cit.*; Favard, *Rép.*, v° *Usure*, n. 6; Duverger, *Man. des juges d'instr.*, t. 1, n. 62; Massabiau, *Man. du minist. publ.*, t. 3, n. 3486; Petit, p. 163; Berriat Saint-Prix, *Proc. des trib. crim.*, 1ʳᵉ part., t. 1, n. 396; Cousturier, *Prescr. en mat. crim.*, n. 104; Brun de Villeret, *Id.*, n. 171; Dalloz, n. 315. D'autres, au contraire, la repoussent d'une façon absolue. V. Bourguignon, art. 638, n. 2; Legraverend, *Législ. crim.*, t. 1, p. 75; Le Sellyer, t. 6, n. 2236; F. Hélie, *Instr. crim.*, t. 2, n. 1069-9°.

7. Mais la Cour suprême ne s'est pas bornée à faire résulter le délit d'habitude d'usure d'une succession non interrompue de faits, les uns antérieurs de plus de trois ans aux poursuites, et les autres plus récents; elle a décidé, par arrêts des 25 fév. 1826 (cité *suprà*, n. 5) et 21 oct. 1841 (S.-V.42.1.984), que les faits anciens doivent s'ajouter aux nouveaux, pour constituer ce délit, alors même qu'ils seraient séparés de ceux-ci par un intervalle de plus de trois ans; et cette interprétation est considérée comme juridique par MM. Rauter, t. 2, n. 855, Berriat Saint-Prix et Brun de Villeret, *loc. cit.*

8. Cependant elle a été repoussée par l'arrêt de la Cour de Grenoble du 27 déc. 1866 mentionné plus haut, n. 6, et la Cour de cassation l'a répudiée elle-même par son arrêt du 14 nov. 1862 aussi rappelé *ibid.*, consacrant par là la doctrine que professent MM. Van-Hoorebeke, *Prescript. en mat. pén.*, p. 76 et 77; Trébutien, *Cours élém. de dr. crim.*, t. 2, p. 151; Morin, *Rép.*, v° *Prescript.*, n° 23; Duvergier, *Collect. des lois*, 2ᵉ éd., t. 16, p. 154, note 5; Bertauld, *Cours de Cod. pén.*, 3ᵉ éd., p. 547; Labroquère, *Rev. crit. de législ. et de jurispr.*, t. 19, p. 172, et le *Journ. du Pal.*, v° *Usure*, n° 248. Cette doctrine, suivant laquelle les actes usuraires remontant à plus de trois ans avant les poursuites, ne doivent servir à constituer le délit d'habitude d'usure qu'autant qu'ils n'étaient pas couverts par la prescription triennale au moment où sont survenus les faits nouveaux, est, à nos yeux, la seule exacte.

9. Sans doute, il y a exagération à prétendre, comme le font quelques auteurs (MM. Legraverend et Trébutien, *loc. cit.*), que,

dans le système contraire, des faits remontant à trente ou qua-
rante ans pourraient être réunis à un acte d'usure récent pour
servir de base à une prévention d'habitude d'usure. L'arrêt de la
Cour de cassation du 21 oct. 1841 réserve en effet aux tribunaux
le droit d'écarter les faits qui par leur ancienneté leur paraîtraient ne pas concourir à établir l'habitude. — Mais il est une
autre considération qui nous touche et à laquelle nous croyons
devoir nous arrêter. Le délit d'habitude d'usure est un délit complexe ou collectif, formé par un ensemble de faits répétés ; mais
pour que cet ensemble de faits, pour que ce délit collectif puisse
être atteint par l'action répressive, ne faut-il pas qu'il se soit
constitué sans une lacune de plus de trois ans, qui, suffisante
pour couvrir le délit perpétré, l'est nécessairement aussi pour
amnistier les faits devant servir d'éléments au délit non encore
consommé ? Nous ne voulons point dire que chacun de ces faits
en particulier devra être antérieur de moins de trois ans aux
poursuites ; nous admettons au contraire que l'ensemble dont
doit se composer le délit pourra comprendre des faits beaucoup
plus anciens ; mais nous pensons que, pour constituer cet ensemble, les divers faits ne doivent pas être séparés les uns des
autres par cet intervalle de plus de trois ans qui fait échapper
les actes délictueux à la répression, ou, en d'autres termes,
qu'une partie de l'ensemble ne peut être réunie à l'autre pour
former le délit, si un intervalle de plus de trois ans existe entre
elles. Dans ce cas, la première partie, qui ne pourrait être incri-
minée, alors même qu'elle aurait assez d'importance pour constituer à elle seule l'habitude d'usure, demeure couverte par la
prescription ; et il ne reste plus que la seconde partie, qui pourra
ou non servir de base à une poursuite, selon le nombre et la nature des faits qu'elle comprendra.

10. Mais faut-il aller plus loin, et dire, avec un magistrat dis-
tingué (M. Eyssautier, *Journ. des Cours d'app. de Grenoble et de
Chambéry*, 1866, p. 346, et 1867, p. 969), que la prescription
couvrira les premiers faits, même au cas où un fait nouveau sur-
viendrait moins de trois ans après, si ce fait, sans lien avec les
précédents, était séparé d'eux par un intervalle de temps encore
assez considérable, s'il se produisait au bout de deux ans, par
exemple ? Ce jurisconsulte, partant du principe que le délit d'habitude d'usure est un délit *successif*, soutient que ce délit a besoin
de se continuer d'une manière permanente, et que, pour que les
nouveaux faits empêchent la prescription de couvrir les anciens,

il faut qu'ils se rattachent à ceux-ci, qu'ils en soient, en quelque sorte, la continuation. — La déduction est juste, mais nous doutons de l'exactitude des prémisses. — Nous avons dit, à dessein, après divers criminalistes, que le délit d'habitude d'usure est un délit *complexe* ou *collectif*; nous ne croyons pas que ce soit un délit *successif*, c'est-à-dire se perpétrant d'une manière continue et permanente, comme, par exemple, la *séquestration de personnes*, l'*association de malfaiteurs*, etc. L'habitude n'implique pas l'idée de continuité, mais seulement celle de répétition des faits. Il nous semble donc parfaitement admissible que des faits répétés d'usure constituent le délit d'usure habituelle, bien qu'un intervalle de deux ans, d'une plus longue durée même, pourvu qu'elle n'atteigne pas trois ans, sépare quelques-uns d'entre eux. V. à l'appui de notre opinion, MM. Hélie, t. 2, n. 1029-9°; Trébutien, t. 2, p. 149 et 150; Bertauld, p. 543, 545 et s.; Brun de Villeret, n. 131 et s.,168 et s.

11. M. Eyssautier n'admet pas la règle généralement admise et indiquée ci-dessus, n. 8, d'après laquelle tout fait d'usure se rattache à ceux qui l'ont précédé, s'il n'en est pas séparé par un intervalle de trois ans. La loi, dit-il, n'a posé nulle part une semblable règle, et l'habitude d'usure peut cesser par un moindre laps de temps. — Mais nous nous demandons, de notre côté, quel texte de loi ou quel principe autorise à considérer l'habitude d'usure comme prenant fin après un espace de temps inférieur à trois années, ou comme n'existant pas, si les faits usuraires ne se sont produits qu'à des intervalles de trois ans. En l'absence de toute limitation dans la loi, n'est-il pas juste d'admettre que les faits répétés d'usure peuvent constituer l'habitude, quel que soit l'intervalle qui les sépare, pourvu seulement que cet intervalle ne soit pas assez considérable pour permettre à la prescription de couvrir les moins récents? La disposition qui dicte ici la règle, c'est celle de l'art. 638, C. instr. crim.; et si cette règle ne s'interposait pas, il serait permis d'aller plus loin, et de dire, comme l'ont fait certains arrêts de la Cour suprême et quelques jurisconsultes, mais ce qui est pour nous inadmissible, que les faits anciens doivent s'ajouter aux nouveaux pour constituer l'habitude d'usure, alors même qu'ils seraient séparés de ceux-ci par un intervalle de plus de trois années. V. *suprà*, n. 7.

12. La loi, suivant M. Eyssautier, a entendu punir *un ensemble d'actes assez multipliés, assez rapprochés, assez liés entre eux, pour que leur auteur puisse être considéré comme faisant profession habi-*

tuelle d'usure. Notre honorable ancien collègue ne prête-t-il point ainsi à la loi une pensée à laquelle il eût été bon peut-être qu'elle s'arrêtât, mais qui n'est point celle dont elle s'est inspirée? L'article 334, C. pén., punit le fait d'exciter, favoriser ou faciliter *habituellement* la débauche ou la corruption de la jeunesse; et l'on admet avec raison que c'est là un délit collectif, comme l'habitude d'usure (V. M. Brun de Villeret, *Prescrip. en mat. crim.*, n. 174). Eh bien! peut-on dire que la loi n'a voulu atteindre que ceux qui font métier d'exciter les mineurs à la débauche? Non assurément. Pourquoi en serait-il autrement à l'égard de l'habitude d'usure? Sans doute, la loi n'a pas entendu réprimer les faits usuraires pris isolément, et elle a exigé que, pour revêtir un caractère délictueux, ces faits soient passés à l'état d'habitude; mais de l'*habitude*, que la loi spécifie, au *métier*, dont elle ne parle point (à la différence de ce qu'elle a fait dans un autre cas : V. art. 479-7°, C. pén.), il y a une distance qui ne permet pas d'appliquer à l'une les conditions caractéristiques de l'autre.

13. L'arrêt de la Cour de cassation du 14 nov. 1862, cité plus haut, n. 6, décide que la prescription ne couvre pas les délits communs, tels que ceux d'abus de blanc seing, d'abus de confiance et de destruction de titres, qui ont été commis au cours d'opérations usuraires et pour en assurer le résultat, bien qu'ils soient antérieurs de plus de trois ans aux poursuites, parce que ces délits s'identifient au délit d'habitude d'usure, soit comme élément, soit comme moyen, soit comme circonstance aggravante.

14. Déjà, par deux arrêts antérieurs, des 5 août 1826 (S.-V. 8.1.406) et 22 août 1844 (S.-V.45.1.394), la Cour de cassation avait jugé que le délit d'escroquerie, lorsqu'il se joint à l'usure et n'en est qu'une circonstance aggravante, ne se prescrit qu'en même temps que le délit d'habitude d'usure lui-même, et ne cesse point, dès lors, d'être punissable, bien qu'il remonte à plus de trois ans, si les faits d'usure auxquels il se rattache ne sont pas, eux, couverts par la prescription.

15. Et, d'un autre côté, la Cour suprême a décidé que les dispositions de la loi du 3 sept. 1807 et de la loi du 29 déc. 1850 qui prévoient le concours de l'escroquerie avec l'usure habituelle, s'appliquent à tous les cas où l'habitude d'usure se trouve jointe à des délits consistant dans des fraudes pratiquées envers les emprunteurs, par exemple, au délit d'abus de confiance. V. arrêts des 13 nov. 1840 (S.-V.41.1.96) ; 26 nov. 1841 (S.-V.42.1.84); 10 mai 1851 (S.-V.52.1.80) et 4 févr. 1860 (S.-V.61.1.395).

16. En admettant la légalité de cette extension, fondée sur le sens général qu'avait le mot *escroquerie* d'après la législation en vigueur à l'époque où a été édictée la loi sur l'usure (V. conf. Dalloz, *Rép.*, v° *Prêt à intérêt et à usure*, n. 302; — *Contrà*, Brun de Villeret, n. 173, p. 137 et 138), il reste à se demander si le délit qui a été commis pour assurer le résultat d'opérations usuraires, n'est qu'une circonstance aggravante ou un élément du délit d'habitude d'usure. Or, la négative nous semble seule rationnelle. En prévoyant la concomitance de l'usure habituelle avec l'escroquerie, pour autoriser exceptionnellement dans ce cas le cumul des peines, les lois de 1807 et de 1850 n'ont nullement entendu attacher à cette concomitance la portée d'une indivisibilité faisant de ces deux délits distincts un seul délit d'une nature nouvelle. — V. en ce sens, Van Hoorebeke, *loc. cit.*, p. 78, et Brun de Villeret, n. 173, p. 136. — V. aussi Cass., 6 janv. 1837 (J.P. chr.) et le *Rép. gén. pal.*, v° *Usure*, n. 232. — Mais V. dans le sens de la solution consacrée par la Cour de cassation, Mangin, n. 327; Rauter, n. 433; Cousturier, n. 98; Dalloz, *loc. cit.*, n. 320, et v° *Prescr. crim.*, n. 74. — V. également, Petit, p. 340.

17. Il résulte d'un arrêt de la Cour de cassation du 25 août 1836 (S.-V.37.1.410) et d'un arrêt de la Cour de Bordeaux du 6 août 1858 (J.M.p.2.16) que la décision rendue sur une poursuite pour délit d'habitude d'usure purge tous les faits antérieurs qui pouvaient constituer cette habitude, même ceux qui n'ont pas été distinctement compris dans cette décision; et qu'en conséquence, le prévenu d'habitude d'usure qui a été acquitté ne peut être poursuivi de nouveau pour des faits antérieurs à la première poursuite et qui n'y avaient pas été compris. — Nous n'hésitons point à approuver cette solution, conforme d'ailleurs à la doctrine enseignée par Jousse, t. 3, p. 20; Mangin, *Act. publ.*, t. 2, n. 405; Le Sellyer, n. 2434, et Dalloz, vⁱˢ *Chose jugée*, n. 465, et *Prêt à usure*, n. 281.—Lorsqu'un individu est poursuivi pour habitude d'usure, un seul délit lui est imputé, quel que soit le nombre des faits qui constituent cette habitude, et qui forment autant d'éléments du délit. Dès lors, le jugement qui intervient sur la poursuite embrasse tous ces faits. Mais quelques actes d'usure ont pu être omis par le ministère public, soit qu'il les ait oubliés, soit qu'il les ignorât: quelle sera la conséquence de cette omission? Comme l'habitude d'usure ne doit pas nécessairement résulter de tous les faits commis par le prévenu, et qu'une partie de ces faits peut suf-

fire pour la constituer, la poursuite n'en sera pas moins recevable : seulement, elle s'appuiera sur des moyens moins nombreux, et la condamnation pourra s'en trouver atténuée. Mais ces
moyens d'une poursuite désormais vidée, qui ont échappé à la
vigilance du ministère public, celui-ci ne pourra évidemment les
reprendre plus tard pour en faire la base d'une nouvelle poursuite. Ne serait-ce pas faire résulter deux délits d'actes qui, dans
leur ensemble, n'en formaient qu'un seul ? On comprend que
l'omission du ministère public ait pu profiter au prévenu ; on ne
comprendrait pas et l'on ne saurait admettre qu'elle puisse avoir
pour effet d'aggraver la position de ce dernier, et de le placer
successivement sous le coup de deux poursuites, alors que, sans
cette omission, il n'en aurait subi qu'une seule. — V. toutefois
en sens contraire, Cass., 5 avr. 1826 (S.-V.chr.) ; — Petit, p. 191.

18. Aux termes de l'art. 1er, § 3, de la loi du 19 déc. 1850,
tout jugement civil ou commercial constatant la perception d'un
intérêt usuraire doit être transmis par le greffier au ministère public dans le délai d'un mois, sous peine d'une amende de 16 à
100 fr.—Et, d'après l'art. 7 de la même loi, cette amende doit être
prononcée, à la requête du ministère public, par le tribunal civil.

— V. *Appel correct.*, 135 ; *Prescription criminelle*, 21.

VAGABONDAGE. — **1.** Une circulaire du ministre de la
justice du 25 juin 1817 (Gillet, n. 1145) a recommandé aux magistrats du parquet de poursuivre les vagabonds étrangers qui se
présentent en France sous des prétextes divers, par exemple, en
alléguant un naufrage, un incendie, l'accomplissement d'un vœu,
d'un pèlerinage, etc., et, après leur peine subie, ou même quand
les tribunaux ne trouvent pas de charges suffisantes pour les condamner, de les remettre à l'autorité administrative pour les faire
reconduire hors de la frontière.

2. Mais les juges correctionnels ne sauraient, sans excès de
pouvoir, ordonner eux-mêmes qu'un vagabond étranger sera,
après avoir subi sa peine, conduit hors du territoire français ; à
l'administration seule il appartient de prendre cette mesure :
Circ. 27 août 1817 (Gillet, n. 1163) ; Décis. 10 avr. 1844 et 11
mai 1847 (*Id.*, n. 2891 et 3061). — Jurisprudence conforme.

3. Aux termes d'une autre circulaire du 12 juin 1822 (Gillet,
n. 1566), les individus qui feignent d'exercer le métier de col-
porteur doivent être arrêtés et poursuivis comme vagabonds, lorsqu'ils n'ont ni domicile certain, ni moyens de subsistance réels.

Pendant l'instruction, les informations les plus scrupuleuses doivent être prises pour savoir s'ils n'ont pas été poursuivis ou condamnés à raison de quelque autre fait, et pour connaître leur conduite.

4. Le délit de vagabondage peut être flagrant et conséquemment être déféré sur-le-champ par le ministère public au tribunal correctionnel, en vertu de l'art. 1er de la loi du 20 mai 1863 : Angers, 23 juin 1863 (J.M.p.6.245); Rennes, 25 juin 1863 (*Ibid*).

5. Jugé toutefois qu'en admettant que les caractères particuliers du délit de vagabondage ne soient pas exclusifs de toute idée de flagrant délit, il ne pourrait, dans tous les cas, y avoir flagrant délit en cette matière, qu'autant que le prévenu aurait été arrêté au moment où, sans domicile fixe, sans moyens d'existence, et ne travaillant pas, il était un objet d'inquiétude et de crainte pour la société; et qu'ainsi le prévenu ne saurait être réputé en état de flagrant délit de vagabondage, si, au moment de son arrestation, il exécutait depuis quelques jours un travail à raison duquel il était logé, nourri et payé : Trib. corr. de Saint-Claude (J.M.p.6.169).

6. Le ministère public doit toujours requérir, aussi bien contre les vagabonds étrangers que contre ceux qui sont nés en France, la peine de la surveillance de la haute police, indépendamment de celle de l'emprisonnement, et se pourvoir par la voie de l'appel contre les jugements qui ne feraient pas droit à ses réquisitions à cet égard : Cir., 18 mai 1858 (Gillet, n. 3770).

7. Les prévenus de vagabondage peuvent se faire délivrer par les greffiers un extrait de l'ordonnance ou du jugement qui les renvoie des poursuites, afin d'obtenir de l'autorité administrative, sur le vu de cet extrait, un passe-port régulier, soit pour continuer leur route, soit pour retourner au lieu de leur domicile : Circ., 30 déc. 1812 (Gillet, n. 828); Décis. 14 août 1821 (*Id.*, n. 1489).

— V. *Flagrant délit.*

VENTE DE MARCHANDISES FALSIFIÉES OU CORROMPUES. — 1. La falsification d'une substance alimentaire tombe-t-elle sous l'application de l'art. 1, § 2, de la loi du 27 mars 1851, lorsque cette substance a été, non l'objet d'une vente, mais le prix d'un louage de services? Et, spécialement, l'article précité est-il applicable au cas où un manouvrier qui avait loué ses services à un fermier moyennant la livraison d'une certaine quantité de blé, a reçu en paiement du blé falsifié par une addition considérable de mauvaises graines? La négative a été consacrée à bon droit, selon nous, par un arrêt de la Cour de Paris du 14 janv. 1859 (J.M.p.2.44). — Nous ne saurions croire que la disposition de l'art. 1er de la loi du 27 mars 1851, qui punit des peines portées par l'art. 423, C. pén., ceux qui *vendent* ou *mettent en vente* des substances alimentaires qu'ils savent être falsifiées, puisse s'étendre au cas où une substance alimentaire est devenue le prix d'un *louage de services*, par la raison toute simple que les dispositions pénales doivent être interprétées d'une manière restrictive, et qu'il n'est permis, sous aucun prétexte, de les appliquer à des hypothèses qu'elles n'ont pas prévues, quelque analogie que ces hypothèses présentent avec les cas dont elles s'occupent. — Il est incontestable que la loi de 1851 n'a eu en vue que la falsification des substances alimentaires (ou médicamenteuses) vendues, mises en vente ou destinées à être vendues. Son texte le prouve, et le rapport dont elle a été précédée en fournit encore une démonstration surabondante. Or, le louage de services est un contrat trop différent de la vente, pour qu'on puisse atteindre l'écoulement de denrées falsifiées auquel il vient à servir d'instrument, par la disposition qui punit la vente de ces mêmes denrées.

2. MM. Dalloz, dans la note dont ils ont accompagné l'arrêt de la Cour de cassation du 18 nov. 1858, mentionné au numéro suivant, estiment, au contraire, que l'art. 1er de la loi de 1851 s'applique à la dation de substances falsifiées en paiement d'un louage de services; et ils se fondent sur une singulière théorie. Donner du blé en paiement de journées de travail, cela constitue, à leurs yeux, une vente, non peut-être en droit civil, mais au point de vue des principes de loyauté qu'a voulu protéger la loi de 1851. Cette distinction entre les règles du droit civil et l'esprit de la loi pénale, lorsqu'il s'agit de définir un acte qui, pour devenir l'instrument d'un délit, n'en conserve pas moins son caractère de contrat; cette distinction, disons-nous, nous semble complétement inadmissible. Le louage d'ouvrage, qui diffère à tant de titres de la vente, si l'on se place au point de vue des principes qui régissent les contrats, ne peut devenir une vente, parce qu'on l'envisage sous le rapport du caractère délictueux qu'on voudrait lui prêter. En partant d'une semblable règle d'interprétation, l'on arriverait à étendre les dispositions, soit de l'art. 423, C. pén., soit de l'art. 1er de la loi de 1851, à divers

modes de transmission pour lesquels elles n'ont certainement
point été édictées (par exemple, au mandat salarié, qui a une si
étroite analogie avec le louage d'ouvrage), alors pourtant qu'il
est de principe élémentaire que les dispositions pénales résistent,
ainsi que nous l'avons déjà rappelé, à toute application extensive —. MM. Dalloz, *loc. cit.*, renvoient à l'opinion exprimée dans
leur *Répertoire*, v° *Vente de substances falsifiées*, n. 26, relativement
au cas où des fournitures d'aliments falsifiés seraient faites aux
pensionnaires des établissements d'éducation ou des maisons
de santé ou de retraite. Mais il y a une différence profonde entre
cette hypothèse et celle qui nous occupe. Ces auteurs ont dit, avec
raison, à l'endroit cité de leur *Répertoire*, que la vente est l'un des
éléments du contrat en vertu duquel ces fournitures sont faites,
tandis qu'il est impossible de dire de même à l'égard du contrat
par lequel, comme dans l'espèce de l'arrêt susmentionné de la
Cour de cassation, un fermier remet des denrées à un manouvrier
en paiement des services que lui a loués celui-ci.

5. Il ne faudrait pas toutefois aller jusqu'à décider, comme l'a
fait cet arrêt, que l'art. 1er de la loi du 27 mars 1851 ne s'applique à
aucun autre contrat que celui de vente qu'il mentionne. Cette disposition atteint certainement la transmission de substances falsifiées
opérée au moyen de tout contrat qui, sans être une vente véritable,
tient de la nature de la vente. — C'est ainsi que la jurisprudence
a appliqué avec raison l'art. 1er de la loi de 1851 au cas d'apport
de substances falsifiées dans une société qui a pour but de les
vendre (V. Cass,. 5 janv. 1855, S.-V.55.1.310, et 14 mai 1858,
D.p.58.1.232; Poitiers, 16 juill. 1858, D.p.58.2.175), car l'on
trouve là tout à la fois le fait de falsification d'une substance
destinée à être vendue et la vente même de cette substance, l'apport en société supposant une transmission de propriété et constituant une véritable vente au profit de l'association. C'est ainsi
encore que cette disposition devrait être étendue à l'hypothèse
d'une livraison de denrées falsifiées, faite en paiement du prix
d'un louage d'ouvrage, si l'ouvrier avait fourni tout ensemble son
travail et la matière, car, dans un tel contrat, c'est l'élément de
la vente qui domine (V. Delvincourt, t. 3, notes, p. 117; Troplong, *Louage*, n. 965 et s.; Dalloz, *Répert.*, v° *Louage d'ouvrage*,
n. 88). Enfin, il a été aussi parfaitement jugé que l'art. 423,
C. pén. (et il y a même motif de décider pour l'art. 1er, § 2, de
la loi du 27 mars 1851) s'applique à l'échange, qui n'est qu'un
mode de vente : Cass., 18 nov. 1858 (D.p.58.1.480). Mais dès que

cet élément n'apparaît point dans le contrat auquel se rattache la falsification, il faut inflexiblement écarter la loi de 1851, sauf à regretter peut-être qu'elle n'ait pas enveloppé dans les pénalités qu'elle édicte tous les moyens de mettre en circulation des substances alimentaires ou médicamenteuses falsifiées. — V. en ce sens, MM. Million, *Tr. des fraudes en matière de marchandises*, p. 135 ; Dalloz, *Répert., ut suprà.*

4. L'exposition en vente de sacs de blé qui, sous une couche de blé *graissé*, c'est-à-dire enduit de crème de manière à offrir l'apparence d'un blé de qualité supérieure, contiennent du blé de même nature, mais non graissé et en réalité d'une qualité médiocre, tombe-t-elle sous l'application de l'art. 1er de la loi du 27 mars 1851 ?—L'affirmative a été soutenue par M. Rabaroust dans une dissertation insérée J.M.p.5.155, dont voici la substance : Le rapporteur de la loi de 1851 a défini la falsification dans le sens de cette loi, soit l'introduction d'une denrée d'une autre nature, soit la simple mixtion d'une denrée de nature identique, mais de qualité inférieure. Dès lors, il importe peu que dans ses effets la fraude ait altéré la nature de la denrée ou qu'elle en ait modifié seulement les apparences. C'est au surplus ainsi que la question a été décidée par plusieurs arrêts de la Cour suprême (Cass., 27 avr. et 8 juin 1854, S.-V.54.1.486 ; 11 mars 159, S.-V. 60.1.94), où il est reconnu en principe que la falsification résulte, soit de tout mélange frauduleux tendant à détériorer la substance annoncée au préjudice de l'acheteur, soit de l'introduction faite frauduleusement de denrées alimentaires d'une qualité inférieure dans des marchandises de même nature présentant extérieurement les apparences d'une qualité supérieure. V. aussi conf., Emion, *Fraudes commerc.*, n. 71. — Or, puisqu'il est vrai que l'introduction frauduleuse d'une marchandise inférieure placée sous une marchandise supérieure en qualité constitue le délit de falsification, on peut, à coup sûr, en dire autant, même *à fortiori*, de l'opération par laquelle du blé qui paraissait, par l'effet du graissage, appartenir aux blés dits de première qualité, aurait servi à masquer la qualité médiocre du blé qu'il recouvrait. En effet, c'est à la fraude que sont dus les qualités apparentes et le poids nouveau de la denrée, qualités et poids qu'on obtient en la détériorant, ce qui déjà suffirait pour le délit dont il s'agit ; c'est elle encore qui préside à ce qu'on appelle vulgairement le *coiffage* des grains. Quant au résultat de cette double opération, il est toujours d'enrichir la mauvaise foi au détriment de la confiance abusée, et de porter ainsi l'atteinte la plus condamnable à l'honnêteté publique. V. au surplus en ce sens, Trib. corr. de Laon, 12 oct. 1855; — Million, *loc. cit.*, p. 66; Dalloz. n. 35.

5. Mais jugé que l'addition, dans une minime proportion, de farine de féverolles à la farine de froment, ne constitue pas une falsification punissable, alors qu'un tel mélange est habituellement employé dans le pays comme une sorte de levûre pour la la bonne confection du pain dans les années humides : Cass., 22 avr. 1854 (S.-V.54.1.486).

6. La pratique du plâtrage des vins, généralement répandue dans le midi de la France, a été maintes fois signalée comme un procédé de nature à compromettre la santé publique, et comme tombant, dès lors, sous l'application des art. 1 et 2 de la loi du 27 mars 1851 et 1er de la loi du 5 mai 1855, combinés. Mais la jurisprudence a refusé de s'associer à cette opinion (V. Montpellier, 11 août 1856, D.p.56.2.239. *Adde* deux arrêts inédits de la Cour de Grenoble, des 25 juin et 14 juill. 1857), et le comité consultatif d'hygiène publique a donné raison à la jurisprudence (V. l'avis de ce comité reproduit dans une circulaire du ministre de la justice, du 21 juill. 1858, recueillie J.M.p.1.291). — Le plâtrage des vins est donc, en principe, une opération licite. On doit d'autant moins hésiter à admettre cette solution, qu'elle est manifestement conforme à l'esprit de la loi du 5 mai 1855. L'exposé des motifs de cette loi porte, en effet, qu' « il n'est point entré dans la pensée du Gouvernement qui a proposé la loi, ni du Conseil d'Etat qui l'a adoptée, d'entraver en rien et de réprimer les diverses opérations loyalement faites et usitées dans le commerce, qui consistent, soit à couper les vins de diverses provenances et de diverses qualités pour les améliorer, pour les conserver, ou même pour donner satisfaction au goût du public ou au besoin du bon marché; — soit, suivant l'expression usitée dans ce genre de commerce, à *travailler* les vins, conformément à des procédés fort divers, les uns très-anciens, les autres indiqués par la science moderne. » — D'un autre côté, le rapport dont la loi du 5 mai 1855 a été l'objet au Corps législatif a reconnu qu' « il est des mélanges qui, par leur but, leur notoriété, repoussent toute suspicion; que ce sont les mélanges ou coupages que réclament la conservation, la guérison, la clarification de la boisson, son appropriation au commerce; ceux que justifient les habitudes locales reconnues... » Il est difficile de croire que, par ces diverses expressions, l'orateur du Gouvernement et celui du Corps législatif n'aient pas voulu faire allusion notamment à la pratique si usuelle du plâtrage des vins.

7. Mais évidemment les immunités admises par le législateur en faveur de certains procédés pour la préparation des vins, n'existent qu'à la condition que ces procédés soient exempts de toute fraude et de tout danger pour la santé. Du moment où, par une modification quelconque, ils perdent le caractère de loyauté ou d'innocuité que leur a supposé le législateur, ils rentrent dans la catégorie des mixtions prohibées par les lois des 27 mars 1851 et 5 mai 1855. C'est donc avec raison qu'un arrêt de la Cour de Lyon du 27 juill. 1858 ((J.M.p.1.280) a décidé que le plâtrage des vins lui-même tombe sous l'application de ces lois, lorsqu'il est opéré dans une proportion qui le rend nuisible à la santé des consommateurs. — **V.** aussi une lettre du ministre de l'agriculture et du commerce, rapportée J.M.p.1.291.

8. Le fait, par un boucher, d'avoir vendu de la viande de vache pour de la viande de bœuf ou de la viande de brebis pour de la viande de mouton, constitue, non le délit de vente de marchandises falsifiées prévu par l'art 1er de la loi du 27 mars 1851, mais le délit de tromperie sur la nature de la marchandise vendue puni par l'art. 423, C. pén,: Pau, 8 avr. 1865 (J.M.p.8.123).

9. Cette décision a été, de la part d'un correspondant de notre *Journal du Ministère public (ut suprà)*, l'objet d'observations approbatives qui se résument ainsi : Le mot *falsification* dont se sert la loi de 1851 aurait pu embrasser dans sa signification propre la substitution totale d'une chose à une autre, aussi bien que la mixtion d'une substance étrangère à la marchandise convenue. La falsification est plus complète dans le premier cas que dans le second, et il semble qu'il n'y avait pas de motif de les distinguer. Cependant, si on lit avec attention les débats auxquels cette disposition donna lieu, il est facile de reconnaître qu'on n'a voulu punir que les *mélanges*, en laissant sous l'empire du Code pénal la *substitution totale* d'une chose à une autre. — Le rapporteur disait, en effet : « Nous ne croyons pas devoir définir la falsification; elle comprendra l'*addition* d'une marchandise de qualité inférieure à celle qui avait été promise, le *mélange* de deux marchandises différentes. » — Dans un autre passage il ajoutait : « *L'art. 423 reste tout entier* », et comme cet article punit uniquement la tromperie sur la nature de la marchandise, il faut bien conclure de cette déclaration que la loi nouvelle ne

s'en occupe pas. Le rapport disait encore : « La loi de 1851 pu-
nira les falsifications qui *ne seraient pas* des tromperies sur la
nature de la chose. » Enfin, on y trouve cette indication très-
significative : « *Les deux législations se disputeront certains délits,* »
ce qui ne peut s'entendre que des cas dans lesquels il sera incer-
tain si la tromperie tombe sur un mélange ou sur une substitution totale. Cette doctrine a été formellement consacrée par un
arrêt de la Cour de cassation du 2 janv. 1863 (S.-V.63.1.364). La
falsification, dit cet arrêt, ne peut consister, suivant la loi de
1851, que dans un *mélange frauduleux.* Il résulte de là, il faut
l'avouer, une conséquence étrange : la falsification complète
n'est punie par l'art. 423, que s'il y a vente consommée, tandis
que la falsification partielle, ou le simple mélange emporte l'application de la peine, d'après la loi de 1851, pour la seule mise
en vente. Cette anomalie fut signalée à l'Assemblée législative ;
on lui proposa de modifier l'art. 423, de manière à le faire con-
corder avec la loi nouvelle ; mais l'amendement ne fut point
accueilli, et la contradiction est restée. Il faut donc s'y soumettre, quelque regret qu'on puisse en éprouver.

10. Le fait d'annoncer par la voie d'un journal que des denrées, que l'auteur de l'annonce sait être corrompues, seront vendues, à une époque et dans un lieu déterminés, par le ministère
d'un commissaire-priseur, ne constitue point le délit de mise en
vente de denrées corrompues, puni par l'art. 1er de la loi du
27 mars 1851, alors que la vente annoncée n'a pas eu lieu, et
qu'il n'est pas établi que, depuis l'annonce, les marchandises
aient été soumises au public en vue de cette vente : Cass., 31 déc.
1858 (J.M.p.2.46). — Si, en effet, l'art. 1er de la loi du 27 mars
1851 atteint le seul fait de l'exposition en vente de denrées que
l'on sait être falsifiées ou corrompues, indépendamment de toute
vente effective, cette exposition en vente n'existe qu'autant que
les personnes qui peuvent avoir besoin des denrées dont il s'agit
ont été mises à même de les acheter. L'assimilation de l'exposition en vente à la vente elle-même repose, dans l'esprit de la
loi de 1851, sur cette idée que l'exposition en vente est une
sorte de tentative du délit de vente de denrées falsifiées ou corrompues. « Si le délit n'est pas consommé après la mise en vente,
lit-on dans le rapport qui a précédé cette loi, c'est qu'il ne se
présente pas d'acheteur. La mise en vente se rapproche d'une
tentative qui ne manque son effet que par des circonstances indépendantes de la volonté de son auteur. » Or, dans l'espèce de l'ar-

rêt ci-dessus, l'annonce de la vente n'avait nullement offert ce caractère. Elle avait bien constitué un appel aux acheteurs, mais cet appel était resté sans effet, parce qu'il avait été rétracté avant toute exhibition des marchandises, et non parce que les acheteurs n'y avaient pas répondu. Mais, au contraire, une telle annonce aurait incontestablement tout le caractère d'une exposition en vente des marchandises qui en sont l'objet, si, au jour et au lieu indiqués pour la vente, les marchandises avaient été mises à la disposition des acheteurs, soit qu'il dût y avoir des enchères, soit que l'on dût traiter de gré à gré, et que nul acheteur ne se fût présenté.

VIOL. — Un arrêt de la Cour de Metz du 12 août 1868 (J.M. p.12.152) a jugé que les violences à l'aide desquelles un homme cherche à abuser d'une femme, constituent la tentative de viol, et non (si elles ont lieu publiquement) un simple outrage public à la pudeur, lorsque ces violences sont bien réelles, et ne sont point seulement de celles qui n'ont d'autre but que de vaincre les sentiments de pudeur de la femme (C. pén., 330 et 332); et que, dès lors, c'est à bon droit que le tribunal correctionnel se déclare incompétent pour connaître de semblables faits. — Ce point ne saurait faire doute. A la différence de l'outrage public à la pudeur, la tentative de viol exige l'emploi de la violence aussi bien que la consommation même de ce crime. V. Hélie et Chauveau, *Théor. Cod. pén.*, t. 4, n. 1422. Mais quel doit être le caractère de cette violence? Notre législation n'exige pas, à la vérité, les conditions qu'avaient établies les anciens jurisconsultes, c'est-à-dire une résistance constante et toujours égale de la part de la femme, une inégalité évidente entre ses forces et celles de l'agresseur, des cris poussés par elle, des traces empreintes sur sa personne. Mais si ces circonstances ne sont plus aujourd'hui la preuve nécessaire de la violence qui forme l'élément indispensable du viol ou de la tentative de ce crime, elles ne laissent pas d'en constituer encore les indices les plus sûrs (Hélie et Chauveau, *loc. cit.*, n. 1416). Dans tous les cas, la violence dont il s'agit ici ne saurait, comme le juge l'arrêt de la Cour de Metz mentionné plus haut, se confondre avec les efforts employés pour triompher des résistances de la pudeur qui se manifestent instinctivement chez la femme même dont le consentement est obtenu.

— V. *Chose jugée*, 29, 31 ; *Compét. crim.*, 143.

VIOLATION DE DOMICILE. — 1. Le § 2 de l'art. 184, C. pén., qui réprime l'introduction, à l'aide de menaces ou de *violences*, dans le domicile d'un citoyen, a entendu parler des violences extérieures aussi bien que de celles qui sont intérieures, et des violences pratiquées sur les choses aussi bien que de celles exercées à l'encontre des personnes. — En conséquence, le fait, par un individu, de s'introduire dans une maison contiguë à la sienne en pratiquant une ouverture dans le mur mitoyen qui sépare les deux habitations, constitue le délit de violation de domicile puni par ce paragraphe : — Trib. corr. d'Orange, 27 déc. 1866 (J.M.p.10.56).

2. Décidé, au contraire, mais à tort, selon nous, que l'art. 184 précité n'a entendu parler que des violences exercées envers les personnes, et non de celles pratiquées sur les choses ; et que, par suite, le fait de s'introduire dans la maison d'autrui, au moyen de la destruction totale ou partielle de cette maison ou de ses clôtures, ne constitue pas le délit de violation de domicile puni par cet article, mais qu'un tel fait présente uniquement le caractère du délit de destruction de clôture prévu par l'art. 456, ou d'une simple effraction . Chambéry, 28 fév. 1867 (J.M.p.10.186).

3. Il a été jugé que le fait de s'introduire dans la chambre d'une personne, pendant son sommeil, par une porte simplement fermée au loquet, ne constitue pas le délit de violation de domicile (C. pén., 184) : Bordeaux, 6 nov. 1868 (J.M.p.12.260). — Cela nous semble incontestable.

4. Il suffit, sans doute, que l'introduction dans le domicile d'autrui soit opérée à l'aide d'une violence purement morale, pour qu'elle tombe sous l'application de l'art. 184, C. pén. ; les menaces, que cet article range parmi les éléments du délit qu'il prévoit, n'ont pas, en réalité, d'autre caractère. Mais l'introduction accomplie simplement par surprise dans l'appartement non fermé à clef d'une personne qui se trouve à ce moment endormie, doit-elle être considérée comme étant le résultat de l'emploi d'une violence morale ? On peut être tenté de rapprocher cette hypothèse de celle où un homme profite du sommeil d'une femme pour abuser d'elle, et commet par là, d'après une jurisprudence constante, le crime de viol. Toutefois, une différence bien sensible existe entre les deux cas. Dans le dernier, c'est nécessairement et directement sur la personne même de la victime que l'attentat est consommé ; et l'on comprend qu'il suffise que sa volonté ait été enchaînée par une cause quelconque, pour que l'acte dont elle est l'objet soit réputé accompli avec violence. Dans le second cas, au contraire, le fait peut se perpétrer sans atteindre la personne de l'individu qu'il lèse ; et le sommeil de cet individu pendant la perpétration du fait n'imprime pas plus à ce fait le caractère de violence, que son absence même de son domicile. La violence morale ne peut ici équivaloir à la violence physique, qu'autant qu'elle consiste dans une impression exercée assez fortement sur l'esprit de celui dont le domicile est violé, pour le contraindre à laisser sciemment accomplir cette violation : une simple supercherie ne saurait suffire.

— V. *Abus d'autorité*, 2 et s.; *Attentat à la liberté*, 5 ; *Compétence criminelle*, 129.

VIOLATION DE SÉPULTURE. 1. Le tribunal de Marmande a très-bien décidé, par un jugement du 11 mars 1859 (J.M.p.2.102), que le fait d'avoir mutilé un cadavre déjà revêtu du suaire et posé dans la bière, à l'effet de faciliter son introduction dans cette bière, tombe sous l'application de l'art. 360, C. pén., qui punit la violation de sépulture ; et cela encore bien que ce fait ait été commis sans intention d'outrager la dépouille du défunt.

2. En punissant la violation de sépulture, l'art. 360, C. pén., a certainement voulu atteindre tout acte irrespectueux dont la dépouille de l'homme peut être l'objet. « La loi qui protège l'homme depuis sa naissance jusqu'à sa mort, disait l'orateur du Corps législatif en exposant le projet du Code pénal, ne l'abandonne pas au moment où il a cessé de vivre et quand il ne reste plus de lui que sa dépouille mortelle. » Il résulte bien clairement de là que la disposition protectrice de l'art. 360 devient applicable dès le moment où la vie a abandonné le corps de l'homme, et non point seulement à partir de l'inhumation de ses restes mortels. S'il en était autrement, la protection de la loi se retirerait de l'homme pendant l'intervalle qui s'écoule entre son décès et l'ensevelissement de sa dépouille ! Cette interruption est-elle admissible en présence des paroles du législateur que nous venons de rappeler ? Et, d'ailleurs, n'est-ce pas surtout dans cet intervalle que les restes de l'homme ont droit à tous les respects ? Enfin, le silence gardé par l'art. 360 sur ce qui peut constituer la violation de sépulture, permet de croire que cet article a entendu se référer aux faits qui avaient dans notre ancien droit le caractère de ce délit ; et parmi ces faits figurait celui de blesser ou couper quelque membre d'un corps mort (Jousse, *Just. crim.*,

t. 3, p. 666). Il doit donc régir l'espèce sur laquelle a statué le jugement indiqué au numéro précédent. L'expression *sépulture* qu'il emploie ne résiste nullement à une telle interprétation, car cette expression, prise dans son sens le plus large, comme elle doit l'être ici, s'étend à tous les actes préparatoires de l'ensevelissement. — V. comme argument en ce sens, Bordeaux, 9 déc. 1830 (S.-V.31.2.263), et Cass., 22 août 1839 (S.-V.39.1.928).

5. Relativement à la question d'intention, on ne peut encore qu'approuver la doctrine du jugement précité. L'intention criminelle est si peu un élément nécessaire du délit de violation de sépulture, que la Cour de cassation a vu ce délit dans l'exhumation d'un cadavre inhumé hors du cimetière, alors même qu'elle a eu pour but de rendre les honneurs au défunt et de placer sa dépouille dans le cimetière : Cass., 10 avril 1845 (S.-V.45.1.678). — V. du reste, conf., Jousse, *loc. cit.*; Merlin, *Rép.*, v° *Cadavre*, n. 8; Carnot, sur l'art. 360; Dalloz, *Rép.*, v° *Culte*, n. 833.

VIOLENCES OU VOIES DE FAIT. — **1.** Les violences ou voies de fait exercées envers un ascendant tombent, aussi bien que les coups portés ou les blessures faites à celui-ci, sous l'application de l'art. 312, C. pén.; l'addition faite par la loi du 13 mai 1863 à l'incrimination des art. 309 et 311 s'applique virtuellement à l'art. 312. — En conséquence, les violences ou voies de fait dont il s'agit ont le caractère de crime, et échappent dès lors à la compétence de la juridiction correctionnelle : Trib. corr. de Mulhouse, 7 juill. 1866; Colmar, 6 nov. 1866 (J.M.p.10.52); Cass., 7 déc. 1866 (*Id*.10.101). — Et il en est ainsi spécialement du fait par un fils d'avoir saisi son père et de l'avoir volontairement renversé avec violence et serré à la gorge : Mêmes décisions des Cours de Colmar et de cassation.

2. Cette doctrine est celle que nous avons embrassée dans notre *Cod. pén. modifié*, p. 138, n. 79. « On a vu, avons-nous dit, que, dans les art. 309 et 311, la loi nouvelle a étendu l'incrimination aux violences ou voies de fait autres que les coups et blessures. Les mots *autres violences ou voies de fait* n'ont point été ajoutés, au contraire, dans l'art. 312. Faut-il en conclure que cet article ne punit réellement que les blessures faites ou les coups portés aux ascendants qu'il désigne? A ne consulter que sa rédaction, on serait tenté de le croire... Toutefois, cette opinion ne saurait être admise. D'un côté, le nouvel article 312 se réfère, par ses diverses dispositions, aux trois articles précédents, et, d'un autre côté, le Rapport de la commission du Corps législatif ne révèle en aucune manière l'intention qu'aurait eue cette commission, à qui est due l'addition des mots *autres violences ou voies de fait* dans les art. 309 et 311, de ne pas soumettre ces violences ou voies de fait à l'application de l'art. 312. Quelle serait d'ailleurs la raison de cette différence? Comment les violences autres que les coups et blessures pourraient-elles cesser d'être incriminées dans le cas précisément où la qualité des personnes lésées devient une cause d'aggravation de la peine? On doit donc penser que c'est uniquement par l'effet d'un oubli que les voies de fait et violences n'ont pas été comprises dans l'art. 312, comme elles l'ont été dans les art. 309 et 311. » — M. F. Hélie, *Append. à la Théor. du Cod. pén.*, n. 2648, paraît au contraire regarder cette omission comme volontaire. « Le législateur a peut-être pensé, dit-il, que ces violences et voies de fait, lors même qu'elles sont exercées sur la personne des ascendants, trouvent une répression suffisante dans le maximum facultatif des peines édictées par les art. 309 et 311. » V. aussi dans ce dernier sens, Trib. corr. de Colmar, 12 mai 1866 (J.M.p.10.52).

5. Il est du reste incontestable que le fait qui était incriminé dans l'espèce jugée par les arrêts de la Cour de Colmar et de la Cour de cassation mentionnés ci-dessus, n. 1, avait le caractère des violences ou voies de fait qu'a voulu réprimer la loi du 12 mai 1863. V. à cet égard les explications que renferme notre ouvrage précité, p. 136, n. 75.

4. D'après un arrêt de la Cour d'Aix du 19 juin 1868 (J.M.p. 12.210), les art. 309 et s., C. pén., qui punissent les violences ou voies de fait, ne s'appliquant pas aux voies de fait et violences *légères*, lesquelles continuent à être réprimées par l'art. 605, n° 8, du Code du 3 brum. an IV, de telles violences ou voies de fait exercées envers un ascendant constituent une simple contravention de police, et non le crime prévu par l'art. 312, C. pén.; et, dès lors, le tribunal correctionnel ne peut se déclarer incompétent pour en connaître. — La conséquence est logique; mais le principe nous a paru contestable. V. *Compét. crim.*, n. 109 et 110. Et la solution consacrée par l'arrêt ci-dessus de la Cour d'Aix prouve de plus fort combien il est inadmissible. Elle conduit en effet à cet étrange résultat, que, suivant qu'elles seront un peu plus ou un peu moins graves, les violences ou voies de fait envers un ascendant constitueront une simple contravention ou un crime, et devront être jugées par le tribunal de police ou par

70

la Cour d'assises, puisque, comme on l'a vu plus haut, les violences ou voies de fait non légères sont assimilées aux coups et blessures dans l'art. 312, C. pén., aussi bien que dans les art. 309 et 311 ! Un pareil écart entre les juridictions et entre les pénalités, pour une nuance si peu tranchée dans les faits, n'est-il pas infiniment regrettable, et ne serait-il pas sage de le faire disparaître en cessant d'exhumer du Code de brum. an IV cet art. 605, n. 8, qu'on pouvait croire encore subsistant avant les changements introduits dans les art. 309 et s., C. pén., mais auquel ces changements ont ôté toute raison d'être ?

5. Il est constant que les violences et voies de fait ne constituent les délits prévus par les art. 309 et 311, C. pén., qu'autant qu'elles ont été volontaires ; d'où la conséquence que le jugement portant condamnation pour de telles infractions est nul, s'il ne constate pas qu'elles ont été commises volontairement. — V. les arrêts mentionnés dans la *Table générale* de Devilleneuve et Gilbert, v° *Coups et blessures*, n. 33 et s., ainsi que dans le *Répert.* de Dalloz, v° *Crimes et délits contre les personnes*, n. 153 et 154. *Junge* Aix, 12 juill. 1865 (J.M.p.9.7).

— V. *Chose jugée*, 29, 50 ; *Compét. crim.*, 109, 110, 113 ; *Mise en jugement*, 34.

VOL. — **1.** La Cour de Bourges a jugé, par arrêt du 16 juin 1870 (J.M.p.13.185), que l'*intention frauduleuse* dont la soustraction de la chose d'autrui, contre le gré du propriétaire, doit être accompagnée pour constituer le délit de vol, consiste soit dans l'intention de s'approprier la chose soustraite, soit dans la volonté de nuire au propriétaire en le dépossédant de cette chose pour la détruire, la cacher, la faire passer dans d'autres mains, etc. ; mais qu'il ne suffit pas, pour qu'il y ait délit de vol, que l'auteur de la soustraction ait eu une intention criminelle, et qu'il se soit, par exemple, momentanément servi de la chose soustraite, en véritable maître, pour commettre un délit ou un crime, si d'ailleurs il n'a pas eu l'intention de se l'approprier ou de nuire au propriétaire en l'en dépouillant ; et que, spécialement, l'individu qui, après s'être emparé, à l'aide d'une attitude menaçante, d'un tambour appartenant à autrui, s'en sert pour battre le rappel dans un moment de désordre populaire, et en est dépossédé un instant après par la force publique, ne peut être considéré comme coupable du délit de vol, ces circonstances n'impliquant aucune pensée d'appropriation ni de spoliation. — C'est là une décision parfaitement juridique, selon nous.

2. Pour constituer le vol, il faut que la soustraction de la chose d'autrui, contre le gré du propriétaire, qui en est l'un des éléments, soit frauduleuse, c'est-à-dire accomplie avec l'intention, soit de s'approprier, au détriment du maître, la chose enlevée, soit tout au moins d'en dépouiller celui-ci, même dans un but étranger à toute appropriation. S'emparer de la chose d'autrui sans l'une ou l'autre de ces intentions, mais uniquement pour la faire servir à l'exécution d'un dessein qui n'implique pas la volonté d'une dépossession du propriétaire, cela peut constituer une action blâmable, criminelle même, selon le caractère du dessein exécuté, mais nullement un vol; le vol ne se conçoit pas sans la spoliation. C'est par application de ce principe qu'un arrêt de la Cour de cassation du 22 mai 1818 (S.-V.chr.), dont la doctrine est embrassée par les auteurs (Hélie et Chauveau, *Théor. Cod. pén.*, t. 5, n. 1722; Dalloz, *Répert.*, vº *Vol*, n. 108), a refusé de voir le délit de vol dans le fait de déplacer la chose soustraite, sans qu'il apparaisse que l'intention de dépouiller le propriétaire ait accompagné l'enlèvement et le déplacement de cette chose.

3. Dans l'espèce de l'arrêt de la Cour de Bourges mentionné ci-dessus, l'enlèvement du tambour avait manifestement tout autre objet que de s'approprier ce tambour, ou même seulement d'en dépouiller méchamment la personne à laquelle il appartenait; l'auteur de la soustraction n'avait qu'un but, celui de pousser au désordre en battant le rappel avec le tambour enlevé, dont la propriété ne le préoccupait certainement point à ce moment. Quant à l'intention frauduleuse qu'il aurait pu concevoir ultérieurement, il est certain qu'elle n'aurait point suffi pour imprimer à la soustraction le caractère de vol. V. notamment MM. Dalloz, *loc. cit.*, n. 110, et les arrêts mentionnés par eux.

4. En quoi doit consister la *soustraction* frauduleuse constitutive du vol? La jurisprudence belge décide qu'une appréhension manuelle de la chose d'autrui n'est pas nécessaire, et qu'il suffit d'un simple maniement de cette chose, sans déplacement. V. notamment Trib. corr. de Hasselt, 26 avr. 1861 (J.M.p.4.169). Et cette interprétation a été soutenue par M. Schuermans, procureur du roi près ce tribunal, dans une dissertation insérée **J. M.** p. 3. 124.

5. Ce magistrat établit fort savamment qu'en droit romain l'appréhension manuelle n'était pas nécessaire pour constituer le vol, et qu'il suffisait d'un simple maniement *animo domini*. Mais en est-il de même dans notre droit moderne? M. Schuermans n'hésite pas à répondre affirmativement, et à l'appui de cette opinion, il invoque, non point seulement la jurisprudence belge, mais surtout l'autorité de Muyart de Vouglans, Domat et Merlin, ainsi que celle de Trévoux, de l'Académie et de l'Encyclopédie ancienne. Toutefois, nous devons le dire, son argumentation n'a plus ici la même fermeté. Si quelques-unes de ses citations semblent justifier l'interprétation qu'il préconise, à savoir que la *soustraction*, dans le sens de l'art. 379, C. pén., doit s'entendre d'un simple maniement, comme la *contrectatio* de la loi romaine, d'autres ne se prêtent point à cette interprétation, que repoussent, du reste, les définitions données du vol par plusieurs anciens jurisconsultes qui ne sont pas cités par M. Schuermans. Ainsi, notamment, parmi les auteurs qu'il mentionne, Muyart de Vouglans, *Lois criminelles*, liv. 3, tit. 6, n° 3, dit que pour que le vol soit punissable, il faut « une soustraction ou *enlèvement, contrectatio* »; et de Serres, *Instit. du dr. franç.*, liv. 4, tit. 1, § 6, considère aussi l'*enlèvement* de la chose d'autrui comme constitutif du vol. Quant aux auteurs dont ne parle point M. Schuermans, nous citerons, entre autres, Ferrière, *Dict. de dr.*, v° *Larcin*, qui définit le vol « l'*enlèvement* et la soustraction clandestine et frauduleuse de quelque chose qui appartient à autrui, dans l'intention d'en profiter », et Denisart, *Collect. de décis.*, v° *Vol*, qui dit aussi que « voler, c'est *prendre* ou soustraire ce qui appartient à autrui pour se l'approprier, ou malgré lui ou à son insu ».

6. De tout cela, nous nous croyons autorisé à conclure que, dans l'ancien droit, le mot *soustraction*, employé dans la définition du vol, impliquait l'idée, non d'un simple maniement, mais d'une appréhension manuelle de la chose d'autrui. Nous accordons volontiers que c'était là une traduction vicieuse du mot *contrectatio* de la loi romaine; mais ce n'en était pas moins la traduction généralement reçue, et c'est évidemment celle qu'ont aussi admise les rédacteurs du Code pénal, lorsqu'ils ont emprunté à nos anciens jurisconsultes, pour la définition du vol, l'expression *soustraction frauduleuse*, expression, du reste, qui, dans le langage ordinaire, signifie *appréhension* et non *maniement*. Donc, selon nous, la jurisprudence belge et M. Schuermans auraient raison en droit romain; mais ils ont tort en droit français, qui est aussi en cette matière le droit belge, parce que les principes du droit romain ne sont point passés avec toute leur extension dans notre ancien droit, source de la législation actuelle. La jurisprudence française s'est établie en ce sens par de nombreuses décisions. V. celles mentionnées dans la *Table générale* de Devilleneuve et Gilbert, v° *Vol*, n. 17 et s., et dans la *Table de quinze ans* de Dalloz, *eod. v°*, n. 11 et s. *Junge* Cass., 22 mai 1856 (S.-V.56.1.691); 12 déc. 1856 (S.-V.57.1.239); 5 janv. 1861 (J.M.p.4.169); 14 nov. 1861 (*Id.*5.101); —Dalloz, *Répert.*, v° *Vol*, n. 72; Hélie et Chauveau, t. 5, n. 1704.

7. Jugé spécialement que le vol ne peut résulter de la réception, même avec mauvaise foi, d'objets remis volontairement, mais par erreur : Cass., 14 nov. 1861, précité.

8. Décidé, d'autre part, qu'il n'y a pas vol ou filouterie, mais escroquerie de la part de celui qui, après avoir exhibé à un marchand une pièce d'argent, dont il lui a demandé la monnaie pour lui payer un achat d'un prix moindre, et avoir reçu cette monnaie, s'enfuit avec les marchandises, sans avoir remis la pièce au marchand : Cass., 4 avr. 1857 (S.-V.57.1.611); Rennes, 22 août 1866 (J.M.p.10.108). — Conf. Dalloz, *Répert.*, v° *Vol et escroquerie*, n. 830.

9. Le fait d'avoir, pendant la nuit, sur un chemin public, frappé et blessé une personne, et de lui avoir soustrait frauduleusement une somme d'argent, constitue, non le double délit de coups et blessures volontaires et de vol simple, mais le crime de vol commis la nuit à l'aide de violence sur un chemin public. — En conséquence, c'est à la Cour d'assises et non au tribunal correctionnel qu'il appartient d'en connaître : Cass., 28 juill. 1866 (J.M.p.9.317); Lyon, 8 sept. 1866 (*Ibid.*).

10. De même, le fait d'avoir sur un chemin public commis un vol avec violence et menace de faire usage d'une arme, constitue uniquement le crime puni par les art. 381 et 384, C. pén., et ne peut être en outre l'objet d'une poursuite pour délit de menace de mort sous condition : Montpellier, 7 nov. 1866 (J.M.p.9.318).

11. L'exactitude de ces deux solutions est manifeste. Il ne saurait être permis de dépouiller un fait des circonstances aggravantes qui lui donnent le caractère de crime, pour substituer à l'accusation criminelle dont il doit être l'objet une multiple poursuite correctionnelle; et encore moins les circonstances aggravantes maintenues comme élément d'un crime peuvent-elles être reprises comme constitutives d'un délit, et donner lieu tout à la fois à un renvoi devant la Cour d'assises et à un renvoi en police correctionnelle.

12. L'art. 401, C. pén., qui s'occupe seul de la filouterie, n'en donne point la définition et n'en détermine point les éléments. Mais son silence à cet égard ne saurait autoriser à croire que l'appréciation du caractère de ce délit soit abandonnée aux tribunaux. Il n'est pas possible d'admettre que le législateur ait laissé à ceux-ci un semblable arbitraire, et le texte du Code, si on l'interroge avec soin, démontre clairement qu'il ne le leur a pas laissé. Remarquons d'abord que la section à laquelle appartient l'art. 401 est consacrée aux *vols*, sans que la loi ait ajouté à cet intitulé, comme à celui de la section suivante, *et autres espèces de fraudes*; d'où une première preuve que la filouterie, que cet article réprime sans la caractériser d'une manière spéciale, est elle-même un vol. Observons ensuite que si l'art. 401, après avoir parlé des vols non spécifiés par le Code pénal, étend sa disposition aux larcins et filouteries, sans s'expliquer sur la nature de ces dernières sortes de délits, la mention particulière qu'il en fait ne peut avoir pour objet de les distinguer du vol, puisque, encore une fois, c'est exclusivement aux vols qu'est consacrée la section de laquelle il dépend, mais bien plutôt de donner des exemples de ces vols non spécifiés en vue desquels il dispose. Or, l'idée de vol implique nécessairement celle de soustraction frauduleuse de la chose d'autrui. Donc la filouterie (et il faut en dire autant du larcin) ne peut exister elle-même sans une appréhension frauduleuse d'une chose qui n'appartient pas à l'auteur du fait. Il n'y a de particulier en elle que la façon dont la soustraction s'accomplit, c'est-à-dire l'adresse et la ruse. — La Cour de cassation a dit fort exactement : « Les larcins et filouteries sont des vols exécutés, ceux-là furtivement, ceux-ci par adresse » (Cass., 7 mars 1817, S.-V. chr.); et les auteurs enseignent, de leur côté, que les mots de *larcin* et de *filouterie* qualifient plus particulièrement les vols exécutés en secret et par la ruse. V. notamment Hélie et Chauveau, *Théor. Cod. pén.*, t. 5, n. 1772; Rauter, *Dr. crim.*, t. 2, n. 509; Dalloz, vº *Vol*, n. 662.

15. Il serait oiseux de faire ici l'énumération des nombreux arrêts qui ont refusé de voir le délit de filouterie dans des faits d'indélicatesse qui ne présenteraient point le caractère de soustraction frauduleuse. Nous rappellerons seulement deux autres décisions de la chambre criminelle qui ont consacré de la manière la plus expresse les principes que nous venons d'exposer.

V. Cass., 9 sept. 1825 (S.-V.8.1.193) et 13 avr. 1843 (S.-V.43.1. 623). Est-il besoin d'ajouter que ce n'est que par une injustifiable usurpation de l'autorité législative que des tribunaux ont pu étendre la qualification de filouterie et appliquer les peines de l'art. 401, C. pén., à des fraudes qui ne tiennent en rien du vol, et qu'à tort ou à raison ce Code laisse impunies?

— V. *Compét. crim.*, 41, 55, 59 et s.; *Escroquerie*, 6; *Filouterie*; *Gage (détournement ou destruction de)*; *Nuit*, 1; *Questions préjudicielles*, 21; *Recel*.

FIN DU TOME SECOND.

TABLE COMPLÉMENTAIRE

DE RENVOIS

Les mots auxquels il est renvoyé sont ceux sous lesquels la matière a été traitée dans le *Mémorial*. — Les chiffres désignent les numéros.

A

Absence. Voy. *hoc verbo*, et Succession, 1 et s.

Abus de blanc seing. Voy. *hoc verbo*, et Prescription criminelle, 24 : Preuve des délits, 17, 26, 28, 41.

Abus de confiance. Voy. *hoc verbo*, et Prescription criminelle, 25 et s., 49 ; Preuve des délits, 17, 26.

Acquiescement. Voy. *hoc verbo*, et Jugement par défaut, 19, 21, 24 ; Tribunal de police, 17.

Acte de notoriété. *Voy.* Absence, 22 ; État civil ; Magistrat, 62 ; Mariage, 31 et s. ; Peine, 13 ; Recrutement militaire, 2.

Actes de l'état civil. Voy. *hoc verbo*, et Mariage, 29, 31, 32, 34.

Action civile. Voy. *hoc verbo*, et Action publique, 3 et 22 ; Adultère, 17 et s. ; Appel correctionnel, 119, 145 et s. ; Avocat, 56 ; Chose jugée, 5 et s., 53 et s. ; Compétence criminelle, 34, 174, 175 ; Instruction criminelle, 48 ; Mariage, 45 et s. ; Prescription criminelle, 75.

Action directe ou d'office. Voy. *hoc verbo*, et Aliénés, 10, 11, 14, 16 et s. ; Dénonciation calomnieuse, 21 ; Imprimerie et Librairie ; Nom, 2, 3, 8 et 9.

Action publique. Voy. *hoc verbo*, et Acquiescement, 5 et s. ; Appel correctionnel, 119, 145, 151 ; Avocat, 56 ; Banqueroute, 2 et s. ; Chose jugée, 2 et s. ; Instruction criminelle, 48 ; Or et Argent, 1 et s. ; Poste aux lettres, 1 et 2 ; Prescription criminelle, 1 et s., 38, 39, 42 et s. ; Questions préjudicielles, 1 et s., 29, 30 ; Responsabilité pénale, 2.

Adjoint. *Voy.* Maire.

Administration judiciaire. Voy. *hoc verbo*, et Ministère public ; Organisation judiciaire ; Tribunal civil, 2, 3, 6, 7.

Administration publique. Voy. *hoc verbo*, et Intervention, 2 et 3.

Adultère. Voy. *hoc verbo*, et Action directe ou d'office, 22 ; Action publique, 61, 70, 80 et 103 ; Appel correctionnel, 133, 149 ; Mariage, 9 ; Mendicité, 4 ; Plainte, 2 ; Séparation de corps, 1 et s., 15 et s.

Affiche. *Voy.* Timbre.

Age. Voy. *hoc verbo*, et Avoué, 1; État civil; Juge de paix, 4; Mineur, 4 et s.; Office, 5; Peine, 13; Prisons, 2; Recrutement militaire, 2.

Agent de l'autorité. *Voy.* Injures; Outrage, 6, 13, 14; Témoin, 1.

Agent de la force publique. *Voy.* Injures; Outrage, 14, 15; Police judiciaire, 4.

Agent de police. *Voy.* Injures; Mise en jugement, 13, 15; Police judiciaire, 1 et s.; Preuve des délits, 4; Témoins, 19, 20.

Agent diplomatique. Voy. *hoc verbo*, et Militaire, 1.

Aliénés. Voy. *hoc verbo*, et Action directe ou d'office, 26; Office, 7.

Alliance. Voy. *hoc verbo*, et Cour d'assises, 5; Témoin, 7.

Amende. Voy. *hoc verbo*, et Action directe ou d'office, 22; Action publique, 95 et 108; Assistance judiciaire, 32; Notaire, 38; Peine; Timbre, 1; Usure, 17.

Amnistie. Voy. *hoc verbo*, et Action publique, 91 et 104; Remise de peine, 1.

Appel correctionnel. Voy. *hoc verbo*, et ajoutez :

4 bis. Le jugement correctionnel qui, après contestation, ordonne l'audition de témoins produits par le prévenu dans le but d'établir sa bonne foi, est interlocutoire et non simplement préparatoire. — En conséquence, ce jugement peut être frappé d'appel avant le jugement définitif : Pau, 9 janv. 1858 (J.M.p.2.88). — V. aussi Cass., 10 août 1850 (D.p.50. 5.54); — Dalloz. *Répert.*, v° *Appel en mat. crim.*, 134 et s. — Mais le jugement correctionnel qui, avant de faire droit sur la prévention à laquelle le prévenu oppose une exception de propriété immobilière, autorise celui-ci à faire la preuve de son allégation, sauf à procéder ultérieurement de conformité à l'art. 182, C. for., est un jugement simplement préparatoire et d'instruction qui ne peut être attaqué qu'avec le jugement définitif : Cass., 6 mars 1857 (D.p.57.1.179).

Voy. encore : Compét. crim., 131 et s., 171 et s.; Délit d'audience, 16 et s.; Peine, 21; Prescription criminelle, 72, 73; Questions préjudicielles, 34.

Arrestation illégale. Voy. *hoc verbo*, et Arme prohibée, 3; Attentat à la liberté, 1 et s.

Arrêt de renvoi. Voy. *hoc verbo*, et Chose jugée, 31, 38; Compét. crim., 124 et s., 176 et s.

Arrêt par défaut. *Voy.* Jugement et arrêt par défaut.

Ascendant. *Voy.* Violences ou voies de fait, 1 et s.

Assistance judiciaire. Voy. *hoc verbo*, et Ministère public, 41.

Attentat à la pudeur. *Voy.* Chose jugée, 26 et s.; Compétence criminelle, 115, 138, 142, 143, 152, 153; Instruction criminelle, 30; Outrage public à la pudeur; Viol.

Audience. *Voy.* Administration judiciaire, 2 et 3; Cour impériale, 1 et s.; Délit d'audience; Ministère public, 51 et s.; Police des audiences; Tribunal correctionnel, 6 et s.

Autopsie. *Voy.* Expertise, 1 et 8.

Avocat. Voy. *hoc verbo*, et Action directe ou d'off., 11 et 12; Appel correctionnel, 54, 100; Avoué, 20 et 21; Etats et envois périodiques, 23-7°; Magistrat, 6 et 7; Mineur, 1 et s.; Ministère public, 26 et s., 45 et s.; Serment, 4 et 5.

Avoué. Voy. *hoc verbo*, et Appel correctionnel, 94, 99; Assistance judiciaire, 21; Instruction criminelle, 62; Magistrat, 6, 8, 9; Mariage, 34; Ministère public, 43; Office, 2, 4, 5, 12, 15.

B

Banqueroute. Voy. *hoc verbo*, et Complicité, 3 et s.; Cour d'assises, 18; Expertise, 6; Prescript. crim., 14 et s.; Questions préjudicielles, 22 et s.

Bigamie. *Voy.* Mariage, 36 et s.

Boissons (débit de). Voy. *hoc verbo*, et Ivresse, 1.

Brevet d'invention. Voy. *hoc verbo*, et Action directe ou d'office, 25 et 26.

Bruit injurieux ou nocturne. *Voy.* Tapage nocturne, et ci-après Tapage injurieux.

C

Caisse des consignations. Voy. *hoc verbo*, et Titres de valeurs individuelles, 1.

Casiers judiciaires. Voy. *hoc verbo*, et Jugement ou arrêt par défaut, 14; Récidive, 14 et 15.

Cassation (pourvoi en). Voy. *hoc verbo*, et Communicat. au min. publ., 5; Cour d'assises, 67; Mariage, 40; Ministère public, 23, 29; Remise de peine, 1.

Cérémonie publique. *Voy.* Préséance; Tribunal de commerce, 4.

Chambre d'accusation. Voy. *hoc verbo*, et Juge d'instruction, 26, 28, 30; Réhabilitation.

Chasse. Voy. *hoc verbo*, et Compétence criminelle, 7 et s., 35; Instruction criminelle, 29; Nuit, 5 et 6; Peine, 8; Prescript. crim., 71; Procès-verbal, 11; Questions préjudicielles, 16, 17, 29, 31, 32.

Chemin de fer. Voy. *hoc verbo*, et Compét. crim., 19 et s.; Envois non périod., 2-19°.

Chirurgien. *Voy.* Médecin; Recrutement militaire, 8, 9.

Chose jugée. Voy. *hoc verbo*, et Action civile, 21 et 22; Action directe ou d'office, 24; Action publique, 52, 91, 93 et 110; Adultère, 8, 13 et s., 31, 45; Appel correctionnel, 38, 128, 133, 145, 164; Compét. crim., 185; Questions préjudicielles, 14.

Circulaires de commerce. *Voy.* Poste aux lettres, 13 et 14.

Citation directe. *Voy.* Action publique, 8, 10, 11, 65 et 77; Casiers judiciaires, 33, 70, 71; Instruction criminelle, 18 et s.; Juge d'instruction, 19, 42 et s.; Jugement ou arrêt par défaut, 11; Tribunal correctionnel, 4, 5, 8.

Coauteur. *Voy*. Chose jugée, 5, 11 ; Compét. crim., 82 ; Complicité, 9 ; Outrage, 37 ; Peine, 3 ; Prescript. crim., 62 ; Suppression d'enfant, 15.

Colonies pénitentiaires. *Voy*. Mineur, 8 ; Surveillance de la haute police, 1.

Commissaire de police. Voy. *hoc verbo*, et Action publ., 5 et s. ; Avoué, 17 ; Manufacture, 1 ; Ministère public, 29 ; Mise en jugement, 10 et s. ; Outrage, 11, 12, 23 ; Plainte, 1 ; Préséance, 13 ; Preuve des délits, 7 ; Procès-verbal, 1 et s. ; Rébellion, 1 et 2 ; Témoin, 21 ; Tribunal de police, 7.

Commissaire-priseur. Voy. *hoc verbo*, et Office, 2, 13, 21.

Commission rogatoire. Voy. *hoc verbo*, et ajoutez :

2 *bis*. Lorsque le juge d'instruction, agissant pour l'exécution d'une commission rogatoire, se transporte sur les lieux à l'effet, par exemple, de procéder à une saisie de papiers, est-il nécessaire qu'il soit accompagné de l'officier du parquet ? L'affirmative nous paraît certaine. Il est vrai qu'en règle générale les commissions rogatoires adressées par un juge d'instruction à son collègue d'un autre tribunal peuvent s'exécuter sans l'intervention du ministère public, car on est obligé de reconnaître que la disposition de l'art. 61, C. instr. crim., suivant laquelle le juge ne peut faire aucun acte d'instruction sans avoir communiqué la procédure au ministère public, ne saurait être interprétée à la lettre, et doit être restreinte aux actes les plus importants. V. Carnot, t. 1, p. 226 ; Bourguignon, sur l'art. 61 ; Mangin, *Instr. écr.*, n. 11 ; Duverger, p. 392 ; F. Hélie, t. 4, n. 1612 ; Dalloz, v° *Instr. crim.*, n. 440 et 589. Mais, dans l'hypothèse particulière que nous examinons, nous nous trouvons en présence d'un texte dont les termes impératifs ne nous semblent comporter ni exception ni distinction. L'art. 62, C. instr. crim., prescrit d'une manière absolue que lorsque le juge d'instruction se transportera sur les lieux, il soit *toujours* accompagné du magistrat du parquet. Par cette disposition, la loi a voulu mettre le ministère public à même de faire toutes les réquisitions que les circonstances révélées par le transport sur les lieux pourraient nécessiter. Or, ce motif n'est-il pas tout aussi puissant dans le cas où le transport est opéré par un juge d'instruction délégué, que dans celui où il est accompli directement par le juge saisi de l'affaire ? En cas de refus de l'officier du parquet de se rendre à l'invitation du juge instructeur délégué, celui-ci doit rendre une ordonnance prescrivant le transport sur les lieux, sauf au ministère public à former opposition à cette ordonnance, s'il le juge convenable (Arg. Montpellier, 25 juin 1846 ; Dalloz, *loc. cit.*, n. 566 et s.).

Voy. encore Témoins, 3, 26.

Communication au ministère public. Voy. *hoc verbo*, et Appel civil, 6 ; Jugement, 2 ; Mines, 6 ; Ministère public, 55 et s. ; Notaire, 16, 17, 32 ; Séparation de biens, 1 et 2.

Communication de dossier. *Voy*. Tribunal correctionnel, 1 et s.

Comparution volontaire. *Voy.* Instruction criminelle, 46 et s.

Compétence criminelle. *Voy. hoc verbo*, et Boissons (débit de), 4; Contumace, 5 et 6; Instruction criminelle, 3 et s.; Questions préjudicielles, 6, 19, 20; Usure, 1 et s.; Viol.

Complice, Complicité. *Voy. hoc verbo*, et Action publique, 58, 99; Adultère, 9, 11, 13 et s., 47 et s., 73 et s.; Chemin de fer, 11; Chose jugée, 8, 11, 30; Compét. crim., 82, 85, 90, 165 et s.; Outrage, 37; Peine, 4, 5; Prescript. crim., 62; Propriété artistique, 1 et 4; Suppression d'enfant, 15.

Comptes. *Voy. hoc verbo*, et États et envois périodiques, 10-8° et 9°.

Conciliation (préliminaire de) : *Voy. hoc verbo*, et Communicat. au minist. publ., 3.

Conflit. *Voy. hoc verbo*, et Questions préjudicielles, 29.

Congé. *Voy.* Magistrat, 27, 29 et s., 33, 48, 49, 51.

Connexité. *Voy.* Appel correctionnel, 16; Chambre d'accusation, 36, 45, 46; Compétence criminelle, 78 et s., 145, 146, 150, 156, 157, 159 et s.; Instruction criminelle, 50 et s.; Juge d'instruction, 20, 23; Prescript. crim., 48; Presse, 21.

Conseil du sceau des titres. *Voy.* Actes de l'état civil, 67 et s.; Titre nobiliaire, 5, 6.

Conseil judiciaire. *Voy. hoc verbo*, et Office, 8.

Conseiller honoraire. *Voy.* Magistrat, 64.

Consul, Consulat. *Voy. hoc verbo*, et Compét. crim., 65; Etranger, 1 et 2; Succession d'étranger.

Contrefaçon. *Voy.* Action publique, 45, 56, 61; Brevet d'invention, 4 et s., 13 et s.

Contributions indirectes. *Voy. hoc verbo*, et Appel correct., 31, 81, 103, 111, 150; Compét. crim., 35, 91; Or et argent, 1, 3; Peine, 9.

Contumace. *Voy. hoc verbo*, et Prescript. crim., 36, 48, 79, 80; Réhabilitation, 7.

Corps législatif. *Voy. hoc verbo*, et Presse, 22, 23.

Cour d'appel. *Voy.* Cour impériale; Compét. crim., 4 et s., 27; Ministre de la justice; Tribunal civil, 6.

Cour d'assises. *Voy. hoc verbo*, et Chambre d'accus., 46; Compét. crim., 176 et s., 186; Comptes, 3, 5; Correspondance, 22; Contumace, 5 et s.; Défense, 2 et 3; Dénonciation; Instruction criminelle, 16, 52, 58, 65; Jury; Ministère public, 2, 31; Questions préjudicielles, 24; Récidive, 12.

Crime d'audience. *Voy.* Cour impériale, 1 et s.; Délit d'audience, 3.

Curateur. *Voy.* Absence, 5, 6, 32, 34; Aliénés, 17, 19; Succession vacante, 1, 2, 4.

D

E

F

Femme mariée. *Voy.* Autorisation de femme mariée.

Fonctionnaire public. *Voy.* Corruption de fonctionnaire; Mise en jugement; Outrage, 1 et s., 16 et s., 27 et s.; Prescript. crim., 19, 20, 67, et s.; Presse, 24.

G

Garantie administrative. *Voy.* Action civile, 20; Action publique, 90; Corps législatif; Dénonciat. calomn., 45, 90; Juge d'instruction, 6; Mise en jugement; Poste aux lettres, 12.

Garantie des matières d'or et d'argent. *Voy.* Or et argent.

Garantie judiciaire. *Voy.* Juge d'instruction, 7; Officier de police judiciaire; Poste aux lettres, 12.

Garantie politique. *Voy.* Action civile, 20; Action publique, 90; Juge d'instruction, 5; Mise en jugement.

Greffier de justice de paix. *Voy.* Pharmacien, 2 et s.

H

Honorariat. *Voy.* Juge suppléant, 8; Magistrat, 63 et s.; Notaire, 4 et s.

I

Incident. *Voy.* Appel correctionnel, 4, 122, 160, 167, 168; Compét. crim., 170 et s.; Jugement, 9; Tribunal correctionnel, 12, 13.

Information supplémentaire. *Voy.* Flagrant délit, 19 et s ; Tribunal correctionnel, 8 et s.

Inspecteur de police. *Voy.* Attentat à la liberté, 7; Mise en jugement, 14; Officier de police judiciaire, 9; Police judiciaire, 3.

Instruction préalable. *Voy.* Instruction criminelle, 2 et s.

Instruction publique. *Voy.* Enseignement.

Interdiction de communiquer. *Voy.* Détention préventive.

Interprétation de jugement. *Voy.* Jugement, 4 et s.

J

Journal. *Voy.* Assistance judiciaire, 27; Presse, 1 et s.; Succession en déshérence, 2, 3; Tribunal correctionnel, 15, 16.

Juge. *Voy.* Ministère public, 25 et s., 30 et s.

Juge honoraire. *Voy.* Juge suppléant, 8.

Juge d'instruction. Voy. *hoc verbo*, et ajoutez :

7 *bis.* — Il résulte d'un arrêt de la Cour de Bruxelles du 12 mars 1858 (J.M.p.1.241), que le juge d'instruction a l'appréciation discrétionnaire,

sauf ses rapports obligés avec le ministère public, de l'utilité des papiers et pièces à saisir, soit au domicile du prévenu, soit ailleurs; que le droit de perquisition et de saisie de ce magistrat s'étend indistinctement à tous les papiers propres à établir l'innocence ou la culpabilité et le degré de culpabilité du prévenu; et que, par suite, lorsqu'un juge d'instruction a été délégué par celui d'un autre siége pour rechercher et saisir certaines pièces, en vue d'une poursuite déterminée, il lui appartient d'étendre la perquisition et la saisie à d'autres pièces se rattachant à l'objet de cette poursuite et qui lui paraissent utiles à la manifestation de la vérité. — Cette décision est juridique sur tous les points. Chargé de réunir tous les indices propres à établir la culpabilité ou l'innocence des inculpés, le juge d'instruction doit avoir une latitude très-grande pour l'accomplissement de cette grave mission. Cependant il convient de distinguer entre les perquisitions et saisies à faire chez l'inculpé et celles qui doivent avoir lieu chez des tiers. — A l'égard des premières, le juge instructeur ne relève que de sa conscience dans l'appréciation délicate des papiers et pièces qui doivent en faire l'objet, pourvu toutefois, que son pouvoir discrétionnaire s'exerce dans le cercle que la loi elle-même a tracé. Il ne faut pas perdre de vue, en effet, que l'art. 89, C. instr. crim., déclare communes au juge d'instruction les dispositions des art. 35 et s. concernant le droit de perquisition et de saisie du ministère public dans le cas de flagrant délit, et qu'aux termes de l'art. 36, ce droit est subordonné à la condition que « la preuve puisse vraisemblablement être acquise par les papiers ou autres pièces et effets en la possession du prévenu ». Ce n'est pas à dire toutefois que le juge d'instruction ne puisse saisir que les papiers ou pièces de nature à former une preuve directe du délit; son droit s'étend à tout ce qui peut servir à l'appréciation morale du fait incriminé, et il a spécialement la faculté de saisir les lettres trouvées chez l'inculpé. V. Mittermaïer, p. 181; F. Hélie, t. 4, n. 1814, 1815; Schenck, *Minist. publ.*, t. 2, p. 214; Dalloz, v° *Instr. crim.*, n. 449 et s.

7 *ter.* — En ce qui concerne les recherches et les saisies chez les tiers, le cercle de l'appréciation discrétionnaire du juge d'instruction se rétrécit davantage. Ici, en effet, on ne se trouve pas seulement en présence du principe de l'inviolabilité du domicile; on peut se trouver aussi en présence du principe encore plus sacré de l'inviolabilité du dépôt. Le droit de saisie du juge d'instruction, comme celui du ministère public en cas de flagrant délit, ne saurait s'exercer sur les pièces confiées à un avoué ou à un avocat par le prévenu dans l'intérêt de sa défense, ni sur celles qu'il a déposées chez un notaire à raison des attributions de cet officier public (Arg. C. pén., 378). *Sic,* F. Hélie, n. 1817, 1818. — *Contrà*, Dalloz, n. 350. Mais la saisie peut porter sur les lettres adressées à l'inculpé qui sont encore dans le bureau de la poste: C. d'ass. d'Indre-et-Loire, 11 juin 1830 (Dall., *loc. cit.*, n. 348; Paris, 30 janv. 1836 (D.P. 37.2.39); Cass., 23 juill. 1853 (D.P.53.1.222) et 21 nov. 1853, S.-V.53. 1.773); — Hélie et Chauveau, *Théor. C. pén.*, t. 3, n. 768; Duverger,

Man. des juges d'instr., t. 1, p. 455; Dalloz, v^{is} *Instr. crim.*, n. 348, et *Lettres missives*, n. 31; F. Hélie, n. 1819.

7 *quater.* — L'arrêt de la Cour de Limoges mentionné ci-dessus n. 7 *bis* n'accorde au juge d'instruction un pouvoir discrétionnaire dans l'appréciation des perquisitions à faire, des saisies à opérer, que *sauf ses rapports obligés avec le ministère public.* On peut supposer qu'il a voulu par là faire allusion à l'obligation imposée au juge instructeur de communiquer la procédure au ministère public avant de se livrer à aucun acte d'instruction (C. instr. crim., 61), et de se faire accompagner par le magistrat du parquet dans ses transports sur les lieux (Même Code, 62), et telle est l'interprétation à laquelle nous aimons à nous rattacher. Mais ne pourrait-on pas prétendre aussi qu'il a entendu subordonner la liberté d'appréciation du juge instructeur au droit de réquisition du ministère public, et décider, comme l'ont fait d'autres arrêts et quelques auteurs (Grenoble, 14 oct. 1824; — Dalloz, *Répert.*, v° *Instr. crim.*, n. 561; Legraverend, t. 1, p. 246; Carnot, t. 1, p. 375), que le juge d'instruction est tenu de faire les perquisitions et d'opérer les saisies que le ministère public estime à propos de requérir? Or, ce serait une erreur très-grave. Pendant le cours de la procédure, aussi bien qu'après son achèvement, le juge d'instruction conserve, vis-à-vis du ministère public, toute son indépendance de juge, et conséquemment le droit de résister aux réquisitions de l'officier du parquet, si elles ne lui paraissent pas fondées, sauf à celui-ci la faculté de déférer à la chambre d'accusation l'ordonnance par laquelle le magistrat instructeur formule son refus. V. en ce sens, Orléans, 11 déc. 1840 (Dall., v° *Instr. crim.*, n. 448-3°); — Carnot, t. 1, p. 330; Mangin, *Instr. écr.*, n. 90; Schenck, *Min. publ.*, t. 2, p. 266; Duverger, t. 1, p. 407; Massabiau, *Man. du min. publ.*, t. 2, n. 1611; F. Hélie, n. 1612; Dalloz, *loc. cit.*, n. 448 et 561.

18 *bis.* — Lorsqu'une information a été requise à raison d'un fait qui, aux yeux du juge d'instruction, ne constitue ni crime ni délit, ce magistrat a le droit et le devoir de déclarer, au seuil même de la procédure, qu'il n'y a pas lieu à suivre, et de s'abstenir d'ouvrir une inutile information. V. MM. Mangin, t. 1, p. 25, n. 15; F. Hélie, t. 4, n. 1614; Duverger, t. 1, p. 378; Massabiau, t. 2, n. 1610.

21 *bis.* Le juge d'instruction saisi d'une poursuite comprenant des crimes et des délits, doit, comme autrefois la chambre du conseil, renvoyer l'inculpé devant la chambre des mises en accusation pour les crimes, et éventuellement devant le tribunal correctionnel pour les délits: Paris, 30 déc. 1856 (S.-V.57.2.327); Grenoble, 4 fév. 1859 (J.M p.2.127). *Voy.* aussi *Chambre d'accusation*, n. 27.

28 *bis.* Un arrêt de la Cour de Limoges du 26 juillet 1860 (J.M.p.3. 36) a jugé que l'ordonnance de renvoi devant le tribunal correctionnel peut être valablement rendue par le juge d'instruction sans l'assistance du greffier. — L'exactitude de cette solution nous paraît douteuse. Il est

de principe que le greffier est un élément essentiel de toute juridiction, et que l'assistance de cet officier public constitue, en matière criminelle comme en matière civile, une condition indispensable de la régularité de tout jugement. V. notamment Dalloz, *Répert.*, v^is *Greffier*, n. 36 et s., et *Jugement*, n. 746 et 849. Or, le juge d'instruction formant aujourd'hui une véritable juridiction, en ce qui concerne les actes pour lesquels il a été substitué à la chambre du conseil, comment, en l'absence d'une dérogation expresse au principe que nous venons de rappeler, une ordonnance de non-renvoi serait-elle régulièrement rendue par le magistrat sans l'assistance du greffier? Quelques auteurs considèrent même comme une condition allant de soi, la signature d'une telle ordonnance par le greffier. *Sic*, Mangin, *Instr. écr.*, t. 2, n. 40 ; Dalloz, v° *Instr. crim.*, n. 835. Nous pensons toutefois que l'absence de cette signature n'entraîne pas nécessairement la nullité de l'ordonnance, et qu'il suffit, comme à l'égard des jugements correctionnels (V. Cass., 18 fév. 1839, S.-V.39.1.896), que l'assistance du greffier soit constatée par la décision elle-même ou par quelque autre document juridique. — A défaut d'une telle constatation, nous croyons que l'ordonnance serait nulle. Mais nous n'hésitons pas à admettre, comme le fait hypothétiquement l'arrêt précité de la Cour de Limoges, que cette nullité n'aurait nullement pour effet d'entraîner le dessaisissement du juge d'instruction et d'autoriser le ministère public à agir par voie de citation directe ; car c'est une règle certaine que le juge d'instruction ne peut être dessaisi que par un acte qui épuise sa juridiction, et que lorsqu'il a été une fois saisi par une réquisition du ministère public, celui-ci ne peut plus prendre la voie de la citation, conformément à la maxime *Unâ viâ electâ*, etc. V. Cass., 18 juin 1812 (S.-V.4.1. 126) ; 7 juin 1821 (S.-V.6.1.452); Nancy, 4 déc. 1847 (S.-V.48.2.599); Caen, 8 sept. 1849 (D.P.50.2.40);—Bourguignon, *Jurisp. des Cod. crim.*, t. 1, p. 270; Carnot, *Instr. crim.*, t. 1, p. 526; Legraverend, *Législ. crim.*, t. 2, p. 386; Rauter, *Dr. crim.*, t. 2, p. 351 ; Duverger, *Man. des juges d'instr.*, t. 1, n. 124 ; Dalloz, v° *Instr. crim.*, n. 588 ; F. Hélie, t. 6, n. 2816; Berriat Saint-Prix, *Procéd. des trib. crim.*, 2e part., t. 1, p. 441 ; — *Contrà*, Grenoble, 7 fév. 1828 (D.P.28.2.255); — Le Sellyer, *Dr. crim.*, t. 1, n. 356. Or, une ordonnance de renvoi entachée de nullité ne saurait être considérée comme épuisant la juridiction du juge instructeur, et comme permettant au ministère public de substituer la voie de la citation directe à celle de l'instruction préalable. Le ministère public n'a, en pareille circonstance, d'autre droit que celui de requérir une nouvelle ordonnance.

32 *bis*. Jugé aussi que le ministère public a le droit de se pourvoir par voie d'opposition contre l'ordonnance du juge d'instruction qui refuse de décerner un mandat d'amener ou de dépôt malgré ses réquisitions : Metz, 1er août 1857 (J.M.p.1.171). — Conf., dissertation de M. Buchère (J.M. p.1.76).

32 *ter*. Le procureur général cesse d'être recevable à former opposition

à l'ordonnance du juge d'instruction renvoyant un prévenu devant le tribunal correctionnel, bien que le délai de dix jours qui lui est accordé à cet effet par l'art. 135 C. instr. crim., ne soit pas expiré, si déjà le tribunal a, en exécution de cette ordonnance, statué sur la prévention ; il ne reste alors au procureur général que le droit, soit d'interjeter appel du jugement, soit, au cas où le tribunal correctionnel s'est déclaré incompétent, de se pourvoir en règlement de juges : Douai, 26 juill. 1860 (J. M.p.3.280) ; Cass., 20 sept. 1860 (*Id.* 4.19). — Cette solution, qui accuse une lacune regrettable dans la nouvelle rédaction que la loi du 17 juill. 1856 a donnée à l'art. 132, C. instr. crim., nous semble irréprochable.— Néanmoins, les chefs des parquets de première instance agiront sagement en veillant à ce que les citations par eux données aux prévenus renvoyés en police correctionnelle n'aient pas pour effet de priver le procureur général de son droit de former opposition à l'ordonnance de renvoi. Outre une raison de convenance sur laquelle nous n'avons pas besoin d'insister, il y a dans le maintien de ce droit d'opposition un avantage pour les prévenus, la voie de l'opposition abrégeant nécessairement la procédure dans le cas où, à défaut de ce moyen de recours, le procureur généra devrait se pourvoir en règlement de juges.

32 *quater.* Remarquons du reste que, dans l'hypothèse des décisions mentionnées au numéro précédent, le pourvoi en cassation formé par le procureur général contre l'arrêt de la chambre d'accusation qui a déclaré non recevable son opposition à l'ordonnance de renvoi, peut ère converti d'office par la Cour de cassation en un règlement de juges : Cass.,20 sept. 1860, précité.

37 *bis.* L'ordonnance du juge d'instruction qui rejette la demande de mise en liberté de l'inculpé, et, par suite, maintient le mandat de dépôt décerné contre lui, n'est pas susceptible d'opposition de sa part : Cass., 3 janv. 1861 (J.M.p.4.84). — Les termes de l'art. 135, C. instr. crim., modifié par la loi du 17 juill. 1856, ne permettent aucun doute à cet égard. — Déjà avant cette loi, du reste, la même interprétation avait été admise. V. Paris, 27 avr. 1833 (S.-V.33.2.289) ; — Descloseaux, *Encycl. du dr.*, v° *Ap. en mat. crim.*, n. 11 ; Duverger, *Man. des juges d'instr.*, t. 2, p. 81 ; Poncet, *Des jugem.*, t. 1, n. 298 ; Morin, *Dict. de dr. crim.*, v° *App. en mat. crim.*, n. 14 et s.; Dalloz, *Répert.*, cod. v°, n. 13. — *Contrà*, Mangin, *Instr. écr.*, t. 1, p. 32 ; F. Hélie, *Instr. crim.*, 1re édit., t. 5, p. 185 et s.

Juge d'ordre. *Voy.* Ordre, 3.

Juge suppléant. Voy. *hoc verbo*, p. 736. (Par une transposition fâcheuse, ce mot a été placé avant le mot *Jugement interlocutoire*, qui devait le précéder.)

Jugement en matière civile et correctionnelle. Voy. *hoc verbo*, et ajoutez :

13. Les jugements et arrêts qui, par suite de l'intervention des parties civiles, devraient être enregistrés au comptant, peuvent recevoir en

début la double formalité du timbre et de l'enregistrement, sur la production d'une réquisition écrite du ministère public. — Mais cette exception doit être rigoureusement restreinte aux cas pour lesquels elle est établie, et les greffiers surtout doivent s'abstenir de délivrer aux parties civiles non indigentes des expéditions de jugements et arrêts ainsi enregistrés en débet, à moins que les droits de timbre et d'enregistrement n'en soient préalablement acquittés : Circ. minist. just. 14 nov. 1861 (Rés. chr., p. 39).

Jugement et arrêt par défaut en matière correctionnelle. Voy. *hoc verbo*, et ajoutez :

18. L'opposition à un arrêt correctionnel rendu par défaut doit être signifiée au parquet du procureur général, et non au parquet du tribunal de qui émane le jugement frappé d'appel : Aix, 12 juill. 1863 (J.M.p.9.324).

24 *bis*. La *première audience* à laquelle l'opposition aux jugements par défaut des tribunaux correctionnels emporte de droit citation, d'après l'art. 188, C. instr. crim., doit s'entendre, non de la première audience qui suit immédiatement l'opposition, mais seulement de la première audience après le délai de trois jours que l'art. 184, même Code, prescrit entre toute citation et le jugement : Cass., 14 juin 1844 (S.-V.44.1.732) ; 13 juin 1851 (S.-V.52.1.148) et 11 janv. 1862 (J.M.p.5.47) ; — Dalloz, *Rép.*, v° *Jugement par défaut*, n. 484; F. Hélie, *Instr. crim.*, t. 6, n. 2973 ; Trébutien, *Cours de dr. crim.*, t. 2, p. 500; Berriat Saint-Prix, *Procéd. des trib. crim.*, 2e part., t. 2, n. 1009.

24 *ter*. La déchéance de l'opposition résultant de la non-comparution de l'opposant à la première audience n'a pas lieu de plein droit; mais l'opposition conserve son effet tant que le juge n'a pas, sur la demande de la partie adverse, donné acte à celle-ci de la non-comparution et de la déchéance qui en résulte : Cass., 4 juin 1829 (S.-V. chr.) et 26 avr. 1860 (J.M.p.3.237); — Dalloz, *loc. cit.*, n. 486; Berriat Saint-Prix, n. 1010.

Jugement interlocutoire. Voy. *hoc verbo*, p. 738. (Par une transposition fâcheuse, ce mot a été placé après le mot *Juge suppléant*, qu'il devait précéder.) — V. aussi ci-dessus, v° *Appel correct.*, 4 bis.

Jugement préparatoire. *Voy.* Appel correctionnel, 1, 2, 123, 130, 134. — V. aussi ci-dessus, *eod. v°*, 4 bis.

L

Larcin. Le fait d'échanger comme pièce d'or, contre de la monnaie, une pièce de cuivre rendue brillante par le frottement, ne constitue pas un larcin, à défaut d'appréhension contre le gré ou à l'insu de celui avec lequel a été fait l'échange : Rennes, 11 avr. 1866 (J.M.p.10.106).

Voy. Escroquerie, 8 et s. ; Filouterie, 2 ; Vol, 12.

Légalisation de signature. Voy. Étranger, Juge de paix, 9.

Lettres missives. *Voy.* Abus d'autorité, 9 et s.; Poste aux lettres. — *Voy.* aussi ci-dessus, v° Juge d'instruction, 7 *ter*.

Liberté provisoire. Voy. *hoc verbo*, et ajoutez :

17 bis. Le cautionnement dont le versement effectif doit précéder la mise en liberté, est encaissé sur la production soit d'une expédition complète de l'ordonnance, si cette expédition a été requise par la partie, soit d'un simple extrait de l'ordonnance délivré par le greffier dépositaire du dossier, soit d'un certificat signé par le juge d'instruction ou l'officier du parquet, en cas d'urgence, et constatant l'existence de l'ordonnance de mise en liberté, le chiffre du cautionnement et la somme affectée par le juge instructeur à chacune des parties du cautionnement.—Toutefois, cet acte, quel qu'il soit, ne doit pas échapper à la formalité du timbre, toujours obligatoire. Lorsque le certificat est délivré par le magistrat, il peut être sur papier libre, mais alors le receveur de l'enregistrement doit percevoir, au moment du versement du cautionnement, le droit de timbre au comptant : Circ. min. just. 15 janv. 1868 (Rés. chr., p. 102).

Librairie. *Voy.* Action publique, 62; Imprimerie et librairie.

Loteries. Voy. *hoc verbo*, p. 744. (Par une transposition fâcheuse, ce mot a été placé avant le mot *Liberté provisoire*, qui devait le précéder.)

Lycée. *Voy.* Compt. crim., 65; Enseignement, 17; Envois non périodiques, 3-3°.

M

Magistrat. Voy. *hoc verbo*, et ajoutez :

21 bis. Une circulaire du 1er août 1859 (Rés. chr., p. 11) invite d'une manière pressante les magistrats candidats à un siége vacant ou à la veille de l'être, à s'abstenir de toute sollicitation directe ou indirecte. Les seules recommandations auxquelles le ministre puisse donner crédit sont celles des chefs hiérarchiques, juges exclusifs des besoins de leur ressort.

59 bis. Les commissaires nommés en exécution de l'art. 8 de la loi du 16 juin 1824, relative à l'admission à la retraite des juges atteints d'infirmités graves et permanentes, sont-ils autorisés à déléguer leurs pouvoirs, par voie de commission rogatoire, à d'autres magistrats pour procéder aux informations dont ils sont chargés, notamment pour entendre les déclarations des témoins ou des experts et pour recevoir les explications verbales ou écrites d'un juge que ses infirmités mettent hors d'état d'exercer ses fonctions? — V. sur cette question délicate une dissertation de M. Massabiau insérée J.M.p.7.297.

60 bis. La veuve d'un magistrat qui est mort d'une attaque d'apoplexie à la suite de l'exercice de ses fonctions, n'a pas droit à pension, encore bien que cette attaque d'apoplexie puisse être considérée comme le résultat des travaux continuels et sédentaires auxquels se livrait ce magistrat; ici ne s'applique pas l'art. 14, § 2, de la loi du 13 juin 1852, qui accorde le droit à pension aux veuves des fonctionnaires qui ont perdu la vie par un accident grave résultant notoirement de l'exercice de leurs fonctions : Décis. Cons. d'Et., 22 avr. 1858 (J.M.p.1.165). — V. les observations jointes à cette décision.

60 *ter*. L'art. 7 de l'arrêté du 11 fruct. an XI et les art. 7 et 24 de la loi du 18 avr. 1831, aux termes desquels chaque année de services administratifs dans les colonies doit être comptée pour une moitié en sus de sa durée effective, s'applique aux services rendus par les magistrats dans les colonies (antérieurement au 1er janv. 1854); ces dispositions ont dérogé à l'art. 5, tit. 2, de la loi des 3-22 août 1790, d'après lequel les services dans les emplois civils hors de l'Europe devaient être comptés pour le double de leur durée effective, lorsque les trente ans de services effectifs étaient complets: Av. Cons. d'Et., 8 fév. 123 ; Décis. Cons. d'Et., 2 août 1860 (J.M.p.3.247). — *Contrà*, Décis. Cons. d'Et., 29 juill. 1858 (S.-V. 59.2.326).

V. aussi États et envois périodiques, 23-7° et 8°.

Maire. *Voy*. Actes de l'état-civil, 2 et s., 35 ; Action publique, 5 et s.; Aliénés, 1 ; Cassation (pourvoi en), 25, 51; Chasse, 133; Compétence criminelle, 5 et s.; Dénonciation, 3; Dénonciation calomnieuse, 43 et s.; Juge d'instruction, 9, 34; Légion d'honneur, 6, 7; Ministère public, 23, 24, 29; Mise en jugement, 16 et s., 33 et s.; Officier de police judiciaire, 7; Succession d'étranger.

Maison de correction. *Voy*. Mineur, 4 et s.

Mandat. *Voy*. Tribunal de police, 8 et s.

Mandats de justice. *Voy*. Détention préventive; Instruction criminelle, 8 et s., 13; Juge d'instruction, 12, 16 et s.; Jugement ou arrêt par défaut, 10 et s.; Perquisition; Signalement. — *Voy*. aussi ci-dessus, v° Juge d'instruction, 32 *bis*, 37 *bis*.

Manufactures. *Voy. hoc verbo*, et ajoutez :

3. Le manufacturier convaincu d'avoir contrevenu à la loi du 22 mars 1841, relative au travail des enfants, sur des points autres que ceux prévus par l'art. 12 de cette loi, doit-il être condamné à autant d'amendes qu'il a commis de contraventions, en comptant un nombre de contraventions égal, non-seulement à celui des enfants à l'égard desquels la loi a été enfreinte, mais encore à celui des infractions diverses qui ont eu lieu relativement à chacun de ces enfants, ou bien ne doit-il être condamné qu'à autant d'amendes qu'il y a d'enfants à l'égard desquels il a contrevenu à la loi? C'est, selon nous, la première branche de l'alternative qu'il faut admettre. *Voy*. le développement de cette opinion. J.M.p. 4.25.

Maraudage. *Voy*. Délits ruraux, 8.

Marchandises falsifiées. *Voy*. Vente de marchandises falsifiées.

Mariage. *Voy. hoc verbo*, et ajoutez :

13 *bis*. Le ministère des affaires étrangères ayant déclaré ne pouvoir intervenir lorsque le ministère public recueille, en vertu de la loi de 1850, les pièces nécessaires à la célébration du mariage d'étrangers indigents,

soit pour réclamer ces pièces des autorités étrangères, soit pour faire légaliser simplement des actes qui n'étaient pas revêtus de cette formalité, les parties intéressées n'ont d'autre marche à suivre que de s'adresser directement aux agents diplomatiques représentant à Paris leur gouvernement, à l'effet de solliciter leur entremise pour obtenir les documents dont elles ont besoin : Instruct. partic. min. just., 13 mars 1862 (Rés. chr., p. 42).

Matières d'or et d'argent. *Voy*. Or et argent.

Médecin. Voy. *hoc verbo*, et ajoutez :

4 *bis*. Sur la question de savoir si l'exercice illégal de la médecine sans usurpation de titre constitue un délit puni de peines correctionnelles ou une simple contravention, V. une dissertation de M. Ferd. Jacques insérée J.M.p.3.9.

4 *ter*. Jugé que ce fait, bien que soumis à la compétence des tribunaux correctionnels, ne constitue qu'une simple contravention, et ne se prescrit, dès lors, que par une année, et non par trois ans, comme les délits : Cass., 30 août 1839 (D.p.40.1.357) et 18 juill. 1840 (S.-V.40.1.752) ; Chambéry, 3 oct. 1862 (J.M.p.6.39). — Conf., Dalloz, *Répert.*, v° *Médecine*, n. 64.

4 *quater*. Mais décidé, d'un autre côté, que, bien que l'exercice illégal de la médecine, sans usurpation de titre, ne soit passible que d'une amende de simple police, le jugement correctionnel statuant sur cette infraction n'en est pas moins susceptible d'appel : Cass., 12 mai et 12 nov. 1842 (Dalloz, *Répert.*, v° *Appel en mat. crim.*, n. 82 ; S.-V.43.1. 650) ; Chambéry, 21 août 1862 (J.M.p.6.18).

Mémoire des morts. *Voy*. Diffamation, 34 et s., 58.

Mémoire injurieux (Suppression de). *Voy*. Tribunal correctionnel, 14.

Mercuriale. *Voy*. Administration judiciaire, 8 et 9 ; États et envois périodiques, 23-7°.

Ministère public. Voy. *hoc verbo*, et Partie jointe, Partie principale.

Mise au secret. *Voy*. Détention préventive.

Mise en délibéré. *Voy*. Instruction criminelle, 78 ; Ministère public, 59.

Mobilier des cours et tribunaux. *Voy*. Administration judiciaire, 10 et 11.

N

Non bis in idem. *Voy*. Chose jugée ; Juge d'instruction, 49 ; Presse, 21 ; Usure, 16.

O

Officier de santé. *Voy.* Médecin; Recrutement militaire, 8, 9 ; Suppression d'enfant, 15.

Ordonnance de non-lieu, — de renvoi, — de transmission. *Voy.* Juge d'instruction, 23 et s., 42 et s.

Ordre. *Voy.* Etats et envois périodiques, 10-9°.

P

Parenté. *Voy.* Cour d'assises, 5 ; Interdiction, 1, 2, 8 ; Magistrat ; Mariage ; Office, 4 ; Témoin, 8.

Parquet. *Voy.* Administration des parquets ; Ministère public.

Particule nobiliaire. *Voy.* Titre nobiliaire.

Pension. *Voy.* Magistrat, et ci-dessus, *eod. verbo*, n. 60 *bis* et 60 *ter*.

Perquisition. Voy. *hoc verbo*, et ci-dessus Juge d'instruction, 7 *bis* et 7 *ter*.

Plainte. Voy. *hoc verbo*, et Diffamation, 28 et s. ; Enlèvement de mineure, 1 et s.

Pointe. *Voy.* Administration judiciaire, 4 ; Etats et envois périodiques, 4-3° ; Registre de pointe.

Ponts et chaussées. *Voy.* Pêche pluviale ; Questions préjudicielles, 25 et s.

Postulation. *Voy.* Avoué, 14 et s.

Préfet de police. *Voy.* Abus d'autorité, 12 et s. ; Mise en jugement, 15 ; Perquisition, 1 et 2 ; Préfet.

Présentation des candidats pour la magistrature. *Voy.* Juge de paix, 1 et s. ; Magistrat, 3 et s.

Président du tribunal civil. *Voy.* Administration judiciaire, 10 ; Adoption, 2 ; Avoué, 15 ; Commissaire-priseur, 1 ; Correspondance, 6 ; Juge de paix, 1 et s. ; Juge suppléant, 6 ; Marques de fabrique, 2 ; Organisation judiciaire, 4 ; Préséance, 6 et s. ; Tribunal civil, 3 et s.

Président du tribunal correctionnel. *Voy.* Délit d'audience, 1 ; Tribunal correctionnel, 1 et s.

Prise à partie. *Voy.* Dénonciation ; Ministère public, 64.

Procédure criminelle (Apport de). *Voy.* Tribunal civil, 1.

Procuration. *Voy.* Mandat.

Procureur de la République. *Voy.* Ministère public, et *passim*.

Procureur général. *Voy.* Acte d'accusation ; Action publique ; Administration judiciaire : Administration des parquets ; Appel correctionnel ; Assistance judiciaire ; Avocat ; Avoué ; Casiers judiciaires ; Cassation (pourvoi en) ; Chambre d'accusation ; Commandants supérieurs de l'armée ; Comptes ; Correspondance ; Cour d'assises ; Dénonciation calomnieuse ; Etats et envois périodiques ; Juge de paix ; Juge d'instruction ; Jury ; Légion d'honneur ; Magistrat ; Manufactures ; Ministère public ; Mise en jugement ; Notaire, 10 ; Office ; Officier ministériel ou public ; Officier de police judiciaire ; Organisation judiciaire ; Outrage ; Pêche fluviale ; Pharmacien ; Préséance ; Registre de pointe ; Règlement de juges ; Réhabilitation ; Renvoi pour suspicion légitime ; Serment ; Tribunal civil.

Prodigue. *Voy.* Interdiction.

Projets de loi. *Voy.* Organisation judiciaire, 7.

Q

Question d'État. *Voy.* Action publique, 71 et s. ; Adultère, 40 ; Questions préjudicielles, 2 et s.

R

Réconvention. *Voy.* Instruction criminelle, 70.

Registres du parquet. *Voy.* Administr. des parq., 8 et s.

Rentes sur l'État (Remploi en). *Voy.* Remploi.

Réplique. *Voy.* Défense, 4 et s. ; Jugement, 1 ; Ministère public, 58 ; Tribunal civil, 3.

Requête civile. *Voy.* Communicat. au minist. publ., 5 et 6.

Responsabilité civile. *Voy.* Action publique, 26 ; Chasse, 158 et s. ; Compétence criminelle, 120 et s. ; Chose jugée, 55 ; Intervention, 1 et s. ; Responsabilité pénale, 2.

Retraite. *Voy.* Magistrat, 10, 58 et s. ; Ministère public, 39.

Roulement. *Voy.* Chambre d'accusation, 21 et s. ; Organisation judiciaire, 1 et s.

Rupture de ban. *Voy.* Surveillance de la haute police.

S

Saisie de pièces. *Voy.* Abus d'autorité, 10 et s. ; Instruction criminelle, 17 *bis* ; Notaire, 24 et s. ; Préfet, 3. — V. aussi ci-dessus, vᵒ Juge d'instruction, 7 *bis* et 7 *ter*.

Saisie immobilière. *Voy.* Questions préjudicielles, 13.

Saisie mobilière. *Voy.* Questions préjudicielles, 12.

Scellés. *Voy.* Absence, 35 et 50 ; Action directe ou d'office, 26 ; Notaire, 36 ; Succession ; Succession d'étranger.

Secret des lettres. *Voy.* Abus d'autorité, 9 et s.

Secret (mise au). *Voy.* Détention préventive.

Séquestration arbitraire. *Voy.* Attentat à la liberté, 2 et s.

Sergent de ville. *Voy.* Attentat à la liberté, 6 ; Police judiciaire, 3.

Statistique. *Voy.* Comptes.

Substitut. *Voy.* Acte d'accusation, 1 ; Action publique, 7 ; Appel correctionnel, 51, 52, 96 ; Magistrat, 14 ; Ministère public, 16, 19, 24, 34.

Suppression d'état. *Voy.* Action publique, 72 et s. ; Questions préjudicielles, 2 et s. ; Suppression d'enfant.

T

Tapage injurieux. *Voy.* Chose jugée, 48, 49 ; Compétence criminelle, 114.

Télégraphe. *Voy.* Compétence criminelle, 119 ; Correspondance, 17 et s.

Timbre-poste. *Voy.* Poste aux lettres, 11.

Transaction. *Voy.* Action publique, 29, 91, 108 ; Appel correctionnel, 26 ; Chasse, 134 et s., 154 ; Contributions indirectes, 8 ; Questions préjudicielles, 29, 33 ; Octroi, 2.

Transport sur les lieux. *Voy.* Actes de l'état civil, 17 et s. ; Tribunal de simple police, 5.

V. aussi ci-dessus, v° *Juge d'instruction*, 7 *quater*.

Travail des enfants dans les manufactures. *Voy.* Manufactures.

U

Université. *Voy.* Compétence criminelle, 27, 63.

V

Vacance de place. *Voy.* Juge de paix, 1 et s. ; Magistrat, 27, 28.

Vacances, Vacations. *Voy.* Magistrat, 27, 28 ; Organisation judiciaire, 2 et s. ; Tribunal civil, 3.

Valeurs industrielles. *Voy.* Titres de valeurs industrielles.

Visite domiciliaire. *Voy.* Perquisition.

Voies de fait. *Voy.* Violences ou voies de fait.

Voirie. *Voy.* Compétence criminelle, 18, 65, 105.

Voitures (éclairage des). *Voy.* Nuit, ...

FIN DE LA TABLE COMPLÉMENTAIRE DE RENVOIS.

PARIS. — Imprimerie de J. DUMAINE, rue Christine, 2.